刑 事 侦 查 实 用 百 科 丛 书
XINGSHI ZHENCHA SHIYONG BAIKE CONGSHU

刑事侦查与痕迹

XINGSHI ZHENCHA YU HENJI

总 主 编　杨玉章
本册主编　翟迎科

群 众 出 版 社
河南科学技术出版社

图书在版编目（CIP）数据

刑事侦查与痕迹 / 翟迎科主编．—郑州：河南科学技术出版社，2019.6
（刑事侦查实用百科丛书 / 杨玉章总主编）
ISBN 978-7-5349-8210-1

Ⅰ.①刑⋯ Ⅱ.①翟⋯ Ⅲ.①痕迹学（法学）-刑事侦查-分析 Ⅳ.①D918.91

中国版本图书馆 CIP 数据核字（2016）第 149620 号

出版发行：群众出版社　地址：北京市丰台区方庄芳星园三区 15 号楼
邮编：100078　电话（010）83903254
河南科学技术出版社　地址：郑州市郑东新区祥盛街 27 号
邮编：450016　电话：（0371）65737028
策划编辑：李肖胜　曲　先
责任编辑：李振方
责任校对：黄亚萍
封面设计：张　伟
版式设计：栾亚平
责任印制：张　巍
印　　刷：河南日报报业集团有限公司彩印厂
经　　销：政法系统内部发行
开　　本：889mm×1194mm　1/16　印张：19.25　字数：640 千字
版　　次：2019 年 6 月第 1 版　2019 年 6 月第 1 次印刷
定　　价：168.00 元

“刑事侦查实用百科丛书”编委会

《刑事侦查与痕迹》编写人员

主　　编　翟迎科

副 主 编　高世奎　胡　博　杨　旭　刘俊红
　　　　　杨志军

编　　者　王朋非　王朝阳　刘俊红　李　浩
　　　　　吴国涛　张　蕾　杨　旭　杨志军
　　　　　胡　博　高世奎

总序言

目前，全国政法系统正在深入学习贯彻习近平新时代中国特色社会主义思想，扎实推进新时代平安中国建设、法治中国建设、政法队伍建设，为决胜全面建成小康社会、夺取新时代中国特色社会主义伟大胜利创造安全稳定的社会环境、公正规范的法治环境、优质高效的服务环境。新时代需要新担当、新作为，培养一支“信念过硬、政治过硬、责任过硬、能力过硬和作风过硬”的政法队伍，造就一支“对党忠诚、服务人民、执法公正、纪律严明”的公安队伍成为当务之急。

近些年来，以审判为中心的诉讼制度改革不断深入，错案终身追究制度及与之相关的配套制度逐步确立，特别是《中华人民共和国刑事诉讼法》（2012年修正）确立的一系列诉讼原则和证据制度，进一步强化了对犯罪嫌疑人人权的保障，扩大了律师在侦查阶段的诉讼职能，规范和约束了侦查权的行使，提高了审判证明的标准，尤其是明确规定了证据确实、充分必须符合的具体条件。这一切都体现出我国法治的进步，同时也对侦查办案质量提出了新的、更高的要求，侦查过程中侦查人员必须坚持以证据为中心，全面取证，规范取证，以确实、充分和具有排他性的证据体系有效支持诉讼的顺利推进。

在实际案件侦破工作中，随着信息技术的不断发展及其在侦查工作中的全面运用，一些侦查员过分依赖视频侦查、技术侦查、网安侦查这三种新的侦查手段，此所谓新“三板斧”。这种现象导致侦查员对现场物证的全面发现提取和对犯罪行为人主观行为动机的系统分析趋于弱化，对微量物证的提取和检验的重视程度弱化，对运用多学科、多专业专门知识综合分析、研究、鉴定现场物证的意识弱化，一些行之有效的传统侦查方式方法被日益边缘化。

毋庸置疑，在信息化社会、大数据时代，信息技术日益成为侦查的主导技术，电子证据成为侦查的重要证据类型，但犯罪证据多样化的现实情况以及侦查取证需要各个门类科学技术支撑的总体状况并未发生根本性的改变。侦查取证的过程中，面对各种各样的证据，侦查员必须具备各方面的专业知识或者有查询这些知识的能力，而这些知识内容庞杂，可参考的书籍和资料也相当分散。在一些案件的侦查过程中，侦查员经常会因为对一些微量物证的利用价值分析不到位或检验鉴定不到位而丧失很多破案机会。为了有效打击犯罪、保护人民生命及财产安全，为一线刑侦人员办案提供充分的智力支持，2012年，我国知名刑侦专家、河南省公安厅副巡视员杨玉章先生发起并组织了这套“刑事侦查实用百科丛书”（以下简称“丛书”）的编撰工作。

“丛书”共26卷，首批出版的12卷基本涵盖了刑事侦查工作日常涉及的专业领域，包括《刑事侦查与行为证据》《刑事侦查与痕迹》《刑事侦查与有毒物品》《刑事侦查与植物》《刑事侦查与动物》《刑事侦查与昆虫》《刑事侦查与地理》《刑事侦查与土壤》《刑事侦查与水文》《刑事侦查与塑料制品》《刑事侦查与岩石矿物》《刑事侦查与纺织品》。为了高质量地完成“丛书”的编撰工作，本书成立了编委会，杨玉章同志任“丛书”总主编，各卷设立了主编。自2012年编撰伊始至成书，编委会多次召开不同形式的论证会和研讨会，对编撰工作进行了有效的组织领导和质量审核。“丛书”在编撰过程中得到了中国科学院、北京自然博物馆、河南省公安厅、郑州市公安局、河南大学、郑州大学等20多家合作单位近300名专家和学者的鼎力支持，“丛书”是相关专业领域专家学者集体智慧的结晶，更是我国当代刑事侦查交叉学科研究水平的集中展示。

在“丛书”编撰过程中，各卷作者始终围绕三条主线进行编撰：一是注重侦查导向，即各卷所述知识始终围绕服务刑侦破案这一核心，注重对认定案件性质、划定案件范围、刻画犯罪行为人脸谱等工作提供专业知识支撑；二是注重与人关联，即各卷所写知识内容必须与人相关，经常出现、运用在五行八作、三教九流的正常人类生产活动之中；三是注重时空维度，即各卷内容注重揭示、阐明相关事实、现象与特定时间节点、空间分布（经纬度）之间本质的、必然的、普遍的、稳定的固有联系。这三条主线贯穿各卷始终。“丛书”涉及20余门学科，共计600余万字、2000余张图片，图文并茂，理论联系实战，是对与刑事侦查工作关联紧密的多种学科资源的系统整合，学科门类齐全，知识架构完整。“丛书”的编撰是一项具有鲜明侦查专业特色的重大跨学科工程，在一定程度上填补了国内侦查应用研究的空白，具有独特的学术价值和实用价值。“丛书”既可作为广大刑事侦查人员的业务工具书，也可作为公安院校广大师生的教学参考用书。

“丛书”在编写过程中引用了很多经典的实战案例，作为相关学科和专业知识在实战中应用的范例，力图使读者在使用该“丛书”时能获得鲜明、生动、直观的阅读体验。

该“丛书”内容浩繁，编写队伍庞大，因编者水平有限，其中知识、文字、图片的疏漏和不足之处在所难免，期望读者不吝指正，待再版时予以完善。

郝宏奎

2018年8月

前言

《刑事侦查与痕迹》是由河南省公安厅和河南科学技术出版社联合组织，郑州市公安局痕迹、指纹、照相等专业技术人员结合长期的案件侦破经验，根据实战需要编纂的一本工具书。书中包含手印、足迹、工具痕迹、枪弹痕迹、特殊痕迹等几大方面，内容全面、涉及面广。但全面不是本书的特色，本书的特色是“专”。

首先，是“专攻”。“知识的唯一来源就是经验。”这是一位哲学家曾经说过的话。虽然对大部分人而言，早期的知识均来自于书本，但书本亦是他人经验的总结。本书的编纂人员，均是郑州市公安局从警时间长、经验丰富的高级技术人员，他们每年要经历上百起重特大刑事案件，数十年就是几千起。这几千起案件的勘查、显现经验，通过归纳总结，着实是一笔巨大的财富。可以说，在刑事科学技术领域，他们是有“专攻”的。这不光因为他们具有较全面的理论知识，更因为他们在长期的实战中，将所学理论结合实践，去粗取精、去伪存真，通过实践的锤炼，得到了更为深刻的理论。

其次，是“专书”。生活中，“专车”“专款”“专经”“专条”等比较多，但“专书”太少。鲁迅《花边文学·零食》中说：“出版界的现状，期刊多而专书少，使有心人发愁。”目前，市面上痕迹类工具书太稀缺，即便有也都是好多年前的，更新较慢，书上所介绍的方法有些早已不适应当前公安工作的需要。因此，为了响应公安部党委“科教强警”战略部署，提高基层技术民警的业务素质，郑州市公安局的相关技术专家在日常现场勘查、研究案件、检验鉴定等工作间隙，整理资料，总结心得和经验，编纂了本书。紧密结合实际工作，切实有效地满足实际工作需要，是本书的首要目标。因此，同一般的痕迹类工具书相比，本书在对痕迹的发现、提取和显现上均突出了与各类现场的结合，一切立足于现场，针对不同类型的现场、不同类型的痕迹，给予不同的应对方法，提纲挈领，强调重点。以手印篇为例，在介绍手印的形成原理、分类、发现和提取、鉴定书的制作等内容以后，我们还加入了现场手印的勘查和搜索方法，搜索的重点部位，现场手印的保护，嫌疑人心理动态等基层技术人员需要掌握的内容。在显现手印的章节，我们着重介绍了实际工作中简单易行、用途广泛、发挥作用大的方法。同时立足于不同现场，结合工作经验，将各种方法的选择依据和适用范围、优缺点等进行了详细介绍，以供读者参考选择。

再次，是“专诚”。这次的编纂工作，我们编委会的每位成员都做到了这一点，就是“专而诚笃”。就像武学宗师一样，很想让自己的一身绝学传承下去，我们的每位编者也希望自己习得的勘查和检验心得、经验等能够被保存并传承下去。

因此，在本书编纂期间，每位编者都非常投入，他们积极搜集资料，整理案件信息，尽可能多地将真实案件中的素材和分析意见等穿插到理论部分的后面，方便读者结合案例进行思考、消化吸收。每个人都极认真地将平时归纳总结的经验整理成条，逐条分析讨论，尽可能地站在读者的角度，思考他们想学到点什么，想获得什么样的指导，尽可能地将实际工作当中遇到的问题都囊括进来。例如在手印章节，除了针对现场办案的人员，我们考虑到指纹系统的管理人员也需要有关指纹系统的一些建议和指导，故将指纹采集和入库时存在的一些问题和应对策略、注意事项等也添加进来，并配以实际案例说明问题，期望能为每一位读者都能提供帮助。

虽然作为现场勘查或检验鉴定人员，我们有丰富的经验，但是作为图书编者，我们中的绝大多数还是第一次。我们尽最大努力将每一处细节都考虑到，审稿期间也是反复推敲、增删数次，但恐怕还会存在一些疏漏之处，希望广大读者在发现问题后给我们提出宝贵意见，让我们共同努力把这本工具书做到最好。

《刑事侦查与痕迹》编委会

2018 年 6 月

目　录

项目一　手印篇

项目二　足迹篇

项目三 工具痕迹篇

项目四 枪弹痕迹篇

项目五 特殊痕迹篇

项目一　手印篇

第一章　手印概述

手印是案件现场最常见的遗留痕迹之一，手印检验同样也是痕迹检验的重要组成部分，手印鉴定的证明效力更是一度被誉为“证据之王”，可见手印技术在侦查及诉讼中的重要性。作为侦查人员，掌握手印学的基本知识，也是从事侦查活动必不可少的一项基本要求。

第一节　手的形态结构

手是人肢体的重要组成部分，是人类从事生产活动的最重要的“工具”之一。在刑事案件中，作案人到达现场后从事的活动同样离不开手的参与。在人的指掌面有着大量的纹线，人手掌面上的这些纹线不但给人生理上带来了好处，也给生产、生活带来很大的便利。其本身的固有特性，给我们研究手纹指明了方向。手印检验人员通过对现场遗留的手纹印迹的勘查、发现提取和检验鉴定，能为侦查诉讼提供强有力的证据支持。当然，我们研究手印首先要从手纹开始，只有系统地了解手纹，才能够理解手印的形成机制，为下一步研究和应用手印打下理论基础。

手纹是手的一个组成部分，研究手纹首先从研究手指开始。

一、手指的形态结构

手指的形态结构是手指的形状、构成及各手指之间相互关系的总和。

手指：正常情况下，人每只手上有 5 个指头，依次为拇指、食指、中指、环指、小指。5 个手指中，拇指最粗，呈圆柱形，食指稍小、稍粗；中指居中，亦呈圆柱形；环指粗细接近中指，呈柱形；小指最细，呈尖柱形。在非正常情况下，手上会出现 6 个或 6 个以上指头，也会出现少于 5 个手指或并联指，所有非正常指数都具有极高的种类特征，具有很强的特定性。

手指节：每只手的 5 个手指共有 14 个指节，其中，拇指有 2 个指节，食指、中指、环指、小指各有 3 个指节。5 个手指的指头称为第一指节，连接指头的指节为第二指节，食指、中指、环指、小指连接手掌的指节称为第三指节，拇指只有第一指节和第二指节。

手指的高低关系：多数人中指最高，环指次之，食指第三，少数人也会出现食指和环指等高或者食指高于环指的情况。小指明显低于环指，其高度通常与环指的第一屈肌褶纹的高度相近。

二、手掌的形态结构

手掌的形态结构是手掌的形状、结构及各区域分布关系的总和。手掌位于手臂和手指之间，外部轮廓大致呈长方形。大多数人的手掌呈长方形，即手掌的长度大于宽度；少数人的手掌呈方形，即长宽相近，个别人的手掌呈正方形。

手掌的周边可划分为五个部分：

上边：连接四指的边缘部分；下边：连接腕部的边缘部分；内边：食指根内侧下部至拇指根上侧的边缘部分；外边：小指根外侧下部至手腕部位；内斜边：拇指根下部至腕部的边缘部分（图 1-1-1）。

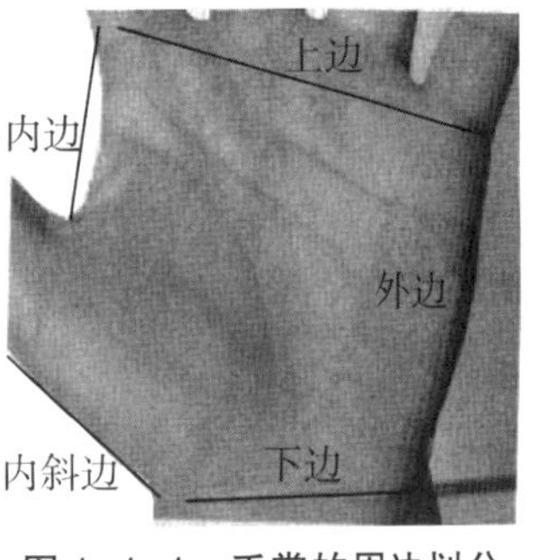

图 1-1-1　手掌的周边划分

三、手掌内横、纵界线

为了便于区分手掌各区域，人们习惯用横、纵界线将手掌各区域分开。

横界：沿手掌第一屈肌褶纹外侧直线段作一条横贯全掌的延伸线，此延伸线即为手掌的横界；若延伸线高出第二屈肌褶纹内缘点时，则应以第一屈肌褶纹外缘点与第二屈肌褶纹内缘点间的连线为手掌的横界。

纵界：横界向下所作的中垂线，即在手掌横界的中点向下所作的垂线（图1-1-2）。

四、手掌内区域划分

根据手掌横、纵界线，可以将手掌分为指根区、内侧区、外侧区。

指根区：手掌横界以上的整个区域，即上至各指根屈肌褶纹下缘和各指间指蹼上缘，下至手

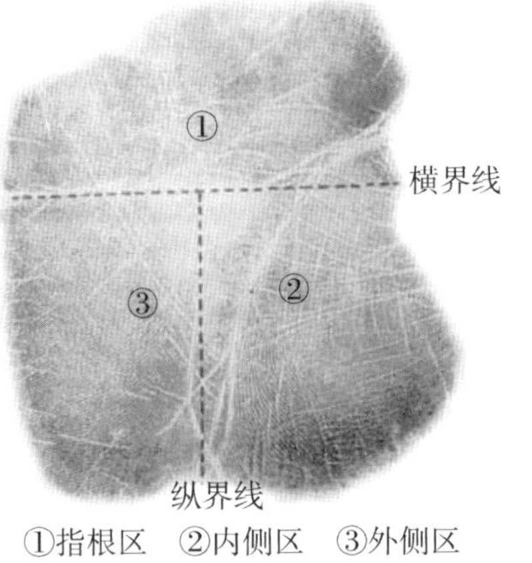

图 1-1-2　手掌内横、纵界线及各区域

掌横界，内至手掌的内边，外至手掌外边的整个区域，指根区又可分成指根内区、指根外区和指根中区等区域。

内侧区：有时亦称其为桡侧区或大鱼际区，是指横界以下、纵界以内的区域，即上至手掌横界，下至腕部，内至手掌内斜边、拇指根屈肌褶纹，外至手掌纵界的整个区域。内侧区常可分为内侧上区、内侧中区和内侧下区等区域。

外侧区：指手掌横界以下、纵界以内的区域，即上至手掌横界，下至手掌腕部，内至手掌纵界，外至手掌外边的整个区域。外侧区常可分为外侧上区、外侧中区和外侧下区等区域。

第二节　手纹的特性

手纹是分布在人的手指掌面上的乳突纹线、屈肌褶纹、皱纹、伤痕等皮肤花纹的总称。手纹包括指头纹、指节纹、手掌纹，固有特性是手印成为“证据之王”的重要依据。手纹具有以下几个固有特性。

一、人各不同

手指掌表面的皮肤花纹人人皆有，但不同人的手指掌表面的皮肤花纹是各不相同的，即使是同一人的十指花纹，也有一定的差异。虽然在统计学原理上有相同的可能，但至今为止没有发现有完全相同手纹的两个人。自发现手印可作为识别个人的方法以来的实践证明，无论任何国家、任何民族的人，甚至是相貌极为相似的双胞胎的

手指掌花纹，都有本质的差异。

在近百年来世界各国数以亿计的指纹档案查对和现场手印鉴定的实践中，人们从未发现有过两个人的手指掌印花纹是完全相同的。

从遗传学角度上来说，父母的手纹遗传基因在遗传物质 DNA 分子链上所处的位置不同，携带的基因也不同。人体生殖细胞上由 46 条染色体，每个染色体上有 1250 个遗传基因，父母的基因在遗传过程中重新排列组合，可以结合超过 800 万个不同个体，同父母所生兄弟具有相同染色体的几乎也只有 1/7 000 000 000。重新排列组合的 DNA 分子链条部分与父母相同，部分不同。发育过程中手纹受到 DNA 分子结构基因和调节基因控制，因而造成亲子之间、各代之间的差别。

这种“人各不同”的特殊性，为人身的识别提供了重要的依据。

二、终生不变

终生不变是指人指掌纹从幼儿 3~4 个月开始生长，到 6 个月形成完整的乳突纹线起，直到死后真皮乳突层腐烂为止，人手乳突花纹的类型、具体形态，细节特征的种类、数量、位置和相互关系所构成的特征总体始终不变。

手纹本身具有很强的增殖再生能力，表皮即使受到磨损，也能很快地恢复原状，从而使手指掌表面的皮肤花纹具有较强的稳定性。

随着人身体的变化，乳突花纹的面积、乳突纹线的粗细和某纹线的局部形态以及细点线会发生一定的变化，但这些变化不影响指掌纹的本质特征的相对稳定性。从遗传学角度来讲，DNA 分子具有组成和结构的高度稳定性，具有保存其自身组成和结构的功能，人的手指掌纹形态结构受 DNA 控制，因而手指掌纹在人的一生中具有高度稳定性。世界各国近百年的司法实践也证明，迄今为止，尚未发现一个人的手指掌纹会由于时间的变迁、年龄的增长而产生明显的或根本的变化。

“终生不变”的稳定性，为人身的识别提供了重要的条件。

三、触物留痕

人手触摸物体，就会在触摸部位留下反映手接触部位大小、形态结构及特征的印痕。这些痕迹有的可以用肉眼直接观察到，有的需要通过仪器才能观察到，有的需要借助一定的物理和化学方法染色后方可观察到。

人体在不停地进行新陈代谢，手掌的乳突纹线是人手代谢的主要部位，从乳突纹线的汗孔中分泌汗液、油脂等均匀地分布在手掌上，当手指触摸物体时就会把手分泌的物质黏附在接触部位，这就形成了手印痕迹。

同时，手掌表面亦可能有附着，在人手接触物体时，由于手掌的分泌物具有一定的黏性，就可能将物面的附着物粘走，而在物面上形成减层指掌印。

“触物留痕”是一个客观事实，至于是否能在所有场合均能显现出来，这取决于很多条件，例如：留下印痕的压力、形成手印痕迹的物质、现场的环境、显现的方法等。但是这不能改变手印客观存在的事实，随着科技水平的不断提高，手印的发现和提取率也会不断地提高。

“触物留痕”的客观性，为人身的识别提供了必备的物质基础。

四、认定人身

认定人身的直接性在诉讼中是一种强有力的武器。

手印是直接反映人手接触部位的外表形态结构特征的印痕，其具有人各不同和终生不变的稳定性，利用物体上遗留的手印，通过科学的方法进行鉴定，可以直接认定遗留手印的具体人。所以，现场手印如果能够科学地认定某人所留，就可以直接证明这个人到过现场，接触过现场某些客体，在诉讼中成为揭露和证明犯罪的重要证据。

当然，现场遗留有某人手印是否能够证实该案件就是某人所作，需要综合评判，要充分认识到手印鉴定意见的证据意义，对整个证据链要有一个全面的理解和掌握，在实际工作中要特别注意。

第三节　手纹的种类

手纹是手指和手掌面皮肤花纹的总称，主要由乳突纹线、屈肌褶纹、皱纹组成，这些手纹或单独或组合覆盖于手指和手掌面。

一、乳突纹线的概念

人手的指掌面上长着一种按照特定规律排列的细小凸凹花纹，其形态为线条状，称为“乳突纹线”，乳突纹线之间的凹沟称为“小犁沟”。乳突纹线在幼儿3~4个月的时候就开始成长，6个月左右就已经成型，分布于手指掌90%的区域。

二、乳突纹线的单一形态

乳突纹线的单一形态是指单个乳突纹线几何形态，乳突纹线可以分为八大类，是我们研究手纹的主要对象（图1-1-3）。

弓形线：从一侧流至另一侧，弯曲成“弓箭”状的纹线。

弧形线：呈圆弧状的纹线。

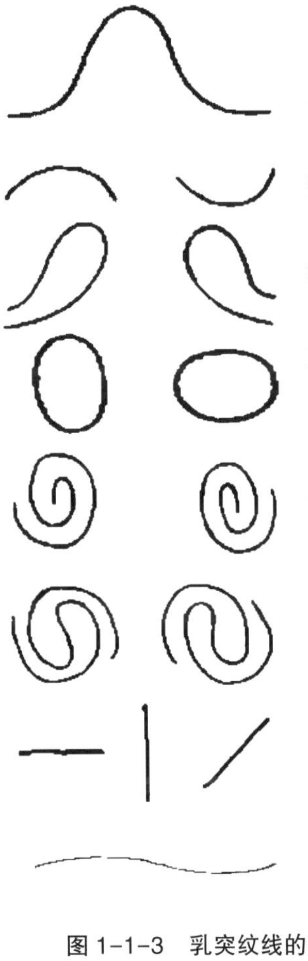

图1-1-3　乳突纹线的类型

箕形线：从一侧流向另一侧，流出一段后婉转返回而形成的箕形纹线。箕形线又由箕头、箕枝、箕口三部分组成。

环形线：呈闭合圆环状的纹线。环形线又有长圆、正圆和方圆之分。

螺形线：绕一端点旋转一周以上所形成的螺状纹线。螺形线又有顺时旋和逆时旋之分。

曲形线：弯曲呈字母“S”形或镜像“S”形的纹线，曲形线亦有顺时旋和逆时旋之分。

直行线：呈直线状的或近似直线状的纹线。

波浪线：上下起伏呈波浪起伏状的纹线。

三、指纹系统的概念

具有相同形态和流向的纹线组合称为指纹系统。据统计，中国人的指头花纹有2.5%左右由两种体系的花纹组合而成，97.5%左右由三种体系的花纹组合而成，这三种体系分别是内部系统、外围系统、根基系统。

内部系统：居于花纹的中心部位，亦称内部纹线或内部花纹，主要是由箕形线、环形线、螺形线、曲形线或混合纹线组成；内部系统纹线通常较细密，弯曲度较大；数量不定，少则一两根，多则二三十根（图1-1-4）。

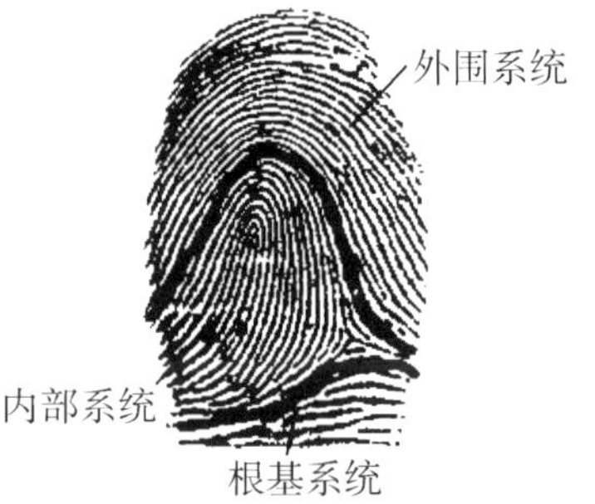

图1-1-4　指纹系统

外围系统：亦称“外围线”，纹线从左、上、右三面包围了内部系统，又称外围系统。多由弓形纹线组成，少数指头的外围线靠近指尖部位变成斜直状态的纹线；外围系统纹线上部凸向指尖，粗细和内部纹线相仿；左右两侧纹线较平直，越往下行，纹线逐渐变粗变疏，纹线数量较多，通常有三十根以上（图1-1-4）。

根基系统：位于中心花纹和两侧外围之下，由横向分布的纹线组成，又称“根基线”。主要由波浪线和横行线上、下层叠而成；根基系统纹线较平直，纹线数量多在十根以下，与中心花纹比较明显粗疏（图1-1-4）。

四、系统的划分

指纹三个系统可以通过追迹三角的上下支线加以区分。从三角的外角点起分别按上支线和下支线的追迹线开始追迹，当三角的上支线追迹终止时，应按其外侧相邻纹线继续追迹；当三角的下支线追迹终止时，应按其下侧相邻线继续追迹；当追迹线分叉时则按其外侧的分枝或下侧的分枝进行追迹；当追迹线中断时，应按其对应纹线继续追迹。

由于箕形纹多包括一个主三角，从其主三角的外角点的上、下支线同时开始追迹，当追迹至箕口附近即完成。

由于斗形纹有两个主三角，追迹时，需选出一个上支线和一个下支线，首先将两个三角的外角点和上下支线标出；然后分别选择追迹后包绕范围大的支线进行追迹，当追迹至对侧三角的上、下支线的端点附近即完成。

五、三角的概念

乳突纹线组成的三个不同的系统相组合时，所构成的近三角形的汇合区称为手纹三角，在手纹中，三角有一个的、有两个的，在复杂的花纹中，甚至有三个的。

三角由三条支线组成，分别为上支线、下支线和内支线。

上支线：又称上行线或上部支流，是外围系统在三角部位最内侧的纹线。

下支线：又称下行线或下部支流，是根基系统在三角部位最上侧的纹线。

内支线：又称内部支流，是内部系统中三角部位最外侧的纹线（图1-1-5）。

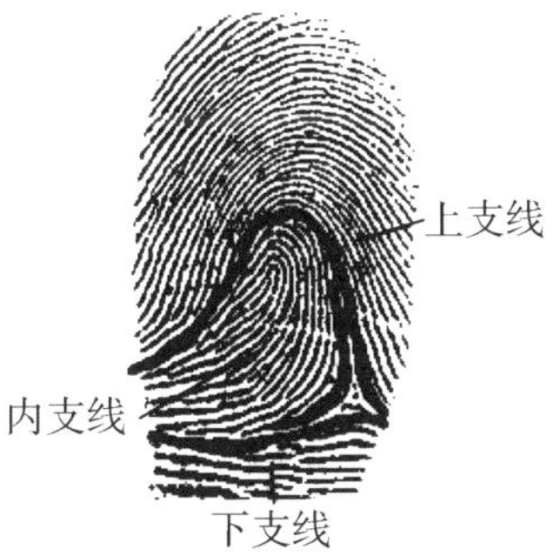

图 1-1-5　手纹三角的三条支线

上支线和下支线的汇合角称为三角的外角；上支线与内部支线的汇合角称为三角的上角；下支线和内部支线的汇合角称为三角的内角（图1-1-6）。

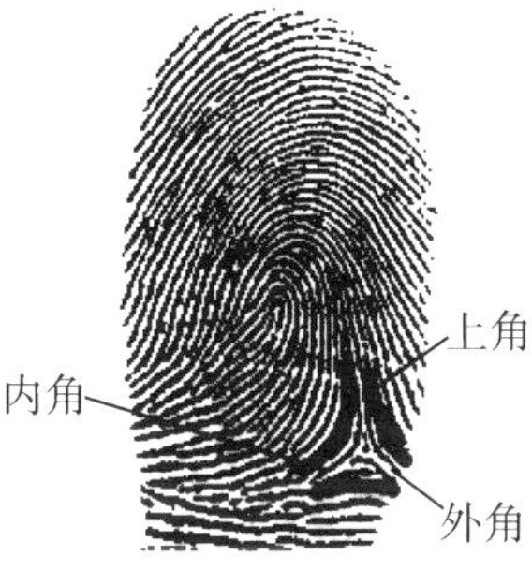

图 1-1-6　指纹的三角

六、三角的分类

按三角的三条直线组合形态，可以将其分为结合型三角（三角的三条支线相互结合所构成的封闭式三角）、分离式三角（三角的三条支线互不接触所构成的开放式三角）、混合型三角（三角的三条支线既有结合点，又有分离点所构成的半封闭式三角）。

按三角的内部结构，可以将三角分为空心三角（三角的三条支线组成的空腔内没有任何纹线的三角）、点棒三角（三角的三条支线组成的空腔内有点棒或明显点状结构的三角）、夹线三角（三角的三条支线组成的空腔内有纹线流出三角外的三角）。

七、乳突纹线的一般细节特征

乳突纹线的一般细节特征是乳突纹线局部细小结构和具体形态，是手纹“人各不同”特点的本质所在，也称为“个性特征”，它是手印检验的最重要的依据。

乳突纹线的一般细节特征主要是指常见的起点、终点、分歧、结合、小勾、小眼、小桥、小棒、小点等（图 1-1-7）。

起点：纹线的“始端”，即横行线的左端，竖行线的上端，弧形线、螺形线及曲形线等的顺时针起始端。

终点：线的“末端”，即横行线的右端，竖行线的上端，弧形线、螺形线及曲形线等的顺时针始末端。

分歧：纹线由一条分叉为两条或两条以上的结构，分叉点又被称为“分歧点”，即横行线从左向右分叉，竖行线由上向下分叉，弧形线、螺形线及曲形线等的顺时针始方向分叉。

结合：两条或两条以上的纹线汇聚为一条纹线的结构。即横行线从左向右的汇合，竖行线从上向下的汇合，弧形线、螺形线及曲形线等的顺时针始方向汇合。

小勾：在纹线上分出一长度不超过 3mm 的小枝杈短线所形成的钩状的纹线结构。超过 3mm 可以看成是一个分歧、一个终点或一个起点、一个结合两个特征的组合。

小眼：一条纹线分成两条纹线又汇聚成一条纹线所构成的形状类似小“眼睛”的纹线结构。小眼的纹线应在 3mm 以下，超过 3mm 的应看作一个分歧和一个结合两个特征的组合形式。

小桥：从一条纹线所分出的小枝杈斜流汇入相邻纹线上所构成的斜搭小“桥”状的纹线结构。小桥的纹线长度应在 3mm 以下，超过 3mm 时可看成一个分歧、一个结合两个特征的组合。

小棒：也常被称为“短棒”，长度为 1~3mm、独立存在的棒状短线。

小点：指本身呈点状的乳突纹线结构，或长不足 1mm、独立存在的线状纹线结构。

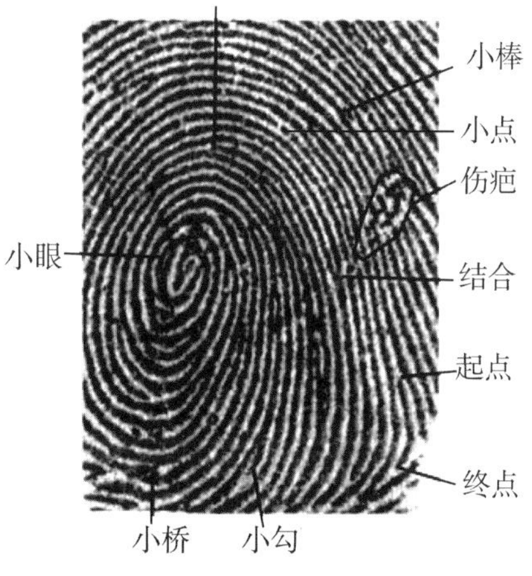

图 1-1-7　指纹的细节特征

八、乳突纹线的细点线

细点线是隐居在小犁沟中的一种凸起的细点状的组织结构。有时在指掌纹的中间某一段会出现细点线，随着人年龄的增长，细点线的面积、范围逐渐增粗，原来在印痕中尚未反映出来的，也会随着年龄的增长而逐渐地反映出来。由于细点线的分布、形态等都具有很强的特定性和稳定性，所以细点线可以作为手印鉴定的依据之一。但是其高度低于乳突纹线，个体细小，在印痕中反映性较差（图 1-1-8）。

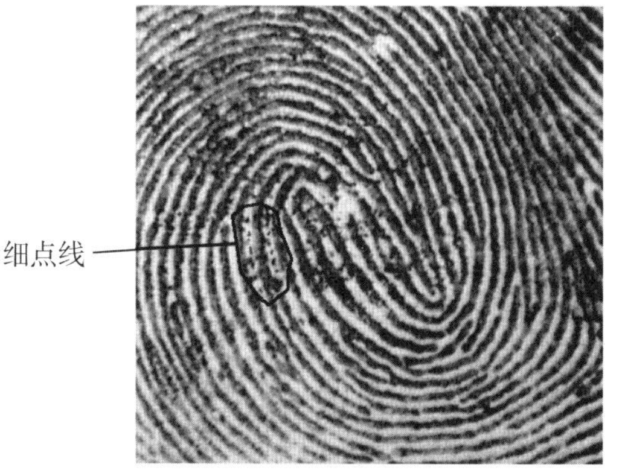

图 1-1-8　乳突纹线的细点线

九、乳突纹线的凹陷

乳突纹线的某一局部所出现的明显凹缺。“凹陷”有大小、形状、方向等区别。应用中应注意区别，是由于客体局部凹陷或客体面存在沙粒等形成的手印纹线的局部缺损，在手印鉴定中，凹陷只能作为辅助参考特征应用。

十、乳突纹线的隆突

乳突纹线的某一局部明显凸出的结构，隆突有大小、形状及方向等差别。在检验中应注意区别隆突与乳突纹线上黏性附着物所形成的假隆突，在手印检验中只能作为辅助参考特征应用。

十一、乳突纹线的弯折

乳突纹线出现弯折斜行的纹线结构。在弯折处通常会伴随着出现终点和起点，此特征通常多出现于指节及手掌纹线中，该特征点具有很高的鉴定价值。

十二、汗孔

汗孔是汗腺分泌汗液的出口，绝大多数分布在乳突纹线上，呈蜿蜒的单行排列的小眼，形态为圆形、椭圆形、星芒状不等，汗孔的间距、形态、大小、分布以及与其他特征之间的关系等都具有一定的特定性和稳定性，在手印鉴定上，我们也将其称为“三级特征”，但其在印痕中反映较差。

十三、伤疤

伤疤是指受伤的局部皮肤组织，由新生的纤维组织和结缔组织填充而形成的一种瘢痕。瘢痕是后天形成的一种新生的、永久性的特征，有线条状和斑块状之分，具有很强的稳定性和特定性，有很高的鉴定价值（图 1-1-7）。

十四、脱皮

脱皮是皮肤表层角化衰退的组织，多由于角质层受到病变、重摩擦、挤压等脱落而形成的斑点状或斑块状特征。由于其增补恢复速度较快，稳定性较差，在手印鉴别中只能作为一种参考条件利用。

十五、手指的屈肌褶纹

手指的屈肌褶纹是由于人手指长期反复屈伸活动形成的位于手指指节上明显的粗大的沟纹，由于指节不同而有所不同，拇指有两组屈肌褶纹，食指、中指、环指、小指各有三组屈肌褶纹。从指尖向下，依次为第一屈肌褶纹、第二屈肌褶纹、第三屈肌褶纹（图 1-1-9）。

手指第一屈肌褶纹是指头与第二指节之间关节处的粗大沟纹。该屈肌褶纹多为一条较粗大、平直、横贯手指表面的沟纹，分支较少；其上下方有时会伴随出现一些不规则的细小沟纹。

手指第二屈肌褶纹是第二指节与第三指节之间关节处的粗大沟纹。食指、中指、环指、小指上的该组屈肌褶纹多为两个粗大沟纹（也有两个以上），其中一条较长、粗大，另一条较短小，两条屈肌褶纹之间有一定的间隙，有的沟纹中间也出现不规则的小沟纹。

手指第三屈肌褶纹是手指根部与手掌交界处的沟纹组，该屈肌褶纹的形态不规则，常由多条较细小沟纹层叠或交织而成。

十六、手掌的屈肌褶纹

手掌的屈肌褶纹是由于人手掌关节处及手掌面长期反复进行屈伸活动形成的、明显粗大地分布在手掌上的较深的沟纹。该沟纹流程较长，形态较复杂，其数量、形态、结构及组合类型因人而异，多数人的手有三条屈肌褶纹，分别称为第一屈肌褶纹、第二屈肌褶纹、第三屈肌褶纹（图 1-1-9）。

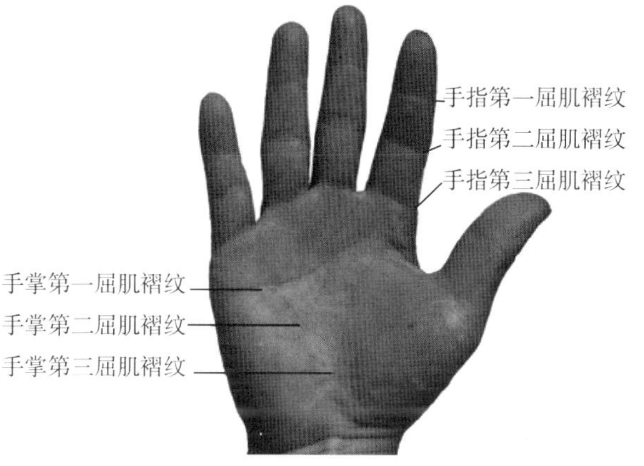

图 1-1-9　手指和手掌的屈肌褶纹

手掌第一屈肌褶纹：起源于手掌外侧上区，向内横流并不断向上逐渐弯曲，多终止于食、中指间下方，形成以凸向掌心的微弧状粗大沟纹。其外段明显粗大，且出现明显深、短、向外侧分叉的小分支，构成向外分叉的“人”字形或“八”字形结构；其中段多为多线交错、重叠或在一条主沟纹下侧出现内横流稍向下弯曲的、细小分叉线；其内侧段多由分向内侧的两、三条细小沟纹组成。

手掌第二屈肌褶纹：起源于拇、食指间中区，向外侧横流，并逐渐向下弯曲，止于外侧中区附近的粗大沟纹。其内段多呈多线交织状，且多与第三屈肌褶纹起点处纹线结合交织；其中段多为单线结构，少数手掌出现双线和多线重叠、交错；其外侧段，即其尾部绝大多数为渐细的单线条。

手掌第三屈肌褶纹：起源于拇、食指间中区，第二屈肌褶纹起点外或其下侧，斜向下外流，并不断向内转弯，终止于手腕部中区，形成的凸向掌心的大圆弧状粗大沟纹。其上段多为多线交织结构，并与第二屈肌褶纹交织一段；其中段多为单线结构，明显粗大且很少出现分叉现象；其下段多数渐细，且多向下分成少量的分叉线。

十七、手指皱纹

手指皱纹是手指长期反复地伸展、堆积活动和皮肤的松弛而形成的沟状的褶皱，多横于乳突纹线上。手指皱纹在人胎儿时期就已经形成，但是随着年龄的增长和活动的增多，其大小、形态、方向、位置也会发生一定变化，其稳定性较屈肌褶纹差，但是在短时间内具有一定的稳定性，具有一定的检验价值。

指头皱纹：指头肌肉发达，脂肪丰满呈球形凸面，皮肤较紧，屈伸较少，皮肤堆积起皱的机会少，从而产生皱纹数量也较少，相对短小。指头的皱纹多数呈横向排列，大部分位于指头两侧面的中下区，但正面印痕中出现较少，指侧印痕中出现较多。另有一部分为纵向皱纹，位于手指两侧面的中、下区，多平行分布（图 1-1-10）。

手掌上的皱纹　手指上的皱纹　指节上的皱纹

图 1-1-10　手上的皱纹

第二指节皱纹：食指、中指、环指、小指的第二指节肌肉和脂肪部发达，皮肤较松弛，且屈伸、堆积多，所以皱纹较多。第二指节的皱纹多呈纵向平行排列，少数呈横向或斜向排列，有的呈格子状。由于拇指没有第三指节，所以拇指的指节皱纹特点同其他指的第二指节皱纹。

第三指节皱纹：食指、中指、环指、小指的第三指节由于皮肤松弛，且屈伸多，屈伸幅度大，故皱纹较多。第三指节皱纹多数呈纵向平行排列，沟纹较长；少数呈横向平行排列，纹线较短，皱纹纵横交错构成较密的格子状。

十八、手掌皱纹

同手指皱纹一样，手掌皱纹是手掌长期反复伸展、堆积活动和皮肤的松弛而形成的沟状褶皱，多横于手掌部乳突纹线上。手指皱纹在胎儿时期已经形成，随着年龄的增长和活动的增多，其大小、形态、方向、位置也会发生一定变化，其稳定性较屈肌褶纹差，但是在短时间内具有一定的稳定性，具有一定的检验价值。

手掌指根区皱纹：手掌指根区的皱纹较少，分布较杂乱。食指根部附近的皱纹主要有两种情况：一种是食指根指向外侧的较细的纵向沟纹；另一种是由内边指向中指侧的横向沟纹。中指根、环指根附近的皱纹不规则，由指根向下的纵向皱纹和一些杂乱的斜向皱纹及横向皱纹交织而成。小指根附近的皱纹，主要由从外侧边缘向内横流的粗短横向皱纹组成，另外还可能出现少量的纵向皱纹（图 1-1-10）。

手掌内侧的皱纹：手掌内侧部皱纹数量多，沟纹长，分布较规则。其主要由两组细长沟纹组成：一组为横向沟纹，由拇指根部流向整个外侧边缘，其下区皱纹多平行排列指向外侧，其上区皱纹多呈由内向外的“喇叭口”状；横行皱纹上区较为粗大，下区较为细小；另一组为纵向细小的沟纹，多由手掌内斜边开始，流向上方，多终止于内侧中区，常在内侧中区与横向皱纹相交织，构成大面积网格状皱纹形态，纵行皱纹“尾部”朝上，且位于内上方的沟纹较粗大，靠近外下方的相对细小。

手掌外侧皱纹：手掌外侧皱纹主要出现在外侧边缘，比较少，比较短，向掌心逐渐变细，多为短横沟纹。有时也会出现一些较杂乱的皱纹，其中较多的在小指至腕部中区的方向上。

第四节　指头乳突花纹的基本类型和分类

按照乳突纹线的组合形态，可以将手纹分为弓形纹、箕形纹、斗形纹和混杂形纹四种基本类型。

一、弓形纹

弓形纹的纹线由指纹的一侧横流至另一侧不返回，由弓形线组成外围系统，由直行线、波浪线组成根基系统的花纹类型。弓形纹约占指头花纹总数的 2%，弓形纹又可分为弧形纹和帐形纹等细目类型。

弧形纹：弧形纹是指由多数弧度较小的弓形线在上部，少数横行线或波浪线在下部所构成的弓形花纹（图 1-1-11）。

弓形线顶部的弧度由指尖向下逐渐变小，横行线由上至下渐趋平稳横直。按照纹线弧度的倾向，又可分为左倾弧、右倾弧和无倾弧；按照纹线弧度的高低，又可分为高弧、中弧和低弧。

弧形纹　　帐形纹

图 1-1-11　弓形纹

帐形纹：帐形纹是指弧度较大的弓形线在上部叠加，少数横行线在下部，花纹中心部位有一条或一条以上的垂线、斜线（或短棒）支撑着上部的弓形线构成弓形花纹形态（图 1-1-11）。

二、箕形纹

箕形纹中心由一条以上完整的箕形线相套叠构成的内部系统，上部纹线两侧由弓形线包绕构成外围系统，下部由一些横行线和波浪线组成根基系统而组成的花纹类型。箕形纹中通常只有一个三角，少数有两个三角。箕形纹约占指头花纹总数的 47.5%。箕形纹按不同的方式又可分为多个类型。

（1）按照箕头的朝向划分：

左向箕：在印痕中箕头朝左的为左向箕。

右向箕：在印痕中箕头朝右的为右向箕。

（2）按照箕口的朝向划分：

正箕：手上观察，正箕是指箕口朝向小指方向的箕形纹（图 1-1-12）。

反箕：手上观察，反箕是指箕口朝向拇指方向的箕形纹（图 1-1-12）。

（3）按照箕口的状态划分：

开口箕：开口箕是内部花纹中心有一条或一条以上完整的箕口处于敞开状态的箕形线所构成的箕形花纹（图 1-1-13）。

闭口箕：闭口箕是内部花纹中心有一条或一条以上完整的箕口处于闭合状态的箕形线所构成的箕形花纹（图 1-1-13）。

（4）按照箕头的高低划分：

抬头箕：抬头箕是指箕头朝上、箕口朝下的箕形纹（图 1-1-14）；

卧头箕：卧头箕是指箕头、箕枝、箕口呈横卧状的箕形纹（图 1-1-14）；

俯头箕：俯头箕是指箕口向下弯垂的箕形纹

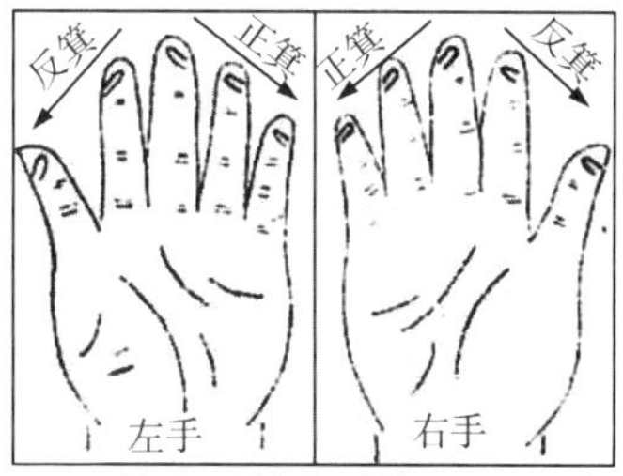

正箕和反箕在手指上的区别

朝向 / 手	反箕	反箕	正箕	正箕	正箕
左手				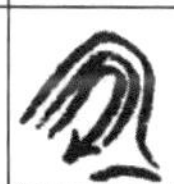	
右手			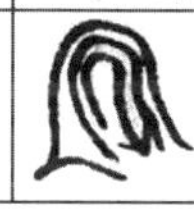	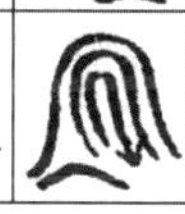	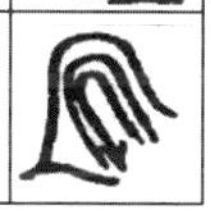

正箕和反箕在印痕上的区别

图 1-1-12　箕形纹

开口箕　　闭口箕

图 1-1-13　开口箕和闭口箕

抬头箕　　倒头箕

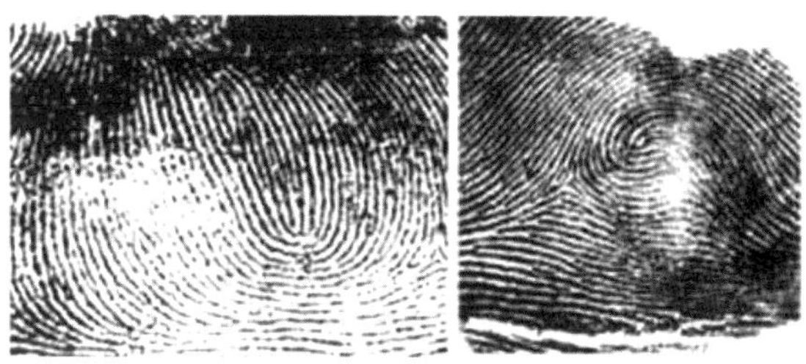

俯头箕　　卧头箕

图 1-1-14　箕形纹

（图 1-1-14）；

倒头箕：倒头箕是指箕头垂直朝下，箕口朝上的箕形纹（图 1-1-14）。

（5）按照中心箕形线形成的箕头内纹线个数划分：

空心箕：中心箕形线箕头内无任何纹线；

一线箕：中心箕形线箕头内有一条纹线；

二线箕：中心箕形线箕头内有两条纹线；

三线箕：中心箕形线箕头内有三条纹线；

多线箕：中心箕形线箕头内有三条以上纹线；

点眼箕：中心箕形线箕头内有明显的小点、小眼、小勾、小桥等特征的箕形纹。

三、箕与非箕的区别

当花纹中心仅有一条箕形线时，这条箕形线必须是完整而圆滑的，且其箕头和靠近三角的箕枝部分不得与流入三角或三角侧外围的纹线，或直接引向三角的纹线相结合或接触，这样的线才叫箕形线，否则不能列入箕形纹，而应列入弓形纹（图 1-1-15）。

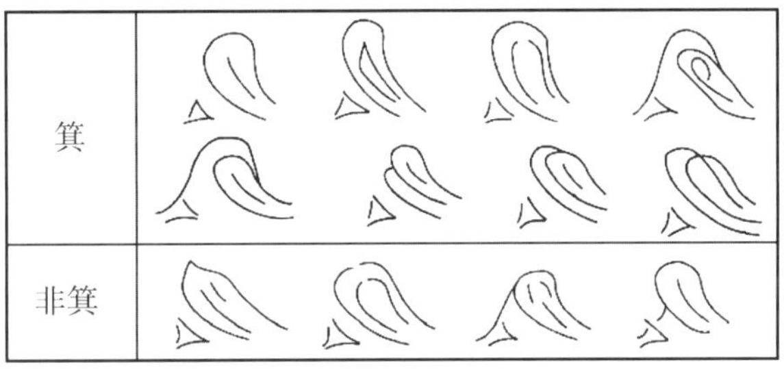

图 1-1-15　箕与非箕的区别

四、斗形纹

斗形纹中心是由一条以上的环形线或螺形线或曲形线相套叠或层叠，或由环形线与螺形线相套叠构成的内部系统，其上部和两侧由弓形线包绕，构成外围系统，下部由波浪线和横行线构成根基系统。斗形纹通常都具有两个三角，极个别的有三个或四个三角。按照斗形纹内部花纹形态的不同，可将其分为环形斗、螺形斗、绞形斗、曲形斗、双箕斗、囊形斗及杂形斗等花纹形态（图 1-1-16）。

环形斗：花纹中心由一根以上的环形线相套叠形成的斗形纹。

螺形斗：花纹中心由一根以上起点方向一致的螺形线并行、旋绕组成的斗形花纹。

绞形斗：花纹中心由两条或两条以上起点方向相对的螺形线相互绞绕旋转组成的斗形花纹。

双箕斗：中心由两条以上独立、圆滑的曲形线相重叠向一个方向旋转的斗形花纹，或在一条完整曲形线的两个弯头内各有一条以上完整的箕形线所组成的斗形花纹。

囊形斗：内部花纹中心由一根以上的大头闭合箕形线，其中心腔内有一根以上凸向箕口的弧形线所组成的形似囊袋状的花纹形态。

曲形斗：曲形斗是指内部花纹中心仅有一条完整的曲线（空腔或有一条以上的纹线伴随盘绕），或由两条并不独立而有其他纹线盘绕旋转的曲线组成的斗形花纹。

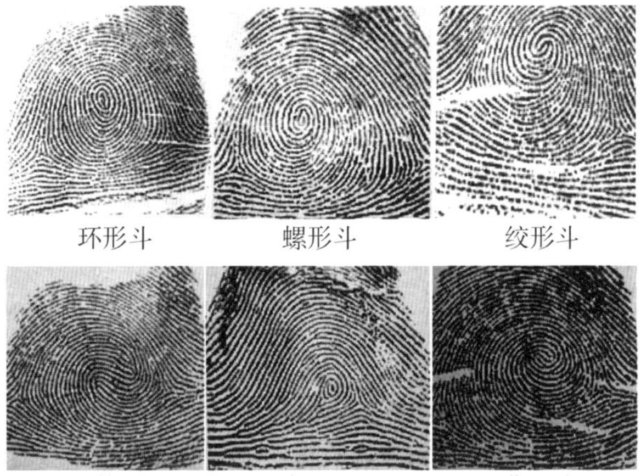

图 1-1-16　斗形纹

五、斗与非斗的区别

当花纹中心仅有一条完整或近似完整的环形线或螺形线或曲形线时，其正对三角的部分必须是不折、不断的，并不与来自于外角的纹线相接触，否则，就不能列入斗形纹（图 1-1-17）。

六、混杂形纹

混杂形纹是指中心由两种以上的纹线体系混合而成，或因其形态奇特、结构杂乱而不能归入弓、箕、斗的花纹。在混杂形纹中心的上部和两侧由弓形线包绕，下部由波浪线或横行线层叠为根基组成。按照其内部形态和结构的不同，可分为箕帐混合纹、箕斗混合纹、并列箕形纹、并列斗形纹、杂形纹（指不能归入弓、箕、斗形纹，也不能归入混合纹中的花纹）和畸特纹（图

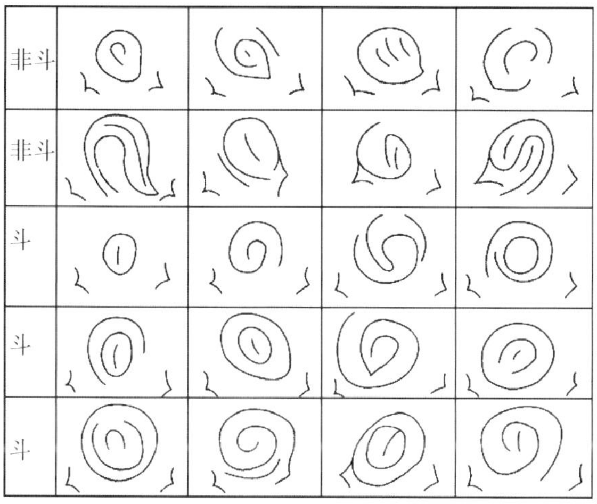

图 1-1-17　斗与非斗

1-1-18）。

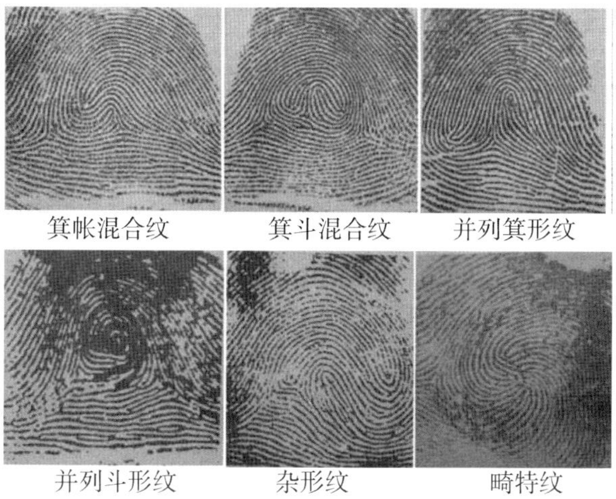

图 1-1-18　混杂形纹

箕帐混合纹：该类型花纹内部由一箕一帐两种花纹体系并列组成，通常是俯头箕在上，帐形体系在下。内部花纹的上部及两侧有弓形线层叠包绕，下部由波浪线和横行线层叠成根基系统，通常有两个三角。注意，当箕形纹仅有一条箕形线时，该箕形线不能与弓形纹的弓形线共用，否则归为俯头箕。

箕斗混合纹：该类型花纹内部由一箕一斗两种花纹体系并列组成。通常是俯头箕在上的斗形纹体系（螺形线或环形线），内部花纹的上部及两侧有弓形线层叠包绕，下部由波浪线和横行线层叠成根基系统，通常有三个三角。

并列箕形纹：其内部花纹由两个以上独立、并列的箕形线体系（异向或同向）组成的花纹，通常有两个三角。

并列斗形纹：内部花纹由两组并列的斗形线体系组合而成，斗形线或为环形线或为螺形线，或为一环一斗。上部及两侧有弓形线层叠包绕，下部由波浪线和横行线层叠成根基系统，通常有四个三角。

杂形纹：内部花纹形态不归入弓、箕、斗及上述混合型花纹，结构杂乱，三角数量不等。

畸特纹：该类型花纹主要是由于手指的畸形（畸形指、叉指、骈指、联指）而形成的花纹，形态极为特殊，不太常见。

第五节　指纹中心点、三角外角点的确定和纹线的计数

确定指纹的中心点、外角点以及纹线的数线是手印鉴定的基本方法之一，是手印比较检验中特征定位的重要依据。本节主要介绍定位和纹线数线的方法，为下一步手印鉴定打下基础。

一、指纹中心点

指纹中心点是确定花纹中心与三角远近或测量花纹中心至指根长时，在指纹中心部位所选出的参考点。

弓形纹的花纹中心点的确定：无论是帐还是弧，其中心点应定在从根基部位往上、外围系统的第一条弓形线的顶点上。

箕形纹花纹中心的确定：无论箕形纹是否空心，其花纹中心一律定在从根基部位往上、外围系统的第一条箕形线的顶点上。

斗形纹花纹中心的确定：斗形纹中的环形斗、螺形斗、绞形斗中心点应定在外围系统最内部的一根环形线或螺形线的顶点上，曲形斗和双箕斗中心点应定在中心朝上的“假”箕头顶点上。

混杂型纹花纹中心的确定：由于混杂型纹的花纹形态较复杂，无法统一标准，但是在手印检验中，样本和检材的标准应该一致。例如，箕帐混合纹可以统一确定在箕形纹的中心上，也可以确定在帐形纹的中心上。

二、三角的外角点

指纹外角点是确定指纹中心点与外角点间隔数时在三角的外角部位选出的参考点。

结合型外角的外角点的确定：结合型外角的外角点定在上支线与下支线的结合点之上。

分离型外角的外角点的确定：分离型外角的外角点定在上下支线主线段延伸的交点上。

套叠型外角点的确定：套叠型外角点如果是结合型的，其外角点确定在最内侧外角的结合点上，如果为分离型的，定在上下部支流的线段延长线最接近中心的交点上。

斗形纹外角点的确定：其外角点确定在靠近斗形花纹中心三角的外角点上。

三、中心与三角间隔的数线方法

从花纹中心点到三角的外角点间设置一条直线，此直线即为计数线。数线时，将计数线通过中心点和外角点之后，凡是与计数线相交的纹线、纹线结合点、小点等都按一条线计数。中心点和外角点本身不计数，所有计数线与纹线、小点等的相交点总数即为中心与三角外角的间隔线数。

四、追迹线追踪计线法

追迹线追踪计线法是从左三角的下部支流开始向右三角方向沿线追迹，以确定左右两个三角之间相对高低位置的方法，所以该方法又称“左三角追迹法”。

追迹方法：从左三角下支线开始向右三角追迹，若被追迹的纹线出现中断，则按其对应线或对应的下侧纹线追迹；若被追迹的纹线分叉，则应按其下分支追迹；若被追迹的纹线终止，则按其下侧相邻线继续追迹。

追迹线的终点定位：当追迹线从右三角上方通过时，以右三角外角的角平分线与追迹线的交点为终点；当追迹线从右三角下方通过时，则以右三角外角点的下垂线（即右外角点引向指节屈肌褶纹方向的垂直线）与追迹线的交点为终点；当追迹线与右三角下支线在同一条纹线上时，以右三角的外角点为终点。

追迹线的计数方法：以追迹线的终点与外角点间的连线为计数线，凡是与计数线相交的纹线、明显的小点及纹线结合点等都按一条线计数，追迹线终点和外角点不计数；跨几条纹线，则称其为“上几线”，如上 6 线、上 7 线等；反之称其为“下几线”，如下 4 线、下 5 线；若上、下不跨线，这称其为“上 0 线”“下 0 线”。

第六节　指节乳突花纹的特点

指节的皮肤组织结构与指头相同，但乳突纹线的形态结构及皱纹形态同指头纹有着明显的区别。

一、指节乳突纹线的基本特点

指节乳突纹线宽、间隔大、纹线的线密度小；形态趋于简单、平直。主要由直行线和小弧度弧形线组成；纹线的边缘相对粗糙，且断续线和折转线相对多见；花纹结构简单，箕形纹、斗形纹等花纹极为罕见。

二、指节乳突纹线的结构与类型

依据指节中段纹线的结构和形态，可将指节纹分为平弧型纹、倾斜型纹及混合型纹等。

平弧型纹：指中段主要由横形线和弧形线组成的指节花纹。有时在弧形线之间掺杂一些波浪线或短斜线。弧形线组成的弧度有大小之分，弧凸朝向有上下之别，弧峰有居中或偏旁之差异。

倾斜型纹：指中段主要由倾斜直线组成的指节花纹。常掺杂一些弧形线或波浪线。斜线倾斜方向有左倾、右倾之分，倾斜程度又有大小之别。

混合型纹：混合型纹系指中段由弧形线、倾斜线、弯折线及波浪线等混合而成的指节花纹。其形态不太规则，特别是弯折线的弯曲程度、形态变化很大，有时可构成类似山峦重叠的图案。

箕形纹：指节上也有箕形纹，但极为罕见。这里的箕形纹只由两三条或四五条箕形线组成，其面积较小，形态亦很简单（图 1-1-19）。

斗形纹：在指节上出现斗形纹更罕见，斗形纹主要由几条近似环形线或螺形线的纹线构成（图 1-1-20）。

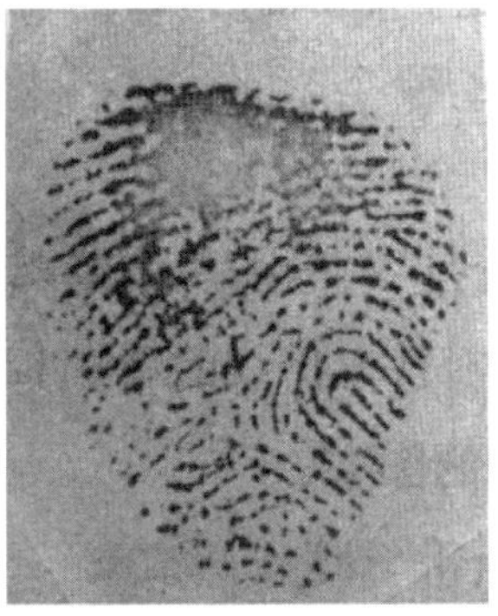

图 1-1-19　箕形纹

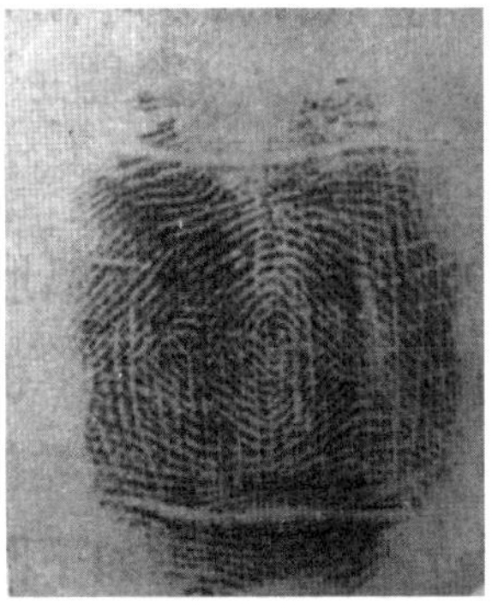

图 1-1-20　斗形纹

第七节　手掌部乳突花纹的特点

手掌部乳突花纹既不同于指头的乳突纹线，也不同于指节的乳突纹线，掌握手掌乳突纹线特点有助于分析鉴别现场遗留手印。

一、手掌指根区乳突纹线的特点

每个指根部都有一组凸向掌心的横向弧线，且每两个指根部之间都各有一组纵行线，横向弧线与指间纵行线汇合成三角，手掌上部常见的是指间倒箕（箕头指向掌心），其次是指根斜箕、指根帐、指根弧，弓形纹较少，斗形纹更少。

二、手掌内侧乳突纹线的特点

该区域的乳突纹线起源于拇指根部，伴随着手掌第三屈肌褶纹斜行向下，流经掌心后转向内，流至整个内斜边缘和手腕部。纹线大多数形成凸向掌心的大弧形，少数纹线越靠近拇指部越呈斜直的状态，纹线的流程较长。常见的花纹类型是弯口箕，斗形纹、弓形纹较少。在手掌内侧部，除了多数人的纹线以大弧度一般形态表现外，也有少数人的纹线在内侧中区出现一组凸凹相对、形如叶脉的弧形线，形似“叶状形”，也称为叶状纹（图 1-1-21）。内侧区叶状纹线的宽度、弧线的弧度及纹线数量等常大于外侧叶状纹。还有极少数人在手掌内侧纵行弧形线当中出现一组界限分明的由横行纹线所构成的、形如斑块状的花纹，称为“斑块纹”。斑块纹唯内侧区有，其不仅是内侧区的特殊标志，也可为掌纹的方向部位的判断提供准确的依据（图 1-1-22）。

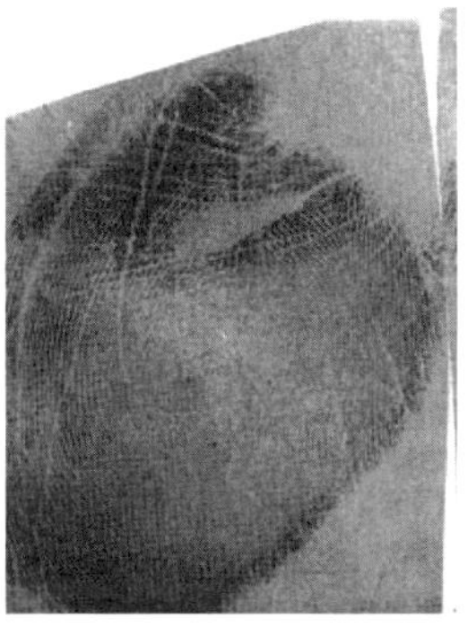

图 1-1-21　叶状纹

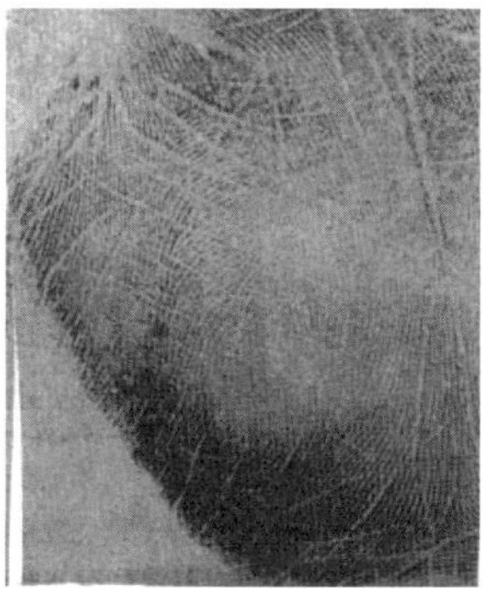

图 1-1-22　斑块纹

三、手掌的外侧乳突纹线的特点

手掌外侧部乳突纹线流向的一般特点是纹线多来自食指根部及拇指之间，流经掌心斜行至整个外侧边缘，纹线流程长、弧度小，纹线经掌心后由少增多，逐渐扩散，呈“扫帚”状。此外，在手掌腕部还可以出现腕部凸向掌心方向的一组弧形线，与内外两侧部纹线汇合构成三角的纹线结构，称为“腕部三角”，多数在手腕部附近。在手掌外侧，弓、箕、斗三种纹线出现的概率较高。

第二章　现场手印的勘查

现场手印是作案人遗留在现场的主要痕迹物证之一。现场手印的勘查包括对手印的搜索、发现、保护、提取、分析，是手印检验工作的重要组成部分。

第一节　现场手印和手印检验技术

现场手印是手印检验技术的工作对象，手印检验技术的高低是决定现场手印质量的关键因素。

一、现场手印的概念

现场手印是作案人的手在现场接触现场物体所遗留的痕迹，是人手的皮肤花纹与现场物体接触部位的形象特征反映，包括手指、手掌部位的乳突花纹、屈肌褶纹、皱纹、伤疤、脱皮等，是我们检验现场手印的对象。

二、手印检验技术的概念

手印检验技术是手印检验鉴定人员利用痕迹检验学和相关学科的专业知识、设备，依据相关的法律法规规定，对现场手印进行勘查、发现提取和分析鉴定，从而确定现场手印与案件的关系，认定案件现场手印为同一人手印的一项专门的技术，它是痕迹检验技术中的重要组成部分。

第二节　手印的形成

人手接触物体时，根据力学原理，人手对物体施加一定的作用力，物体对人手同样施加一个反作用力，在作用力和反作用力的相互作用下，物体表面形态和附着物发生了变化，从而形成了能反映手的外形结构和皮肤花纹形态结构的手印。因此，手印在形成时受到以下几种因素的影响。

一、造痕体

手印的造痕体是手，手本身的形态、大小、肌肉、骨骼的发达程度，指掌有无疾病或多指、缺指、联指等畸形，指掌面上乳突纹线的深浅度、细腻光滑度、线条连接度，以及纹线的形态等，都直接影响着手印的具体形态与纹线的清晰度。

二、作用力

手与承痕体相接触时的作用力，其方向、角度、力的大小等，都对形成的手印是否正常或变形、清晰或模糊等有着直接的影响。

三、承痕体

承痕体是指承载手印的物体。承痕体表面的光滑度、干湿度、渗透性、吸附性、可塑性及弹性等物理和化学性能，均对手印的清晰程度、手印的保持时间以及反映纹线特征的真实程度等有着重要的影响。

四、中介质

中介质是指汗液、灰尘、血液等附着物质，这些物质的形态、数量、颗粒的粗细、附着能力及其理化特性都不同程度地影响着手印的清晰度与完整性。

第三节　现场手印的分类

在手印检验的日常工作中，主要根据手印的形态、物质成分、形象反映等不同标准对现场手印进行分类。

一、按承痕体的形态变化分类

平面手印：是指手接触承痕体时，手上的分泌物或附着物遗留在客体表面或者把客体表面的附着物带走，从而形成只有二维空间的无明显凸凹立体感的手印。

立体手印：是指手接触承痕体时，使客体表面的形态发生非可塑性的凹凸变化，从而形成具有三维空间的有明显立体感的手印。如未干油漆上的手印、松软潮湿泥土上的手印、较厚灰尘上的手印、肥皂上的手印等。

二、按承痕体物质变化分类

加层手印：是指手上的分泌物或附着物遗留在承痕体表面所形成的手印。这种手印以加层物质的形象反映出手纹的形态结构，如油墨手印、汗液手印、血迹手印等。

减层手印：是指手接触承痕体时，将其表面细微、浅薄的附着物粘走而形成的手印。这种手印以物质被粘走而留下的空位形象反映出手纹的形态结构，手接触有灰尘的光滑油漆表面时多形成此类手印。

三、按手印的形成色调分类

有色手印：是指形成手印的物质具有明显可见的颜色，可以用人眼直接观察到手印，如血迹手印、油墨手印等。有些形成手印的物质虽属无色，但其量达到人眼能够观察到的程度，亦称有色手印。

无色手印：又称潜在手印，是指通过人眼无法直接观察到，需要通过一定的仪器、一定的显现方法才能观察到的手印。此类手印是平常中遇见较多的手印。如汗垢、油垢手印等。有些手印虽然在正常情况下用人眼可以观察到，但是当其量极少时，需要用特殊方法显现才能观察到，也称之为无色手印，如血潜手印。

四、按形成手印的介质分类

汗液手印：汗液手印是最常见的手印，其形成手印的介质主要是手的皮肤分泌的汗液（主要成分是水、无机盐、氨基酸、尿素等）和皮脂，主要为加层手印，显现该类手印的方法主要依靠这些物质的物理、化学和光学属性。

油脂手印：形成的手印物质主要为油脂，油脂包括植物油、动物油和矿物油等，有加层和减层手印之分。该类手印的显现方法主要针对油脂。

灰尘手印：主要是手上的皮脂和其他黏性物质将客体上的灰尘带走或将其他地方的灰尘带来黏附在客体上形成的手印，因此亦有加层和减层手印之分。显现灰尘手印主要利用灰尘的物理、化学属性。

血手印：主要是手指掌面黏附血迹形成的手印，其形成手印的主要物质是血迹，主要为加层，有时形成手印的血迹较少时也称之为“潜血手印”。显现血手印主要利用血的属性（按形成手印的中介质分类）。

混合手印：是指形成手印的主要物质有多种，可以是汗油混合，也可以是油灰混合，或者是血灰混合，甚至有可能是汗油灰混合等，可以是加层也可以是减层。显现时要根据形成手印的物质成分具体分析，选择合适的方法（按形成手印的中介质分类）。

除了上述形成手印物质的主要成分以外，还有其他物质形成的手印，例如阴道分泌物形成的手印、精液形成的手印、果汁形成的手印、牛奶形成的手印等。

第四节　现场手印搜寻的要求

现场勘查和检验人员到达现场或拿到检材时，首先要搜寻手印，这是进行下一步检验的基础，也是现场勘查的主要任务之一。它是一项严谨的工作，必须按照以下要求进行。

一、不遗漏现场手印

在现场勘查时，要认真仔细、反复多次对疑

有手印的地方进行观察寻找，尽可能多地发现手印，特别是遇到变动现场、破坏现场及其他一些复杂现场时，不能急躁、草率，应仔细地反复勘查。

二、不破坏现场手印

对疑有手印的物体，不能随意触动已发现的手印，对已发现的手印应做好标记妥善保护，及时提取。

三、不遗留现场勘查人员手印

要求勘查人员戴手套进行勘查，必须接触物体时，应注意拿捏物体的棱角、边沿等作案人不易接触的地方，以防将自己的手印留在现场物体上。

第五节　现场搜寻手印的原则

现场手印勘查不但要按照第四节要求进行，还要遵循下列原则，一步一步地进行，这样既可以体现手印勘查工作的严谨有序，又可以保证又快又好地提取到有效的现场手印。

一、先重点后一般原则

现场勘查时，应首先明确手印遗留的重点区域和重点物体，将主要精力和时间集中在这些重点部位上去发现手印，然后再顾及其他一般部位。

二、先静观后动手原则

进入现场后，对疑有手印的物体应首先静观发现手印，之后，必要时再拿动物体，调整恰当的光照和视线角度，进一步认真地加以发现。

三、先拍照后提取原则

在现场发现手印时，一定要先拍照后再进行下一步的处理。虽然拍照也是手印提取的一种方法，但是当遇到手印拍照提取可能达不到检验要求，需要进一步处理的情况时，或者是触动承痕体后会破坏现有手印，再或者进一步处理效果可能会更好时，需要先在现有条件下将手印拍照，然后再进行下一步的处理，以防将手印破坏而遭受损失。

四、先戴手套后拿动原则

在拿动物体进行观察时，为防止留下自己的手印，必须先戴好手套之后再拿动物体。在拿动物体时尽量触及物体的棱角、边沿及作案人不易接触的部位，以防破坏原来的手印，同时，如果手套被污染，要立即更换洁净手套。

第六节　现场搜寻手印的重点部位

勘查技术人员到达现场后，首先要对现场有一个全面了解和一个整体的思路，认真分析案件的性质、现场的范围和作案的特点，分析作案过程，确定重点部位，判断嫌疑人可能触摸过的物体和部位，如果现场有监控录像，首先应调出监控录像仔细研究嫌疑人的作案过程，从而准确地确定手印遗留的部位。

一、现场进出口和作案途径

作案人经过的现场出入口及其周围的有关物体，例如门框、窗框、门板、把手、插销、锁等极易留下作案人的手印；在案犯进出现场的路线上以及周围的物体，如走廊、管道、扶梯、墙壁等，这些地方都容易留有作案者的手印。

二、现场的中心

现场的中心即作案人作案的活动中心，是作案人作案对象的主要场所，也是我们现场勘查的重点部位，这些部位的物体往往非常态，如被移动、翻动、翻倒、破坏或者抛散等。作案人接触了这些物体，手印便会遗留下来。

三、现场遗留物

作案人作案后常常会把作案工具、作案凶器等遗留在现场，有时还可能将随身携带的其他物品遗留在现场，这些遗留在现场物品上的手印价值较大，可靠性较高，是手印勘查的重点部位，应仔细勘查和发现。

四、作案人可能会接触的物品和部位

勘查时应仔细研究作案人的作案过程和心

理，对作案人有可能触摸的部位也应仔细勘查。有些室内现场，作案人会开灯作案，必然接触到与照明有关的设备，如开关、灯泡、灯罩等。有些现场作案人可能有坐卧动作，在坐卧部位的周边可能留下作案人的手印。有时作案人为了破坏现场，在离开现场时拖地、扫地，这样在拖把上会留下作案人的手印，应对这些部位认真勘查。

第七节　现场搜寻手印的方法

现场遗留的手印是多样的，承载客体的不同、附加的介质不同和所处的环境不同都会影响手印的发现，有时可能需要多种方法并举才能完成，选择正确的方法是发现手印的关键。

一、反射光观察法

此种方法是从可能留有手印的客体正面打光观察。此种方法适用于透明体和有光泽的非透明体，如玻璃、各种塑料薄膜、陶瓷、油漆面，金属面等对光线有一定的反射能力的物面。其原理是：利用有光泽的物面对光的反射能力不同，有手印物质部分对光产生漫反射，无手印物质部分只对光产生镜面反射，进入人眼的光通过量不同，因而产生反差就可以观察到手印。

反射光观察法按照配光角度不同，又可分为掠入光观察法、侧光观察法、垂直光观察法。对透明客体可以在背面加上反差大的衬底，以增大反差便于观察（具体方法见第三章第二节“手印的光学检验”）。同时在观察时，要不断地调整光的入射角度、亮度，不断调整承痕客体的位置或改变人眼的角度，找到最佳的姿态，以达到最佳的效果。

二、透射光观察法

此种方法是从可能留有手印的客体背面打光正面观察的方法。此种观察方法只适用于透明体上，如玻璃、透明塑料薄膜等。其原理是：当自然光或普通光源从物体背面透射时，有手印物质部分对光产生漫反射，从而降低了光的透射率，无手印物质的部分的光直接通过，通过率相对较高，从而形成亮度反差，就可以观察到手印。（具体方法见项目一第三章第二节“手印的光学检验”部分）

常用的透射光观察法有垂直光透射法和侧光透射法两种，观察时，可以调整观察的方向、被观察物体的位置、角度，调整光源的入射角度、亮度，同时还可以在透明客体背面放置反差大的背景，以增强手印与背景的反差。

三、哈气法

哈气法是对被检物疑有手印的部位哈气，使光滑客体没有纹线的部分凝上一层水汽（类似镀膜），以造成手印痕迹与承受客体反光性能的差别，增强无色手印的可见度。此方法适用于吸水性能较差的表面光滑的物体，观察时一般用自然光，选择适当的照射角度和观察方向。用该方法发现的手印，必须待水蒸气挥发、检材干燥后，才能用其他的方法显现。但是随着 DNA 技术的发展，哈气法会对下一步 DNA 检验产生影响，在实际工作中我们可以采取热水蒸气代替哈气，其原理一样，但最好不要用雾化器代替热水蒸气。

四、特种光观察法

此种方法主要是指借用蓝光灯、紫外灯、多波段光源和激光灯等仪器设备对疑有手印的位置进行观察，理论上许多客体在不同的光照条件下会发出不同的荧光。例如，利用 450nm 的蓝光灯通过橙色滤光眼镜可以观察到精斑、阴道分泌物形成的手印。利用短波紫外光可以发现各种矿物油、植物油在玻璃等光滑不吸水的客体表面形成的手印；在激光照射下可以发现乳胶漆或纸张面的陈旧汗液手印、某些化合物形成的手印等（具体方法见项目一第三章第二节“手印的光学检验”）。

第八节　现场手印的保护

有效的现场保护是手印勘查技术员提取到高质量手印的保证，熟悉现场保护方法是勘查人员必备的基本技能。

一、室内现场手印的保护

室内现场是指在封闭空间内的现场。

封闭保护法：对于室内现场，如果室内没有紧急情况需要处理，应将现场封闭，任何无关人员不得进入现场，

标记保护法：如果室内有紧急情况需要处理，如火灾、伤员抢救等，对于嫌疑人可能触摸过的地方或有色手印应用记号笔加以标记，提醒相关人员不要触摸。

转移保护法：对于室内可能遗留有手印的物件，如果为了处理其他紧急情况，现场保护人员应当戴手套触摸物件的棱角或嫌疑人不可能触摸的位置将物件转移。

记录保护法：该种方法主要是利用绘图、照相录像、文字描述等方法将现场手印记录下来。为了记录完整，常常需要多种方法并用，记录保护法完成后尽量还要按照上述保护方法继续保护，等待专业人员到达现场勘查。

二、室外现场手印的保护

室外现场是指在空旷的地带发生的案件现场以及室内现场的外围现场。这类现场容易受到人为或自然的破坏。该类现场保护除了上述的室内现场保护方法以外，还有遮盖保护法和划定封锁范围法。遮盖保护法是指对于可能遗留有手印的位置或物件，采用上述的室内现场保护方法均不能达到要求时，可用器皿（如塑料盆）或防水塑料布将疑有手印的物件或位置遮盖加以保护的方法；划定封锁范围法是指用警戒带或其他警示标志划定手印保护范围、防止无关人员进入现场以达到保护的目的，在不明确手印遗留位置的情况下，范围尽可能大。

三、运输过程中的手印保护

运输过程中的手印保护是指非现场手印勘查人员送检运输过程中对可能遗留有手印的客体的保护。其保护主体是送检人员，其保护的原则是不遗留、不破坏。送检人员在搬运时应当戴手套触摸物件的棱角或嫌疑人不可能触摸的位置，在包装运输过程中要减少客体和包装物的摩擦，使之不受到风雨等环境的破坏，对于血等生物介质形成的可能发生霉变的手印一定要阴干后送检，在送检过程中要注意防潮，对于灰尘等不稳定的介质形成的手印可以先行用灰尘固定剂或发胶加以固定，对于胶带等黏性客体要注意在运输和包装过程中不要发生二次粘连，尽量让带有手印的客体悬空放在干净的物证盒中包装送检。

第三章　手印的显现

手印的显现技术一直是国内外刑侦机构研究的重点。随着科技的发展，手印显现技术已经从单一的显现方法向多元化发展，同样也大大提高了手印的显现成功率。

现场勘查过程中发现的手印多数是无色潜在手印，这些手印需要采取一定的方法才能变成人眼可见可记录的手印。即使是有色手印有时因为与背景反差较小也需要采取一定的方法加强反差，根据不同的手印物质、不同的手印载体，有针对性地选择相应的显现方法，是显现手印的关键。

第一节　手印显现的基本程序

手印由多种物质组成，手印的显现方法也有多种，但是各种显现方法的原理不一样，因此在显现时必须按照一定的程序进行，这样才能保证显现的效果。

一、先观察再显现

对疑有手印的物体表面，先不做任何处理，用眼睛或放大镜尽量去寻找发现手印，并确定手印所在位置，然后借助常规光源不断地改变光源的强度、角度来增强手印与背景的反差。如果常规光源无法达到理想的效果，可以采用特种光源如激光、多波段光源等进行光学检验以达到显现的目的，这是一种理想的无损检验方法。在借助光源观察的过程中要根据观察的情况随时拍摄照片，包括各种配光条件下的照片，以便下一步挑选效果好的照片。

二、运用常规的显现方法

常规的显现方法是指光学、熏染、粉末、溶液、镀膜等方法。对于第一步光学显现无法达到理想的效果时，特别是一些半渗透性客体和渗透性客体，光学检验往往无法达到显现目的，这时需要借助物理和化学的方法显现。常规方法显现步骤是：对于渗透性客体首先可选用碘熏显现法（物理方法），再选择化学溶液显现法；对于非渗透性客体也可先选择碘熏法，再选择502胶显现法，然后用粉末显现法，最后用真空镀膜法。对于一些特殊客体要根据实际情况选择合适的显现方法。在显现过程中要使前一种方法不能影响下一种显现方法，先做无损显现，再做有损显现。

在运用常规方法显现时，如果对手印载体表面上的附着物和载体表面性质不能准确测定，不能预先知道是否对所应用的显现方法存在着干扰的情况下，一般应当先在载体空白处或同样的载体做预实验，从而确定有效的显现方法，提高显现效率。同时，在显现过程中如果某一步显现效果较好，不管下一步显现如何，均要立即拍照固定，防止下一步显现失败而无法补救。

三、应用二次荧光显现

对于前两种方法均无法达到理想的显现效果时，可以采用二次荧光法进行显现。例如：茚三酮方法显现的手印如果显现效果不佳，可以用氯化锌或氯化镉乙醇溶液处理后在液氮（-196℃）条件用氩离子激光器激发可呈现一定的荧光；对于502胶显现的手印可以利用罗丹明6G、碱性黄等试剂进行二次染色，染色后手印在多波段光源下呈不同颜色的荧光。经真空镀膜显现的手印反差弱或镀膜过厚时，用蓝光灯为光源，选择黄色、橙色滤光片观察，可以增强显现效果。

第二节　手印的光学检验

手印光学检验是利用手印和承痕客体对光的不同特性产生的亮度差来显现手印并照相记录的一种方法。现场手印的光学检验是现场手印检验的重要组成部分，它是在不破坏现场手印的情况下，利用普通光和特种光照相技术提取显现手印的一种方法，也被称为“无损检验”。

一、定向反射照相

定向反射照相是在与照明光线入射角度相等的反射角方向上接收记录被检验物体反射光亮度分布的一种照相方法。在手印检验中，为了防止手印变形，我们最常用的是垂直定向反射照相法。

配光方式：光源入射角0°。

适用客体：适用于各种光滑平面客体表面上的汗液、油脂、灰尘、502胶和粉末指印等，客体表面光泽度越高，效果越好。

操作方法：在暗室或者是无光的环境内，将定向发射镜接在数码照相机上，曝光增加1~2挡，让定向反射镜的光孔朝向光源（最好是面光源），然后不断调整物距、半透镜角度和光源的距离，直到相机中出现令人满意的手印图像。根据成像原理，得到的图像中背景亮度大于手印纹线的亮度，从而形成反差。

二、暗视场配光照相

暗视场配光照相是让照明光线以比较小的入射角度照射在检材上，根据指印与客体背景对光线的不同反射特征，在垂直方向上记录两者不同亮度分布的一种配光照相方法。

配光方式：平面客体光源入射角10°~20°，圆柱面客体光源入射角10°~30°（顺轴方向），曲面客体光源入射角30°~45°。

适用客体：适用于深色光滑客体上的汗液、油脂等平面手印。

操作方法：将相机固定在三角架上，让光源紧贴镜头照射客体，目的是获得小角度入射角，曝光减少1~2挡。在拍摄过程中，不断地调整相机并将光斑放在痕迹区域边缘外围，直至得到理想的手印影像。根据成像原理，得到的图像中背景亮度小于手印纹线的亮度，从而形成反差。

三、侧光配光照相

侧光配光照相是让照明光线以60°~80°入射角度照射在检材上，根据手印与客体背景对光线的不同反射特征，在垂直方向上记录两者不同亮度分布的一种配光照相方法。

配光方式：光源入射角60°~80°。

适用客体：各种客体的立体手印。

操作方法：将相机镜头换成微距镜头并固定在三脚架上，让相机镜头与客体表面垂直，调整好拍摄距离，从侧边以60°~80°入射角打光，不断地调整光线的入射角度和距离，直至得到理想的影像。

四、掠入光照相

照明光线以接近90°入射角，即以近似平行于检材表面的角度照射在检材上，在垂直方向上接收记录检材的反射光亮度分布的照相方法。

配光方式：光源入射角接近90°。

适用客体：灰尘指印、502胶熏显指印。

操作方法：照相方法与侧光配光照相方法基本一致。

五、透光照相

透光照相是运用光的透射特性，利用物体本身对光线的透射程度和在其表面遗留的痕迹，对光线的阻碍程度的亮度分布差异来显示手印的一种拍照方法。

配光方式：从透明客体的背面打光，光源入射角在0°~90°不断调整。

适用客体：透明客体上的汗液、油脂、灰尘、502胶熏显指印。

操作方法：照相方法与侧光照相方法基本一致。

六、均匀光照相

均匀光照相是让照明光线以45°左右入射角度照射在检材上，根据手印与客体背景对光线的不同反射特征，在垂直方向上记录两者不同亮度分布的一种配光照相方法。

配光方式：光源入射角45°。

适用客体：各种客体的立体手印和平面手印。

操作方法：将相机镜头换成微距镜头并固定在三脚架上，让相机镜头与客体表面垂直，调整好拍摄距离，从侧边以45°入射角打光，不断地调整光线的入射角度和距离，直至得到理想的影像，在实际操作中多从均匀光照明开始配光，然后不断调整角度，最终选择合适的配光方式。

七、无影光照相

无影配光照相是让照明光线以0~90°全角度入射角度照射在检材上，根据手印与客体背景对光线的不同反射特征，在垂直方向上记录两者不同亮度分布的一种配光照相方法。

配光方式：半球面积分球光源配光。

适用客体：各种客体的立体手印和平面手印。

操作方法：将相机镜头换成微距镜头并固定在三脚架上，让相机镜头位于球面光源的顶部并保持与客体表面垂直，调整好光源的亮度，直至得到理想的影像。

八、偏正光照相

偏正光照相是利用承痕客体和手印物质对光的偏正不同产生亮度差，在垂直方向记录该偏振光形成的亮度差一种照相方法。

配光方式：光源入射角在30°~40°。

适用客体：适用于光滑客体、油画、深色纺织品、漆面上的手印。

操作方法：将相机调至灰度模式，固定在三脚架上，在相机镜头上接检偏镜和滤光镜（根据客体的颜色选择），在光源上加起偏镜，曝光减少1~2挡，逐渐改变配光角度和位置，并在水平方向调整偏正镜，直至得到理想的手印影像。

九、分色照相

分色照相是根据滤色镜吸收和通过色光能力的原理，来增加或减少承载客体上的某种颜色，在垂直方向记录手印与背景的亮度分布差别的一种照相方法。

配光方式：逐渐改变光源的入射角度。

适用客体：适用于彩色客体上的各种手印。

操作方法：将相机调至灰度模式，固定在三脚架上，在相机镜头上固定滤色片（同色通过，异色吸收），曝光增加1~2挡，不断调整入射光的入射角度，直至得到理想的手印影像。

十、可见荧光照相

可见荧光照相是利用可见光（主要是蓝绿光）激发具有荧光特异性的物质，使其发出荧光，然后在垂直方向接收荧光的一种照相方式。根据斯托克斯位移原理，固体吸收光子的能量将大于辐射光子的能量，因此我们如果用短波光去激发手印物质或手印上粘附的物质，该物质会辐射一种较吸收光波段长的光子，利用该原理进行荧光照相就可以得到我们想要的反差较大荧光手印图像，例如利用蓝绿光激发各种彩色荧光粉、罗丹明6G染色502胶熏显手印等，我们在相机镜头前安装相应的长通滤光片，就能拍摄到想要的高反差的荧光手印照片。荧光照相可以显著增加手印的亮度，去除背景干扰，增强反差，后文介绍的紫外荧光照相和紫外发光照相均利用了该原理。

十一、紫外反射照相

紫外反射照相主要是利用手印物质和承痕客体对紫外光线的吸收和反射能力不同，而产生亮度差分布并在垂直方向记录的一种特殊照相方式。光滑客体对紫外线具有很强的吸收能力，因此该方法适用于光滑客体上的汗液、汗油混合、灰尘等手印。

十二、紫外荧光照相

紫外荧光照相是指用紫外线激发具有荧光特异性物质使其发出荧光，并在垂直方向接收该荧光影像的一种照相方法。该方法适用于矿物油手印、DFO、茚三酮镉盐显现的手印等，植物油、动物油在低温（-196℃）紫外线照射下也会发出不同的荧光。

十三、紫外发光照相

紫外发光照相是利用短波紫外线（200~300nm）激发被检验物体，在短波紫外线激发下会发出长波紫外光（300~400nm），并用紫外线相机接收该紫外荧光的照相方法。本方法适用于渗透性客体上潜在汗液手印和血手印。

十四、光谱成像法

光谱成像技术是新兴起的一种检验手段，它是通过进行连续光谱调谐和 CCD 全波段光学感光元件，实现画幅式光谱成像，获取高光谱分辨率和高空间分辨率的一种成像技术，具有灵敏、快速、无损检验等优点。它在手印光学检验方面具有其他光学方法不具备的优势。

第三节　非渗透性客体上手印的显现方法

非渗透性客体上的手印显现技术是指手印的中的汗液、血液等液体无法渗入客体组织内部，或渗入客体组织内部很少的手印遗留客体。这些客体在日常手印显现中经常遇到，比如陶瓷、塑料、油漆面、不锈钢等。这类客体上的手印显现是手印显现技术的重点研究对象之一，方法较多，但各有不同的注意事项，在工作和学习中要多加研究。

一、粉末显现法的原理

潜在手印中的汗垢和油脂具有一定的吸附力，当粉末附着于承受物体表面时，由于手印物质与粉末发生物理吸附和静电吸附作用，与手印物质粉末产生强烈的亲和作用，使无色手印染色或产生荧光，从而将手印显现出来。

手印物质对粉末的吸附能力随着时间的推移会逐渐下降。这是由于汗液中油垢的蒸发、干涸，电阻率上升、静电势下降，使得吸附力逐渐下降，直至粉末显现失去作用。

二、粉末的种类和适用范围

铝粉：银灰色轻金属粉末，俗称“银粉”，附着力强、黏性大、易潮解。适用于玻璃、陶瓷、塑料制品、光滑的油漆面等客体上较新鲜的或较陈旧的汗液手印。对于潮解的物面，必须进行干燥处理后方可用铝粉显现。

铜粉：呈金黄色，俗称“金粉”，由铜、锌、锡、锑等金属粉末混合而成，颗粒细，附着力强。适用的客体基本和铝粉相同，在使用中主要看承载客体的颜色来选择金粉或银粉。

氧化铜：棕黑色的金属粉末。附着力仅次于铝粉、青铜粉、黏性较小，颗粒度稍粗，密度较大，沉浸物面深度的能力较强。适用于粗糙物面的手印显现。多用于显现瓷器、玻璃、金属、木制品等物面的潜在手印。

硫酸钡、氧化锌、碳酸钙粉末：均为白色粉末，有一定的吸潮性和附着力。适用于显现铁器、橡皮以及比较潮湿物面上的新鲜手印。

静电复印粉：多种原料配制而成的合成型粉末，有黑、红、黄、蓝等几种不同颜色，附着力极强，易于热固定。适用于显现浅色纸张、塑料、陶瓷、玻璃灯多种物体上的汗液手印。

磁性粉末：以能够被磁场力吸附的金属粉末为主体配成的一种综合性粉末，而并非本身带有磁性。具备这种性质的有铁粉（棕黑色）、钴粉（土黄色）、镍粉（灰白色）等。可以根据不同的需要而配制成不同的颜色的磁性粉末。在实际工作中，较为普遍适用的是 400~700 目的铁粉与硒静电复印粉或锅黑、炭黑相配制的黑色磁性粉末。亦可用钴粉、镍粉与铝粉、青铜粉或染料粉末配制成银灰色、金黄色以及其他颜色的粉末，以适用各种颜色物体上的手印显现。磁性粉末主要适合显现各种油漆面、瓷器、塑料、乳胶漆墙面、皮革、各种普通纸张、牛皮纸、各种纸盒、蜡纸、本色木等客体上的手印。

蒽粉：纯品为无色单斜晶体，具紫色荧光，不纯的为微黄白色具有绿色荧光。其颗粒较粗，吸附力较差，只能对新鲜手印有效果。显现后置于紫外灯下观察，手印纹线呈蓝色荧光反应。适用于各种彩色客体，如画报、瓷器、玻璃等物面上的新鲜手印。

硫化锌：白色至灰色粉末，遇光变暗，显现后在紫外灯照射下手印纹线呈浅蓝色荧光。适用范围同蒽粉。

曙红：又称四溴荧光红，红色结晶粉末，显现后在紫外灯照射下手印纹线呈亮红色荧光。适用范围同蒽粉。

闪电系列荧光粉：分为荧光粉和磁性荧光粉，有红色、绿色等颜色，在多波段光源蓝绿光区有很强的荧光。适用于人民币、彩色纸张、画报、玻璃、釉面陶瓷、塑料等上的汗潜手印。

JH系列荧光粉：该粉末流动性大。不结块，附着力强。在多波段光源365~515nm下有较强的荧光。适用于陶瓷、本色木、玻璃、报纸、塑料片、丝绸、油漆面、大理石、橡胶、皮革、PVC板上的汗潜手印、油潜手印和血潜手印。

纳米粉末：直径在1~100nm的颗粒状物质，称为纳米粉末。常用的纳米粉末有纳米TiO_2、纳米氧化锌和以1，10-菲罗啉作为敏化剂，四乙氧基硅烷为模板，按照溶胶-凝胶法合成，具有与指印残留物有特异性吸附能力的强荧光纳米微粒等。纳米粉末粒径小，具有很强的吸附性，有利于纹线吸附，而且纳米粉末又具有与块体不同的光化学活性，在不同的光照下能呈现不同的颜色。利用这一特点，可以针对不同颜色的客体，利用同一材料显现出手印，而后在不同波长光照下拍照固定。纳米粉末与手印遗留物质具有很好的结合性，与背景无黏附，增加了反差；显现的纹线均匀，不会显现过度，有效提高了手印的清晰度，对陈旧手印也有很好的效果；纳米粉末可以制成悬浮液，对非渗透客体上的潜在手印显现效果非常好。

三、粉末显现法

（一）粉末显现的方法

1. 直接刷显法

用粉末刷显手印时通常使用软毛刷，其种类很多。其形状有扁宽型和圆形，材料有灰鼠毛、羽毛等，规格有多种。

用毛刷蘸取较多的粉末，沿着垂直物面从下往上扫动，使粉末黏附于物面，当看到纹线后，弹掉毛刷上多余的粉末，顺着纹线的流向沿一个方向刷显，直至纹线清晰为止。对于磁性粉，需要用磁性粉刷（图1-3-1），要让磁性刷吸附的粉末形成穗状，然后刷显，刷显的时候注意不要让磁性刷的磁头接触手印的纹线，以防破坏纹线。

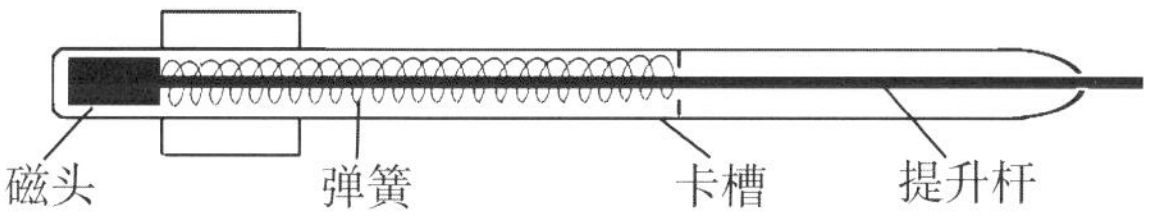

图1-3-1　磁性粉刷

2. 撒粉刷显法

先用毛刷尖部蘸取少许粉末，距离待显客体5~6cm，手指轻轻弹击刷柄，使粉末徐徐飘落，当待显客体上沉积一薄层粉末时，用无粉末刷轻轻刷动，待能看到手印轮廓后，去掉多余粉末，再顺着手印纹线方向刷动。注意：撒的粉不宜过多，否则手印纹线会模糊。

撒粉抖显法：用毛刷蘸取粉末，弹击刷柄使粉末覆盖于物面，或将粉末直接倒于物面；然后双手拿住物体两个相对边上下抖动，让粉末滑过疑有手印的物面，即可将手印显现出来。将多余的粉末收回容器，再轻轻弹击物体背面抖掉浮于纹线间的粉末即可。

（二）粉末显现的固定

刷末显现出来的手印一定要遵守手印的提取原则，要先拍照，拍照时要在手印的边缘不触及手印纹线的地方放置比例尺，比例尺的放置要遵守比例照相的相关规则，拍照后用专用的指纹胶带粘取，然后转移到能够形成较大反差的衬底，可以永久保存。对于粗糙面或不平整的光滑面客体可以用专用明胶片提取，对于球面客体根据球面大小可用明胶片或硅橡胶法提取，对于用硅橡胶法提取的球面客体上的手印可以在洁净的玻璃面上展开球面体校正手印的变形。用明胶片或硅橡胶法提取的手印拍照后要镜像翻转，手印可以永久保存。

（三）粉末显现的注意事项

第一，明确客体的干湿状况，如果物面干燥，可以利用粉末显现手印；如果物面潮湿，必须先进行干燥处理后再用粉末进行显现，否则会使手印模糊不清。客体如果较为潮湿，可采用晾晒、吹风机吹等方法将其干燥。如果手印遗留时间较长、天气干燥，使得汗垢手印失去水分而干枯时，显现前可进行用热蒸汽处理，使得手印回潮后再刷粉显现；亦可在物面撒粉后，将其搁置在阴凉潮湿处，待物体表面返潮，汗垢回润时，再刷去多余粉末，手印即可显现。

第二，要认真观察客体表面的环境，根据不同的环境条件和不同的客体，选择合适粉末的种类和操作方法，该刷的刷，该抖的抖，多余的粉末可以用洗耳球吹掉，不可用嘴吹。对物面上的手印应先通过光学的方法显现提取，然后考虑温度、湿度及客体的情况，选择适当的粉末和刷显方法。有条件的可以先做，试验后再选择适当的粉末和刷显方法。在刷显过程中刷显效果一旦达到检验条件应先拍照固定，再进一步刷显，防止下一步失误造成无法挽回的后果。

第三，要保持毛刷的清洁、干燥、柔软。如果毛刷潮湿、不松软，应烘干后再用，或者更换。另外，一种粉末使用一个毛刷，不能互用。用过的粉末要密封保存，防止受潮结块，影响显现效果。

四、PC 试剂激活粉末刷显法

原理：汗手印中有较多的有机物质如氨基酸、尿素等，陈旧而失去水分后黏性变低，显现时着粉量少或不着粉，激活试剂通过强的渗透性溶剂使手印有机物质溶涨并使手印吸收空气中的水分，转变成为新鲜的手印，极大地提高了黏度，加大了着粉量。

适用范围：光滑非渗透客体表面上陈旧着粉量少的汗手印；不适用于新鲜汗手印、油脂手印和非光滑客体。

操作方法：

步骤一：常规粉末刷显汗液（银粉和磁性粉效果较好），观察显现效果。

步骤二：将 PC 激活液喷涂于滤纸上，待自然挥干溶剂后，将 PC 纸盖于汗手印上，压一书刊自然气熏 10~30s。

步骤三：用常规粉末再次刷显拍照并贴取。

注意事项：垂直表面可将 PC 纸贴附于手印上气熏活化，一般不用加热快速激活化的方法，防止液态激活剂过多而破坏汗液手印；502 胶熏显的手印汗液被覆盖不能用该方法激活刷显；该方法多用于北方干燥的地区，对潮湿的地区不适用；银粉吸附力较强，汗手印激活后银粉刷显优于其他粉末；汗手印激活后受激活剂干扰会降低 502 胶气熏聚合的效果，因而，502 胶熏显前不能用激活剂活化汗手印。

案例

2002 年 12 月 26 日，某市一酒店南侧空地内发生一起抢劫杀害出租车司机案件，在出租车车门上用银粉刷显出一枚汗潜手印，后案件破获后成功认定该嫌疑人（图 1-3-2）。

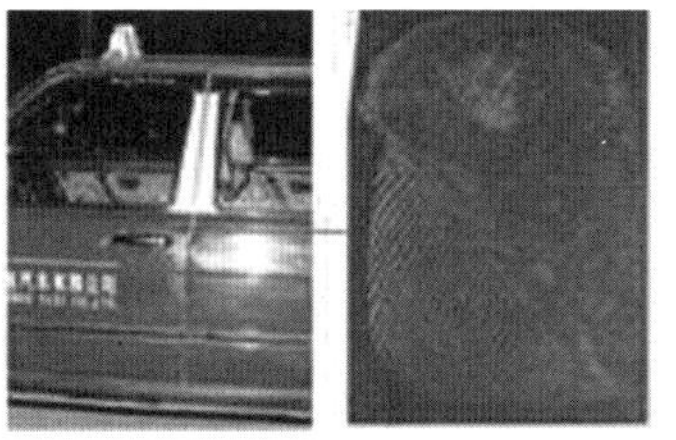

图 1-3-2　车门上银粉刷显的手印

案例

2016 年 2 月 22 日，某市一公园内发生一起抢劫杀人案件，案犯进入被害人在公园内的一间临时住处内盗窃，被被害人发现，案犯将被害人杀死。现场发现一个瓷碗，在瓷碗上用黑色磁性粉末刷显出一枚指印并成功认定犯罪嫌疑人蔡某（图 1-3-3）。

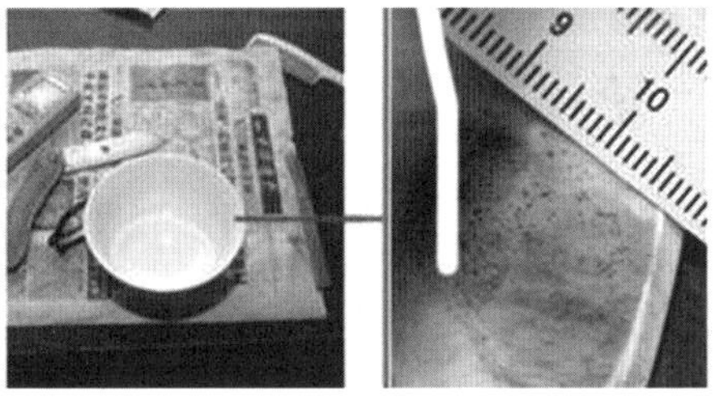

图 1-3-3　瓷碗上黑色磁粉刷显的手印

五、502 胶熏显法

原理：502 胶是以 α-氰基丙烯酸乙酯为主体，含有少量的对苯二酚和二氧化硫等阻聚剂的黏合剂，气态 502 胶为 α-氰基丙烯酸乙酯的单体。

α-氰基丙烯酸乙酯的分子中，由于有很强的吸电子基氰基和酯基的存在，α-氰基丙烯酸乙酯的单体在汗液中的水及氨基酸的诱发下，发生阴离子聚合，单体分子变成白色聚合物。

适用范围：非常广泛，502 胶显现法适用于显现汗潜手印，对遗留在玻璃、瓷器、金属、油漆物面、塑料、皮革、纺织品、皮肤等客体上的汗潜手印均有不同程度的显效，对灰尘、油脂手印、血迹手印也有一定的效果。

（一）常用方法

1. 502 胶冷熏法

冷熏法分为滤纸贴熏法和容器冷熏法两种方

法。滤纸贴熏法是将502胶原液或502胶与乙醚配成1∶1或1∶3的混合液，均匀地涂布在高速定性滤纸上，待吸附有502胶的滤纸自然晾干至无液体堆积反光，或用手触摸无粘连时，即可将滤纸覆盖在留有手印的部位，一般室温情况下几十秒到几分钟后手印即可显出；容器冷熏法是将疑有手印的待显客体悬挂在一个密闭的容器内，容器底部可放一块折叠后的铝箔纸，取适量的502胶倒入铝箔纸内，密封好容器，非渗透性物体一般数小时后可显出。此种方法对南方温暖季节比较适用，北方不适用。自然熏显法的优点是显现印痕充分、完全，但需时较长。

2. 502胶热熏法

502胶热熏法是将客体放入容器内后，把502胶倒入电加热蒸发皿内，接通电源，502胶很快受热汽化，产生大量白色烟雾，数分钟后，手印即可显出。由于502胶的挥发性较强，可以对较大空间客体进行大面积熏显，如对车辆和房间进行大面积熏显，在熏显时要将车辆和房间密闭，同时测定好密闭空间内的温度和湿度，添加适量的502胶和水。

502胶热熏法现在常用的设备是502胶全自动熏显柜，其熏显过程由电脑自动控制温度、湿度和时间。在操作过程中，我们可以按照厂家事先设计好的熏显程序进行熏显，也可以根据需要自己设定熏显程序，比较方便快捷，显现效果较好。

3. 502胶真空熏显法

502胶真空熏显手印技术是将502胶与待熏显的客体共同放入一个能够承受真空气压的容器内（真空罐），然后将真空罐密封，该真空罐通过一条真空管与真空泵相连，罐内形成真空状态，在室温负压状态下，502胶继续挥发，由于罐内空气很少，可使502胶分子快速、均匀地到达待显物面。真空环境下，502胶熏显的手印薄厚均匀，纹线颜色较浅，有时人眼无法清晰辨别，需要进一步染色显现。

案例

某市发生一起因煤炭燃烧而死亡的案件，死者用胶带纸封闭窗户，办案人员用真空502熏显柜在胶带纸光面上熏显出一枚死者指印（图1-3-4）。

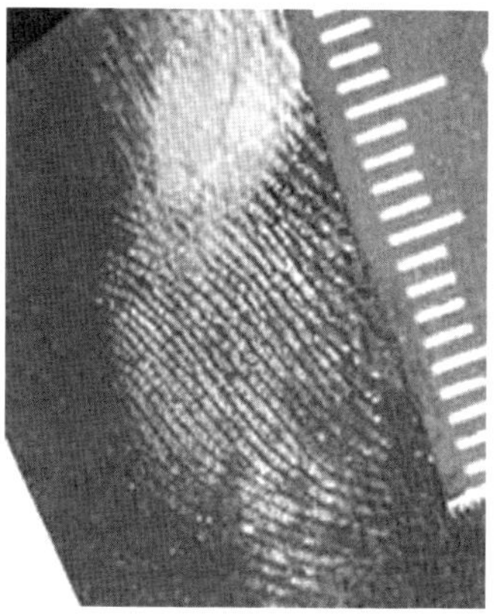

图1-3-4　真空502熏显的指印

4. 液态502胶显现法

液态502胶显现法是以502胶中的α-氰基丙烯酸乙酯单体与手印物质成分中的引发剂作用，生成聚合产物。如果以502胶的液态形式直接与手印成分作用，很难结合成聚合物，必须选用一定的有机溶剂使α-氰基丙烯酸乙酯单体高度分散才能够很好地反应，多选用石油醚作为分散剂。

配方：取10g对苯二酚溶于100mL的无水乙醇中充分溶解，制成对苯二酚乙醇溶液，再取100mL石油醚，依次加入1mL、10%的对苯二酚溶液、0.5～2mL的502胶，搅拌后加入2mL的丙酮，静置后取上清液待用。

显现方法：对于较小的客体可以将其直接放到显现液中显现，10s后取出。对于较大客体不适宜浸显法，可以用滴管滴在待显客体疑有手印的地方上显现。

注意事项：在显现过程中根据手印遗留的时间长短来增加502胶的用量，若502胶的含量超过1%，应用石油醚冲洗，同时根据需要减少对苯二酚的用量，防止手印纹线变疏松。用液态502胶显现，可以用502胶气态继续熏显。

显现过程中使用的试剂为易燃易爆物品，对苯二酚有毒性，要做好防护措施，试剂要现用现配，不易储存。

5. 催化棉熏显法

用1%的氢氧化钠溶液浸泡脱脂棉，脱脂棉阴干后保存，在使用时将脱脂棉放入锡箔纸加热皿中，然后将502胶溶液滴到脱脂棉球上，数秒后脱脂棉会释放出大量白烟，该白烟就是α-氰基丙烯酸乙酯单体，将疑有手印的客体放在白烟上熏显，几秒内就会显现出指印。该方法的原理是：502胶遇到分散的氢氧化钠后会发生化学反应，产生大量的热，该热量再加热502胶使之挥发。该方法的优点是熏显速度快，熏显充分，携带方便，缺点是产生白烟量大，要注意防护，同时消耗的试剂较多。

6. 502胶碱催化法

对于遗留时间过长的手印，吸湿性强的客体，如枪套、风化油漆物面、粗糙工具把柄等，由于汗液中水分蒸发，有机物质干涸。此时可用氨水对检材进行处理，一是直接增加汗液中OH^-浓度，使聚合反应加快，二是未成盐的氨基酸与氨水发生反应，也促使α-氰基丙烯酸乙酯的聚合反应加快。

具体操作：对手印遗留时间过长，或过于干燥的物面，可用热水蒸气熏2~3min，然后阴干片刻，再置于氨水瓶口上方，熏2~3min，前者对干涸的物质成分起润湿作用，后者增加手印介质中的OH^-浓度，增加反应活性。最后将检材放入502胶熏显柜内熏显。

7. 502胶酸催化法

汗液中的水分和微量元素铁易生成难溶性的氢氧化物，采用本法，可破坏氢氧化物，使氢氧根离子易于游离，从而增加引发剂的浓度，使反应活性增强。

具体操作：将0.02gP-甲苯磺酸放入100mL乙醚溶液中溶解，用502胶熏显手印前，将检材放置到密闭的塑料等非金属容器内进行酸熏预处理3~5min，注意酸熏不要直接放入502胶熏显柜内熏显，防止熏显柜被酸腐蚀。可选用的酸除了P-甲苯磺酸，还可以选用醋酸和乳酸等，预处理完成后再放入502胶熏显柜内熏显手印。

8. 粉末染色法

502胶显出的后印可用银粉、磁性粉、荧光粉等粉末刷显提高纹线与背景的反差。

9. 烟熏染色法

浅色客体上用502胶显出手印后，点燃松香进行烟熏，之后掸去多余的烟末，手印纹线呈黑色。

10. 罗丹明染色法

将502胶熏显后的手印置于0.1%的罗丹明6G或罗丹明B无水乙醇溶液中，水浴加热至70℃（不可明火加热），待完全溶解后，将染色液滴于502胶熏显过的手印上，也可用脱脂棉蘸取罗丹明染色液轻轻涂抹在502胶熏显出的手印上，染色3min后取出晾干，用清水冲至无染色液颜色后晾干，在多波段光源或紫外光下戴橙色眼镜观察，手印呈橘黄色。此方法适用于502胶熏显的各种手印，也适用于油脂加层手印的染色。

11. BBD染色法

首先将300mgBBD溶于100mL丙酮中充分搅拌至完全溶解，储存在棕色瓶中低温保存。使用时取10mLBBD贮存液加入90mL无水乙醇充分混合配成BBD工作液。用脱脂棉蘸取BBD工作液，涂抹在502胶熏显出的手印纹线表面，用自来水冲洗，再将手印置于多波段光源蓝绿光区戴橙色眼镜观察，手印呈淡黄色荧光。BBD在某些方面优于罗丹明6G，能够明显提高显现效果。

案例

2007年5月9日，某市一桃园内发现一具高度腐败的女尸，双脚和右手被女式丝袜捆绑，在尸体旁边发现一个塑料袋。警方用502熏显法和BBD染色法显现出一枚嫌疑人的指印，后锁定嫌疑人（图1-3-5）。

图1-3-5　塑料袋上502熏显BBD染色的指印

12. E502染色法

将少许的E502染色液（该染色液为一种荧光染色喷剂）喷涂于显现的手印上，自然挥发干，在短波紫外或多波段光源450~530nm下激发，通过橙色眼镜观察，手印呈较强的黄色荧光。

13. ACE502染色法

将少许的ACE502染色液喷涂于显现的手印上，自然挥发干，用水或乙醇冲洗，多波段光源在短波紫外或多波段450~530nm下激发，通过红色眼镜观察，手印呈深红色。

14. 基础黄40染色法

基础黄40的英文名字是Basic Yellow 40，也叫碱性黄40、阳离子荧光黄10GFF，是一种无毒的荧光染料，是国外刑侦部门较早使用的一种指纹显现试剂，在英国等国家使用比较广泛。其特点是激发光谱带比较宽，最大值在445nm左右，发射光谱比较窄，最大值在495nm左右，在激光器的激发下能产生强烈的黄绿色荧光。使用时将2g基础黄40粉末溶于1000mL的乙醇溶液中充分溶解，制成1L染色液，如果溶液中有浑浊，可以使用滤纸过滤一下，将502熏显后的客体放置在溶液中浸泡10~20s，对于较大客体可以用脱脂棉蘸取染色液在手印处涂染或用滴管将染色液滴在手印处，然后用水或乙醇冲洗背景风干后，在激光器或多波段光源下戴橙色眼镜观看，手印呈黄色荧光。

15. Ardrox染色法

Ardrox 970-P10是由加拿大Ardrox公司研发的荧光渗透剂，在国内不易买到。该产品是一种能发出强烈荧光的油状液体，可以稀释得到一种502胶熏显染色处理非常有效的染色液，经Ardrox处理过的指纹在250（紫外）~500nm范围的光源激发，在450~650nm波长范围内观察。在长波紫外灯激发的荧光比罗丹明6G、基础黄40发出的荧光强度大。使用时量取1mL的Ardrox染色分别加入9mL的丙醇和15mL的丁酮配置成染色工作液，染色方法和基础黄40染色法一样，然后在紫外灯下观察，注意要戴上紫外防护眼镜和防护服。

16. 502胶与染色剂同时熏显染色法

随着微量DNA技术的发展，化学试剂染色法会影响到DNA的检验，在冲洗和漂洗过程中会将微量的生物物证冲走，技术人员可在502熏显的同时，加热使染色剂染色，这种显现方法排除了化学染色过程的干扰，共同熏染常用的染色试剂有碘、罗丹明6G、基础黄40、荧光素钠等，熏显时将502胶和染色剂分别放入到熏显柜内的502胶加热皿和染色剂加热皿中，根据染色剂的不同，调适好合适的加热温度进行熏显，如果没有熏染同步熏显柜，也可以在酒精灯上将染色剂加热气化，用气化的染色剂染色502熏显的手印。现在国外的研究机构研制出一种502胶和染色剂的共聚体粉末，该粉末可以直接放入熏显柜内的加热皿内进行熏显，效果也好。

17. 502胶熏显手印加热减薄方法

原理：在160~165℃时，502胶中的主要成分α-氰基丙烯酸乙酯单体与汗液中的水分及氨基酸发生的阴离子聚合反应具有可逆性，可分解为单体α-氰基丙烯酸乙酯单体、水及氨基酸。

操作方法：将502胶熏显过厚的客体放入160℃的恒温箱中加热7min，或在165℃条件下加热4min，取出后可见手印纹线消失。将客体晾至室温，再次用502胶熏显，此时可显出手印。

注意事项：如果温度低于155℃，502胶聚合物不能分解；如果温度超过170℃，502胶聚合物将很快消失，反应速度无法控制。同时该种方法只适用耐高温的客体，塑料等客体容易在高温下熔化，从而破坏客体，无法再次显现。

18. 502胶熏显手印胶带粘取减薄法

将指纹胶带贴在手印熏显过厚的部位，轻轻按压，然后将胶带小心揭下，手印便会被减薄，如一次不行，可重复多次。

19. 氢氧化钠水溶液（或醋酸水溶液）法

使用10%的氢氧化钠或者10%醋酸水溶液，浓度太低，减薄效果不明显；浓度太高，溶液将很快与502胶聚合物反应生成黄色乃至橙色的化合物，导致手印受到破坏。具体操作方法是将脱脂棉蘸上上述溶液于手印熏显过厚部分上，轻轻按压约15s，然后移开，用干净脱脂棉吸去多余溶液，重复此过程，直至达到满意效果，用滴管吸清水在手印上冲洗几遍，以洗去多余的溶液（如不洗去多余的溶液，502胶聚合物将会与氢氧化钠或醋酸反应，使手印发黄）。

20. 丙酮、乙醇混合液法

本法单用乙醇，手印不能减薄，单用丙酮，手印马上消失。经过多次实验，我们发现，丙酮与乙醇合用，且体积比为1∶2时，显现效果最好。具体操作方法是用滴管将混合液滴在手印熏显过厚的部分上，也可将混合液滴在滤纸（或脱脂棉）上，将滤纸盖在手印熏显过厚的手印上轻轻按压20s后移开，用干净脱脂棉吸去多余的混合液，重复上述过程，直至达到满意的效果。

（二）502胶熏显手印的固定提取

1. 胶带固定提取法

在502胶熏显的手印上滴加乙醇，使之浸

泡，待干后，手印会呈白色并伴有少量白色粉末，此时用指纹胶带粘取贴在载玻片或黑色衬纸上。

2. 明胶提取法和硅橡胶提取法

提取方法同粉末刷显指印提取方法一样，在选择明胶片和硅橡胶颜色时，要根据指印纹线的颜色来定，如用黑色磁性粉末染色，应用白色的明胶片或硅橡胶。

（三）502 胶熏显手印的优缺点

优点：第一，灵敏度高，能够显现有些物理或化学方法不能或很难显出的手印，如遗留在橡皮、胶皮、泡沫塑料、波纹塑料、尼龙绸等上的手印，有的遗留时间较长的陈旧手印亦能显出，实验中曾显出过 70 天的指印；第二，显出的手印纹线清晰、特征明显、不易受破坏，如对电镀金属、糙面金属、皮革、胶把手、塑料、玻璃纸等客体上汗渍手印，用此法显现纹线清晰，对表面较脏的客体，此种方法亦较为有效；第三，502 胶挥发能力较强，可以在较大空间进行大面积熏显，如将出租车门窗关紧后，在驾驶位、仪表、靠背、顶棚上均能显出手印，现市面有大空间 502 胶熏显器，该仪器解决了整个房间整体不好熏显的难题；第四，操作简单、费用低廉、使用便捷，国产 502 喷枪可在现场使用。

不足：该方法对非渗透性客体上的血迹、油质、尘土等手印和渗透性客体上的手印不适用。

（四）影响 502 胶熏显效果的因素

温度：实验证明，温度为 32℃时显现效果最佳，当 502 胶加热的温度不超过 50℃时，温度越高显现速度越快，温度越低，显现速度越慢。若温度超过 50℃，502 胶挥发过快，不利于手印充分显现。

湿度：因为 502 胶主要与汗液中的水分发生聚合反应，所以，湿度是显现的关键因素之一。在室内自然环境下，用 502 胶显现手印的湿度以 80%为宜。

在没有完全自动熏显柜时，如待显客体比较干燥、手印遗留时间较长，可在容器内加一烧杯热水，以增加容器内湿度，提高显现效果。

502 胶用量：在一定范围内，显现效果与 502 胶的用量成正比。对体积不大、表面光滑、手印遗留时间较短的客体，502 胶用量可少一些；对体积较大、具有一定渗透性、手印遗留时间较长的客体，则要多加些 502 胶。操作中，第一次加入的 502 胶量要稍微少一些，防止熏显过厚，如果熏显效果不好，可以再次熏显。

六、碘熏法

1. 显现原理

当碘蒸气遇到手印中的油脂汗垢时，油脂汗垢中的不饱和脂肪与碘发生反应，生成褐色的二碘硬脂酸，从而显现手印。由于碘易升华，此反应具有可逆性，因此用碘显出手印后，要及时固定。

2. 适用范围

各种浅色纸张、白灰墙、乳胶漆墙、竹子、本色木等非金属表面的新鲜汗潜手印，对陈旧手印效果不佳。

3. 操作方法

（1）直接熏染法：将碘放入容器，加盖玻璃片，置于三脚架上，用酒精灯或其他方式加热，使碘迅速升华成紫色气体，将有手印的客体置于碘蒸气上方，缓慢移动客体被熏部位，使碘分子被均匀地吸附，边熏边观察，待手印显现清晰即可将客体移开。注意：碘蒸气有毒，操作一定要在通风橱内进行。

（2）间接熏染法：将盖在烧杯口上受碘蒸气直接熏染的玻璃片覆盖在疑有手印的客体表面，十几秒后取出玻璃片，手印即可显出。

（3）喷碘器熏染法：喷碘器主体中间设置一玻璃碘仓，碘仓一端为喷嘴，另一端连接干燥剂和橡皮球，中间用硅胶管连接。使用时，将碘装入碘仓，一只手握住碘仓（也可以用打火机加热），利用手的温度（加热）使碘升华，另一只手不断按压橡皮球，使碘蒸气从喷嘴中喷出，喷出的碘蒸气对准疑有手印的客体部位进行熏显，直至显出手印为止（图 1-3-6）。

4. 手印的固定

碘熏显现的手印挥发性强，不易保存，要及时拍照提取或采用其他方法进行固定。

氯化钯水溶液固定法：称取 0.8～1g 氯化钯溶解于 100mL 蒸馏水中。将配制好的氯化钯固定液滴到碘熏显的手印上，或将客体浸入固定液中，手印即呈棕褐色被固定下来，氯化钯固定的

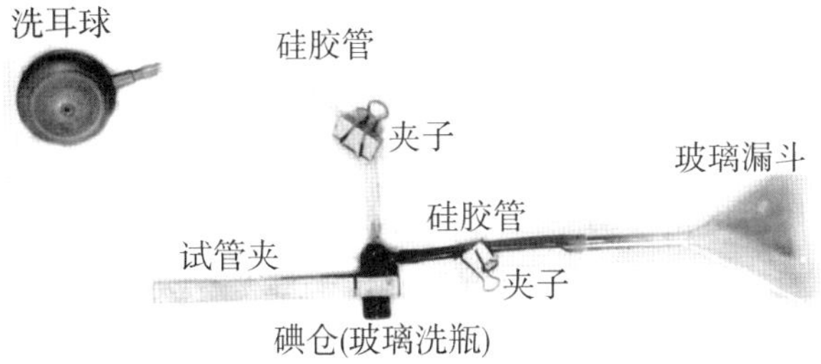

图 1-3-6　简易碘熏器

碘熏手印可长期保存。

粉末固定法：当手印熏显好后，首先拍照提取，之后用磁性粉末、石墨粉、静电复印粉等对碘熏手印按粉末显现法进行刷显或抖显，再用指纹胶带贴附固定或粘取。

淀粉固定法：将 0.5g 淀粉溶于 50mL 蒸馏水中，用喷雾器将此溶液均匀地喷到碘手印上，碘手印即呈蓝色被固定下来。

α-萘酚黄碱素固定法：称取 0.25g α-萘酚黄碱素溶解于 100mL 乙醚中。将配制好的固定液采用棉球涂抹或喷雾的方法，喷涂在碘熏显的手印上，手印即显蓝色，固定的手印可以长期保存。

5. 注意事项

碘熏不宜过厚，如果熏厚了，不仅手印会模糊，还会影响下一步手印显现效果，因而要适度；另外，注意客体背景颜色与碘熏显出的手印颜色的反差，如包装纸箱为棕色，碘熏出的手印颜色比较接近，不易观察，可使用 α-萘酚黄碱素试剂固定，让手印呈蓝色显现，增强反差。

6. 优缺点

优点：比较稳妥可靠，不损坏原物，不留斑迹，可重复显现，不影响后续检验，因此应在其他显现方法之前使用。

缺点：不适用于显现遗留时间长的手印。碘对金属有很强的腐蚀性，故不能用碘显现金属或深色客体表面上的手印。

7. 碘熏显现手印的其他方法

（1）碘熏 IG 转印增强法

原理：应用分析化学中碘单质的显色理论，利用碘手印的挥发性和多羟基聚合物的高灵敏度的吸附显色性能，应用了转印方法使碘挥发迁移与聚合物形成有色的络合物而固定并增强了熏显的灵敏度，同时消除了载体表面的字迹等多种因素干扰。

适用范围：适用于吸湿和非吸湿表面上新鲜的动、植物油手印和富脂汗手印；不适用于矿物油手印、陈旧富脂汗手印。

操作方法：

步骤一：将 5g 碘晶体溶解于 100mL 乙醚溶液中，振荡形成饱和溶液，密封冷藏保存。

步骤二：用棉球将碘乙醚液涂于滤纸上几秒，待溶剂挥干，迅速将滤纸盖于客体表面并及时观察，手印显现出后取下滤纸。

步骤三：将少许胶黏性的 IG 固定液滴于复印纸或光滑的书写纸上，并用棉球擦拭，使其均匀分散呈潮湿状备用。

步骤四：将 IG 固定液擦涂的纸张迅速盖于碘熏显出的手印上均匀加压 5s 左右，取下纸张，手印呈蓝色；浅色单色调的纸张可再次擦涂，该固定剂手印立即呈蓝色。注意要及时固定显出的手印。

案例

2006 年，某市发生一起翻窗入室盗窃案件，警方用碘熏器在卧室窗户旁边的墙壁上碘熏出一枚可疑指印（图 1-3-7）。

图 1-3-7　碘熏管熏显的手印

（2）手印加湿碘熏法

对于疑有油脂类手印的位置可以先用水蒸气加湿，但是手印表面不能出现水珠，然后用碘熏器碘熏，该方法可以增强手印的显现灵敏度和反差，同时对延长手印的存在时间也有一定的效果。

七、烟熏法

1. 原理

一些物质燃烧时会产生大量的黑色烟雾，烟雾中的碳分子通过分子间的范德华力和静电吸附作用吸附在手印上，从而显出手印。适合烟熏的物质有松香带、樟脑粉、煤油灯、特制的烟熏蜡烛等。

2. 适用范围

搪瓷、陶瓷、玻璃、金属物品、油漆物面、塑料等光滑物体上的汗液手印以及加层油脂手印。

3. 操作方法（以松香为例）

（1）制备松香带：将松香放于烧杯或锅等容器内，加热使其熔化。将20cm左右长的棉纱绳或棉布带放在松香溶液中浸泡拉出，冷却后备用。

（2）操作方法：将松香带点燃，即可见黑色烟雾出现，把被显客体置于黑烟上方，不断地移动客体，使黑烟均匀覆盖于客体表面。冷却数分钟后，移开被显客体，掸去多余的烟子或者用干净的指纹毛刷尖部轻轻扫除多余的烟垢，黑色手印纹线即可显出，然后拍照提取或用指纹胶带粘取保存，操作过程中应避免烟熏过久使烟尘过厚，只要薄薄一层烟尘看不见客体底色即可。

八、微粒悬浮液显现法

1. 显现原理

微粒悬浮液显现法属于物理吸附显现法。其配方中加入适量表面活性剂可起到载体的作用。离子型的表面活剂分子一般总是由非极性的（亲油）碳氢链部分和极性的（亲水）基团共同构成的。两部分处于分子的两端，结构不对称。在水溶液中，通过离子交换或离子对形成的方式，吸附于微粒的颗粒表面，随着吸附的进行，微粒表面会带有与表面活性剂离子相同的电荷，由于相同电荷间的斥力，微粒颗粒趋于分散，其水溶液具有较好的悬浮性。表面活性剂分子的一端吸附于固定物质的表面，另一端与水分子结合，无数个表面活性剂分子包围在固体微粒周围，分散在水中，形成悬浮液。表面吸附有活性离子的微粒颗粒，通过表面活性剂亲油基与手印遗留物质中不溶于水的油脂和汗垢的憎水基发生吸附作用，从而将潜在手印显现出来。

本法利用手印遗留物质中油脂、汗垢在水中的不溶解性和悬浮液中的微粒能被油脂、汗垢吸附的原理，达到显现潮湿客体、水浸客体上潜在手印的目的。

2. 适用范围

非渗透性客体潮湿表面上的富含油脂的潜手印。如聚乙烯塑料袋、蜡纸、塑料薄膜、玻璃、电镀金属、泡沫塑料、瓷器、铝合金、塑钢、油漆金属、不锈钢、胶带黏面、扑克等物面上遗留的油脂或汗油灰混合手印。

3. 微粒悬浮液配置方法

（1）普通配方：称取0.2g十二烷基磺酸钠或十二烷基苯磺酸钠（阴离子表面活性剂）溶于200mL去离子水中，逐渐加入30g四氧化三铁（或三氧化二铁）粉末，搅拌均匀，再加去离子水至1000mL（使用温水效果会更好）。在配置过程中，我们可以根据客体的颜色选择氧化锌（白色）、二氧化钛（白色）、荧光粉（适用于彩色客体）作为悬浮微粒，以加强反差，在显现过程中，如果显现效果不理想，可以适当增加悬浊液的浓度。

（2）纳米悬浮液配方：首先称取0.1g固体粉末，将其加入50mL去离子水中，而后加入0.25mL吐温20（非离子表面活性剂）；室温下，超声波15min至纳米颗粒块状结晶均匀分散于水中，获得小颗粒悬浮液。

4. 微粒悬浮液显现手印操作方法

（1）浸显法：适用于较小客体，选用适于显现的容器尺寸，以能将检材放入为准。搅动工作液。使全部粉末悬浮起来后，将物证浸入溶液1~2min，浸泡时间可适当延长，直至显出手印为止；由于一次只能显现物证的一个表面，应将物证翻面后再处理一次。将物证取出以后，用自来水漂洗（或小水流冲洗），显现出的手印最好立即拍照。

（2）喷显法：对于不便使用浸显法处理的某些物证，可以使用喷显方式，但悬浮微粒溶质的量需加大，喷显时，先将喷雾器中的工作溶液摇匀，然后进行喷显。对水平客体表面，将悬浮液喷洒其上；显现1~2min后，用自来水稍加清洗；对倾斜或垂直的客体表面，将悬浮液喷洒其上，在悬浮液下流过程中显现手印。

（3）滴显法：在发现有疑似手印的印痕上也可以采取用滴管滴显的方式来显现，将悬浮液搅拌或摇晃均匀后用滴管吸取悬浮液滴在可疑手印上，过2min后可以进行漂洗显现手印，效果不佳可以再次滴显。

5. 微粒悬浮液显现手印的优缺点

优点：悬浊液可以直接显现潮湿、水冲、水浸客体表面遗留的手印，避免了干燥处理对手印显现的影响。

缺点：只能显现较新鲜的非渗透性客体上的汗油手印，使用喷显的方法容易对客体和环境造成污染。

案例

2016 年 9 月某市发生一起盗窃门面店的案件，嫌疑人将店不锈钢门把手掰断扔到地上，恰逢当天晚上下雨，门把手在雨水中浸泡过。警方用荧光粉配制成的悬浮液在不锈钢门把上显现指印一枚（图 1-3-8）。

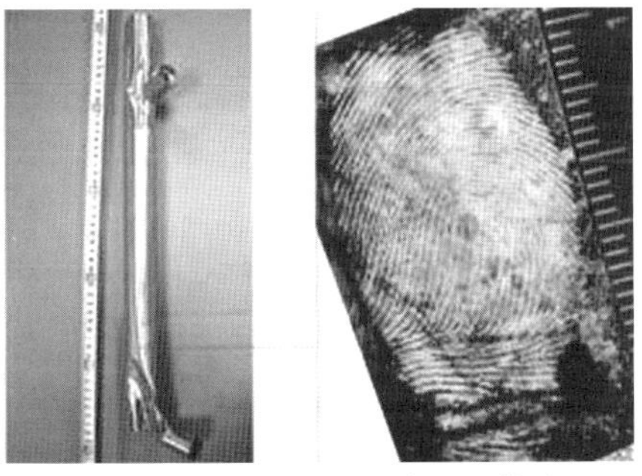

图 1-3-8　荧光悬浮液显现指印

九、真空镀膜法

1. 原理

在高真空状态下，加热金属或非金属，使之升华，气体分子呈球面喷射于待显物面，形成一层蒸发料薄膜，由于有手印的部位与没有手印部位的光洁度有差别，淀积程度不同（纹线上不淀积或少淀积），从而增强了反差，手印即显现出来。

2. 适用范围

汗液、油质、血迹、粉尘形成的潜在手印，尤其是皮革、机械、工具把柄和塑料上遗留时间较长的潜在手印，以及用其他物理方法不易显出的手印。

3. 操作方法

真空镀膜显现方法主要通过真空镀膜机实施。将待显客体放入真空镀膜机的舱内，在蒸发料槽内加入适量的蒸发料，关闭舱门，开启开关。透过观察窗口看到客体被镀上一层膜后，关闭开关，打开舱门，取出客体。显出的手印可拍照提取。在操作过程中，真空度的选择是影响手印显现效果重要因素之一，通常手印越新鲜，真空度要求越高，陈旧手印，真空度要求低一些；客体表面越光滑，所需真空度可低一些，反之应高一些。同时显现的客体要干燥，如果客体潮湿应先做干燥处理。

4. 优缺点

优点：适用于各种客体和类型的手印。利用真空镀膜法显现枪体上的手印和水浸泡过非渗透性客体上的手印都取得了很好的效果。只要能够抽出高真空的客体，且手印较为新鲜时，均可显现手印。真空镀膜既可以显现手印，也可以用于加强原来手印的清晰度，如 502 胶熏显的手印和粉末刷显过的手印均可以用真空镀膜加强反差。

缺点：真空镀膜机设备庞大，操作复杂，不适合现场及超大客体使用；如果蒸发料选择及用量不适当，容易造成不可挽回的损失。

案例

2003 年 2 月 28 日，某县学生张某被人杀死在放学回家的路上。警方在现场提取自制刀鞘一个。2017 年 5 月 11 日，有关人员将检材送至郑州市公安局进行指纹显现处理。经真空镀膜显现，显出指印（图 1-3-9）。

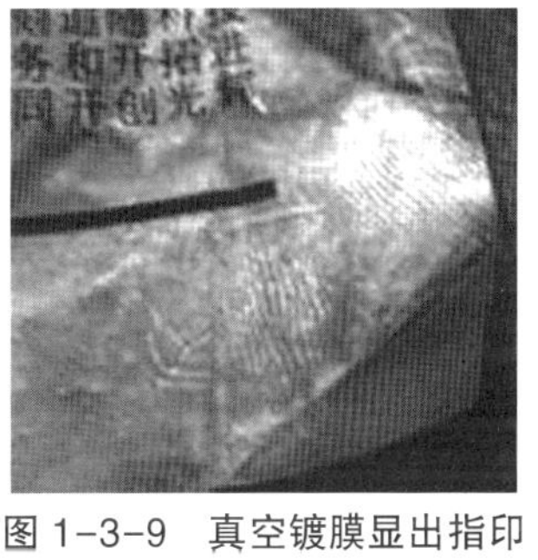

图 1-3-9　真空镀膜显出指印

第四节　渗透性客体上手印的显现方法

渗透性客体是指人的汗液、血液等能够通过客体的分子纤维进入客体的内部，例如纸张、本色木等，对于该类手印需要采取有针对性的显现方法才能取得明显的效果。

一、茚三酮显现法

1. 原理

茚三酮与手印遗留物质中的氨基酸发生反

应，氨基酸被氧化成醛，放出氨和二氧化碳，茚三酮则变成还原性茚三酮，然后还原性茚三酮与氨及另一分子茚三酮进一步缩合成蓝紫色产物——鲁赫曼紫，从而达到显现潜在手印的目的。

2. 适用范围

适用于渗透性客体上的汗液手印、血手印、精液手印、阴道分泌物手印及成分中含有氨基酸成分的手印显现。茚三酮溶液法显现的血手印可以用四甲基联苯胺继续显现。

3. 茚三酮显现液的配制方法

配方一：5~10g 茚三酮溶于 15mL 甲醇中，加入 30mL 乙酸乙酯，再加入 5mL 冰乙酸，加石油醚至 500mL。

配方二：1~6g 茚三酮溶于 100mL 丙酮。

配方一主要用于显现渗透性较好的客体，如纸张等，配方二主要用于显现半渗透性的客体，如乳胶漆墙面等。

4. 茚三酮直接熏显法显现手印

（1）浸泡法：将待显客体浸入盛有茚三酮溶液的搪瓷盘中，1min 后取出。

（2）喷雾法：将配制好的茚三酮溶液装入密封的喷灌中，对准疑有手印的部位，将溶液均匀地喷到客体表面。

（3）涂抹法：用棉球蘸取茚三酮溶液，均匀地涂抹在待显客体疑有手印的部位，涂抹溶液时应用点蘸的办法，动作要轻，避免用力涂抹物体表面而损坏手印。

将用浸泡法、喷雾法或涂抹法处理过的客体放置在室温下待慢慢显出手印，2~3h或4~6h手印会全部显出，如果温度升高可大大提高反应速度。

5. 茚三酮加湿加热法显现手印

茚三酮熏显柜显现：将经上述步骤处理过的客体置于 DFO/茚三酮熏显柜中，按照茚三酮显现程序在柜内加热加湿，从而将汗潜手印显现出来。茚三酮熏显柜的显现程序有自动和手动两种模式，自动模式是按照事先设计好的加热加湿时间进行熏显，手动模式可以根据需要和技术人员的经验自定义加热加湿的时间进行熏显。有时在柜内刚熏显结束的手印显现效果不是很好，在柜外放置一段时间效果会加强。

电熨斗显现：将用茚三酮溶液处理过的检材上面垫上 2~3 张白纸，然后用蒸汽熨斗对客体表面进行加热加湿处理，至手印显出。

蒸显法显现：首先在蒸锅中放入水，加热至 80℃左右，把客体置于一个纸筒内，再将纸筒放入蒸锅中加热 10s 左右，手印即可显出。

6. 茚三酮雾化熏显法

采用雾化熏显法熏显汗潜手印的配方不同于以上显现方法的配方，雾化熏显法有以下两种配方：

（1）2g 茚三酮加入 100mL 热水中振荡溶解，再加入 1 滴冰乙酸。

（2）2g 茚三酮溶解于 30mL 丙酮中加入 70mL 水，加入 2 滴冰乙酸（该配方适用于除热敏纸外的纸张）。

具体操作方法是：将待显客体平整放于容器底部，将 10mL 2%茚三酮溶液加入超声波雾化器小杯中，打开开关，待容器中充满白色气雾后关闭电源，静置约 1min，待气溶胶完全沉降呈透明状时取出，翻转使客体另一面向上放于容器中，再按上述方法熏显。取出客体后再用常规方法进行加热、加湿显现或在室温自然条件下，直至手印显出。

7. 茚三酮显现的手印消退

15%过氧化氢、盐酸甲醇溶液（5%的盐酸一份+甲醇一份）、饱和的氯化钠溶液加乙醇混合液（各 50%）、次氯酸钠或氯酸钙水溶液均可以消去茚三酮显现的手印。

具体操作：将消退液均匀地涂抹在茚三酮显现的手印及周围，紫色即慢慢消退，经水冲洗后晾干、整复即可。

8. 茚三酮熏显手印的优缺点

（1）优点：价格便宜，操作简单，显现效果好，较陈旧的手印也可以显现。不受光线、器材限制，已得到广泛使用。

（2）缺点：不能用于油性、蜡纸等物体上的手印显现，因其溶剂多为有机溶剂，破坏检材；茚三酮显现后的手印遇水容易扩散变模糊，所以茚三酮显现后的手印应及时拍照干燥保存。

9. 茚三酮锌盐低温荧光显现法

（1）原理：用氯化锌溶液处理茚三酮显现后的指印，使鲁赫曼紫与锌离子形成橙色的络合物，这种络合物的吸收峰在 485nm，辐射峰在 560nm，在氩离子激光器的 488nm 谱线激光激发下会发出明亮的橙黄色荧光，指印增强效果较好。在操作过程中可以使用氯化钴或氯化镉代替氯化锌。

（2）具体操作方法：将 1g 氯化锌溶于 100mL 丙酮中，再加入 1mL 冰乙酸制成增强显现液。将待显客体浸泡处理，晾干后，置于液氮槽内，用多波段光源或激光器观察，可见黄色荧光手印。注意：在显现过程防止被液氮冻伤。

10. 茚三酮油红 O 显现法

油红 O 是一种双偶氮型生物染色剂，它能将手印中的脂类物质染色从而显现手印，显现的手印呈粉红色，可以直接观察拍照。

具体操作：取 1.5g 油红 O 溶于 770mL 甲醇中，搅拌均匀。再取 9.2g 氢氧化钠溶于 230mL 蒸馏水中，搅拌均匀。然后将油红 O 甲醇溶液和氢氧化钠水溶液混合制成染色液。

将 26.5g 的无水碳酸钠溶于 2L 蒸馏水中搅拌至全部溶解，再在该溶液中加入 18.3mL 浓硝酸，缓慢地搅拌，之后往溶液中加入蒸馏水至 2.5L，配制成 pH 缓冲液。

将用茚三酮溶液显现后的手印客体放入油红 O 染色液中，在自动摇台上震荡 60～90min，待手印清晰显现出来后，取出客体，抖掉多余的油红 O 残留物，将客体全部浸入 pH 缓冲液中，然后将待显客体从缓冲液中取出，用蒸馏水反复清洗，最后放入 50℃ 恒温干燥箱内烘干，拍照提取。

二、DFO 显现法

1. 原理

DFO 与手印物质中的氨基酸、蛋白质反应，生成淡紫红色化合物，在蓝绿光照射下显出很强的荧光。因此可以用激发荧光的方法观察或拍照记录下来，达到显现的目的。

2. 适用范围

适用范围同茚三酮溶液显现法。

3. DFO 显现液配制方法

配方：称取 0.05g DFO 溶于 4mL 甲醇中，待全部溶解后（需水浴加热），加入 10mL 乙酸乙酯和 2mL 冰乙酸，再加入 84mL 氟利昂（1，1，3—三氯三氟乙烷），配好后置于低温黑暗处保存。

由于氟利昂易污染环境，在实际工作中很难得到纯氟利昂，可以用石油醚代替氟利昂使用。

4. 操作方法

使用时，用浸泡法浸泡检材 10～20s 取出，晾干后在 100℃ 恒温箱内加热 20min 取出，在暗室中用多波段光源 470～560nm 激发光照射，戴橙色眼镜观察，手印为橙红色，直接拍照提取。对纸张上汗潜手印的显现步骤是先用 DFO，再用茚三酮方法，二者不可逆。

5. DFO 显现法的优缺点

优点：DFO 对于显现汗液成分微弱的潜在手印和深色客体上的潜在汗液手印来说，因反应的生成物具有强烈荧光，能提高显现效果。DFO 显现液溶剂多不溶解油墨等油性物质，因此对于有油墨字迹的检材可以采用该方法。

缺点：对于遗留时间较长的手印，DFO 显现效果不如茚三酮，但是如果先用 DFO，再使用茚三酮显现法，会显著增强效果。

三、茚二酮显现法

1. 原理

茚二酮（IDO）是茚三酮的一种衍生物，呈淡黄色粉末，手印物质中氨基酸与茚二酮发生化学反应，生成具有橙黄色荧光的物质。

2. 适用范围

该方法适用于显现渗透性客体表面潜在的汗液手印，也可以显现血手印，对微弱和陈旧指印显现效果良好，甚至可以替代 DFO 显现法。

3. 茚二酮显现液配制方法

配方 1：首先配制储存液，依次将 40mL 无水乙醇、40mL 乙酸乙酯、10mL 冰乙酸加入 250mL 试剂瓶中充分混合，再加入 0.5g 茚二酮，搅拌溶解，备用。使用时取 9mL 储存液，加入 1mL10%PE－68（非离子表面活性剂），再加 90mL 三氟三氯乙烷，充分混合制成 100mL 茚二酮工作液。

配方 2：将 0.1g 的茚二酮加入 90mL 的石油醚中，再加入 1mL 的冰乙酸和 9mL 的乙酸乙酯充分溶解

4. 操作方法

将检材放入显现液中浸泡或喷显，然后阴干，放置于温度为 85℃，相对湿度为 65% 的环境中反应 5min，或者直接放在 130℃ 的恒温干燥箱中反应 3～5min，然后将检材置于 510nm 或

530nm 的多波段光源下戴橙色或红色眼镜观察，可以看到手印。

5. 优缺点

优点：茚二酮对人体无害，性质稳定，易于储存，对于陈旧、汗液量少的手印以及有背景干扰的彩色或深色客体效果明显。

缺点：茚二酮显现的手印需要加热处理，在现场无法操作，对于超大客体显现困难。

四、硝酸银溶液显现法

1. 原理

硝酸银是一种菱形片状晶体，加热到 450℃ 时分解成单质银、二氧化氮和氧，溶于水和乙醇，其水溶液和乙醇溶液呈中性。具有很强的腐蚀性，有毒，在使用其溶液或晶体时要注意做好个人防护，从呼吸道进入的硝酸银蒸汽能被血液吸收，进而对肺部造成伤害。

硝酸银和汗液中的氯化钠、氯化钾产生化学反应，生成氯化银和硝酸钠、硝酸钾。氯化银在强光的作用下极易发生分解反应，生成黑色的单质银粒子和氯气，随着光照的增加，反应不断进行，随着银粒子不断地增加，会使物面变黑色，因此在反应的时候要掌握好光照的强度和时间，避免因反应过度使纹线模糊，影响显现效果。

2. 适用范围

硝酸银显现法主要适用于浅色渗透性客体，如浅色纸张、较新的本色木、单色纸张上的汗潜手印，48h 以内的手印显现效果较好，10 天以内的汗液手印也能显出，但效果较差。

3. 硝酸银显现液配制方法

配方 1：1~5g 硝酸银和 100mL 蒸馏水混合。

配方 2：1~3g 硝酸银和 100mL 无水乙醇混合。

这两种配方要根据检材的情况选择合适的一种，如果客体表面有易溶于乙醇的有机染料如圆珠笔或彩色油墨则选择配方 1，如果有茚三酮显现过的手印应选择第 2 种配方，因为水容易破坏茚三酮显现后的手印。配制好的溶液要放在棕色瓶内避光低温保存，最好现用现配。

为了改善硝酸银与汗液中的氯化物的化学反应环境，以便分解碳酸盐和其他物质，提高显现效果，可在水溶液配方中加入 1mL 浓硝酸，使反应在酸性环境条件下进行，这样可使碳酸盐以及其他物质不至于干扰氯化银的生成，让反应更充分，显现效果更佳。

4. 操作方法

显现手印时可使用浸泡法、喷显法或涂液法，对于较大的客体可使用喷显法，喷显时注意喷显不宜过量，不要让溶液流淌。涂液时用镊子夹住棉球蘸取溶液，在留有手印的地方蘸涂，切记不要上下左右扫动，以免将手印破坏，阴干后可在暗室内用长波紫外灯曝光 20~30s，手印显影即可观察到，在曝光时要注意观察手印的显现效果。注意控制曝光量，手印清晰后立即停止曝光，拍照固定。

5. 优缺点

优点：该种溶液配制简单，熏显时不需要其他设备，可以在案件现场操作，对于汗液手印效果明显。

缺点：硝酸银有毒，使用时要注意安全。在显现过程中，曝光量如果掌握不好容易失败。

6. 硝酸银显出手印减薄方法

由于操作不当、曝光过度等原因，引起物面着色过深，使显出的手印纹线反差太弱，难以照相或检验时，需要减薄补救消退重新显现。

过氧化氢减薄方法：用 3% 的过氧化氢涂于另一张纸上，阴干到没有浮液后，覆盖于手印上，约 30s 揭开，手印纹线的反差即可增强，经漂洗、晾干即可。也可将 1%~3% 的双氧水直接涂于手印上，待减薄以至手印全部消退，阴干后再次曝光，手印又可重显。经水洗、晾干即可。

7. 硝酸银显出手印后的消退方法

配方：硫代硫酸钠（60g）加蒸馏水（100mL）。

操作：用棉球将溶液涂在显色部位，手印即消失。经水洗、晾干、整复即可。

五、硝酸银-茚三酮混合显现法

1. 适用范围

各种浅色纸张、牛皮纸、相纸、本色木等。

2. 溶液配制

取 1g 茚三酮，1.5g 硝酸银，50mL 无水乙醇，50mL 醋酸丁酯，按顺序逐一加入，搅拌溶解，放置 15min 后取上清液备用。

3. 操作方法

将蘸有茚三酮-硝酸银混合溶液的药棉均匀涂于检材上，显出手印后立即拍照提取。

4. 优点

茚三酮可与手印中的氨基酸反应，硝酸银可与手印中的氯离子反应而互不干扰，加强显现效果。

六、硝酸银-米吐尔显现法

1. 原理

米吐尔混合溶液对硝酸银和氯化钠反应生成的氯化银有很强的还原作用，在保护剂（亚硫酸钠）、促进剂（碳酸钠）、抑制剂（溴化钾）的碱性混合液中，与氯化银发生还原反应，将氯化银还原成单质银，单质银为灰黑色，从而将手印纹线显现出来。

米吐尔混合液配制方法：称取 0.8g 米吐尔，无水亚硫酸钠 2.3g，无水碳酸钠 2.2g，溴化钾 0.1g，按顺序依次加入到 75mL 的蒸馏水，搅拌均匀，最后加入 100mL 的蒸馏水，再次搅拌均匀备用。

2. 硝酸银水溶液配制

称取 0.5g 的硝酸银溶解于 100mL 的蒸馏水中，配制成 0.5%的硝酸银水溶液备用。

3. 操作方法

用镊子夹取脱脂棉球，蘸取 0.5%的硝酸银水溶液均匀涂抹在待显客体上，等客体表面阴干后，再将配制好的米吐尔混合溶液均匀涂于表面，待手印显现后立即拍照固定。这种方法不需要强光暴晒，因为强还原剂米吐尔替代了光解作用，使氧化银分解出游离状态的金属银。

4. 注意事项

所用器材必须洁净，否则会影响效果；溶解药品时，应按配方顺序依次加入，不要随意颠倒或同时放在里面溶解；米吐尔混合液要现用现配，不用存储；由于所使用的试剂均有腐蚀性，注意做好防护措施。

七、硝酸银显现法

（一）淀粉固定法

1. 配方

淀粉（15g）、冷水（80mL）、温水（200mL）。

2. 制作

先将淀粉投入冷水制成糨糊状，再加入温水使其溶解，得到淀粉溶液。

3. 操作

将带有硝酸银显出的手印物质浸入淀粉溶液中，约 1min，手印纹线即可被固定下来，承受物表面的硝酸银被淀粉吸附，色调可以减退，然后置于清水中轻轻漂洗，待淀粉溶液冲洗干净取出晾干即可。

（二）硫代硫酸钠溶液固定法

1. 配方

硫代硫酸钠（0.2g）、水（100mL）。

2. 操作方法

将带有硝酸银显出手印的客体浸入硫代硫酸钠水溶液中，约 5~10min，待手印纹线变成淡褐色为止，然后用水漂洗晾干即可。

以上两种固定方法均不能用涂刷的方法，浸泡和漂洗要小心，不得损坏原件。

八、物理显影液显现法

1. 显现原理

物理显影液是一种氧化还原反应与物理吸附相结合的物理化学反应试液，即在缓冲溶液中，控制 pH 值，用还原剂（二价铁离子等）将银离子还原成单质银。被还原的单质银是一种细小的银颗粒，对手印物质，尤其是其中的脂类物质有较强的吸附力，能够吸附在手印纹线上。在渗透性客体表面和水浸过的物面，存留着脂肪类和非水溶性蛋白质，对胶质银的沉淀起着触媒作用，所以能够沿着纹线沉淀出许多银离子，从而显出手印。

2. 适用范围

本方法主要适用于渗透性客体，对渗透性客体上的血潜手印、皮脂、汗混合手印及普通汗垢手印有明显效果，对纸币、热敏纸、胶带黏面上的汗潜指纹也有很好的效果。但是对纯汗液手印不能显现，如用香皂洗手干后尚未接触其他物品时留下的手印。

3. 物理显影液的配制

（1）配方 1

甲液：TX-10（1mL）、咪唑啉（1mL）、蒸馏水（200mL），加热搅拌。

乙液：硝酸铁（30g）、硫酸亚铁胺（80g）+柠檬酸（20g）、蒸馏水（900mL），加热溶解。

丙液：硝酸银（10g）+蒸馏水（50mL）。

工作液为甲液（40~50mL）+乙液（900mL），按顺序混合，搅拌2min。将丙液60mL加入甲乙两种混合液中搅拌2min；工作液稳定1h左右。

（2）配方2

甲液（马来酸预洗液）：马来酸（2.5g）、蒸馏水（100mL）。

乙液（氧化还原浓缩液）：硝酸铜（3.3g）、蒸馏水（80mL）、硝酸亚铁胺（9g）、柠檬酸（2.2g）。

丙液（硝酸银溶液）：硝酸银（1g）、蒸馏水（10mL）。

丁液（吐温-20溶液）：吐温-20、蒸馏水（10mL）。

工作液为丁液（10mL）+乙液（80mL）+丙液（10mL）。

4. 操作方法

配方1的操作步骤：配方1主要用于显现血潜手印。将留有手印的检材在预处理液中浸泡5~10min（处理液为配方2中的马来酸预洗液）；将浸泡后的检材放入蒸馏水中冲洗，再放入工作液显现（疑有手印的一面朝上），工作液浸过检材1cm左右，镊子夹住检材轻轻晃动，纹线或背景变黑时，立即取出，一般显现时间为2min左右；将显后的检材放入蒸馏水中冲洗两遍，置于吸水纸上，吸干水分，干燥后观察拍照。

配方2的操作步骤：主要适用于皮脂、汗混合手印及普通汗垢手印。将检材置于马来酸清洗液中进行清洗20min；将检材置于水中清洗10min；将漂洗后的检材置于物理显影液中处理，不停地晃动显现盘，注意观察，发现清晰的手印纹线后，取出检材，浸泡时间不宜过长，否则会导致背景变黑，影响纹线反差；将处理后的检材置于蒸馏水中冲洗，去除多余的物理显影液及检材上的杂物；如果显出手印的效果不理想，可以将检材再次放入显现液中，直到显出清晰的手印；如果背景变黑，影响手印的清晰度，可以将检材置于稀释的次氯酸钠溶液中漂白。

第五节　灰尘手印的显现方法

灰尘存在于生活的各个角落，作案人在攀爬、翻窗入室或触摸有灰尘的客体时就会形成灰尘手印。灰尘手印有加层和减层手印之分。对于灰尘手印，除了可利用前文所述的光学检验方法之外，还可以利用以下方法显现。

一、胶带粘取粉末刷显法

1. 操作方法

首先按照手印显现的程序在不破坏灰尘手印的情况下，采用光学检验的方法拍照提取，然后用指纹胶带按照粘取刷显手印的方法将灰尘手印粘取，在粘取过程中首先固定胶带的一端，然后用拇指向前赶压胶带粘取，在粘取过程中防止胶带移动和胶带中留有气泡。将粘取的手印贴在中间有空洞的塑料板上或者类似的装置上（目的是让灰尘手印不接触任何客体，防止灰尘手印遭到破坏，并且有利于在拍照时打透光拍照）。有条件的在现场立即配透光拍照固定，如果现场条件有限可以带回实验室拍照，在运输过程中防止手印遭到破坏。对于胶带粘取后的手印应用粉末刷显的方法继续显现。

2. 适用范围

本方法适用于光滑客体上的灰尘加、减层手印提取。对于胶带粘取后无法分离的客体如复印纸，不适用本方法。

3. 注意事项

对于粘取后的手印可以适用非渗透性客体的显现方法继续显现。如果灰尘中有较大颗粒，应先将较大颗粒用镊子移除后再粘取。对于透明客体可以先直接配透光拍照提取，再按照上述方法提取。

二、硫氰酸钾熏显法

1. 原理

在强酸作用下，灰尘中的三价铁离子（Fe^{3+}）与硫氰酸钾中的硫氰根离子（SCN^{-}）反应，生成棕红色的硫氰酸铁，从而将手印显出。此反应必须在酸性条件下进行。硫氰酸根离子的浓度越大，反应越灵敏。

2. 适用范围

适用于渗透性客体和非渗透性客体上灰尘手印的显现。

3. 操作方法

将待显现的客体置于密闭的容器中，底部放一烧杯，取10g硫氰酸钾放于烧杯中，再缓慢加入 10mL 浓硫酸，瞬间有棕色气体生成，气熏 1～5 min 后取出，灰尘手印呈棕色。

4. 注意事项

第一，加入浓硫酸时应缓慢，控制其反应速度，防止反应太激烈，将反应液溅到待显客体上，造成显现失败。第二，对于一些体积较大的客体，可以用胶带粘取灰尘手印后，将胶带放置于容器中，进行熏显。第三，在反应过程中易产生难闻气体，注意个人防护措施，防止其对人体产生伤害。第四，对于用硫氰酸钾显现的手印可以用氨水熏显消退。

在实际工作中，也可以用即时贴或指纹胶带将灰尘手印粘取下来，然后将粘有灰尘手印的即时贴或胶带用硫氰酸钾熏显。这种方法不但增强了手印的反差，也克服了背景的干扰。对于纸张等渗透性客体也可以使用该种方法，但是在揭取指纹胶带或即时贴时要在渗透性客体的背面喷涂剥离液，等剥离液浸透客体后即可揭下胶带或即时贴进行熏显。

三、JB 染色液法

1. 显现原理

灰尘手印转印在胶面后，灰尘中的碱性成分使 JB 熏显液中的染料由黄变蓝，不溶性的灰尘等粒子在染料与胶面之间起隔离作用，附着在胶面空白处的黄色染料渗透在胶面内，水冲洗时只将灰尘表面上附着的染料洗掉，而渗透入胶面的染料则冲洗不掉。固定增强剂气熏使渗透于胶面内的染料由黄色变为蓝色，背景色调加深，提高了熏显灵敏度且不会褪色，形成了类似彩色照片的效果。

2. 适用范围

本方法适用于干净表面上灰尘土加层、减层手印的显现，不同粉末形成的手印显现，渗透性、非渗透性客体表面上汗灰混合手印的显现；不适用于污垢量较大、油垢量较大的客体表面手印的显现。

3. 操作方法

（1）对于非渗透性客体：拍照提取后用即时贴粘取灰尘手印，如果是汗灰混合手印用即时贴粘取时要在上面施加重压；对粘贴有灰尘手印的即时贴，用 JB 液少量多次用超声波雾化器雾化。熏显即时贴粘取的灰尘手印，熏显后手印纹线成蓝色，即时贴用水冲洗和喷洒增强固定剂后手印呈白色，背景呈淡蓝色。

（2）对于渗透性客体：拍照提取后将即时贴粘贴于灰尘手印上，从渗透性客体背面喷涂剥离液，等剥离液浸透后揭取下即时贴；对即时贴上的灰尘手印，用 JB 染色液在超声波雾化器中雾化熏显，当熏显中背景不变色即无杂质干扰时，再用水冲洗。

四、相纸转印法 YH 染料染色

1. 原理

相纸吸水后，相纸吸水胶层蛋白溶胀，具有较强的黏性，可以将灰尘印痕粘取下来；高度分散的 YH 染料粉末具有很好的表面聚合性能，在灰尘粒子表面电荷作用下发生聚集，使灰尘表面包了一层红色染料，与白色的相纸表面形成了较大的反差。

2. 适用范围

本方法适用于各种光滑平面客体上的加层或减层灰尘手印的显现。

3. 操作方法

首先将黑白涂塑相纸定影水洗，自然干燥备用，或用彩色相纸不经曝光定影烘干；用棉球蘸取 5%左右的氢氧化钠水溶液，擦拭相纸，侧光下见有少许小水珠即可；然后用相纸粘取灰尘手印，电吹风加热至干；最后用棉球蘸取少许 YH 染料于灰尘印痕上擦染，至手印呈红色。

4. 注意事项

相纸转印时要注意不要错位；YH 染料用量不宜过大，否则背景易着色；染色过度可以用乙醇或丙酮洗去红色染料，挥干后再次擦显。

五、固定粉末显现法

1. 显现原理

灰尘具有较大的表面积，具有较强的吸附性能。固定剂气体熏显过程中，灰尘手印吸附大量的固定剂，因其黏性较大，从而可将灰尘固定并且使其表面活化具有黏性，可以吸附多种粉末，光滑客体表面吸附的少量固定剂虽然也吸附了粉末，但在反复刷显过程中可将背景粉末粘取下来，从而一次性较好地完成灰尘手印的固定和显现。

2. 适用范围

固定粉末法主要适用于光滑非渗透、非易溶性、较干净的表面上加层灰尘印痕，适用于玻璃、陶瓷、塑料、油漆面、纺织品、纸张、金属、釉面砖、地板革、水泥面、水磨石、大理石等客体表面上的灰尘手印。

3. 操作方法

（1）涂液固定法：将少许固定剂在灰尘手印上方20cm处喷涂，注意不要让固定剂喷嘴直接对着灰尘手印喷涂，要让雾状的固定剂落在灰尘手印上，自然挥发后用银粉反复刷显并用胶带提取。

（2）气熏固定粉末法：将一滴CX固定剂加入预热几分钟的电加热器中，上方放一纸漏斗，将漏斗置于灰尘手印下方气熏1s左右，再用松香熏显并反复刷显20次左右至纹线清晰。

4. 注意事项

因该方法灵敏度高，固体粉末法对客体表面性质有较高要求，客体表面的油垢、污垢、汗垢等都会干扰刷粉效果；CX灰尘固定剂为高沸点具有黏性的液状有机溶剂，灰尘手印气熏时间不可过长，否则，固定剂在表面冷凝，从而影响显现效果，应反复刷显，并注意力度的变化；YC固定剂消除了灰尘的漫反射性质，加大了反差，可以取得良好的效果；金属粉末刷显时着粉量较大，效果强于其他非金属粉末，可以用发胶代替YC固定剂，操作方法同上。

六、茜素法

1. 显现原理

茜素是一种红色结晶或棕黄色粉末，溶于乙醇、乙醚、丙酮、苯和热甲醇，不溶于水和氯仿，属典型的媒介染料，是铝、铟、汞、锌和锆的点滴试剂。在碱性条件下，茜素与灰尘中的铝离子结合生成红色的化合物，从而将手印显现出来。

2. 适用范围

本方法适用于灰尘加减层手印。

3. 操作方法

在100mL乙醇中加入茜素至饱和，喷涂于灰尘手印上，用电吹风吹干，再喷氨水，几分钟后，手印染成紫红色，然后拍照提取，也可以用胶带或即时贴将灰尘手印粘取后喷显，对于渗透性客体，可以用胶带粘取后用剥离液显现。注意在喷显现液时不要将喷嘴对着灰尘手印直接喷显，防止破坏灰尘手印，要在灰尘手印上方50cm左右的位置喷洒，让显现液自然落在灰尘手印上。

第六节　血质手印的显现方法

血质手印是指手指掌沾上血迹后触摸客体时形成的手印，当现场客体上遗留的血手印血量较少或形成潜血手印的背景较深时，就需要用物理、化学的方法加以增强显现，人眼才能看见，血手印的显现方法除了前文所述的茚三酮、DFO、茚二酮等方法外，还可以用下列方法显现。

一、四甲基联苯胺（TMB）法

1. 显现原理

新鲜血液中存在过氧化酶，遇到过氧化氢（H_2O_2）时，可使H_2O_2释放出初生态氧，初生态氧将无色的四甲基联苯胺氧化，形成四甲基联苯胺蓝，从而使浅色或无色的潜血手印显现出蓝绿色。陈旧的血手印中的过氧化物酶失去活性，不能参与反应，但在血红蛋白分子内铁卟啉环中的铁离子起触媒作用，可使H_2O_2释放出初生态氧，将无色的四甲基联苯胺氧化成四甲基联苯胺蓝，显出蓝绿色的血手印。

2. 范围

主要适用于各种渗透性客体，如纸张、纸币、证券等客体上新鲜及陈旧血手印的显现，对较新的本色木、纸板、胶板及精纺纺织品上的血手印显现也有一定效果。

3. 试剂配制

甲液：称取1g四甲基联苯胺溶于30mL丙酮中，再加入70mL石油醚。

乙液：3%的双氧水。

使用时将甲液和乙液按5∶1比例混合即可。

4. 操作方法

对于渗透性客体，首先要用脱脂棉蘸取无水乙醇，对疑有血手印处涂抹固定，阴干后再进行多次涂抹。

对于非渗透性客体，先用松香烟熏，使血手印表面吸附一层炭粉，增加对四甲基联苯胺溶液的吸附性，使反应更充分，提高显现效果，再用软毛刷掸掉多余的炭粉。

对疑有血手印的部位固定后，要对血手印进行显现。用脱脂棉蘸取四甲基苯胺的工作液涂抹待显部位，几秒钟后，即可显出蓝绿色的潜血手印，显现出来的手印要及时拍照。

5. 注意事项

显现前一定要用乙醇将血手印固定，目的是使血红蛋白脱水、变性，溶解度下降，防止血迹扩散。

四甲基联苯胺对动物血、果汁、乳制品、铁、铜和唾液等也有颜色反应，因此不能做种属鉴定。

二、BBI 染色法

1. 原理

BBI 染色液在媒染剂的作用下，与血红蛋白以离子键结合，分子结构发生变化，手印便呈现不同的颜色。

2. 适用范围

本方法适用于非渗透性客体上血手印的显现。

3. 操作方法

将 BBI 染色剂均匀地喷于待显血手印上，等试剂挥发干后手印呈蓝色，然后可以直接拍照提取，如果手印受到干扰，可以用加有几滴醋酸的蒸馏水漂洗。显现后的手印如果用氨水气熏会变成深蓝色，如果用 10% 的盐酸冲洗，手印会变成黄色，再用水冲洗又变为蓝色。利用 BBI 的这个特性，在实际工作中，可以根据不同的背景采取不同的方法以加强显现效果。

三、EOS 染色法

1. 原理

EOS 是一种分子量较大的弱酸性红色荧光染料，以分子间的范德华力与血手印的蛋白质结合，使血痕表面附着上红色染料，从而将血手印显现出来。

2. 适用范围

本方法的适用范围同 BBI 染色法一致。

3. 操作方法

将 EOS 染料均匀地喷涂于血痕手印上，自然挥干后呈深红色，在蓝绿光下戴橙色眼镜观察呈深色荧光，用水或无水乙醇冲洗后效果更好，如果有背景干扰，可以用 10% 氢氧化钠涂于相纸上或用 DMF 转印液涂于打印纸上转印，注意转印后手印为镜像，转印后手印在紫外光下有很强的荧光。

优点：BBI 和 EOS 蛋白染色后，可用四甲基联苯胺及茚三酮继续显现，显现前不需要固定，染色后手印可长期保持，不会褪色，显现后不影响下一步检验。

四、氨基黑 10B 染色法

1. 原理

氨基黑 10B 又称酸性黑 10B，是一种黑褐色粉末，溶于水和乙醇，氨基黑 10B 在室温下能迅速与血迹中的蛋白质结合生成蓝黑色缔合物，从而将血痕手印显现出来。

2. 适用范围

本方法适用于浅色非渗透性客体上的血手印。

染色液配方：取 1g 氨基黑 10B，加入 5mL 乙酸和 95mL 甲醇或无水乙醇搅拌至完全溶解。

漂洗液配方：取 100mL 乙酸与 900mL 甲醇或无水乙醇混合。

3. 操作方法

先用乙醇将血痕固定，再将配制好的染色液滴在疑有手印的位置，对于较大客体可以喷显，20s 后用漂洗液冲洗掉多余的染色试剂，手印即可显现出来。

五、考马斯亮蓝试剂显现法

1. 原理

考马斯亮蓝是一种蛋白质染色剂，其分子结构中含有磺酸的钠盐，磺酸酸性较强，在一定的酸性环境下，可以让蛋白质带上大量的正电荷，而考马斯亮蓝以负离子形式出现，正负电荷相吸，可使蛋白质手印的纹线上吸附大量的考马斯亮蓝而呈淡蓝色，对某些颜色较深的客体可能会比氨基黑 10B 效果更好。

2. 适用范围

本方法的适用范围同氨基黑 10B 染色法。

3. 试剂配制

将 2g 考马斯亮蓝溶于 50mL 无水乙醇和 50mL 去离子水中，再加入 2mL 乙酸即可。

4. 操作方法

操作方法同氨基黑10B染色法一样。

六、曙红显现法

1. 原理

曙红为橙色结晶粉末，溶于水，微溶于乙醇，不溶于醚类，是一种生物染色剂。曙红能与在酸性溶液中呈正离子态的蛋白质化合，而将蛋白质染上颜色。

2. 适用客体

适用于深色或浅色非渗透性客体上的血手印的显现。

3. 显现液配方

称取0.1g曙红溶于100mL的无水乙醇中，再加入10mL乙酸。

漂洗液配方：70mL乙醇加入30mL蒸馏水，再加入5mL乙酸。

4. 操作方法

用脱脂棉蘸取曙红乙醇溶液，涂抹于疑有手印的位置，待挥发干后，在自然光下观察，浅色背景下血手印呈粉红色，如果有干扰可以用冲洗液冲洗。深色背景下，在多波段光源下观察，手印纹线呈白色。

七、JX-2Ⅱ型血手印荧光显现法

1. 原理

该方法原理主要是润湿渗透性客体，防止显现液渗透到客体里面，破坏血手印中的血红素，固定球蛋白的同时对其进行染色显现。JX-2Ⅱ型血手印荧光显现剂由JX-2、甲醇、H_2O_2组成，Ⅱ型血指印荧光冲洗剂由甲醇和H_2O组成。JX-2是一种碱性荧光染料，是一种优良的蛋白质染料，溶于水和某些有机溶剂（如甲醇），该荧光染料的斯特克斯偏移较大，在激发光的激发下能发出耀眼的荧光。

2. 适用范围

本方法适用于显现背景无荧光干扰的渗透性、非渗透性客体上的血潜手印，不适用于显现粘连性过强的血指纹。

3. 操作步骤

第一步是将JX-2Ⅱ型血手印荧光显现液B中加入JX-2Ⅱ型血手印荧光显现液A中，配成显现液。第二步是将JX-2Ⅱ型血手印荧光冲剂冲洗待显客体，若待显客体较大，用吸管吸取显现液，均匀、连贯地冲显血手印，直到血红色褪去。若待显客体较小，用托盘盛装适量的显现液，用镊子夹取客体放在盘中，直到血色褪去。第三步是用自来水洗去客体表面的显现液余液，用冷风吹干，在多波段光源415nm激发光下观察、拍照提取。

八、鲁米诺和蓝星试剂法

鲁米诺和蓝星试剂均是对血高灵敏的化学发光试剂，血液稀释上百倍后仍能发出荧光，陈旧血痕比新鲜血痕发光反应更强烈，可产生超过10min的荧光。鲁米诺和蓝星试剂主要用作确定是否为血液，不能做种属认定。有报道称可用这两种试剂显现手印，但是在实际操作过程中效果不理想，不建议用来显现血手印。

另外，鲁米诺和蓝星试剂均对其他一些化学药品、油类、硫酸铜、过氧化钾等也能发出荧光，但当血手印遗留在含铁的物体上，血液与鲁米诺或蓝星试剂的发光反应就会被抑制。

第七节　油脂手印的显现方法

攀爬入室盗窃、盗窃机械设备配件、盗窃变压器等案件中经常遇到油脂加减层手印，对于油脂手印除了可以用前文所述的光学检验方法、胶带粘取法、真空镀膜法、502胶液体显现法、碘熏法、微粒悬浊液法以外，还可以用下面的方法予以显现。

一、粉末显现法

由于油手印的黏性比汗液手印黏性大，一般常用的铝粉、青铜粉不宜用来显现油手印，可以在普通的磁性粉中加入适量铁粉稀释，然后刷显，在刷显时要用磁性刷形成的“穗”在手印上轻轻地刷显，防止手印模糊一片。

二、苏丹Ⅲ染色法

1. 原理

苏丹Ⅲ是一种灵敏的生物染色剂，又名苏丹红，苏丹Ⅲ可溶于脂肪将脂肪染色，油手印里的脂肪被染色而将手印显出。

2. 适用范围

本方法适用于光滑非渗透客体上的油质手印（主要为加层）。

3. 操作方法

取50%~70%酒精100mL，逐渐加入苏丹Ⅲ使其饱和，制成饱和溶液。将饱和溶液均匀涂于待显物面上，或在饱和溶液中浸泡5min，之后用50%~70%酒精轻轻冲洗，手印即被染成红色。

三、荧光试剂熏显法

1. 原理

有些油污较多物体上的手印，如油桶、油瓶上的加层、减层油手印混在一起难以区分。对这种手印可用荧光试剂汽化的方法熏显。罗丹明6G染料可溶于油质，在紫外光下观察，因乳突线与小犁沟对荧光试剂吸附的量不同，从而在紫外光下产生的荧光强度不同、反差不同。

2. 适用范围

本方法适用于油脂加、减层手印。

3. 操作方法

方法1：将具有荧光特性的罗丹明6G等试剂配成水溶液，用超声波雾化器使之雾化的方法，将荧光试剂均匀地喷在物体表面后，置于激光或紫外光下观察，可观察到二次荧光手印。

方法2：加热罗丹明6G染料使其挥发并熏显油质手印，紫外光或多波段光源蓝绿光下观察，油手印呈较强的荧光。

四、复印纸复印法

1. 原理

油脂具有很强的粘连性，通过复印将油脂转移到复印纸上，然后对复印纸进行显现处理。

2. 适用范围

适用于光滑客体上的油脂加、减层手印。

3. 操作方法

将复印纸轻轻地盖在油脂手印上，用左手压住一端使纸固定，用橡皮棍从纸的一端滚向另一端，力度不要太大，滚2~3次，然后用碘熏复印纸或者用磁性粉末刷显复印纸，即可将手印显现。对于减层手印，橡皮棍的力度要小，防止将小犁沟的油脂粘连到复印纸上。

五、加热烘烤法

1. 原理

对于不锈钢或者硅钢片上的油质手印，可先用光学方法拍照提取后，再在其背面加热使油质炭化，在1000℃左右的高温下，油质很快炭化，手印中的杂质遗留在客体上变为白色或其他颜色，此后可以用502胶加湿熏显法熏显。

2. 适用范围

本方法适用于金属客体上的油质加层、减层手印。

3. 操作方法

用酒精灯在客体有油脂手印的背面加热，直至手印纹线清晰，然后拍照提取，如果效果不理想，可以用502胶加湿熏显法熏显。

第八节　油浸手印的显现方法

油浸手印是指在纵火和盗窃燃油等案件中，形成手印的位置被油浸没后形成的隐性手印。

一、有机溶剂溶解法

1. 原理

该方法是用有机溶剂将手印上面的油脂溶解，然后让油脂和有机溶剂挥发，只留下灰尘、无机盐等固体成分在客体表面，这些沉积的固体颗粒可勾勒出所要显现的手印纹线。

2. 操作方法

在操作过程中，将乙醚或丙酮滴在油浸手印的部位，待溶剂挥发干后，手印即可重新显现出来，然后可用粉末或烟熏等方法显现手印，此方法显现的效果与手印物质的固体成分有关，固体成分越多，显现效果越好。

3. 注意事项

客体本身如果能够溶于有机试剂就不能使用本方法，如油漆面。

二、荧光微晶乳浊液法

1. 原理

有机树脂类荧光染料JX-2（荧光黄），常温下呈黄色粉末状，溶于水和极性有机溶剂，它是蛋白质、氨基酸、脂类物质灵敏的指示剂，将其配制成显现液，然后加入媒染剂和表面活性剂，将油面客体去油污后与手印遗留物作用，以分子间的范德华力、离子键吸附在手印纹线上，使手印纹线现荧光。

显现液配制：称取 1.5g JX-2 放于烧杯中，加入 10mL 的蒸馏水溶解 JX-2，量取 30mL 氨水溶液加入到烧杯中，搅拌均匀后加入 2.25mL 15%的碘溶液，最后加入蒸馏水至 100mL 制成母液；量取 5mL 母液置于表面皿中，在表面皿中加入 10%的氯化锌甲醇溶液 2mL，混合均匀，最后再加入 1mL JY4000 或 1g 聚丙烯酰胺表面活性剂，充分搅拌，混合均匀后即可使用。

2. 操作方法

用吸管吸取配制好的显现液，在留有手印的部位上方贴近客体直接冲显，使显现液均匀地流淌过留有手印的位置，水流不能急，且不能直接冲在纹线上；如果是食用油和黏度较小的工业用油时，用显现液冲洗 5~10 次左右，然后用水冲洗 5s，烘干；如果是黏度较大的工业用油，显现方法是：先用石油醚冲洗净，待石油醚挥发干净后，再用显现液冲洗 4~5 次，然后用水冲洗 5s，烘干。最后将烘干的检材置于长波紫外灯下观察，手印呈黄绿色荧光，拍照固定。

第九节　热敏纸上汗潜手印的显现方法

热敏纸是在普通纸上涂敷微粒粉末，成分是无色染料苯酚类或其他酸性物质，以薄膜相隔，在受热条件下薄膜被熔化，与粉末混合，起显色反应，从而将文字或指纹显现出来。日常生活中使用的银行 ATM 机上的票据、彩票、超市的购物小票等均是热敏纸。在案件中也经常遇到需要显现热敏纸上手印的问题。由于热敏纸的特性，使得显现热敏纸上的手印也与一般纸张不同，热敏纸除了前文所述的碘熏法、硝酸银法和茚三酮雾化显现法外，还可以用 DMAC 显现法。

1. 原理

DMAC 化学名为 4（对）-二甲（替）氨基肉桂醛，血红色粉末，熔点 137~139℃。可作为荧光标记试剂，属生化试剂类，同时也用于分光光度测定氨基和吲哚基的试剂。

在常温下，DMAC 与手印中的氨基酸进行缩合反应，生成醛胺缩合物，在 400~430nm 的波段内具有较强的荧光性能。

2. 操作方法

DMAC 显现纸的制作：称取 DMAC 粉末 0.5g，溶解于 200mL 的无水乙醇中，搅拌溶解，必要时水浴加热至 40~50℃。

将配好的溶液倒入搪瓷托盘，把 A4 打印纸放入，浸泡 10s 左右，取出晾干，用塑料袋密封，放置冰箱冷藏室备用。

显现：将待显热敏纸夹在两张 DMAC 显现纸中间，确保被显热敏纸全部紧贴在 DMAC 显现纸中后，用熨斗低温加热、加压，在多波段光源 400~430nm 的波段范围，显现的指纹会有较强的荧光。

第十节　胶带黏面上的指印显现方法

胶带作为一种日用品在生活中使用非常广泛，在绑架等案件中会经常遇到。胶带可分为多种，其基本结构和原理都一样。胶带光面上的手印可以用前文所述的非渗透性客体上手印显现方法进行显现，对于胶带黏面上的手印，除了可用光学检验方法外，还可以用其他很多方法显现。但是如果胶带缠绕在一起，显现胶带粘面上的手印就需要先将胶带剂剥离，才能显现。

一、胶带的直接剥离法

如果胶带和胶带或胶带和其他物品粘连在一起，在显现前需要对胶带进行剥离。如果胶带黏性不是很大，可直接用手或镊子将胶带分开。因为物体之间的黏合是靠黏合力的作用的，黏合力有大有小，黏合力达到一定程度，物体之间会牢牢粘住；黏合力低于一定数值，就可将相互黏合的物体分开。

下列情况可以进行直接剥离：胶带的黏面与另一条胶带的光面粘连时；胶带的黏面粘在被害人衣服、皮肤上时；胶带的黏面互相黏合，但粘有大量其他杂物时，如纺织品的纤维，被害人的头发，从而导致黏合不是特别紧密时。

直接剥离法操作简单，不需特殊的试剂或仪器设备，而且不会对以后的显现方法产生太大的不利影响。剥离时要注意从阻力最小的方向开始，如果从一个方向上剥离时，发现压敏胶已经从胶带的基材上脱落，那么就换一个方向剥离。

二、胶带的液氮剥离法

液氮剥离法是我们以前常采用的方法，即将胶带放入液氮中冷冻一段时间，因为胶带的黏面是压敏胶，压敏胶在受冷之后会暂时失去黏性，这时就要迅速进行剥离。

液氮剥离法的缺点：胶带在液氮的低温环境（-196℃）下会变脆，很容易受到损害。当把胶带从液氮中取出进行剥离时，胶带在室温的环境下很快又会恢复黏性，所以必须动作迅速，但动作迅速又容易损坏发脆的胶带，而且液氮冷冻对胶带的黏性影响也不是很大。液氮法剥离胶带操作麻烦，必须小心不要被液氮冻伤，所以液氮法并不是非常理想的胶带剥离方法。

三、胶带的化学试剂剥离法

原理：某些有机溶剂对压敏胶有一定的溶解性，当胶带黏面接触到这些溶剂时，会发生少量的溶解，胶带黏面的一部分由固体变为液体，从而失去黏性。

剥离液的配置方法 1：将氯仿与无水乙醇以 1∶1 比例混合使用。氯仿是一种无色有机溶剂，有一定毒性，并且有麻醉作用，使用时须注意安全，避免吸入并注意防火。

剥离液的配置方法 2：将丁酮与无水乙醇以 1∶1 比例混合使用。丁酮是一种常用有机溶剂，为无色透明液体，对呼吸道有刺激作用，使用时须注意安全，避免吸入并注意防火。

剥离液的配置方法 3：将二甲基甲酰胺与无水乙醇以 1∶2 比例混合使用。二甲基甲酰胺是常用的有机溶剂，为无色液体，对一般有机物与无机物都有良好的溶解作用，有腐臭味，经常吸入会损害肝肾，使用时必须注意安全，避免吸入并注意防火。

剥离液的配置方法 4：四氯化碳是一种常用的有机溶剂，无色有刺激性气味，可以用四氯化碳作为剥离液来剥离粘连的胶带。四氯化碳对人体肝肾有破坏性，使用时必须注意安全，避免吸入并注意防火。使用四氯化碳必须注意的一点是切不可将四氯化碳与无水乙醇混合，因为无水乙醇会大大增强四氯化碳的毒性。

浸泡剥离法：将待剥离胶带放入一足够大且易于操作的容器内，倒入有机溶剂，使其浸没胶带，稍等片刻，直接用手或镊子将胶带分开。浸泡法中，胶带黏面受化学试剂的作用充分，胶带容易分开。但浸泡法有使用试剂剂量大、危险性大的缺点，浸泡法是在作为特殊情况下使用的一种方法。

滴管滴液剥离法：将一种或多种有机溶剂混合后，将胶带之间或胶带与其他物品的接头处分开一点缝隙，用滴管吸取有机溶剂，一滴一滴地滴在两条胶带黏面之间的接缝处，稍等片刻，待有机溶剂与胶带的黏面发生浸润后，用手或镊子将胶带分开。该方法是较常使用的一种方法。

四、胶带加热剥离法

对缠绕时间不太长的胶带，特别是在较冷的季节，可用电吹风加热剥离。操作时要注意电吹风口与胶带的距离不可太近，否则容易使粘胶面的胶溶解，破坏手印痕迹。

五、剥离胶带时应注意的问题

在胶带的剥离过程中，为了不将自己的手印留在胶带上，必须戴手套。但是不能戴平常所用的线手套，因为这样会将线手套的布纹留在胶带黏面上，从而影响手印显现的效果。也不要戴一次性塑料手套，因为一次性手套不结实，容易被粘在胶带黏面上，对手印显现造成干扰。最好戴上医用乳胶手套，先戴一副线手套，再戴一副医用乳胶手套后用手剥离。如果没有医用乳胶手套，家用橡胶手套也可。

尽量少用镊子，因镊子会在胶带黏面上留下类似指节纹的痕迹。可用无防滑纹的镊子，或给镊子戴上塑料套，以防留下镊子的纹线。

在剥离胶带的接头处尤其要小心，因为胶带的接头处是犯罪分子最易遗留手印的地方。

六、胶带黏面上的手印显现原理

胶带黏面上的手印显现常用的方法是染色法，所用试剂多为粉末或有机染料。

因为染色剂（一般为有机染料）和粉末都能够与手印物质发生良好的吸附，在水溶性染色体中，胶带黏面不会黏附染色剂，从而显现出手印纹线。

七、胶带黏面上的手印碳素墨水显现法

用棉球蘸取碳素墨水涂抹于胶带黏面，5min后用清水漂洗胶带黏面至手印清晰显现出来。漂洗过程中不要在水龙头下直接冲洗，以防破坏纹线。市场上有黑白两种颜色的胶带黏面显现专用试剂。

八、胶带黏面上的手印龙胆紫显现法

显现液配方：取龙胆紫（甲紫，结晶紫）0.5~0.9g，加入2mL重蒸酚，5~10mL无水乙醇，再加水至100mL，充分搅拌溶解成紫色溶液。

操作方法：将胶带黏面朝上放在桌面上，用镊子夹棉花蘸取龙胆紫溶液涂在胶带黏面上，约2min后用镊子夹住胶带两端放入水中漂洗，观察显现效果。如果效果不佳可再次染色。

九、胶带黏面上的手印氨基黑10B显现法

显现液配方：在950mL水中加入4mL的TX-10表面活性剂，搅拌并加热溶解后，再加入4mL咪唑啉表面活性剂，溶解成黄色溶液，然后加入10g氨基黑10B和50mL无水乙醇，充分搅拌溶解成蓝黑色溶液。

操作方法：用胶带剥离液将其剥离后，用清水冲洗掉剥离液并等其干燥，然后将待显胶带黏面朝上放在桌面上，用镊子夹脱脂棉蘸取染色液轻轻在胶带黏面上涂，使胶带黏面上均匀布满一层蓝黑色的染色液，约2min后用镊子夹住胶带两端放入水中漂洗，待其自然干燥，观察显现效果。这种方法对于显现胶带黏面上的血手印也有效。

第十一节　牛皮纸上汗手印的显现方法

牛皮纸表面松香胶量大，吸湿性和渗透性差，纸张强度高，表面呈深色调，常用作信封或包装纸。牛皮纸上的汗潜手印是显现技术领域中常见的难题之一，在日常工作中主要用渗透性客体手印显现方法来显现，但是显现成功率较低，本节主要介绍硝酸银—EOS染色荧光法。

1. 原理

汗手印中过量的氯离子与少量的银离子发生络合反应，生成的氯化银络离子与EOS荧光染料结合产生较强的荧光。

2. 适用范围

适用于牛皮纸上较新鲜的汗潜手印；不适用书写纸等渗透性强的纸张。

3. 操作方法

步骤一：棉球蘸取硝酸银溶液涂于牛皮纸表面自然挥干。

步骤二：棉球蘸取少许EOS染色液涂于牛皮纸上自然挥干，长波紫外光下呈较强的黄色荧光。

步骤三：再次涂2%硝酸银乙醇溶液，长波紫外光下曝光显出黑色手印。

步骤四：短波紫外光灯下通过浅黄色滤镜拍照。

4. 优缺点

优点：简便快速，提高硝酸银显现的灵敏度，效果不佳时可以再次用常规的硝酸银法显现，提高了显现的成功率。

缺点：对纸张表面有严重污染，不易褪色。

第十二节　皮肤上汗潜手印的显现方法

在人体皮肤上显现血潜、精液、阴道分泌物手印较容易，显现人体皮肤上的汗潜手印难度较大，显出率非常低。但是有些方法在显现凉尸上遗留的汗潜手印成功率较高。

一、碘熏银箔转印法

1. 原理

主要是利用碘蒸气对皮肤上的手印进行熏显，然后将皮肤上碘熏手印转移到银箔上进行曝光，从而使银箔上的碘化银分解显现手印。

2. 操作方法

对碘熏器碘仓加热，让碘蒸气喷在疑有手印的位置进行熏显，熏至见到黄褐色手印轮廓为止。待碘熏手印挥发10s左右后，将银箔贴压在手印上，银箔不能滑动，10s后取下银箔，放在强光或长波紫外灯在照射，手印呈棕色显出，若效果不理想，可以再次熏显。

二、转印502胶熏显法

对于尸体上的手印，除了可用502胶直接熏显染色外，还可以用502胶转印熏显。

具体操作方法：将卡纸、相纸作为载体，将载体放于超声波雾化器气化口处加湿5min，然后放置30s，用手触摸有粘连感时垂直压于疑有手印部位并加压10s取下载体，自然挥发约5min，然后按照常规方法的502胶熏显法熏显相纸或卡纸从而显现手印。注意转印的手印是镜像的。

第十三节 纺织品上潜在手印的显现方法

纺织品质地粗糙，渗散性强，背景布纹干扰大。因此，用一些常规方法显现纺织品上的汗潜手印，难以奏效。对一些质地细密的纺织品上遗留时间较短、汗液量较多的手印，除了采用上述的502胶熏显染色增强方法外，还可以采取下面的方法。

层析纸显现法

1. 原理

用经过处理具有一定湿度的层析纸作为载体，通过加压与纺织品上的潜在手印紧密接触时，手印汗液中的氯离子、氨基酸等物质被层析纸上的溶剂所溶解，并渗透、吸附到纸张上而被转移，由于载体纸上面垫了一层干层析纸，故能起层析作用，从而有效地防止转移时手印纹线的扩散，又可提高转移率。

层析纸的制备：首先选择杂质少的层析纸。方法：剪下一小块层析纸涂上1%～5%硝酸银乙醇液，待完全挥干后，在自然光下暴晒5min，如果纸张颜色变化不大，则为合格层析纸。将选择好的层析纸在50%乙醇液中浸泡数分钟，取出叠在一起，在压力机下用50t压力加压5min取出，放入底层装有50%乙醇液的干燥器中，保持一定湿度备用。

2. 操作方法

从干燥器内取出已制作的转移用层析纸，在室内阴干一段时间，待层析纸湿度均达到15%时收起（纸张的湿度可用感觉判断）平叠在一起，在其上下各压一块干净的玻璃板，以防止湿度变化。操作时，首先放一块塑料垫板，在塑料垫板上面平铺一张干净的普通白纸，白纸上面平整地铺放从需要提取手印的衣物上剪下的布片（布片剪下时应注意避开缝线、纽扣等不平整部位，而且每块布大小要一致，并与垫板的大小相适应，铺入时将留有手印的一面朝上），布片上面再平放一张转移用湿层析纸，最后放上一张干层析纸及垫板。铺放完，将整块垫板置于压力机上施加12.5～25MPa压力，5～10min后，取出层析纸。将转移后的层析纸用1%～5%硝酸银乙醇液涂刷或喷雾，阴干，曝光，至手印清晰显出。

第十四节 植物叶面、水果上汗潜手印显现方法

在有些案件现场，嫌疑人会触摸植物的叶面、水果等物品，这就需要对植物叶面和水果面的手印进行显现，由于这些客体具有水分较大、不耐高温、成分复杂、易变形等特点，有些常规显现方法不适合该类客体手印的显现，对于这些客体上遗留的手印除了采用光学检验、磁性粉末刷显、502胶贴附法和冷熏法外，还可以用下面的显现方法。

一、松花粉显现法

松花粉主要是植物的花粉，粉末细腻圆滑，呈金黄色，附着力适中，无毒害作用。其显现原理及操作方法同前文所述的粉末显现法。在显现前尽量使客体干燥。

二、加热法

1. 显现原理

用手捏取触摸叶时，在力的作用下汗液中的无机盐使植物叶表皮和叶肉组织受到破坏，颜色变深，与无指印的地方形成反差，可以拍照提取。叶面上无明显反差的潜在手印，经加温可以加速汗液中无机盐的析出，破坏叶肉组织，同时水分迅速蒸发，手印纹线部分形成凹陷，可拍照提取。

2. 适用范围

适用于叶茎较少的植物叶面。

3. 操作方法

将客体放在 25W 的白炽灯下方 10cm 处，烘烤，烘烤时间根据叶面水分和厚度而定，例如，白菜叶大约 30min，辣椒叶 1～2h。

第十五节　显现方法的综合应用

综合显现方法是指利用两种或两种以上的显现方法显现同一枚手印，从而提高显现的灵敏度，加强反差。在利用多种方法显现时，要充分考虑这些方法是否相互干扰，是否对手印起到加强的作用。在显现时要充分研究手印的成分和显现方法的原理，做到有的放矢。

一、混合联用法

混合联用法是指将两种或两种以上的显现试剂配制成一种显现试剂一次性地显现，用这种方法时，首先要保证两种试剂或几种试剂在与手印残留物发生作用时互不排斥，互不干扰，只有这样，才能将这些试剂混合为一体同时显现，混合联用显现方法在实践中正在不断地发展，也将是手印显现的一个重要发展方向。

较常用的是茚三酮和硝酸银的混合配方，用于粗糙纸和本色木上的手印显现。由于其各自的显现原理不同，这种混合液在客体上的显现效果明显优于单一的茚三酮溶液。502 胶与沸点相近的荧光剂或碘同时挥发熏显客体，也是混合联用法的一例。

在粉末显现方面，也有混合联用显现的实例。例如常用粉末（如铝粉），用茚三酮丙酮溶液浸泡，待溶液挥发后，便制成了具有双重作用的粉末。这样的粉末较之单一的铝粉显效明显。在实践中，还可以将生物染色剂与粉末按照一定的比例混合，并添加相应的表面活性剂、流散剂等，使粉末和生物染色剂有机地结合在一起，使之适合多种客体上各类潜在痕迹的显现。

二、连续显现法

连续显现法是将两种或两种以上的显现方法先后作用于需要显现的手印上，从而增强手印显现的一种方法，这种显现方法在实际工作中也经常运用。

目前采用的连续显现方法有如下几种：碘熏-茚三酮-硝酸银连续显现；502 胶-粉末连续显现；粉末-502 胶-真空镀膜连续显现；502 胶-真空镀膜连续显现；502 胶-烟熏连续显现；碘熏-粉末连续显现；荧光粉末-激光连续显现等。

连续显现法最关键的问题是显现顺序的问题，在运用时必须遵循以下原则，即：无损或损害较小的方法作为先行使用的方法；后续方法必须具有完善或弥补前者的作用；后行方法在先行方法充分作用之后才能施行。

第十六节　影响手印显现质量的主要因素

影响手印显现的因素有多种，有的是客观因素，有的是主观因素。了解影响手印显现质量的因素，既有助于判断手印的新鲜程度，又可以帮助技术人员提高显现效率。在显现过程中，要对这些因素综合分析，找到最合适的显现方案。

一、时间

手印遗留时间的长短，反映出手印物质渗透、扩散、蒸发甚至变质的程度，从而影响手印的显现效果。随着时间的增长，手印物质损失得越多，显现效果越差；时间越短，手印物质损失越少，显现效果越好。

二、环境

在室内密闭的环境里面，空气对流较少，不受日光照射，手印中的物质挥发和分解较慢，同时手印受到灰尘等污染较小，手印遗留的时间较长，显现效果较好；在室外环境中，由于受到日光、空气对流等因素影响，手印物质挥发和分解快，手印显现效果较差。

三、承载客体

（1）承载客体表面光洁度的影响：光滑物面能留下清晰的手印，能够显现出清晰完整的手印；粗糙的物面，留下手印纹线不连贯，显现效果差，且容易出现假特征。

（2）承载客体干湿度的影响：干湿度适当的表面有利于保留手印，显出的手印亦较好。过于潮湿的表面，手印物质易扩散、分解，会明显降低显现效果；过于干燥的客体表面，手印中水分吸收快，亦影响显现效果；灰尘等物质不易形成清晰手印。

（3）物质密度的影响：物质密度与其吸水性和渗散性有关。密度越大，吸水性和渗散性越低，保留手印的能力越强，显现效果越好；密度越小，吸水性和渗散性越高，保留手印的能力越弱，显现效果越差。

（4）物质成分的影响：有的物质在制造过程中的原料、填料及工艺过程等不同，显现效果会有差异。例如，各种不同的纸张、甚至同是牛皮纸，由于产地、厂家不同，用同一种方法（如茚三酮显现法）进行汗潜手印的显现，效果大不相同。有的产品为了提高防潮和抗拉性能，施胶较多，并附有较多的油质、蜡质等，如纸币、扑克牌、油纸、蜡纸等，普通方法很难有效，必须采用专门的试剂进行显现，方能奏效。

四、手印物质

形成手印的物质种类、特性及量的多少直接影响显现效果。手印物质有汗液、血液、灰尘、油质等，不同物质显现效果不同，而量的多少与显现方法的灵敏度有关。如果选用的显现方法灵敏度较高，手印物质少会更清晰，手印物质多反而模糊一片；若显现灵敏度低，手印物质少会显现不出来，手印物质多一些的效果会更好。总之，一定的灵敏度适应一定的范围，手印物质过多或过少都会影响显现效果。

五、手与物面接触状态

手与物面只有接触才能在物面形成手印，因此，接触状态决定了手印的清晰程度，对显现效果有直接影响。手与物面接触时的压力大小、用力方向，是否与物面有拧动、滑动，接触的位置与次数等，这些因素影响了手印的形成。如果用力过大，有拧动或滑动，形成的手印本身就是模糊的，显现出来自然亦是不清晰的；如果垂直用力、压力适中，无拧动或滑动，则手印纹线是清晰的，显现效果会很理想。

六、显现方法

显现潜在手印的方法很多，但任何一种方法都不是万能的，而每种方法都有自己特定适用环境，只能在一定范围内适用。在对某种手印显现之前，必须搞清手印形成物质、承受客体性质、遗留时间长短等情况，然后选择合适、有效的方法，创造最佳显现条件，才能获得理想的显现效果。有条件的可以做显现预实验，找到最佳的显现方法，防止直接显现失败无法补救。例如汗液手印、血手印、灰尘手印、油质手印等，都有各自相应的方法。因此要弄清楚手印的种类，针对不同客体选取有效的方法。

即使对同一种手印现场，也要进行综合分析，因为显现环境的温度、湿度以及试剂的配方、溶剂、显现试剂的 pH 值等都会对手印显现的效果有不同的影响。

七、操作工艺

在显现手印的各种方法中，均有各自的操作特点和工艺要求。必须注意掌握各种方法的操作要领和技巧，以达到令人满意的效果。例如粉末刷显，顺着纹线刷显和不顺着纹线刷效果是不一样的。有人曾说，不管使用什么方法都应牢记，任何方法的最大价值完全取决于使用人员的技术水平，技术精湛的人使用油漆毛刷和擦脸粉，也比新手使用高级设备的效果好。要获得良好的显现效果，必须熟练掌握操作工艺和操作技艺，并遵守手印显现程序。

第四章　手印的记录与提取

通过适当的方法显现出手印后，必须将手印记录和保存下来，为下一步的手印检验和诉讼提供证据支撑。

第一节　手印的记录

现场手印的记录就是现场勘查技术人员把现场发现（或显现）的手印客观记载下来。现场手印被发现并分析判断后，侦查人员必须将其真实、准确地记录下来，以为下一步开展手印检验和分析提供依据。

一、记录的内容

手印遗留的具体位置：即手印在具体什么物体上，其确切位置等。

手印遗留的方向：即指尖的确切朝向，如上下、左右、东西南北等。

手印相互间的关系：同一区域的几个手印之间左右、高低、方向、距离等关系。

手印的成分：即手印是汗垢手印、血手印、灰尘手印、油质手印、汗灰混合手印等。

手印的种类：手印是立体还是平面的，是加层还是减层的等。

承受客体的情况：承受客体是确切的什么物质，其表面是光滑的还是粗糙的等。

手印与其他痕迹、物体的关系：它的前后左右上下都有什么物体，相互间的位置和距离等。

手印的显现方法：是指显现手印是用哪一种显现方法显现出来的，如金粉刷显、502 胶熏显、茚三酮熏显等。

二、记录方法

照相记录法：照相法记录手印是最常用的方法，照相可以拍摄多张照片，分别反映出手印的位置、方向、细节特征等，拍摄方法按照《物证检验照相、录像规则》GB/T29352—2012 和《现场照相、录像要求》GB/T29349—2012 的要求照相。

文字记录法：是用文字描述的方法记录现场手印的大小、位置、指位、显现方法等，要求记录清楚、字体规范工整、用语标准。

绘示意图记录法：通过绘制草图直观地反映手印的位置、方向、形态甚至细节特征等的方法，要求绘图清晰全面，不要产生歧义。

录像记录法：是用录像技术反映出手印的位置、方向、细节特征等，拍摄方法按照《物证检验照相、录像规则》GB/T29352—2012 和《现场照相、录像要求》GB/T29349—2012 的要求录像。

以上方法前三种是当前常用的方法，各有特点，互为补充，缺一不可。文字能详细地记述手印的具体情况，但不直观；照相能使人直观地看到手印本身情况和方位，但与周围物品相互距离不如文字记载准确；示意图能表达手印本身方位与周围关系，但不能真实记录手印本身特点。因此，三者应配合运用，形成一个完整的记录体系，统一发挥作用。录像能综合发挥照相和示意图的作用，但它仍不能完全代替文字说明，有一定的局限性。因此，理想的方法是四种方法综合应用，尤其是大案要案的现场手印，应制作一套完整、系统的记录。

第二节　手印的提取

手印记录完后就要完整、无损地将手印提取固定，以便为下一步的检验鉴定和诉讼提供依据。

在提取固定过程中，应当全面、客观、慎重地对待每个现场手印，绝不可只提取清晰、完整的手印，而舍弃模糊或不完整的手印。应当明确，即使模糊残缺的手印，在今后的分析判断和检验中，也可提供有价值的参考作用。

一、照相提取法

照相不仅是如实地记录手印形态、所处位置、周围关系等原始形态的有效方法，而且也是固定提取手印的重要手段。为防止因工作不慎而损坏手印的细微特征，影响技术检验，在用其他方法处理之前，必须先行照相。照相的要求是：保持手印不变形；清晰完整地反映纹线结构；拍照必须加比例尺，便于比对检验；所照照片要反映手印所在的位置及几个手印（指印）间的相互关系。

二、指纹胶带复印粘取法

指纹胶带复印（粘取）提取适用于提取粉末及烟熏显现出的手印。

对于粉末、烟熏显现出的手印，除照相提取法外，简捷、有效的方法是用指纹胶带粘取（复印）。对于不能粘取的软质客体（如纸张等），只需要用指纹胶带往手印上粘贴即可达到固定的目的。粘取（复印）时，剪下一条长于手印二三厘米的胶带，将胶带的一端贴于手印一侧，再用手指从此端向另一端擀压，擀压时应先将中间一条压实，再向两侧扩展擀压，以保证胶带与客体均匀、充分接触，以免出现褶皱或气泡，造成纹线中断或变形。然后缓慢将胶带从一端揭起，将其粘贴到色差最大的纸张类等物品上。浅色粉末（铝粉、青铜粉等）显现、提取的手印须粘贴到黑纸、黑塑料软片或黑色处理相纸等物体上；深色粉末、烟熏显现、提取的手印，需粘贴到白纸、白软塑片，或白色处理的相纸等上面，亦可以将提取的手印贴在赛洛片等透明体上，可以直接观看或放大照片。

三、原物提取法

原物提取法即提取带有手印的轻小物体或部分截取、拆取物体留有手印的部位。在拍照提取之后，有条件时，可以采取提取原物的方法提取手印。这种方法最能准确地反映手印的一切真实情况，为分析、鉴定和解释差异提取素材。

提取时，首先要多次、多角度拍照，还应根据客体及手印的不同条件，选用恰当的方法进行提取，同时根据相关的法律规定办理相应的法律手续。对于纸类等轻小客体，可将其加入笔记本中或厚书中进行提取；对于硬质小客体，须用指纹胶带粘贴其无手印的边缘，并将其固定到容器内或木板等上；对于大客体，可通过截取或拆取其有手印的部分进行提取，或用轻质广口小容器（铁听罐头盒、硬纸壳盒等）盖到手印上，再用指纹胶带将容器固定到客体上，或通过喷透明速凝漆固定手印，再提取客体。

四、制模法

对于立体手印，除拍照提取外，还可通过制作模型的方法予以固定和提取。常用的制模方法为石膏制模法和硅橡胶制模法。

石膏制模法：先将石膏粉不断投入适量的水中搅拌，一般对于灰尘等细小粉末立体手印水和石膏的比例是 3.5∶5（3.5 份水、5 份石膏），调至呈稀糊状为止，备用；在手印外围做一土围子或塑料围子等（高约 1cm 即可），为了防止石膏液将灰尘冲走，应在灌注石膏液之前，在灰尘手印上喷洒固定剂（可以用 YG 固定剂、发胶等）先将灰尘手印固定，然后从围子的边缘将石膏糊状液缓慢倒入围子中；静置 0.5～1h，即可揭下模型，用水轻轻冲洗干净（且不可用手搓洗），即告提取工作结束。

硅橡胶制模法：硅橡胶有多种颜色，可以根据需要选择不同颜色，硅橡胶有 A、B 两种胶，按照 1∶1 的比例将 A、B 两种胶均匀混合后，轻轻地涂抹在痕迹上，大约 20min 后硅橡胶凝固，从一端将凝固的硅橡胶揭起即可，这种方法还可以用来提取粗糙或球形面客体上的灰尘或粉末手印。

检验、鉴定中应注意：制作的立体模型与手的乳突纹线应一致，凸线为乳突线，凹线为小犁沟。在检验与鉴定中，要注意其与正常捺印样本的区别。

第五章　现场手印分析

对现场手印进行综合调查研究，分析判断手印与作案行为之间的关系，弄清手印遗留部位，分析作案人的个体特点，为侦查和检验工作提供参考、明确方向。

第一节　手印分析的内容和意义

根据现场手印分析判断作案人的特点，缩小侦查范围。

一、现场手印分析的内容

现场手印分析是对在勘查现场时发现和提取的手印进行观察研究并做出正确的分析判断，包括确定手印是否和案件有关系，是左手还是右手所留，是哪个指位所留，在什么状态下所留，遗留人的个性特征等内容。

二、现场手印分析的意义

通过科学分析后掌握的信息，可以进一步缩小检验范围，提高工作效率，对手印进行检验鉴定，为确定嫌疑人提供线索和依据。

第二节　如何甄别现场手印是否为作案人所留

快速、准确地甄别出作案人现场遗留手印，是手印检验分析工作的前提。

一、分析留有手印的物体与犯罪活动是否有关

（1）对作案人在现场活动情况全面进行了解并进行客观分析。确定作案人进出现场的出入口，通过现场情况分析作案人在现场的活动情况，有可能与哪些物体接触。

（2）对现场物品的现状与事主对该物品原来位置和状态的陈述进行比较分析。现场物品在案发时间段内的位置或状态发生变化，一般与作案人的行为有关。

（3）勘验外围痕迹，判断留有手印的物体是否被动过。外围现场一般是作案人隐匿、藏身、准备工具等预谋作案的场所，被触动过的物体上可能会提取到作案人手印。

（4）通过临场实验判断现场留有手印的物体是否被接触过。

（5）调查了解事主和其他人在案发前后接触现场的情况。经过调查访问，确定无关人员案发前后在现场的活动情况，进一步逐人甄别手印进行排除。

（6）了解现场留有手印物品的来源及使用和保管情况。如果是作案工具，提取的手印极有可能与作案人有关，也可能是工具本身制造或其他使用过程中遗留的，可以为案件侦破工作划定一定的侦查范围。

案例

2006 年 6 月，某市某中学电教室电脑主机 50 余台被盗，价值 40 万元。勘查现场发现嫌疑人撬防盗网钻窗入室，中心现场上有明显的戴手套作案痕迹，未提取到有价值的指印。技术员勘查外围现场时，从案犯的行走路线距中心现场 80m 处校园围墙外的玉米地内，发现一个新鲜的香烟空烟盒，根据烟盒的遗留位置、新旧程度和

当时的气候环境条件等，断定此空烟盒应是嫌疑人作案前在此随手抛弃的，遂用黑色磁性粉显现出有鉴定价值的指印2枚，通过查对指纹档案，认定烟盒遗留指印是有前科人员吕某所留，在案发第二天，侦查员将吕某等十名嫌疑人抓获，破获系列盗窃案件二十余起。

二、研究手印形成的附着物质，判断是否为作案人遗留

汗液是形成现场手印的主要物质，常见的也有汗液和油垢、血液、粉尘等物质混合形成的手印，这些物质所形成的手印大多是作案人在实施作案过程中形成的，因而分析这些物质成分对于确定作案人手印是很有帮助的。

例如杀人案现场中的血手印，排除受害者后，就很可能是作案人所留。

从并（关）联案件（现场或物品）上研究现场手印是否作案人所留。

根据比对不同现场（物品）手印的结果分析。在手印的分析判断中，通过对不同现场或物品上提取的可疑手印进行比对，若得出同一认定结论，结合案情和手印遗留情况等信息，可以确定所提取的现场手印为作案人所留。

根据指纹查档结果分析。将提取的现场手印通过计算机指纹比对系统检索现场库手印，如果查出系统中有与现场手印相同的其他案件现场手印，经侦查工作核实，可以确定所提取得现场手印是作案人所留。

根据手印的新旧程度判断是否为犯罪分子所遗留。

1. 新鲜手印的特点

一般情况下，新鲜的手印纹线比较清晰，表面清洁，无覆盖物，连贯流畅，有时还能看到汗孔特征，汗油手印放大观察手印纹线边沿无扩散或扩散较小。

在显现处理时，手印的黏附显现物质多，吸附力较强，显现效果较好，颜色较深，与承痕体表面颜色反差也较强，特别是粉末刷显光滑客体上的手印时，在用胶带粘取后，客体上没有手印残留。

2. 陈旧手印特点

陈旧手印的特点与新鲜手印特点相反。

陈旧手印显现时黏附显现物质少，形成手印的汗油物质有扩散，吸附力弱，颜色较淡，纹线有间断现象，纹线与纹线之间甚至界线不清楚，与承痕体表面颜色反差较弱，表面干涩，常常有灰尘覆盖。粉末刷显光滑客体上的手印时，在用胶带粘取后，客体上有手印残留。

3. 手印遗留时间的界定

手印遗留时间的界定一直是手印检验鉴定的一个难题，但是手印遗留时间问题往往又是一个案件突破的关键，现在鉴定手印遗留时间通常的方法就是在相同的环境下做实验。

手印遗留时间鉴定的前提是在现场勘查时准确记录现场的环境情况，包括：温度、湿度、通风情况、手印形成的条件、显现方法等，这为下一步实验提供数据。在检验一枚手印遗留时间时，要求在相同的环境下、相同的动作、相同的力度下采集样本，然后采用等差时间间隔，再用相同的显现方法去显现手印进行对比。

作案人在现场遗留的手印比发案前遗留在现场的其他手印相比要显得相对新鲜，因此可以通过分析手印的新鲜程度来确定是否是作案人手印。

手印的新鲜程度可以从手印颜色的变化、手印的重叠关系、吸附力的强弱、纹线的清晰程度、连贯程度以及与周围的色调差别等方面分析。

例如现场发现的血手印，可以根据血液颜色的变化及状态变化来确定手印的新鲜程度。

三、利用生理特征或外来因素形成的特殊性来判断瘢痕和脱皮特征

疤痕形成前后所对应的痕迹较为明显，稳定性强，可根据具体情况分析判断。

脱皮特征具有相对稳定性，脱皮恢复过程一般在10天左右，且印痕形状在一两天内变化较小。这样就可将现场手印和样本手印的相同部位对照检验，确定脱皮印痕的形状、大小、位置、数量及相互关系是否相符，以此来判断现场手印遗留的时间和新旧程度。

案例

2000年5月，某市一化工门市部经理李某被杀死在商店内。现场勘查发现，室内柜台上方的电灯泡挂口处被人用塑料布衬垫，形成断路，打开开关电灯不亮。分析应为作案人为方便作案，怕作案时被受害人发现，事先在灯泡上做了手脚。从灯泡上提取汗液指印六枚，经比对，认

定是本店营业员刘某（男，21 岁）所留。但刘某拒不承认犯罪事实，并称该灯泡为前段时间换上的，灯泡上有其指印理所应当。经调查访问，灯泡确实为刘某 20 天前装上的，之后再没有人动过。案件侦破一时受阻，判断现场手印遗留时间的问题，成为本案侦破的关键。经过对现场指印再次认真细致地检验，发现其中一枚右拇指指印的箕头上方和左侧有三个直径约 0.6 mm 的类圆形脱皮印痕，经与案发后第 2 天提取到的刘某的样本手印进行比对检验发现，其右拇指箕形指印在相同部位也有三个大小、形状、位置关系相一致的脱皮印痕。根据脱皮特征的恢复期一般在 10 天左右的特点，判断灯泡上的这枚指印绝非刘某在 20 天前所留，而应是在案发前一两天内所留。遂将检验结果告知讯问人员，坚定了破案的信心。经过再次的突审，刘某终于承认了为了夜间作案时不被发现，在作案前一天用塑料布将灯泡的电路断开，进行报复杀人的犯罪事实。

四、排除被害人和无关人员的手印

1. 排除事主手印

在勘验过程中，要及时对事主手印进行排查鉴别，检验所发现提取的现场手印是否为事主遗留，进一步确定现场手印是否作案人所留。如果现场是在居民家中，家庭成员的手印都要进行排除。

2. 排除案发前进入现场人员

现场往往会留有一些与事主有关联的人员的手印，这些手印是平时无意留下的，逐一排除后，才能更准确地确定作案人的手印。

3. 排除案发后进入现场人员

案发后，案件发现人、现场保护人、救护人员、现场勘查人员等都会出入现场，很有可能接触现场上的相关物品留下手印。因此，必须结合手印发现的物体和部位，调查案发后进入现场人员的原因，有针对性地了解进入现场人员的具体活动情况，尽可能地排除相关人员手印，才能进一步确定现场手印是否为作案人所留。

4. 排除有条件接触现场物品人员

有些人虽没有进入过现场，但是留有手印的现场物品案前由于某种原因被这些人接触过，也会留下手印，因此必须对案前接触过该物品的人员进行排除，才能进一步确定现场手印是否为作案人所留。有时这样的手印确定为案发前人员后，反而会为侦查缩小范围。

案例

2006 年 11 月 2 日，某市发生一起碎尸抛尸案件，尸块抛在不同的三个区域，给案件分析带来很大难度。现场勘验时在包裹头颅的黑色塑料袋上用 502 胶熏显提取到较清晰的手印一枚。后经过侦查员物证交叉查证，发现不同抛尸现场的一些物证均在一都市村庄有销售，侦查员果断提取了该村庄内所有销售人员的手印进行比对，很快确定包裹头颅的黑色塑料袋上的手印为其中一个百货店店主所留。经询问店主，很快确定了嫌疑人的身份，在受害人尸源尚未确定的情况下成功侦破案件。

第三节　现场手印遗留部位分析

现场手印遗留部位分析，是现场手印勘查和检验工作的重要任务之一。准确判断出现场手印的具体遗留部位，对于缩小收集样本的范围，提高查档效率，加快鉴定速度，明确比对重点，都具有重要意义。分析的内容包括手指和手掌的区分、左右手的区分、各指位的区分、具体部位的判断等。

一、如何区分手指和手掌的痕迹

1. 依据现场手印形成的面积和形状分析判断

手指形成的手印面积相对较小，边缘比较规则。手掌形成的手印面积比较大，边缘不太规则。

2. 依据手印遗留的具体情况进行分析判断

对现场手印遗留的位置、方向、手印的载体和现场环境的关系，以及与其他痕迹之间的关系进行分析，来判断手印遗留时的具体动作，区分是手指印痕还是手掌印痕。一般拿取小物体时多留手指印痕，移动大物体时多留手掌印痕。

3. 根据乳突线的粗细、弯曲度分析判断

手指的指头乳突纹线较细，密度大，纹线弯曲程度大，纹线多呈平直、倾斜状。手掌乳突纹线较粗，密度小，但在环指、小指间密度大，纹线流程长，弯曲度也较小。

4. 根据屈肌褶纹和小皱纹进行判断

手指的屈肌褶纹和小皱纹都比较细短，屈肌褶纹的长度与手指宽度相同，多为平行流向，横向皱纹长度稍比手指宽度短一些，多呈网格状；而手掌的屈肌褶纹和皱纹比较粗长，屈肌褶纹多为斜行流向，皱纹分布面较大，不太规则。

5. 根据乳突花纹结构进行判断

（1）箕形纹的区别。手指的箕形纹面积较小，纹线弧度相对较大，箕头较圆，箕枝流畅，三角一般位于箕枝一侧的下方；手掌部位的箕形纹形态不规则，有的箕头尖圆，面积较小，也有的箕头呈方形，面积较大，三角多位于箕头顶端部位。

（2）斗形纹的区别。手指的斗形纹一般中心花纹较小，结构圆滑，两侧下方各有完整的三角；手掌部位的斗形纹中心花纹较大，多呈方形或圆形，多数三角分布呈对角形，有时只在一侧有三角出现。

（3）三角线的区别。手指的三角一般面积较小，三条边也互有区别，大多情况下，内边弯曲度较大，线条呈圆弧形，下边向上弯曲或横直，外边向里侧弯曲，坡度较大；手掌部位三角一般面积较大，不太规则，三条边形态也较相似，有时一边由倾斜的直线组成，另两边呈弯曲状。

二、如何区分左右手痕迹

1. 分析现场手印所在物体的情况和周围环境

因物体的高低、大小、形状、轻重，以及现场特有的环境的不同，作案人在现场接触物体时，受此影响，在一定程度上会限制手和物体的接触方式，因此决定了作案人在特定位置时必须用某一只手才能完成某种动作。对此，要具体结合现场情况，分析手印在物体上所处的位置，以及接触的方式、姿势、压力等，判断作案人可能或必须用哪只手才能接触到物体，据此判断出手位。

例如，汽车内司机座位右侧的手刹柄上的手印，一般应为右手所留。

2. 分析手印遗留的部位、方向和排列状况

如果现场留有两个以上的并列手指印，则可以通过手指之间的关系来分析判断：

（1）根据次序关系来判断。人的手指由内向外依照拇指、食指、中指、环指、小指的顺序排列，各指之间不会随机混乱排列。借助这种排列关系，就可以根据一次所留的多个手印来判断左右手。

（2）根据高低关系来判断。五个手指中，大部分人由高到低依次是中指、环指、食指、小指、拇指，个别人的食指略高于环指或与环指相等。利用手指的高低关系判断手别，主要根据多数人的情况进行判断，对于少数人的情况，可结合高低次序关系和其他遗留情况进行综合分析。在分析判断时要先找出最高的指印，如果是中指，那么次高的指印就是环指，最后确定食指或小指，再结合高低次序关系，就能确定手印的手别。

（3）根据对应关系来判断。拇指与其余四指存在相对握物的关系。在握、抓、拿物体时，拇指总是与其余四指处于相对应的位置。这种关系必然使拇指与其余四指的印痕处于正反、上下、左右、内外等相反的位置。例如，在拿纸张时，拇指和其余四指必然在纸张两面遗留印痕。

以上三种关系共处于统一体中，其间相互联系、互为补充，在具体分析时只要综合运用，就能准确地区分出左右手印痕。如果孤立地以某一关系作为判断的唯一标准，极容易出现错误的判断。

3. 分析手印遗留的部位、方向

手印遗留的部位，是指手印在现场物体上的具体分布位置，它客观反映了作案人当时的位置、动作、姿势等，能够反映出左右手的活动范围和一些特定的动作习惯。

例如，现场遗留的作案工具上常常会留下右手的印痕，而被撬的门锁和门框上往往会留下左手的印痕。

手印的遗留方向，是指手印指尖的朝向，根据朝向结合留痕人的具体动作，可以判断出左右手。例如，一次形成的并列手印在某一物体的表面，正面观察时，若指尖朝右，应为右手所留，反之，为左手所留。

4. 根据手印纹线的倾斜流向来分析

指头乳突花纹的倾斜流向在左右手的反映有明显的差别，可以根据乳突纹线的形态结构分析

判断左右手印痕：

（1）弓形纹的判断。

①根据弧形纹形态结构分析判断：左倾弧形纹多为右手所留，右倾弧形纹多为左手所留。

②根据帐形纹形态结构分析判断：右倾帐形纹多为左手所留，左倾帐形纹多为右手所留。

（2）箕形纹的判断。箕形纹多数属于箕口朝向小指的正箕，箕口朝左多为左手所留，箕口朝右多为右手所留。注意食指有反箕的情况。

（3）斗形纹的判断。

①根据环形斗的形态结构分析判断：左倾环形斗多为右手所留，右倾环形斗多为左手所留。

②根据螺形斗的形态结构分析判断：左旋（顺时针）螺形斗多为左手所留，右旋（逆时针）螺形斗多为右手所留。

③根据绞形斗的形态结构分析判断：左旋绞形斗多为左手所留，右旋绞形斗多为右手所留。

④根据曲形斗的形态结构分析判断：左旋曲形斗多为左手所留，右旋曲形斗多为右手所留。

⑤根据双箕斗的形态结构分析判断：左旋双箕斗多为左手所留，右旋双箕斗多为右手所留。

⑥根据囊形斗的形态结构分析判断：囊口朝左多为左手所留，囊口朝右多为右手所留。

（4）根据指尖纹线的偏斜位置和方向判断。正面印痕中，指尖纹线从右上方流向左下方多为左手所留，从左上方流向右下方多为右手所留。

5. 根据指节印痕纹线的倾斜流向进行判断

指节倾斜型乳突花纹的流向一般是朝中指方向倾斜。

（1）根据拇指指节印痕判断。拇指的第二、第三指节纹线，上端倾向左的多为左手所留，倾向右多为右手所留。

（2）根据食指节印痕判断。食指的第二、第三指节纹线，上端倾向左多为左手所留，倾向右多为右手所留。

（3）根据环指节印痕判断。环指的第二、第三指节纹线，上端倾向左多为右手所留，倾向右多为左手所留。

（4）根据小指节印痕判断。小指的第二、第三指节纹线，上端倾向左多为右手所留，倾向右多为左手所留。

6. 根据手掌印痕纹线进行分析判断

（1）根据手掌屈肌褶纹进行分析判断。

①根据第一屈肌褶纹的形态结构分析判断：手掌第一屈肌褶纹的起端有许多“八”字形或“人”字形的小分叉，若叉口向左为左手所留，叉口向右为右手所留。末端的小沟纹向左分流为右手所留；向右分流则为左手所留。

②根据第二、第三屈肌褶纹的形态结构分析判断：第二、第三屈肌褶纹起始于手掌内侧，止于掌根部，构成一个朝向外下方的“喇叭口”状，若“喇叭口”朝左为左手所留，朝右则为右手所留。

③根据第三屈肌褶纹的形态结构分析：第三屈肌褶纹的末端位于腕部三角的内侧，若腕部三角出现在其左侧为左手所留，出现在右侧则为右手所留。

（2）根据手掌上部乳突纹线进行分析判断。手掌上部乳突纹线都是由内侧流向外侧，指根的三叉纹线一般流向小指侧，在印痕中，纹线流向左的为左手所留，流向右的为右手所留。三叉线流向左下方的为左手所留，流向右下方的则为右手所留。

（3）根据手掌内侧乳突线和皱纹进行分析判断。

①手掌内侧纹线多数是流程较长、凸向掌心的弧形线，如果纹线弧凸面朝左则为左手所留，朝右则为右手所留。

②手掌内侧部的皱纹纵横交织成网格状，这是掌内侧部所特有的皱纹形态。若网格状皱纹出现在印痕的右侧则为左手所留，出现在左侧则为右于所留。

（4）根据手掌外侧乳突线和皱纹进行分析判断。

①外侧部的纹线流经掌心后开始增多，向外侧扩展，多形成“扫帚”状形态，若纹线向左扩展或“扫帚”头方向朝向左侧则为左手所留，纹线向右扩展或“扫帚”头方向朝向右侧则为右手所留。

②手掌外侧部的皱纹短小，平行排列在手掌外侧边缘，这是外侧部特有的皱纹形态。若此皱纹出现在印痕右侧则为右手所留，出现在左侧则为左手所留。

三、如何区分各手指的痕迹

1. 根据现场手印的不同出现概率和指印在

物体上的分布情况进行分析

（1）根据各手指印的分布和出现概率分析指印的指位。现场指印的遗留情况是较为复杂的，有单独出现的，也有不同组合并列指出现的，单个指印的出现率最高。单指印痕中，拇指出现率最高，中指次之，食指第三，环指第四，小指最低。

（2）根据动作习惯分析。有的现场在特定环境下，根据现场指印遗留情况，可以确定作案人当时所处的位置，再结合人的一般习惯动作进行研究，即可分析出为具体指位。例如开关上留下的单个指印多为食指或中指指印。

2. 根据各指印的面积、形状及纹线结构分析判断

（1）拇指印痕纹线较粗，面积较大。正面印痕的形状是上尖下圆，花纹中心位于印痕的中下部，指尖纹线及三角离花纹中心相对较远；侧面印痕的形状为上窄下宽，一边斜直，一边圆弧呈半锥形。

（2）食指印痕面积比拇指稍小，形状是上尖下长圆，印痕上端内侧呈偏斜缺损。左食指印在右上方偏缺，右食指印在左上方偏缺。

（3）中指印痕花纹纹线较细，面积比拇指要小，印痕比较完整，两侧平直，很少出现侧面印痕。常出现中心花纹或三角，指尖纹线距中心较近。

（4）环指印痕面积一般略小于中指，印痕外形与中指相似，纹线较细，呈长柱形，完整规则，很少出现侧面印痕。

（5）小指印痕纹线细密，面积最小，正面印痕呈上部尖圆的斜条形，花纹中心多偏向内侧，很少单独留下印痕。

3. 根据乳突花纹三角与中心距离分析

一般情况下，左三角离中心点较近的多为左手，以左拇指、左环指为多；右三角离中心较近者多为右手，以右拇指、右环指为多；左右三角距中心距离相等或差不多明显时，右拇指比左拇指多，右环指最多。

4. 以斗形纹左三角追迹线终止位置进行判断

从左三角下部支线向右侧追迹，左三角下部支线追迹到右三角以内的，左拇指、左环指较多；追迹到右三角以外的，右拇指、右环指较多；追迹到右三角下部支线相遇的，右拇指比左拇指多，右环、右中指出现的最多。

5. 依据各指印间的距离和状态进行判断

如果是五指或四指并列，先观察哪两个比较平直，根据高低关系先定为中、环指，然后根据不同的间距和倾斜状态，结合手指的排列、长短关系进一步判定其他指印。由于动作不同，指间距会有较大变化，在应用指间距判断指位时不可机械搬用。

第四节　现场手印的人身特征分析

手纹的形态结构与人的年龄、性别、身高、种族等都有着密切的联系。随着年龄的增长和职业因素影响，手的形态也会发生相应的变化，并不同程度地在手印中得到反映。通过对现场手印的测量及对其形态特点的分析，来推断遗留手印人的身高、年龄、体形以及职业爱好等特点。

一、手印测量

手印各部位间的距离、尺寸反映着手的某些固有特征，这些特征又具有很强的稳定性和一定的特定性，且这些特征又与人的身高、体态等存在着某种必然的联系，所以，手印各部位间距离的测量尺寸对个人鉴别和现场手印的分析具有较为重要的意义（图 1-5-1）。

1. 手印全长

通过手印中指指头中点，沿此点作中指纵轴并延长贯穿全手，作为全手掌的纵轴线。分别过中指指印上顶点和腕部下侧最凸点作手掌纵轴线垂线，即为手印全长。

若中指纵轴与手掌（不含手指）纵轴明显偏离时，应分别测量中指印长和手掌印长，再取此二者之和，即得到手印全长的尺寸。

2. 手印内缘长

通过食指印上顶点作一条全手掌纵轴线的垂线；测此垂线与拇指根屈肌褶纹上缘点间的距离，即为手印内缘长。

3. 手印外缘长

通过小指印上顶点作一条全手掌纵轴的垂线，测此垂线与手掌外侧区（小指球）下侧最凸出点间的距离，即得手印外缘长。

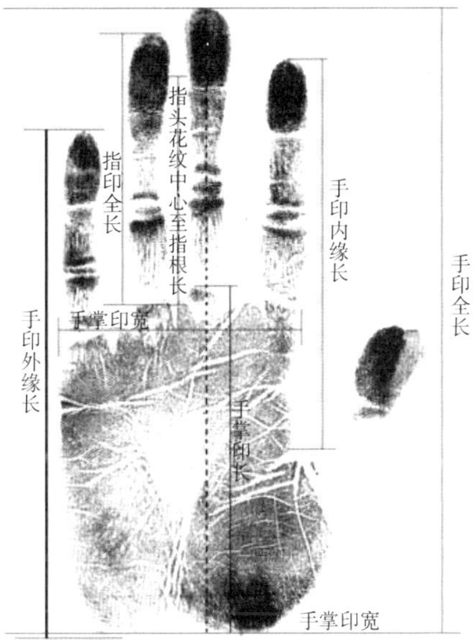

图 1-5-1 手印各部位测量标准

4. 指印全长

分别沿各指指头中点，作各指本指的纵轴线（与中指相平行的手指可免作纵轴线），过各指印上顶点分别作本指纵轴线的垂线，测各垂线与本指第三屈肌褶纹纵轴线的下缘点间的距离，即得各指印全长。

5. 指头花纹中心至指根长

通过各指的指头花纹中心点作本指纵轴线的垂线；测此垂线与本指第三屈肌褶纹纵轴线上的下缘点间的距离即得各指花纹中心至指根长。

6. 手掌印长

分别过手掌上边最凸出点（位于中指根附近）和手掌下边最凸出点作两条手掌纵轴的垂线；测此二垂线间的距离即为手掌印的长度。

7. 手掌印宽

在手掌指根区的最宽处作一条手掌纵轴的垂线；测此垂线与手掌内、外两边缘的交点间的距离，即得出手掌印的宽度。

在对手印实施测量的过程中，可进行测量的内容很多。实践中，应根据现场手印所反映出的具体情况掌握，凡是稳定的任意两点间距离都可进行测量。例如，花纹中心点间的距离、中心点与三角中的某点间的距离、花纹中心点（或三角）与伤疤的端点或屈肌褶纹的端点（交点）等间的距离、中心点（或三角）与某个稳定的稀有特征间的距离等都可进行测量。而且，这些测量数据在手印检验、鉴定中有的将起到更重要的作用。

在测量手印的过程中，应测量与现场手印相对应的手印样本。如现场手印是平面印痕（常小于手），则应对应测量平面手印样本；若现场手印是立体手印（多大于手），则应对应测量立体手印样本，但不能直接测量手。

二、身高的分析判断

1. 从手印遗留的高度分析

手印遗留的位置往往能反映出作案人的具体动作和姿势，通过模拟分析，在有些情况下可以推断嫌疑人的大致身高。

2. 通过手印长短与身高的关系来分析

手指、手掌各部位的大小、长短与人体身高之间存在一定的比例关系，可以利用平均系数来推测身高。

（1）根据手印全长推测身高。通过中指印第一指节最宽处的中心点，作中指印纵向线并延长贯穿全手掌至腕部，作为手掌的纵轴线，中指印顶点和手掌印下边缘的最突出点各作一条与纵轴线垂直的横切线，两横切线之间的垂直距离即为手印全长。利用平均系数来推测身高：身高 = 手印全长×9.75。

（2）根据手指印长度推测身高。手指印全长测量，分别作各手指的纵轴线，各指印顶点切线（与纵轴线垂直）和下边缘切线（与纵轴线垂直）之间的距离即为各指印全长。利用平均系数来推测身高：身高 = 食指印全长×24.2；身高 = 中指印全长×21.1。

（3）根据手掌印宽度推测身高。在手掌印上部最宽处的内外缘（各定一最凸点）各作一条与纵轴线平行的纵切线，两线之间的垂直距离即为手掌印宽。利用平均系数来推测身高：身高 = 手掌印宽×23.1。

（4）根据手掌印长度推测身高。通过掌印上缘凸起（多位于中指根部）和掌印下缘最凸点各作一条与全手掌纵轴线垂直的横切线，两线之间的垂直距离即为手掌印长。利用平均系数来推测身高：身高 = 手掌印长×17.8。

以上计算结果的误差范围为±3 cm。

三、年龄的分析判断

依据生理因素来分析。

1. 手印大小与年龄关系的分析

随着年龄增长，人体骨骼、肌肉、皮下脂肪等均经历着一个变化过程，手指、手掌的长宽随着年龄的增加而增长，20~30岁为高峰，30岁以上开始逐步变小。

2. 手印外形轮廓与年龄关系的分析

青壮年人的手印外形相对较大，各部位均匀适称，指尖端变圆，两侧弧度变小，整个指头呈短柱形。中年人的手印指掌外形宽大，边缘发圆，指头呈圆柱形，指关节处相对缩小。老年人的手印呈长条形，边缘不整齐，指尖开始变窄，关节处相对向外扩展。

3. 纹线光滑程度和印痕清晰度与年龄关系的分析

人手的乳突纹线，随着年龄增长，其边缘也由光滑、平整、清晰，逐步变成毛糙，粗糙不平、断离缺损、模糊不清。汗孔也有规则圆滑形状逐步变为不规则、周边残缺的空白印痕。

（1）青少年时期特征。纹线光滑，连贯，有光泽。汗液分泌较多，汗孔呈开放状，有完整的圆孔，留下的印痕纹线比较清晰、完整，显现时效果也较好。

（2）壮年时期特征。纹线分布均匀，连贯完整，清晰明显，光滑度有所下降。纹线边缘开始出现部分毛边或缺损，中心内部花纹也逐渐模糊，外围纹线相对清晰。汗孔不够圆滑，汗腺分泌较多，显现效果不如青少年时期效果好。

（3）中年时期特征。乳突纹线磨损较重，有的纹线出现断离情况，粗边和缺陷也由局部变成普遍现象，汗孔边缘变成多处缺损，呈不规整的形态。皮肤干燥，表面粗糙不平，角化严重，汗腺分泌显著下降。留下印痕不完整、不清晰，显现效果不好。

（4）老年时期特征。乳突纹线粗糙、变形，不连贯，汗孔不完整；皮肤干裂较为严重，留下的印痕模糊不清，特征混淆不清，难以显现。

4. 纹线、犁沟宽窄与年龄关系的分析

青少年时期，乳突线处于生长期，乳突线的高度突出且富有弹性，印痕中乳突线显得比犁沟宽。中年时期乳突线处于成熟定型期，乳突线和犁沟的高低、宽窄发展比较均衡。老年时期，乳突线处于萎缩状态，乳突线明显变窄，犁沟显著变宽。

5. 皱纹的变化与年龄的分析

皱纹是人在长期的活动中由于皮肤松弛而逐步形成的。其出现的多少与个体皮肤的弹性、皮下组织及肌肉的丰满程度和手的弯曲活动的多少相关。青少年时期的皱纹较少，即使少数部位出现，也很细小。中年时期原有的皱纹会逐渐变宽、延长，还会增加新的皱纹。老年时期皮肤干裂老化，新皱纹不断增加，原有皱纹相继加宽并出现分支。

6. 脱皮变化（生理性脱皮）与年龄的分析

脱皮现象是人体表面组织新陈代谢的一种正常现象。青少年时期处于生活机能的旺盛阶段，表皮角化缓慢，自然脱皮现象较少；中年时期表皮角化过程加快，脱皮现象增多；老年时期表皮角化过程更快，脱皮现象较常见，分布范围较广。

四、依据现场情况分析

1. 现场物品的种类和数量、破坏程度与年龄的关系分析

有些案件现场范围大，被破坏或盗走的物品体积或重量较大，非老年人和少年等体能低下者所能做到的。例如，现场涉及的房间较多，作案手段成熟老练，选择目标明确，作案人就有可能是具有作案经验的中年人或有流窜作案经历。

2. 攀越能力与年龄的关系分析

青少年攀爬能力强，常在高处、险处遗留手印。可以依据现场条件，分析攀越的能力和技巧，从而分析作案人年龄范围。

五、体态的分析判断

标准体重规定为：标准体重（kg）= 身高（cm）-105。超过或不足标准体重10%的称为胖体型或瘦体型。

1. 胖体态的手印分析

指印宽大，指末节呈圆柱形，宽度略小于长度。指节反映完整且宽大，两侧边缘向外呈圆弧形。手掌印的外形肥大，掌弓较低，掌心丰满，能完整清晰地引出掌心纹线。

2. 中等体态的手印分析

指节宽度中等均匀，指末节呈柱形，指节两侧边沿平直。手掌印外形长宽适度，内外两侧边沿平滑。掌弓稍高，掌心稍凹，留下印痕较实。

3. 瘦体态的手印分析

指印呈瘦小长条形，指节呈现两头大、中间小的形态。手掌印的外形细长，掌弓较高，掌心部位印痕较虚，有时捺不出掌心。

六、性别的分析判断

1. 根据外观大小分析

生理结构的原因决定了男女手印之间的差别，男性的手比女性的要粗大，略长。身高体态相近的男女，从外形看，男性手印粗壮，女性则较长；男性手指指末节长圆，关节比较突出，女性手指末节细长，顶部发尖，关节较平直。

2. 根据长宽比值分析

身高体态相近的男女，手的各部位平均长度，一般男性比女性要长，各部位的长宽比值证明女性的手具有较为细长的特点。从纹线密度看，通常女性乳突纹线比男性细密。

3. 根据现场情况分析

不同性别的人作案行为、心理反应、痕迹表现都有所不同，可结合现场物体的变动、物品损失情况、工具痕迹、足迹等具体情况进行综合分析。

七、职业爱好的分析判断

纹线的变化有时能表现出职业的特点。不同职业的人，手纹的磨损程度有所不同。体力劳动者皮肤粗糙，特别是长期使用双手工作的人，手纹磨损严重，乳突纹线扁平，边沿不清晰，手印模糊不清。例如建筑工人、机修工人等。非体力劳动者的双手，例如办公室文职人员等，接触的物体大多是平滑、柔软的，乳突纹线磨损不大，清晰完整。

1. 手印反映职业特征的分析

长期从事的职业、个人爱好及生活居住的环境，都会在手印上有一定的反映。由于平时受环境或条件的约束，会使乳突纹线形成一些特定的动作习惯、磨损特征和手印附着物，通过分析，可以发现手印遗留人的某些职业特征。例如手工鞋匠，修鞋时左手拇指常常会被尖锥刺破，会有点状凹陷痕迹出现。

2. 附着物反映职业特征的分析

一些手印上的附着物，会客观反映手印遗留人接触的环境、从事的工作和黏附物质的一些特定信息。可通过物证检验的手段检测附着物的微量成分，从而确定手印遗留人的某些职业特点。例如手印中含有油漆成分，则手印遗留人有可能从事油漆工作。

3. 对留痕客体和被盗物品的分析

现场物体的变动、物品的被盗情况，能反映出作案人的某些职业特点和生活爱好及专业知识或者特长。例如，盗窃案件中有古玩被盗，那么作案人有可能具有这方面的专业知识。

4. 个体习惯特征的分析

如果现场发现的多为左手手印，则作案人很有可能是个“左撇子”；除去外在环境影响，现场发现的多为戴手套痕迹，那么作案人有戴手套作案的习惯。

在分析过程中，要结合作案人对现场破坏的方法和手段，来研究其职业技能和技巧特点。

八、手印分析中应注意的问题

1. 初步分析现场有关材料

通过现场勘查，研究作案人在现场活动的过程，进出口的高低大小，破坏手段，被破坏、被窃物品的高低、数量等能反映作案人身高、年龄、体态、性别的有关材料，确定作案人的大概轮廓。

2. 细致分析各种痕迹物证

除了现场手印，还要对现场的其他痕迹物证，如足迹、工痕、枪弹痕迹、遗留物等逐一分析，找出作案人的个性特征，进一步缩小侦查范围。

3. 综合分析现场手印

根据手印的长短、宽窄推测作案人的身高、年龄、体态等，然后认真分析手印有关部位的形态，是否与推测的身高、年龄、体态相符。

分析判断中，必须注意观察手印形成的情况，考虑滚动、滑动、重叠等因素引起的手印大小变化，做出科学的判断。

第六章　样本手印的采集

为了进一步查明现场手印与作案人的关系，需要排查手印遗留人，对有重大作案嫌疑的人进行检验鉴定，因此需要提取相关人员的手印进行比对。

第一节　样本手印概述

一、样本手印的概念

样本手印是指用来与现场手印进行比对的已知人员手印。

二、样本手印的种类

包括捺印样本、自然样本和实验样本三种。

1. 捺印样本

捺印样本是指按照规格要求，采用涂染按捺在卡片或者滚动扫描获取图像存储的方式获取的手印。捺印样本手印包括活体捺印和尸体捺印。

2. 自然样本

自然样本是指在自然条件下接触物体时留下而被取为样本的手印。

3. 实验样本

实验样本是指根据工作需要，按照预定要求（包括设定的条件、部位、动作等）所取的手印。

三、样本手印的作用

（1）可以排除与案件无关人员，确定嫌疑人。

（2）可以与现场手印进行比对，为认定嫌疑人提供科学依据。

（3）可以建立犯罪指纹档案，为侦查破案提供技术支持。

四、样本手印的采集

公开捺印：在被采取手印对象知情的情况下，按照要求采集手印样本的一种方法。采集时需要被捺印人签名。

秘密收取的方法：是指在被采取手印对象不知情的情况下，秘密收取手印样本的方法。

第二节　公开捺印样本手印

公开捺印样本手印一般分为活体捺印和尸体捺印。活体捺印的对象一般手指柔软，需要捺印人配合完成捺印动作；尸体捺印因尸僵等现象使手指变得弯曲僵硬，或因腐败等原因变得模糊、脱皮等，因此捺印方法也不同。

一、公开采集样本手印的对象

1. 活体捺印采集的对象

（1）受打击处理的违法犯罪人员。

（2）刑嫌人员。刑嫌人员是指具有实施犯罪的某种主观因素，又有犯罪可疑迹象，但尚未发现、掌握其已进行犯罪的事实，不能对其开展立案侦查的人员，尤其要注意高危地区的高危人员。

（3）与案件有关需要进行比对排查的人员。

（4）办理其他手续需要捺印人员等。

2. 尸体捺印采集的对象

（1）现场尸体。为了排除现场手印是否为死者本人所留。

（2）无名尸体。目的是查明死者身份。

二、活体采集样本手印的方法

（1）油墨捺印法。油墨捺印法是以油墨作为媒介，把油墨均匀涂染在手纹表面，然后再捺印到纸片上，从而获取到手印样本。

1）捺印要求。捺印的基本要求是：清晰、完整、不变形。

2）捺印种类。依据工作需要，捺印分为三面捺印、平面捺印和局部捺印三种。

3）捺印方法。卡片与桌面平齐，捺印人站在被捺印人的左前方，按照手指从拇指到小指的顺序依次均匀滚动着墨，然后依次在纸上捺出指印；平面或局部捺印只要平面接触油墨后直接捺印即可。

4）捺印注意事项。

①被捺印人的手必须洗净擦干。

②捺印纸张必须与桌面平齐。

③油墨调滚要均匀，不可重复蘸取油墨。

④蘸取油墨和捺印时用力要均匀，只许滚动一次，中间不能停顿、挪动、重复或倒退。

⑤捺印次序按卡片定位进行，标明指位。

⑥填写被捺印人的其他信息。

（2）图像采集法。

媒介复印法：在透明度较高的塑料薄膜上喷涂一层油漆制成油漆薄膜，复印时把薄膜放在复印机的曝光玻璃上，将捺印部位放在薄膜上，再用白色较软物品（白布）盖好，必须盖得严密，复印就能得到较清晰的样本。

摄录取样法：把手放在有色透明体上，通过变换透明体的角度来增强纹线反差，通过摄录系统在监视屏上观察到最佳效果时进行固定并输出图像，注意采集的样本花纹与手印样本花纹反相。

（3）无油墨捺印法。

敏化纸法：首先使用化学制剂制作敏化纸，捺印时在捺印部位涂上特殊溶液，捺印后该成分在敏化纸张上反应，从而得到纹线图样。

油质粉末法：把少量油类物质均匀涂在捺印部位，然后按压在捺印纸上，再用黑色粉末（碳粉、硒粉等）洒在捺印纸上轻轻抖动，待出现清晰纹线后再用乙醇树脂溶液进行喷雾固定。

（4）采集仪采集法。目前较为普遍的是活体采集仪采集法。采集仪由前端手纹采集设备、手纹图像采集卡、计算机以及信息输入与图像采集软件组成，是一种电子化手纹图像采集和处理的工具。一般分为光学式采集仪、硅片式采集仪和超声波采集仪。采集仪采集法可以快速采集高质量的电子手纹图像，已经逐步替代人工油墨捺印方式。

三、尸体样本采集手印的方法

1. 新鲜尸体指纹提取方法

遇到未遭破坏的新鲜尸体，手掌及十个指头的乳突纹线部位保存较好，纹线清晰，使用以下传统的方法捺取，就能取得较好效果。

第一步，最好有法医配合，反复活动已经僵硬的尸体手指、手掌、手腕，直至这几个部位的关节变得较为灵活。

第二步，用洁净的软质纱布擦去手指、手掌等乳突纹线部位污物。

第三步，晾干手指、手掌上的水分，但不宜太干。

第四步，用毛刷在乳突纹线部位刷上少量的粉末，黑色磁性粉末和银粉均可。

第五步，两人配合，一人扶好准备捺印的手指，保持稳定；另一人用两手捏着胶带的两头，粘贴手指的乳突纹线部位。

第六步，将提取过指纹的胶带纸粘贴在赛洛片上，或者对折胶带。

第七步，在赛洛片或胶带上标明指纹的正反面。

捺取掌纹时，注意尽量使用宽胶带，提取步骤与前相同。

2. 水中尸体指纹的提取方法

方法一：盐水注入法（此法适用于手指皮肤已被水浸泡成皱缩状，但还没有腐败成指套状），先将有提取条件的手指从指节处截掉。

第一步，用乙醇将手指表面的污物清洗干净。

第二步，用常温的生理盐水浸泡1 min左右。

第三步，用针筒吸入适量生理盐水，从指尖或指节部位向手指内注入，待手指腹部平整饱满后，擦干皮肤表面水分。

第四步，皮肤表面水分晾干后，在手指乳突纹线部位用毛刷刷粉，后用透明胶带粘取，将粘取的指纹贴在透明玻璃片上或贴在赛洛片上，然后从黏面贴比例尺后照相固定或直接扫描提取。

方法二：指套内填物或技术人员戴上指套直接捺印法（此法适用于水中高度腐败的尸体）。先将尸体上已腐败脱落的指套用手术剪或刀取下来。

第一步，用乙醇将指套表面的污物清洗干净。

第二步，用常温的生理盐水浸泡 10 min 左右。

第三步，将指套内用柔软的物品填充或戴在技术人员的手指上，直接用油墨捺印在纸上或刷粉后用胶带粘取贴在透明玻璃或赛洛片上。

案例

2009 年 3 月 7 日，某市一蓄水池内出现一无名女尸。经尸检推断尸体应在水中浸泡 15~45 天，手指表皮已呈指套状，无法直接捺印。将指套去掉后带回单位进行处理，按照以上方法处理后提取到清晰的指纹。

3. 高度腐败尸体指纹的提取方法

采用扫描仪或照相法提取（此法适用于高度腐败的尸体 ）。

第一步，先将腐败肉皮指套用手术剪或手术刀剪开成片状皮肤。

第二步，用乙醇清洗皮肤上的污物。

第三步，用乙醇浸泡脱水后擦干或晾干。

第四步，在乳突纹线处捺印上油墨或刷上粉均可。

第五步，用两个载玻片将粘有油墨或粉末的皮肤夹在两个载玻片之间，夹平并固定好。

第六步，将固定好的载玻片放入扫描仪直接扫描或用相机拍照固定均可。

4. 冷冻腐败尸体指纹的提取方法

方法一：氢氧化钠提取法

第一步，先将手指从指节处截掉。

第二步，放入清水中解冻（大约需要 12 h）。

第三步，将解冻后的手指放入氢氧化钠水中浸泡约 24 h。

第四步，将氢氧化钠水浸泡过的手指再放入乙醚中 1 min 左右去掉手指表面的油脂。

第五步，再用乙醇清洗干净后擦干。

第六步，用粉末提取法或油墨捺印法都可取到较满意的指纹。

方法二：磁性粉提取法

第一步，用清水或乙醇将尸体手指清洗干净。

第二步，将清洗干净的手指擦干或晾干。

第三步，在清理干净的手指上刷上大量的磁性粉末，然后用脱脂棉轻轻擦去多余粉末，直接拍照提取。

5. 焚烧尸体指纹的提取方法

尸体在焚烧时，由于肌肉收缩手指常表现为握拳状或半勾状，这时手指指肚部位得以保护而不被焚烧破坏。勘查这类现场时应先仔细检查一下被焚烧者的双手十指。如死者手指还剩余有乳突纹线，可以采取如下方法提取。

（1）用清水或乙醇清理干净皮肤表面的污物。

（2）如皮肤没有腐败，较新鲜，可以直接用刷子刷粉末后胶带粘取或油墨捺印，二者均可取到较好的指纹。

（3）如皮肤呈皮革样状，可将手指从第一指节处截掉，接着用乙醇或清水清洗，然后在双氧水中浸泡约 24 h，再用乙醚去掉手指上的油脂后用乙醇清洗干净。然后刷粉后用胶带粘取或用油墨捺印都可取到较好的指纹。

案例

2009 年 9 月 9 日，某市白寨镇某废弃的破房内发现一具被焚烧的尸体。尸体已呈炭化状，尸体检验时，发现尸体左手拇指向手心内弯曲，掰开后发现手指第一指节部位乳突纹线还在。将该手指去掉后带回单位处理得到了较好的尸体指纹。

第三节　秘密采集样本手印

根据侦查工作需要，通过收集嫌疑人自然条件下留下的手印而获得的样本手印，一般都是通过密取的方式来进行。秘密采集样本手印分为计划性密取和搜查性密取。在作为提交法庭的诉讼证据时，应当采用公开捺印样本并制作鉴定书，不应暴露秘密侦查手段。

一、计划性密取

计划性密取是指预先设定好时间、地点、条件和方法，让被密取的对象接触某些物品而收集其手印的方法。

（一）密取前工作

1. 研究现场手印遗留的情况和部位，明确密取的目标和要求。

2. 充分了解嫌疑对象的经历、职业、习惯，以便选择适当的方法和措施。

3. 注意嫌疑对象在平常活动中经常接触的物品，如在工作、学习、生活中接触的物品，以提供密取条件。

4. 了解嫌疑对象与周围的关系，查明与嫌疑对象接近的人的情况。

5. 选择适宜的场地和方式，不要引起嫌疑对象的怀疑，不能暴露侦查者的意图和手段。

（二）密取措施

1. 根据嫌疑对象的不同职业、身份，利用工作关系，让其完成一定的行为或工作，创造接触有关物品遗留手印的机会。

2. 利用访谈机会，创造接触各种物品的条件，使其留下手印。

3. 利用嫌疑对象的周围关系，找出可靠的人协助，创造机会。

4. 利用嫌疑对象的生活规律、习惯、爱好和某个时期的行为特点，趁其必然接触某物体时及时获得手印。

5. 利用参加集体活动的机会，设法让其接触一定物体时留下手印。

6. 找出一些理由让嫌疑人在记录材料上捺印手印来获取样本手印。

（三）密取注意事项

1. 严格遵守国家法律和政策。

2. 创造条件接触的物品，要选择易于提取处理的物品。要注意嫌疑人的动作，判明其遗留手印的部位。

3. 及时有效地保全嫌疑对象留下的手印，如发现不符合要求，立即设法补救。

4. 注明密取时的相关信息。

二、搜查性密取

搜查性密取是指对嫌疑对象平常工作、学习、生活的场所秘密搜查，从其日常活动场所接触的物品上寻找、发现、显现提取嫌疑人的样本手印的方法。

（一）搜查性密取的准备工作

1. 充分研究现场手印的部位和遗留情况，明确密取的要求。

2. 充分了解嫌疑对象的情况和活动场所，做到把握准确。

3. 制订密取方案和具体方法，确保不被嫌疑对象察觉。

（二）搜查性密取的措施

1. 研究嫌疑对象的工作生活经历，从一些文字材料中寻找发现符合要求的手印。

2. 在全面控制的基础上，创造条件对嫌疑对象的私人场所进行搜查。

3. 根据嫌疑对象不同职业身份，利用管理权限，对其工作场所进行搜查。

（三）搜查性密取的注意事项

1. 注意对有色手印的寻找

如果在现场手印是右手食指时，可以在一些档案材料、合同材料等有可能捺印手印的材料上去寻找，经过后期处理后能够得到清晰可靠的样本手印。

2. 注意寻找易显客体

要以寻找易于显现的光滑客体、纸张等作为主要对象，以便获取高质量的手印。

3. 注意寻找易留下相同部位的客体

密取受时间、环境等条件的限制，要求我们预先分析易留下和现场手印部位相同的客体，这样在现场才能有的放矢，顺利完成密取任务。

自然样本中大多数嫌疑对象都是身份明确的，对案件侦破工作起到“有的放矢”的作用，然而有些自然样本中对象身份是不明确的，可通过采集样本手印与犯罪指纹档案等身份确定的样本手印比对从而确定其身份，同样对案件侦破起到至关重要的作用。

案例

2003年2月26日，某市发生一起命案，个体老板司某在自家开办的小旅馆值班室内被人用铁锤打击头部致死，抢走一部手机及部分现金。通过现场调查访问，很快确定当天在旅馆内的一名打工人员失踪，这名人员有重大作案嫌疑，但是无法确定人员的真实身份及住址，这给抓捕工作带来很大难度，后经对这名嫌疑人遗留在旅馆其他房间内的日用品进行提取显现，在其使用的水杯上发现一枚汗液指印，将这枚指印在指纹自动识别系统内进行查找比对，很快确定这名嫌疑人是有盗窃前科的蔡某。由于确定了犯罪嫌疑人，案件很快得以告破。

第四节　实验样本手印

由于形成手印的动作和条件不同，因此产生手印的形态、大小和结构、特征会发生一些非本质的变化，在比对中会出现差异。为了科学地解释差异点，查明这些变化的因素，鉴定人自身除要做一些实验外，还需要嫌疑人在尽可能接近现场条件下模仿现场手印形成的动作去接触某些物品，获得实验样本。

一、获取实验样本的准备工作

1. 注意研究手印的留痕部位

需要进行实验样本手印制作的情况往往是现场手印产生严重变形，甚至丢失、增加了纹线、特征。在制作实验样本前，要对现场手印的部位进行全面分析，如果分析结果不唯一时，应随着实验样本制作的同时进行分析和形态比较，制作出符合鉴定要求的手印。

2. 注意分析承痕体的形状和光滑程度

实验样本手印的制作应尽可能去满足现场留痕的条件。特别要注意承痕体的具体位置和客体形状，在制作样本时，应充分考虑，必要时可到现场进行实验。

3. 研究现场手印的形成动作

现场手印的形成除正常接触形成外，还有形成时的平推动作、扭动动作以及混合动作等。制作实验样本时，要采用不同的着墨方式反复进行。

实验样本手印的制作过程是一个与多项因素相关联的复杂过程。除在制作时考虑以上情况、结合捺印的基本方法外，还应分析现场手印的状态、颜色、加减层等情况，分析形成手印时手上物质的分布情况和种类，分析涂染油墨的厚薄对实验样本的影响，分析油墨涂染与否对清晰度的影响等。

二、制作实验样本手印

根据现场手印遗留条件，按照现场物品的摆放情况来放置准备好的实验器材。制作时，根据遗留手印时承痕体的变化情况，尽可能地去还原遗留瞬间的情况。

模仿作案动作时，要注意留下手印时手的状态、指尖朝向，用力的大小和方向，在承痕体上停留的时间，停顿时用力情况，离开时的方向等。

在显现、提取实验样本手印时，要保持与现场手印显现、提取的方法一致，并对每项、每次实验结果进行记录。

三、对实验样本手印的分析

制作的实验样本手印与现场手印在外围轮廓要大体一致。

制作的实验样本手印纹线的异常变化（拉伸、压缩等）情况要与现场手印一致。

观察制作的实验样本手印是否出现与现场手印差异，如有，要记录并分析其中的原因。

第七章　手印的检验鉴定

手印鉴定的主要任务是解决个人同一认定的问题，这对于揭露和证实犯罪，查清某些事实具有重要意义。其结论的正确性直接影响到侦查、起诉和审判工作。

手印检验的具体程序有：准备工作、初步检验、深入检验、比对检验、评断比对结果做出结论、制作手印鉴定书等。

第一节　检验前的准备工作

鉴定人员在受理手印鉴定工作前必须做到以下几点。

一、了解案件情况

查阅鉴定委托书或登记表、向委托鉴定单位或送检人员了解有关案情。

二、了解检材和样本的情况

弄清手印遗留的情况、形成手印的条件、影响变化因素、处理包装运送手印的方法和过程等。了解手印样本的来源和收取方法，是否符合政策、嫌疑根据等。

三、了解原鉴定情况

对于重新鉴定、复核鉴定，必须了解原检验的过程、方法、手段和结论等情况。

四、明确鉴定的目的和要求

做好工作计划，设计完成检验任务所要采取的方法和手段，达到鉴定的目的和要求。

五、检查检材是否具备检验条件

必须清点核实检材和样本的数量、质量，看其是否符合鉴定要求，是否需要补充材料，并记入受理鉴定登记簿。

六、做好相应器材、耗材的准备工作

准备好鉴定所需的器材及物品，包括比对工具、照相设备等。

第二节　初步检验

初步检验是指对现场手印的一般情况进行观察研究，任务有：①分清现场手印的痕迹种类；②分清纹线上下左右的方位；③观察手印是否重叠和变形；④判断手印花纹类型及其不同形态；⑤观测手印形态、大小。

一、分清现场手印的痕迹种类

主要确定手印是立体的还是平面的，是乳突线的痕迹还是小犁沟的痕迹，在照片上是看白线还是看黑线。

1. 立体手印

立体手印中整个痕迹和纹线都有明显的立体感，容易确定，凹线是乳突线，凸线是小犁沟；如果是立体模型，则凸线是乳突线，凹线是小犁沟。

2. 平面手印

平面手印首先要判明是加层手印还是减层手印，进而明确哪些是乳突线，哪些是小犁沟。从现场遗留情况看，可能有三种情况：全部是乳突

线印痕；全部是小犁沟印痕；一部分是乳突线印痕；一部分是小犁沟印痕。一般情况下，无色汗液加层手印和薄层灰尘的减层手印是乳突线印痕；如果手上沾满了粉尘，乳突线和小犁沟都附着物质而多次接触物体的情况下，就可能出现小犁沟印痕，或乳突线和小犁沟同时出现的混合印痕。要对纹线痕迹本身的特点进行分析。

（1）根据纹线粗细和宽窄分析。青壮年的乳突纹线比较粗大，边缘不整齐，纹线比间隙线要大；小犁沟印痕比较细小、狭窄，边缘光滑平直，间隙比乳突纹线要宽。

（2）根据汗孔的分布进行分析。乳突纹线中常常能反映出汗孔（呈圆形空白小点）的分布情况，小犁沟痕迹纹线中没有汗孔反映。

（3）根据屈肌褶纹的反映进行分析。如手印中反映出屈肌褶纹或小皱纹，则可结合分析。褶纹和皱纹在手上是纹沟，在痕迹中它的表面与小犁沟相一致，因此色调也是一致的。

（4）根据手印承受物的不同色泽，对形成手印的物质和处理手印的方法进行分析。如汗液手印留在黑色物体上，用铝粉显现，那么白线是乳突线、黑色是小犁沟；相反，汗液手印留在白色物体上，用黑色粉末显现，则白线是小犁沟、黑线是乳突线。

（5）根据手印照片周围颜色进行分析。一般情况下，如果乳突线形成的痕迹多，物体表面色泽就与小犁沟色调一致，所以照片上手印周围是白色时，乳突纹线应是黑色，反之则为白线。

二、分清手印纹线的方位，确定手印的上下左右位置

正确地判断出手印纹线方位，就能为准确认识特征、确定部位提供可靠的条件。首先要根据手印遗留情况、所在位置、结合犯罪动作，判断指尖方向；其次要根据纹线的形态、弧度和流向规律进行判断。

三、观察手印是否重叠或变形

正确判断手印是否重叠、变形及其程度，有利于根据重叠、变形的特点进行寻找、比对特征，并对由此而产生的差异得到正确的解释。手印重叠主要表现在：纹线交叉，出现多中心多三角，纹线松紧不均，前后着色不一样等。手印变形多表现在：整个印痕和纹线伸长，纹线各部位间隙不均，粗细不一，变形严重时，中心畸形，纹线流向混淆，有不正常的衔接等。

四、判断手印花纹类型及其不同形态

手印花纹类型既可为认定的先决条件，又可为否定的重要依据。中心花纹明显时，确定类型较容易。当手印只是局部、片断时，则需慎重研究来推断。

1. 根据纹线的弧度大小和分布情况进行判断

不同类型的花纹，其中心、外围和根基线的形态和流向，都有着不同特点，根据特点对其局部痕迹推断出花纹类型。实际工作中，要注意根据纹线流向趋势，做出几种可能的分析，避免工作失误。

2. 根据三角附近的纹线进行判断

在排除重叠的情况下，只要出现两个三角，就应属于斗形纹。三角形内的纹线弯曲度大，根基线又有弧凹向上的倾向时，可能是斗形纹。根据三角纹线追迹进行分析，左三角下行线向右追迹到内部系统中，多为斗形纹。

3. 参考细节特征的出现概率进行判断

箕形纹和弓形纹中小眼、小桥、小勾、小点出现少，而分歧、结合出现较多；斗形纹中小眼、小桥、小勾、小点出现较多，而分歧、结合相对少些。

五、观测手印的形态和大小

手印的形态和大小是检验手印所能利用的特征之一。检验中应根据手印的不同情况，注意观察各部位的具体形态，测量各项准确数据。

对现场手印进行一般观察分析以后，就要对样本手印进行观察。应注意样本手印是否完整、是否清晰、有无变形，以及与现场手印的部位及纹型是否相符，以便进一步寻找和比对细节特征。

第三节　深入检验

深入检验的主要任务是寻找、确定手印的特

征，是一项复杂细致的工作，对于变形、模糊手印的特征寻找和确定更为艰巨。

一、发现和确定特征的措施和手段

1. 放大法观察

最常用的放大法是使用放大镜或放大照片，通常放大 2～6 倍进行观察，有条件的可以根据需要用立体显微镜或投影仪、电子显微镜等工具进行放大观察。

2. 加强手印的反差清晰度进行观察

（1）在不同角度的光照下观察。不同客体、不同种类或不同附着物形成的手印，需要在不同角度的光线下观察，才能使纹线更加清晰。光照角度一般为直射光、侧光和透射光。

（2）在明暗不同的光照下观察。附着粉末较厚的模糊手印用暗淡的灯光观察，一般手印用普通光观察。

（3）在不同的滤色镜下观察。有色手印有时需要在不同滤色镜下观察，以增强清晰度。

（4）用红外线或紫外线拍照加强反差。为了去除手印所在的杂色背景，可以利用多波段光源观察，通过红外照相或紫外照相的方法进行。

二、发现和确定特征的具体方法

1. 从点到面逐步扩展的方法

实际工作中经常用到这种方法，即在容易确定位置的部位找一个明显的特征点作为起点，向四周扩散寻找。如果手印出现中心花纹，可先在中心花纹部位找到明显特征，再向外扩展；如果手印出现三角线，可从三角的某点开始；如果没有中心或三角，只出现屈肌褶纹、皱纹或伤疤、老茧皮等痕迹，则从它们附近找出一个特征作为基点，再向外寻找其他特征。

2. 先易后难的方法

从明显可靠的手印特征开始寻找的方法。如果同一现场提取了几个手印，应从清晰、容易观察的手印开始检验；对单个或残缺不全的手印应从清楚、明显的部位开始，逐渐向四周、向模糊的部位去寻找特征。

3. 先重点后一般的方法

先从稀有少见的特征开始寻找，如小桥、小眼、小勾、小点、小棒等是手印中罕见的特征，它们质量高，在残缺手印检验中应着重寻找这些特征，再向四周扩展寻找其他特征。

4. 顺纹线的流向追踪的方法

顺着纹线流转的方法，一根一根纹线去寻找发现特征。特别是起点、终点、分歧、结合等特征是顺着纹线流向分布的，顺单条纹线追，发现终止时，则有特征存在。

5. 对同一个手印的几种形象进行对照和互相补充的方法

不同方法同时提取的手印，要逐一观察，相互对照，从而确定和发现新的特征。

以上几种常用方法是互相联系、互为补充的，不要孤立应用。

三、几种疑难手印的特征寻找和确定方法

1. 模糊不清的手印

模糊不清的手印也就是纹线不太清晰的手印。应以能看出纹线为度，过于模糊就失去了检验条件。除一般检验方法外，模糊手印主要根据纹线间隔距离的变化去发现特征。既可以顺着乳突纹线追寻，也可以顺着小犁沟线追寻。如果在两条平行线中距离突然变宽，并正好能容纳另一条纹线的距离，即认为有特征存在。这个特征要标示出来，做几种假设可能，待找到其他特征时，再进一步研究，结合几个特征的相互关系一一核实。还可以用两头查线法确定特征，在模糊区域的两头查清纹线的数目，若数目不等，说明其间有特征存在。有时候还要和样本进行对照，辨别是否有特征存在。

2. 残缺手印

现场手印多属不完整的残缺手印，其或是指纹的某一部分，或是掌纹的某一部分。特征较少，纹线不多，没有中心和三角，很难定位。检验的突破口就是要定位准确。首先要分清上下方向，然后对找到的特征进行全面分析，即每个特征的形态、大小、方向、角度以及几个特征间相互距离、方位、线数关系等，从而揭示其本质，为他人所不可重复，方可下认定结论。

3. 变形手印

首先要判断压力大小和方向，然后观察其变形程度。寻找特征时，先从没有变化或变化较小的部位去寻找，逐渐推向变化较大的部位。

（1）一般特征的变化。一般特征是指指印的纹型种类、形状、纹线流向，纹线的弯曲度，

纹线的粗细，间隔、皱纹、中心与三角的位置、距离。

1）纹型、形状、纹线流向：

手指向左或向右施加压力时，弓形纹的弧顶和中心花纹、箕形纹的箕头和中心花纹由圆变尖，由宽变窄，由短变长；斗形纹的上下间距拉长，左右间距缩短；中心只有一条箕形线的箕形纹易被误认为弓形纹，中心只有一条螺形线的斗形纹易被误认为箕形纹。手指向上或向下施加压力时，指印的纹型、形状和纹线流向与手指向左、右压力时相反。

2）纹线的弯曲度、粗细、间隔：

手指向上或向下施加压力时，指印的两侧纹线向上趋向拉直和向下增大弯曲度，指尖部位尤其明显，手指向左或向右压力轻，顺力方向的纹线坡度减少，逆力方向的纹线坡度增大。手指向四周施加压力时，顺力方向的纹线变细，间隙变宽；逆力方向的纹线变粗，间隙变窄。

3）中心与三角的位置：

手指向上或向下施加压力时，顺力方向居于中心下左右两侧的远三角纵向缩短；逆力方向同位三角纵向拉长。手指向左或向右施加压力时，顺力方向的三角横向拉长；逆力方向的三角横向缩短。

（2）个别特征的变化。个别特征是指乳突线细节、汗孔、边缘及指印中的伤疤。

1）乳突线细节：

手指向四周施加压力时，细节特征的变化是：短线、小眼、小桥、小勾互变，分歧与起点互变，结合与终点互相变，小点面积变大或消失。

2）乳突线中的汗孔、乳突线两侧边缘及指印中心的伤疤：

手指四方向压力时，顺力方向的汗孔排列、纹线边缘、伤疤呈凸起形状，逆力方向的汗孔排列、纹线边缘、伤疤边缘呈凹陷状。

（3）指印变形方向的反映。

纹线的紧密、松散：每一枚压力变形指印都有纹线紧密，松散不均匀现象。在纹线的中心画两条垂直平分线观察，将纹线最紧、纹线最松的地方用点描出来，并连成一条直线。直线所指纹线最松散的一端就是指印变形方向。

纹线的边缘：观察压力变形指印中顺力方向上的多数纹线，发现纹线的一侧边缘清晰，汗液或附着物多而集中，另一侧边缘模糊，汗液或附着物少而松散，前者边缘所指方向就是指印变形的方向。

（4）单向直线挪动捺印指印与变向旋转挪动捺印指印的比较。变向旋转挪动捺印指印的变形方向线与单向直线挪动捺印指印的变形方向线对应平行时，两者的一般特征和个别特征出现近似的变化，但是，变向旋转挪动捺印指纹有时会引起中心纹型的变化。

（5）压力变形指印的鉴定方法。

1）判断现场指印是否为压力变形指印：

主要了解遗留手印的物体表面是否为平面，指印是否为一次性形成（纹线是否圆滑，流向是否自然），指印中的纹线是否有松密不均匀的情况。

2）确定、显现指印的乳突纹线：

分析指印是减层还是加层，是单一属性纹线，还是多种属性混合纹线。先采取局部划定，后用多条纹线同时扩散追迹的办法来确定乳突纹线。

3）划定手指压力的准确方向：

应在纹线最紧密、最松散、多条最松散纹线的两侧边缘清晰或模糊、汗液、附着物多或少、集中或分散方向去描点或连接手指压力的方向线。

4）固定指印中个别特征的位置，并将各位置点连接成几何图形观察指印的一般特征、个别特征及几何图形变化趋向是否与已确定的指印变形方向相符。分析嫌疑样本指印按现场指印变形方向变化，一般特征、个别特征能否出现现场指印的各种形态变化。

5）分析各个别特征间的位置关系、间隔线数。

4. 重叠手印

首先要确定重叠的次数。可以观察中心或三角的个数，也可顺着纹线不同方向观察。在确定重叠次数的基础上，进一步判断各个重叠手印的花纹类型。寻找特征时应以不重叠的部位作为重点，顺着纹线流向，向重叠部位逐步扩展。另外可通过计算机等方法把重叠手印分离开来。

5. 油脂、液体等加层手印

最常见的是血手印。大多是模糊不清、残

缺、变形的，尤其要注意，受用力方向的影响及离开客体时手指表面附属物（血迹、油脂等）张力作用，会形成一些看似特征的“假特征”，并且局部乳突线和小犁沟的颜色也会随着客体承受压力的不同而发生变化，检验方法同以上疑难手印检验方法。

四、固定被发现特征的方法

1. 绘制示意图的方法

把对现场手印观察所见的纹线特征、位置关系正确地在纸上描绘出来，然后把发现的各个特征用红笔做出标记，使之明显易见。首先要选取明显可靠的定点，通常以花纹中心、三角或稳定的细节特征作为定点，然后从该点出发，顺着纹线的流向，按照纹线形态、间隔，逐一描绘在纸上。

2. 做出标记的方法

在手印照片上用红笔把所发现的细节特征标示出来，使特征分布一目了然。在标注特征时，可将稳定的特征用红色标示，其他可疑待确定的特征用另外颜色标示。

五、对嫌疑人样本手印特征的寻找和确定

对手印样本细节特征的寻找确定、基本程序和方法与现场手印细节特征的寻找确定相同，但也有其本身的检验特点。

1. 在与现场手印种类和部位相同的样本手印上寻找确定细节特征

（1）必须在与现场手印花纹种类相同的样本手印上寻找确定细节特征。

（2）必须在与现场手印遗留的部位相同的样本手印上寻找确定细节特征。

2. 进一步寻找确定样本手印的细节特征

其方法与现场手印细节特征寻找确定方法相同。

3. 样本手印特征的固定

方法与现场手印细节特征固定的方法相同。

第四节　比对检验

手印的比对检验是在对手印分别检验的基础上，通过现场手印与样本手印特征的对应比对，确定二者符合点和差异点的过程。

一、比对检验的任务

比对检验就是采用科学的方法鉴别现场手印与样本手印特征的异同。

二、比对时所选用的特征

比对时，要选用那些比较稳定的特征和质量比较高的特征，如明显可靠的、稀有少见的（小勾、小桥、小眼、小棒等）、互相接近的，靠近中心、三角、伤疤、褶纹附近的一些特征，一些模糊不稳的特征只用作分析参考。

三、比对的内容

从一般特征比对发展到个别特征比对，先比对印痕整体的大小、形状，各种花纹的类型、形态结构，纹线的弧度、流向，粗细间隔等一般特征；然后深入比对每一个个别特征，即它们的分布位置，互相距离、角度，间隔线数、内部结构等。通过比对，明确现场手印和样本手印之间符合和差异特征的数量，哪些是符合点，哪些是差异点。

四、比对的方法

1. 特征对照法

特征对照法是指通过对现场手印与样本手印对应特征的种类及细节，以及特征间相互关系的一一直接对照比较，确定各个特征的符合性与差异性的检验方法。通常利用肉眼或放大镜观察的方法，比对两者的总体形状和每个特征的形态结构是否一致。

2. 特征连线比对法

特征连线比对法是指将现场手印与样本手印已相同的比例放大后，再将现场手印与样本手印中对应的特征分别用直线连接起来，使其分别构成一个封闭的几何图形，然后对两个几何图形的形状、各边的长度、各角的角度等因素进行比对的检验方法。若二者的形状、边长、角度均能较好地吻合，则经过进一步论证后可做出认定结论，否则不能下认定结论。

3. 特征重叠法

特征重叠法是指将现场手印和样本手印进行特征重叠比对的检验方法。是对纹线的弧度，特

征的形态、大小位置、距离、密度等进行总体比对的一种有效方法。

比对的内容有两种：一种是从印痕外形、大小到每个特征的构成、位置、方向、距离、密度等做全面的比对；另一种是在各个特征、形态、结构一致的情况下，着重于各个特征之间的方向、距离、相互位置关系的重合比对，确定特征的异同点。

重叠比对的方法主要有：透明片重叠法、底片重叠法和图层重叠法。

4. 疑难手印比对应注意的问题

（1）相互印证是解决疑难手印中不可少的一种鉴定方法。常常使用三种方式。

①实物与样本的印证，先实物后样本，在此基础上交叉进行。

②用不同规格照片，如原大、放大照片观察印证。

③实验印证，检验分析的准确性。

（2）采取各种方法，认真做好对疑难手印的检验。

①对现场疑难手印按各次检验时的分析进行，认识、标画稳定的特征，对有问题的特征，放在深入检验中参考。

②各次检验中对疑难手印分析判断的文字笔录，是对检验疑难手印中认识深化过程的纪实，是研究疑难手印的不可少的内容，应重视之。

③组织会检。对此种手印应听取不同意见，采用请进来、送出去的办法组织会诊。

④在解决疑难手印鉴定中必须考虑样本材料对疑难手印的影响。

如现场局部手印和样本手印的三面捺印的关系；球面体上的手印和平面样本手印的关系；动的遗留与静的捺印样本的关系；现场遗留（近期）与青少年时的样本材料的关系。这些对纹线的粗细、特征的距离、纹线的大小都有影响，千万不可忽视。

第五节 综合评断

综合评断就是运用辩证的方法对比对检验中出现的符合点及差异点这一矛盾进行全面、综合的分析、评断，抓住手印特征的本质属性，确定两者在矛盾中的地位，做出正确的鉴定结论。

一、手印特征矛盾的客观性

通过比对，检验一般出现两种情况：特征符合与特征差异。这两种情况的存在构成了矛盾，分析评判这一矛盾成为我们认识现场手印和样本手印内在联系的基础。检验结论也是在深入分析这对矛盾当中获得的。

二、分析手印特征符合和差异的矛盾

1. 符合点的来源及性质分析

符合点的来源有：

①符合点是同一人、同一手的同一部位所反映的同一特征。

②符合点是不同手或不同部位少数特征的偶然相符。

③符合点是某些因素所引起的少数特征的巧合。这三种不同情况表明各种符合点本身的性质及其矛盾中的地位不同，因而对结论所起的作用也各有差别。

符合点的性质：

①同一人、同一手的同一部位符合特征的总和，是其本质属性的反映，它不仅在花纹类型、纹线形态等方面一致，而且各个特征的具体形状、大小、方向、角度和相互关系等方面也是相符的。

②不同手或不同部位的少数特征偶然相符，只是纹线生长过程中形成的局部的、个别的特征偶合，通过分析与差异方面进行综合评断，即可认清其实质。

③某些因素引起的少数特征巧合，是受某种因素的影响，改变了原来的形态，而产生的特征相似，只是局部、个别的。

2. 差异点的来源及性质分析

差异点的来源：

①差异点是两个不同手或同一手的不同部位所反映的不同特征。

②差异点是手印形成过程中其他复杂因素的作用而形成的部分特征的歪曲。

③差异点是处理手印过程中引起的部分特征的改变。

④差异点是手印形成后，手或承痕体本身的变化所引起的特征变化。

以上情况表明了各种差异本身的性质及其在矛盾中的地位不同，因而对结论所起的作用也不同。

差异点的性质：

①两个不同手或同一手的不同部位所反映的不同特征的总和是本质的差异，它们或者花纹类型不同，或者花纹类型虽同而特征总和反映不同，手印的不同本质是矛盾的主要方面，成为否定结论的依据。

②后三种情况引起的差异，都是受到了其他条件影响引起的特征变化所致，是非本质的差异，不能成为结论的主要依据。

3. 几种因素引起的特征变化及程度

（1）由于皮肤的特点和形成手印的机械作用所引起的特征变化。

（2）留有手印的物体性状的影响引起特征的变化。

（3）形成手印的物质对特征的影响。

（4）显现、采取、运送、保管过程不当对手印的影响。

（5）捺印操作不当对样本手印的影响。

（6）手印形成后，手本身的变化对样本手印的影响。

三、通过科学实验解释手印特征的矛盾性

1. 实验的意义

手印检验中的实验是对手印认识的继续和深入，是验证对某特征形成因素分析的一种手段，又是证实符合和差异的来源和性质的一种科学方法。

2. 方法步骤

（1）拟订实验计划。为了保证实验的科学性和严密性，达到预期效果，必须制订实验计划。实验计划的内容包括实验的目的、要求、项目、固定实验结果和记录方法、时间、地点等。

（2）创造与现场遗留手印最接近的实验条件。

（3）在拟订计划和创造好现场条件的情况下，按照可能的假设，模拟现场的位置、姿势和触摸的动作，有计划、有步骤地逐项逐次进行实验。

（4）做好实验记录。根据矛盾性质得出结论，通过对手印特征矛盾的性质分析，使鉴定人对手印特征符合和差异在矛盾中的本质属性有了根本的认识。如果符合点的总和是矛盾的主要方面，那么矛盾的性质是“同一”的，也就是说现场手印与样本手印是同一人所形成的；如果差异点的总和是矛盾的主要方面，那么矛盾的性质是“不同一”的，即现场手印与样本手印不是同一人所形成的。

3. 手印同一认定结论的条件

（1）手印花纹类型相同。

（2）手印细节特征总体相符，符合点成为本质属性的反映。

（3）手印少数差异点是非本质的，可以得到科学的解释。

手印同一认定只有具备以上条件，才能做出认定结论。

4. 手印鉴定否定结论的条件

（1）手印花纹类型不同。

（2）手印花纹类型虽然形同，但细节特征的总和不符，差异点是本质属性的反映。

（3）手印的少数细节特征相似证明是偶合。

手印鉴定否定结论只要具备以上条件之一，即可做出否定结论。

第六节　制作手印鉴定书

制作手印鉴定书是手印检验的最后一个工序。

一、制作手印鉴定书的意义

手印鉴定书是记录手印检验过程和检验结果的一种司法鉴定文书，是揭露和证实犯罪的一种诉讼证据。

二、制作手印鉴定书的原则

客观性：鉴定人员在鉴定书中所描述的内容是实际存在的，得出的鉴定意见是综合检验中所肯定的事实，并在客观理论基础之上获得的。

法律性：鉴定意见是《刑事诉讼法》所规定的证据之一，审判中鉴定意见以鉴定书的形式反映出来，具有法律认可的证据效力。

科学性：反映了手印检验过程中确实运用了现有的科学技术方法和科学手段，得出的鉴定意见是准确、可靠和令人信服的。

三、制作手印鉴定书的基本要求

1. 层次分明，结构严谨

严格按照行业标准的规定制作，每一部分内容的叙述过程要层次分明，符合逻辑的连贯性，客观反映检验逐步深入的过程。

2. 描述客观、准确简练

对物证、特征和鉴定意见的描述一定要客观准确、实实在在，不能使用模糊的词语，必须使用统一的专业术语。

3. 有根据地全面论证

无论是检验部分或是意见部分所确定的内容必须有根有据，并且是经过论证的，真实可靠。

4. 用令人信服的实物作证

检验人员应当写出是如何观察到特征的，怎样得出鉴定意见的，要让审查人员相信意见的正确性，用文字描述和照片说明相互印证、互为补充，使整个鉴定书成为完整的、有充分说服力的诉讼文件。

5. 严肃美观、符合规范

鉴定书的编制过程一定要注意文字部分和照片部分的整洁、美观。不允许内容涂涂改改，沾染污渍。鉴定书的装订要有封面、目录、文字部分、照片部分和封底。页码要准确，文字部分和照片部分要加盖鉴定单位的鉴定专用公章。

手印鉴定书的内容包括：

1. 文字部分

（1）绪论。主要写明委托单位、送检人、受理日期、案情摘要、检材和样本的情况、鉴定要求、检验开始日期、检验地点等内容。

（2）检验部分。依据行业标准记录手印检验的方法、手段及检验所见、实验结果和检验全部过程。包括检验现场手印、检验样本手印、比较检验。

（3）论证部分。对检验过程中发现的特征的符合和差异进行综合评断，论述结论的科学依据。符合特征的质量、数量是否能构成特征的总和，是否确认其不可重复性，是否反映本质。差异点的质量、数量以及形成原因，是否得到科学解释和实验证实，是本质的还是非本质的。对差异点的解释应当是具体的、科学的。

（4）结论部分。鉴定意见要准确简练地表述鉴定的结果。结论应该措辞准确简练，针对所提的问题直接回答。

（5）署名。具备鉴定资格参与鉴定的专业人员亲笔署名，包括鉴定人和授权签字人，并对鉴定意见的准确性负责。

2. 图片说明部分

手印鉴定书照片部分由手印所在物体在现场上的位置照片、现场手印照片和样本手印全貌照片、特征比对照片三部分组成。

（1）手印在现场所在的位置。现场手印是在何种物体上提取的，要标明手印在物体的具体部位、方向和分布状况。

（2）现场手印和样本手印的全貌。现场手印加比例尺（比例尺的色彩尽量与手印乳突纹线的颜色保持一致）拍照，照片必须清晰、真实、不变形，根据比例放成原物大，并注明用何种方法处理提取。样本手印的照片要符合鉴定要求，保持检验的部位清晰、完整、不变形，必须说明手别和指位，并说明是三面捺印、平面捺印或局部捺印，根据比例放成原物大。

（3）特征比对与复核照片。特征比对照片能够以真实的形象反映比对手印特征的异同，客观展示鉴定结论的直观依据。

特征比对所用照片必须同比例放大，放大3~5倍，规格一般要求6cm×6cm为佳，拍照时在相同位置的旁边加比例尺，一式两份共四幅。上面贴的一份不标注细节特征，供复核人员检验；下面一份要标注细节特征。特征点的标定顺序从一点钟位置开始，按顺时针方向分别编好标号，标线颜色用红色，并且必须准确地指在特征点上。各条标线不要与纹线重叠，标线应尽量与特征点切线垂直，标线要呈一定角度或放射状分布，保持画面的清晰、整洁、美观。

第八章　指纹信息的管理与应用

对采集的样本手印和现场手印信息分类集中管理，利用计算机存储数据，通过网络达到信息共享，运用自动识别系统等检验方法，提高检验工作效率。

第一节　指纹信息管理及采集

一、指纹信息管理

指纹信息管理包括指纹信息管理的基本任务、工作原则等内容。

1. 指纹信息管理的基本任务

指纹信息管理的基本任务是指纹信息的采集、建档、维护和应用。

2. 指纹信息管理的工作原则

指纹信息管理的工作原则是：指纹信息管理采用计算机自动识别技术，遵循统一标准、相对集中，分级管理、各司其职、联网检索、信息共享。

3. 指纹信息管理的主管机关

指纹信息管理的主管机关是公安机关。各级公安、检察、法院、司法行政机关负责指纹信息的采集、传递、信息反馈等工作。

4. 指纹信息的主要用途

（1）揭露和证实违法犯罪活动。

（2）查明违法犯罪人员、违法犯罪嫌疑人员及未知名尸体的真实身份。

（3）为公民个人求职、求学、出国等社会活动提供有无违法、犯罪记录的法律证明。

二、指纹信息采集

指纹信息的采集实行“谁办案，谁采集”的原则。

1. 指纹信息采集的范围

（1）依法被采取刑事强制措施、少年管教以及受到治安处罚和判处刑罚的违法犯罪人员。

（2）有违法犯罪嫌疑、无法证实身份、需要查询指纹信息的人员。

（3）外国人、华侨等在我国境内有违法犯罪行为的人员。

（4）根据地方规定，需要采集指纹的人员。

2. 指纹信息采集的内容和要求

指纹信息采集的内容包含被采集人的姓名、别名、性别、出生年月日、现住址、居民身份证号码、十指指纹、掌纹。

指纹信息采集的技术要求有十指指纹三面捺印，要求指纹完整，纹线清晰。十指指纹平面捺印，同时捺印食、中、环、小指纹和拇指指纹。掌纹要求捺印出前掌部分和内、外侧部分的纹线。数据项填写规范、齐全、字迹清晰工整。

3. 捺印指纹应注意的事项

（1）应视季节不同、对象不同采取不同的捺印方式。

（2）捺印纸经折叠一定要与桌边平齐，以适应捺印动作。

（3）被捺印人要放松，配合捺印人动作，用力均匀，不许移动、停顿、重复、颤动，离开纸面要轻快。

（4）捺印的左右手及各指位的顺序不能错乱，用白纸捺印时要注明指位。

（5）遇有缺指、受伤、畸形要注明。

（6）不可用红、蓝油墨，图章印泥，印台，要保持设备的清洁及精良状况。

（7）不可让被捺印人自行捺印。

（8）使用采集仪采集时要注意手指的柔润度。

第二节　指纹自动识别系统

指纹自动识别系统是采用计算机技术、模拟识别技术（模拟人工分析，鉴定）和网络技术等高科技手段，对指纹图像及相关信息进行处理、储存、比对和辅助鉴定的计算机应用系统。

一、指纹自动识别系统的特点

指纹自动识别系统包括自动分类、定位、形态特征提取、细节特征提取和指纹比对等一整套高效算法，以及指纹输入、图像处理、数据库管理和指纹查询等功能齐全的配套子系统。

具有以下特点：

1. 储存容量大

一个大型指纹自动识别系统可以储存上千万份指印信息。

2. 查对速度快

通过增加硬件设备，就能提高系统比对速度，目前比对速度可达到 30 万枚/秒。

3. 查询功能强、查准率高

系统能对一些残缺不全、模糊不清的指纹，或无中心、少三角的指纹进行图像增强处理，然后进行查对。

4. 破案概率大

随着录入指纹信息的增加，可以通过反复标注特征查询比对的方法，提高破案概率。

5. 共享程度高

通过公安网络实现全省乃至全国范围内的指纹信息共享。

二、指纹自动识别系统的结构

指纹自动识别系统的硬件包括采集端、客户端系统、网络系统和主服务系统。

软件包括指纹输入系统、指纹图像处理系统、指纹图像压缩系统、指纹比对系统、人机交互系统和数据库管理系统、后台作业管理子系统。

三、指纹识别技术的识别步骤

1. 读取指纹图像。

2. 提取指纹特征。

3. 比对指纹。

包括总体特征筛选、细节特征匹配、评分排序、专家认定四个部分。

4. 储存指纹数据。

包括指纹图像数据的存储和指纹特征数据的存储。

四、指纹自动识别技术的应用

十指指纹库：用于存储十指指纹图像、特征、文字等信息的数据库，简称十指库。

现场指纹库：用于储存现场指纹图像、特征、文字信息的数据库，简称现场库。

指纹自动识别系统建设的最佳运行模式是二级建库、多级查询、全网络化运行。

五、指纹自动识别系统的功能

利用指纹的特征进行比对鉴定，根据特征信息从指纹档案中查对与送检指纹相匹配的候选指纹，提供候选名单，最后由指纹鉴定人员确认。它具有四种功能：

1. 正查

即利用未破案现场指纹查十指指纹库（以案找人）。

2. 倒查

即利用犯罪嫌疑人的十指指纹查现场指纹库（以人找案）。

3. 串并案。用现场指纹查现场指纹库（以案找案）。

4. 查前科。用十指指纹查十指指纹（以人找人）。

指纹应用的重点是指纹倒查工作。对日常工作中发现的可疑人员及时捺印其十指指纹，倒查全国未破案件现场指纹库，迅速查明抓获的对象是否有案在身，达到案破人获、有效打击流窜犯罪的目的。它是一种更具主动性的、强调控制的由人到案的办案模式。

开展倒查的对象：

1. 不讲真实姓名、住址或拒不交代案件的。

2. 随身携带可疑物品的。

3. 携带作案工具，有作案嫌疑的。

4. 已交代案件的。

5. 需倒查确定有无前科的。

6. 认为有作案嫌疑被留置盘问的人员。

指纹特征的标注：

1. 确定纹型。一般把指纹纹型分为弓、左箕、右箕、斗、待定五类。

2. 确定中心点和中心的方向。

3. 确定三角点和三角的方向

4. 确定细节点的位置和方向

利用指纹自动识别系统查询的原则和方法：

1. 现场指印特征标注的基本原则

（1）总体特征的范围面要宽。

（2）特征点的位置要准确。

（3）特征点的方向要准确。

（4）特征点的数量要适当。

（5）特征点的选择要集中。

2. 指纹自动识别系统的查询方法

（1）一人多次扫描、多部位、多角度比对。

（2）一人变换查询条件比对。

（3）一人正查、倒查联合使用。

（4）多人多次标记特征，提交比对。

（5）定期重编比对。

指纹自动识别系统工作中应注意的问题：

1. 提高十指指纹的捺印质量。

2. 增强人工干预的质量。

3. 提高现场指印的质量。

4. 提升技术人员查档的水平和素质。

案例

1990 年 8 月 3 日，某市发生一起特大杀人案，方某一家三口被杀，现场勘查时在卧室衣柜门上提取残缺指印一枚，案件久侦未破。2006年某市公安机关技术民警对抓获的入室抢劫嫌疑人王某十指指纹入库检索时发现其右拇指纹线特征与“1990・8・3”案件所提取指纹特征一致，经突审，王某交代了伙同他人入室抢劫杀人的犯罪事实。经查证发现，王某在“1990・8・3”案件之后因为抢劫、伤害、包庇被公安机关多次处理，每次处理时都采集了指纹信息，并且指印系统建库时这些信息已经录入了识别系统十指库，同期“1990・8・3”案件现场指纹也已入库，根据指纹系统工作原理，这些信息输入系统进入数据库前都会自动进行识别，为何当时没有比中嫌疑人呢？

市局组织相关人员进行案后反思查找原因，发现影响识别系统检索质量的原因主要有：①王某前几次被打击处理时采集的指纹因为捺印质量不高，导致计算机自动提取的特征不完整，现场指纹的有些特征在对应的捺印指纹部位无反映。②由于前期指印捺印质量不理想，在入数据库前没有进行必要的人工干预，造成计算机自动处理确定纹型、中心、三角和抽取特征产生一定的误差。③该案现场指印为残缺指印，稳定特征集中在斗形纹的中心和右三角之间区域，初期技术人员入库编辑时对中心位置和指印方向编辑有偏差，造成候选名单未被检索出来；后期技术人员不断编辑修正调整，最终成功比中嫌疑人。④系统检索案件是通过电脑自动对目标指纹进行筛选、特征点匹配、打分，然后按得分由高到低排序，将前 50 名候选指纹输出到屏幕，由技术人员做出最后的同一认定。在屏幕上比对甄别与手工查档相比难度要大，对查档人员的操作水平、检验水平、综合素质要求更高。

项目二　足迹篇

第一章　足

足是人身体最下部接触地面的部分，是人体重要的负重器官和运动器官。人的每只脚上具有 26 块骨头，33 个关节，20 条大小不同的肌肉，并有 114 条坚强的韧带，以及无数灵敏的神经与丰富的血管。人在胚胎期中的第 3 至 4 周，便有足的生成。产下几个月后，足即能直立，一年左右就可行走。

第一节　足的结构

足与人体的其他部位一样，是一个有生命力的有机体。足由皮肤、韧带、汗腺、血管、神经、肌肉和骨骼等构成。足的骨骼、关节、软组织是构成赤足结构的基础。

一、骨骼

足骨是足的坚硬器官，坚硬而有弹性，具有运动和支撑身体的功能。足共由 26 块骨组成，包括跟部、腰部和前掌部三大部分。跟部由 7 块骨组成，负责直接承受体重，人身体重量（50%）都落在跟部。腰部由 5 根长骨组成，负责连接前掌和后跟及传递身体部分重量至前掌。脚前掌由 14 块小骨组成，具有承受体重、平衡身体及抓着地面不致身体倒斜的作用。

正常人的足骨有 26 块，分别为趾骨 14 块、跖骨 5 块、跗骨 7 块。如图 2-1-1 所示。

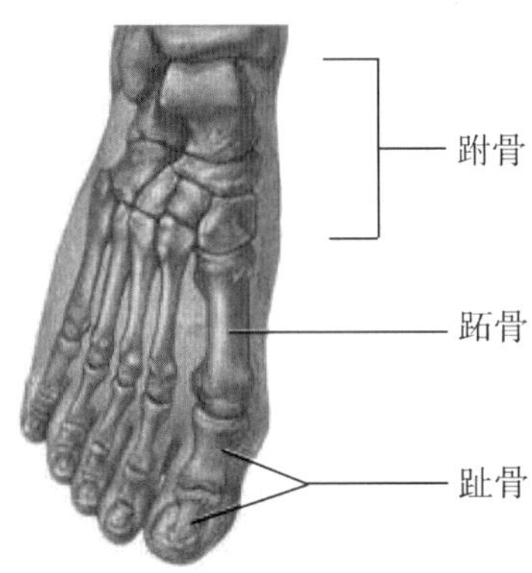

图 2-1-1　足的骨骼结构

二、趾骨

趾骨共 14 块，第一趾为两节，其余四趾均为三节，分别为近节、中节、远节，每节趾骨分为趾骨底、趾骨体、趾骨滑车三部分。

三、跖骨

跖骨共5块，为管状骨，由内侧向外侧依次为第一、二、三、四、五跖骨。跖骨分为头、体、底三部分。跖骨底分别与楔骨和骰骨相关节，跖骨头与近趾骨底相关节。第五跖骨底的外侧有一个隆起部位，称为第五跖骨粗隆。

四、跗骨

跗骨有7块，位于足的后半部，分别为跟骨、距骨、足舟骨、骰骨和3块楔骨（外、中、内）。

五、软骨

软骨组织覆盖于骨头的末端，具有润滑、帮助骨骼扭动及吸震功能。

六、关节

关节是骨与骨之间借助结缔组织、软骨组织及骨组织所构成的连接。人体足部的26块骨头通过关节连接成一个有机的整体。足关节包括踝关节、距下关节、跖趾关节和趾关节。踝关节属屈戌关节，主要运动是伸和屈，只有一个运动轴。距下关节由距跟关节和距跟舟关节组成，两者是联合关节，能围绕一个斜的矢状轴进行旋转运动。跖趾关节是由跖骨和趾骨连接构成，可做轻微的屈、伸和收、展运动。趾关节是由相邻两节趾骨连接构成，可做屈伸运动。如图2-1-2所示。

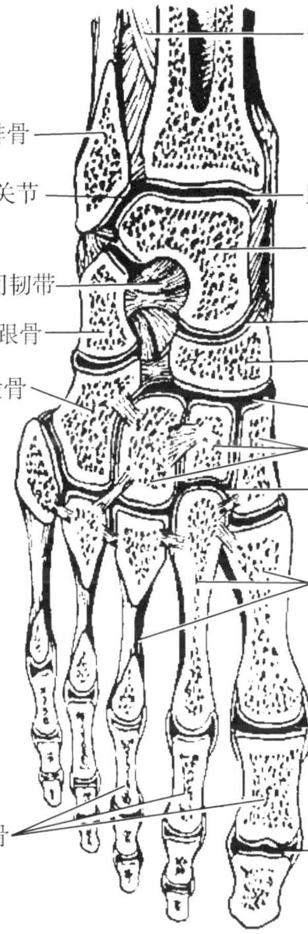

图2-1-2　足关节形态及结构名称

七、足弓

足弓位于脚的腰窝部位的内底心凹度部位。脚掌底部至踵心部位最明显的弓形，向上隆起的部位称足弓。足弓是由脚跟骨、距骨、舟状骨、第一楔骨及第一足骨、第一趾骨串联形成的（图2-1-3）。

足弓的功能主要是在人行走中帮助脚部活动，在脚承受运动压力、冲击力、重力的情况下，它具有增加双脚承受身体重量及压力的能力，并起减震作用。沿纵向的称为纵弓。沿横向的称为横弓。纵弓分为外纵弓和内纵弓，外纵弓较低，弹性差，起支撑作用；内纵弓较高，弹性好，在行走时起缓冲作用。当双足站立时才能形成一个完整的横弓。

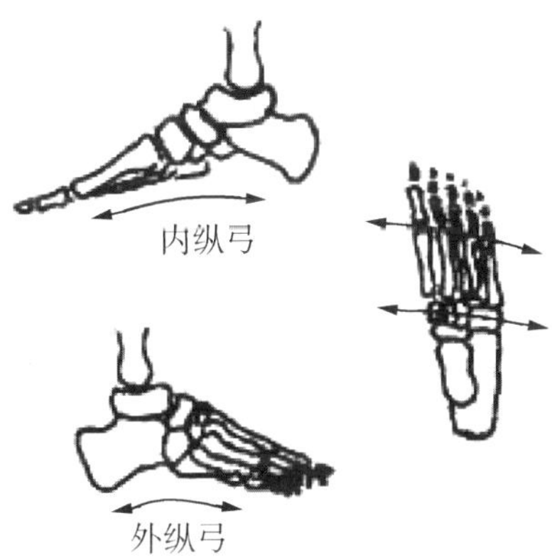

图2-1-3　足弓的形态结构

八、软组织

足骨的表面附着有软组织。足的软组织主要包括足肌和足皮肤。足肌的作用是提供足运动的力，缓冲、保护足骨不受外界压力，以及减小摩擦、改变力矩等。足皮肤是包裹裸露在外面的覆盖层，可分为表皮、真皮、皮下组织三层。足皮肤的作用是使足免受外界的侵害，调节体温，分泌汗液，接受外界的各种刺激等。

九、韧带

足上的韧带是全身最强的韧带，连接跟骨骨骼的韧带更是特别强韧，足承受体重时，这根韧带稍有伸长，去掉外力则恢复原状，具有像弹簧般的功能。

第二节　足各部位的划分

按照足的解剖结构，可将其划分为足趾、前掌、足弓、后跟四个区，每个区又分为不同的部位。

一、足趾区

足趾区包括拇趾、食趾、中趾、无名趾和小趾。可分为足前缘、指根区两部分。

二、前掌区

前掌区是指足趾茎与前掌连接处至足弓前缘的部分。可分为掌内缘、掌前缘、掌外缘、掌心区、掌后缘五部分。

三、足弓区

足弓区是掌后缘与后跟前缘之间的部分。可分为弓内缘、弓外缘、弓后区三部分。

四、后跟区

后跟区是指后跟前缘以后的部分。可分为跟内缘、跟外缘、后跟区、跟后缘四部分。

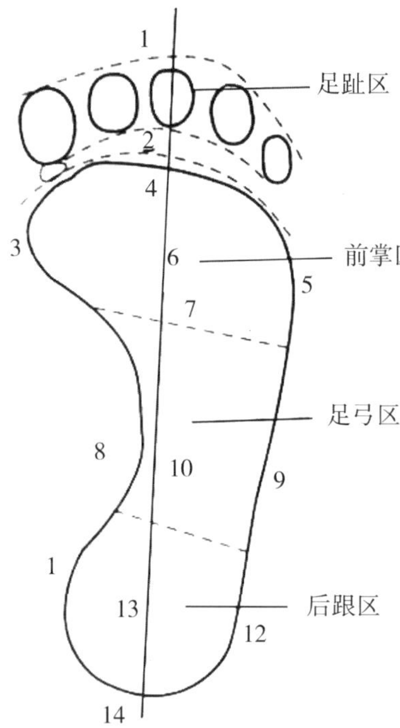

图 2-1-4　赤足分区及各部位名称

1. 足前缘　2. 指根区　3. 掌内缘　4. 掌前缘　5. 掌外缘　6. 掌心区　7. 掌后缘　8. 弓内缘　9. 弓外缘　10. 足弓区　11. 跟内缘　12. 跟外缘　13. 后跟区　14. 跟后缘

第二章　鞋

鞋是人类为了保护双脚，穿在脚上便于走路的物品。鞋的功用在于帮助脚运动、支撑脚、保护脚不受伤害，最终达到运动和穿着美观的目的。

第一节　鞋的分类

鞋的主要结构如图 2-2-1 所示。鞋的种类繁多，分类方法也不一样，通常的分类方法见表 2-2-1。

图 2-2-1　鞋的结构

表 2-2-1　鞋的分类

分类方法	鞋的种类
按商业经营习惯	男鞋、女鞋、童鞋、布鞋、休闲鞋、皮鞋等
按用途	军用鞋、民用鞋、劳动保护鞋、文体用鞋、医疗矫正鞋、特殊用鞋
按鞋型	满帮鞋（有低帮鞋、高帮鞋、低筒靴、高筒靴）；非满帮鞋（凉鞋、拖鞋、前满中后空和后满中前空鞋）
按鞋跟	平跟、中跟、坡跟、微高跟、高跟、中高跟、特高跟、钉跟鞋

续表

分类方法	鞋的种类
按穿着对象	男鞋、女鞋、童鞋、老年鞋、婴儿鞋、学生鞋、青年鞋
按穿着季节	凉鞋、单鞋、夹鞋、棉鞋
按生产工艺	胶粘、缝制、模压、注塑、硫化等
按大底生产工艺	注塑底、模压底、硫化底、冲切底、纳制底等
按鞋底原料	塑料、橡胶、皮革、布类等
按鞋底厚度	薄底、一般、厚底、防水台底
按鞋帮面料	皮、革、橡胶、塑料、绒、布等

第二节　鞋底的外形结构

鞋底的构造相当复杂，广义讲包括外底、中底和鞋跟。狭义讲仅指外底即大底。鞋底的材料共同的特性应该具备耐磨、耐水、耐油、耐热、耐冲击、弹性好、容易适合脚型等特点。鞋底的材料可为天然类和合成类。天然类包括天然皮革、竹、木材等，合成类包括橡胶等。

一、鞋外底

鞋外底又称大底、鞋底，是接触地面形成足迹的主要部件。它承受穿着人体跑、跳、行走的全部力量，同时还有弯曲、碾压、摩擦等动作。因此，鞋外底耐磨、坚韧、耐屈挠性能要好，还要有合理的厚度和防滑性能。

二、鞋中底

鞋中底是位于大底之上、内底衬布之下的中层部件。中底的合理性在于鞋的外观质量线条清晰、造型美观，内在质量不易变形和穿着舒服，具有良好的缓冲作用，能降低大底在穿着过程中的磨损，保护赤足在剧烈运动中不受损伤。中底的材料可选用再生革和聚乙烯等。

三、鞋内底

鞋内底是与赤足直接接触的部件。它是结合鞋帮和鞋底的主体，位于鞋中底的上面，直接支撑足，是鞋的基础。

第三节　鞋底类型

一、鞋底内、外边缘类型

大部分鞋底的内、外边缘是不对称的，左右足不能换穿。极少数鞋内、外边缘是对称的，左右足可以换穿（如部分拖鞋）。高跟鞋由于鞋跟高，足弓隆起，平面足迹中一般反映不出鞋底上腰边缘形状。

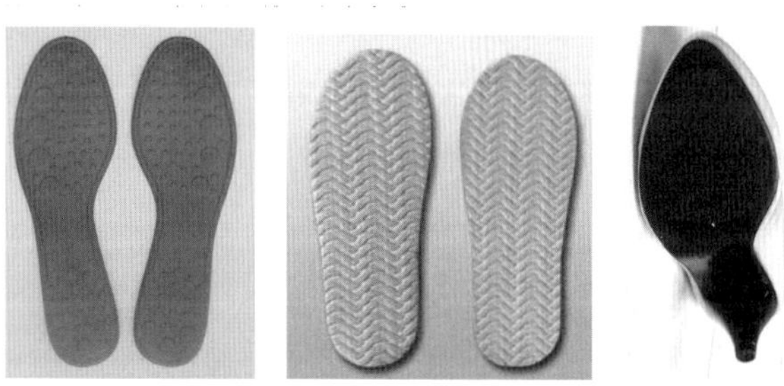

一般鞋底　　拖鞋底　　高跟鞋底

图 2-2-2　鞋底形状

二、鞋底前尖形状类型

因各种鞋的式样不同，鞋底前尖的形状也不尽相同，常见的有尖圆头、椭圆头、圆头、尖方形、窄方头、宽方头、细尖头、偏斜头、随足头等。

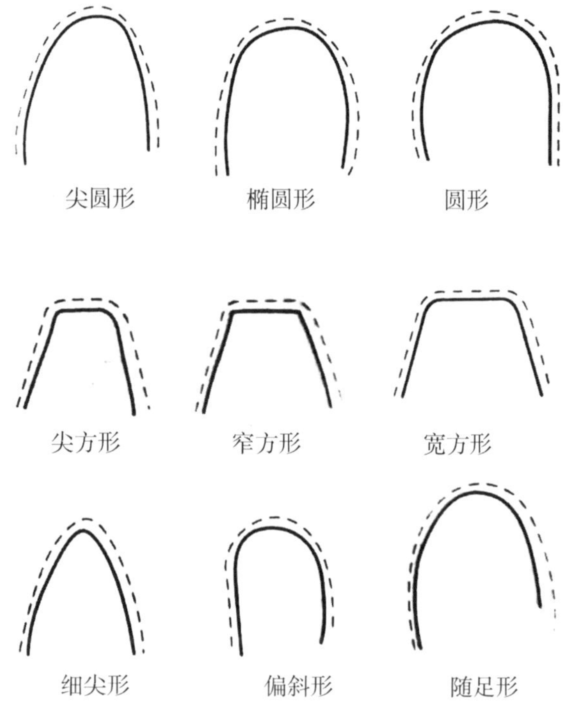

图 2-2-3　鞋头形状

三、鞋跟形状特征

鞋跟的形状常见的有平跟、坡跟、钉跟、微高跟、中高跟、高跟、特高跟。

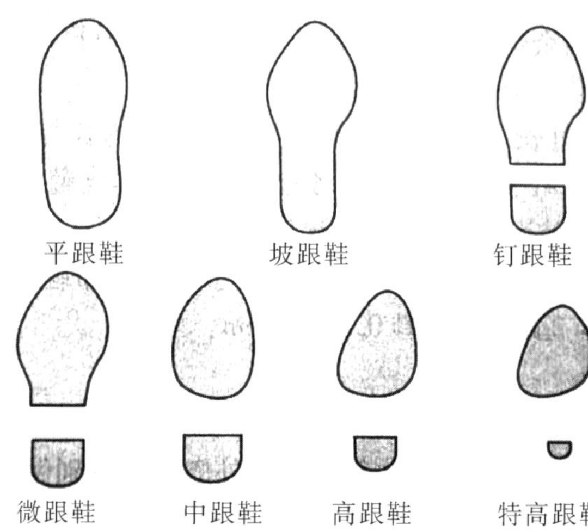

图 2-2-4　鞋跟形状

四、鞋底部位名称

各类鞋底及其痕迹都可划分为鞋尖区、鞋前掌区、鞋弓区、鞋跟区四部分。鞋底区域划分见表 2-2-2 和图 2-2-5。

表 2-2-2　鞋底区域划分

部位	名称
鞋尖区	可分为内侧、外侧、前侧、前缘
前掌区	可分为内缘、外缘、后侧、第一、二、三、四、五跖区
鞋弓区	内缘、外缘、内侧、外侧、中心
鞋跟区	内缘、外缘、后缘、内侧、外侧、偏内侧、偏外侧、前侧、后侧中心

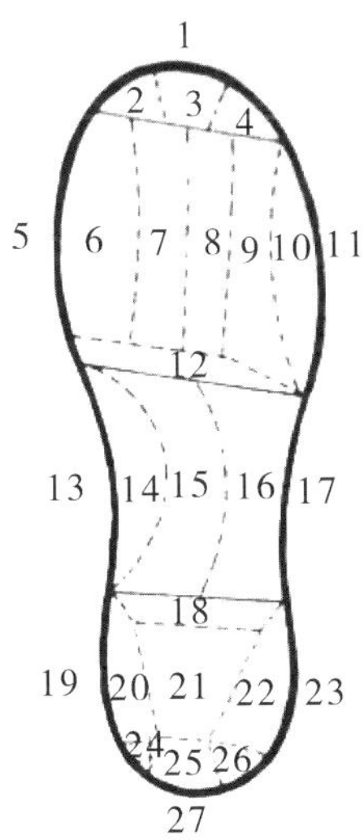

图 2-2-5　鞋底各部位名称

1. 鞋尖前缘　2. 鞋尖内侧　3. 鞋尖前侧　4. 鞋尖外侧　5. 前掌内缘　6. 第一跖区　7. 第二跖区　8. 第三跖区　9. 第四跖区　10. 第五跖区　11. 前掌外缘　12. 前掌后侧　13. 鞋弓内缘　14. 鞋弓内侧　15. 鞋弓中心　16. 鞋弓外侧　17. 鞋弓外缘　18. 鞋跟前侧　19. 鞋跟内缘　20. 鞋跟内侧　21. 鞋跟中心　22. 鞋跟外侧　23. 鞋跟外缘　24. 鞋跟偏内侧　25. 鞋跟后侧　26. 鞋跟偏外侧　27. 鞋跟后缘

第四节　鞋底花纹特征

鞋底花纹的主要作用是增加鞋底与路面的摩擦力，防止在行走时鞋底打滑。除此之外，通过设计鞋底花纹，可以节约材料，减轻成品重量。鞋底止滑性能的高低，由鞋底与路面摩擦力大小来决定。鞋底花纹复杂多样，其分类见表 2-2-3~表 2-2-6。

表 2-2-3　按鞋底花纹分类

名称	图形
波、折型	由谷峰相连的曲线或折线组成的花纹，有波线型、折线型和波折混合型
格、块型	由三条以上的边构成的凸起的多边块花纹，有空心、实心。有三边型、四边型、多边型
圆环型	由圆形和类圆形组成的花纹，有空心、实心、圆环、椭圆、类圆和复合型等
交织型	由数根线经纬相互穿插组成的花纹
线型	由互不相交的直线或弧线组成的花纹
物像型	由人物、动物、植物、建筑物等各种图形组成的花纹
混合型	由各种散碎的花纹或光滑的平面组成的花纹
其他型	花纹形式复杂、多变、不规则或奇特

表 2-2-4　按鞋底边缘分类

名称	图案
不封口形	鞋底花纹直接延伸到边缘
单边封口形	鞋底花纹周边有一条环状线封口
多边封口形	鞋底花纹周边有两条以上环状线封口
花边封口形	鞋底花纹周边的封口线为花边状

表 2-2-5　按鞋底制作工艺分类

名称	特征
注塑底	注塑底是将制作好的鞋帮与鞋底模结合，通过注塑机使帮底一次性结合成型。特点是鞋弓部位有较宽的边埂，鞋弓部位有支撑梁结构，有鞋号、厂名、商标等标记。鞋底上往往留有气泡、砂眼、凹陷、削边等
模压底	模压底是将鞋帮半成品放在同号鞋底模上，在鞋底模两端放入混炼胶料，通过模压机加温一次成型。特点是大底花纹较复杂、规范、左右鞋花纹对称，鞋弓部位有鞋号、厂名、商标等标记。鞋底上往往留有气泡、砂眼、杂物等

续表

名称	特征
硫化底	硫化工艺主要用于胶底皮鞋、冲切胶底布鞋、冲切胶底胶鞋。先用胶料硫化成大底，再用橡胶条料做成围条进行加工处理，加热、加压硫化成皮鞋。由于该工艺是半手工操作，周围边缘呈弧形，与地面接触不紧密。每只大底花纹不对称，周边不封口，没有边埂，鞋弓部出现商标、厂号等，同是也会出现气泡、砂眼等
胶粘底	用胶黏剂将鞋帮、内底与外底结合在一起的加工工艺。该种鞋鞋底花纹对称，周边多有边埂、封口，能反映一定的模具特点，同时也会出现气泡、砂眼、凹陷底
缝线底	手工布底布鞋和塑料底布鞋等。特点是鞋底边缘有缝合线痕迹，针脚分布各有规律，间距不均匀，一般没有商标、鞋号和成型的鞋底花纹，鞋底周边为手工裁切，多不整齐。机器轧制鞋大底特点：多为螺旋轧制，针脚比较规律，明显较粗大。鞋底多层布叠加，布质不一，下针方式也不同，因纳底力度不同使表面凸凹差异，另外还有针脚、接头、断线、跳线等引起的不同

表 2-2-6　按鞋底材质分类

名称	特征
橡胶底	该种鞋种类较多，有解放鞋、各种运动鞋、各种雨鞋、皮鞋。特点：中腰处没有“支撑梁”结构，在大底与中底之间有铁钩结构，在形成平面足迹时，弓部不留下痕迹。冲切底胶鞋在贴合成型过程中，边棱常被拉扯平或被挤压呈弧形；前掌部与跟部的波浪形、方块形、长条形等图案呈钝角边沿，且后跟部比前掌部的花纹凹度要深。形成足迹时，周边反映不够完整，前掌中部、后跟中部和弓外侧痕迹较清楚

续表

名称	特征
塑料底	该种鞋多见于凉鞋、拖鞋。 特点：周边反映较明显完整，前掌和后跟的表面均有凸凹构成的有规律性的点、块、条状花纹，花纹边棱多呈直角，边沿花纹封口，多组成横斜向的网格。半发泡塑料底鞋的花纹特点：花纹清晰粗大，周围有边，但边棱有时不够清晰。全发泡塑料鞋底花纹特点：鞋底花纹较细较浅，边沿花纹不封口，足迹周围边缘不完整
布底鞋	该种鞋有手工和机轧两种。布底鞋一般较平坦。布底鞋纳底的线多为细棉绳，针脚反映相对明显，足迹周边反映不完整，鞋底花纹因鞋的新旧而反映不同。新鞋有明显的针脚，还可以留下布纹，旧鞋针脚花纹不明显，多呈麻点状。手工纳制的布鞋，纳制方法因人而异，针脚各自形成特点，机器轧制的针脚比较规则，多呈螺旋式
皮底鞋	该种鞋分皮料和革料两种。特点是：由于皮革比较坚硬，形成足迹时，周边反映不完整。鞋底多无花纹反映，有时可以反映钉帽或针脚的痕迹。由于大多数底是手工切制，所以边缘形状较特定

第三章　袜

袜是一种用棉、丝、化学纤维等针织或编织的穿在脚上的足套，主要用来取暖，保护脚，减小脚因为行走而造成的与鞋之间的摩擦。除此之外，其还有美腿、医用和除臭的功能。

第一节　袜的结构

袜由袜口、袜筒和袜脚三部分组成。袜脚包括袜跟、袜底和袜背、袜头。袜子分有跟袜、无跟袜，有指、无指。袜的后跟和袜头一般加厚，袜底有毛圈。

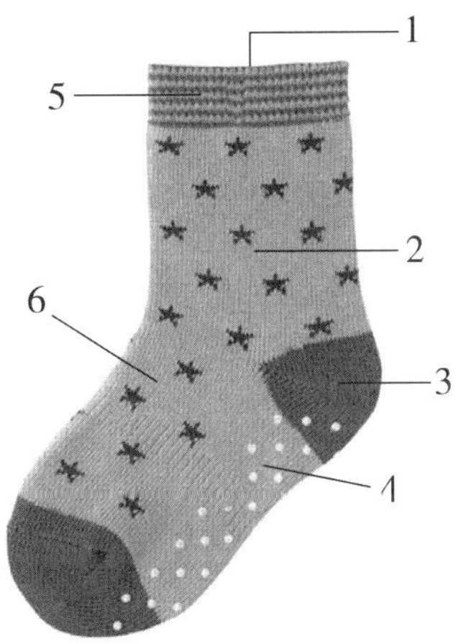

1. 袜口　2. 袜筒　3. 袜跟
4. 袜底　5. 袜头　6. 袜背

图 2-3-1　袜的结构

袜子的主要参数有：袜号、袜底长、总长和跟高。

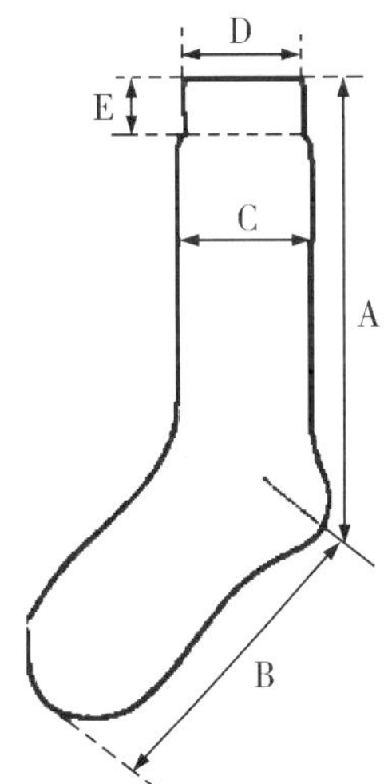

A. 袜筒长　B. 袜底长　C. 袜筒宽
D. 袜口宽　E. 袜口长

图 2-3-2

第二节　袜的分类

袜子的种类很多，按功效、材质、型号可以分为以下几种。

表 2-3-1　按功效分类

名称	作用
医用弹力袜	用于治疗静脉曲张的袜子，主要用于医院
保暖的袜	夏天穿的丝袜，冬天穿的棉袜
瘦腿袜	用于瘦腿、美腿、束腿的袜子
除臭袜	针对有脚气和汗脚的人

表 2-3-2　按材质分类

名称	特性
莱卡袜	主要是医用弹力袜的应用材质，具有高弹性
棉质袜	没有 100%棉的袜子，市场上含棉量在 75%以上的袜子就可以称为“全棉袜”。一般加有涤纶、氨纶等功能性纤维
锦纶袜	结实耐磨，轻、弹性好
氨纶袜	具有高弹性和强大的伸缩性，其拉伸的长度可以达到原纤维的 5~7 倍，并可以回缩到原来的轮廓
尼龙	尼龙和锦纶的性质一样，结实耐磨，轻、弹性好
竹纤维	柔软飘逸，手感舒适，具有耐磨、不起球、吸湿、快干、透气等特点，并具有天然抗菌、防螨、防臭的药物特性

表 2-3-3　按穿着对象和用途分

分类标准	类型
按使用对象分	宝宝袜、童袜、少年袜、男袜、女袜、运动袜、舞袜、医疗用袜
按筒口的长度分	连裤袜、长筒袜、中筒袜和短筒袜
按编织方法分	纬编单针筒袜、双针筒袜、经编网眼袜、分趾袜
按袜口形式分	双层平口袜、单罗口袜、双罗口袜、橡筋罗口袜、橡筋假罗口袜、花色罗口袜
按花色分	素袜、花袜
按参数分	袜号、袜底长、总长、口长和跟高

第三节　穿袜足迹特征

袜底一般都具针织结构，能较明显地反映出针脚、缝线、跳线、断线等等痕迹。在穿着过程中还能反映出磨损、补丁、缝合和粘连等痕迹。另外，袜子也可以作为一种生物检材进行 DNA 检验，也可以作为警犬嗅源用。

一、不同原料的袜底特征

编织袜子所用的原料主要有化学纤维、动物纤维和植物纤维等。不同种类原料的纱线粗细不一样，织出的袜子经纬结构特点、厚薄也不一样，所反映出来的足迹特征也不一样。较薄的袜子，形成的足迹外形与赤足足迹接近，测量时参照赤足足迹的测量方法进行；较厚的袜子，形成的足迹外形与穿鞋足迹相近，测量时参照穿鞋足迹的测量方法（图 2-3-3）。

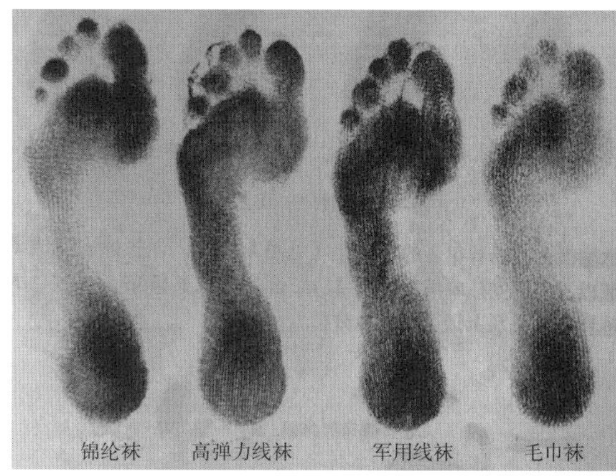

图 2-3-3　不同袜的袜底特征

二、不同生产工艺的袜底特征

袜子的生产工艺分为机械编织和手工编织。机械编织的袜子较平整、纹线较细密；手工编织的袜子纹线粗细不均、纹线较稀疏。生产的袜子又分为有跟袜和无跟袜（图 2-3-4）。

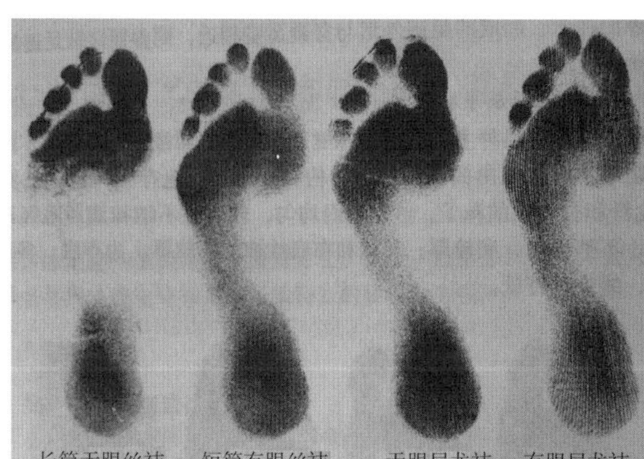

图 2-3-4　无跟袜和有跟袜纹线特征

三、袜底的穿用和磨损特征

由于足底各部位的受力不同而造成磨损程度

不同；前尖、前掌和后跟与鞋内底之间的摩擦力大，因此在这三个部位可能形成磨损、孔洞等特征，主要反映为纱线被磨细，针织针孔变大，磨损较轻时，表现为表面起毛而使针脚变得模糊不清，磨损较重时，纱线被磨断，会出现孔洞（图 2-3-5）。

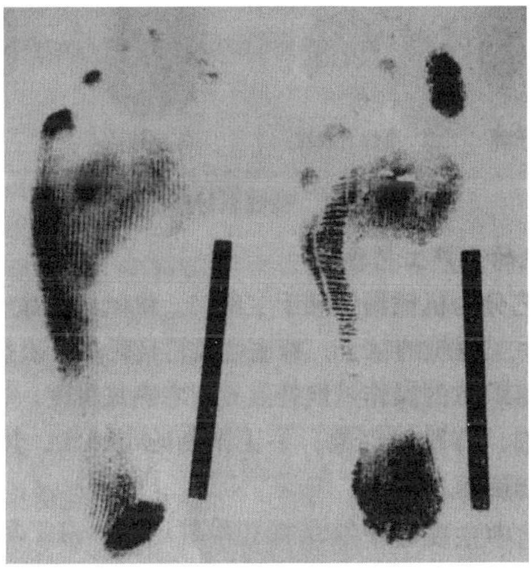

图 2-3-5 袜底的磨损与破损特征

四、袜底的修补特征

在穿袜足迹中，能反映出袜底磨损、补丁、缝合和粘连痕迹，其数量、形状、大小、位置，针脚、线头等细节痕迹都属分析中的个别特征；根据袜印中反映出的袜底各部位的磨损程度和大小，可以分析和研究袜底的新旧程度；有些穿袜足迹上还可以反映出附着物痕迹，如血迹、油漆、沥青、草渍等（图 2-3-6）。

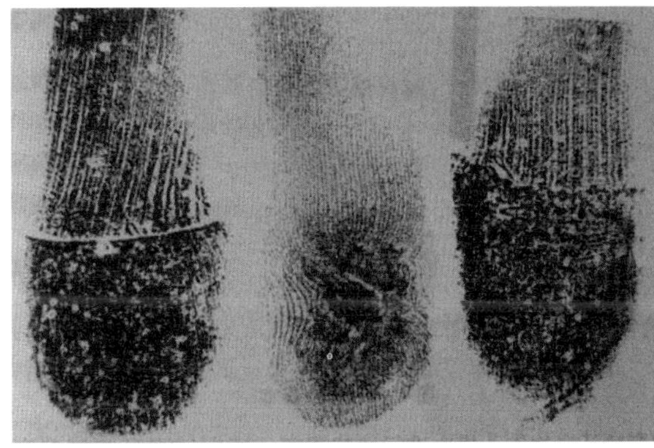

图 2-3-6 袜底的修补特征

五、穿袜足迹的足型特征

穿袜足迹能反映出足型形态和五趾形态，袜子弹性大小、穿着松紧程度对足迹变化有一定的影响。合脚的袜子对足的五趾间距影响不大，足的结构形态反映较好，如穿较小的袜子或弹力较强的袜子，五趾间距变小，趾间距不清晰，足迹全长也有所缩小。

第四章　足迹

足迹是指人赤足或穿着鞋袜在站立、行走、攀爬、跳落等过程中，因自身的重力和人体肌力作用于地面或其他承载客体上形成的痕迹。足迹包括赤脚足迹、穿袜足迹、穿鞋足迹。

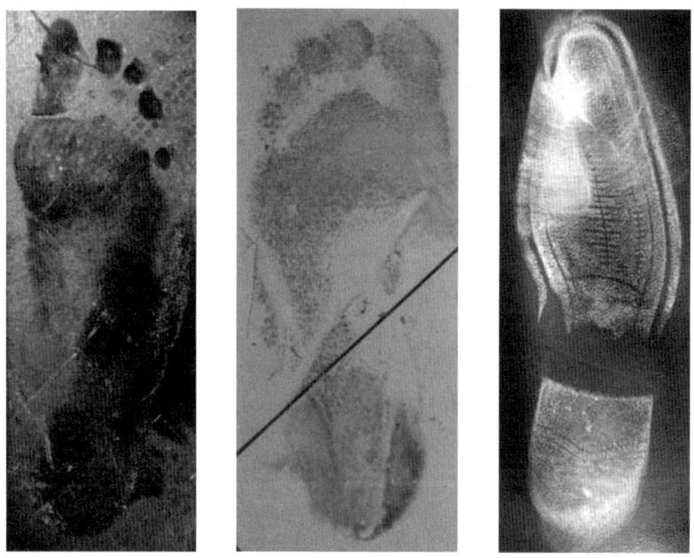

赤脚足迹　　穿袜足迹　　穿鞋足迹

图 2-4-1

第一节　足迹概述

足迹一般可以反映出遗留人的四类信息：一是鞋子的形象特征（作案人所穿鞋子的大小、鞋底质料、大底花纹、鞋子新旧、产地等）；二是人身生理特点（性别、年龄、身高、体态、行走姿势等特征）；三是人体气味（人体气味通过足上的汗孔在足迹上的散发）；四是鞋子上的附着物（足迹上脱落的石砾、泥土、纤维、血迹等特种物品）。

根据现场足迹，可以分析判断案件的性质、作案时间、作案地点、作案人数、作案过程。根据现场作案人的形态结构特征和习惯特征，可以分析鞋子、袜的种类、号码和作案人性别、年龄、身高和体态等特点。根据现场作案人的行走路线和步法特点，有助于开展追击堵截行动，有助于抓捕作案人。根据现场足迹数据库和足迹档案数据库，有助于串并案件。根据现场足迹和嫌疑人足迹的鉴定，可以认定人身或者鞋、袜。根据现场足迹可以重建作案过程，确定案件的性质，分析作案人的动机、行为、目的。最重要的是，通过足迹上的信息分析足迹遗留人的职业、性别、年龄、身高、体态、社会层次等特征，对作案人脸谱进行刻画，为案件的侦查划定范围。同时，还可以从现场足迹上提取警犬嗅源。

第二节　足迹的形成

足迹是人在站立或行走过程中，造痕客体（人赤足或穿鞋、袜的足）与承载客体（地面或其他物体）接触，人体的重力和肌力与承载客体的反作用力、摩擦力相互作用，使人体得以空间位移，造成承载客体的表面发生塑性形变或物质转移而留下的痕迹。

一、造痕客体

足迹的造痕客体可以是赤足，也可以是穿鞋、袜的足。它留在承载客体上的印痕，不仅反映足或鞋袜的外表结构形态，还能通过这种印痕反映人的一些生理机能和特征。

二、承痕客体

案件发生的地点和场所是随机的，因此承痕客体可以是地面，也可以是其他物体表面、器具。同样的造痕客体在不同的承痕客体上所形成的足迹形象特征不一样，但本质是一样的，要用不同的方法去认真分析研究。

三、作用力

造痕客体和承痕客体的相互作用形成了作用力。不同的人具有不同的运动形态，具有不同的形成足迹的力，因此也有不同的足迹反映。对足迹的形成、变化及特征的反映形式具有决定性作用，因而可以利用足迹反映出的运动特征来检验、认定人身。

第三节　足迹的分类

一、按造痕客体分类

赤足足迹：人赤足直接作用于承载客体上所形成的痕迹。

穿鞋足迹：人穿鞋作用于承载客体上所形成的痕迹。

穿袜足迹：人穿袜作用于承载客体上所形成的痕迹。

二、按承痕客体分类

立体足迹：人赤足或穿鞋、袜作用在较软或有弹性的客体上，造成承痕客体变形所形成的足迹（图 2-4-2）。

图 2-4-2　立体足迹

平面足迹：人赤足或穿鞋、袜作用在较硬客体上，使造痕客体或承痕客体表面的物质发生转移所形成的足迹（图 2-4-3）。

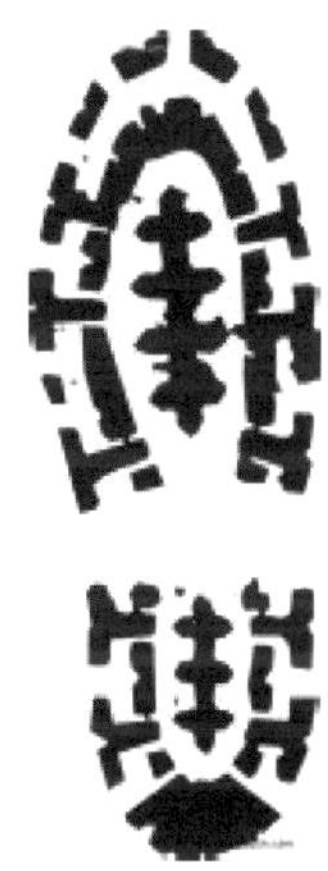

图 2-4-3　平面足迹

三、按承痕客体表面物质的转移情况分类

加层足迹：人赤足或穿鞋、袜作用在较硬客体上，足或穿鞋、袜上的物质转移到承痕客体上形成的足迹（图 2-4-4）。

减层足迹：人赤足或穿鞋、袜作用在较硬客体上，承痕客体上的物质被转移到人足或鞋、袜上所形成的足迹（图 2-4-5）。

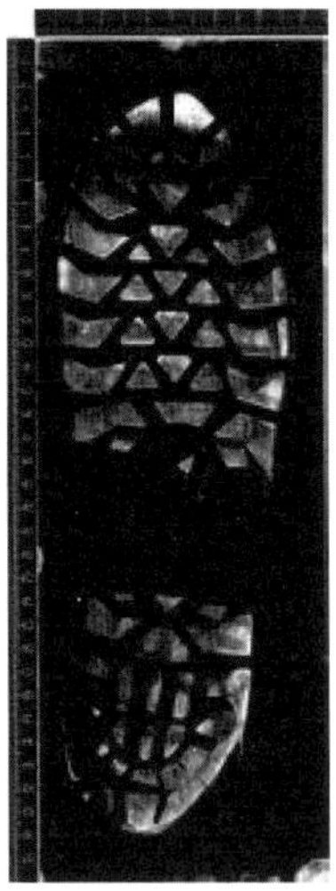

图 2-4-4　加层足迹

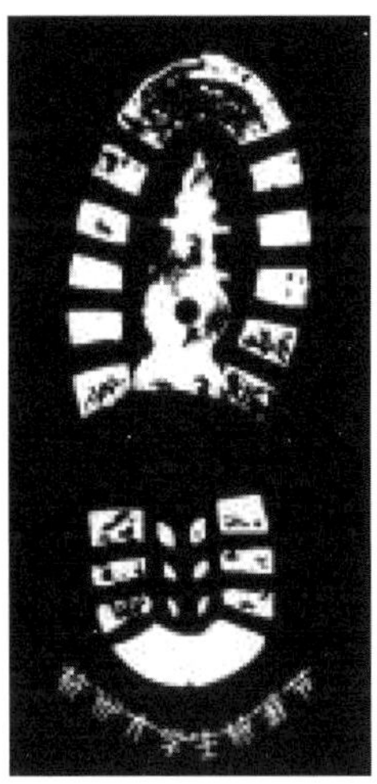

图 2-4-5　减层足迹

四、按足迹质量的反映分类

正常足迹：较完整、清晰、无变形的足迹（图 2-4-6）。

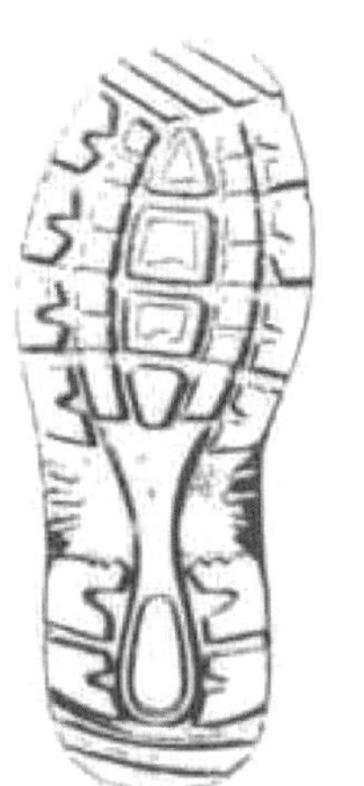

图 2-4-6　正常足迹

变形足迹：足迹重叠、扭动变形的足迹（图 2-4-7）。

残缺足迹：残缺不完整的足迹（图 2-4-8）。

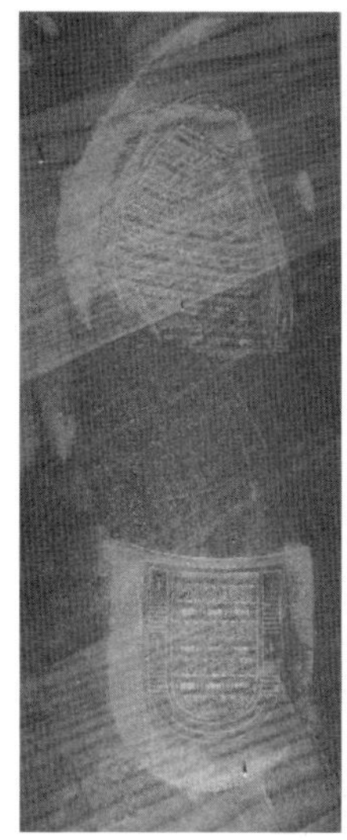

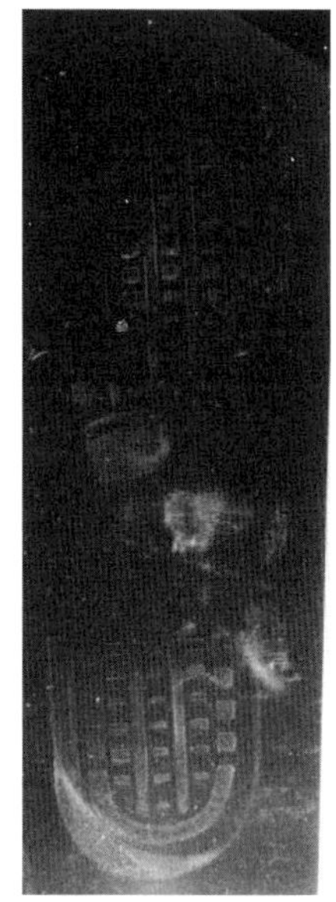

图 2-4-7　变形足迹　　图 2-4-8　残缺足迹

五、按足迹数量和搭配关系分类

单个足迹：足迹较凌乱或较少，反映不出步幅关系，只能提取到单个的足迹就叫单个足迹（图 2-4-9）。

图 2-4-9　单个足迹

成趟足迹：足迹较多且有规律，能明显地反映出步幅关系的足迹（图 2-4-10）。

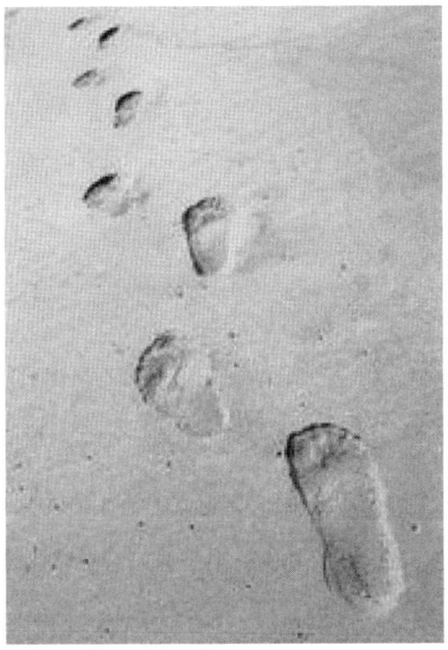

图 2-4-10　成趟足迹

第四节　足迹的特征

足迹特征既包括反映造型客体接触部位表面形态结构的形态特征，也包括反映人行走动作习惯的步法特征。

一、足迹的形态特征

足迹的形态特征是指足迹表面的形态结构。包括赤足足迹的形态特征、穿鞋足迹的形态特征和穿袜足迹的形态特征。

二、足迹的步法特征

步法是指人行走时的运步规律，也就是行走习惯。足迹的步法特征是指人的行走运动动力定型在足迹中的反映，包括步幅特征和步态特征。

赤足足迹的形态特征是指：赤足足迹的整体外形特征和局部外形特征以及足迹各区域的尺寸、各特征点之间的距离等。

第五章　赤足足迹的形态特征

赤足足迹指人在运动中赤足与承痕客体接触所形成的痕迹。它能反映出人的足型特征。赤足足迹的形态特征是指人的赤足与承痕客体接触而形成的能反映足外观形态的特征。足型特征包括足迹整体外形特征和局部外形特征，主要有足长，各区域的长、宽，以及各特点之间的距离等特征。

第一节　赤足足迹的测量

足迹测量，首先要找出测量基线，即足迹中心线，然后进行各部位的测量。

一、足迹中心线

为准确地测量出足迹各部位的数据，必须建立一个测量标准或测量基线，这个测量基线就是足迹中心线。

二、足迹中心线的确定方法

赤足足迹中心线的确定方法如图 2－5－1 所示。

第一种：分别对赤足足迹最长趾的前缘突出点和后跟后缘最突出点各作一条切线，两个切点的连线即为足迹中心线（图 2-5-1①）。

第二种：找出赤足足迹第二趾中心点和后跟后缘最突出点，两个点的连线即为足迹中心线（图 2-5-1②）。

第三种：找出前掌区内外缘最突出点连线的中点与后跟区内外缘最突出点连线的中点，两个中点的连线为该足迹的中心线（图 2-5-1③）。

第四种：前掌区的中点和第二趾中心点的连线延长作为足迹中心线（图 2-5-1④）。

第五种：前掌区中点与后跟后缘最突出点的连线上作为足迹中心线（图 2-5-1⑤）。

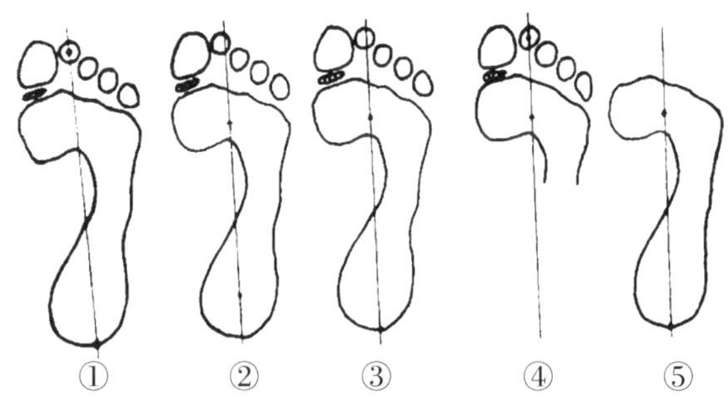

图 2-5-1　赤足足迹中心线的确定

第二节　赤足足迹各部位的测量方法

一、长度的测量

赤足足迹各部位的测量方法如图 2－5－2 所示。

（1）测量各趾前缘最突出点至后跟后缘最突出点的间距。

（2）测量前掌内缘或外缘最突出点至后跟后缘最突出点的间距。

（3）测量后跟内缘或外缘最突出点至后跟后缘最突出点的间距。

（4）测量第五跖骨粗隆突点至前掌内缘最突出点的距离。

（5）测量第五趾外缘至后跟后缘最突出点的间距。

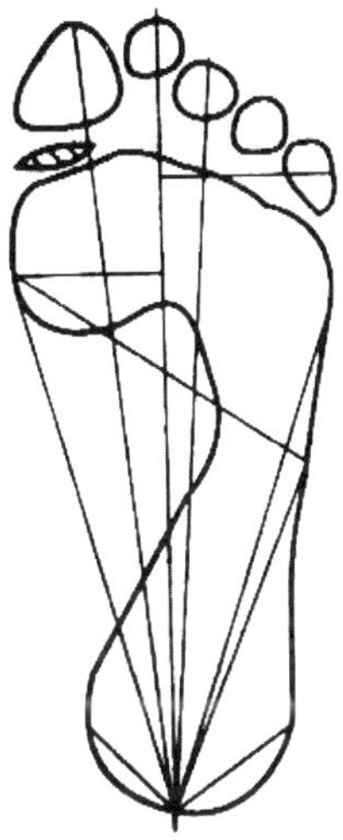

图 2-5-2　赤足足迹各部位的测量方法

二、前掌宽的测量

赤足前掌宽的测量方法如图 2-5-3 所示。

（1）以前掌内、外缘最突出点分别作足迹中心线的平行线，两条平行线之间的距离为前掌宽。

（2）连接前掌内、外缘最突出点之间的距离为前掌宽。

（3）通过前掌内侧最突出点作足迹中心线的垂线并延长此垂线交于前掌外缘，测量内、外缘两个交点的距离为前掌宽。

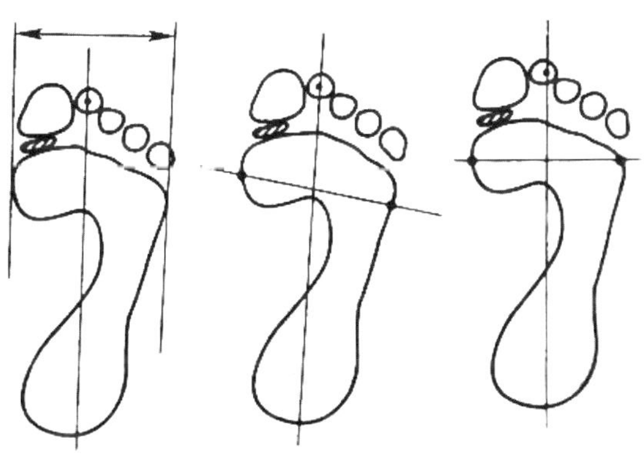

图 2-5-3　赤足前掌宽的测量方法

三、足弓宽的测量

赤足足弓宽的测量方法如图 2-5-4 所示。

（1）在足弓最窄处作一条足迹中心线的垂线，该垂线与足弓内、外缘分别相交两点，测量两交点之间的距离即为足弓宽。

（2）以足弓内缘与足迹中心线的交点作中心线的垂线，垂线与足弓外缘相交于一点，连接两点之间的距离即为足弓宽。

（3）以足弓最凹点或最凸点作足迹中心线的垂线，交于足迹弓外缘于一点，足弓处最凹点或最凸点与弓外缘交点之间的连线也可为足弓宽。

（4）作足弓区的纵向轴线，在垂直轴线的方向上测量弓区最窄区的距离即为足弓宽。

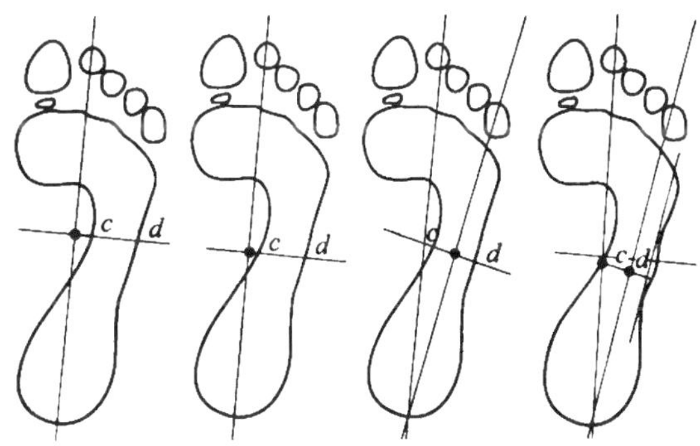

图 2-5-4　赤足足弓宽的测量方法

四、后跟宽的测量

赤足后跟宽的测量方法如图 2-5-5 所示。

（1）在后跟的最宽处作一条垂直于足迹中心线的直线，测量此直线与后跟内、外缘的交点间的距离即为后跟宽。

（2）测量后跟内、外缘最突出点之间的距离即为后跟宽。

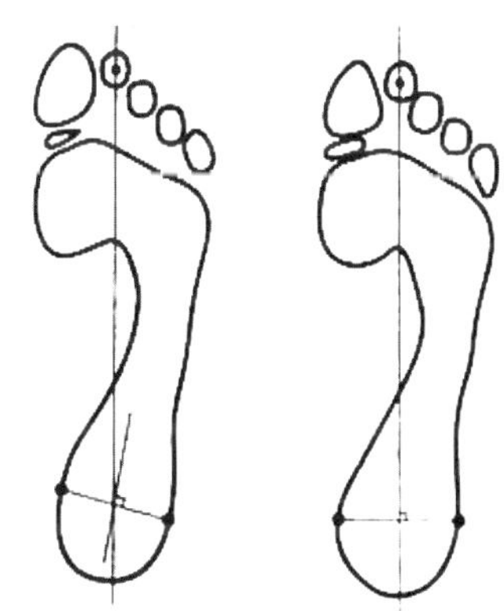

图 2-5-5　赤足后跟宽的测量方法

五、其余部位的测量

除以上部位测量外，还可以根据现场实际情况进行其余部位的测量。

第三节　足迹局部外形特征

赤足足迹的局部外形特征主要包括足趾部位特征、前掌部位特征、足弓部位特征和后跟部位特征。足迹局部外形见表2-5-1和图2-5-6~图2-5-17。

表2-5-1　足迹局部外形

部位名称		常见痕迹形状
足趾部位	足趾形状	圆形、三角形、椭圆形、不规则形
	足趾大小	通常拇趾最大，小趾最小，二、三、四指较匀称
	足趾分部	平行趾型、放射趾型、并拢趾痕、重叠趾痕
前掌部位	前掌内缘	弧形、波浪形、角形、平直形
	前掌外缘	弧形、平直形、角形、波浪形
	前掌前缘	平直形、角形、弧形、波浪形
	前掌后缘	平直形、弧形、凸凹形、波浪形
	前掌掌面	拇跖区和小跖区相对其他区域较突出，第二跖区凹陷最大，每个人前掌面的凸凹不平都有自己的特征。前掌面的凸凹特征还会随着年龄的变化而变化
足弓部位	高弓型	高弓型足弓痕迹呈中断状。类型有两种：一种为突然中断，另一种为逐渐中断。中断缘的特征有平齐、弧形、角形、锯齿形、波浪形等
	窄弓型	外缘形状有平直形、波浪形、部分突出形、角形、弧形，内缘形状有弧形、凹陷形、突出形、波浪形等
	中等弓型	内、外缘形状主要有斜形、弧形、凹陷形、突出形
	偏平型 膨胀型	内、外缘的形状主要有斜直形、弧形、突出形、波浪形、锯齿形
后跟部位	后跟边缘	弧形、平直形、凹陷形、角形、波浪形
	后跟整体	圆形、椭圆形、似方形、不规则形、外旋跟、内旋跟

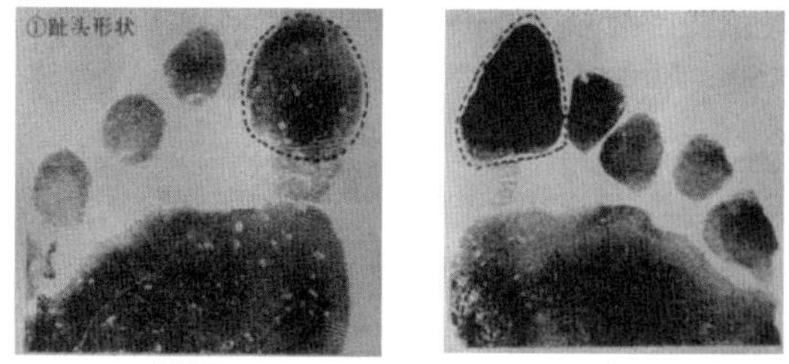

圆形　　三角形

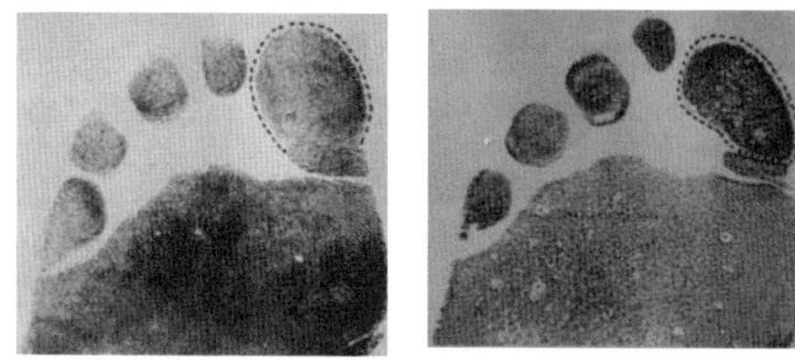

椭圆形　　不规则形

图2-5-6　足趾头常见形状

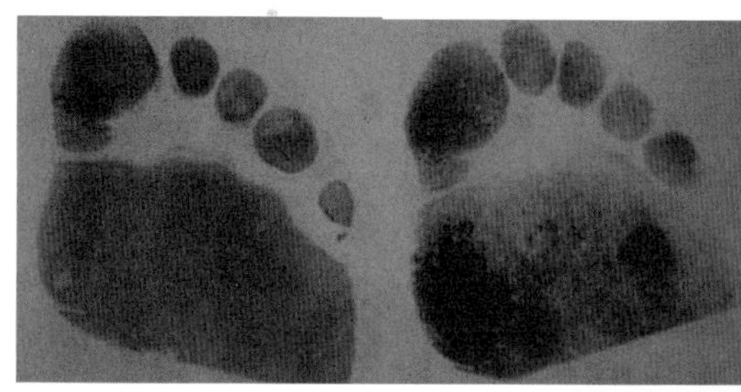

平行趾型　　并拢趾型

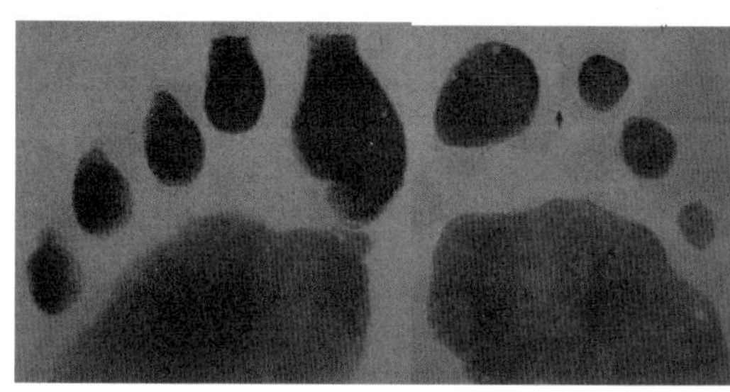

放射趾型　　重叠趾型

图2-5-7　足趾头分布形状

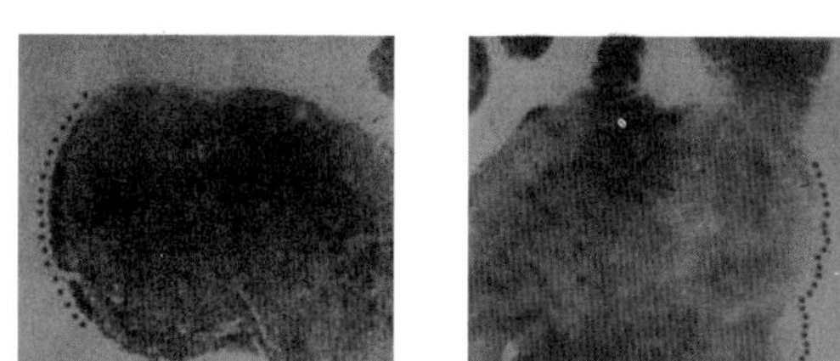

弧形　　波浪形

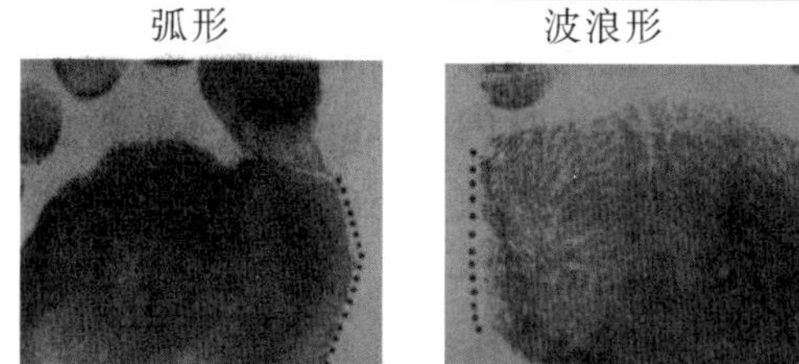

角形　　平直形

图2-5-8　前掌内侧形状

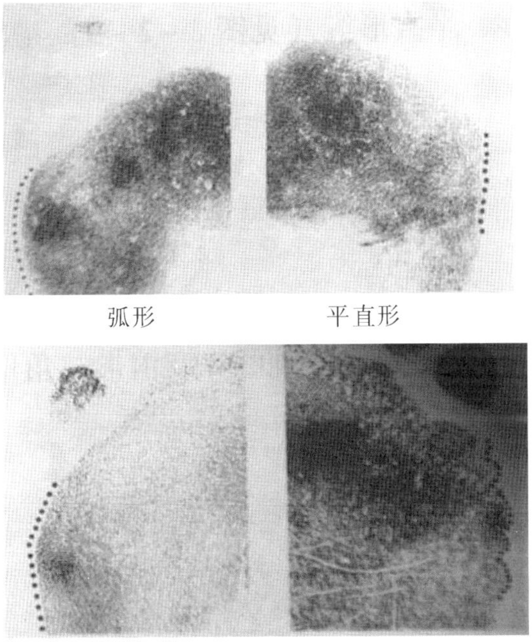

图 2-5-9　前掌外侧形状

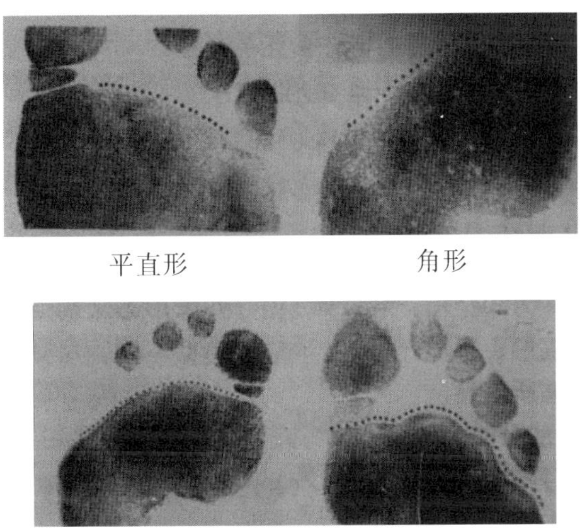

图 2-5-10　前掌前缘形状

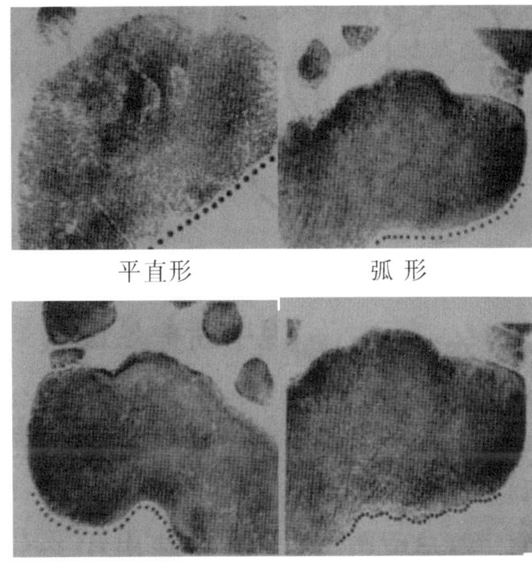

图 2-5-11　前掌后缘形状

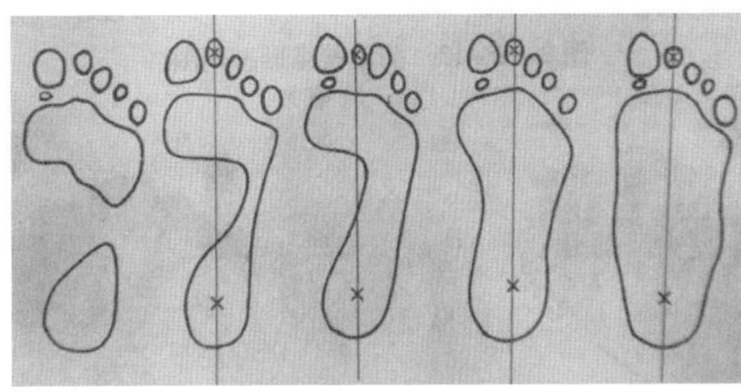

图 2-5-12　足弓痕形状

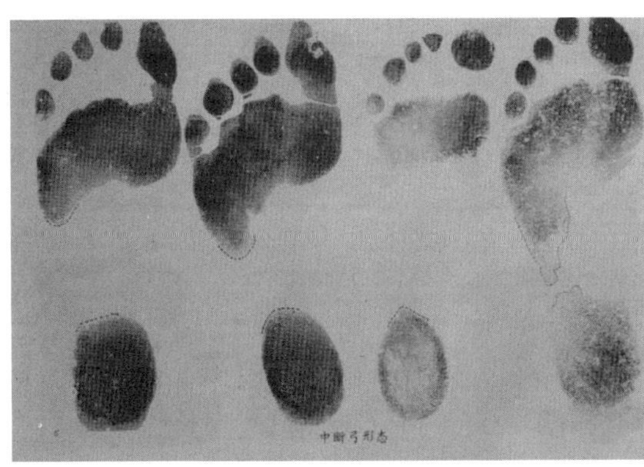

图 2-5-13　高弓型痕迹形状

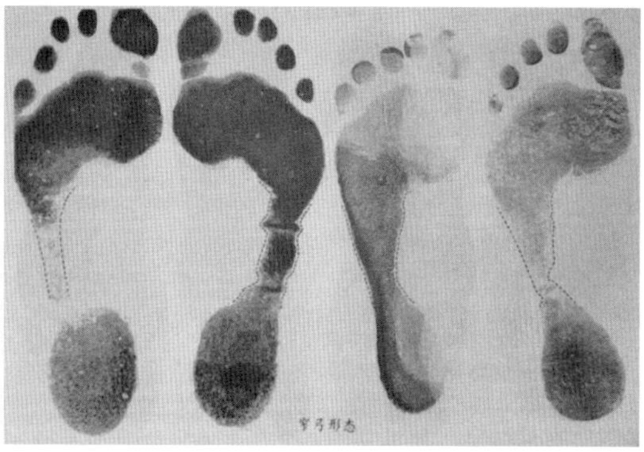

图 2-5-14　窄弓型痕迹形状

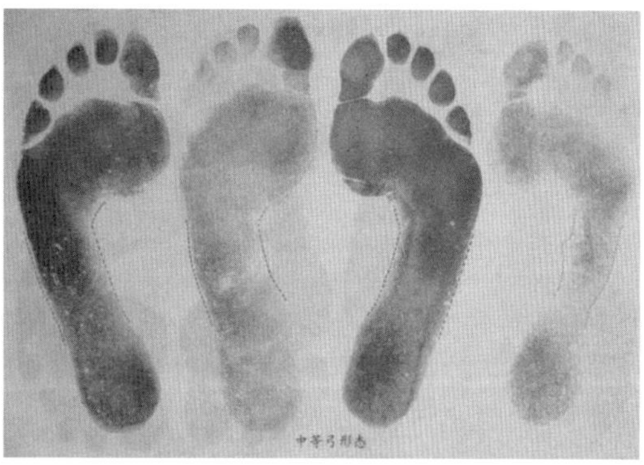

图 2-5-15　中等弓型痕迹形状

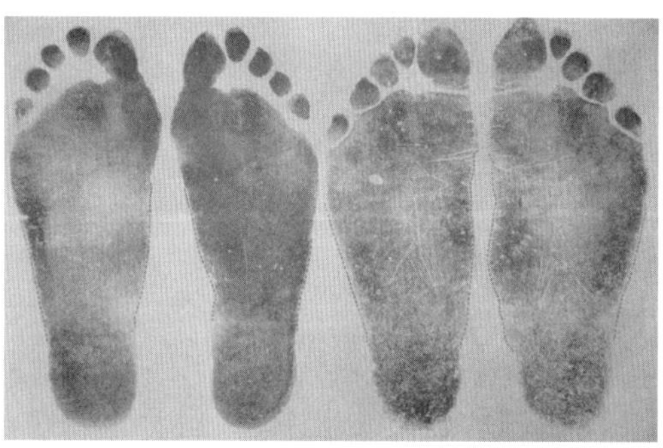

图 2-5-16　偏平型、膨胀型弓型痕迹形状

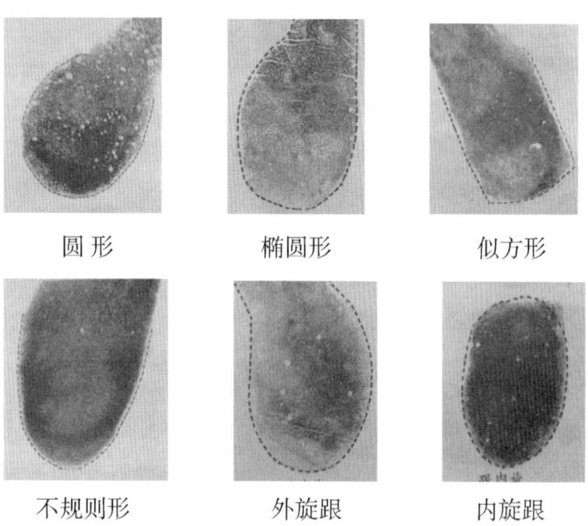

图 2-5-17　后跟痕迹形状

第四节　赤足底乳突纹线特征

赤足底乳突纹线的结构与手指乳突纹线基本相同。赤足掌纹含有弓、箕、斗三种类型的花纹。但不像手指那样具有普遍性、完整性、规律性。脚掌纹线有起点、终点、分歧、结合、短线、小点、小桥、小眼、小勾等。乳突纹线特征见下表。

表 2-5-2　乳突纹线部位名称及特征

部位名称		乳突纹线特征
足趾部位		弓形纹、箕形纹、斗形纹、三角形纹
趾节部位		斜直线、波浪线、弧形线
前掌部位	跗趾根区	常能构成弓形纹、箕形纹、斗形纹、三角形纹
	第二至第四趾根区	常能构成弓形纹、箕形纹、斗形纹
	小趾根区	常能构成三角形花纹
足弓部位		多呈横直线或斜直线，但有少数情况会呈现横箕形纹或斜箕形纹
后跟部位		一般呈弧形线、横斜线、短线；个别情况也会呈现箕形纹和三角形花纹

第五节　赤足足迹的其他外形特征

赤足在其形成、生长过程中，会发生一定的变化，如形成畸形、损伤、疤痕、鸡眼、老茧、脱皮等特征，有时还会粘附上附着物，这些特征的形态结构、位置、数量、大小、相互之间的位置关系都有较强的特定性，在足迹的分析鉴定中有较高的价值。赤足足迹的其他外形特征见表2-5-3。

表 2-5-3　足部位名称及痕迹特征

部位名称	常见痕迹特征
足趾的畸形特征	常见有多趾、联趾和骈趾
足趾的损伤特征	常见有缺指、断指
伤疤特征	常见有线条状伤疤、斑块状伤疤
鸡眼特征	常见为圆表或不规则的凹陷或凸起形态
老茧特征	常见为乳突纹线不明显、汗腺被破坏，有裂纹现象
脱皮特征	在平面印痕中呈现斑块状或斑点状空白
附着物特征	常见有包扎物、捆绑物、黏附物等

第六章　穿鞋、袜足迹的形态特征

穿鞋、袜足迹的形态特征，主要是指足迹所反映出的鞋、袜接触地面部位而形成的外表形态结构。主要有鞋的制作工艺特征和鞋在穿用过程中形成的磨损、损伤及修补等特征。

第一节　鞋印的测量

一、鞋印中心线的确定方法

鞋印中心线的确定方法如图 2-6-1 所示。

（1）连接鞋底的前掌尖外缘突点和后跟后缘突点之间的直线，或前掌中心点和后跟中心点之间的连线即为鞋底中心线。

（2）在足迹的内侧和外侧各作一条切线，两切线分别与前掌内外侧突点和后跟内外侧突点相切，过前掌两切点连线的中点和后跟两切点连线的中点作一条直线即为中心线。

（3）在足迹的内侧和外则各作一条切线，做出内切线与外切线交角的平分线即为中心线。

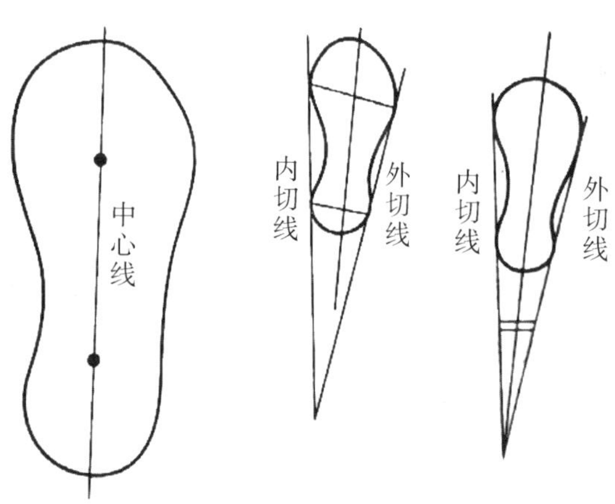

图 2-6-1　鞋印中心线的确定方法

二、鞋印长度的测量

鞋印中心线确定后，在前掌前缘与后跟后缘各作一条垂直于中心线的切线，两切线之间的距离即为鞋底长度。如图 2-6-2 所示。

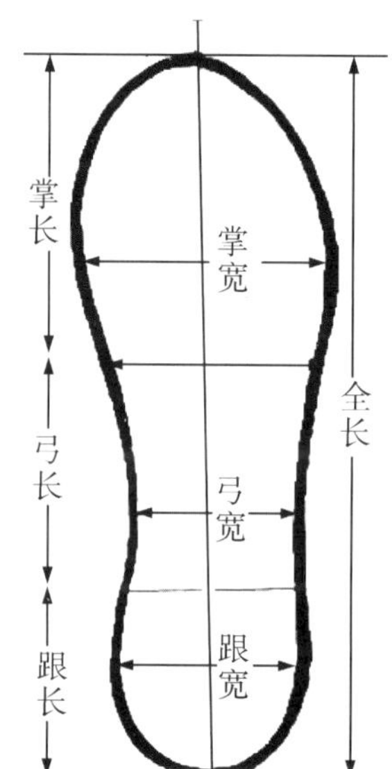

图 2-6-2　鞋底各部位的测量方法

三、鞋印局部长度的测量

（1）前掌长度：当掌后缘与中心线不垂直时，掌内侧后缘至尖前缘切线之间与中心线平行的距离即为掌内侧长；前掌外侧长是前掌外侧后缘至尖前缘切线之间与中心线平行的距离。

（2）鞋弓长度：鞋前掌后缘内、外端点与后跟前缘之间与中心线平行的距离即为鞋底弓长度，也叫鞋底中腰长度。

（3）后跟长度：鞋底后跟前缘与后跟后缘之间中心线的长度。

四、鞋印的内长与外长

1. 放余量

鞋底内长一般都大于鞋号，鞋底内长与鞋号之差称为放余量。不同种类的鞋，放余量也不同，一般尖头鞋放余量最长，圆头鞋次之，方头鞋少。

2. 内外差

鞋底外长一般都大于鞋底内长，鞋底外长与鞋底内长之差称为内外差。不同鞋子内外差参考数据见表 2-6-1。

表 2-6-1　不同鞋子内外差参考数据

类型	内外差（cm）	类型	内外差（cm）
大底皮鞋	3~4	塑料底布鞋	2.0~2.5
大底棉鞋	4~6	运动鞋	2~3
模压底单皮鞋	2~3	手工大底布鞋	2.5~3
模压底棉皮鞋	3~4	手工小底布鞋	2~2.5
解放鞋	2.0~2.5	半高跟橡胶底鞋	0.5~1.5

五、鞋印宽度的测量

1. 前掌宽

在前掌的内侧突点和外侧突点分别作两条与中心线平行的切线，两切线之间的距离即为前掌宽。

2. 鞋弓宽

在鞋弓内、外缘突点分别作两条与中心线平行的切线，两切线之间的距离即为鞋弓宽。

3. 后跟宽

在后跟内、外缘分别作两条切线，两切线之间的距离即为后跟宽。

第二节　鞋印的穿用特征

鞋子在穿用过程中，受到磨损、扭曲、抻张、压缩等力的作用，造成鞋底的磨损、损伤，出现孔洞、断裂、龟裂、老化等现象在足迹中显现出的特征叫作穿用特征。

一、磨损特征

磨损特征是人在行走运动时，鞋底同地面相互摩擦作用所留下的痕迹。这不仅与鞋底种类有关，同时还受穿鞋人的脚型结构、脚掌面着力情况、人的行走习惯、运动方式、路面条件和穿用时间等因素影响，因此同一人穿鞋的磨损特征具有稳定性。磨损的种类主要有磨损程度、磨损部位和磨损的一般形状，这三方面在足迹的检验中起着关键的作用。

磨损特征的观察方法是：

1. 特殊罕见的磨损特征。

2. 因磨损而形成鞋底花纹深浅的变化。

3. 几处磨损特征之间的相互关系。

4. 因磨损而形成的鞋底花纹表面形态的变化及掌后沿的磨损形状、程度。

5. 磨损部位内残留花纹的分布和数量。

6. 磨损部位以外的鞋底花纹的数量和分布。

7. 磨损部位周围边缘花纹的形状和分布，如拇指和其他趾的磨损，掌磨损所构成的空心区、三角区、喇叭区的具体位置、形状、大小。

8. 起足落足部位的磨损及其相互搭配关系。

9. 鞋底附着物（如镶在鞋底花纹内的物质、鞋钉、鞋云子等）因磨损而形成的细节变形。

10. 因磨损形成的孔洞、缺损，孔洞及缺损部位、大小、形状。

二、损伤特征

损伤特征是指鞋子在穿用、修理过程中由一些外在偶然的因素作用而形成的。一是硬伤：是指鞋在坚硬锐利的客体上磨、蹭、蹬、踢、碰撞而形成的缺损和变形。二是孔洞：是指鞋底经长时间穿用，鞋底用力部位因磨穿形成的破洞痕迹。三是龟裂、断裂：是指鞋子在穿用过程中受物理、化学条件的影响导致老化、在鞋底上出现的纵横交错的裂纹。

三、修补、修饰特征

修补、修饰是指人们在穿用鞋子过程中，鞋子发生损坏或为了美观和舒适，而人为进行的修补、修饰。经修补、修饰后的鞋子形成的足迹会留下修补、修饰的相应痕迹。

四、局部鞋帮特征

在立体穿鞋足迹内外两侧，能反映出鞋帮的痕迹，如布纹，鞋帮褶皱，鞋底层数、厚度，围条接头位置、方式、形状、围条花纹，鞋帮上的破损和补丁等；在平面足迹中，可反映出鞋帮底侧面围条的痕迹。

五、鞋底附着物特征

鞋底附着物，主要是指鞋底上附着的较为稳固的物质，如扎上的图钉、铁屑，粘上的沥青、油漆，填入的石子、煤渣、泥土等明显稳定的物质。

六、脱落物特征

鞋底花纹凹槽内往往会镶嵌进泥块等物质，这些物质在运动过程中会脱落，这类脱落物一般能较好地反映鞋底局部花纹特征，俗称印模。

七、鞋内底汗垢特征

人在行走时，赤足与鞋体接触、摩擦，加上赤足排出的汗液和灰尘的黏附，日积月累反映在鞋内底、内衬、鞋垫上，会留下一些痕迹。同时鞋内的汗垢也可作为一种生物检材进行 DNA 检验。由于汗垢有气味，因此也可以作为警犬嗅源用。

第三节　穿袜足迹的形态特征

人脚穿着袜子与承痕客体接触所留下的痕迹，叫作穿袜足迹。

一、穿袜足迹的痕迹特征

袜底一般都是针织结构，而制作袜底的线较细且针脚较小。因此穿着新袜子踩在承痕体上不但能留下脚的轮廓，而且还能留下袜子的编织特征，如编织针脚、缝线、跳线，断线痕迹的长短、粗细、方向、方位等。穿较旧的袜子时，由于磨损等原因，除脚的轮廓外，其他特征反映不全。

二、穿袜足迹的穿用和修补特征

在穿袜足迹中，能反映出袜底的磨损、补丁、缝合和粘连的痕迹，其数量、形状、大小、位置，特别是针脚、线头等细微痕迹，都属个别特征；根据袜印中反映出的袜底各部位的磨损程度和大小，还可以分析和研究袜底的新旧程度；有的穿袜足迹上还可以反映出附着物的痕迹，如血迹、油漆等物。

三、穿袜足迹的足型特征

穿袜足迹能反映出足型形态和五趾形态，袜子弹性大小、穿着松紧程度对足迹的变化有影响，其影响程度无法量化。合脚的袜子对足型的影响不大，且对足的结构形态反映也好，若穿较小的袜子或弹力较强的袜子，五趾间的距离变小，且趾间的距离不清，足迹长度变小。

第七章　足迹的步法特征

步法特征是人行走动作的特点在足迹中的综合表现，能反映脚着地各部位的习惯性动作所形成的痕迹和双脚搭配关系。每一个人在运动时都会形成区别于他人的步法特征的痕迹。步法特征包括步幅特征和步态特征。

第一节　步幅特征

步幅特征是指在成趟足迹中，反映人行走时双足协调搭配关系及双足迈步动作的特征。这种特征反映人行走运动的内在规律，是分析人行走运动姿势的客观依据。包括步长、步宽、步角、普通步、单步、复步。

一、步长

步长是指在成趟足迹中，两枚紧相邻的左右足相应部位之间在行走方向上的垂直距离。它分为左步长和右步长，左足在前的叫左步长，右足在前的叫右步长。

二、步行线

成趟足迹中相邻的同侧足迹后跟内缘最突出点连线为该侧足迹的步行线。当左右足迹外展或直行时，将同侧两相邻足迹后跟内缘突点的连线作为步行线。当左右足迹内收时，将同侧两相邻足迹前掌内缘突点的连线作为步行线。

以步行线方向为基准测定步长。

三、中心线

足迹中心线是前掌中心点和后跟中心点的连线。足迹中心线是步幅特征中的重要基线之一，也是观察步幅特征的基础和测量步幅数据的依据。

四、步长分类

（1）长步。步长在 80cm 以上。

（2）中步。步长在 70~80cm。

（3）短步。步长在 70cm 以下。

五、步宽

在成趟足迹中，足迹后跟内缘最突点到对侧步行线的垂直距离。分左步宽和右步宽。步宽的类型有分跟步、并跟步和搭跟步。

六、步宽分类

（1）特宽步。足迹内缘最突点到对侧步行线的垂直距离超过 5cm 者。

（2）宽步。足迹内缘最突点到对侧步行线的垂直距离在 3~5cm 者。

（3）较宽步。足迹内缘最突点到对侧步行线的垂直距离在 1~3cm 者。

（4）并搭步。足迹内缘最突点到对侧步行线的垂直距离在-1~1cm 者。

（5）较窄步。足迹内缘最突点到对侧步行线的垂直距离在 -3~-1cm 者。

（6）窄步。足迹内缘最突点到对侧步行线的垂直距离在 -5~-1cm 者。

（7）特窄步。足迹内缘最突点到对侧步行线的垂直距离在-5cm 以下。

七、步角

是指左右足迹各自的中心线与其同侧步行线

相交所构成的角。可分为外展角、直行角、内收角、不对称角（图 2-7-1）。

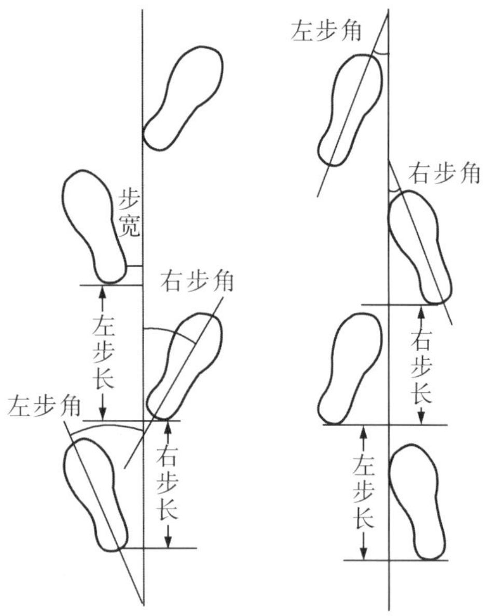

图 2-7-1　步长、步角表示方法

八、步角分类

步角可做以下分类。

（1）大外展角。夹角在 20°以上的。

（2）中外展角。夹角在 10°～20°。

（3）小外展角。夹角在 5°～10°。

（4）直行角。足迹中心线与其同侧步行线的夹角在 0°～5°。

（5）内收角。足迹中心线与其同侧步行线的夹角在 0°以下者 。

（6）不对称角。左、右步角相差 5°以上者为不对称步角，多见一直一外展，一直一内收，一外展一内收。

九、普通步

在一趟足迹中，紧相邻的左、右脚相应部位的垂直距离称为普通步。

十、单步

相邻的同侧足迹相应部位的垂直距离称为单步。

十一、复步

左、右脚各经过一个单步叫复步或一个周期步（图 2-7-2）。

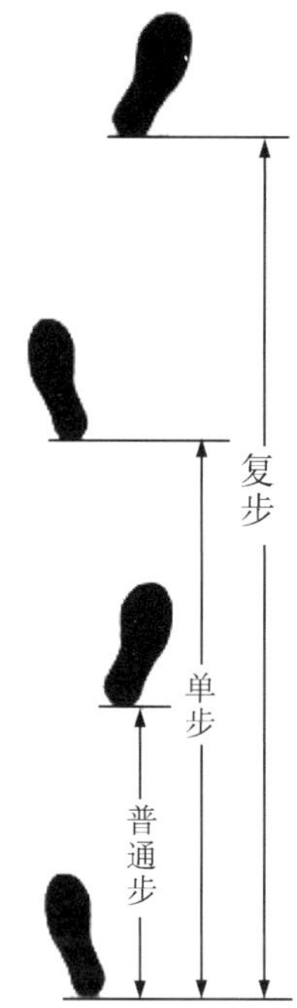

图 2-7-2　普通步、单步、复步

第二节　步幅的测量

测量步长、步宽、步角时，首先要确定步行线，要求标准要统一，方法一致，多测数据求平均值。

1. 步行线的确定

步行线是步幅特征几何图中的重要基线，是基础。研究步幅特征通常以步长、步宽、步角与步行线之间构成的几何图形进行研究。

后跟中心点连接确定

将成趟足迹中同侧两相邻足迹后跟中心点连成一条直线就为步行线。

2. 步长的测量

从左足足迹某处到相邻右足足迹对应部位的定点之间的垂直距离，称为右步长。相反则称为左步长。

3. 步宽的测量

从左足足迹后跟内侧突点到右步行线之间的距离为左步宽，从右足足迹后跟内侧突出点到步行线之间的距离为右步宽。

4. 步角的测量

足迹中心线与同侧步行线构成的夹角为步角。采用量角器测量其度数。

第八章　步态特征

步态特征是指人在行走运动时足的各个部位与承痕客体相互接触的先后顺序、用力大小、方向等特定动作所形成的与之相适应的痕迹，是行走运动特征在单个足迹中的一种反映形式，反映足迹遗留人的人身特点和习惯行走动作。按行走顺序及行走运动规律，步态特征可分为落足阶段、垂直阶段、起足阶段的特征。

第一节　落足阶段的特征

落足阶段是指从足跟支撑地面时起，到身体与地面接近垂直状态为止的过程。

一、磕痕

落脚时后跟后边沿向后下方碰击地面形成的痕迹，称为磕痕。磕痕出现在后跟部位，痕迹表现为：后跟后边沿反映整齐，松软潮湿的地面上常有堆土或向后迸溅的土粒，较硬的地面反映出月牙状白印。如图 2-8-1 所示。

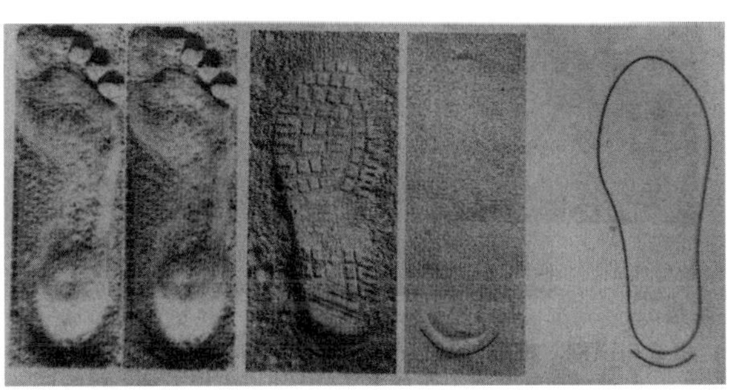

图 2-8-1　磕痕

分析：磕痕的出现与身体结构、行走姿势、鞋子种类、承痕客体的条件有关系。一是凹膝腿或走路甩小腿的人、穿硬底鞋的人、在较松软的地面上行走的人、经过长期正步走训练的人等易出现磕痕。

二、踏痕

在落脚的瞬间，后跟向前移动形成的痕迹，称为踏痕。痕迹表现为：一是在立体足迹中，相应的后跟底部与后缘帮部呈斜坡状；二是在潮湿松软地面上后跟部位地面有多条平鳞状裂纹，裂口朝后；三是在平面足迹中，踏痕反映该部位缺损或出现多条平行擦蹭状的线条。如图 2-8-2 所示。

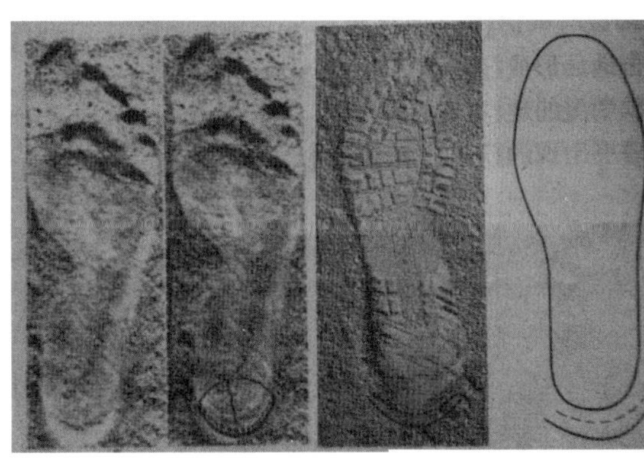

图 2-8-2　踏痕

分析：踏痕的出现与人的年龄、行走的速度、鞋底的硬软等有关系。年轻人、体力强壮人、行走速度快的人、鞋底软的人、小个子行走迈大步的人等易出现踏痕。

三、推痕

落足时后跟着地并向内前方用力，使后跟稍向内前移动形成的痕迹，称为推痕。痕迹表现为：推痕在后跟内边沿表现为垄堤状的堆土，只在松软的土质地面可以反映。如图 2-8-3 所示。

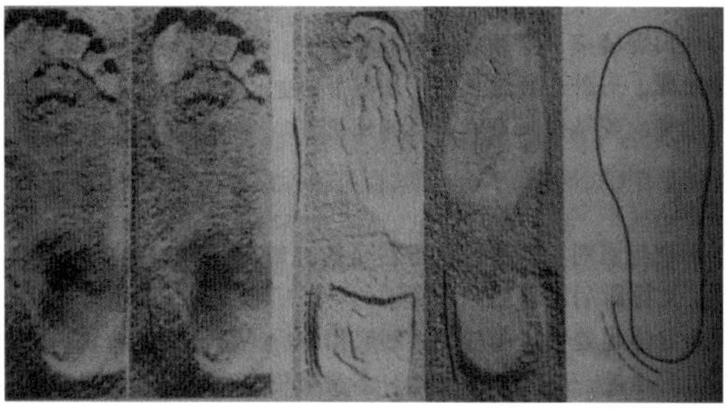

图 2-8-3 推痕

分析：正常人行走时不易出现推痕。一般具有外展步，分离步，膝、踝关节内突，两腿分离较大，行走时躯干左右晃动的人，易出现推痕。

四、跄痕

落足时落足较低、平，足底接触地面后向前做极短的平行滑动所形成的痕迹，称为跄痕。痕迹表现为：跄痕常出现在前掌与后跟前沿附近，后跟前边沿有堆土，足迹前掌向前有移动土粒。如图 2-8-3 所示。

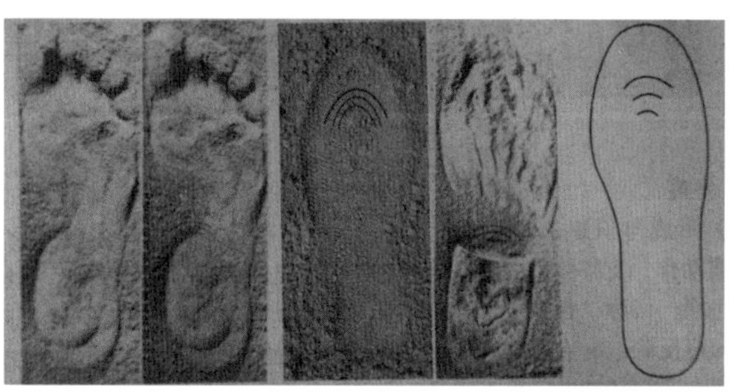

图 2-8-3 跄痕

分析：一般身体前倾，臀部后突，膝关节僵硬，行走时步长较短、频率较快的人，易出现跄痕；有时负重的人也会出现跄痕。

五、擦痕

落足时落足低，后跟部位与地面接触后仍向前擦拭移动形成的痕迹，称为擦痕。痕迹表现为：擦痕在足迹后跟边沿以外，呈条带状，有长、短、宽、窄之分。如图 2-8-4 所示。

分析：擦痕与年龄、身体机能、行走速度、负重、鞋子合脚程度与承痕客体的条件有关。年龄大、身体机能弱、行走速度慢、身体后仰、抱

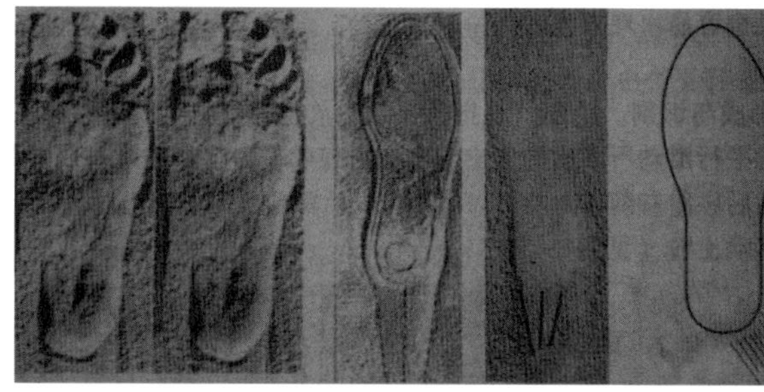

图 2-8-4 擦痕

重物、小足穿大鞋、在松软的土质上易出现擦痕。

第二节 垂直阶段的特征

垂直阶段是指支撑腿由落足阶段转移到起足阶段的过程。

一、坐痕

当一条腿支撑体重，另一条腿向前摆动时，由于习惯动作，支撑体重的腿向后晃动使后跟部位后移形成的痕迹，称为坐痕。坐痕位于足迹后跟边缘，俗称“倒跟”。痕迹表现为：后跟边缘“双边”、有鞋帮印痕、如穿软帮鞋，则后跟鞋帮变成鞋底的一部分。如图 2-8-5 所示。

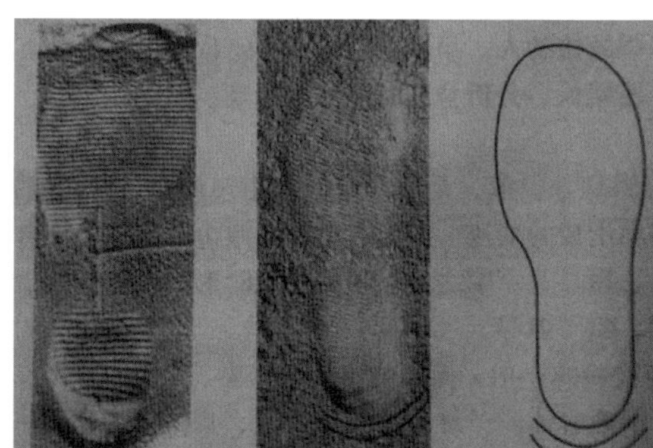

图 2-8-5 坐痕

分析：坐痕的出现与鞋子的种类、承痕客体的性质及下肢结构有关。穿旧布鞋、松软的地面上、膝关节后突的人或走路甩小腿、赤足后跟是直跟的人易出现坐痕。

二、迫痕

单腿支撑时，担负体重的脚因调整下肢或身体重心而晃动，产生偏压，使足在承痕客体上向外或向内侧倾斜所形成的痕迹，称为迫痕。痕迹表现为：迫痕出现在足迹的内侧或外侧，在立体足迹中，迫痕能反映出内侧或外侧鞋围条或内、外侧鞋帮的痕迹。在平面足迹中，有时足迹内侧或外侧会出现颜色变深和痕迹变宽的现象。如图2-8-6所示。

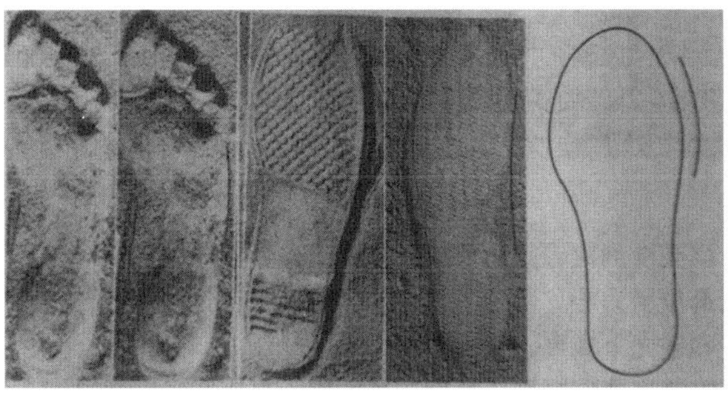

图2-8-6　迫痕

分析：迫痕与腿型、行走习惯、负重及鞋子是否合脚有关。一般躯干左右晃动大、大足穿小鞋、负重、地面不平、穿平底鞋、行走在松软的土地上易出现迫痕。

三、压痕

支撑体重的脚压在地面上形成的痕迹，称为压痕。由于个人的赤足结构、足底用力的大小、用力部位的不同以及习惯动作的差异，形成的压痕也有区别，压痕在判断年龄、体态、步行姿势及赤足表态等方面都很重要。如图2-8-7所示。

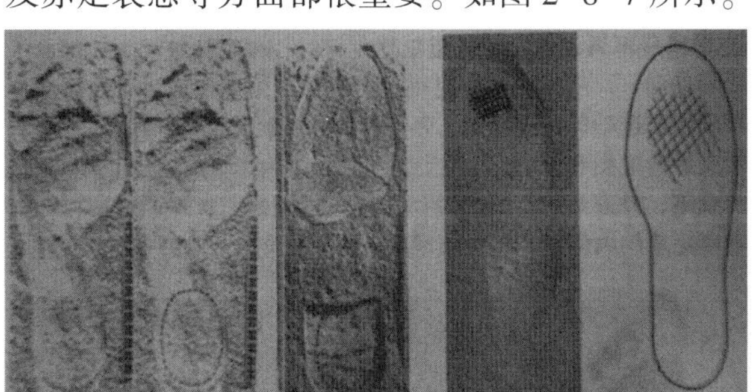

图2-8-7　压痕

（一）压痕的观察方法

（1）以亮度确定轻重压痕面：足迹中重压部位受力大，压得实，表面光滑，在侧光和逆光下观察，重压面有反光。

（2）以密度确定轻重压痕面：足迹中重压面受力大，土质颗粒被压的实，表现为密度大。

（3）以深度确定轻重压痕面：足迹中，松软的土质地面上，受力大，痕迹深，因此有坑的部位多是重压面。

（4）以渍水情况确定轻重压痕面：在潮湿的地面上，压痕重的地面表现为潮湿渍水。

（5）以麻沙情况确定轻重压痕面：在干燥细碎的土质地面上，压痕重的地方往往形成麻沙。

（6）以鞋底花纹的磨损程度确定轻重压痕面：鞋子在穿着过程中，受力大的地方磨损严重，因此花纹磨损多的部位是重压部位。

（7）以凸凹度确定轻重压痕面：用石膏制作的足迹模型，凸起的部位是重压面。

（二）压痕的轻重程度

（1）虚边。

（2）实边。

（3）轻压面。

（4）重压面。

（5）重压点。

由于压痕的形成与人体自身特点和肌力有直接关系，所以各种足迹都会有压痕的反映。压痕的形状、轻重、大小、位置直接包含着足迹者的人身特点、行走姿势。

（三）常见的压痕类型及分析

（1）前掌内前外后斜条压：形成这种压痕的人为外展步，步宽较窄。

（2）前掌外前内后斜条压：形成这种压痕的人为内收步，步宽较宽。

（3）外侧压痕重：形成这种压痕的人一般膝关节和踝关节外突或步宽较窄。

（4）内侧压痕重：形成这种压痕的人一般膝关节和踝关节内突或步宽较宽。

（5）前掌压痕重：一般为青年人或走路身体前倾人所留。

（6）后跟压痕重：一般为老年人或走路身体后仰人所留。

（7）前掌坑压痕：前掌压痕集中且多为深

坑状，多为青年人所留。

（8）前掌踇趾压痕：一般为青年人或低头走路人所留。

（9）足迹全压：足迹压痕平均，走路平稳缓慢，多为体态较胖者所留。

（10）露骨压：多为走路利落或体态较瘦人所留。

四、拧痕

行走时，支撑足以前掌或后跟为轴，向内或外旋转形成的痕迹，称为拧痕。痕迹表现为：在足迹前掌表现为麻花状或叶轮状痕迹，并伴有足迹内前掌和后跟内外边缘向外扩展、堆土现象。如图 2-8-8 所示。

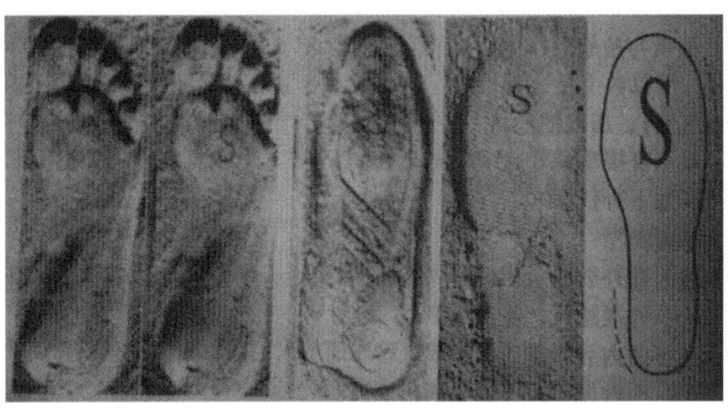

图 2-8-8　拧痕

分析：一般行走速度快、臀部突出者、体态较胖者、人负重时易出现拧痕。

第三节　起足阶段的特征

起足阶段是指支撑腿由垂直转移到足将要离开地面的过程。

一、抬痕

起足高、速度快，由于空气负压，脚将地面上干燥细微的粉尘吸附起来形成的痕迹，称为抬痕。痕迹表现为：抬痕在前掌和后跟处呈现星芒状痕迹，在足弓部位呈长条状痕迹。如图 2-8-9 所示。

分析：抬痕与行走速度、起足高低、鞋子种类及地面条件都有关系。青年人、身体机能好、行走速度快、穿细小花纹的软底鞋的人易出现抬痕。同时在较干燥的土质地面上易出现抬痕。

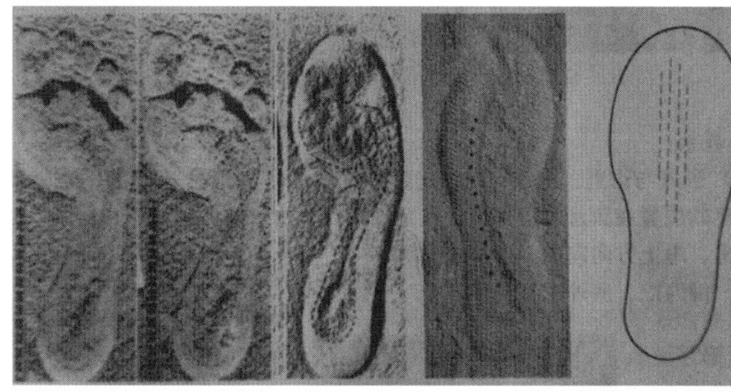

图 2-8-9　抬痕

二、蹬痕

后跟离开地面时，前掌向后用力在地面上形成的痕迹，称为蹬痕。痕迹表现为：蹬痕位于前掌中部靠后与足前部之间的对应部位。蹬痕反映在足迹中沙土、石砾、土块向后移位或聚拢，并出现向前开口的鳞状裂缝。在平面足迹中，蹬痕反映为承痕客体表层的尘土被移位向后。如图 2-8-10所示。

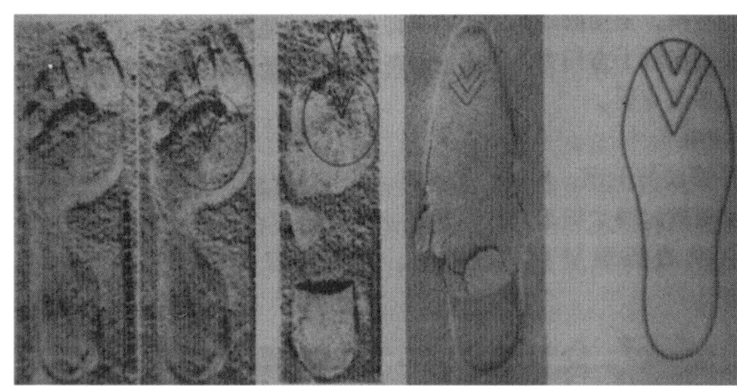

图 2-8-10　蹬痕

分析：具有蹬痕的人行走稳健有力。

三、挖痕

足趾向后用力甩出地面上的物质形成的痕迹，称为挖痕。痕迹表现为：挖痕在足趾对应位置，在足迹前尖至前沿部位出现坑状。如图 2-8-11所示。

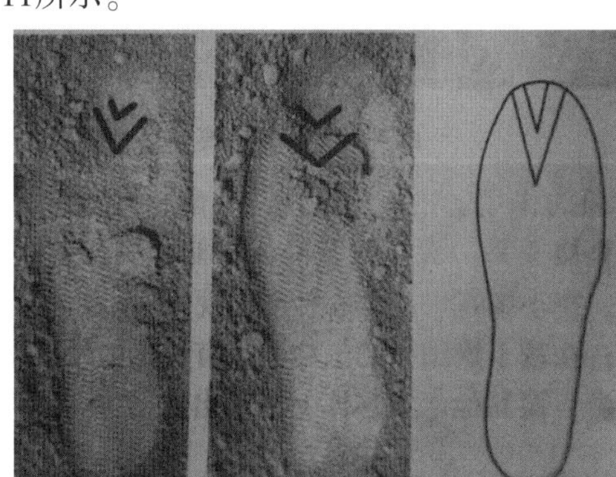

图 2-8-11　挖痕

分析：具有挖痕的人行走利索、弹跳力强、动作敏捷，青少年居多。

四、抠痕

足趾尖部位向后下方用力移动形成的痕迹，称为抠痕。痕迹表现为：抠痕在足尖的对应位置，抠痕使痕迹部位的土移位，但不甩土。痕迹呈眉眼状或月牙状凹陷。如图 2-8-12 所示。

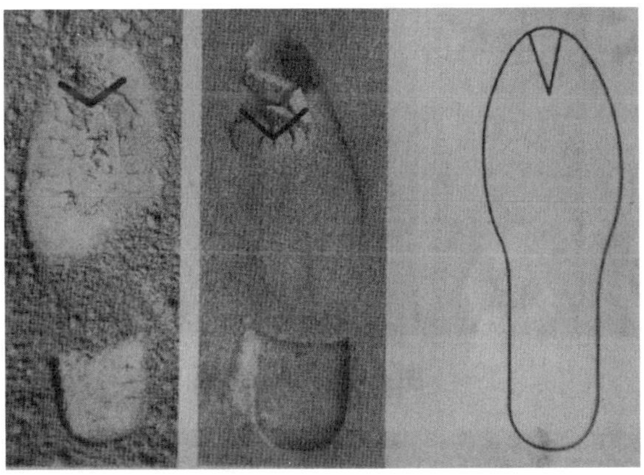

图 2-8-12　抠痕

分析：抠痕是行走有力的表现，青壮年行走都能留下抠痕。在分析时，同一年龄段的人，男性多表现为挖痕，女人多表现为抠痕。

五、挑痕

起足时脚尖离开地面，向前上方带动地面上的物质形成的痕迹，称为挑痕。痕迹表现为：挑痕在足迹的前沿前方，多呈三角形状。如图 2-8-13所示。

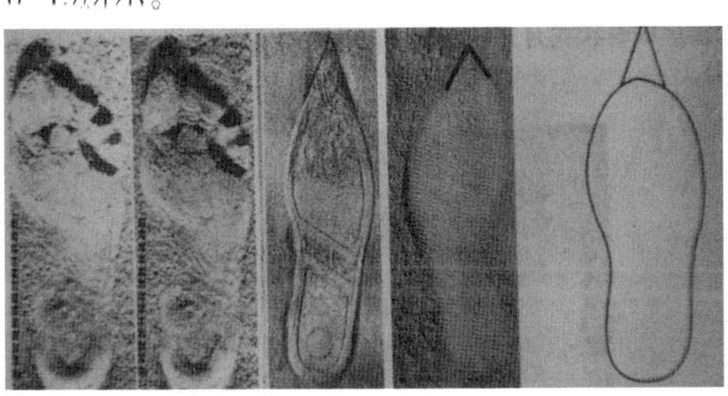

图 2-8-13　挑痕

分析：挑痕与年龄、身体机能、鞋子种类及地面条件有密切关系。中老年及体弱多病的人、鞋子大、负重、地面过软或地面附着物过厚、行走速度慢都易形成挑痕。

六、耠痕

比挑痕起足更低，是足在起脚离开地面过程中，脚尖顺着地面向前带动土质形成的痕迹，称为耠痕。痕迹表现为：带动的土质向前带动，使足迹前边缘被破坏形成犁沟状缺口，常伴有向前移土现象。如图 2-8-14 所示。

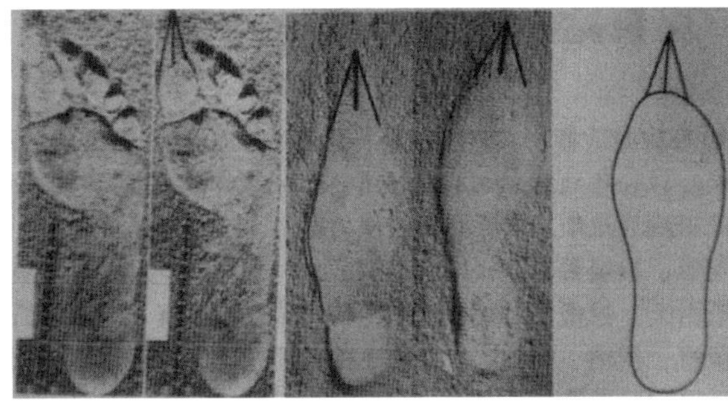

图 2-8-14　耠痕

分析：中老年及体弱多病人、穿鞋子大、负重较重或在土质较深的地面上行走易出现耠痕。

七、划痕

起足时膝关节不灵便，趾尖部位向内前方划动地面形成的条状印痕，称为划痕。痕迹表现为：痕迹出现在足迹前边沿内侧部位，呈线条状或弧状痕迹。如图 2-8-15 所示。

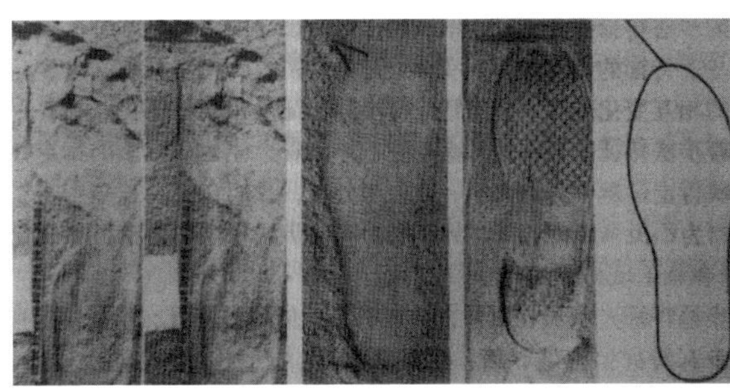

图 2-8-15　划痕

分析：一般下肢膝关节、踝关节畸形或下肢肌肉麻痹的人容易出现划痕。

八、扫痕

起足时髋关节不灵活，使前掌内侧部位向内前方扫擦地面形成的痕迹，称为扫痕。痕迹表现为：扫痕出现在前掌内侧，呈宽带状。如图 2-8-16 所示。

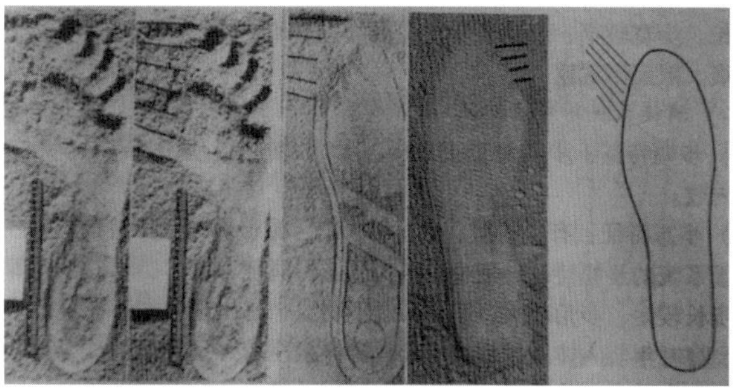

图 2-8-16　扫痕

分析：形成扫痕的人一般下肢有毛病，走路时拖着腿、拄着拐杖。

第九章　影响足迹变化的主要因素

每个人的足迹都是足在神经系统支配下形成的，这是一个复杂的过程，在形成足迹的过程中有一定的稳定性，但心理因素和外界因素会使足迹发生变化。

第一节　心理因素对足迹的影响

作案人的心理特点可以通过足迹表现出来。我们可以通过现场足迹的数量、位置及其他痕迹物证来分析作案人的心理状态、性格及职业特点，从而确定侦查方向和范围。

一、作案前的心理特点及足迹反映

作案前，是指作案人在临近和进入现场前。一般作案人行走路线不规律，弯曲多变。足迹往往反映出高抬腿、轻落足，蹑手蹑脚，在行走速度上时快时慢，时跑时跳，在双脚协调关系上往往表现一足轻一足重、一足直一足斜、一步长一步短等不正常的步法特点。有时还会出现上下攀蹬和爬卧痕迹，或留有便溺和手纸等遗留物。

二、作案时的心理特点及足迹反映

当作案人进入犯罪现场作案时，其精力主要集中在犯罪目标，不择手段，急于达到作案目的。这时多有三步并作两步，有慢步，有快步，有时也可能有站立，静听动静，察看情况，寻找目标。作案人作案时会有搏斗、撬压、蹬高、翻找等动作，因此在作案现场足迹较集中，且出现紊乱、重叠、模糊、残缺等情况，但也会留下较完整的足迹。这些足迹能反映作案人的行为动作，加以研究可以从中发现可供使用的各种特征。

三、作案后的心理特点及足迹反映

作案人作案后，易出现惊喜、恐慌、懊丧、疯狂、失望等心态。多数人作案后急于逃离现场，因此，作案人逃跑路线上的足迹经常反映出大步、快步、跑步和一足直行、一足打横的特点。例如：被盗物品较重，作案人足迹反映出较清晰的痕迹，并伴有压痕较重等相应的步态特征。

第二节　伪装因素对足迹的影响

一、穿专用鞋伪装在足迹中的反映

穿专用鞋作案，这种足迹既能清楚地反映出鞋子穿用的形象特征，又能反映出穿鞋人行走的步法特征。

二、穿他人鞋伪装在足迹中的反映

穿他人鞋作案，这种足迹能较明显地反映起落足部位方向，但出现的花纹磨损与所穿鞋对应部位的实际磨损不符，尤其是压痕部位的特征表现较明显。例如：大脚穿小鞋，小脚穿大鞋，肥脚穿瘦鞋，瘦脚穿肥鞋，女人穿男人鞋，男人穿女人鞋等类足迹，都能反映出不正常的印痕。

三、伪装步法在足迹中的反映

(1) 倒穿鞋或将鞋倒系在足上的足迹反映。这种足迹往往是前掌压痕居中，周围虚而不实，中腰出现压痕，中腰部位出现捆绑鞋的绳索痕迹。

(2) 反穿鞋的足迹反映。反穿鞋即左脚穿右鞋，右脚穿左鞋。这类足迹反映前尖蹬不到位，小趾侧前尖空缺很大，且磨损和足型差异明显，脚弓部位实压面反映在鞋子中腰内侧，外侧应实而不实。

(3) 退步走的足迹反映。倒行足迹反映出后拖移动的现象。在成趟的足迹中，步宽较宽，步角变小，步长变短，步态特征消极的多，积极的少，可能出现一足"打横"的足迹。

第三节　不同地面条件对足迹的影响

一、松软、潮湿的土质地面足迹

松软、潮湿的土质地面能形成条件较好的立体足迹。

二、沙地足迹

沙地上也能形成较好特征的足迹，但与松软、潮湿的土质地面上的足迹相比要差一点，保存时间也短一些。

三、雪地足迹

雪地足迹特征反映较好，但保存时间短，易遭破坏。

四、硬质灰尘地面足迹

硬质灰尘地面足迹一般为加层或减层，多为室内现场上出现，如环境密闭较好，保留时间较长，如图 2-9-1 所示。

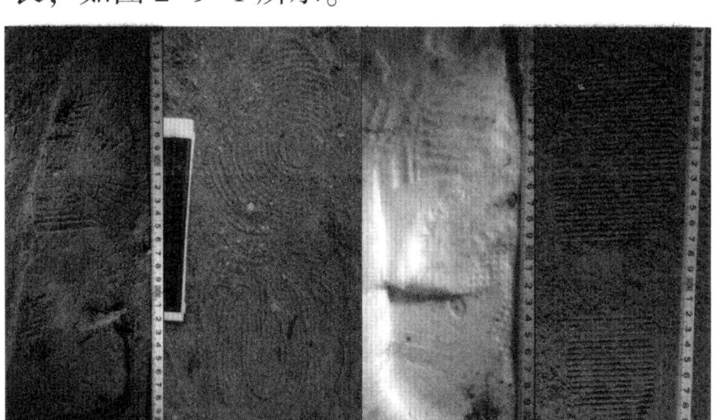

土质地面足迹　沙地足迹　雪地足迹　硬质灰尘地面足迹

图 2-9-1

第四节　在不同环境条件下足迹的表现

一、春季

春季温度不高，水分蒸发慢，室内液体足迹保留时间会长一些。

二、夏季

夏季天气热，温度高，雨水多，足迹容易形成，也易遭破坏，消失也快。

三、秋季

秋季天气干燥，风多风大，特征是室外足迹易受影响。

四、冬季

冬季天气寒冷，风较大，足迹保留时间短。

五、逆风行走

逆风行走外部阻力大，步幅变短变宽，挑痕、秴痕加大。

六、顺风行走

顺风行走外在动力增大，行走不对称，步幅不规律。

七、雨中行走

雨中行走摩擦系数小，步长多变短，受泥泞滞阻，抬足低，擦痕多，足迹不完整，易变形。

八、风天

风天由于气流的流动带动足迹周围的泥土，对足迹的细节特征造成影响，特别是粉尘足迹，由于与地面结合不牢固，颗粒小，随风的流动而移动，因此这类足迹相对保留时间短，变化较快。

九、雨天

雨对室外现场的足迹影响很大，经过大雨的冲刷，不管是立体的还是平面的，足迹都无法鉴定。小雨可以视情况观察，有时还有助于判断遗留时间。如果沙土地上的足迹上出现深而多的麻点，说明是雨前留下的；麻点少可能是雨将停时留下的；足迹表面完好，特征清晰，是雨后留下的。

十、白天

白天室外留下的立体足迹，受风刮日晒的影响，变化较快。

十一、夜间

夜间气温低，足迹相对白天会慢点。一般情况下，夏秋季节，白天天气干燥，湿度小，前半夜留在土块上的足迹往往将土块踩碎，足迹较平整，上面常常有昆虫爬过的痕迹（图 2-9-2）；后半夜露水大，地面潮湿，人走过往往将土块踩成片状，甚至将泥块带走，很少有昆虫爬过的痕迹。

图 2-9-2　昆虫爬过的足迹

十二、不同留痕位置足迹的表现

同样的季节、同样的天气、同样的地面，所留位置不同，所留足迹也有影响。如室外受风处和避风处、淋雨处和避雨处，室内通风处和避风处、火炉旁和低温处都有所不同。

十三、不同介质足迹的表现

血足迹、粉尘足迹、水足迹、油足迹、泥足迹等，由于介质成分不一样，足迹保留的时间也不一样。

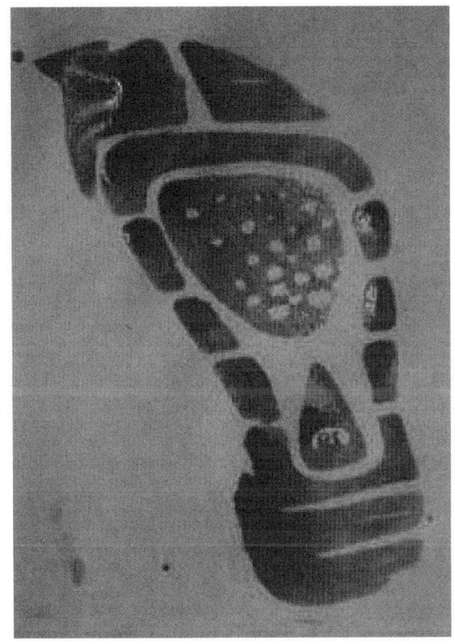

图 2-9-3　血足迹

第五节　负重对足迹的影响

研究负重因素对足迹的影响，应考虑四个方面：一是所负重物的重量、体积、形状；二是负重的时间长短；三是路途环境条件；四是负重人的承载能力。这些方面都能影响足迹的变化。

一、重量的影响

（1）负重轻时，不改变人体重心的位置，足迹特征无明显变化。

（2）负重适中时，足迹特征变化也不明显，但由于负重人体重增加，立体足迹的痕迹加深，足迹的长度和宽度都加大，易出现擦痕和挑痕。

（3）负重较重时，人体重心升高，迈步不稳，步幅变小，步宽变宽。立体足迹中的痕迹较深，蹬痕较重，足迹长度和宽度增加，易出现擦痕和挑痕、跄痕和秴痕。

二、负重方式的影响

（一）单人负重

（1）背重物：步幅小、步宽宽，步角小，蹬痕重。立体足迹中表现为：痕迹较深，跖趾蹬痕明显，会出现挑痕、粭痕，有时也会有跄痕伴生。

（2）抱重物：步幅小、步宽宽，步角大。立体足迹中表现为：痕迹较深，后跟踏痕较重，有擦痕、磕痕伴生。如所抱重物体积过大，会出现步角一大一小不对称现象。

（3）扛重物：右肩扛重物时，身体左倾，左足足迹较深，左步角加大，右步角变小，左步长大于右步长。左足迹会出现外迫痕或偏外压痕。左肩负重时则相反。

（4）担重物：足迹较深、较重。足迹中表现为：担重物的一侧步角加大，多见挑痕、扫痕等痕迹。换肩量，足迹中有拧痕，双足迹有立重叠的足迹、停顿步长变短等印痕。

（5）提重物：足迹步角变小，足迹外侧压加重；同侧足步长变短，足迹内侧压加深，易出现擦痕、挑痕，有时也出现划痕。当所提重物比人体重心高时，对侧的足迹压痕重而深，同侧足迹压痕相对浅；反之，当所提重物比人体重心低时，同侧足迹压痕重。当重物在身体前边时，步长受阻变短，步宽变宽，步角变大，左右足迹内侧压力都增大，常伴有跄痕。换手提时，有停顿，有并立足迹出现。当重物超过负荷时，步行线弯曲，步长、步宽、步角紊乱，不规律。

（二）两人合作负重

（1）前后抬：前边人足迹后跟处相对加深，步幅较短，常伴有跄痕。后边人足迹前掌处相对加深，步幅相对变长，会出现蹬痕，或有跄痕和挑痕伴生。

（2）左右抬：左侧的人左步角缩小，右步角变大，足迹后跟处相对加深。右侧的人右步角缩小，左步角变大，足迹后跟处相对加深。

第十章　现场足迹的勘验

任何一个犯罪现场都有可能留下不同形式的反映犯罪嫌疑人的足迹。寻找、发现、确定、提取、收集犯罪嫌疑人的足迹及样本并对现场足迹进行分析，对确定案件性质、作案人数、作案时间、作案过程、刻画嫌疑人都具有重要的意义。

第一节　现场足迹的保护

一、室内足迹

（1）关闭门、窗，禁止无关的人员进出现场。

（2）在现场周围设置警戒线，防止无关人员进入。

（3）如因灭火、抢救财物、救援人员等原因，必须进出现场时，现场勘查人员要留出一条通道。

二、室外足迹

（1）首先要确定范围，根据现场的范围设置警戒线，禁止无关的人员、车辆进入警戒范围。

（2）如遇刮风、下雨、下雪天气，要迅速提取足迹。如果不能马上提取，应妥善用雨具或防水物品将足迹遮盖，以防自然因素对足迹的破坏。

第二节　现场足迹的寻找方法

现场寻找足迹，首先要认真、细致。同时还应遵循以下原则：由中心到外围，由外围到中心；由室外到室内，由室内到室外；先地面后地上、物面，先重点后一般。要做到心中有数，有秩序地进行勘查。

一、作案现场的进出口

门口、窗口、翻墙处、挖洞处等地方的地面上要仔细寻找，这些地方都是容易留下嫌疑足迹的地方。

二、犯罪的中心现场

命案现场在尸体周围地面上，盗窃现场在被盗物品处的地面上及被移动物品处的地面上，抢劫、强奸现场在遭遇点和守候、徘徊场所地面上。

三、作案人的来去路线上

可根据案情，结合中心现场的足迹特征，在外围现场寻找作案人的来去路线，一是可以追踪，二是在这些地方一般都能找到较完整、清晰的嫌疑人足迹。

四、作案人守候、藏匿蹲点地方

作案人作案时由于某些原因和条件的限制，可能有守候、观望、躲藏等情况，在这些地方常常会找到作案人的足迹。

五、作案人（抛）埋尸体和赃物藏匿地方

在作案人（抛）埋尸体、转移、藏匿赃物等地方一般都较隐蔽，这些地方容易留下作案人的足迹。

六、作案人踩踏、攀登过的物品上

作案人在作案过程中，脚接触过的物品和地方都有可能留下作案人的足迹。

第三节　现场足迹的观察、发现方法

一、显在足迹的观察、发现方法

室内现场：遮挡其他散光后，打侧光调整角度观察，直至最清晰，或晚上没有外来光线干扰时再观察。

室外现场：白天可站在逆光、侧光的方位上俯视或侧视，调整位置直到看清为止。晚上可以打直射光或侧光直接观察。

夜间现场：使用勘查灯具作照明光源，可以打直射光或侧光直接观察。

二、潜在足迹的观察、发现方法

1. 静电吸附法

该种方法适用于粉尘加层或减层足迹的发现和提取。用静电吸附法将足迹转移到静电吸附布上，然后观察、拍照固定。

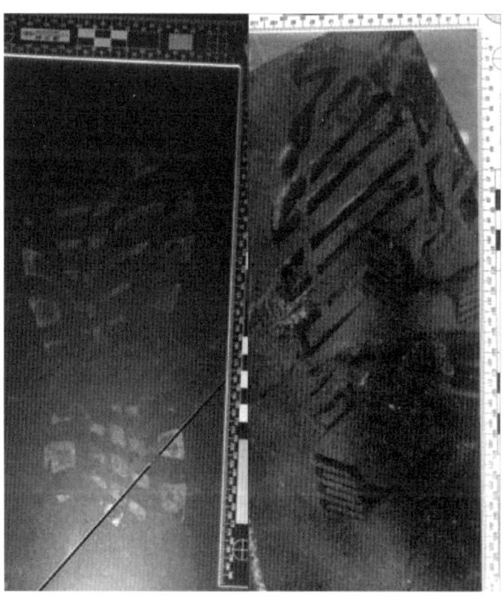

灰尘加层足迹　　灰尘减层足迹

图 2-10-1　荧光显现法

2. 荧光显现法

这种方法适用于潜在的汗液加层足迹，用多波段光源观察后直接拍照提取，或刷荧光粉固定拍照提取。

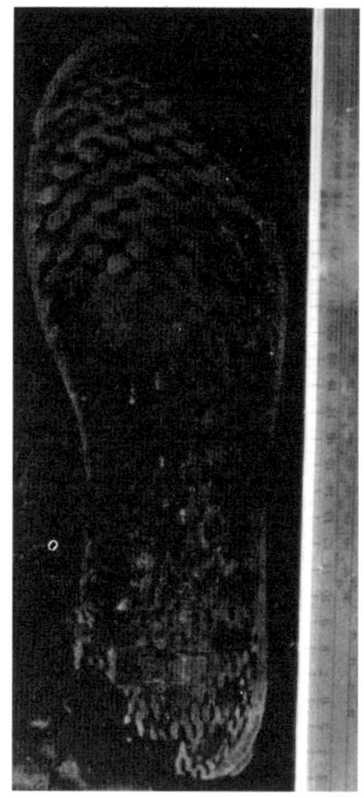

图 2-10-2　荧光粉足迹

第四节　确定作案人足迹的方法

一、根据足迹所留的位置确定

根据现场足迹分布，结合案情分析足迹遗留位置是否与作案过程吻合。作案人在现场遗留的足迹记录了其作案的轨迹，其分布和所遗留部位、方向与其行为相符。

二、根据足迹的新旧程度确定

根据足迹的新旧程度，分析足迹的形成时间是否与发案时间吻合。

三、根据足迹反映的作案人行走习惯确定

根据足迹反映出的步法特征和遗留位置，判断是否符合犯罪心理和作案手段，确定是否是作案人足迹，如遗留在房顶、屋角、通道等人们不常去地点的足迹，蹑手蹑脚、时走时停、时快时慢的异常足迹，不顾泥泞、不管高低、慌不择路，大步疾跑逃离现场的足迹多是作案人足迹。

四、根据足迹与现场其他痕迹物证的并行关系确定

出现足迹时通常也会出现其他痕迹，痕迹之间往往有密切联系。如与车辆痕迹、牲畜蹄迹并行之处多有嫌疑足迹；手印、工具痕迹对应的地面上常有足迹出现；现场遗留物、人体排泄物之处都有嫌疑足迹，都可循此踪迹去发现足迹。

五、根据足迹上的附着物确定

通常可以根据是否有特殊的附着物进行足迹的鉴定，如现场以外的泥土、粉尘、血迹、水渍、植物叶子、石块等，以此也可以寻找作案人来现场的路线。

图 2-10-3　血足迹

六、根据同类案件确定

系列案件中，可以根据不同现场上的同种足迹确定嫌疑足迹。

七、通过甄别排除确定

通过甄别排除进入现场的所有人员的足迹，最后确定嫌疑足迹。

第五节　现场足迹的记录方法

一、文字法

现场足迹的记录要具体、全面、详细，以规范、简练的文字描述足迹在现场中的具体情况和特征反映。描述中应记明足迹遗留的方位、足迹的分布，案发前后物品的变动关系，足迹的数量、形状、大小，是单个还是成趟的，是左脚还是右脚，是前掌还是后跟，介质的物理性质是什么，是立体的还是平面的，是加层还是减层的，采取何种提取方法。如在门口处距北门框 20cm、距东墙 40cm 处地面上发现一枚完整的右脚穿鞋灰尘加层平面足迹（拍照提取），该枚足迹鞋尖朝屋内，鞋底花纹为波折纹，全长 32cm。

二、图表法

用画图的方法在现场找到一个参照物，然后用十字坐标法对每枚现场足迹的位置、足尖朝向、大小、形状，单个或成趟，左脚或右脚，足迹上的附着物，足迹的提取方法等进行详细的标记。

三、步幅特征的记录

若出现成趟的足迹，应描绘 4 个以上连续足迹的步长、步宽、步角，尽量选取正常的步幅加以描绘。

四、步态特征的记录

步态特征示意图应将反映出的步态特征的名称、位置、具体形态及其相互关系记录下来。

五、追踪图

应在追踪图上标明追踪的起点、终点，追踪的路线、时间，以及发现痕迹的地点。

第六节　现场足迹的提取方法

一、照相法

照相提取适用于各种现场足迹的提取。照相提取足迹是采用物证照相的原理和方法，真实地记录现场足迹的特征、所在位置及与周围其他痕迹物证的关系等原始情况。要求拍摄出来的足迹照片清晰、完整、不变形，拍照时要在足迹的内侧边沿放比例尺，成趟足迹要求比例连续照相提取。

照相提取足迹时应注意以下问题：

（1）比例尺要尽量长，较完整的足迹，比例尺至少要 20cm。

（2）相机镜头主光轴要对准足弓中间部位，镜头要与足迹平面垂直。

（3）拍照时要掌握光线的角度，足迹中尽量避免阴影，要保持足迹上的光线柔和。

（4）深浅不一的立体足迹要分段拍照提取，以便真实全面地反映足迹的特征。

（5）成趟的足迹要采取直线连续比例照相提取。

（6）照相时要记好每枚所拍足迹的位置。

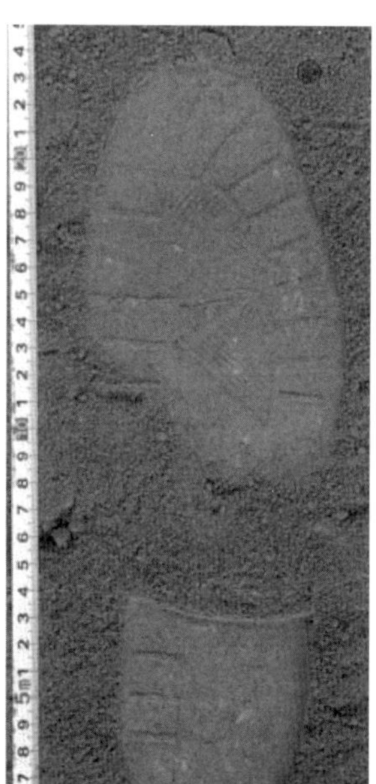

图 2-10-4　照相法提取的足迹

二、静电吸附法

不导电的物体上的粉尘足迹（潜在、可见）都可以用高压静电吸附法显现。纺织品上的灰尘足迹用真空静电吸附仪吸附效果较好。足迹显现后要及时拍照提取，有条件的可以将吸附显现的足迹用粉尘固定剂固定后保存。

三、粘贴法

对于平面坚硬的承痕客体上的粉尘足迹，或是经过粉末刷显的潜在的汗液足迹、经过染色的平面足迹等，都可以利用胶带纸、印相纸、复写纸等方法进行转移提取。

（1）胶带纸：将胶带纸自足迹的一端粘贴平整，然后用毛巾、布（等较软的物品）或手掌向另一端慢慢推碾，使其紧紧粘贴在承痕客体上，中间不能有气泡、褶皱和断裂等情况，粘贴好后，从一端慢慢揭起，然后粘在玻璃板上或反差较大的衬板上。

（2）复写纸：先将复写纸覆盖在足迹上，再在复写纸上放一张韧性较好的纸张，然后用毛巾、布等较软的物品或手掌向另一端慢慢推碾，不要让复写纸移动，这样反复几次，让灰尘完全粘贴在复写纸上。

（3）相纸：应先将定影后的相纸放在温水中浸泡，等药膜面发黏时，将相纸黏面贴在足迹上，从一头均匀用力推压，使足迹完全粘在相纸上。如反差不好，可再进行染色。

四、制作模型法

立体足迹的提取方法适用于制作模型法。

（1）石膏粉制作松软地面上的石膏模型：先在足迹周围做一个围墙，清理足迹内的杂物，然后调制石膏液。调制石膏液时，石膏和水的比例一般按 5∶3，要一手将石膏粉撒入水中，一手用木棍等工具快速均匀搅拌，不要有气泡。石膏液调制好后进行灌注，灌注时应从足迹最低处的边沿，靠近地面缓慢倒入，自然地灌平整个足迹，待厚度达到 1cm 后，用小木棍制作一些骨架放在鞋印上，后再用浓一点石膏液继续灌注一层。灌注 0.5h 后，石膏即可凝固，这时在石膏模面上刻上案件名称、时间、地点和编号等。然后将石膏模取出，晾干后，用清水冲洗。

（2）粉尘足迹石膏模制作法：

1）喷洒法：在制模前，先用足迹固体气雾剂或5%～10%的乙醇松香或煤油、糖水喷洒在粉尘表面，待溶剂干后形成一层保护膜，调制石膏液进行制模。

2）浸润法：用煤油、糖水等液体从较高一侧向低处进行渗透，使灰尘足迹浸润，稍干后调制石膏液进行制模。

（3）沙土地面上的足迹制模法：沙粒较粗时，用稠一点的石膏液灌制，也可用石膏粉筛落在足迹上，灌注前喷上一层甘油分离剂，后进行灌注。

（4）水地足迹制模法：能排水的先将水排完，后撒上石膏粉，再灌制石膏液。不能排水的，一层一层的撒上石膏粉，待厚度达约2cm厚时放上骨架，再撒第二层石膏粉至2cm厚即可。

（5）雪地足迹制模法：针对雪易融化的特点，制作石膏模时要注意：一是保持环境温度不能让雪融化；二是区别雪的密度；三是要保持石膏液低温且不结冰。因此调制石膏液时，可以在水上加入氨水、乙醇、食盐或汽车防冻液，然后在水中加入雪，石膏和水的比例为2∶1。如是初雪，密度较小可以先在雪足迹上撒上一层石膏粉。取出石膏模后，如出现冰冻现象，应先将石膏模放入冷水中，待冰析出后再取出晾干。

（6）石蜡制模法：此法适用于制作软质客体上的足迹。先制作围墙将足迹围起来，一次性地倒入石蜡溶液，使用时以石蜡成为液态为标准，温度在40℃左右为佳。

五、化学方法染色显现足迹

（1）赤血盐染色显现灰尘足迹：如纸张、木凳、被单等客体上的灰尘足迹不易拍到清晰的照片，可用赤色盐染色法显现。

溶液配制方法：

甲液：盐酸（36%～38%）20mL+无水乙醇（95%）100mL。

乙液：赤血盐（铁氰化钾）2g + 清水100mL。

显现方法：先用甲液喷洒在足迹上干燥后，再将乙液喷洒在足迹上，3min左右即可显现出蓝绿色足迹。

（2）pH指示剂染色显现灰尘足迹：如本色木、牛皮纸、纸箱、塑料、地板革等客体上的灰尘足迹，可以用pH指示剂染色显现。

溶液配制方法：溴甲酚蓝1g+乙醇99mL+水1mL。

显现方法：将溶液喷洒在足迹上，根据客体吸附力的强弱可以呈现出蓝色、黄色和红色的足迹。

（3）四甲基联苯胺显现潜血足迹：将四甲基联苯胺溶液涂抹在足迹上即可显出蓝色足迹。

（4）BBI显现潜血足迹：用BBI喷灌向足迹处喷洒即可显出蓝色足迹。如图2-10-5所示。

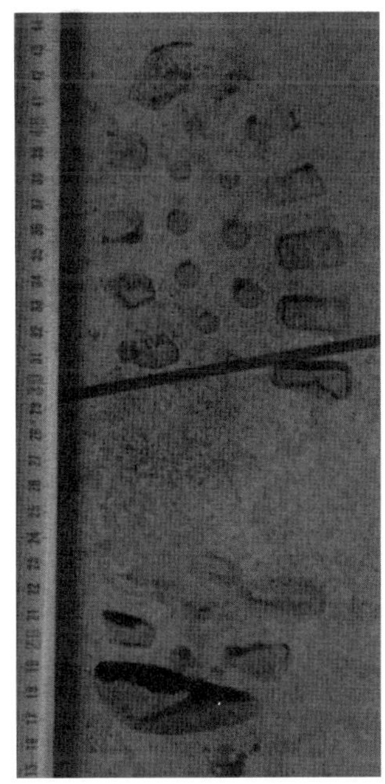

图2-10-5　BBI显现潜血足迹

（5）硝酸银、茚三酮溶液显现汗液潜在足迹：将硝酸银、茚三酮溶液涂抹在足迹上即可显出红色和紫色足迹。

六、刷粉法

非渗透客体上的汗液足迹、水渍足迹，可以用刷粉的方法显现足迹。水渍足迹如水渍较湿，可以先用吹风机将水渍吹干后再刷粉，显现后直接拍照提取或用胶带粘取。如图2-10-6所示。

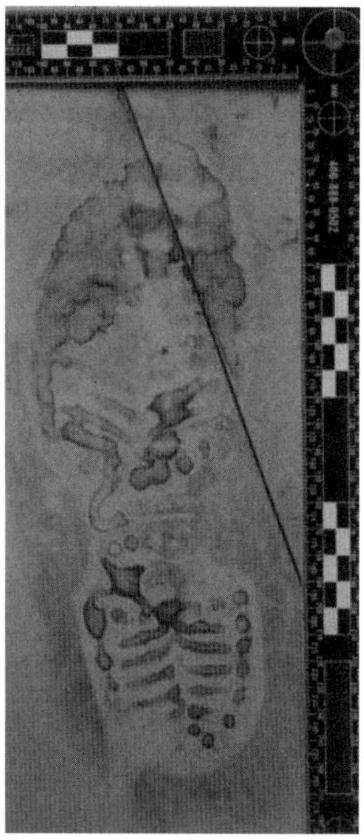

图 2-10-6　刷粉显现的足迹

七、实物提取足迹

对于承痕客体较小、较轻巧、便于保存的，可以将原物保存。比如纸张、衣物、床单、小凳子、鞋底上面的足迹，可以实物提取，实物提取的足迹要妥善包装保存，避免因包装或保存损坏或增加新的特征。

八、混合足迹的提取

1. 灰尘足迹和汗液足迹同时存在时的提取步骤

先拍照，再用静电吸附仪吸附后拍照，最后用粉刷显汗液足迹后拍照，如有必要可以再粘贴下来。

2. 灰尘足迹和水渍或血足迹同时存在时的提取步骤

先拍照，等水渍或血迹干涸后用静电吸附仪吸附后拍照。如是潜血足迹可以用 BBI 或四甲基联苯胺喷显后拍照。

3. 汗液足迹与血足迹同时存在时的提取步骤

先拍照，等血迹干涸后用粉刷显汗液足迹。如是潜血足迹可以用 BBI 或四甲基联苯胺喷显后拍照，然后再用粉刷显汗液足迹。

九、现场足迹上嗅源的提取

1. 土质地面

如是潮湿的土质地面，可以将足迹和泥土一块放入磨口瓶中，封口保存好。较干燥的土质地面，用镊子将干净的脱脂棉或纱布覆盖在足迹上几分钟后，装入磨口瓶、塑料袋中，或将土质一块提取。

2. 水泥、陶瓷、木质等硬质地面

用镊子将干净的脱脂棉或纱布在足迹上擦蹭后装入磨口瓶、塑料袋中。

鞋子等实物上：鞋子提取后用干净的塑料封口袋包装。

其他客体上：根据实际情况而定。

第十一章　现场足迹的追踪和样本鞋的查找

现场足迹的追踪是指刑事技术人员根据嫌疑人遗留在案发现场和来去路线上的足迹特征，通过综合分析，主动追缉嫌疑人的一种技术措施。通过追踪可以从嫌疑人沿途停歇、吃东西、吸烟、排便、掉落物品、埋藏赃物、换衣换鞋等行为中发现新的痕迹物证，为侦查破案提供重要线索。

第一节　追踪方法

一、寻迹接踪

在熟悉掌握犯罪嫌疑人的足迹后，沿犯罪嫌疑人来去路线上的足迹追出去，在追踪过程中必须寻迹接踪。

追踪应注意以下几个问题：

1. 中心现场犯罪嫌疑人的足迹如只能反映出鞋底的局部花纹时，应先推断鞋的种类，根据鞋的花纹种类或结构特征进行追踪。

2. 犯罪嫌疑人在现场周围或在现场上踏踩过某些物质，可根据附着物的脱落痕迹去追踪。

3. 犯罪嫌疑人受伤或凶器上沾有血迹，可沿血迹滴落的方向去追踪。

4. 犯罪嫌疑人如果遗留下被盗窃物品，如花生、粮食颗粒、被盗牲畜的蹄迹、排泄物等，可根据遗留物追踪。

5. 如发现嫌疑人有交通工具，可根据交通工具痕迹进行追踪。

二、接续追踪

追踪断踪后，应在断踪处加以标记，沿最后这枚足迹前后左右仔细观察，注意周围土质、草木等物质上的变化，发现足迹的去向。如实在找不到可以再退回一段距离寻找。

三、逾越追踪

逾越追踪是以现场足迹特征为根据，按照作案人足迹行进方向和地形、地貌的特点，跨越一段距离到前方接踪的一种方法。如在江河、沼泽、沙漠等具体环境下，结合案情经过科学的分析，确定作案人的去向，可以乘用方便的交通工具逾越过复杂地段，到容易留下足迹的地方，进行寻踪追缉。

四、圈踪与候踪

圈踪是以断踪处为起点，采用半圆式、迂回式、螺旋式等方法，向周围作案人可能走过的地方由近及远进行圈踪，直到接上踪迹后再追踪的方法。

候踪时如果经过侦查，仍没有发现作案人的足迹，可以在不暴露意图的情况下，控制各个路口，到嫌疑人可能经过的地方去等候，注意发现新的足迹，进行比对鉴定。

第二节　判断足迹的去向

在追踪过程中，有些地面足迹往往不明显，容易出现断踪。如草地、石砾地、岩石地、森林等，因此，要充分利用不同地面物质变化的痕迹，进行综合分析，从而正确判断足迹的去向。

1. 草地上

在草地上追踪，主要根据草倒伏的方向、草茎向前进的方向或折断方向。

2. 石砾地面上

在石砾地面上追踪，主要是依据石砾移动的裂缝特点确定行走的方向，人的前掌在石砾上踩过后石砾向右移动，裂缝的一面指向前进的方向；如果后跟踩在石砾上，石砾多向前移动，裂缝的一面指向前进的后方。

3. 岩石上

在岩石上追踪，应注意观察岩石上附着物质或尘土的变化。

4. 森林地带

当追踪到森林地带时，要注意森林中草木的倒伏、折断情况，落叶被践踏情况。

5. 冰面上

在冰面上追踪，如果冰上有浮土，人走过后浮土会被擦掉。

6. 道路上

在道路上追踪，必须注意道路两侧和岔道口处足迹的前进方向，如果足迹“打横”，预示改变了行走方向，要顺“打横”的方向寻找。路面上没有足迹时，可到路的两侧观察，或采用圈踪方法进行，要特别注意拐弯处地面上的足迹。

7. 河岸上

追踪到河岸时，应注意过河或顺岸行走，或顺水行走或返回原方向行走等。

8. 水田里

遇到水田里的足迹，首先要在足迹周围围起一道围堤，然后将水舀干，保存好足迹再分析方向。

9. 沙地上

在深沙里形成的足迹呈圆形的坑状，前宽后窄，前深后浅，反映出前进的方向。

10. 垄地上

因植物的品种和耕种方式不同，垄沟和垄台有低有高，有宽有窄，使行走受到一定限制。一般是横踩垄台时，足弓着力，足迹变短；顺着垄沟行走时因宽窄受到一定限制，步幅特征容易发生变化。

第三节　样本鞋的查找

样本鞋是针对现场足迹而定的，现场足迹确定后，为了更好地利用现场足迹分析案件性质和嫌疑人特征，往往需要找到和现场足迹种类一样的样本鞋，然后根据样本鞋的款式、价位、质地能够更准确地分析穿着人群的年龄、层次、职业等。

查找方法：

第一步：要详细、准确地了解现场鞋印的形态特征，如鞋底长度，前掌、鞋弓和后跟的宽度，鞋底花纹的形状、特征，测量几组清晰的较稳定的数据，把这些数据记录下来。然后把比较清晰的现场足迹照片制作成原大或者 1/2 比例的尺寸。

第二步：认真分析现场足迹的特征，根据这些特征确定鞋子可能的制作工艺及类型。

第三步：根据现场照片，对足迹上的花纹特征进行测量和分析所得鞋的类型进行查找。

第四步：根据测量的数据进行查找。

查找途径：

1. 到现场附近的市场上寻找。
2. 到鞋子批发市场上寻找。
3. 通过网络寻找。
4. 通过鞋底花纹数据库寻找。

相似鞋子找到后，一定要和现场足迹认真比对，以免出现误差，给侦查工作带来误导。

第十二章　现场足迹分析

现场足迹是客观存在的，不是想留或不想留的问题。只要犯罪嫌疑人用脚站立行走就会留下脚印，只是由于地面条件表面颗粒结构松软程度等物理性质的影响，留下的脚印或多些或少些，或清晰或不清晰，或完整或不完整。

利用现场脚印不仅为侦查破案，揭露、证实犯罪起到证据作用，而且在没有找到犯罪嫌疑人时，可以起到刻画犯罪嫌疑人特点的作用，利用现场足迹可以进行追踪、鉴别、分析、鉴定。

足迹分析适用于现场遗留的多种足迹，立体、平面、单个、多个都可以进行分析，都可以通过足迹上反映出的特定的特征判断遗留人的人身特点，作案过程、作案人数、作案性质等。

由于人与人之间在人身特点、运步习惯、穿用鞋子等方面存在着差异，所以每个个体所留的足迹特征也各不相同，这个特征可以由足迹中的形象特征和步法特征加以反映。而我们分析现场足迹就是运用这些特征来研究所留足迹人的性别、年龄、身高、生活及生理特性、所穿鞋子的种类等，而后把这些结论运用在侦查破案中，为划定侦查范围、确定侦查方向提供依据，为确定犯罪嫌疑人提供证据。

第一节　鞋子特征分析

在现场足迹中，穿鞋足迹遗留的数量最多，正确分析鞋的种类、鞋的价位，可以为分析作案人的经济状况提供参考。鞋的种类又可以反映穿着人的品位、爱好，更重要的是，可以了解鞋对足迹特征的影响，正确地利用特征对穿鞋人进行刻画。

分析鞋子一般包括鞋子的大小、种类、大底质料、式样、新旧、产地、价位等。

一、推断鞋子的大小

推断鞋子的大小，主要是依据足迹反映的鞋大底的长度、鞋子的功用以及底帮结合工艺。

二、推断鞋子的种类

推断鞋子的种类，主要是根据鞋大底花纹的类型、鞋底原料、制作工艺、鞋底结构和底帮结合形式等，有时还可以根据足迹反映出的牌号进行推断。依据足迹推断鞋子也可以通过查档和市场调查方法，找出鞋子样品。

三、推断鞋子的号码

足长是制定鞋号的基础，我国目前所采用的鞋的尺寸都是按足长作标准的，1cm 为一个号，0.5cm 为半个号，足长是多少厘米就穿多少号的鞋子。但每个人的足长不一定是个整数，又规定了“中值”为基本数值确定鞋号，如足长为 24.8～25.2cm 的人都穿“中值”为 25 号鞋。每个鞋号为适应不同胖瘦脚的人，又设一、二、三、四、五型，一型最瘦，五型最胖。每型之间前掌宽相差 0.28～0.35cm。鞋在制作时考虑到足在鞋内的动作余地和鞋的式样、结构、特殊功用等因素，整个鞋大底的长度应是：鞋内底的长度加上鞋帮以外前后边沿的长度。鞋底全长与鞋内长之差称为内外差。鞋号中值的宽容度即鞋内长与鞋号之差称为放余量。

鞋底全长＝鞋号+放余量+内外差

一般我们把放余量和内外差称为鞋边数。不同的鞋子鞋边数是不一样的。常见的鞋类的鞋边数见表 2-12-1。

表 2-12-1　常见鞋类的鞋边数

鞋类	鞋边数
运动鞋	1.5~2.0cm
旅游鞋	2.0~2.5cm
解放鞋	2.0~2.5cm
大底皮鞋	2.5~3.5cm
小底皮鞋	2.0~3.0cm
棉皮鞋	3.5~4.5cm
大底布鞋	1.5~2.0cm
小底布鞋	1.0~1.5cm
胶鞋	3.0~3.5cm
塑料类	1.5~2.0cm

在分析、判断鞋子的种类和鞋子的号码时，除了依据上述一般规律外，分析人员还要依据当地生产和市场销售鞋子种类、式样特点，全面分析才能得到可靠的结论。

第二节　性别分析

由于男女先天的生理机能、体型结构有所不同，使得男女在行走中有不同的特点，这些特点在足迹的形象特征和步法特征中可以得到反映。具体的分析方法应具体考虑以下五方面。

一、依据足迹形象特征分析

一般女性的鞋号多在 24.5 号以下，前掌宽多在 8.5cm 以下；男性的鞋号多在 24.5 号以上，前掌宽多在 8.5cm 以上。男性鞋子肥大，女性鞋子瘦小，鞋子样式、大底花纹也有区别。

二、依据足迹边沿特征分析

男性足迹周围边沿不完整，不完整的部位多在前掌外侧和足弓内侧，虚而不实，鞋大底边缘反映不全。女性足迹周围边沿反映完整，若有虚边长度较短，当穿平底鞋时，足弓内侧边沿大都可以清晰地反映出来。

三、依据前掌压力面特征分析

男性足迹前掌压力不均匀，压力形成的轻压面与重压面反映明显，凸凹不平。女性足迹前掌压力均匀，压力形成的轻压面、重压面不明显，呈现均压状态。

四、依据起落脚特征分析

男性足迹起脚位置多偏内起或内起脚，且显得有力；女性足迹起脚位置多偏内起、正起脚，有的偏外起脚；男性足迹落脚位置多偏外落或外落脚，女性足迹落脚位置多正落或偏外落。

五、依据步态特征分析

由于女性的生理特点，行走时后跟往往顺地面稍微向内前方用力，使足迹后跟内侧形成垄状堆土，这种堆土称为内推土。当足迹底部由后跟向前掌碾压时，足底的力在前掌内侧向内前方用力，时常形成坑状压痕，这种坑状压痕称为内滚压。内推土和内滚压是女性足迹的特点。

第三节　身高分析

身高是指人体自然站立时，由脚底面至头颅顶端的距离。我国区分人体身高的习惯有高个、中等个和矮个之分。一般男性身高在 175cm 以上的为高个，在 165 ~ 175cm 为中等个，在 165cm 以下的为矮个。女性 170cm 以上为高个，160~170cm 为中等个，160cm 以下为矮个。常用的分析推断方法有以下几种。

一、依据赤足足迹分析

1. 立体赤足足迹分析身高

身高=赤足足迹全长×6.876

身高=赤足足迹全长×7-3

身高=赤足足迹全长×4+68

2. 依照足迹全长判断身高等级

赤足全长测量准确后，全长在 25.5cm 以上的为高个，身高多在 175cm 以上；足长在 24~25.5cm 的为中等个，身高多在 165~175cm；足长在 24.0cm 以下的为矮个，身高多在 165cm 以下。平面足迹全长一般比立体足迹短 0.5cm。

3. 平面赤足足迹分析身高：

身高＝（平面赤足足迹长+痕迹差）×7（或6.876）

痕迹差是指立体足迹与平面足迹的差数，一般在0.5cm。

高个：身高＝242.2－2.56×平面赤足足迹长

中等个：身高＝117.3＋2.19×平面赤足足迹长

矮个：身高＝181.9－0.84×平面赤足足迹长

不分身高等级：身高＝32.5＋5.5×平面赤足足迹长

二、依据穿鞋足迹分析

（1）减鞋边法：先测出现场穿鞋足迹的全长，再依据现场鞋底式样，准确推断出鞋子的种类，然后减去鞋边系数，即得赤足长，然后套用赤足足迹的公式推算。女式中跟或高跟鞋要加相应的尺寸。

（2）跗趾压后跟法：当穿鞋足迹反映出跗趾压轮廓时，可测量出跗指压前缘到后跟边缘的长度，这个长度接近赤足长度，然后选择公式计算。

三、依据步法特征分析

（1）依据步幅特征推断身高：

高个：身高＝单步长+1/3足迹长

中等个：身高＝单步长+1/2足迹长

矮个：身高＝单步长+2/3足迹长

（2）依据步态特征推断身高：

高个：足迹大，后跟多偏外或外落脚，前掌外侧虚边长，跗趾压长，起脚若有力多表现为抠痕。

中等个：足迹长短中等，步长适中，步态特征正常。

矮个：足迹短，步子相对较短，落脚部位多见踏痕，起脚部位多见蹬痕、挖痕，若有甩土，距离较远。

四、依据残缺足迹分析

（1）残缺足迹反映前掌宽：

身高＝2.5×前掌印宽×6.876

身高＝16.19×前掌印宽

现场足迹若是细长形足，前掌印宽与全长比例为1：2.7；若为胖圆形足，前掌印宽与全长比例为1：2.3。

（2）残缺足迹反映前掌长：

身高＝前掌印长×8

身高＝106.5+前掌印长×3

（3）残缺足迹反映足弓至后跟印痕：

身高＝两中心点长度×25.4

两中心点长度即足弓中心点至后跟中心点的长度，可以测量得出。

如果现场是残缺的穿鞋足迹，要考虑实际情况，参考足迹类别、鞋的种类减去相关的系数，再选择合适的公式。

需要注意的是：无论是使用公式还是使用步法特征判断身高，都要考虑足迹遗留时的姿势、承痕客体的情况等，排除各类因素的干扰，才能使分析结果更接近于实际。

第四节　年龄分析

年龄是人体生理状态和运动机能的时间标志。人体生理状态和运动机能随年龄变化而变化，这种变化能够通过足迹反映出来。一般年龄与行走动作的协调关系是：少年动作敏捷，青年利落，壮年有力，中年稳重，老年迟缓；随着年龄的增长，起落脚由低变高再变低，步长由短变长再变短，步宽由宽变窄再变宽，步角由小逐渐变大，足底压力重点由前向后、由内向外逐渐转移。

一、依据步法特点分析

依照人体生理变化阶段规律，可将人年龄分为五个阶段：少年（14～17岁）、青年（18～29岁）、壮年（30～39岁）、中年（40～49岁）、老年（50岁以上）。各年龄阶段都有其相对稳定的基本步法特征。

（一）少年

步幅特征：步行线弯曲，步长长短无定、步宽较宽，步角较小的多。

步态特征：起落脚快，有力，前掌压力重，有踏、挖、抠或抬痕，后跟压力轻，出现擦痕，随着年龄的增长擦痕逐渐消失，后跟后边沿和前掌外侧多见虚边，后跟边沿虚边在干土上呈麻面状。

（二）青年

步幅特征：步行线较有规律，步长相对长，步角直行、小外展、中外展多，步宽小分离、并跟、小搭跟较多。

步态特征：起落脚有力，前掌压力重，多出现蹬、挖、抠、抬等力量强的特征，挖痕伴有甩土，常见踇趾压、前掌坑压、前掌球形压，后跟压力较轻，踏痕明显，擦痕少见。

（三）壮年

步幅特征：这一阶段运动机能略低于青年时期，运步稳重有力，规律性强，步法的积极性弱于青年。

步态特征：足迹前掌与后跟压力轻重较接近，起脚时蹬、挖力不大，抠痕多见，落脚时磕痕明显，前掌压力面稍后移。到壮年后期，挖、蹬逐渐减少，前掌前端仅出现脚部位方向印痕，而无典型的起脚步态特征。

（四）中年

步幅特征：步长开始缩短，步宽开始变宽（也有变窄的），步角外展度增大。

步态特征：起脚落脚高度变低，前尖处由抠痕变为挑痕，后跟出现擦痕，前掌压力变轻，后跟压力变重，前掌压力明显向后转移、扩散，后跟压力面积增大。

（五）老年

步幅特征：步长变短，步宽变宽，步角外展逐渐加大，也有步宽初期增大，后期逐渐变小。

步态特征：后跟较前掌压力更重，面大且实，起落脚更低，前掌前边沿出现虚边，挑痕逐渐加大，变为耠痕，后跟后边沿出现擦痕且逐渐加大，前掌压力面扩散，向后外移得更多。

二、依据前掌起脚和后跟落脚的力量轻重对比分析

少年：起、落脚低，后跟多有擦痕，并有虚边出现，前掌起脚力小，有时有挑痕出现。

青年：落脚轻起脚重，落脚高，出现踏痕，压力较轻，起脚有力，多见蹬痕、挖痕，挖痕甩土较远。

壮年：起落脚稳重，前后压力轻重均衡，起脚多见蹬痕、挖痕、抠痕。

中年：落脚力量重于起脚，后跟出现擦痕，起脚多见蹬痕。

老年：落脚重起脚轻，后跟擦痕加大，前尖出现虚边，挑痕、耠痕加大。

三、依据内外实边位置及长度分析

内外实边的位置和长度与前掌内侧边沿压痕一致，随着年龄的增长，由集中到扩散，重点压力由前到后，由内向外转移。年龄越大，外实边位置向后移动且加长，内实边逐渐变短至消失（图 2-12-1）。

少年：在第一、五趾关节附近。

青年：在第一、五趾关节附近。

壮年：内实边消失，外实边在第五跖趾关节至第五跖趾骨粗隆处附近。

中年：在第五跖趾关节之下至第五跖趾骨粗隆处下方。

老年：在第五跖趾关节以下至后跟前缘。

当确定出外实边以后，可以量出纵向长度，然后计算出年龄，每 1cm 反映的年龄岁数分别是：男性每 1cm 少年 4 岁，青年、壮年、中年 5 岁，老年 7 岁；女性每 1cm 少年 3 岁、青年 4 岁、壮年 5 岁、中年 6 岁、老年 7 岁。

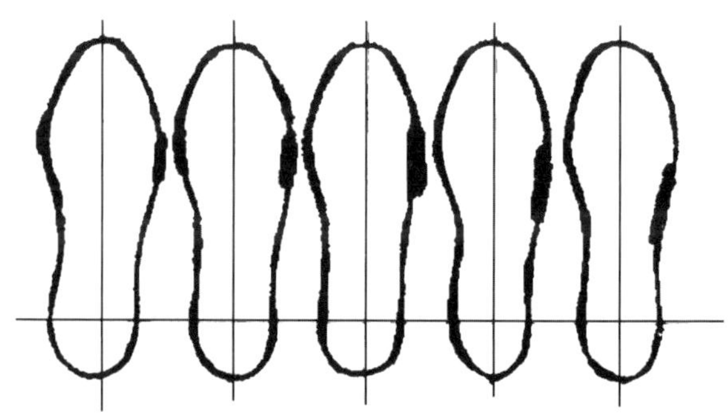

图 2-12-1　不同年龄阶段内外实边位置

四、依据足迹前掌重压面的位置、形状分析

由于每个人的年龄、身体状况不尽相同，脚掌压在地面上的压力大小、部位也不尽相同。一般是年龄小，前掌压力面也小，并靠近脚掌的前

内侧。年龄大时，重压面也大，并向后外方向转移，原因是脚底肌肉松弛，韧带弹性减弱，接触地面扩大，并向后外转移，边沿不够清楚。

五、依据赤足足迹出现的特征分析

少年：足迹反映为五趾正直，分布均匀，各趾脂肪呈半圆状，后跟脂肪垫呈半圆状。

青年：足迹反映为踇趾多呈椭圆形，正直，分布均匀，前掌内侧、中间、外侧三处肌肉丰满，掌前边沿弧度大。

壮年：足迹反映为踇趾呈椭圆形，且呈扁平状，前边缘弧度小，弓压开始变宽，后跟较扁平，形成的坑状压痕较平。

中年：足迹反映为踇趾前端小，后端大，后端皮质加厚，趾节和趾头扁平。前掌肌群扁平，边缘弧度小，掌外边缘向内弧度增大。弓压加宽，后跟呈扁平状或方形。

老年：足迹反映为踇趾呈类三角状，趾节扁而宽，踇趾至第四趾呈向外斜的放射状分布排列，趾节压明显，掌前边缘弧度小而平，弓外侧边缘较直，后跟底面扁平，且表皮反映褶皱较多。

六、分析年龄的具体方法

（1）前掌重压面长度计算法：

年龄=重压面全长×5

测量前掌重压面长度时，青年人量取足迹内侧数据，壮年人、中年人量取足迹中间数据，老年人量取足迹外侧数据。

（2）前减后加法（图2-12-2）：

首先找出重压面的确切位置，并画出前后边沿，然后作出足迹的中心线，依足迹中心线在前掌部位找到足迹全长的0.31处，过该处作中心线的垂线，分别测量两线交点距前、后边沿压力面的长度，前、后压力面相等为30岁，前减后加法，前距大于后距者用减法，每增加1毫米减1.5岁；后距大于前距者用加法，每增加1毫米加1.5岁。

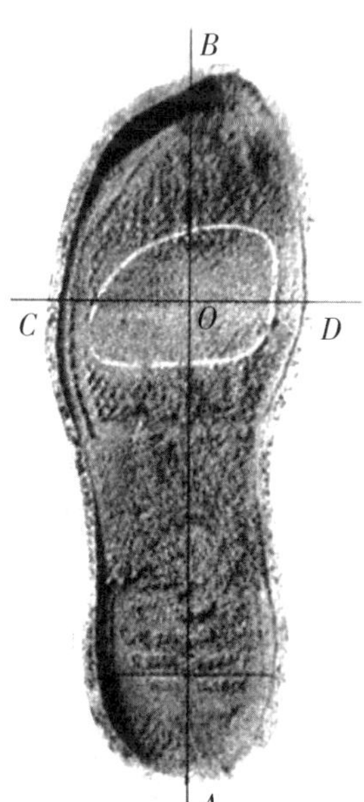

图2-12-2　前减后加

前减法=30-1.5×（前长-后长）

后加法=30+1.5×（后长-前长）

（3）运用回归公式法：

青年阶段年龄=重压力面长×3.3+7.9

壮年阶段年龄=重压力面长×2.1+19

中年阶段年龄=重压力面长×3.1+18.4

第五节　体态分析

人的胖瘦一般分为胖、中、瘦三种类型。

一、胖人的足迹特点

步幅特征为：步长较短，步宽较宽，外展角较大。

步态特征为：足迹整体反映丰满，前掌、后跟压力面大，呈均匀状，后跟压力较重，足弓压痕面较宽，立体足迹下陷相对深，常伴有擦痕、挑痕；蹬痕、挖痕很少见。

二、瘦人的足迹特点

步幅特征：步长较长，步宽较窄，步角较小。

步态特征：足迹整体反映长而窄，足底压力不均匀，轻重压明显，足迹边沿不完整，常伴有蹬痕、挖痕。

三、中等体态人的足迹特点

中等体态人足迹特点介于胖人和瘦人之间。

四、计算体重的方法

体重（kg）=身高（cm）-105

现场分析体态较胖者，计算出的体重加10%。现场分析体态较瘦的，计算出的体重减8%。

第六节　行走姿势分析

一、依据步长分析

左步长与右步长一样的，两臂甩动，两肩高低基本对称。左步长与右步长相差5cm以上的，两臂甩动不一致。左步长大于右步长者，右臂甩动大，反之，左臂甩动大。

二、依据步宽分析

步宽窄，走路躯干晃动，两足向内划弧，步宽越窄，躯干晃动越明显。步宽宽，走路躯干正直或后仰，步宽越宽，躯干后仰越明显。并跟步，走路躯干正直，两臂前后甩。

三、依据步角分析

左右足外展角度接近，两臂等高，前后甩动；左右足外展不对称，步角相差5°以上者，两肩差异明显，步角大的一侧肩靠后。若内收步，行走时臂后突，两臂多腹前甩，左右扭动。

四、依据起落足部位方向分析

（1）正落足正起足：多直行步，走路平稳，躯干正直且晃动不大，两臂前后甩。

（2）外落足内起足：外落足内起足多是外展步，落足位置越偏外，起足位置越偏内，外展角度也越大。行走时躯干后仰，多身后甩臂，左右有晃动。

（3）内落足外起足：内落足外起足多属内收步，行走姿势是臀部突出、扭动，躯干前倾，两臂腹前甩，内收程度越大，落足越偏内，起足越偏外。

五、依据步态特征分析

磕痕：落足高，走路挺胸抬头。

踏痕：迈步大，走路快，两臂前后甩，身体向前倾。

迫痕：走路时，身体左右晃动。

拧痕：臀部后突，扭动，两臂腹前甩。

蹬痕、挖痕、抠痕：身体前倾，运步快，两臂甩动大。

挑痕、豁痕：起足低、运步速度慢，有的躯干后仰。

擦痕：落足低，走路拖拉不利索。

压痕：前掌压痕重，身体多前倾；压痕呈球形，行走时多上下蹿动；跗趾压痕重，走路多低头；前掌横条压，多为直行步；前掌内前外后斜条压，多为外展步；前掌外前内后斜条压，多为内收步；外侧压痕重，多左右晃动。

六、依据腿型分析

罗圈腿：罗圈度越大，身体左右晃动越大，足迹越外压重，步宽越窄。

直形腿：躯干正直，两臂前后甩，正起正落，压痕均匀。

剪子腿：躯干前倾，身体左右晃动，两臂腹前甩，内侧压痕重，步宽多为分离。

不对称腿：如一腿直形，一腿罗圈，躯干向罗圈腿侧晃动，直形腿侧压痕均匀，罗圈腿侧压痕靠外。

第十三章　利用足迹分析案情

足是人站立、行走、跑跳、攀爬等行动必不可少的身体器官，只要是人制造的犯罪现场就有可能在足接触的承痕客体上留下足迹，因此要对现场足迹进行全面认真客观的研究，为分析案件性质、确定作案人数、分析作案过程、确定作案时间提供依据，为侦破案件服务。

第一节　分析案件性质

一、通过足迹遗留位置分析

足迹能真实反映一个人的行为，该行为可以表现出其目的。所以可以通过足迹的遗留位置分析其作案目的和意图，从而确定案件性质。

（1）侵财类凶杀案现场：侵财类杀人案现场的足迹常出现在现场出入口（院墙处、门口处或窗口处）、财物损失的地方（被翻动的柜子前、桌子前、保险柜、床前等地方）、尸体周围等，这类现场一般是盗窃或抢劫演变为杀人案件。此类案件往往在物品被翻动的地方不是血足迹，只在尸体周围有血足迹。如2010年2月，某市一农户家发生一起杀人案件，当晚一个人在家睡觉的女主人被连捅数刀死在自家西卧室床上，技术人员在勘查现场时，先在院子内发现了一种可疑足迹，后又在其家东卧室桌子前地面上发现了同种足迹，在尸体所在的床沿上发现了同类足迹，在盖尸体的被子上发现了同种花纹的血足迹。现场访问得知，其家东卧室桌子上正在充电的一部手机丢失。案件研究时根据这些足迹的分布位置分析：第一，在手机被盗窃的地方发现灰尘加层足迹；第二，在客厅地面上发现有足尖朝向西卧室的灰尘加层足迹；第三，在受害人所睡的床边上发现一枚足尖向床里的灰尖加层足迹；第四，在盖尸体的被子上发现有同种花纹的较凌乱的血足迹。根据以上足迹的分布，结合现场丢失的手机，把该案定为侵财类杀人案件，沿着这个方向侦查，该案侦破后得知：嫌疑人系受害人家的邻居，很了解受害人家的情况，并且知道当晚就受害人一人在家，且受害人儿子的手机在东卧室充电，本想到其家将手机盗走，结果拿了手机离开时被正在睡觉的受害人发现，因为是熟人，受害人没有起床穿衣服，两人在说话时，嫌疑人趁受害人不备拿出事先带去的菜刀砍向受害人，将其杀害后逃离现场。

（2）激情杀人、仇杀、强奸杀人案现场：此类嫌疑足迹多出现在尸体周围，现场往往没有财物损失。如2007年5月，某市一12岁的女孩在上学路上失踪，后其尸体在农田一机井房内被发现，尸体下身没穿衣服。现场勘查时，在通向机井房的麦田内发现了受害人和另一种足迹并行，在机井房内地面上也发现了同样的两种足迹，在尸体旁边地面只发现了多枚该种并行的足迹。案情分析时根据现场足迹和尸体情况把该案定为拦路强奸杀人案。案件侦破后证实：嫌疑人在路上发现了独行的受害人，顿生歹意，将受害人劫持到路旁边麦地内的一处机井房内，对受害人实施强奸，由于受害人反抗喊叫，遂扼颈将其掐死后奸尸。

（3）侵财类现场：侵财类案件现场足迹一般出现在物品变动的地方、财物损失的地方、被翻动的物品上。如盗窃保险柜案件，在保险柜周围的地面上和进出现场的出入口处寻找到嫌疑人足迹，就可定为盗窃保险柜。入室盗窃现场足迹在被翻动的柜子、抽屉处地面上寻找。抢劫类现场足迹在受害人讲述嫌疑人到过的地方或财物损失的地方寻找。

(4) 强奸案现场：在受害人被侵害地方发现足迹。

(5) 自杀案现场：现场地面上只有死者一种足迹，且在死者脚下倒伏的凳子等物体上也有死者的足迹。如2010年12月，某市农村一豆腐坊的老板被家人发现吊在豆腐坊的门上，已死亡，因其手腕处、颈部、脚腕处、胸部、背部都分别缠有女用丝巾和布条，家人怀疑是他杀。刑事技术人员在勘查现场时在室内只发现其一人的足迹，其脚下有一个倒伏的凳子，凳子上有他的足迹，室内门窗完好，且从内锁着。法医尸表检验发现：死者其他缠绕有物品的地方物品都呈松弛状，其会阴部却被一条女式围巾紧紧地勒着，经死者妻子辨认，死者身上缠绕的物品都是自家的。根据现场足迹和尸体检验情况把该案定为性抑制性自杀。

二、通过反常足迹分析

(1) 袜子印痕：不适合赤足走的地面上出现赤足印、现场周围田地内出现的鞋上套袜子印痕，多是作案人所留足迹，前者是避免发出响声，后者是避免发现所穿鞋子的鞋底花纹。如凌晨攀爬入室盗窃案件的现场常常出现赤足或袜子印痕足迹，嫌疑人避免发出响声被睡觉中的事主发现。如2006年，某市多次发生企业厂矿保险柜内物品被盗窃案件，厂矿周围多是田地或荒地。现场勘查时，在厂矿周围的土地中发现不同的几种鞋上套袜子印痕，在中心现场同样也发现这些印痕，这些反常的足迹说明嫌疑人有反侦查意识，避免被发现所穿鞋子的鞋底花纹，由此分析这些反常足迹都是为实施盗窃所为。

(2) 其他反常足迹：倒穿鞋、换穿其他人鞋、穿受害人家的鞋、大脚穿小鞋、小脚穿大鞋等反常足迹都是为干扰侦查视线所为，现场上遇到此类足迹要认真分析研究。如2006年9月某市一楼房内发现一高度腐败的女尸，现场勘查时，在门口发现有两双摆放整齐的男式拖鞋，在中心现场除拖鞋鞋印外，没有发现其他足迹，现场门窗完好，案件分析时定为关系人作案，进现场时换受害人家的拖鞋，案件侦破后嫌疑人供述：其和受害人是情人关系，因金钱原因将受害人杀死。又如2007年6月，某市一居民家中发生一起特大入室盗窃案件，受害人家保险柜内的60万元现金和柜子顶层被子内的30万元现金被盗，现场勘查时发现其家为独家小院，院墙有4米多高，大门锁完好，院内有一条狗，室内门窗也完好，在外围现场没有发现其家人以外的可疑足迹，中心现场地面被拖布拖过，经仔细勘查，在中心现场的床头柜上发现一枚皮鞋足迹，在床前的一块地毯上处理出一枚同样的皮鞋足迹，后经比对发现是其家门口鞋柜内男主人的一双皮鞋所留，但男主人在外地，后经对该种足迹反复研究分析，发现是小脚穿大鞋形成，后结合现场的其他情况，就把案件定为其家内部人作案，于是对其家20岁的儿子进行讯问，其交代了穿父亲鞋作案的事实，公安人员把放在同学家的现金全部缴获。该案中其父亲身高185cm，穿47码的鞋，儿子身高170cm，穿41码的鞋，因此出现了小脚穿大鞋的足迹。

三、通过异常步态分析

纵火案件、盗窃案件现场常见作案人作案后逃跑途中，出现“打横”足迹，说明有回头观望动作；若现场留有多枚重叠足迹，说明作案人等待作案时机、望风或作案前犹豫徘徊所留；若现场足迹反映压力重，且伴有不正常的蹬痕、擦痕，说明行走人有背、抱有重物等负重行为。如2009年1月3日，某市一出租房内发生一起杀人案，现场勘查时，在现场西边废弃院子的房子窗下发现多枚相互重叠脚尖朝向现场的足迹，该足迹花纹种类与中心现场一致，案件分析时结合现场足迹把该案定为抢劫杀人案。案件侦破后嫌疑人交代：知道受害人是夫妇二人，想去受害人家抢钱，害怕一个人制服不了两个人，所以其一直在现场西边院子的破房内等待观察，等受害人脱衣睡觉后进入现场实施杀人抢劫。

四、通过足迹辨别真伪现场

当事人陈述的活动与足迹勘验不符，如报称被抢劫、打伤的案件现场，现场只有两个人的足迹，而勘查时只有一人足迹；报称被性侵害的现场只有当事人一个人的足迹。足迹所在的位置、种类、方向以及其他痕迹的关系与陈述相互矛盾的，其中必有隐情。

第二节　分析作案人数

在分析案件时，作案人数的准确判断关系着侦查范围的划定，直接影响案件的侦破进程。

一、根据足迹种类特征分析

只要作案人进入现场，现场又具备留痕条件，就会留下作案人的足迹，根据足迹的种类就能确定作案人数。但也有多人穿同一种鞋子的，要注意区分。

2012 年 9 月，某市石坑旁一废弃的房子内发生一起杀人焚尸案，现场勘查时，在尸体周围反复勘查，只发现一种足迹，周围又没有拖拉痕迹，死者又没有穿鞋子，由此分析进入现场的作案人只有一人，且死者是在没有意识的情况下被嫌疑人抱着、背着或用袋子装着提着放在现场，然后焚烧的，由此把案件定为杀人抛尸案，侦查范围定为死者的关系人。案件侦破后证实：死者是在家里被其儿子杀死后，用袋子装着运到该处，然后点火焚烧。

又如某地区发生的系列厂矿盗窃保险柜案件，现场勘查时，发现有多枚同种花纹的足迹，经过测量大小发现至少有四种不同的鞋码，由此分析这是一个较专业的多人盗窃团伙，流窜作案的可能性较大，由此开展工作。案件侦破后发现这是一个湖南籍的专业盗窃保险柜的犯罪团伙所为。

又如 2009 年 1 月某地区的一起杀人案件，受害人为两人，且作案工具有煤斧、煤镢、胶带、绳子等物品，案件分析时大家一直围绕作案人数反复分析研究，是多人作案还是一人作案，这直接影响着侦查方向，后经反复对现场进行勘查，在中心和外围现场只发现了一种足迹，后经分析研究，最终还是确定为一人作案，案件破获后证实也只有一人作案。

由此可见，认真、客观、准确地研究分析现场足迹，对推断作案人数非常重要。

二、根据步法特征分析

人的步法特征具有稳定性和特定性，不会因穿着鞋子的不同而改变。有条件的情况下，在现场寻找稳定的步幅特征和步态特征，然后进行分析比对，不但可以判断作案人数，同时还可以判断作案人的走路姿势、身高、体态、年龄等自然特征，为侦破案件服务。

第三节　分析作案过程

通过分析作案过程，可以判断作案人的行为、目的，从而为分析案件性质服务。

一、进出口的分析

作案人进入现场作案，必有进出口。所以室内现场在窗下、门口地面上都会留下作案人的足迹。如某处发现足迹，就能确定嫌疑人从该处进入现场。如野外现场，在现场周围朝向中心现场的某个方向上发现有足迹，就能发现其来去路线，也有可能在该路线上发现其他痕迹物证。

二、中心现场活动情况的分析

通过对现场上遗留足迹的位置、分布、种类、状态等进行分析，可以重建嫌疑人在现场的整个活动情况，从而判断嫌疑人的作案目的、作案人数，为案件定性、划定侦查范围和指明侦查方向提供依据。

第四节　分析作案时间

作案时间与足迹遗留时间是同步的。分析足迹遗留时间就是确定案发时间。通过足迹分析作案时间，主要依据是足迹上的灰尘、足迹中水分的蒸发、土质干燥情况、周边物质脱落情况，足迹中附着物的物理性质变化，被踩踏植物的叶、茎干、湿、枯萎情况的变化，足迹中雨雪降落情况的变化等。有时候要根据当地的气候反复实验才能得出结论。

第五节　分析足迹上的介质

不论是平面足迹还是立体足迹，足迹上都带

有介质，如粉尘类（灰尘、水泥、石灰、煤粉等）、液体类（水、油漆、血迹、油、草渍等）、固体类（泥土、草籽、粮食颗粒、石砾等）、植物渍类（树叶、花、草、农作物等）。通过对这些物质的认真分析，可以了解嫌疑人的一些信息。

一、介质的勘查

现场勘验中发现嫌疑足迹后，先拍照固定，然后配合不同的光源仔细观察足迹上的物质，观察时要戴口罩、手套，避免污染足迹。勘查时对入口处的足迹、嫌疑人蹲点处、攀爬蹬物处的足迹应作为勘验的重点。如果是立体足迹，要观察足迹表面是否有与现场物质不同的物质，如有，应记录拍照，在不破坏足迹特征的情况下用合适的方法提取。对于平面加层足迹，应先观察加层的物质种类，是否为现场所有，如现场没有应认真观察并拍照，然后采用适当的方法提取、包装，以备送检。对于减层足迹，也要认真观察足迹上是否有脱落物。

二、介质的提取

对于足迹上的外来物质，在提取时一定要认真、细致、方法适当。对于具有鉴定条件的足迹，一定要把握不损坏足迹检验特征的原则。

对于粉尘类的足迹，提取时可用脱脂棉、纱布擦拭后用透明封口袋包装。对于液态足迹，应用棉签擦取，如已干涸应用纯净水将棉签湿润后擦拭提取，晾干后用透明封口袋包装。对于足迹上的固体物质，应用干净的镊子夹取后放在干净的器具中保管。

三、介质的作用

针对现场足迹上提取的物质不同的类别，可以进行不同的检验，检出其成分，通过其成分可以分析其用途，查找其来源。如足迹上粘有水泥粉，就可以检验出该种水泥的成分、每种成分的含量，根据这些特征去查找同种类的水泥是哪个厂家生产的、什么用途，由此查找哪类人会接触该种物质，然后划定嫌疑人的范围。

如足迹上带有和现场不一样的泥土，就可以化验出这种泥土的成分，然后找出这种成分的泥土什么地方有，从而确定嫌疑人的来源。如足迹上粘有油漆，一方面可以检验油漆的成分，一方面可以寻找哪类人会接触到这种油漆，由此找到嫌疑人的职业或住处。

如现场足迹上有水渍，可以分析作案时间是雨前或雨后，水渍上如带有其他物质可再进一步分析，找到其来源，由此也可以确定嫌疑人的方向。

如足迹上有植物渍迹，由此可以寻找嫌疑人到现场的路线。

如是命案，顺着血足迹可以追踪嫌疑人，同时血足迹也是很好的嗅源。

第六节　分析重叠足迹

重叠足迹包括受害人与嫌疑人足迹的重叠，同类嫌疑足迹与同类嫌疑足迹的重叠，不同类嫌疑足迹的重叠，不同介质足迹的重叠等。

一、推断作案时间

通过受害人与嫌疑人足迹的重叠，可以推断嫌疑人作案的时间段。嫌疑足迹压在受害人足迹上，就可以通过研究受害人遗留足迹的情况去推断嫌疑人作案的时间段。如入室盗窃案件现场，嫌疑人的足迹压在受害家人的足迹上面，弄清受害人留下足迹的时间及发现被盗窃的时间，那么作案时间就在这个时间段内。

二、推断嫌疑人到现场的次数

通过研究受害人足迹与嫌疑人足迹出现的先后次序，推断嫌疑人到现场的次数。如技术开锁类入室盗窃案件，室内翻动不大，受害人不知道准确的被盗窃时间，这时如发现有嫌疑足迹压在受害人家的足迹上，或受害人的足迹又压在了嫌疑足迹上，这说明嫌疑人只到过一次现场。如发现嫌疑足迹又压在受害人最新的足迹上，这说明嫌疑人至少到过二次现场。注意在分析时一定要询问清楚受害人的情况。

三、推断嫌疑人在现场的活动情况

通过分析研究现场嫌疑足迹的重叠情况，推断嫌疑人在现场的活动情况，从而分析其作案心理和目的。如在现场财物损失处发现有多枚相互重叠的嫌疑足迹，很可能嫌疑人就是图财而去的。强奸、抢劫、杀人案现场，如只在受害人被加害的地方发现重叠足迹，说明嫌疑人的目的就是强奸、抢劫或杀人；如除此之外在现场财物损失的地方也发现有重叠的足迹，这时就要结合现场的其他痕迹物证，认真分析研究是先侵财还是先侵害人身，由此推断案件的性质。

如有多名嫌疑人，可根据现场足迹的重叠情况分析不同嫌疑人员各自的活动情况及先后次序，还可以根据足迹上不同介质的转移分析活动的先后次序，从而分析作案目的。

第十四章　足迹鉴定

足迹鉴定是在刑事诉讼过程中，由公检法等专门机关聘请或委托足迹专门技术人员，依据同一认定理论，运用专门的科学技术方法和手段，根据现场案犯足迹所反映的特征，对嫌疑人的足迹进行检验，通过观察、测量、比对，论证各自所构成的特性是否同一，对其特征异同认定或排除做出认定同一或否定同一结论的检验过程。足迹鉴定的主要任务是解决鞋、袜同一认定和人身同一认定的问题。足迹鉴定结论是刑事诉讼证据之一。

足迹鉴定程序：采用鞋底磨损检验鉴定技术的程序检验方法有四句话口诀：①先看脚大小；②再看起落脚；③脚型很重要；④按着区域逐个找（就是足迹中的从前往后数脚趾区、前脚掌区、脚弓区、后跟区等区域逐个进行检验）。在检验的过程中，必须注意远看近看相结合（远看足迹轮廓，近看磨损特征），观察与测量相结合，粗看和细看相结合。粗看足迹中整体反映出的各个部位出现的特征，把各个部位反映出的种类特征和细节特征从整体中贯穿起来，可构成几何图形。

足迹鉴定种类：根据足迹鉴定的种类不同和同一认定的目的不同，足迹鉴定的种类划分为赤足足迹鉴定、穿鞋足迹鉴定和穿袜足迹鉴定。鉴定所依据的特征为结构特征或运动特征。

足迹鉴定内容：赤足足迹对人身的同一认定；穿鞋、袜对嫌疑人鞋袜的同一认定，即穿鞋足迹是否为嫌疑人穿用其他种类的鞋所留；现场鞋印的鞋是否为嫌疑人的鞋；形成鞋印足迹对人身进行同一认定；现场提取的作案人的鞋是否为嫌疑人的鞋等。

第一节　结构特征鉴定

一、赤足足迹

赤足足迹的结构特征鉴定是根据现场留下的赤足足迹与嫌疑人的赤足样本比对，从而认定或排除嫌疑人的检验活动。比对鉴定原则：现场平面赤足足迹只能与嫌疑人平面赤足足迹比对；现场立体足迹只能与嫌疑人的立体赤足足迹比对；乳突纹线的比对检验可以例外。

（一）检验种类特征要点

（1）趾头形状，五趾顶端连线类型，五趾中轴延长线类型，隆出的数量。

（2）测量足迹全长及各部的宽。

（3）复杂乳突花纹类型及所在方位。

（二）检验个别特征要点

（1）邻近两趾痕间距，趾顶端角型连线的角度及所在趾位。

（2）跗趾角的角度。

（3）畸形趾的形状、大小及趾位。

（4）某一隆出的弦长及弓高。

（5）伤痕、鸡眼痕的形状、大小及所在的部位、方位。

（6）连接几个脱皮点构成图案的边长及角度。

（7）屈肌褶纹的形状、长度及最粗处的宽度，以及几条屈肌褶纹构成图案的边长及角度。

（8）某一部位某一方位几条皱纹构成的特殊图案的边长及角度。

（9）乳突花纹中的起点、终点、分歧、结

合、小点、小眼、小勾、小桥、小棒、单一的膨隆线以及粗大且稀疏的一组乳突线等。

（10）特定特征间的相互关系（特征间间距）。

二、鞋印足迹

鞋印足迹的结构特征鉴定是根据现场鞋印反映的形象特征和嫌疑人的鞋或嫌疑人鞋印样本的比对，从而认定或排除嫌疑人的检验活动。由于鉴定所依据的是鞋底的形象特征，所以对样本的平面、立体都可以进行比对。

（一）检验种类特征要点

着重研究穿鞋、袜足迹的全长及各部的长、宽度，鞋底的原料品种、形态结构、花纹类型的形象反映，以及商标、牌号、号码的位置等。

（二）检验个别特征要点

依据具体的造痕体，可酌情从以下特征范围选用：

（1）硬伤痕迹形状、大小所在部位、方位。

（2）磨损面周围残留花纹形状、大小、方位。

（3）孔洞及周围裂口的形状、大小、数量及所在时针位。

（4）补块物的形状、大小及其自身具有的细节特征。

（5）断裂纹痕的形状及长度。

（6）钉帽、钉孔及周围裂口痕特征。

（7）针脚。

第二节　运动特征鉴定

鞋印运动特征鉴定是依据人行走时所反映的用力方式的特定性与稳定性进行的人身同一的认定。

一、由鞋认定穿鞋的人

（1）现场遗留的鞋与已知的穿着一定时间的鞋比对，认定穿鞋的人。

（2）用现场遗留的鞋与鞋印样本比对，认定遗留鞋的人。

二、由鞋印认定人身

（1）用现场鞋印与已知鞋（穿着一定时间的鞋）比对认定人身。

（2）用鞋印与穿鞋行走样本鞋印比对，认定人身。

三、鞋印的鉴定内容

（1）落足的部位、方向与形态。

（2）鞋底压痕，即压力面的大小、轻重、形态及分布位置。

（3）起足的部位、方向与形态。

（4）鞋印边沿虚实部位及长短。

（5）鞋印上的磨损形象部位、形状、大小。

四、鞋的鉴定内容

（1）鞋跟后缘磨损部位、形状、走向。

（2）鞋底磨损部位、形状及磨损程度。

（3）鞋底前缘磨损部位、形状、走向。

（4）鞋底边缘磨损部位、程度。

（5）鞋帮磨损状况。

（6）汗垢污染形成的赤足底的形象。

（7）污染与磨损形成赤足底的形象。

第三节　足迹鉴定的程序

一、受理鉴定

（1）查证送检是否符合法律程序。

（2）了解案件简要情况（发案时间、地点、案情）。

（3）了解送检足迹的发现、提取、送检情况，足迹的种类、数量，提取部位，保护方法，送检包装运输方法，送检足迹的数量、质量等。

（4）了解送检足迹样本（含鞋、袜）的搜集、采集方法、时间、数量、种类等。嫌疑人的鞋、鞋垫、袜子等在送检前禁止洗刷、拆补、损坏以及做其他试验，以免破坏原有痕迹或增加新痕迹。同时还要了解嫌疑人的性别、年龄、身高、体态、职业、行走姿势、习惯、健康状况和生理特点等。

（5）明确鉴定要求，按手续填写登记表；

记录上述有关情况。

二、准备鉴定用具

准备好检验鉴定所用的量角器、放大镜、卷尺、分规、直尺、角尺、铅笔、彩色笔、白纸、线、记录纸笔。

三、检验

（1）分别检验：先观察、寻找现场足迹的种类特征和个别特征，进行测量、标画，然后观察寻找样本足迹的特征，进行测量、标画。在实际工作中，一定要先检验现场足迹，避免先入为主。检验时要区分好相同点和差异点，一定要认真负责，力求检验结论客观、全面、准确。

（2）比较检验：经过对现场足迹和嫌疑足迹分别检验，对二者的特征充分熟悉、了解后，对二者进行研究，比较对照，确定特征异同点。

四、评判

综合分析评判，分析足迹中符合点和差异点的来源，以及足迹特征质量和数量的关系，根据符合特征和差异特征的可靠程度，做出肯定或否定的检验意见。

五、制作鉴定书

按照制作鉴定书的要求、内容、格式，制作出检验鉴定意见书。

第四节　足迹鉴定的方法

常用的足迹鉴定方法有四种，分别是特征直观对照法、测量比较法、画线构图法和重叠法。

一、特征直观对照法

将现场足迹与样本足迹各自反映出的特征的形状、状态、部位、方向、范围、大小、数量等一一对照相符合的情况。如足迹的长短、宽窄、大小和外形等种类特征是否相符，起、落足等动作特征是否一致，成趟足迹的步长、步宽、步角的平均值是否相等。

二、测量比较法

利用相应工具确定测量基点，在相同的条件下，测量现场足迹和样本足迹各自所反映的特征的准确位置、面积，以及各特征之间的距离和相互关系，然后比较相符合的情况。

三、画线构图法

将现场足迹与样本足迹所发现的特征点用直线段连接起来，构成相应的几何图形，然后比较各自构成的图形形状、各自线段的长度、相邻的两线段构成的角度等相符状况。

四、重叠法

用透明纸或胶片覆盖在现场足迹上，将特征描绘下来，然后将描绘的薄片重叠在嫌疑人的足迹样本和用足迹样本描绘的透明胶片上，观察其重叠情况。

第十五章 赤足足迹的鉴定

赤足足迹鉴定所依据的有赤足足迹的形态结构特征和步法特征，一般以形态结构特征为主，步法特征为辅，二者相互补充，相互印证。综合利用检验前一定要正确认识所利用的特征中哪个是种类特征，哪个是个别特征，哪个是稳定可靠的高质量特征，哪个是仅供参考的低质量特征。

第一节 赤足平面足迹的检验

赤足平面足迹特征表现为各部位的轮廓形象和重压部位的密度形象，在承痕体表面条件好的情况下，还可反映出乳突纹状等特征形象。由于每个人足型的特定性，再加上行走动力的特定性，所以每个人所留下的平面足迹的轮廓等形象也具有很强的特定性和相对稳定性。通过平面足迹轮廓形象等特征比对可以认定留下足迹的人。鉴定程序与方法如下：

一、审查检材

审查检材时，除了按通常程序进行了解相关情况外，还要特别注意了解现场足迹的提取方法，区分左右足。通常送检的现场平面足迹照片的形式出现较多，有的照片是现场直接拍照，有的是静电提取后拍照或胶片粘取的足迹。由于拍照客体不同，所以一定要弄清足位。对于送检的样本足迹还要问清是静态捺印的，还是行走捺印提取的等。

二、分别检验

（一）足迹边缘轮廓描绘法

对于清楚的赤足平面足迹，其轮廓形象边缘是清晰的，很容易标记。但相当一部分现场足迹，由于受地面等条件限制，往往轮廓周边反映模糊不清，必须反复观察才能正确地标记出来，通常用透明胶片盖在现场足迹的照片上，用特种铅笔或较尖的书写笔，从足迹的一端或最清晰的部分开始标画，将足迹后跟、足弓、前掌、五趾的轮廓形象标画出来。

在用透明胶片找赤足平面足迹特征时，由于足底是弹性的，同一只足在同样条件下所形成的各个足迹，其轮廓形态都有变化，不可能是绝对一致的，对多数同一个足的足迹分别进行描绘的轮廓形象也必然不会绝对重合的。但通过对同一只足的足迹反复描绘、重合比对，可以绘出轮廓线位置的变化范围，这对于下一步评断特征的异同是很有用的。所以在进行足迹鉴定时，要求提供一定数量的现场足迹和样本足迹是十分必要的，特别是在现场足迹条件不好的情况下，更应当要求送检单位提供足够数量的样本足迹。

（二）足迹内部特征标记法

描绘出周边轮廓形象特征后，要进一步寻找足底行走力的特征，即足底的密度等形象特征，在地面条件较好的情况下反映的足底乳突线特征和脱皮、鸡眼等足底表面形象特征。同时，要将所反映出的密度等形态特征和表面形象特征的形状、位置标记出来，并运用坐标进行相关的测量。

三、比较检验

在分别检验的基础上，将现场足迹、样本足迹放在一起进行观察比较，将描绘好的透明胶片放在样本足迹上进行重合比对，也可以用现场足迹描绘的透明胶片与样本足迹描绘的透明胶片进行叠加重合比对，观察重合情况，找出特征的复合点与差异点。为了便于重合观察，可用红、蓝两色笔分别描画现场足迹与样本足迹。

对于条件较差的现场足迹，在分别检验时不易描画的特征，可以用样本足迹对照寻找相应的特征。所以在比较检验时，还会发现在分别检验时没有发现的特征。

四、评断异同点，得出鉴定结论

在比较检验基础上，找出现场足迹与样本足迹的特征符合点与差异点，进行评断，得出鉴定结论，书写鉴定书。

第二节　赤足立体足迹的检验

赤足立体足迹是人行走运动时足底形象的客观复制，反映了足底结构形象和行走运动力的作用形象，在承痕体为颗粒结构细密的客体上也留下足底乳突纹线形象。这些特征信息构成赤足立体足迹的特定性和相对稳定性，通过赤足立体足迹检验可以认定留下足迹的人。进行立体赤足迹鉴定时，样本足迹的提取一定要与现场足迹的条件相似。

一、分别检验

按照先现场后样本的顺序，首先检验现场足迹，寻找特征进行标画记录、测量。对于立体赤足迹特征描绘标记方法，可按平面赤足迹办法进行。即用透明薄膜放在石膏模型上，首先描绘出足迹周围的轮廓形象，再分别描绘足后跟、足弓、前掌及五趾各部位的轮廓形象，显示出赤足底整体及各部位的特征形象。在此基础上再分别用等高线法标记出足底的突出部位，显示出行走的动力形象，即标记足后跟、足弓、前掌及五趾的等高线层次形象，根据各部位等高线的线数多少找出力度的大小。

在上述描绘的基础上，结合足迹石膏模型进行相应的测量、记录。

二、比较检验

将现场石膏模型与样本石膏模型及所描绘的现场与样本的透明薄片排在一起进行比对观察测量，找出特征相同点与差异点。

1. 足底乳突纹线的检验鉴定

如果赤足足迹反映出乳突纹线花纹，特别是残缺的赤足足迹，不论是平面还是立体的，只要有乳突花纹形象反映都要进行鉴定，鉴定方法与指纹鉴定方法相同。

2. 现场赤足足迹特征的选用

（1）赤足足迹的种类特征：具体有足迹的长度、宽度数据，以及各部位的长度和宽度；足趾的排列、分布情况，足弓类型，各区域的周边形状；步幅特征中的步长、步宽、步角特征；步态特征中的蹬痕、踏痕、压痕等痕迹的位置、形状等。

（2）赤足足迹的个别特征：具体有足型特征中趾的形态、边缘形态、各边缘之间的形态关系；第五跖骨粗隆的具体形态；乳突纹线的细节特征，褶皱纹的具体方位、形态、流向及相互关系；畸形趾的具体形态、伤疤、鸡眼、老茧、脱皮的具体方位、形态及其与其他特征的关系；步法特征中的蹬痕、踏痕、压痕的具体形态及其关系，挑痕、擦痕等痕迹的具体形态等。

残缺足迹要判明左右足及部位。变形赤足足迹，要研究变形的原因，采取相应的赤足足迹进行比对。

三、提取足迹样本应注意的问题

（1）提取样本的同时，应详细了解案件发生时嫌疑人的健康状况，尤其是取样时的衣、食、住、行情况，以便正确地认识现场与样本足迹之间的某些疑似本质差异的特征。

（2）对于特殊物质形成的现场足迹，在提取时尽可能选用相同或者近似的物证制作样本。

四、对鉴定结果的分析评判

通过对现场赤足足迹和嫌疑人样本赤足足迹的检验，会从中发现二者的符合点和差异点。如果符合点是主要的、本质的，而差异点是次要的、非本质的，可给出认定结论，反之，则给出否定结论。分析评判符合点和差异点，可由以下几个方面进行。

（一）对赤足足迹的形成条件等评判

通过对赤足足迹条件进行分析，找出这些条

件对差异点和符合点的影响。在具体分析时，必须结合实际条件，研究各种动作特点对足迹本身的影响，研究地面条件及赤足足迹的色调、浓淡、立体程度的深浅等关系，研究气候、时间、地形、地势等环境，以及负重方式、衣服厚薄、心理状态等对赤足足迹形成的影响。

（二）从处理足迹的各个环节上具体分析

在处理足迹环节上，有无使赤足足迹产生碰撞、摩擦而损坏或添加特征，造成特征符合或差异的可能；是否在足迹的发现、提取、运送过程中，由于某种方式、方法上的局限性，可能造成足迹特征反映的不充分甚至变形而出现假象。

（三）分析嫌疑人自身的变化而产生的差异点

注意有无人为的破坏、伪装等情况产生差异点，同时要结合嫌疑人的健康状况、职业特点等进行综合分析，正确认识检材和样本之间的某些疑似非本质差异的特征。

第十六章　穿鞋足迹的鉴定

穿鞋足迹的鉴定包括三种情形：一是根据现场穿鞋足迹对嫌疑人的鞋子进行鉴定；二是根据现场遗留的鞋对嫌疑人其他同种鞋是否为同一人所穿用进行鉴定；三是根据现场穿鞋足迹反映出的步法特征对嫌疑人足迹的步法特征进行鉴定，也就是人身的同一认定。

第一节　鉴定足迹特征

一、穿鞋足迹的种类特征

穿鞋足迹的种类特征主要包括：鞋印的形状；鞋印的长度和宽度；鞋底花纹图案类型；鞋底标记；鞋底的原料种类和制作方法。

二、穿鞋足迹的细节特征

穿鞋足迹的细节特征主要包括：鞋底生产过程中形成的特征；鞋底穿用过程中形成的特征；鞋底在修补过程中形成的特征；鞋底的其他特征；鞋底附着物所留的特征；鞋底上脱落的泥块。

三、鞋印动力形态鉴定

鞋印动力形态鉴定是依据人行走运动所反映的用力方式特定性与稳定性进行的人身同一的认定。

在做比对检验时，要按照下列次序进行：

（1）首先看鞋印的大小。特别要注意鞋印反映出的蹈趾磨损部位至鞋印后缘的距离。

（2）观察鞋印反映起、落脚部位的磨损及其相互搭配关系。

（3）观察鞋印反映出的脚型。

（4）按照鞋印反映出的各个区域，分别查找各特征。

在脚趾区，要注意蹈趾和其他四趾磨损所构成的形状，如空心区、三角区、喇叭口区等。

在脚掌区，要注意距趾关节处的磨损部位、形状、大小及相互关系。

在脚弓区，要注意脚弓内、外缘形状以及第五跖骨下端粗隆部位的形状。

在脚跟区，要注意后跟重点磨损部位的形状和大小。

（5）注意利用边缘特征。

（6）综合利用特征时，把找到的特征全面研究，综合利用。

此外，在检验鉴定硬底鞋磨损特征时，除按照上述六点进行检验外，还必须结合硬底鞋所具有的特点，具体如下：①注意观察鞋印反映出的鞋底边缘特征，特别是起、落脚部位磨损面的中心点。②注意观察鞋印反映出的前掌后缘的磨损形状。③注意观察鞋印反映出的后跟前沿两角的磨损形状。④注意观察鞋印反映出的后跟落脚部位出现的折翘痕迹以及前掌边沿出现的放射痕。

四、鉴定应注意的问题

（1）注意不同提取方法对足迹的影响。

（2）注意确定制鞋工艺，以便根据鞋底的类型寻找相应的特征。

（3）谨慎利用边缘花纹形态，不能轻易将其作为高质量特征进行应用。

（4）利用镶嵌物，应注意发案时间、制作样本时间，以确定特征的稳定性。

（5）制作样本时，要尽量接近现场地面，

还要模拟现场形成足迹的动作及周围的环境。

第二节　鞋的同一性认定

鉴定的前提条件是提供嫌疑人所穿的鞋子，通过检验，确定现场的足迹是否为同一只鞋子所形成。这种鉴定的前提条件是提供作案时穿着的嫌疑鞋，并且其特征没有发生本质的变化。如果作案时穿着的鞋销毁了，或者作案后鞋发生了很大变化，就失去了鉴定条件。另外，鞋的同一认定所认定的是现场鞋印是否所送的鞋所留，认定的是留下现场鞋印的鞋，而不是穿鞋的人。

一、根据现场遗留的鞋认定人身

（1）现场遗留的鞋与已知的穿着一定时间的鞋比对，认定穿鞋的人。

（2）用现场遗留的鞋与鞋印样本比对，认定遗留鞋的人。

二、鞋的特征

（1）鞋外底：

1）鞋跟后缘磨损部位、形状、走向。

2）鞋底磨损部位、形状及磨损程度。

3）鞋底前缘磨损部位、形状、走向。

4）鞋底边缘磨损部位、程度。

（2）鞋帮磨损状况。

（3）鞋内底：

1）汗垢污染形成的赤足底形象。

2）污染与磨损形成的赤足底形象。

三、审查检材

受理检验鉴定时，要特别注意了解送检的鞋在案发后的穿用情况，即案发后是否穿用过，穿用了多长时间，有没有损伤修补过，有没有有意破坏过等。

四、分别检验

按照鞋印的形象特征内容先检验现场鞋印，后检验嫌疑人的鞋。如果送检的现场鞋印和样本鞋印是照片，首先要弄清楚左右脚后再寻找特征。

五、比较检验

将现场鞋印与样本鞋或捺印的鞋印样本和照片放在一起比对，找出异同点。

六、评断异同点，得出鉴定结论

对于鞋印形象特征检验出现的差异点，从特征上可能是很明显的，但不能因为特征明显就做出否定的结论，必须弄清楚其差异点是案发后穿着过程中新形成的，还是案发时就已经存在的。这对最后得出结论是至关重要的。

第三节　鞋主的同一性认定

鉴定的前提条件是提供现场提取的鞋子和嫌疑对象所穿的鞋子，通过检验确定不同种类的鞋印为同一人所形成。它可以通过与送检的嫌疑鞋或嫌疑人行走足迹样本进行比对检验，根据运动形态特征或磨损特征认定现场鞋是否为送检嫌疑人穿用的。该项检验虽然也是认人的检验，但不能认定该人到过现场，因为现场鞋也可能是作案嫌疑人有意把别人的鞋拿到现场或穿他人的鞋作案后丢在现场的。鉴定依据：主要是鞋内底和鞋外底的磨损特征。理论依据是具有人各不同的特殊性、相对不变的稳定性，即同一人穿不同鞋子磨损特征的再现性。鉴定的关键是能辨别磨损特征在不同鞋种上再现质量的高低。

一、审查检材

首先检查所送的现场鞋是否有明显磨损的特征，即行走运动形态特征，如果是新鞋或鞋底反映不出行走磨损特征，就不能受理检验。在确定接受检验后，还要审查送检样本情况。

（1）对送检的样本鞋应当是与现场鞋的材料相同或近似、鞋底后跟程度相近、鞋底结构花纹相近的鞋。

（2）对送检的行走准印模型样本，最好是用嫌疑人穿过一定时间的同种类的鞋制作，如果没有同种类的穿用过的鞋，可以用近似的鞋制作，而且要制作足够数量的鞋印样本送检。

二、分别检验

（一）对鞋的观察与特征的描绘和测量

先正面观察寻找磨损部位，再侧向观察寻找磨损重的部位，特别是由于起落足所形成的后跟部位。侧向观察时，要不断改变观察的方向和角度，寻找出落足的部位与方向，足跟、足弓、前掌的磨损特征及起足部位与方向的磨损特征，同时还要观察鞋内底、鞋帮的磨损状况。用眼观察并结合手摸的办法反复观察寻找。

在观察寻找磨损特征的基础上，用透明薄片覆盖在鞋底上，按落足、足跟、足弓、前掌、五趾、起足和鞋底周边顺序描绘出其磨损形状，磨损重点位置及起落点和方向，并进行必要的画线测量。

（二）对鞋印模型的观察与特征的描绘和测量

对于行走准印模型的运动形态特征，除了通过鞋底磨损形象反映外，更重要的是通过鞋底的凹凸来反映。在正常情况下，最凸出的部位是力度最强的部位。对鞋印模型必须采用侧向观察的方法进行观察，并通过正向与侧向反复观察找出落足、足跟、足弓、前掌、五趾、起足及边缘的运动形态特征。

在观察寻找特征的基础上，用透明薄片覆盖在鞋印的石膏模型上，把寻找出来的特征描绘出来，确定其特征的位置、形状、大小及方向。

三、比较检验

将现场鞋、样本鞋或鞋印模型和分别描绘的透明薄片摆放在一起，进行观察比对，进一步发现新的特点，找出特征的异同点。

四、评断异同点，得出鉴定结论

对于鞋与鞋的比对，同一人穿着一定时间的材质结构相近的鞋，其后跟部位、形象、走向及方向、重磨损面、磨损点及相互关系应当是一致的，只要有一个部位有明显差异，就可做出否定的结论；对鞋与鞋印石膏样本比对，由于石膏模型所反映的鞋印形象可能会有变化，所以对鞋的磨损特征与样本的动力形态特征出现的差异点就要慎重对待，一定找出差异点存在的原因。

第四节　人身的同一性认定

人身的同一性认定是指对现场所留的穿鞋足迹与嫌疑人穿相同类鞋子或不同类鞋子所留的足迹样本进行鉴定，以确定是否为同一人所留。在一定条件下也可以通过嫌疑人穿着一定时间的鞋进行比对鉴定。对鞋的样本或鞋底捺印样本或鞋底照片，只要有其中的一种样本就可以进行比对检验。认定人的检验要遵循同条件比对的原则，即平面鞋印同平面鞋印比对，立体鞋印同立体鞋印比对。所以根据现场鞋印进行认定人的检验，分平面鞋印和立体鞋印的检验。

一、根据现场鞋印认定人身

（1）用现场鞋印与已知鞋（穿着一定时间的鞋）比对认定人身。

（2）用鞋印与穿鞋行走样本鞋印比对，认定人身。

二、鞋印特征

（1）足迹的一般特征。如足的长、短、宽、窄。

（2）落足（俗称落脚）的部位、方向与形态。

（3）鞋底压痕，即压力面的大小、轻重、形态及分布位置。

（4）起足（俗称起脚）的部位、方向与形态。

（5）鞋印边沿虚实部位及长短。

（6）鞋印上的磨损形象部位、形状、大小。

三、鉴定依据

步法特征和鞋底磨损特征。理论依据是步法特征和磨损特征体现了人各不同的运动特性。

第五节　平面鞋印鉴定

一、审查检材

受理鉴定时要特别注意了解送检嫌疑样本鞋

印采取的方法。提取送检鞋印样本时，一定要与现场鞋印的鞋的种类相近、遗留的地面条件相近、遗留的动作相近，对后面的立体鞋印检验也必须遵循这样的条件，才能保证鉴定工作的顺利进行。

二、分别检验

对于现场鞋印与样本鞋印检验，要按先现场后样本的顺序进行，寻找特征进行标记与测量。

平面鞋印的行走运动或动力形态特征，主要是通过起落足、足跟、足弓、前掌、五趾的压痕形态和动力线方向及周边虚实形态反映出来的。通过观察，用透明薄片（最好用带坐标的透明薄片）按照落足、足跟、足弓、前掌、五趾、起足、周边顺序进行描绘，找出落、起足的部位与方向，画出足跟、足弓、前掌和五趾的压力形态，进行适当的测量。

三、比较检验

将现场鞋印、样本鞋印及所描绘的透明薄片放在一起进行比对，找出特征的异同点。

评断异同点，得出鉴定结论。

第六节　立体鞋印鉴定

一、审查检材

在受理检验时，与平面鞋印一样，在问清楚现场鞋印形成条件后，一定要弄清楚嫌疑样本鞋印采集的具体情况，是否在与现场条件相近似的条件下采取的。

二、分别检验

分别对现场鞋印与样本鞋印进行观察描绘与测量。

如前所述，对于鞋印石膏模型的动力形态特征，主要是通过鞋底的凹凸反映出来的。通过反复观察，找出落足、足跟、足弓、前掌、五趾、起足及边缘的动力形态特征。即找出：落足时的落足部位、落足点、方向、轻重及相应的磕、踏、推、跄、擦等痕迹；支撑时的压痕（跟压痕、弓压痕、前掌压痕、趾压痕）形状、大小、轻重及伴生的坐、迫、拧等痕迹；起足时的起足部位、起足点、方向、轻重及相应的蹬痕和伴生的抬、挑、耠、划、扫痕。

在观察寻找上述特征的基础上，用透明薄片（最好印有坐标格的透明薄片）覆盖在鞋印石膏模型上，用等高线法将寻找出来的特征描绘出来，确定其特征的位置、形状、大小、走向及各部位的力度。也可以采用描绘动力轨迹线的方法进行连线标记。

三、比较检验

将现场鞋印石膏模型、样本鞋印石膏模型及分别描绘的透明薄片放在一起进行比对，找出特征的异同点。

四、评判异同、得出鉴定结论

1. 对差异点的评判。本质差异，即现场足迹与样本足迹不是同一客体形成的痕迹。非本质差异，即现场足迹与样本足迹是同一客体形成的痕迹。但由于形成足迹时的内外因素不同，导致两者出现差异，非本质差异成因主要有形成足迹的外力造成的差异，造痕鞋的内在因素造成的差异，造痕鞋的外表结构与形态变化而造成的差异，现场痕迹与样本痕迹两者承痕体的属性不同而造成的差异，对足迹的处理不当产生的差异，检验仪器与方法不当产生的差异，观察中的误差出现的差异，样本不当出现的差异。

2. 对符合点的评判。主要分析特征是真正符合还是偶合。如特征本身的结构、形态、尺寸符合，则认定为符合。

3. 评判得出结论。特征点相互之间的距离、间隔、角度都符合，且具有不可重复性，且差异点得到科学解释，则做出同一认定的结论。如果痕迹中的差异点是本质的，则做出否定结论。

五、需注意的问题

在以鞋印认定人的鉴定工作中，一定要特别注意嫌疑人穿他人鞋作案的问题，即在检验过程中，注意观察鞋印所反映的动力形态特征与鞋底磨损形象特征是否一致。作为同一个人穿着的鞋形成的鞋底磨损特征形象与鞋印的起落足、压痕等特征形态是对应的；若穿他人鞋行走，鞋印中的磨损形象与鞋印的起落足、压痕等特征是不一致的。如果仅以鞋印磨损形象代替行走运动形态特征检验，就要犯大的错误。因此，对鞋印中磨损形象特征的利用要特别慎重，以免出现问题。

六、足迹特征的综合评断

通过现场足迹与嫌疑足迹的比对检验，必然会找出两者足迹特征的符合点（相同点）和差异点（不同点）。符合点与差异点的关系通常可分为：一是特征符合点占了多数，差异点是少数个别的；二是特征差异点居多，差异点的评断主要针对的是第一种情况。从特征符合点的数量上看，应当得出认定结论，但必须是在对差异点完全能够解释的情况下得出正确结论。由于某种因素造成了差异，不管是本质的差异还是非本质的差异，在进行评断时，都必须做出科学的解释。

第七节　影响足迹认定的因素

一、形成足迹的条件

足迹的形成：一是动作、姿势，如站立、行走、跑、跳、踩、蹬等。二是地面条件，如泥土地面、坚硬的水泥或瓷砖地面、潮湿地面、干燥的地面、松软的地面、粗细颗粒不一样的沙土地面。地势环境是平地、山坡、垄沟等。这些都能影响足迹特征的形成。

二、足迹处理的条件

足迹处理的条件包括：足迹的固定、提取、保存到送检包装、运输等各个环节中出现的差异点。如制模、拍照范围小，反映不全面甚至变形；保存、包装、运输中的摩擦与碰撞等。

三、现场足迹有无破坏与伪装

针对现场足迹与嫌疑足迹变化的条件与原因，首先找出现场足迹有无人为因素形成的差异。必要时，可深入现场进行分析研究或实验，做出科学的解释与说明，得出科学的鉴定结论，即得出肯定（认定）或否定结论。如果符合点是多数，又是主要的、本质方面的，而差异点是次要的、非本质方面的，就应做出认定结论；反之，则做出否定结论。

四、嫌疑足迹样本条件

嫌疑足迹样本条件包括：嫌疑人的鞋、袜自身的变化，如案发前后穿着时间长短，是否损坏修补，是否有意破坏等；嫌疑人鞋印样本制作的具体条件、动作有无伪装；嫌疑人的健康状况等。

在实际鉴定工作中，也常有得不出明确的认定或否定结论的情况，但如有倾向性的意见，也可以出具书面材料作为参考；做出认定或否定结论的出具鉴定书；对于做不出明确结论、有倾向性意见时可出具检验意见书；对于分析检验可出具分析意见书。

第十七章　穿袜足迹的鉴定

穿袜的鉴定结论有两种：一是现场穿袜印痕与嫌疑人穿袜印痕样本进行比对，二者做出同一认定的结论，即两种相同的印痕来自同一只袜子，也称袜的同一认定；二是穿袜足迹与嫌疑人穿其他的袜足迹进行检验比对，即两种不同的印痕来自同一个人。穿袜足迹的检验鉴定程序和方法与穿鞋足迹的检验鉴定程序和方法一样。

第一节　袜的同一性认定

一、种类特征

袜子的种类特征包括：袜底的形状和大小；袜子的原料品种和生产工艺；袜子穿用修补特征。如：袜底及各个区域的长、宽；袜底的针织类型；袜底的磨损特征；袜底的修补特征，附着物的特征。

二、个别方面的特征

袜子的个别方面的特征是指袜子制作过程中出现的织线的接头、断线、跳线等瑕疵。如：袜底在穿着过程中出现的袜底磨损位置、形态、大小；若有破洞，破洞的位置、形态、大小；袜底修补的位置、形状及修补方法；镶嵌物的位置、形状、图案种类等。

第二节　人身的同一性认定

一、鉴定依据

当所穿袜子较薄时，能够反映出种类和个别的足迹形态特征，有时还能反映出伤疤、鸡眼等有鉴定价值的特征。同时，穿袜足迹也能反映一个人的步法特征。

二、鉴定的主要方法

（1）形象比对法。

（2）步法特征比对法。

（3）动力形态鉴定法。

三、检验时应注意的事项

（1）袜子一般都有弹性，有些弹性较大，穿着人将袜子穿在脚上的位置不太固定，袜子在脚上还可以上下前后左右移动，甚至旋转。

（2）袜子不分左右脚，袜子穿着时间一般不长，因此寻找袜子样本不容易。

第十八章　足迹鉴定书的制作

足迹检验鉴定，根据要求不同，分为赤足足迹鉴定、鞋印种类鉴定、鞋印的动力形态鉴定。不论哪种足迹鉴定，凡是得出鉴定结论的都要出具鉴定书，为侦查、起诉和审判提供证据。对于那些条件不够、得不出明确结论，但有倾向性意见的，应视具体情况可出具检验意见书，供侦查人员参考。

足迹鉴定书是由文字与照片两部分组成的。

一、文字部分

（1）标题和编号。鉴定书的标题必须写明“足迹鉴定书”字样，标题下要注明鉴定书的“发文字号”。

（2）鉴定书的正文。鉴定书的正文分为绪论、检验、论证和结论四部分。

1）绪论。也称前言，必须写明：送检单位、送检人、收检日期；简要案情；送检现场足迹的种类、数量，提取的方法，包装及运输等情况；样本足迹种类、数量，收取的方法；包装、运输情况，嫌疑人的姓名、性别、年龄等；鉴定要求。

2）检验。是足迹鉴定书的中心内容，要写明：检验所用的方法和手段；对现场足迹的描述，特征形态、质量与数量，特征的分布及相互之间的位置关系；对样本足迹的描述；现场足迹与样本足迹比对的描述；如果在检验过程中，还进行了相关实验，则要描述实验的步骤、方法、次数和结果等。

3）论证。视检验的具体情况，确定是否需要论证并写入正文内，是在比对检验的基础上，对现场足迹和样本足迹所发现特征的符合点与差异点进行综合评断，对差异点做出科学的解释。

4）结论。按照送检的要求，用准确简明的文字，写出鉴定结果。

（3）签名、盖章、写明鉴定日期。

二、照片部分

足迹鉴定书必须用照片来固定其外观形象、形态特征，必要时还要用照片反映出现场足迹在现场中的位置，在照片所见特征的基础上，采用彩色笔对检验中所见到特征进行适当的画线和标记。

（1）现场足迹位置照片。现场足迹位置照片是表明鉴定书中所用的足迹在现场什么位置，在什么物体上和哪个部位上，证明鉴定的足迹的可靠性。

（2）检材与样本的全貌照片。现场足迹与样本足迹都要拍全貌照片，反映出足迹的大小及全部的特征形态，可采用原大照片或缩小照片。缩小照片通常采用缩小为1/2的照片，简称1/2照片。

（3）特征比对照片。足迹鉴定书所用的特征比对照片，通常采用足迹的原大照片或1/2照片，用同比例的现场足迹照片与样本足迹照片标出检验中所见到的特征。对于足迹动力形态特征的检验，要用描绘的办法标出特征的形态、部位以及特征之间的对应关系。

比对照片，通常采用一式两份，按先现场足迹照片后样本足迹照片的顺序由左至右贴好。第一份照片不标记特征，供审核用。在比对照片上面注明“特征比对照片”，下面分别注明“现场足迹照片、样本足迹照片”。如采用阿拉伯数字和箭头指示标记特征，可从左至右，或由上到下，或顺时针方向按顺序标记。

对于根据足迹的细小特征或特定特征来认定同一的，可以采用放大照片进行标记比对。

项目三　工具痕迹篇

第一章　工具痕迹概述

工具痕迹是犯罪现场常见的痕迹。在犯罪现场，作案人持工具破坏障碍物和目标物，就会留下工具痕迹。

一、工具痕迹分类

工具痕迹是犯罪嫌疑人持工具破坏客体时，在接触部位因受力引起的变形。它具有多发性、多变性、立体性、遗留物、附着物多的特点，可分为凹陷痕迹和线条状痕迹两大类。

（一）凹陷痕迹

凹陷痕迹是工具与客体接触点不改变时引起的变形。痕迹是以凸凹坑丘的形状反映工具上的特征，痕迹与工具的特征凸凹象相反。其结构分为痕起缘、痕迹壁、痕止缘、痕底四个部分。常见的凹陷痕迹有撬压痕迹、打击痕迹等。

（二）线条状痕迹

线条状痕迹是工具与客体接触点相对划动引起的变形，亦称线性痕迹。痕迹是以凸凹起伏的线条形态反映工具上的特征。痕迹与工具上的特征凸凹象相反，其结构分为痕起缘、痕迹面、痕止缘三个部分。常见的线性痕迹有擦划痕迹、钳剪痕迹、刺切痕迹、割削痕迹等。

二、工具痕迹形成机制

任何物质的分子均按一定的规律、一定的密度排列。当客体受到外力的作用，使分子的正常排列受到压缩或拉伸引起变形达到塑性形变时，客体上就会留下痕迹。工具痕迹形成时力是形成工具痕迹必不可少的条件，痕迹是力通过工具作用在被破坏客体表面形成的形变。其形成包含工具、被破坏客体和作用力三个要素。

（一）工具

（1）工具的分类。工具依属性不同可分为一般工具、专业工具、自制工具、代用工具四类。

1）一般工具：主要指生产、生活中常见常用的工具。

2）专业工具：主要指某种行业或某一部门

专用的工具。

3）自制工具：是犯罪嫌疑人专为某类犯罪行为而自制的工具。

4）代用工具：是指那些本不属于日常工作生活中的工具类别，但被作案人在作案时当作工具使用的器械和物品。

（2）工具的机械性能。工具的机械性能是指工具材料在外力作用下所表现出来的力学性质。工具的机械性能包括硬度、塑性、弹性、脆性等方面的指标。

（3）工具的特征。工具的普遍性与特殊性构成了工具本身的特征。工具表面特征是在制造过程、使用过程和存放过程中形成的。生产制造过程中，有加工的工具形状、式样大小、规格等方面的不同，具体反映了种类的差别。不同厂家生产的会因加工方法等工艺上的差异而引起工艺特征的差别，生产过程中，受砸、冲、切、锉、铣等工序影响，工具表面会产生某些凹凸点等，这些构成了生产加工过程中的固有特征。在使用过程中不论使用时间的长短，工具都会由于受到拉、压、扭、切、磨损、磕碰等相互作用的影响，在表面形成凹凸点、凹凸纹、缺口、卷边、豁口、磨损等特征。工具在保养、存放过程中，会受环境中的某些气体、液体等的侵蚀作用，在工具表面会出现各种形状的蚀斑，也会在工具表面形成一些特征。

（二）被破坏客体

被破坏客体是工具痕迹的载体，受外力作用后产生局部变形，形成工具痕迹。从材料构成看主要分金属客体、木竹器客体、土质客体、人体组织、纺织品、其他客体等种类。被破坏客体的机械性能主要从弹性、塑性、强度、刚度、硬度、韧性等指标来评定。

（三）力

力是客体间的相互作用。无论是人为施力的工具在客体上形成痕迹，还是工具在重力作用下在客体上形成痕迹，都离不开力。

第二章　现场常见工具痕迹

第一节　撬压痕迹

一、撬压类型

利用杠杆作用破坏客体引起的变形。撬压痕迹具有一次动作形成两个痕迹，一个在支点，一个在重点，相互对应，受力方向相反的特点。现场常见的撬压类型有折离撬压、扩缝撬压、夹持撬压、扭转撬压等。

（1）折离撬压：工具通过杠杆作用使客体产生弯曲或断离，从而达到分离目的。

（2）扩缝撬压：将工具插入客体的缝隙中，利用杠杆原理，使客体缝隙扩大或局部脱落。

（3）夹持撬压：利用工具的夹持结构夹住客体，进行上下或左右活动，使客体破坏。

（4）扭转撬压：把工具插入客体的某一间隙里旋转，使其局部破坏。

二、常见撬压工具及其痕迹

（一）螺丝刀及其痕迹

螺丝刀是生产、生活中常见的工具之一，也是案件中常出现的工具之一。其名称有不同的叫法，有改锥、起子、螺钉旋子、螺丝批子，商业界称为螺钉旋具。其按工作部位的形状可分为十字形和一字形螺丝刀，现场常见的为普通一字形螺丝刀形成的撬压痕迹。

1. 一字形螺丝刀头部的各部位名称

刀口、刀口小边、刀口角、刀口大边、小面、腰边、大面、小面腰边角、大面腰边角、旋杆。

2. 螺丝刀留痕特点

现场被撬压部位常留下头部和杆部的痕迹。头部压痕多为大刀面或小刀面留下的较完整痕迹。其典型的形状呈梯形，大刀面痕迹为大梯形，小刀面痕迹为小梯形，杆部留痕在软质客体上为弧形，较硬客体上有时由弧形变为坑点状呈不完整形。联系支、重两点痕迹反应，应是梯形加弧形。

3. 螺丝刀特征

（1）种类特征。

种类特征包括：反映螺丝刀大面、小面的形状；刀口的宽度与厚度；旋杆的粗细直径。

（2）个别特征。它分为生产加工特征与使用产生的特征。

1）生产加工的特征有：

砂轮摩擦痕。反映在大小刀面上一组相互平行的细短直线，有横向、竖向、斜向三种，是热加工形成的固有特征。

剪切线条痕迹。冲切加工时在刀口形成的特征，大号螺丝刀还伴有撕裂纹，这种特征往往被后序加工覆盖，其残留部分与后序加工痕结合在一起，具有很好的特定性。

棱边形状。螺丝刀各棱边的设计均为直线，但经加工而成的棱边却是一条空间折线，其形状具有随机性，特定性强，痕止缘的形状就是这种特征的反映。

2）使用产生的特征有：磨损特征、崩损特征、磕碰卷边特征、电击痕、其他特征。

需要指出的是：由于工作环境不同，形成的特征也有所区别。如电工与司机用的工具常会形成电击痕迹，主要是带电作业时，电路瞬间短路，电火花喷溅形成缺口、坑点或由电线熔化形成熔珠；而机修工用的工具则会出现崩损、卷边、裂纹、镀层脱落等；钳工用工具则多为卷边或磨损等。借此可分析犯罪嫌疑人的职业待点。

（二）钢丝钳及其痕迹

钢丝钳是生产、生活中常见的工具之一，也是案件出现的工具之一。

1. 钢丝钳种类

按柄体总长度分为150mm、175mm和200mm三种长度的钢丝钳，对应于英制单位的分别相当于6in（1in=2.54cm）、7in、8in三种。

按钳头部形状分为无夹圆体口与有夹圆体口两种。

夹持面、夹圆体口、剪切刃口的形状、尺寸因厂家不同而有一定差别，形成的痕迹特征利用价值较高。

2. 钢丝钳留痕

（1）用钳头撬压。用钢丝钳钳头撬压时，多留下嘴顶部位的痕迹，深凹的压痕可以反映出齿纹里端或外端的形状，钳头侧面撬压时则留下钳侧边棱的痕迹。

（2）夹压。用钢丝钳夹压则可能留下前平台、齿纹、后平台的压痕。

夹持部位由前后平台和齿纹组成，夹圆体口也有较粗大的齿纹。前后平台为窄长的四边形，设计要求为长方形，但实际产品的形状差异较大且明显。

夹压有上下夹压与左右拧压等动作。

1）由下往上夹压。锁扣（页片）上面出现前平台与部分齿纹的压痕，前平台的前部与齿纹的前部较明显。锁扣的下面后平台与部分齿纹压痕，后平台的后部与齿纹后部明显。

2）由上往下夹压。锁扣（页片）上面出现后平台与部分齿纹的压痕，后平台的后部分与齿纹的后部较明显。锁扣下面出现前平台与部分齿纹的压痕，前平台前部与齿纹前部较明显。

3）左右夹压。多留下夹持部位的边沿压痕，其里端或外端常较明显。痕迹反应为两条（反应完整时）较宽条状痕的中间均匀排列着一组窄条状痕（无夹圆体口），或两条（反应完全时）宽条之间的一组窄条痕靠近一条宽痕，而另一条宽痕附近是一块无痕区（有夹圆体口）；更多的则是一条（反应不全）宽痕与一组窄条痕（无夹圆体口）或一条宽痕隔一段无痕区再有几条窄痕（有夹圆体口）。

夹压与拧动夹压时常出现一压一拧、一拧一压、又拧又压的活动。此时左右活动时齿纹里外端部常留下痕迹，上下拧动时常留下平台前部的压痕。

3. 钢丝钳有关部位的特征

1）种类特征：钳顶的宽窄与形状，侧边棱的宽窄与形状，前后平台的宽窄，齿纹的数量间距，夹圆体口形状。

2）个别特征：钳顶边缘凸凹点的位置、形状；侧边凸凹点的位置、形状；前后平台的形状、尺寸；前后平台面上的各类缺陷；后平台后沿形状；齿纹上沿的卷边、端部缺损、断齿、电击点；其他特征，如齿纹附着物、锈铁等。

（三）剪刀及其痕迹

剪刀有医疗、工业、农业、军事、民需等多方面使用的类型百余种。刑事案件中常出现的是用途广、数量较多的民用剪刀。

1. 剪刀的各部位名称及规格尺寸

民用剪刀按长度分为$1^{\#}\sim5^{\#}$五种规格和型号，按形状也可分为A_1、$B_1\sim B_4$五种规格和型号。

2. 民用剪刀形成的痕迹

（1）双刃撬压痕迹：所谓双刃撬压是指双刃并拢，以剪尖与剪刃边棱作支、重点。客体上常常较清晰地反映出两个剪尖形状，一个是外刃，一个是里刃。撬压痕迹可以反映出剪尖角度和外缘形状，有时还能反映出使用中造成的边缘小豁口、小卷边等特征。

（2）单刃撬压痕迹：剪刀处于张口状态。撬压痕迹可反映出剪尖形状、角度。如里刃撬压痕迹中无刃口凸棱反映，外刃撬压在较完整的痕迹中有刃口凸棱痕迹。

在剪刀与被撬客体表面夹角小的情况下，除留下剪尖的痕迹外，剪轴也有可能接触客体而留下痕迹，测量剪尖痕与剪轴痕的距离可大体推断出剪刀的长度。

3. 剪刀的特征

一般特征是痕迹的形状与宽度，其个别特征主要有四点：

（1）剪尖的形状与角度。

（2）剪背边棱的凸凹点。

(3) 刃口的小豁口、卷刃。

(4) 剪轴的形状与边缘凸凹状态。

(四) 棍棒及其痕迹

常见的棍棒有撬棍、铁钢筋、小铁棒、火筷子、铁叉、残缺的农具、长铁钉等。其形状有圆、方、尖、多角、扁状等，头部有尖、圆、棱角、螺旋纹等，均属不规则工具。

此类工具留痕具有以下特点：

(1) 形成的痕迹特征一般比较稳定可靠，易于认定工具。棍棒表面常有不整齐的凸凹沟纹，头部常有明显的破断茬口、缺损等，不规则的差异使这类工具更具有特定性，有利于检验鉴定。

(2) 此类工具多为就地取材。工具的取用地点往往离现场不远，有些就在现场选取，在分析判断划定范围时要注意这个特点。

(3) 不规则工具表面附着物多，如锈垢、油垢、泥土、油漆等物质，撬压时这类物质会程度不同地留在痕迹上。通过对附着物质进行定性定量分析，对于划定范围、推断工具种类、检验鉴定工具均有帮助。

第二节　打击痕迹

一、打击痕迹及其分类

打击痕迹是指工具以冲力（碰撞）的形式作用于客体表面，使承受客体产生的塑性变形。

打击痕迹的特点：一次打击，一处痕迹。

现场上常见的打击痕迹类型，主要从打击方向分类，分为垂直打击与倾斜打击两种。

(1) 垂直打击。受力形式为垂直作用，痕迹多反映工具打击面的整体形状及打击面上的特征。

(2) 倾斜打击。受力形式为打击面与客体呈某个角度，痕迹多反映工具打击面的局部形状及边沿的特征。

二、常见工具及其痕迹

(一) 铁锤及其痕迹

铁锤按其用途分为以下几种：

(1) 木工锤，又称羊角锤、起钉锤。锤击面呈方形或圆形，砍击面呈羊角状。锤头重量有0.25kg、0.5kg、0.75kg等。

(2) 钳工锤（又称奶头锤或圆头锤）。锤击面呈方形或圆形，平面状略有突起，砍切面为球形或小长方形。

(3) 检修锤。锤击面为直径1.3cm的圆形，砍切面为60°的圆锥状。

(4) 修鞋锤。锤击面为直径3.5cm的圆形，砍切面为2.5cm×0.3cm的扁平面。

(5) 钣金工锤，又称鸭嘴锤。锤击面为正方形，边长2cm左右，四角有倒角，砍切面为条形，面积为2cm×0.3cm。重0.25kg。

(6) 锻工锤，又称八角榔头、大铁锤。锤体为等边八角形，夹角135°，内侧边缘为圆形。

按锤击面形状分为圆形、方形、六边、八边等形状。为防止应力集中现象，铁锤一般为偶数边，很少有奇数边的锤具。

铁锤多为手工生产，制作比较粗糙，公差较大，多数锤击面的边棱不整齐，边与边之间的夹角也不标准，在使用中用来敲打客体，其表面特别是边沿上会出现锤击引起的破坏，形成大小不等，形状不同的凹坑或缺口。总而言之，铁锤的种类特征有：锤击面的形状，宽度或直径。个别特征有：卷边、磨损、缺角等的具体形状位置以及表面的划痕形态等。

(二) 棍棒及其痕迹

棍棒是非规则工具，打击的凶器种类很多，是常见的钝器之一。棍棒的基本形态是具有一个狭长的棒体和两个棒端，时常是棒体打击，其外形可分为圆柱形、方柱形和不规则形三种；按其材质又可分为木质、金属、竹藤和胶塑四种，其中木质棍棒和金属棍棒在案件中的出现率最高。

棍棒形成痕迹过程具有如下几个特点：

(1) 特征特定性强，易于鉴定。打击时多为棒体打击，个别的也有用棒端打击或戳击。无论何部位打击，因棍棒加工粗糙或木棍有枝节等，表面特征较多，一旦形成痕迹，会以凹陷状或线条状痕迹特征反映出来。

(2) 就地取材多。此类工具多是犯罪嫌疑人在现场及其周围寻找替用的。常见的木质棍棒有各种工具把柄、扁担、擀面杖、手杖、棒槌、垒球棒等；金属棍棒有自来水管、铁棍、三角铁、车轴、撬杠、通条、长把铁钳、螺纹钢筋等。

（3）分离物多。由于作用力与反作用力的作用关系，棍棒打击某种客体时，受打击的客体必然对棍棒产生反作用，导致棍棒表面产生剥离，在现场留下棍棒的残渣碎屑，有时还可能留下较大的碎块或棍棒断离的某一部分。勘查时应注意寻找、搜集，可利用分离物进行定性定量分析，也可进行整体分离检验。

（三）砖石及其痕迹

砖头石块也常被作案人当作工具进行打击破坏。砖可分为大面、条面、顶面等。用砖头打击时，砖的边棱易留下痕迹，其形状不规则，凸凹坑丘明显。砖受冲击载荷时，易脆断，所以往往边打击边碎裂，在痕迹中或痕迹周围，留下较大面积的残渣碎屑。用石块打击时，由于石块的硬度较砖块大，打击效果往往更明显，痕迹常常不规则，有较多的个别特征。

（四）斧子及其痕迹

斧子也称斧头，由砍切刃、斧体、斧背和斧柄组成，打击痕迹往往是用斧背打击承痕体所造成。斧子按其用途可分为木工斧、消防斧、砍伐斧、一般家用斧等。

用斧背打击承痕体时，多留下斧背相应部位整个或局部的痕迹。斧背的形状大多为长方形。斧子形成的打击痕迹的种类特征通常指斧背的形状、大小。个别特征有生产过程中形成的各种凸凹点和公差，也有使用过程中形成的缺损、变形等特征。

第三节　擦划痕迹

一、擦划痕迹及其类型

擦划痕迹是指客体在压划作用下，在与工具的接触部位上出现的凸凹线条状痕迹。

现场常出现的擦痕，大多数情况下产生在表面光滑的金属客体或木质客体上。主要类型为：

（1）直接出现的擦痕，又叫单独出现的擦痕，是指犯罪嫌疑人作案时用工具直接划动出现的擦痕。

（2）间接出现的擦痕。间接擦痕也叫伴随擦痕，是在形成其他种类工痕时伴随出现的。如用工具打击金属板形成凹陷状痕迹的同时，由于工具的划动、跳动的作用，可能形成线条状痕迹。伴随擦痕出现的情况很多。

擦划痕迹的特点：擦划痕迹多伴随其他工具痕迹同时出现。在撬压、打击等凹陷痕迹中，有时在痕迹壁上伴随出现擦划线条；在钳剪断头痕迹的断头斜坡上，伴随出现竖向切划线条；刺切过程，无论是断头的斜坡或创口的刺壁，都会伴随出现切划线条；钻削成孔时，在孔底或钻屑表面会伴随出现弧形或顺向的擦划线条；在锯割、锉削断头时，在截面会出现各种划痕或削痕。

二、擦划工具及其痕迹变化

擦痕按其大的类型，从接触关系、形成机制到检验方法，属于线条状类型的痕迹。但有时它还可以单独出现，所以它又是工痕中的一种痕迹。

（一）形成擦痕的工具

从理论上讲，任何工具只要与客体相互接触摩擦划动，就有可能形成擦痕。形成擦痕的工具包罗万象，千奇百怪，变化多样，但无论是什么种类的工具，形成擦痕多是该工具的边棱或表面突出的部位。擦划痕迹特征与前述的线条痕迹特征一致。

（二）擦痕的变化

擦痕是工具与客体动态接触形成的痕迹，比印压接触形成的痕迹变化大，其变化主要表现为：

（1）单一线痕有与无的变化。从有到无，时有时无。有与无的变化影响着线条痕迹的连贯性。

（2）单一线痕形态的变化。此类变化主要表现在峰、谷、腰的变化。峰有尖、圆、平的变化，谷有平、圆、尖的变化，腰有陡、斜、缓的变化。这些变化使得单一线痕的形状、宽窄等发生变化。

（3）线痕总体数量多与少的变化。单一线痕有与无发生变化，影响着线痕多与少的变化。

从有到无的变化影响线痕由多变少的变化，从无到有的变化影响线痕由少变多的变化，时有时无的变化影响线痕时多时少的变化。

（4）线痕间距宽窄的变化。由于总体线痕多与少发生变化，线痕的间距也会发生变化。线痕由多变少，间距由窄变宽；线痕由少变宽，间距由宽变窄；线痕时多时少，间距时窄时宽。

（三）线痕变化的原因

线痕发生上述变化，主要是由于形成痕迹时的压力大小与接触角度的改变引起的。

1. 压力大小的影响

形成线痕，是由压划作用引起的变形，首先是靠压力将凸凹点嵌入客体表层，压力的大小制约着凸凹点的嵌入情况。

压力小时，只有工具上较突出部位与物体接触，工具上的凹点和较低的凸点都未触及物体。因此，擦痕仅以几条凹线反映较突出凸点的结构，整个痕迹较浅。

压力大时，不仅突出的凸点更深地压入物体，使凹线更深，甚至较低的凸凹点都完全接触到物体表层，使整个擦痕较深，线痕数量多。

2. 接触角度的改变

工具与客体接触时，引起线痕变化的角度主要有前角、侧角、偏角等三个角，又叫线变的三个角。

（1）前角：即工具前进方向的面与客体表面构成的角。前角的变化范围在0°~180°。

擦痕中起点或终点处所成斜坡与物体平面所构成的角，则反映出工具与物体接触时的前角。要在擦痕中确定前角，首先要找出起点或终点的位置，再从起点或终点部位上找出工具形成的斜坡，测量此斜坡与物体表面构成的夹角即得出前角的角度。

案件中擦痕起点处的前角与终点处的前角往往不同，有时前者大，有时后者大。

前角的改变，实际上是工具与客体接触点（或接触部位）的改变。

前角的改变不仅影响线痕数量的变化，也影响线痕质量的变化。

（2）侧角：即工具向一侧倾斜，其倾斜面与物体表面所构成的角。角度变化范围在0°~90°。

工具侧面形成的痕迹斜坡，与物体表面所成夹角能够反映出工具与物体接触时的侧角。

侧角的改变，实际是形成痕迹的工具接触面积的改变。侧角的改变主要引起线痕面积大小与线痕数量多少的变化，并不影响线痕的质量。

（3）偏角：即工具与客体的接触线和擦痕的中心线所构成的角。计算偏角是以工具前进方向中心线的右方角为准。

擦痕的起点线或终点线与擦痕中心线所夹角，反映出形成痕迹时工具的偏角。

擦痕中角的变化范围是0°~180°，对擦痕的影响大，是很重要的一个角度。偏角的改变，实际上是形成擦痕时，工具接触部位的前后位置的改变和工具上凸凹点排列关系的改变。因此必然引起下列三个方面的线痕变化。

1）单一线痕粗细的变化。偏角的变化会引起单一线痕变宽变窄。

2）线痕总宽度的变化。

3）线痕数量与间距变化。

偏角的变化不仅影响线痕的数量、间距，还会改变线痕的凸凹性、线痕的宽窄。因此可以说，偏角的改变既影响线痕的数量，也影响线痕的质量。

第四节　钳剪痕迹

一、钳剪痕迹及其特点、类型

利用具有咬合刃口的工具剪切破坏客体引起的变形称为钳剪痕迹。该类工具有钳类和剪类两种。

钳剪痕迹的特点为：钳切时，工具的两个刃口呈闭口咬合状态，易形成断头。每个断头具有两个斜坡，斜坡上的线条状痕迹方向从两侧指向中心。与其他工具形成断头有两点不同：一是双斜坡，有的工具留痕是单斜坡；二是线条痕迹的方向，与作用方向一致，有的工具留痕时的线条是与作用方向垂直的。

现场常见的钳剪类型从方向分有直剪与斜剪两种；从手法分有推（拉）剪、顿剪、扭剪和转剪四种。

（1）垂直剪切：刃口垂直于客体轴线进行

钳切。形成的断头较齐整，断面亦较匀称，能较真实地反映工具各部位的特征。

（2）倾斜剪切：刃口与客体轴线呈一定角度钳切。出现此类情况，多是受现场环境影响，被剪客体断头不整齐，断面往往一大一小，呈不对称形，线条状痕迹特征有倾斜流向的趋势。

（3）推（拉）剪切：钳切时工具向外（里）推（拉），借助推（拉）动作产生的横向错动力完成剪切破坏。被剪断头不整齐，向推（拉）力方向偏斜，断面也是一大一小，但呈对称形，线条状痕迹特征有向受力方向倾斜流向的趋势。

（4）顿剪切：钳切时工具有停顿，反映出持钳人握力不大，靠多次重复动作来完成破坏，被剪断的断头斜坡常出现小阶梯，整个断面线条不连贯，只是在某个台阶的线条具有连贯性。

（5）扭动剪切：钳切时工具左右摆动，借助反复摆动产生的交变载荷来完成破坏。被剪断头不规则，峰角不明显，线条状痕迹变化大。

（6）转动剪切：钳切时工具转动，反映出持钳者握力不大，借助刃口的反复切划实现破坏。由于工具转动，断头周围会出现“麻花纹”或螺旋纹。斜坡的线条特征发生严重变形，已失去鉴定价值。

上述几种类型，有时单独出现，有时混合出现，反映出人手的握力不同，客体硬度不同，使用工具的熟练程度与技术性也不同，有时可以反映出犯罪嫌疑人的职业特点。

二、常见钳剪工具及其痕迹特征

现场中实施钳剪破坏的工具种类繁多，常见的有钢丝钳、断线钳、鹰嘴钳、胡桃钳、鲤鱼钳、多功能钳、剪刀等。由于各种工具的加工方法不同，结构特征不同，形成的痕迹也各有区别。

（一）钢丝钳及其痕迹特征

1. 钳刃结构

钢丝钳由一对钳刃对口咬合。钳刃分为刃顶、刃口与刃侧三个部位。

刃顶：钳刃的平台部位，破坏时起顶压作用。

刃侧：钳刃的斜坡部位，破坏时起推挤作用。

刃口：刃顶与刃侧的交线（特殊情况时与刃顶重合），破坏时起剪切作用。

2. 断头各部位名称

在一次剪断的客体上，形成 A、B 两个断头。就一个断头而言，分别从断头的正面与断头的侧面反映痕迹。从结构上看有剪起缘、剪切壁（断头斜坡）、剪止缘、立顶四个部位。

3. 咬合状态与断头形状

咬合状态是指钳具上下刃闭合时所反映的位置、坡形和角度所处的状况。

（1）咬合角及断头峰角。咬合角是指钳刃闭合时，上下刃侧构成的角。咬合角分为外咬合角和里咬合角。断头峰角是指断头斜坡的内合角。因一次剪切形成里外两个断头，相应的断头峰角也有外断头峰角、里断头峰角之分。

（2）咬合位置及其断头侧面形。咬合位置是椹钳刃口闭合时上、下刃接触所处的位置。由于上下刃所处的位置不同，有对等咬合与非对等咬合之分。相应的断头侧面形状也不同。

1）对等咬合。上下刃顶与刃侧厚薄比较一致，钳轴紧固适宜，剪切时上、下刃不偏不倚，关于 y 轴对称。剪断客体的断头形状比较规则，斜坡的长短基本一致。

2）非对等咬合。上下刃顶与刃侧厚薄不一致，剪切时上刃发生偏移，关于 y 轴不对称。剪断客体的断头出现楔榫状，两个斜坡长短不等。非对等咬合有几种情况：上刃外偏，下刃内偏；上刃内偏，下刃外偏；外刃不偏，内刃偏移。除上述情况外，还有在前、中、后三个部位的某个部位发生局部偏移的，相应地也会出现局部楔榫状断头。

3）咬合间隙与断头立顶的宽窄。咬合间隙是指钳具上下刃闭合时存在的缝隙。由于闭合时存在间隙，相应地就会影响断头立顶的宽窄。咬合间隙大，立顶就宽；咬合间隙小，立顶就窄。

4）刃顶宽度与断头立顶高度。由于加工方法不同，各厂家生产的钳具刃顶宽窄是不一致的。刃顶的宽窄不一，对被剪客体的痕迹也有影响。一般情况下，刃顶宽，断头立顶高；刃顶窄，断头立顶低。

5）钳刃刃侧坡形与断头侧面形状。各种钢丝钳的外刃侧坡形基本一致，里刃侧坡形有所不同。有的里刃侧是单坡状，有的里刃侧呈双坡状，有的里刃侧的上下刃斜坡呈凹弧形。在剪切客体时，里刃断头的侧面有时能表现出来。

4. 刃顶、刃口表面特征与形成的痕迹

钢丝钳刃顶、刃口表面的特征是认定工具的主要依据。生产钢丝钳时，刃顶、刃口会留下加工时产生的细小特征。在使用钢丝钳时，刃顶、刃口部位频繁接触物体，会形成磨损、卷刃、缺口等特征。刃顶、刃口上面的特征，可在被剪客体的断面斜坡部位与立顶部位上不同程度地反映出来。

钢丝钳的刃顶在轻微咬合承受客体时，呈印压接触会留下凹陷痕迹，在痕底有凸凹坑丘特征；在剪切承受客体呈切划接触时，刃顶形成的痕迹往往被刃口形成的痕迹掩盖了，所以在断头斜坡上很难反映刃顶形成的痕迹。在结束形痕的瞬间，刃顶印压接触断头立顶，有时有凸凹坑丘特征。

刃口剪切承受客体呈切划接触时，在断头斜坡上形成凸凹起伏的竖向线条状痕迹。一般来讲，靠近剪止缘的线条痕迹要比剪起缘附近的线条痕迹好。当停止形痕的瞬间，刃口与承受客体呈印压接触，在断头剪止缘处会留下刃口印压形成的凹陷痕迹特征。刀具里外刃口形成的痕迹是不相同的。

5. 刃侧表面的特征及其痕迹

（1）刃侧表面特征。钳具刃侧是钳具剪切时施加推挤力的部位，是具有一定硬度和厚度的斜坡形结构。在加工制造过程中，先用铣刀铣直刃、偏刃，然后再用锉刀、扁铲等工具对刃侧进行加工和修整。因此，在刃侧表面会印下铣、铲、锉等花纹特征。在钢丝钳剪切客体时，刃侧表面的这些加工特征，以印压接触的形式留在断头的斜坡部位上。

（2）刃侧痕迹。剪切过程中，里、外刃侧加工花纹分别在承受客体断头斜坡上留下痕迹。此痕迹是在刃口留下竖向线条痕迹的基础上，又形成的痕迹。在剪切时，刃口与刃侧不是同时接触承受客体，而是刃口先接触客体留下竖向线痕，随着外力加大，刃侧开始推挤断头斜坡，而留下相应的加工花纹痕迹。在刃侧形痕过程中往往会部分地掩盖刃口形成的线条痕迹。

6. 钢丝钳剪切痕迹特征

（1）种类特征。

1）断头形状：包括断头侧面形、斜坡的长短及陡缓、立顶的形状等。

2）断头峰角的角度大小。

3）断头斜坡上反映出来的加工花纹种类、方向，包括纹形的种类如铣、铲、锉纹，纹形的方向和纵向、横向、斜向、对顶、对凹等。

（2）个别特征。

1）刃口在断头斜坡上以切划形式形成的竖向线多痕迹。

2）刃侧以印压形式在断头斜坡上形成的非竖向条纹（铣、铲、锉纹痕）和竖向条纹。

3）刃口以印压形式在断头剪止缘部位形成的凸凹坑丘特征。

4）刃顶以印压形式在断头立顶处形成的凸凹坑丘。

（二）断线钳及其痕迹

断线钳是广泛用于建筑工程、电信工程的工具，其用途是剪切黑色或有色金属等圆棒材。

1. 断线钳的种类规格

（1）断线钳的种类：按结构分为单连臂、双连臂；按刀片刃口形状可分为单面刃、双面刃；按手柄可分为直柄式、弯柄式和管柄式。

（2）断线钳结构：一般断线钳由刀片、连臂压板、手柄、顶紧螺丝和调节螺丝等部件组成。

2. 断线钳刃部结构

断线钳剪切刃部分刃顶、正面刃口、正面刃侧、背面刃口、背面刃侧。

3. 断线钳痕迹特征

（1）剪切刃口咬合状态与断头侧面形。断线钳的剪切刃口的正反面咬合角是相等的，均在120°左右。

（2）断线钳刃顶、刃口形成的痕迹。

1）当断线钳剪切刃口轻微咬合时，能在承受客体上留下刃顶和刃口所形成的印压痕迹，在痕底有凸凹坑丘点状特征，两边棱角反映出刃口的凸凹、缺损等特征。

2）切入一部分客体但未剪断承受客体时，能反映出刃顶、刃口、刃侧形成的痕迹。

（3）刃侧形成的痕迹。刃侧具有明显的加工花纹。常见的刃侧加工花纹是冲床加工的纵向线条加工花纹或抛光打磨的斜向线条加工花纹。

剪切过程中，在被剪的断头斜坡上可能出现两种痕迹分布状况：一种断头两侧斜坡的痕迹分布形态相同，即斜坡的止缘部位是断离面，在断离面下部是线条状痕迹特征，这样的痕迹往往是断线钳上下爿体刃口在一条直线上，呈对等咬合所形成。另一种是断头两侧斜坡的痕迹分布形态不相同，即一侧斜坡止缘是断裂面，断离面下部是线条状痕迹，另一侧斜坡上无断离面立顶、止缘处留下刃顶、刃口形成的痕迹，其余为线条状特征。

（三）家用剪刀及其痕迹

家用剪刀是社会生产、生活中常见的工具，在犯罪现场中也常常出现。它具有一般剪刀的特点。

1. 剪刀咬合状态及断头形状

剪刀是错口咬合，一般用于剪断薄而软的客体。咬合时，平刃为里刃、斜刃为外刃，里外刃构成咬合角，两侧咬合角度相等。

剪断的断头具有双斜坡，呈明显的一大一小形状。平刃对应断头大斜坡，斜刃对应断头小斜坡。两个断头形状呈反对称。由于斜坡一大一小，断头立顶向小斜坡处偏移，较钳具剪切的立顶低，并斜向短坡处。

2. 刃口、刃侧的痕迹反映

家用剪刀的刃口单薄，无明显的刃顶。生产剪刀时，刃口经过细磨，没有明显的凸凹不平，使用中有时刃口出现不同程度的豁口、小的卷刃等特征。刃侧在使用中有时会出现凸凹特征。

在被剪客体断面上，往往可以反映出刃口和刃侧的突出特征。剪切时，由于工具与被剪客体是切划接触的，所以工具的刃口与刃侧上面的特征是以线条状的痕迹反映出来的。在剪切动作的终止（剪止缘）阶段，由于工具与被剪客体是印压接触，所以工具的刃口与刃侧上面的特征以凸凹坑丘状的痕迹反映出来。检验中既要利用切划接触时形成的线条状痕迹特征，也要注意利用印压接触时剪止缘上形成的痕迹特征。

3. 家用剪刀的特征

一般特征有断头的形状，断头角度的大小；个别特征有断头斜坡部位上单一凸（或凹）线的结构形态，剪止缘部位出现的较明显的压痕——凸凹坑丘的特征。

第五节　刺切痕迹

一、刺切痕迹及其特点、类型

刺切痕迹，是指作案人利用锐器实施劈砍动作破坏客体时形成的痕迹。

（一）刺切痕迹的特点

刺切形成的线条状痕迹形态与其他线条痕迹差别较大。当工具刺入客体时，可能出现几种不同情况，痕迹特点因刺切情形不同而存在差异。

（1）客体的一部分被分离。这多是以切或砍的方式进行刺切的结果，形成两个分离断面，断面多呈斜坡状，有痕起缘和痕迹面，无痕止缘，断面上的凹凸线条痕迹反映工具刃口接触部位的凸凹结构特征。

（2）非贯通型刺切。在客体上形成盲管形孔状痕迹，有痕起缘、痕迹壁（刺壁）、痕止缘与痕底，痕底与痕止缘重合。痕起缘能反映出工具的形状与大小，痕底能反映工具刃部形状及豁口、卷刃等特征。

（3）贯通型刺切。在客体上形成贯通型孔洞状痕迹，有痕起缘和痕迹壁，而无痕止缘与痕底。痕起缘可反映工具的形状和大小，痕止缘向外翻卷，在客体的另一侧出现翻卷形成的毛茬。

（二）刺切痕迹的类型

按刺切的方向，刺切方式可分为直刺切和斜刺切两种。

（1）直刺切。直刺切是指刺切方向垂直于客体表面的刺切。这种方式形成的痕迹及其轮廓形状多能反映刺切工具接触部位的形状、大小及印压特征。

（2）斜刺切。斜刺切是指工具刺切方向与客体表面有一定倾斜角度的刺切。这种方式形成的痕迹常出现一定的变化，痕迹宽度多大于工具接触部位的宽度。

二、刺切工具及其痕迹

（一）刀具及其痕迹

刀具垂直砍切在客体上时，痕迹常呈“V”

形或“一”字形，在痕起缘有时能反映出刀刃的豁口或卷刃等特征；在痕壁上，刀刃的细小特征不易反映出来，比较明显的特征可以通过凹凸起伏的线条痕迹反映出来。

刀具倾斜于客体表面砍切时，常常使客体局部分离，此时无痕止缘，在两个断面上留下一定面积的线条状痕迹，反映砍切刃口部位的豁口、卷刃等特征；如果痕止缘存在，能留下凹凸坑丘点状特征，是刃口砍切部位的凸凹特征印压接触形成的。

（二）刺刀、匕首及其痕迹

刺刀和匕首都带尖刃的刺切工具，既有刺的功能，也有切的功能，多出现在刺创痕迹中。刺刀和匕首具有不同的类型，根据头部形状的不同可分片状、锥状和三角状；根据刃口数量的多少可分为单刃、双刃和三刃。刺刀和匕首在不同的客体上形成的痕迹特征各不相同。

1. 一般客体上的刺切痕迹

刺切木板、薄金属板等一般客体时，刺入口的形状、宽度、长度大体可反映出工具刺切部位的形状、厚度，宽度。

单刃刺具刺扎客体时，刺入口呈“V”形，锐角是刀刃形成的，钝角是刀背形成的，两侧是刃侧形成的，有时可反映刀刃的夹角。

双刃刺具刺扎时，刺入口呈“◇”形，出现两个尖角。

三刃刺具刺扎时，刺入口呈“Y”形或“△”形。

锥形工具刺扎时，刺入口呈“○”形。

2. 软组织上的刺切痕迹

软组织上的刺切痕迹，主要是指人体软组织上的刺（切）创。人体软组织具有一定的塑性和弹性，对不同工具有不同反映，但不易反映工具的细小特征，而且极易出现痕迹特征变形的现象。

单刃刺具形成的刺创呈“T”形，一个创角尖锐，另一个呈撕裂状，钝角部位有时出现表皮擦痕，多是刀背形成的。

双刃刺具刺切痕多呈梭形，有两个尖锐的创角。

三刃刺具刺切痕多呈三角形，三个创角都是锐角。

3. 纺织物上的刺切痕迹

纺织品由纱线经纬交替织而成，属离散型客体。单刃与双刃刺具形成的痕迹，其断口多是一直线，受纱线离散性的影响，断口长度一般略大于刀的宽度。三刃刺具形成的断口近似三角形。纺织物上的刺切痕迹变化大，细小特征很难反映。刺具刃口部位有明显的豁口、卷刃特征时，切割的同时伴随着抽拉纤维，直至拉断，抽拉的纤维明显比切断的纤维长，断线头呈绒毛状，与周围纱线相比显得不整齐。

（三）斧头及其痕迹

斧头也是一种很常见的砍切工具。它与菜刀砍切客体的方式大致相同，但痕迹存在明显的差异。菜刀刃口宽而薄，形成的痕迹长而窄；而斧头的刃口窄而厚，形成的砍痕短而宽，并呈典型的“V”形。斧头的柄部长、重量大，其砍切力强于菜刀，形成的砍痕比菜刀的更深、更宽。菜刀在砍切硬度较大的客体时，易产生卷刃和豁口，有时在客体上可以发现其断离的刃口碎片，而斧头较少出现这样的情况。

第六节　割削痕迹

一、割削痕迹及其特点、类型

割削痕迹，是指利用锯、锉、钻类工具对客体实施切削作用所形成的痕迹。

（一）割削痕迹的特点

锯、锉、钻类工具的自身结构特点决定了其所形成痕迹的特点。它们的共同点是：工具刃部持续往返或旋转作用于客体的同一个线（点或面），前面形成的痕迹被后面形成的痕迹所掩盖或破坏，形成重叠、复合的痕迹，并产生分离物（锯、锉、钻屑）；主要是线条状痕迹，有时在痕底或停顿处可反映出凹陷状痕迹。由于痕迹复杂、稳定性和反映性较差，一般情况下，较难进行同一性认定。由于锯、锉、钻的结构与使用方法不同，在客体上形成的痕迹也有各自的特点。

（二）割削的基本类型

锯、锉、钻等割削工具多出现在盗窃、破坏

财物等案件中，主要用来破坏线材、锁具、树木等客体，有多种不同的割削方式，可从不同角度进行分类。

（1）按割削的工具不同，可分为锯、锉、钻三种方式。锯、锉、钻既表示工具种类，也表示相应工具的割削方式。锯、锉、钻工具的结构和使用方法不同，决定了它们的作用不同，也决定了工具对客体割削方式的不同。

（2）按割削的动力来源不同，可分为电动割削和手动割削。电动割削以电机驱动，一般动力比较强，持续作用时间长，效率高。电动工具与手动工具的刃具部结构也存在一定差异，在痕迹上会有所反映。锯和钻都有电动和手动的，而锉一般为手动。

（3）按割削的方向不同，可分为单向割削和双向割削。单向割削时工具只朝一个方向循环运动，双向割削时工具在相对的两个方向来回反复地运动。

二、钻及其痕迹

（一）钻的种类及结构

按用途可将钻分为木钻和金属钻两大类，两类钻的结构有所不同。

（1）木钻。木钻主要有长柄钻和短柄钻两种，由钻头、螺旋杆和钻柄三部分组成。钻头部分由螺旋尖、横向切削刃、竖向切削刃组成。其中螺旋尖起定位作用，竖向切削刃分离木纤维，横向切削刃层次剥脱木纤维。螺旋杆起排屑作用，被分离的木屑顺螺纹排出钻孔。

（2）金属钻。金属钻有麻花钻、扩孔钻、中心钻、复合中心钻、双簧板钻、电钻等。钻头是留下钻痕的主要部位，各种不同用途钻头，其结构规格也不相同。

麻花钻头的总体结构由切削部分、导向部分、尾部组成。其中切削部分起主要割削作用，导向部分起导向排屑作用，尾部起固定作用。钻头的切削部分有主切削刃、副切削刃和横刃三个部分。主切削刃主要起分层次剥脱、切削成孔的作用；副切削刃主要起分离、排屑作用；横刃主要起定位作用。

（二）钻痕特征

钻具对客体破坏采用的方式是旋转切削，在孔口、孔壁、孔底、钻屑上形成痕迹。

（1）孔口痕迹。孔口痕迹特征主要表现在孔口形状、孔口直径和被切断客体纤维或毛刺的偏转方向等。这些特征可反映钻头直径、种类和旋转方向。孔口直径由于钻头摇摆、碰撞孔口而略大于钻头直径，具体情况与客体材质、作案人操作熟练程度有关。

有时钻孔周围出现跳钻痕，呈点线状或连续螺旋线状，这是因为钻头钻入客体时受到的轴向力与扭矩不匹配，钻头在客体表面滑动而形成；有时在钻孔附近出现圆弧形或马蹄形印压痕，这是因轴向力过大而突然钻透客体，或者钻较厚客体时钻头完全进入孔洞内，固定钻头的轧箍或轧爪碰撞钻孔周围而形成的。

（2）孔壁痕迹。金属钻形成的孔壁呈螺纹状；木钻形成的孔壁有的呈螺纹状，有的呈平滑状。一般情况下，电钻转速快，形成的孔壁光滑，螺纹间距比较规则，痕迹中的线条细；手摇钻转速慢，用力不匀，洞壁不整齐，螺纹间距不太规则，有凹凸阶梯纹，痕迹线条粗。另外，螺距受压力的影响，压力大时螺距大，压力小时则螺距小。

（3）孔底痕迹。孔底痕迹是钻头顶角、各刃口、刃侧面在旋转前进及切削停止瞬间形成的。孔底的形状一般有多角形、圆弧形、椭圆形和长方形等，可在一定程度上反映出钻头刃部的结构与形状。孔底痕迹多呈两个斜坡状，斜坡的夹角大体上反映出钻头的峰角。

（4）钻屑痕迹。钻屑是钻刃旋转切削客体时的客体碎片，呈螺旋状卷曲。屑片小的为粉末状，屑片大的为带状。屑片有上下两个表面，其下表面受钻刃的切削作用，以凹凸线条状痕迹反映钻刃的结构特征。由于受前刃面的推挤，钻屑呈螺旋卷曲状顺着螺旋槽从钻口排出，因此钻屑下表面的线痕特征比较稳定，是认定钻具的主要依据。钻屑的上表面因形变过程中出现皱纹，有的影响线条痕迹的连贯性和稳定性，故钻屑上表面线条痕迹的鉴定价值较小。

三、锯及其痕迹

（一）锯的种类

常见的锯可分为木锯和钢锯两大类。木锯主

要用来锯制木质客体，可被作案人用来锯断木质门窗、盗伐树木或破坏果树等；钢锯主要用来锯割金属客体，可被作案人用来锯断锁键、锁扣、钢筋护栏等。

(1) 按形状可分为框锯、刀锯和快马子锯等。

框锯。锯条在木架的一侧，另一侧装有铁丝或绳并用绞片绞紧，以使锯条绷紧。框锯的锯齿一般向前倾斜，为前推进锯方式，因锯的用途不同，锯条的长度、宽度、厚度及锯齿大小等亦各不相同。

快马子锯。锯的两端有手柄，锯板比较宽、形状为中间宽两端窄。这种锯的锯齿直立或由中间向两侧倾斜，齿距大，由两人使用，为推拉进锯方式，多用于截断较粗的木料。

刀锯。由锯刃和锯柄两部分组成，又分一面齿刀锯和两面齿刀锯。刀锯的锯齿一般向后倾斜，为后拉进锯方式。

(2) 按用途可分为截锯、顺锯、槽锯、绕锯和线锯等。

截锯。横向木纤维进锯，用于截断木料。其锯齿由中央向两侧依次展开，齿面呈弧形，齿尖为三角形，有锐尖和利刃。割削时，锐尖起深入木质的作用，而利刃则起切断木纤维的作用。

顺锯。顺着木纤维方向进锯，用于破板。其锯齿向两侧展开，在左右两齿中间有一直立齿，齿尖呈铲形，起清路作用。

槽锯。在木板的一侧横向纤维进锯，形成一定宽度和深浅的凹槽。

绕锯和线锯。绕锯的锯条很窄，锯齿较小；线锯是在很细的铁丝上有小的锯齿。这两种锯在锯割时可以随意改变进锯方向，灵活方便，主要用于锯割圆弧或各种曲面。

(二) 手工木锯各部位名称

手工木锯是一种多刃工具，一般由锯板（条）和锯把组成。

(1) 齿距。指前后两锯齿齿尖之间的垂直距离。

(2) 同侧齿距。它是同侧前后两锯齿齿尖之间的垂直距离。

(3) 锯开料。这是指锯齿分别向两侧展开的角度，它的作用是加宽锯路，防止出现夹锯现象。

(4) 锯料宽。它是指左右展开两锯齿齿尖的垂直距离。

(5) 齿尖线。全部齿尖的连线叫齿尖线。垂直于锯齿观察时线呈曲线形状。

(6) 齿略（列）线。指同侧齿尖外缘的连线。

(7) 齿列组合。若干锯齿的固定关系称为齿列组合，包括锯齿大小、高低、齿距的不同，锯齿展角的不同，以及齿尖形态的不同等。齿列组合分为全锯齿列组合、进入齿列组合和实用齿列组合。

1) 全锯列组合：全部锯齿的齿列组合。

2) 进入齿列组合：在运锯中实际进入客体部分的齿列组合，它随运锯的变化而改变。

3) 实用齿列组合：进入齿列组合中，直接起锯割作用的锯齿所形成的齿列组合，主要是由高出和展角大的锯齿组成。实用齿列组合在锯口两个断面上形成的痕迹是锯痕检验的主要对象。

(8) 缺齿、伤齿和断齿。在使用过程中可能导致个别锯齿出现损伤或断裂，从而出现缺齿、伤齿和断齿特征。

(三) 锯削痕迹

利用锯进行割削时，锯齿对客体的反复作用所形成的痕迹明显，特征较多，包括锯断面痕迹特征、锯屑痕迹特征及附加物特征等。但由于痕迹是多次反复切削的综合反映，特征变化大，检验的难度较大，工作中多以锯痕的种类特征确定锯的类型。

(1) 锯开线。锯开线是客体被锯开的沟槽。锯开线的宽度可大致反映锯路的宽度与锯片的厚度。一般情况下，木锯锯开线较钢锯的宽，纵割锯的锯开线宽度是锯条厚度的 1.6~2.5 倍，横割锯的锯开线宽度是锯条厚度的 2.5~3 倍。电动锯的锯条运动速度快，形成的锯开线比同样厚度手动锯的锯开线要宽。

(2) 阶梯纹。阶梯纹是锯条往返一次在锯断面上留下的梯状痕迹。梯纹的横截面有弧形和直线形，反映锯齿的侧面形状；梯纹的间距能反映出锯条长度和锯齿高度。在同样条件下，锯条长、锯齿高，则梯纹间距大。

(3) 展平面。展平面是锯断面上被锯板往返摩擦的部位。锯条深入客体内部后，锯板在锯开线内出现左右晃动、偏斜，与锯断面相互摩擦接触，在锯起端附近形成摩擦区，使先前形成的阶梯纹失去原本的形态。

(4) 断面上的线痕。断面上的线痕是锯齿侧面切削纤维在锯断面上形成的，可分为原生线痕、再生线痕和单齿线痕。原生线痕是进锯时形成的未被破坏的断面线条痕迹；再生线痕是再次运锯时在原生线痕上重复形成的线条痕迹，往往与原生线痕形成不同的交角；单齿线痕是某一单齿在断面上形成的线条痕迹，常出现在断面边缘，具有痕迹短、面宽、底平、终点较齐的特点，痕迹面上常有细小的条状特征。单齿线痕特征明显、稳定，有较高的鉴定价值。

(5) 锯口底部痕迹。锯口底部痕迹，是指最后一次运锯停止时在锯口终点部位形成的痕迹。锯齿的高低、齿距及齿尖的形态影响锯口底部痕迹的特征。较高的齿尖可在锯口底部形成小坑，小坑处木纤维有上翘的现象，个别稳定的能反映出齿尖形态、齿侧角度等特征。

(6) 锯屑。锯屑的宽度、厚度和形状可反映锯齿形态。一般来说，锯齿大的锯屑粗大，锯齿小的锯屑细。但锯屑的形成还受被锯物的物理性质及用锯者的力量等因素影响。同样的用锯条件下，纤维密度大、质地坚实的木料，锯屑较细；纤维密度小、质地松软的木料，锯屑较粗。同样的锯和相同的木料，力大者进锯速度快，锯屑较粗；力小者进锯速度慢，锯屑较细。

(7) 附加物痕迹。附加物痕迹是指在锯屑中发现的被折断的锯齿及断面上遗留的锯上的铁锈、油垢等附着物质。锯齿可进行整体分离检验，附着物可进行微量物证检验。

四、锉及其痕迹

(一) 锉的种类

锉由锉身和锉柄组成，锉身制有锉齿，用于锉削。锉常被作案人用于破坏锁键、锁扣、折页、仪表、电线等，有的作案人还用锉配钥匙。锉的种类很多，可从以下几个方面分类：

(1) 按锉刀断面形状可分为扁锉（又分齐头和尖头）、方锉、圆锉、半圆锉和三角锉等。

(2) 按锉纹的分布可分为单纹锉和双纹锉。

(3) 按锉纹的粗细可分为粗纹锉、中纹锉和细纹锉。

(4) 按锉的用途可分为木锉、普通金属锉和组锉。

(二) 锉削痕迹

锉是往返推拉进行切削的，每次推或拉都在客体接触面上留下线条状痕迹，所以形成的痕迹会重叠和变形，不易留下稳定的特征，主要反映种类特征。

(1) 锉口形状。客体未被锉断时，锉口的形状在一定程度上反映出锉身的形状，如三角锉形成的锉口多呈三角形，圆形锉形成的锉口多呈圆弧形等。对已被锉断的客体，可将两个断面合拢在一起，然后观察其锉口形状。

(2) 线痕粗细。被锉客体断面或接触面上留下锉纹重复切削形成的线条痕迹。锉纹粗的形成的断面线痕宽而粗糙；锉纹细的断面线痕窄而细小。锉痕中线痕分布有些散乱，断面多不平整。锉削质地较软的客体时，在断面边缘可有推挤引起的卷曲屑出现。在被锉客体上的线痕是多次重复锉削而成，前边锉纹形成的线痕不断被后边锉纹形成的线痕覆盖，特征变化大，不易鉴定。但在某些特定情况下，检验一次锉削动作下出现的线痕，可以做出同一性认定。

(3) 锉压痕。锉削客体时，有时在锉痕终端（锉止缘）出现不太明显的锉刀压痕，仔细观察可看出锉纹的粗细，以此推断锉的型号。

(4) 锉屑。锉屑的形状为螺旋形，因为锉齿是菱形，锉削时，屑末从锉齿沟纹排出，形成卷曲状。这是锉削的一个显著标志。锉屑的大小往往与锉纹的大小相关。锉屑的大小不一还与用力大小、客体的机械性能等因素有关。

(5) 附着物。在锉削过程中，锉刀上的锈蚀、油垢等附着物有时会遗留在客体的痕迹中，有时锉齿的沟纹中也会黏附锉屑。检验这些附着物可辅助鉴别锉具。

第三章　工具痕迹的发现和提取

第一节　寻找工具痕迹

一、寻找工具痕迹的方法

工具痕迹普遍具有立体性，凸凹反应明显，只要能确定现场范围，再辅以恰当的光照和正确的观察方法，就会很容易地找到作案人遗留的工具痕迹。确定犯罪现场遗留的工具痕迹是破案的前提和基础，只有采取正确的方法寻找，才能充分发挥其在侦查破案中的关键作用。

二、寻找工具痕迹的重点部位

（1）在现场中心寻找。

（2）在外围被破坏的物体上寻找。

（3）在出入口和来往路线上寻找。

（4）在犯罪嫌疑人住所及其周围寻找。

（5）在现场遗留物上寻找。

（6）通过现场上遗留的其他痕迹物证发现关联关系。

三、寻找工具痕迹的注意事项

现场工具痕迹大多数为立体痕迹，在现场很容易找到，寻找发现并不困难，但在寻找过程中要全面、认真、细致地寻找。既要观察被破坏的客体，又要注意其周围的其他客体；既要注意破坏严重的地方，也要注意变化不大的地方；既要研究现场遗留下来的工具痕迹，也要把有关的痕迹联系起来分析应用，从点到面，再从面到点，仔细观察分析、寻找，才能收到意想不到的效果。

第二节　分析工具痕迹的形成过程

工具痕迹是由承受客体发生形变而反映的。任何物体的形变都与施加在该物体上的外力及其组成该物体的材料的结构、性能存在着密切的关系。只有认真研究外力与客体之间的接触规律、变形特点，才能了解工具痕迹的形成原理。

一、分析承痕客体

被破坏客体也叫工具痕迹的承痕客体，被破坏客体是工具痕迹的载体，受外力作用后产生局部变形，于是形成了工具痕迹。现场中常见的客体有金属客体、木竹器客体、土质客体、人体组织客体、纺织品及其他客体。

二、分析造痕客体

在工具痕迹学中，工具也叫痕迹的造痕客体，所有能使客体发生形变的物体都可以成为造痕客体。造痕客体不同，在客体上形成的工具痕迹也是不相同的。工具一般分为四种，即一般工具（刀、斧、尖子、螺丝刀、锤、锉、钻、凿锯、锄等生产生活中常见常用的工具）、专业工具（某种行业或某一部门专用的工具，如铁锤、虎头钳）、特殊工具（也称自制工具，是犯罪嫌疑人专为某类犯罪行为而制造的工具，如撬破保险柜用的拉压器）、代用工具（这类物体本身不是什么成型工具，但往往会被用来作案，如木棍、铁棒、炉钩子、机械零件、砖瓦石块等）。

三、分析作用力

力是形成工痕必不可少的条件，无论是人为施力的工具在客体上形成痕迹，还是工具在重力作用下在客体上形成痕迹，都离不开力。力是指客体间（质点间）的相互机械作用。在工痕学涉及的内容中，要研究力是怎样产生的，力是以什么方式作用在客体上的，以及客体在外力作用下是怎样变化的。

第四章　现场工具痕迹的分析应用

第一节　推断工具种类

一、推断工具种类的依据

推断工具的种类就好像给工具画像。根据案件现场出现的工具痕迹的特点，可以描绘出工具与客体接触部位的形状、工具质地、机械性能、工具的结构、规格尺寸等。通过这些被描绘出的工具的结构参数，我们就能够推断出形成痕迹的工具种类。只有正确地推断出工具的种类，才能更好地为侦查破案提供线索和依据。

二、推断工具种类的方法

（1）了解现场情况，做好整体观察。了解现场情况是分析推断的前提。

（2）观察承痕客体，做好归口并类。

1）按照痕迹性质并类。

2）按照痕迹特点并类。

3）按照痕迹形状并类。

（3）按项目逐项分析推断。

1）推断工具接触部位的形状。

2）推断断离部位的形状。

3）观察有无明显的加工纹图。

4）分析工具的质地。

5）分析机械性能。

6）推断工具的结构。

第二节　利用工具痕迹分析作案人的职业特点

一、分析作案人职业、范围

（1）从破坏活动与手法看有无熟练性、技巧性。观察分析破坏动作、手法，可以发现持械人有无熟练性、技巧性。有熟练性、技巧性则持械动作准确，手法利落；否则，持械动作盲目，手法笨拙。

（2）从破坏的部位分析有无职业特点。

（3）从破坏手段分析有无技术性破坏。

（4）从工具及其痕迹的反映分析有无执业范围。

（5）附着物、遗留物反映出职业特点。

（6）其他特殊情况。

二、持械习惯

持械习惯反映了人们的生理特点。多数人是右手持械（占 95%左右），少数人是左手持械（占 5%左右）。所以，根据现场痕迹，确定左手持械作案，可以大大缩小侦查范围，提高侦查效率。

（1）通过撬压破坏分析。

（2）通过打击痕迹分析。

（3）通过砍切、刺扎痕迹分析。

（4）通过割据分析。

（5）通过使用的工具分析。

三、分析作案人体力

由于工具痕迹的出现、变化比较复杂，所以，在一般现场，不容易对持械人做出体力的准确判断。有的现场出现的工具痕迹具有分析判断持械人的条件时，可根据痕迹出现的位置、类型与周围客体的关系，分析持械人的体力。

（1）从痕迹的深浅、体态看体力。痕迹的深浅大小与破坏的状态，在一定程度上可以反映出行为人的肌力、体力。

（2）从作案所用时间、使用工具、痕迹的数量看体力。把作案时间所用时间的长短、使用工具的轻重、破坏次数的多少三者综合起来，可以反映持械人的体力。

（3）从搬走笨重客体看体力。有的犯罪嫌疑人先将笨重的物体搬到他认为“安全”的地方后再进行撬盗，被搬移的物体越重，反映犯罪嫌疑人的体力较强。

第三节　利用工具痕迹揭露伪造的现场

在办案实践中，有时遇到伪造的现场，而伪造现场的人常常使用工具制造某种工具痕迹来掩盖实质，企图以假乱真，转移侦查视线，达到其伪造现场的目的。利用工具制造工具痕迹进行伪造的现场一般在痕迹的形成、分布、相互关系等方面会出现矛盾。我们要利用矛盾，识别假象，及时揭露伪造现场，保障现场勘查的效率与质量。

（1）利用工具痕迹出现的先与后的顺序分析。

（2）利用必要痕迹的有与无分析。

（3）利用出入口工具痕迹的矛盾分析。

（4）利用破坏力轻与重的矛盾分析。

第四节　利用工具痕迹串并案件

把同一人或同一伙人所作的多起案件合并起来侦破称为串并案件。工具痕迹能反映造痕工具的种类、工具接触部位的形态结构，有时又可以反映持械人使用工具的习惯。因此，可以利用工具痕迹串并案件，即根据工具的同一性与持械破坏习惯的同一性进行串并，为侦查破案提供依据。

一、根据工具的同一性串并

（1）工具痕迹与工具痕迹串并。

（2）工具痕迹与工具串并。

二、根据持械破坏习惯的同一性串并

（1）从使用的工具看习惯。

（2）从加载方式、方法看习惯。

（3）从持械人的手法看习惯。

（4）从被破坏的客体分析习惯动作。

（5）从被破坏部位看习惯。

三、结合相关案情、痕迹进行串并

作案人在作案过程中，往往在不同的作案现场留下不同种类的痕迹。我们要结合各个案发现场所留下的各种相关痕迹及案情，对工具痕迹、工具甚至犯罪嫌疑人进行串并。

第五章　工具痕迹的鉴定

工具痕迹鉴定是一项专业性很强的工作，要求鉴定人员不但具备一定的法律知识、专业知识，还应具备痕迹鉴定的资格。在鉴定活动中还应注意遵守相关法律法规，如《中华人民共和国刑事诉讼法》《公安机关物证鉴定规则》《刑事技术鉴定规则》《司法鉴定程序通则》等。

第一节　受理鉴定

受理鉴定是工具痕迹检验的第一个环节，主要是明确鉴定的条件和要求，确定能否检验，为下一步检验做好准备工作，主要包括了解基本案情、明确鉴定要求、清点登记检材、制订检验计划等过程。

一、了解基本案情

（1）案件的基本情况。

（2）现场工具痕迹的遗留情况。

（3）嫌疑工具的情况。

（4）犯罪嫌疑人基本情况、犯罪嫌疑人与送检工具的关系以及犯罪嫌疑人使用类似工具的知识与经验。

二、明确鉴定要求

明确鉴定要求是实施鉴定的前提。工具痕迹鉴定的要求有以下几种：

（1）现场工具痕迹是何种工具遗留。

（2）现场工具痕迹是否是嫌疑工具所留。

（3）几个现场工具痕迹是否是同一工具所遗留。

三、制订检验计划

工具痕迹鉴定，应对根据检验鉴定的要求及案件检材的具体情况，制定一个检验的具体方法和步骤，特别是不同案件、不同检材的鉴定需要采用相应合理的检验方法。对于某些特殊的检验鉴定，还应当准备一些检验器材，如体视显微镜、比对显微镜、游标卡尺、千分尺、直尺、量角器等。

第二节　一般检验

对现场工具痕迹的一般检验，是以工具痕迹形成时的三个因素为引线，对现场痕迹与嫌疑工具进行观察分析。其检验的任务是弄清破坏的方式、方法与痕迹种类，确认造型工具的一般特征，为筛选嫌疑工具与特定检验做好准备。

一、观察分析形成痕迹的条件

（1）分析受力状态对痕迹的影响，如破坏方式对痕迹的影响，受力大小与方向对痕迹的影响。

（2）分析工具条件对形成痕迹的影响，如什么样的工具才能适应现场破坏方法，什么形状的工具才能符合现场痕迹的种类特征，工具的硬度、强度是多大。

（3）分析承受客体对痕迹的影响，如客体机械性能的影响，木质干湿度与不同切面的影响，客体颗粒或纤维组织的影响，客体表面状况的影响。

二、识别重叠与形状变化的痕迹

（1）识别重叠痕迹。根据压力的大小与痕迹的深浅进行鉴别；根据痕迹边缘的形态、坡度进行区别；根据压痕的周边是否连续进行鉴别；根据线条倾斜流向进行识别。

（2）识别形状变化痕迹。痕迹形成时的变化以及痕迹形成后的变化。

第三节　比较检验

为了充分研究现场工具痕迹和工具特征的性质，必须对现场痕迹和工具及其样本痕迹做全面比较，从而确定它们之间的符合点和差异点，为得出鉴定结论提供依据。

一、比较检验的内容

比较检验的内容包括：比较现场工具痕迹和工具种类特征；比较现场工具痕迹和工具个别特征。

二、比较检验的步骤

一般情况下，比较检验的顺序是：先宏观后微观，先比对种类特征，后比对特定特征；先比对痕迹轮廓，后比对痕迹个别特征。

（1）从宏观检验开始，重视种类特征的比对检验，在种类特征相同的基础上再进行特定特征的比对检验。

（2）比对检验时，无论是凹陷痕迹，还是线条痕迹，都要重视痕迹轮廓形态的比对。

（3）在比对检验中，应充分利用所有痕迹特征，全面、细致进行观察比对。

（4）在比对检验时，既要注意发现特征相同点，又要注意发现特征差异点。

三、比较检验的方法

比对检验中常用的方法有特征对照法、特征连线法、特征结合法、特征重叠法，应根据痕迹提取形式、痕迹性质、痕迹特征反映来确定比较检验方法。

四、比较检验凹陷痕迹

比较检验凹陷痕迹一般采用特征对照法、特征连线法，用立体显微镜进行观察比对。

（1）比较检验的内容。

（2）比对的重点部位。不同痕迹中，各部位对特征的反映不同。检验中，对现场各个部位的痕迹都要进行认真比对。如撬压痕迹的支重点部位，打击痕迹的着力点与非着力点部位。针对不同客体、不同痕迹，对质量好的、稳定的特征作重点比对。

（3）比对种类特征。

（4）比对个别特征。对凹陷痕迹进行比对检验时，要首先比对痕迹的轮廓形态，再比对内部的凹凸点状、条状特征是否相符。

五、比较检验线条痕迹

比较检验线条痕迹多采用特征结合法，在比较显微镜下观察比对线条特征。但使用比对显微镜结合比对现场痕迹与样本痕迹过程中要注意以下几点：

（1）两者的摆放姿势与方向必须一致，两受检面均处于水平状态。

（2）两者的受检面处于相同的高度。

（3）两边的物镜放大的倍数调整后最终要一致

（4）照射现场痕迹与样本痕迹的灯光光强要一致。

（5）入射光的角度要一致。

第四节　综合评断与鉴定结论

综合评断是对比较检验中发现的符合点和差异点进行科学的分析判断，通过研究痕迹特征的个别性及相互关系是否构成特定性、能否同一认定做出正确结论。综合评断是认识过程的理性阶段，经过去伪存真、去粗取精，由此及彼，由表及里，找出现场痕迹与作案工具的内在联系，把握本质，排除偶合、假象等非本质问题，做出正确的鉴定结论。

一、评断对现场痕迹与工具的认识

二、掌握现场痕迹的形成过程、条件与变化

（1）不同种类的痕迹，形成的特点也不同，

同一种类的痕迹其形成的具体过程、具体条件也各不相同。

（2）要全面观察承痕客体上的痕迹，逐个分析形成原因，找出相互间可能有的内在联系，互相印证，深化认识。

（3）对照工具实验样本痕迹观察现场痕迹的形态，弄清工具留痕部位与印证上述观察分析的可靠性。

（4）要掌握现场痕迹特征的形成与变化。

（5）要掌握工具在发案后或实验中产生的变化。

三、鉴定结论的依据

工具痕迹鉴定的结论有四种：认定结论、否定结论、倾向性结论、不具备检验条件。

（一）认定结论的依据

（1）凹陷痕迹认定结论的依据。种类特征相同，即工具的结构、形状、功能具备完成现场上破坏活动的条件，工具某一部位的宽窄、粗细、长短与现场痕迹相符；痕迹的轮廓形态、大小相同；全部或多数个别特征的形态、位置、相互关系排列组合相同。

（2）线条痕迹认定结论的依据。工具的结构、形状能够完成现场上的破坏活动，工具某一部位有条件形成现场痕迹；稳定的凸凹线特征相吻合，这种特征是在一定范围内，占有一定数量的粗大、明显、连贯的凸凹线，彼此间的形状、粗细、距离均一致，结合的线条状特征，其凸峰和凹谷的形状宽窄一致、高低一致、相互排列一致、倾斜流向一致；个别的差异点能够得到科学的解释，通过试验分析，证实是某些偶然因素造成的。

（二）否定结论的依据

（1）凹陷痕迹否定结论的依据。种类特征有根本的差别，如嫌疑工具的结构、性能、形状不能完成现场上的破坏活动，或嫌疑工具的大小、长短与现场痕迹差别很大，不能形成现场痕迹；虽然种类特征相同，个别特征偶然符合，多数特定特征的形状、位置、相互关系有根本差别；同一承受客体上有两个或两个以上的痕迹，特定特征均有根本差别。

（2）线条痕迹否定结论的依据。种类特征有根本差别，如嫌疑工具的结构、性能、形状不能完成现场上的破坏活动，或痕迹的宽度有明显的不同；在可见范围内，线条状特征结合的数量，粗线条、中线条、细线条的结合率在40%以下，线条总数结合率低于30%的可以否定。

（三）倾向性结论及可能性的判断

这种结论有两种：一是倾向认定，往往是种类特征相同，有几点个别特征相同，但是认定依据不充分；二是倾向否定，往往是两者痕迹中有一些差异点，作为否定依据不充分。

（四）不具备检验条件的判断

不够检验条件，如痕迹特征太少，痕迹或嫌疑工具严重变形失去检验条件等。同时要注意以下几个方面：①现象代替本质；②片面代替全面；③主观代替客观。

工具痕迹检验，是一项比较复杂的工作，要求我们在整个检验过程中，对每个问题的分析都要实事求是，坚持科学的态度，不断地提高认识，总结经验，充分发挥技术鉴定的作用。

项目四　枪弹痕迹篇

第一章　枪

枪是指以火药为能源，以火药燃烧时产生的气体压力为动力，发射弹头，碰击目标，以达到杀伤或毁坏被击物的效能，重量在50kg以下，口径在20mm以下的轻型射击武器。

第一节　战术性能

枪的战术性能一般指它的射程、射击精度、效果和射速。

一、射程

射程即是射击距离，严格地说，是弹道起点至落点的水平距离。

射程分有效射程、表尺射程、杀伤射程和最大射程四种。

1. 有效射程

有效射程是指该枪种在战术使用上，能保证达到规定的射击精度和弹头对目标的作用效果的射击距离。例如64式手枪的有效射程为50m，这就是说在50m距离以内，该手枪能可靠地命中和杀伤单个有生目标。

2. 表尺射程

表尺射程是指瞄准装置具有表尺的枪种，其表尺上所刻划的最大值，是供优秀射手射击及射击次要目标使用的。例如56式7.62mm冲锋枪的表尺射程为800m。

3. 杀伤射程

杀伤射程是指保证弹头达到对有生目标的杀伤作用效果最低标准的射击距离。一般在此距离上，枪支已不能保证规定的射击精度，即不能可靠地击中目标，但弹头击中目标则仍能实现杀伤。例如64式手枪的杀伤射程为300m。

4. 最大射程

最大射程是指枪支在最大射程角下射击时，弹头飞行能达到的最远水平距离。例如56式7.62mm冲锋枪的最大射程为2000m。

二、射击精度

射击精度是指弹头命中目标的精确程度。它

由射击密集度和射击准确度两方面来衡量。射击密集度是指弹着点密集的程度，弹着点越集中，则密集度越好。射击准确度是指平均弹着点与瞄准点的接近程度，越接近则射击准确度越好。

每种枪的射击准确度均会随着射程的增大而降低。

三、效果

1. 弹头的杀伤作用

弹头的杀伤作用，是指弹头杀伤有生目标的能力。杀伤作用大小的标志是创道的深浅和杀伤范围的大小。创道越深和杀伤范围越大，弹头的杀伤作用就越大。弹头的杀伤作用主要取决于弹头命中有生目标时冲击能量的大小及该冲击能量传递给目标的多少。

2. 弹头的侵彻作用

弹头的侵彻作用，是指弹头侵入障碍物的能力。

3. 弹头的穿透能力

穿透作用则是弹头穿透障碍物的能力，它是弹头侵彻作用的一种特殊情形。

四、射速

枪支的射速是指单位时间内枪支发射枪弹的数量。它有理论射速和实际射速两种。

1. 理论射速

理论射速是指由实验测定或理论计算连续两发枪弹射击之间的时间，从而得到每分钟内枪支发射枪弹的数量。

2. 实际射速

实际射速是指实际使用时枪支所能达到的每分钟发射枪弹的数量。它与理论射速、弹匣容排量、更换弹匣时间、瞄准时间以及采用的发射方式（单发、点射及连发）有关。

第二节　分　类

各国枪支的种类繁多，可以从不同方面对枪械进行分类。一般可按照枪支的用途、口径、发射性能、内膛结构、是否制式、动力来源等进行分类。

一、按枪支的用途分类

1. 军用枪支

军用枪支是为满足战争的需要而设计，装备于部队、警卫、民兵等。这类枪历史最长、数量最多，其特点是：威力大、射程远、精度高。军用枪支包括手枪、步枪、冲锋枪、机枪、转轮手枪等。

2. 狩猎用枪支

狩猎用枪支有霰弹（平滑枪管）和带来复线的两种。为了扩大发射面，提高猎取率，多采用霰弹发射。土造的霰弹，多用沙子、铁屑、小石子等作霰弹丸。

3. 运动枪支

运动枪支是供体育运动中射击训练、比赛用的枪支。其特点是：枪管长、射击密集度高，完善的瞄准及调整装置，射击时平稳性好。我国常见的是 5.6mm 口径的步、手枪，也有的运动枪支是火药的发令枪或气枪，但一般不具有杀伤有生力量的作用。

4. 特种枪支

特种枪支是供特种人员执行特殊任务是用的枪支。其特点是：装弹一至三发，伪装成其他形状，常见的有钢笔式、手杖式、手套式、香水瓶式、伞式、匕首两用枪等。此类枪支射程远、射击精度较差，有的采用毒子弹，还使用消音器。

5. 教学用枪支

教学用枪支是供教学演示用的枪支，枪支的外形与一般军用枪支相同，在枪支的结构上具有解剖性能，能直观、形象地看到枪支的构造、发射、退壳等顺序，便于讲解示教。

6. 防暴用枪支

防暴用枪支是供警察防暴时使用的非致命性枪支。目前主要有防暴枪（能发射催泪弹、橡皮弹等）、麻醉枪、电晕枪等。其特点是：使用时不直接致人死亡，以达到制止犯罪、驱散暴乱群体的作用。

二、按枪支口径大小分类

口径是枪械的一个重要结构参数，它是指枪管的内径（线膛枪则指阳膛线所在圆的直径）。由于各种枪支口径的不同，习惯上常根据口径的大小对枪支进行如下分类。

2. 大口径枪

大口径枪是指口径在 11～14.5mm 的枪支，枪管的口径超过 12mm 时，通常就是高射机枪。

3. 中口径枪支

中口径枪支是指口径在 7～11mm 的枪支。

4. 小口径枪支

小口径枪支是指口径在 5～6.5mm 的枪支。

5. 微口径枪支

微口径枪支是指口径在 5mm 以下的枪支。

三、按枪支发射性能分类

1. 自动枪支

自动枪支是以火药气体为能源，自动完成全部或部分射击循环动作的枪支。自动过程是利用火药气体带动枪支各机构工作来实现的，自动枪支在射击时，子弹中的火药气体除推动弹头射出枪口外，并向后将枪机拉开，弹壳随之自动排除；同时又受复进簧和拔弹器的作用，将另一发子弹自动推进弹膛。

2. 全自动枪支

全自动枪支是指可连发射击，射手在完成第一发弹的装填，使枪支呈待发状态后，手扣扳机即可发射；如仍扣住扳机，枪支可连续射击直到将弹夹中的枪弹全部发射为止。

属于此类枪支的有机枪、冲锋枪、全自动步枪和全自动手枪。如国产 56 式 7.62mm 冲锋枪、82 式 9mm 冲锋枪、80 式 7.62mm 全自动手枪等。两者之间的区别在于自动化程度的不同。

3. 半自动枪支

半自动枪支是指只能自动完成重新装弹，不能自动击发的枪支，射手在完成一次击发后，为了下一发枪弹的击发，需要松开扳机，然后再扣动扳机才能再次击发，即扣一次扳机只能发射一发枪弹。简言之，半自动枪支只能单发射击，不能连续发射。

4. 非自动枪支

非自动枪支是指各射击循环动作均需由射手操作来完成的枪支。这类枪支由于没有复进簧且发射瞬间枪机可移动，不能利用火药气体自动装弹、发射和退壳。每击发一次都要借助于手推拉扳机，逐发装、退。如 53 式步枪、小口径步枪、单发的老式手枪、军用的单发步枪、运动步枪、猎枪等。

5. 转轮枪支

转轮枪支在其中间部位有个转轮，内有若干个孔装子弹，以代替自动枪支的弹匣，内有 4 至 7 发子弹不等。扣动扳机时，击针连动后仰，带动转轮向左或向右转动，将转轮内的子弹依次对准枪管后端的轴心，以备射击。此类枪支虽可一扣一射，但排壳和装弹时必须把转轮移出，所以它不同于自动与非自动枪支。

6. 气动枪支

气动枪支是靠压缩空气或瓶装气体的压力将弹头射出，属不发火的一种轻型射击武器。气动枪支有弹簧式和气瓶式两种，第一种是靠活塞在塞圆中压缩空气发射子弹的，第二种则是利用气瓶中压缩的二氧化碳气体膨胀能量将弹头从枪管射出。

四、按枪管内膛结构分类

1. 滑膛枪

滑膛枪是最早出现的枪，枪管内壁光滑、无凸凹的来复膛线。此类枪支由于无膛线，射出的子弹就不会旋转，在飞行时不易保持方向，而且会在空中翻跟头，因此射程近、射击精度差，命中率低。目前这种枪管只用于发射霰弹的猎枪、信号枪及土造枪支等。

2. 膛线枪

膛线枪是指枪膛内壁刻有数条螺旋形凹凸沟槽的膛线。膛线可以使弹头紧贴枪管内壁旋转射击，弹头飞行稳定，减少空气的阻力，增加射程，提高命中率，并且使弹头外壳与枪管内壁的摩擦力减少，降低因摩擦所造成的枪管升温和磨损而延长枪支的寿命。膛线枪管内壁凸起的膛线为阳膛线，凹陷的膛线为阴膛线。膛线枪管是现代军用枪支主要结构特点。

五、按是否为制式枪支分类

1. 制式枪支

制式枪支是指按照国家标准、公安部或军队有关部门下达的战术技术指标要求，经国家有关部门或军队批准定型，由合法企业生产的各类枪支。

军用枪支是指经军队批准定型列装的各类枪支，包括手枪、冲锋枪、步枪、机枪等。

警用枪支是指经公安部批准定型列装的各类

枪支，包括警用手枪、防暴枪等。

民用枪支是指经国家有关部门批准定型生产的各类枪支，包括气手枪（全枪长度在780mm以下）、气步枪（全枪长度在780mm以上）、猎枪、小口径手枪、小口径步枪和经国家批准专门用于出口的各类枪支。

2. 非制式枪支

非制式枪支是指未经有关部门批准定型或不符合国家标准的各类枪支，包括自制、改制的枪支和枪支生产企业研制工作中的中间产品以及旧杂式枪支。

在自制枪支中可以发射军用弹药的为自制军用枪支，可以发射警用弹药的为自制警用枪支，可以发射民用弹药的为自制民用枪支。

3. 境外枪支

境外枪支是指国外企业和我国台湾地区企业生产制造的各类枪支。

4. 仿真枪支

仿真枪支是指符合公安部《仿真枪认定标准》（公通字〔2008〕8号）的各类产品。

对仿真枪支应当按照《枪支致伤力的法庭科学鉴定判据》《公安机关涉案枪支弹药性能鉴定工作规定》（公通字〔2010〕67号）进行鉴定，所发射弹丸的枪口比动能大于1.8J/cm^2（含本数）的，应当属于枪支。

六、按枪支动力来源分类

1. 火药动力枪

火药动力枪是指利用火药装置形成压缩气体，以该压缩气体为动力，利用管状器具发射金属弹丸或者其他物质，并达到枪支认定标准的枪形物。

2. 气体动力枪

气体动力枪是指利用气瓶、机械装置等形成压缩气体，以该压缩气体为动力，利用管状器具发射金属弹丸或者其他物质，并达到枪支认定标准的枪形物。

3. 电力动力枪

电力动力枪是指利用电力设备形成压缩气体，以该压缩气体为动力，利用管状器具发射金属弹丸或者其他物质，并达到枪支认定标准的枪形物。

第三节　枪的结构

各种类型的枪支，都由若干个大小不同的机件组成，一般手枪由四五十个零件组成。步枪、冲锋枪由一百二三十个零件组成。因此，不可能对所有零件逐一进行介绍。根据需要，这里重点介绍枪管、枪膛、枪机、枪机匣等。

一、枪管

枪管是枪支的基本部件，它是高强度金属管，位于枪支前上方，是子弹发射的依托。枪管既是赋予弹头一定初速、旋速和稳定飞行方向的枪支机件，又是射击弹头痕迹的主要造痕体，也是弹壳上部分痕迹的造痕体。

二、枪膛

枪管的内壁叫枪膛，由弹膛、坡膛和线膛三个区域组成。

1. 弹膛

弹膛位于枪膛的后部，是子弹上膛待击发时所处的部位。弹膛的主要作用是容纳上膛的子弹，保证在各种射击条件下均易于进弹抽壳，上膛时子弹能正确定位，击发时能密封火药气体，射击后能保证弹壳不产生破裂。

2. 坡膛

坡膛位于弹膛与线膛之间，是弹头在枪膛内所处的位置，是连接弹膛和线膛的过渡部分。坡膛由后向前的直径逐渐缩小，形成坡状，其形状呈椎体，其作用是导引弹头脱离弹壳后能平稳进入线膛区域。

3. 线膛

线膛位于枪膛的前部，即坡膛的前缘至枪口，是枪管的主体部分，它是弹头在膛内运动并加速的主要场所。线膛由阴阳两种膛线组成，其作用是与火药气体相配合，赋予射击弹头一定的初速和旋速，保证射击弹头有飞行稳定的弹道，增加弹头的贯穿力，提高命中率，减轻枪管的磨损。

三、枪机

枪机是推子弹上膛、闭锁子弹、击发子弹、

排壳和保险的装置。

1. 弹底窝

弹底窝是枪机的前表面，呈圆形凹槽，与配用子弹的弹壳底座直径相适应。一般弹底窝的直径略大于弹壳底缘直径（通常大 0.2mm 左右）。

2. 击针

击针是位于弹底窝中心部位的针状机件与击针簧、击锤和击锤簧等机件共同组成发射机构。其作用是打击子弹底火，点燃起爆药，使发射药点燃，引起发射。

3. 拉壳钩

拉壳钩，又叫抓子钩，在后膛的一侧或上面，钩端突出于后膛。其作用是抓住弹壳的底槽，射击时借助后坐力的作用，把弹壳向后拉出。

4. 拨弹机

拨弹机是位于弹底窝下部的突起装置，专为推顶子弹上膛用的。

5. 指示杆

指示杆是位于击针的上方，显示弹膛内有无子弹的针状机件。

6. 抛壳口

抛壳口，又称排壳孔，是枪机上专为排壳开设的洞孔，多位于弹底窝的前方右侧或前方上部。

7. 保险机钮

保险机钮是子弹上膛后，为防止意外射击设置的机件，多用“安”或“S”表示。

四、枪机匣

1. 抛壳挺

抛壳挺是枪底把上专为排壳设置的不很明显的突起装置，与拉壳钩的位置相对。

2. 弹匣

弹匣是专供盛放子弹的，弹匣内有托弹簧、托弹板，将子弹托起上膛。

3. 扳机

扳机是在枪身的指示圈内导引击锤的机件，但子弹上膛后，扣动扳机就能使击锤打击击针，造成击发。

第四节　常见国产枪械

自新中国建立以来，我国生产的各种类型枪支，大约有 20 余种，在刑事验枪工作中，常见的国产枪械有手枪、冲锋枪、步枪等。

一、手枪

手枪是一种单人使用、单手握持瞄准射击的短枪管武器。因其体积小，便于隐藏和使用，因此装备较普遍。

手枪口径一般在 7.62~11.45mm，国产手枪主要有 51 式 7.62mm 手枪、54 式 7.62mm 手枪、59 式 9mm 手枪、64 式 7.62mm 手枪、77 式 7.62mm 手枪、82 式 7.62mm 自动手枪等。

二、冲锋枪

冲锋枪是步兵武器中一种比较年轻的枪种，单人使用，体积较小，灵活轻便，能以猛烈的火力实施持续的自动射击。初期出现的冲锋枪大多使用或力较小的手枪弹，后来出现了使用步枪弹的冲锋枪，提高了枪支的威力。但冲锋枪因其枪管较步枪短，故射程、精度及威力一般不及步枪。冲锋枪的有效射程通常在 400m 以内。

冲锋枪的自动方式有枪机后座式和导气式两种，口径多为 7.62mm、7.65m、9mm 等。

国产冲锋枪有 50 式 7.62mm 冲锋枪、54 式 7.62mm 冲锋枪、55 式及 56 式 7.62mm 冲锋枪、64 式 7.62mm 微声冲锋枪、79 式 7.62mm 冲锋枪、82 式 9mm 轻型冲锋枪、85 式 7.62mm 轻型冲锋枪等。

三、步枪

步枪是步兵的基本装备，有效射程一般为 300~400m，弹头在 2500m 左右的距离上还能保持一定的杀伤能力。

狙击步枪是步兵优秀射手或边防哨所使用的高精度大威力步枪，用以杀伤远距离的单个重要目标，有效射程达 800m 左右。通常配有专用的光学瞄准镜。

国产步枪有 53 式 7.62mm 非自动步骑枪、56 式 7.62mm 半自动步枪、63 式 7.62mm 自动步枪、81式和81-1式7.62mm自动步枪、仿美M2 7.62mm卡宾枪、仿美M14 7.62mm自动步枪、CQ5.56mm自动步枪、79式7.62mm半自动狙击步枪等。

第五节　枪支常见故障

枪支结构复杂，射击时自动机构中绝大多数零件要参与自动循环动作，并且各动作均需要由各机构相互间的机械传动而逐一完成，因此常常会因为各种各样的原因导致枪支不能够正常发射，出现故障。

一、不发火

不发火是指枪支完成进弹及闭锁后，扣动扳机打不响，拉套筒或枪击向后枪弹被抛出的现象。

故障原因多为枪弹失效、枪弹底火在底火室内装配位置太深、击什突出量不够、击发能量不够等。

二、卡壳

卡壳是指活动机件停在前方，没有开锁，弹壳留在膛内；或者活动机件停在中途，弹壳或枪弹卡在套筒或机匣内。

故障原因多为后坐能量不足，导气装置中导气孔堵塞，活塞运动受阻，管退式枪支中的枪管后座运动受阻等，退壳机构中的拉杆机构不能正常工作，抽壳阻力过大，抛壳能量不足、抛壳挺磨损等。

三、空膛

空膛是指弹匣内有弹待进，拉套筒或枪机向后到位使其复进到位，或在枪支射击过程中活动机件复进到位后打不响，打开枪膛时膛内无弹。

故障原因多为弹匣没有推送到位、弹匣变形、托弹簧簧力不足、托弹板运动受阻或不灵活、弹匣卡笋扣不住弹匣或限制面磨损、变形，使弹匣下滑或耳能处在定位位置上、活动机件后坐不到位等。

四、卡弹

卡弹是指枪弹在进膛过程中运动受阻，不能进膛，被卡在弹膛外某处，活动机停在中途。

故障原因多为弹匣上下左右松动过大、枪弹不能归正在预备进膛位置、导弹斜面碰伤、推弹突笋前端碰伤。

五、不击发

不击发是指保险机构处射击位置，扣动扳机不能解脱击锤（或击针），不能使击发机构完成射击动作。

故障原因多为扳机拉杆变形，扳机拉杆的钩部与击发阻铁的击发面磨圆，扳机拉杆簧失效或断裂，扳机簧失效，保险机回转臂磨损、变形，单发杠杆（或压杆）运动不灵活等。

六、滑机

滑机是指某些可连发的枪支、当处连发状态射击时，射击中途放开扳机，活动机件不能停止在待发位置而继续射击。

故障原因多为阻铁卡齿及击针待发突笋、击锤待发突笋、枪机待发突笋磨损或断裂、阻铁簧失效、活动机件后坐阻力过大，后坐不到位，没能使击针或击锤处待装位置等。

七、单发时出现连发

单发时出现连发是指半自动枪支或全自动枪支在单发位置射击时出现双发或连发。

故障原因多为手枪的单发杠杆（或压杆）工作面磨损或断裂，全自动枪的单发阻铁钩部及击锤单发面磨损，单发阻铁簧折断或簧力失效，单连发变换杆不能确实定位于单发位置等。

八、断壳

断壳是指弹壳被拉断，前半截留在膛内，使后一发弹不能确实到位，枪支不能闭锁。

故障原因多为闭锁支撑面磨损过大造成闭锁间隙过大，弹膛过干或锈蚀严重等。

九、炸壳

炸壳是指击发后，弹壳体下部炸裂，火药气体从枪管后端泄出。

故障原因多为弹膛过脏，枪弹未完全进入弹膛而被击发，枪弹迟发火，由于枪弹受潮或其他原因，在活动机件开始反跳时才发火，造成过早退壳，弹壳下部失去了弹膛的保护，承受不了火药气体压力而炸裂等。

十、不挂机

不挂机是指具有空仓挂机的枪支在弹匣内枪弹被射完后活动机件仍复进到前方位置，不能停留在后方挂机位置。

故障原因多为空仓挂机突起运动失灵、托弹簧簧力不足、托弹板变形、弹匣定位不准等。

十一、走火

走火是指在射手没有扣动扳机的情况下，由于外界其他力量使枪支产生击发而完成射击的现象。

前面列举的滑机、半自动枪出现连发等故障均可以引起走火。另外，在手动保险机构失效，不能正常工作的情况下也易引起走火。特别要注意，击发后引起的迟发火，不正常地早击发，枪机发生不应有的滑动造成跟机连射，单发变成连发，枪弹炸膛等，极易引起“走火”。

第二章　枪　弹

枪弹是供枪支发射的一种被击物，它以火药燃烧产生的气体压力为动力，推送弹头，用来碰击或燃炸物体，以达到毁坏目标物的一种组合体，其口径一般在20mm以下。

第一节　枪弹的分类

枪弹一般可从其用途、配用枪种、枪弹的形状和发火部位来分类。

一、按枪弹用途分类

1. 战斗用枪弹

战斗用枪弹主要应用于作战，是直接用于杀伤敌方有生力量、击毁敌方武器装备的枪弹。

2. 特种弹

特种弹是指在战术上满足特殊用途，并有特定结构的枪弹。

3. 普通弹

（1）穿甲弹。穿甲弹主要用于对具有装甲防护的目标射击，例如飞机、装甲车辆、舰艇以及个人防护用的尼龙避弹衣、钢盔等。穿甲弹的外形结构与普通本主要区别是穿甲弹的钢心是由高强度、高硬度的高碳钢制成的，如53式7.62mm穿甲弹钢心是由高碳工具钢T12A制造的。

（2）曳光弹。曳光弹的主要用途是修正射击弹道和指示目标，曳光弹与普通弹具有相同的杀伤作用，外形也与普通弹相同，但弹心的后部被曳光管代替。在曳光管内有曳光星体、传火剂和引燃剂。

（3）燃烧弹。燃烧弹主要用于射击易燃目标，如木材、仓库、液体燃料等，同时也广泛用于射击敌方的飞机和车辆。

（4）爆炸弹。爆炸弹通过一定的起爆装置使装于枪弹内的炸药爆炸，同时还有燃烧作用，用以射击强度低且易燃的目标，内部结构更为复杂。除有披甲、铅套外，还有击发装置、引爆装置、炸药、燃烧剂、保险元件等。

（5）辅助用弹。辅助用弹一般不用于军事作战，不在战斗中使用，主要用于教学、操练和测试上。

（6）空包弹。空包弹无杀伤作用，主要用于演习和发射枪榴弹。空包弹无弹头，弹头口部加长并收成星状。在密封弹壳内装有速燃药，射击时具有声响效应，可达到演习时的实战效果。

（7）教练弹。教练弹用于训练射击操作，它的弹重及外形尺寸与基本弹种相同，但弹壳内不装发射药，有的用鹅卵石等装填，底火用胶皮垫代替，以防击针断裂。在弹壳体部有三条纵向凹槽，以便和实弹区别。

（8）高压弹。高压弹是枪厂检验枪管强度用的特种弹。采用特制速燃药或增大发射药装填密度，增大弹头重量且在弹头底部钻有深锥孔，发射时火药气体可使押尾膨胀，紧贴弹膛从而提高了膛压。高压弹用来检验枪厂生产的新枪的枪管强度。

（9）强装药弹。强装药弹主要用于检验枪支闭锁零件的强度，采用增大装药量的方法来提高膛压，以校核闭锁机构的强度和可靠性。

（10）标准弹。标准弹外形、结构均与基本弹相同，但主要药量性能、规格、尺寸的精度高，因此初速、膛压值均较稳定，通常以它作为衡量枪或弹的初速、膛压的相对标准。

二、按配用枪种分类

1. 手枪弹

手枪弹是一种单人使用的武器，主要用于近距离杀伤有生目标。有些手枪弹除供手枪发射外，还可供冲锋枪发射。

2. 冲锋枪弹

冲锋枪是供单人使用的自励武器，射速很高，可以其猛烈的火力杀伤近距离的有生目标。

3. 步枪弹

步枪弹是步兵使用的基本武器，有效射程为400~600m，主要用于杀伤中近距离的有生目标。步枪弹通常装药量较多，弹头一般为尖头，有尾锥部，有较好的空气动力外形，以适应步枪弹高初速、远射程的要求。步枪弹主要供步枪发射，也兼供冲锋枪和机枪发射。

4. 猎枪弹

猎枪弹专供猎枪发射，猎枪是非军用枪支，主要用于狩猎，但同样对有生目标有杀伤作用。猎枪弹口径为10~20mm，其中弹丸多为铅粒、钢珠或沙粒。弹壳呈圆柱形，由厚纸板卷制或由黄铜、低碳钢冲压制成。在其底部压有底火。击发药多由雷汞、氯酸钾和硫化锑组成。发射药以前多为黑火药，现逐渐被无烟药代替。

猎枪弹规格是以号进行区分的，猎枪弹的号数越大，对应的猎枪口径越小。猎枪的口径与对应的猎枪弹号数是指一磅纯铅经加工后得到直径相同的铅球，每个球体直径即是猎枪口径，所制成的铅球个数即是猎枪的号数，如12号猎枪弹是用一磅纯铅制成12个直径相同的铅球，故称12号枪弹，每个铅球的直径即为所配用的12号猎枪的口径。

5. 信号枪弹

信号枪弹专供信号枪发射，以完成报信、联络任务，口径一般在20mm以上，如我国57式26mm信号枪弹，口径为26mm。信号枪弹通常为圆柱形，由硬纸板制成弹壳，内部除装有发射药外，还装有发光星体，即发光信号剂。一般发光信号剂由氧化剂、可燃物和染焰剂组成。使发光信号剂火焰着色的染焰剂通常是金属盐类，当发光信号剂燃烧温度达到1000~1200℃时，这些金属盐很容易分解，从而在其火焰内出现金属蒸气的辐射谱线，由于各种元素特征谱线波长不同，因此火焰颜色不同。

三、按枪弹的形状和发火部位分类

1. 中心发火枪弹

一般军用枪弹，在弹底中心部位压有底火，底火内装有击发药。射击时，击针撞击底火中心，在击针的冲击下，击发药随底火向前移动而撞击火台引起击发药发火。这类枪弹属于中心发火式枪弹，现代军用枪弹基本上都是中心发火式枪弹。

2. 边缘发火式枪弹

一般小口径运动枪弹，在弹壳底部没有专门的底火，这类枪弹其击发药直接装在弹壳底部边缘处，弹壳内没有专门的火台。击针打击弹壳底部边缘，使击发药向前移动与弹壳内壁棱边撞击而发火，因此称边缘发火式枪弹。

第二节　枪弹的结构

现代枪弹一般由弹头、弹壳、发射药、底火四大部分组成。

一、弹头

弹头是用来直接杀伤和破坏目标的枪弹重要组成部分。根据弹头结构成分的不同，可以起杀伤、穿甲、爆炸、燃烧和曳光等作用。根据公安工作的需要，在此重点介绍普通枪弹的弹头结构。考虑到空气阻力对弹头飞行速度、飞行稳定性的影响，以及弹头在膛内运动的正确性和它对目标物的作用效果，弹头应具有良好的空气动力外形和满足战斗技术要求的合理结构。

1. 弹头壳

弹头壳又称披甲，用来保持弹头具有完整的外形，组合各元件为一个整体。弹头壳承受膛线摩擦和导转侧的作用力，并使弹头获得一定的初速和转速，因此弹头壳的材料应具有一定的强度，以保证弹头在膛内运动期间不过分地变形和破裂。

2. 铅套

铅是一种具有良好塑性的金属，质软、易变形。铅套位于披中和弹芯之间，其主要作用在于缓冲披甲在膛线作用下的变形，使披甲容易嵌入膛线，减少披甲对膛线的磨损，同时弹头加工时容易使各元件填充紧密。

3. 弹芯

有相当一部分普通弹，如常见的手枪弹，没有钢心，只由弹头壳和铅芯组成；但步机枪弹，如53式7.62钢芯弹、56式7.62钢芯弹等多具有钢心。采用钢芯代替铅，除可节约铅外，钢芯可起填充作用，并保证弹头具有一定的重量。钢芯坚硬利于侵彻，钢芯是用冷拉低碳钢制造的。

还有些枪弹，如某些转轮枪弹、小口径运动枪弹等，其弹头多为没有披甲和钢芯的铅质弹头。为了使弹头具有一定的硬度及便于加工，往往在铅中加入适量的锑。

二、弹壳

弹壳是枪弹的重要组成部分。作为枪弹的骨架，弹壳用以连接弹头、底火和盛装发射药，从而组成一个完整的枪弹整体。弹头装入弹壳和底火压入弹壳的底火室内，在其连接处涂以防潮漆，用以密封发射药、击发药。

通过弹壳的口部、斜肩、底缘等与枪管弹膛某部位配合，可使弹头全排在弹膛内确实定位，从而保证弹头在待发状态下处于正确位置，利于发射。弹壳既是盛装和密封发射药的容器，又是发射药的燃烧室。

三、发射药

发射药是武器射击时用以推动弹头运动，使弹头获得必要初速和转速的能源，同时也是自动武器在自动过程中向各自动机构提供所需能量的能源。

1. 硝化棉火药

这类火药是将硝化棉溶于醇醚溶剂中，形成可塑体压制产型，再经过浸泡把醇醚溶剂排出，最后烘干而成。

2. 硝化甘油火药

硝化甘油是由甘油（丙三醇）经硝硫混酸硝化制得，硝化甘油是一种难挥发的液态爆炸性物质。它溶解于含氮量较低的硝化棉中形成可塑体，压制成型后制成溶塑火药。

3. 混合火药

混合火药是以某种氧化剂和某种还原剂为主要成分，并配用其他成分，经过机械混合压制成型而制成。

黑火药就是一种典型的混合火药。它是由硝石75%、木炭15%、硫黄10%三种成分组成。

四、底火

底火是一种点火装置。它的主要作用是在外界击发冲量作用下适时发火，用以点燃发射药。

第三章　枪弹痕迹

枪弹痕迹主要指枪支发射后，在射击弹头、弹壳上形成的各种痕迹。这些痕迹是枪支的有关机件与弹头、弹壳相互作用产生后，它们反映了枪支有关机件接触表面的结构特点。通过对射击弹头、弹壳痕迹特征的检验，既可以区分发射枪种，也可以认定发射枪支。

第一节　枪弹痕迹的分类

一般把枪弹痕迹分为三类，即弹头、弹壳痕迹，弹着痕迹，枪弹物屑。

一、弹头、弹壳痕迹

弹头、弹壳痕迹是指以枪支机件为造痕体，在强大的火药气体压力作用下，弹头、弹壳同枪支有关机件发生印压、撞击、摩擦等作用，留在射击弹头、弹壳上的痕迹。它反映了枪支机件作用部位的外表结构特点。

二、弹着痕迹

弹着痕迹是指以弹头作为造痕体，当弹头击中物体后，留在被射物体上的弹孔、弹道、弹着点等痕迹。它反映了弹头的口径、威力、截面形状、发射方向和距离等，还可反映出枪支、弹头的结构特点和弹道特性。

三、枪弹物屑

枪弹物屑是指在弹头击中目标物形成弹着痕迹的同时，在一定的射击距离内还会留下某些微小残留物，这是伴随着弹头射向目标物或枪机开锁后座时从枪口、机件缝隙中喷出的火药气体。包括火药、击发药燃烧产物、未燃尽药粒、油液和金属粉末等微小残留物。这些枪弹物屑常常黏附在射入口周围、枪膛、弹道壁内、射击人手上等。这类物屑，也是一种枪弹物证。

第二节　射击弹头上的痕迹及特征

一、进膛痕迹

进膛痕迹是指在进弹过程中形成的痕迹，主要是指将枪弹从压弹入匣至推弹进膛闭锁定位过程中，弹头与枪支的弹匣进弹口前边棱、枪机下表面、导弹斜面、弹膛内壁等机件相互作用而形成的痕迹。

二、拔弹痕迹

拔弹痕迹是指弹头在火药气体压力作用下克服弹壳口部对弹头的拔弹阻力所形成的线条状的擦划痕迹。

三、坡膛痕迹

坡膛痕迹是指弹头在火药气体压力作用下经过坡膛时，克服枪管坡膛内表面，尤其是坡膛区阳膛线起始部位表面对弹头披甲的坡膛阻力而形成的痕迹。

四、线膛痕迹

线膛痕迹是指在弹头挤进膛线和在膛内旋转前进时，因挤压、剪切、摩擦等作用所形成的痕迹。

第三节　射击弹壳上的痕迹及特征

一、装弹过程中形成的痕迹及特征

装弹过程是指从射手手工将枪弹压入弹匣开始至枪弹进膛定位、枪机闭锁为止的过程。

1. 弹匣口痕迹

压弹入匣时弹匣口痕迹：当射手持弹装入弹匣时，借助手的推力，枪弹克服弹匣口扣弹齿对弹壳壳体表面的摩擦作用，从而在弹壳表面形成两条互相平行的线条状的擦划痕迹。

推弹时弹匣口痕迹：复进过程中将枪弹从弹匣中推出，枪弹壳体表面受弹匣口扣弹齿法向力作用，克服扣弹齿作用于壳体表面的摩擦力，在壳体表面形成线条状的擦划痕迹。

2. 枪机下表面痕迹

当枪机下表面与弹匣中接触的枪弹产生相对运动时，在其接触面上产生摩擦作用，在弹壳表面留下的摩擦痕迹。

3. 推弹突笋痕迹

枪机后坐到位，在复进簧力的作用下复进过程中，枪机上推弹突笋端面撞击弹壳底面并抵压壳底，在枪弹弹底面相应位置上形成的撞击痕迹。

4. 拉壳钩抓壳痕迹

弹壳底槽与拉壳钩钩齿接触处受拉壳钩的抱壳力作用，从而形成拉壳钩抓壳痕迹。

第四节　发射过程中形成的痕迹及特征

发射过程是指击针撞击底火开始至弹头飞离枪口、枪机开锁前瞬间为止的过程。

一、击针头痕迹

枪支在击发过程中，击针头部以一定的冲量撞击底火并抵压底火壳底，迫使其发生弯曲变形形成击针头痕迹。

二、弹膛内壁痕迹

弹头内壁痕迹又称膛内壁痕迹，它是在膛内高温高压条件下，弹壳产生径向膨胀与弹膛内壁紧压贴合而形成的印压痕迹。

三、弹底窝痕迹

弹底窝痕迹又叫后膛痕迹，是在火药气体压力作用下弹壳底面与枪机弹底窝平面紧压贴合而形成的印压痕迹。

第五节　排壳过程中形成的痕迹及特征

排壳过程是指自枪机开锁，拉壳钩从弹膛内抽壳开始至弹壳被抛出武器外为止的过程。

一、拉壳钩痕迹

在退壳过程中，拉壳钩钩齿内端面抵压弹壳前边缘并施加抽壳力，形成抽壳痕迹；特别是弹壳底面撞击抛壳挺端面，弹壳以抛壳速度脱离拉壳钩钩齿平抛出时，弹壳底部与拉壳钩钩齿发生撞、擦、抓、拉等复杂作用形成痕迹。

二、抛壳挺痕迹

枪支在退壳过程中，弹壳以后坐速度与安装在机匣、机座上的抛壳挺端面相撞击而形成抛壳挺痕迹。

三、抛壳口痕迹

弹壳以一定的抛壳速度和方向脱离拉壳钩齿而抛出枪外过程中，弹壳表面尤其是壳体中部区域与枪支的抛壳口边沿、枪机拉柄边缘、机匣盖边缘、弹底窝上方弧形突起边棱等处可能发生碰撞，从而在弹壳相应部位上产生的作用痕迹。

第四章　区分发射枪种的意义和依据

第一节　区分发射枪种的意义

区分发射枪种，即根据射击弹头、弹壳的形状、尺寸及遗留痕迹，确定射击的枪支种类。这是验枪工作的一项重要任务，也是确定射击枪支的基础、条件。

一、区分发射枪种是正确划定作案嫌疑人范围的重要依据

任何枪击案件，在现场上留下的各种枪弹痕迹、物屑，都是用来分析和推断案件性质、作案经过和划定嫌疑人范围的宝贵材料。现场遗留的射击弹头、弹壳的形状结构、尺寸大小和各种痕迹特征，都是正确区别发射枪种的科学依据。凡是占有、使用、接触可以发射现场弹头、弹壳的那种枪支的人，都可在侦查中列为排队摸底的对象而加以核查；如能连同其他证据综合分析，常可从中找出重大的嫌疑人或者证实作案分子。

二、区分发射枪种是突出检验重点、减少检验枪种数量、提高鉴定成效的重要条件

若检验人员不能正确地区分发射枪种，检验工作就如同在大海中捞针一样，哪种也肯定不了，哪种也排除不了，常常造成工作量过大，容易出现非错即漏现象，无法保证鉴定的质量。

三、区分发射枪种是正确认定射击枪支的重要环节

验枪实践证明：只有正确地划定出发射枪种的最小范围，才能集中力量在有限的检验枪种中，细致、深入、迅速、正确地做出认定或否定射击枪支的鉴定结论，这对抓捕犯罪嫌疑人十分有益。

第二节　区分发射枪种的依据

区分发射枪种的科学根据，从总体上说，已在痕迹检验的基础理论中做了叙述。这里着重补充以下几点：

一、枪弹形态、结构、规格和枪支机件的对应性

这是区分发射枪种的一项重要依据。枪弹是枪支的被击发物，只有能被装入弹膛，稳固定位，枪支机件又可与之发生有效的击发作用，才能达到发射目的。因此，枪弹结构、规格必须与枪支机件相互对应。这就为我们能从枪弹的形态、规格上去科学地确定枪弹的种类及其配用的枪种范围，为区分发射枪种，提供了重要的依据。这些对应性，主要表现在以下方面：

1. 弹头直径大小和枪管口径大小要吻合

例如，5.6mm 口径的枪弹，只能用于5.6mm口径的枪支发射。枪支口径与枪弹口径的大小吻合，当然不是绝对等同，而是包括了合理的公差在内。前面已经说过，由于弹头要在枪管内膛嵌紧，才能稳定地旋转射出。因此，弹头的直径通常要略大于枪管口径。其正常的比例范围是：(1.03~1.04)：1。若比例过大，弹头在枪管内射不出去，或者擦坏披甲造成炸膛，或者无法命中目标发挥作用效果。比例太小，火药气体就会外泄，弹头不能紧贴内膛旋转射进，造成失稳，同样会影响命中和射程。

2. 弹头长短、形状与枪管、坡膛的长短要

适应

枪管长，坡膛、线膛也就长，整个枪也长，其击发的枪弹弹头，当然也要长些，装药量就要多些。反之，枪管短，配用的弹头也短，弹头短了，制造时就没法去掉其尾部，缩短其头部，变更其头形。所以手枪弹与步机枪弹的弹头，其长短、形状等也是不同的。

3. 弹头与枪管的横截面形状要对应

现在绝大部分枪种的枪管和弹头的横截面都是圆形的，但也有极少数的枪管、弹头的横截面呈星形或类圆形。两者要求对应，才能射击。

4. 弹头结构及制成材料与枪种的用途相适应

小口径步手枪、转轮枪，它们配用的枪弹药量小，威力差，故多用在运动和近距离杀伤上面。为了降低成本，增加活力，弹头就用整个铅合金制成。步机枪是用来射击中、远距离有生目标，并要求毁坏、燃爆坚硬、牢固的目标物，故弹头尖长，弹芯坚硬，弹速高、威力大，弹头内常包有高强度钢芯或燃爆、显示弹道的药剂，即须配用特种弹来发射。

5. 弹壳的形状、口径与弹膛要对应

弹壳多为瓶形的、圆柱形的，也有少数呈“U”形的或弹带式的等。它们分别配用于相同形状和规格的弹膛以便发射。此外，除柱形枪弹外，弹壳口径和壳体各部分直径大小也不同，除壳口口径与枪管口径必须吻合外，步机枪弹的其他肩部、体部、底部直径，则要超过壳口口径，以便增大容积，盛装更多的火药，提高枪械的威力。这样，也必须有相应形状、尺寸的弹膛，才能容弹发射。

6. 弹壳的锥数、锥度和长度与弹膛要对应

弹壳各个部分，因其直径的变化，形成了不同的锥体和锥度。整个弹壳锥体有两个、三个的，数量不同，各锥体直径大小不同，锥度、长度也不同，这就要求枪支弹膛的锥数、锥度和各锥体长度与之相适应，才能定位、闭锁和发射。

7. 弹壳的底缘、底槽与枪支性能相对应

弹壳的底缘、底槽是同枪支的性能、射击效果密切相关的。如有底缘、无底槽的枪弹，除少数可配用机枪进行自动连发射击外，多数配用非自动步枪、运动枪、猎枪、转轮枪射击。因枪弹有底缘凸起，无需底槽，便可用于手动抽壳、装弹，构造也较简单。无底缘、有底槽的枪弹，则适用于自动枪支发射，它方便拉壳钩自动入槽抱壳拉壳及枪机、枪管的密封和扣合，因而成了自动枪支配用枪弹结构特点的重要标志。

8. 底座直径、厚薄同弹底窝大小、深浅要对应

枪弹底座直径大小要适应机枪弹底窝直径的大小，以便装入弹底窝时固定紧密。底座厚薄，则需与弹底窝的深度相吻合，又要与拉壳钩突出底窝面的长度、击针的突出量相适应。

综上所述，枪弹各个部分的形状、大小与枪支机件的对应性，是区分发射枪种的一个重要依据。无论是厂造的枪支、枪弹，还是土造、改制的枪支、枪弹，都需要相互对应。尽管土造改制的枪支、枪弹，会改变原有的结构、规格，但仍要具备同枪支、枪弹相互配用的基本条件，否则不能射击。

二、枪支机件形状、大小、位置和枪弹留痕特征的相同性

这是区分发射枪种的最重要依据。因为它可以解决单纯根据枪弹形态、结构、规格无法解决的问题，并且还可把区分发射枪种的范围压缩到最小限度，结论科学、可靠。

枪支机件的形状、大小、位置以及它们的相互关系，可以在枪弹被作用过的各个部位上得到相应的反映，这就是物体与它的痕迹的同一性。这种同一性，包括种类结构的相同性和特殊结构的同一性，据此可正确识别发射枪种。

由于枪支、枪弹相互机械作用的不同，在印压、撞击作用下，枪弹上的痕迹，易完整地反映出枪支作用机件接触表面的形状、大小等结构特点，痕迹常呈凹陷、立体状。因为在印压、撞击瞬间，枪支机件与枪弹作用表面，保持了位置的相对不变（横向移动小），故特征清晰，易于检验。若枪支机件与枪弹呈平行或一定角度摩擦、撞击，则两者作用力的方向相反，接触面上的凹凸点虽细小，但因两者表层的撞击、摩擦力很大，往往形成条带状擦痕，它能反映出接触部位的宽窄、深浅，擦痕痕底、痕壁的细微结构，接触始缘、终端、边棱的特点还可从痕底表面见到点成线、线成面，深压痕粗、浅压痕细、弯转部分痕线呈比例性宽窄改变等带有规律性的变化

中，为我们判断枪支机件的种类、位置、宽度、接触边棱是否具有毛刺、角粒等特点，提供条件和依据。

综上所述，从枪支机件的结构、分布上，可推断枪弹上痕迹的反映，又可从枪弹上痕迹的位置、形状、面积、大小等反映，反过来判定发射枪支的结构特点，这就是枪弹痕迹鉴定又一个极为重要的科学依据。

第三节　区分发射枪种的一般方法

根据枪弹痕迹、物屑区分发射的枪种，其方法是多种多样的。至于用哪种方法来检验，则需按照枪弹痕迹，物屑的性质、成分、特征反映的不同来选定。对射击残渣、物屑的定性定量的分析检验，主要应用理化检验方法来解决。要想从现场遗留的射击弹头、弹壳的形貌、结构、规格方面来判明弹种，再确定配用枪种的范围，则着重依靠细致精确的测量，且以其测得的数据，同弹种结构资料进行对照并查找它配用的枪种范围。若根据射击弹头、弹壳上的痕迹特征来区分发射枪种，则要依靠痕检验枪的技术，由痕迹特征推断枪支结构特点，再经全面分析、检验，最后得出发射枪种和射击枪支的鉴定结论。这三种方法是互为补充、相辅相成的，应予综合利用。

第四节　根据射击弹头区分发射枪种

根据射击弹头区分发射枪种，在实际检案工作中是经常遇到的。由于弹头体积较小，穿射物体后易折射、反跳，射程又较远等原因，不易全部发现弹头贯穿的弹孔和弹着点，因此弹头提取率较射击弹壳为少。又因弹头上枪种痕迹特征的检验难度较大，致使只根据射击弹头区分发射枪种，有时可以做到，有时不易做出结论。

一、根据射击弹头，区分发射枪种的相对可能性

这里讲的相对可能性，指的是要看具备不具备区分枪种的条件来定。条件好的，可以区分；条件差的，很难区分。这是由以下原因造成的：

1. 枪管内膛结构的近似性、相同性

世界各国的枪支，按枪管内膛结构的要求，出于制作方便、弹药通用、利于军事战斗等考虑，在选定最佳设计方案时，往往使各种枪管的结构规格，互相接近或者相同。因此，从目前科学水平来说，普遍认为虽然宏观枪种特征是否相同容易确定，但还难以区分其微观枪种特征的异同，从而给区分发射枪种造成了困难。

2. 弹头上痕迹的单一性

弹头上留下枪支机件的痕迹，主要是膛线痕迹（包括坡膛、线膛痕迹）。无论多种多样的特征，大多是膛线痕迹的结构特征、形态特征，因此痕迹比较单纯。留痕的部位，弹痕的种类都比较有限，而且膛线痕迹多是线条状的动态擦痕，其细微特征不仅量少，变化还较大，致使检验难度增加。

3. 膛线结构特点反映的有限性

从膛线结构特点看，确有几种枪支，整个枪支的长短、膛线部分的长度等，有着明显的不同；但因它们膛线数量、宽度、深度、缠度等相同，致使反映在射击弹头上的膛线痕迹特征，就看不出它的差别来。如 54 式冲锋枪的枪管线膛长度为 240 多毫米，比 90 多毫米的 54 式手枪的枪管的线膛要长 2.5 倍左右。但是这种不同的结构特点，没有能在射击弹头的膛线痕迹特征中反映出来。

4. 弹头上微小痕迹的难检性

严格地说，枪管内膛线结构上的公差及微小区别还是比较多的，在各种枪支的结构资料中，介绍了各种枪支枪管结构的微小区别。诸如：阴线的直径是 7.920mm 的还是 7.925mm，阳线的直径是 7.62mm 还是 7.625mm，阳线的宽度是 2.27mm 还是 2.29mm，阴线宽度是 3.81mm 还是 3.76mm，膛线的深度是 0.12mm 还是 0.125mm 等，以上的细小差别，目前很难用常规的测量仪器来测准，而且痕迹特征往往要受到多种因素影响，在形成时会产生一定的变化，其变化的幅度常远比设计图纸确定的规格、尺寸的微差范围要大，所以不少微观差别还无法进行鉴识。

二、根据射击弹头痕迹，区分发射枪种的条件性

除了弹头上痕迹特征反映好坏外，还有案发当时当地的具体情况、条件，也同是否能正确做出弹痕鉴定结论紧密相连。这就是根据射击弹头痕迹，区分发射枪种的条件性。条件好，易区分；条件不好，不易区分。这种情况主要反映在以下方面：

1. 现场弹头我国不生产，国产枪支也不配用

在一定的时间和地区内发生了持枪犯罪，如果在现场提取到了射击弹头，经检验、测量，它不是国产枪弹弹头，而且也不能配用于国产枪种发射，同时弹头结构完整，痕迹清晰，没有变异的地方，那么这种弹头应为国外枪支发射。如5.6mm的带有披甲，有尾部，长度在19mm以上的弹头；口径为6.35mm、7.65mm、8mm、9mm（长）、11.43mm等的手枪弹弹头口径为7.65mm、8mm、9mm，11.45mm的转轮枪弹弹头，特别是披甲弹头；6.5mm、7.7mm、7.9mm的步枪弹头，等等，上述弹头我国不生产，国产枪支也不能配用，故应判定为外国枪种所发射。

2. 弹头虽国内生产，也可配用于国产枪种发射，但配用枪种的范围是极为有限的

如9（短）mm的手枪弹头和7.62mm的53式步枪弹头，64式微声冲锋枪弹头，7.62mm长柱形的铅质转轮枪弹头，口径5.56mm，长度在19mm以下的小口径尖头、有尾、有金属披甲的步枪弹头，7.62mm的卡宾枪弹头等。在国内，能配用上述弹头发射的国产枪种，每类只有一种或两种，这种范围有限的条件，便于我们做出区分发射枪种的结论。

3. 现场弹头我国不生产，而国产枪种能使用，但范围极为有限

这样的弹头也易于确定发射的枪种，如现场提取到7.65mm的手枪短型弹头，它不是我国生产的，但能配用国产枪种发射的，只有解放初期使用现已不再生产的52“公安”式手枪。其他的国产手枪一般都不配用，加上“公安”式手枪枪管结构特点的不同，弹痕反映显著差异，就便于我们做出结论。

4. 现场弹头是我国生产的弹头，又可广泛配用于国产的各种枪支发射

遇到这种条件，通常单纯以弹头结构、规格来区分发射枪种是无法做到的，更谈不上压缩到最小的枪种范围。例如：51式手枪弹头，它既可配用于54、51式手枪，也可配用于81式自动手枪和50式、54式、79式、85式冲锋枪发射；还可用于64式微声冲锋枪发射；若装在卡宾枪，63式、81式步枪和56式步枪，冲锋枪配用的弹壳上，也能供这几种枪射击。又如：64式手枪弹头配用的国产枪种也很多，像77式、“公安”式、仿捷M61式微型冲锋枪、67式微声手枪等。还有56式步枪弹头，现广泛用于国产56式、63式和81式步枪，也可用于56式冲锋枪、轻机枪上射击。5.6mm口径的运动步枪、手枪的铅质弹头，配用的国产枪种有56式、60式小口径步枪，66式、65式、“健卫”牌运动步枪，东风、西湖、庆华、峨眉牌等小口径运动枪支。遇到此类射击弹头，就要从多方面设法区别它的发射枪种。

三、根据弹头区分发射枪种的一般方法

1. 按照弹头结构、成分、形貌、规格，确定弹种及其配用枪种的范围，以此初步区别发射枪种

这就是从弹头结构特点方面来区分。世界上枪支已有数千种之多，同种枪弹配用发射的枪种也是多种多样的，在此不可能叙述殆尽，所以只能从常遇的国内外的枪支枪弹，来叙述区别发射枪种的方法。当然其原理同样适用于世界各国所有枪支种类的区别。

2. 根据弹头上的枪种痕迹特征区分发射枪种

这种方法是验枪的专业方法，它常可解决单纯根据弹头形貌、规格特点不能区别枪种的问题。鉴于对弹头上枪种特征检验、对照的技术方法，已为广大痕检人员所掌握，不再详加叙述。

3. 应用弹头上进膛痕迹、坡线膛痕迹，综合区分发射枪种

随着枪弹痕迹检验技术的发展，近年来，专业人员经过很多的实验研究，开始发现并利用弹头在进膛时产生的碰撞痕迹，结合坡线膛痕迹的细微特征，来区分发射枪种，取得了较好效果。

枪弹进膛时留在弹尖、弧形部的磕碰痕迹

（它的位置、形状、面积、数量、深浅等各异，有的还呈擦点线状等），弹头从弹壳中拔出时留下的拔弹痕迹（留在弹头颈部的轴向平行线条痕迹），还有弹头经枪管坡膛留下的坡膛痕迹（或叫膛线初生痕迹），主要可留在阳膛线左侧或左上侧的轴向线条痕（左旋膛线，坡膛线痕留在阳膛线的右侧、右上侧），有时也可留在阳膛线痕内部，呈轴向小线纹。有的尖头弹，因弧形部较长坡度也大，枪支坡膛长，弹速快，坡膛线痕也可在阳膛线。此外，还有线膛痕迹，它的形态、分布、细微特点多种多样，是弹头上的重要痕迹特征。

科研证明，综合利用上述进膛痕迹和坡膛、线膛痕迹，并且将它细微化，从宏观和微观上认真寻找、比对和评断其枪种特征的异同，可为区分发射枪种提供重要的依据。

第五节　根据射击弹壳区分发射枪种

根据现场射击弹壳，区分发射枪种，其检验的主要方法是：

（1）按照弹壳结构、形状、尺寸等特点，区别配用发射枪种的范围。

（2）根据弹壳上的枪种痕迹特征，区分发射枪种。

世界上的枪支种类很多，它们在结构上各有特点，互存异同。在枪支的射击弹壳上，可留下与枪支机件结构特点相对应的许多枪种特征，依此可以确定发射枪种。

第五章　认定发射枪支

根据射击弹头、弹壳上的痕迹特征，先行区分发射枪种，然后确定射击枪支，这是枪弹痕迹检验中两个阶段的重要任务，它们统一在枪弹痕迹鉴定的全部活动之中。当我们研究区分发射枪种时，就应探讨确定射击枪支的问题。

第一节　确定射击枪支的意义

1. 确定射击枪支，可以找出持枪犯罪的作案人

子弹痕迹的鉴定结论，若能明确指出现场提取的射击弹头、弹壳，是某型号枪支射击的，那么这种鉴定结论即可成为辅助证实某嫌疑人持枪犯罪的有力证据。因为，无论作案枪支的使用人、保管人，都直接同持枪犯罪相关联，通过排查作案时间，弄清枪支使用的经过和结果，便可最终找到犯罪分子。

2. 确定射击枪支，既可以有根据地证实真正的犯罪分子，又能排除嫌疑人

案例

某市发生一起枪杀案，久侦未破。事隔十年，公安机关在一个犯罪嫌疑人李某家里，搜到了一支手枪。经鉴定，原枪杀案的现场弹壳正是这支51式手枪射击的，但该枪是王某在复员时，从部队偷着带回的，只是存放在李某处。王、李两人都不承认用此枪作过案。经排查作案时间，证明发案当时，枪支正好被张某拿去使用过。后在张某家搜查时，找到了张某杀人时拿走的手表等赃物，张犯落网。案件侦破证明，王、李两人虽是枪支持有人、保管人，但经综合分析，多方印证，排除了他们实施枪杀案嫌疑。

3. 确定射击枪支，可以澄清案件的复杂真相

案例

某地发生过一件流弹枪伤案。被害人李某在串亲戚回家途中，被一枚56式步枪弹头击中手腕。公安人员提取了弹头，调查发现，案发当时，曾有村支部书记曹某使用8040号56式步枪和村民铁某使用56式冲锋枪，都曾向现场方向打过枪，究竟是谁的枪射中了被害人，需要鉴定。通过鉴定，证明是曹某的步枪射中的，这就很快澄清了事实，解决了争议。

第二节　认定射击枪支的关键

根据射击弹头、弹壳上的痕迹特征，特别是反映射击枪支特有的个别特征，确定射击枪支的具体结构特点，这是认定射击枪支的关键。

同一认定的理论认为：物体同它的反映形象（痕迹）是同一的。一事物与它事物的区别，体现在事物的特殊性上，而事物的特殊性又寓于一般性之中。根据这些科学原理，可以证明：枪支的个别特征（它的特殊性）就是遗留在射击弹头、弹壳上且为该枪支所特有的某些作用机件外表结构特点反映的各个具体特征。

枪支的个别特征到底有多少？它的范围有多大？这是没法详细描述的，只能做抽象的、原则的概括。凡是各个枪种都存有的细微特征，无论它的位置、大小、形状以及彼此间的关系等，都具有特殊性。它只能在该枪支射击的弹头、弹壳

上得到相应的痕迹反映，而别的枪支不可能形成这些弹痕特征，这便是该枪支的个别特征。

在射击弹头上，个别特征有膛线痕迹的具体磨损程度及各个部位的固有形态特点；每根膛线痕迹的粗细、深浅、底面形状和某处边缘金属卷屑的堆积反映；每根阳膛线痕迹中各光压面的数量、形状、特点及次生小线纹的位置、面积、粗细、数量、凹凸方向、间隔距离、分布特点；各坡膛线痕迹端点及其连接状况；膛线各处初、次生痕迹的分布面大小、密度与其他痕迹的位置高低及其特殊反映；膛线重叠、复压面的形态大小、位置，膛线痕迹中，每个异样特征的反映及它们各自的相互关系等。

在射击弹壳上，个别特征就更多了。无论是击针头、弹底窝、拉壳钩、抛壳挺、抛壳口、指示杆、膛内壁、弹匣口、枪机下表面、推弹突笋以及下平面，还是枪管后切口，机匣导棱等的痕迹、只要在这些枪种痕迹中反映出边缘的弯曲、断折、磨损等异常，形成了某处轮廓的奇样，或者痕迹的侧壁、底面、边缘等地方，具有点、线、块状的凸起或凹陷，这些细小、特殊的位置、形状、大小、间距；各线条状痕迹总的位置、宽度、形态、流向、数量、峰谷方向、排列特点等，都是个别特征。

根据上述射击弹头、弹壳上的个别特征，从综合的角度来评估，两者如果相符，就可以认定射击枪支。因此，鉴定射击枪支，关键在于发现、确定、比对、评断枪支的个别特征。

第三节　个别特征的寻找和确定

从理论上说，任何枪支射击的弹头、弹壳上，都会存有个别特征。然而，结合实际办案来说，情况比较复杂。有的个别特征多，特征稳定、明显，容易找到和确定。有的个别特征很少，一是个别特征被损坏了，能见到的不多；二是枪支与弹头、弹壳作用的机件少、部位小（如小口径弹壳上的痕迹），反映出来的个别特征当然也少；三是枪支机件与弹头、弹壳作用的部位虽不少，但它多为枪种特征，看不出有多少个别特征（如新枪枪管发射的弹头上的膛线痕迹）。加上有些个别特征很细小，看不清楚，难以确定，从而很难确定射击枪支。可见，有效地寻找、正确地确定弹痕的枪种和个别特征，是确定射击枪支的重要环节。寻找、确定弹痕特征的一般技术方法如下。

一、区别枪支的射击特征和无关特征

在射击弹头、弹壳上，有些痕迹特征，是枪支机件的结构特点反映，是射击留下的。有些痕迹特征不是枪支射击造成的，即为与之无关的特征。把射击留下的特征和与枪支无关的特征区别开来，也很重要。

非枪支机件作用的无关特征，有以下几类：

1. 生产、加工特征

即枪弹在每个生产加工工序中留下的特征。一枚新的枪弹，在没有装进枪支击发前，已经存在某些生产、加工时遗留的特征。这类特征，多为留痕面广，体积微小，图形规则，布局对称，间隙均匀。

此外，弹头上还常有点铆痕、辊沟痕、腰带痕等生产、加工的特征。

2. 拔弹痕迹

即枪弹击发后，弹头从弹壳中拔出，而后才挤进线膛。此时，弹头颈部披甲表面同紧口部位的壳口内壁，相互摩擦而留下拔弹痕迹。这种痕迹，虽非枪支机件的痕迹，但反映在弹头披甲上，容易与膛线痕迹相混淆。拔弹痕迹的一般特点是：

（1）痕迹出现的情况不定，有的枪弹能留下，有的不易留下。

（2）留痕的部位常在弹头颈部下半部头、壳结合处的披甲表面，以辊沟、点铆处最明显。

（3）拔弹痕迹是轴向的平行线条痕迹，但粗细、疏密、分布可不一样。

（4）它的长度，一般比坡膛、线膛痕迹的线条要短些。

（5）它常被阳膛线痕迹覆压在下层。

（6）在阴阳膛线区域都可见到，但以阴线区域更明显，左下部易见。

3. 撞擦障碍物痕迹

弹头从枪管中射向目标物，常在撞击障碍物时留下旋擦痕迹。撞击会使弹头变形，呈菌形膨隆，披甲翻卷崩裂或局部凹陷、歪斜、撞扁；弹头旋擦可在弹头披甲表层可留下呈成片弯曲的线

条形旋擦痕，它往往分布在某些特定部位，如覆盖在膛线痕迹的上面。其方向常与旋转方向一致，但构成的倾斜角度可与膛线痕迹不同，旋擦还会呈光泽较强的线条痕。

4. 碰击物体痕迹

这是弹头、弹壳在射击前后，同其他物体或相互发生碰撞而形成的痕迹。它的分布无规则，数量也较少，或覆压在弹痕的上层，或在弹痕的下层。这种痕迹是不能在实验射击中重现的。

5. 多次上膛、退壳痕迹

这种痕迹，虽然也是枪支机件的痕迹，但它不是以火药气体为能源的机件作用痕迹，而是因人工多次装退枪弹而留下的拉壳钩、抛光挺、抛壳口、弹膛壁、弹匣口、推弹突笋等的痕迹。这种痕迹虽然也具有规则的形态，但它常常出现在多处。因作用力小，痕迹不深，缺少光泽，同射击时留下的痕迹相比，一般具有深大、明亮、各自对应的特点，特别是与击针、弹腹壁、指示杆等痕迹互相对应的特点有所不同，从而可把它们区别开来。

二、用技术手段寻找、确定特征

弹头、弹壳上的痕迹，一般比较微小，多需借助放大仪器、技术手段和光照条件来发现和确定。

1. 配光照明

在一般情况下可用放大镜、显微镜寻找肉眼看不清的弹痕特征；如果在实验室里，通过各种配光进行观察，常能收到良好效果。实验证明：对纵横交叉、深度较浅的线条状痕迹，以较小的光照角度，从垂直线痕的方向打光，就能较清楚地看出痕迹的特征。

2. 转动观察

转动观察常常要结合配光照明进行。可以用多种反射光、透射光、逆光、遮光或滤色镜滤色等进行。

3. 扩大显微

这是枪弹痕迹检验的常用方法。可用放大镜、立体显微镜、比较显微镜进行观察，最理想的是用扫描电子显微镜来观察、发现弹痕特征。它可通过数百上千倍地扩大，使那些原来人眼见不到、看不清的特征，可以显现得清楚，对显露出来的各种特征，都可以用来检验，从而增加特征的数量，提高特征的质量，保证检验的准确性。

4. 仪器检测

弹痕特征的微观性决定了必须用高度精密的仪器来测量、观察弹痕特征。如痕迹的长宽度、深浅度，各线痕构成的角度等，通常只有0.01mm、0.1°的细微差别。对于这些微小差别，只有用显微镜、深度测定器等来检测，才能发现和确定。

三、从主到次、由点到面地寻找、确定弹痕特征

弹头、弹壳上的特征，有的粗大明显，形状特殊，边界清晰，出现率高，稳定可靠，质量较好；有的出现不定，形象模糊，易于变化。我们可选定一些主要、突出的特征作为基点，从它开始，由点到面，逐步扩大，在相应部位处去发现各种弹痕特征。采用这种方法发现、确定弹痕特征，互相对照，深入观察，效果较好。

四、在应留痕迹的部位上重点寻找、确定痕迹

弹痕特征之一，就是某些痕迹特征只能在一定的位置上出现。这是由于枪支机件的位置固定，形状大小固定，机件与枪弹作用的部位、方式固定。它对我们寻找、确定弹痕特征十分有利。第一，可使我们在一定的部位上去发现有无弹痕特征；第二，发现了弹痕特征后，也能正确地判定它是何种枪支机件的作用痕迹。如膛线痕迹，只能留在弹头颈部，且呈倾斜的条带状擦痕；膛线的坡膛痕迹，如是右旋的膛线，主要分布在阳膛线痕的左边，击针痕迹绝大多数留在弹壳底面的底火上，呈圆形；拉壳钩痕迹，多在弹壳底槽中或底座棱边、前边缘上反映出来；抛壳挺痕迹，则常在拉壳钩痕相对一方的弹壳底面底火外围处得到反映。

五、从特征的相互关系中印证、确定弹痕特征

同种枪支机件分布的相同性和枪弹作用部位的固定性，使我们能正确地通过弹痕特征间的相互对照、印证，判明弹痕特征的种类。比如：在64式手枪射击弹壳的底面见到了在底火外围出

现的两处痕迹，它们的形状、大小及其与击针痕的距离也大致相同。这两处痕迹是什么痕迹？专业工作人员都能判定这是抛壳挺和指示杆的痕迹，但到底哪个痕迹是抛光挺痕，哪个是指示折痕？通过对照、印证，才可确定。按64式手枪的机件分布位置，抛壳挺和指示杆痕应分别在壳底面9时和12时位出现。因此，只要将其中一处放在9时位，另一处就只有在12时位出现的，才符合枪支机件的分布特点。所以，只要把这两处痕迹一处指向12时，其余一处痕迹便只能有两个位置，即3时或9时位。同理，把另一处痕迹置9时位，则其余一处痕迹，也只能两个位置，即6时或12时位。经过全面分析，其中只有9时和12时位的放置，才真正反映出抛光挺痕和指示杆的正确位置，痕迹也就被正确地判定了下来。

六、从弹壳底面凹陷处辨别弹痕特征

弹痕特征分布于枪弹各个部位，以弹头颈部和弹壳底面为多。然而，弹壳底面常常有装压底火的痕迹，底火外围的文字、图号等凹陷地方。像抛壳挺痕迹、指示杆痕迹、推弹突笋痕迹等，均有可能留在这些凹陷的地方，有时看不清楚，甚至不易发现和判定，变化也较大。此时，就应在某个凹陷的地方，特别是应留痕迹的部位，仔细观察各凹陷处的边缘、拐角、侧壁、底面等处，看看有无边棱外突、起刺、塌陷、重叠、交错及痕面发生细小变形等特殊反映，并把它同应留痕迹的部位、形状、大小及与其他弹痕特征的关系等联系起来分析、判断，常可发现和确定特征。

第四节　辩证识别弹痕特征

识别枪种特征和个别特征，是枪弹痕迹检验中常遇的难点、要点。实践中，若把枪种特征误认为个别特征，就易得出错误结论。反之，如把个别特征误认为枪种特征，也常会做出确定不了射击枪支的结果，造成遗漏，确定不了罪犯。

在枪种特征与个别特征之间，存在着客观的联系和辩证的关系，主要体现在下列方面。

一、要在枪种特征中，寻找个别特征

因事物的特殊性寓于一般性之中，枪支结构的个别特征，也反映在枪种特征中。当我们观察弹头、弹壳时，可以看到多种多样的弹痕特征，它们具有一定的形状、面积，分布在一定的位置上，这些都是枪种特征。而个别特征，不能离开这些枪种特征独立存在，需要在枪种特征中去寻找、发现它。只有在进一步细致观察枪种特征时，才会发现，在枪种特征中，还具有某些特殊、异常的反映，例如：这种痕迹的图形为什么不规整？右上角的边线怎么弯折了？痕底部为什么出现了角形的突起？再看看别的弹头、弹壳上的此类弹痕特征，是不是也都出现这些特点？它们稳定不稳定？能不能说明它是枪支作用机件结构细节特点的反映？…… 当检验人员发现，这些特征只有某支枪支发射的弹头、弹壳上才能留下时，就会正确判定。也就是说，在枪种特征中间，真正地找到了个别特征。经过反复的办案、实验，在专业人员的头脑中不断认识、实践、再认识，积累丰富的感性知识和经验，使认识飞跃。以后在辨别弹痕特征时，就能较迅速地、正确地发现和判定哪些是枪种特征，哪些是个别特征。

大家知道，枪支任何机件的设计和试制，都有一定的形状、规格和尺寸，它们的相互分布和搭配关系也都有着严格的要求，所以枪支机件都有着一定的种类结构数据，有着规整的图形设计。例如：枪支的机件都呈圆形、长方形、三角形、半圆形、梯形等；每个边沿都是直的、斜的、弧形的或者是凸起的，或者是凹入的，它的长度、宽度相互交叉构成一定的角度；其直径、半径等，也都有着一定的规格和要求。因此，凡是同一类型、样式的枪支，它们的某种机件，均有一定的形状和尺寸，都是有据可查的，所以，在射击弹头、弹壳上的任何部位，见到了规整的图形，一定大小、规格的弹痕，就基本可以确定是枪种的特征。只要在这些规整的特征中发现了细微的差异点，就算找到了个别特征。

二、从个别特征中仔细发现其共同点，以便寻找更多的枪种特征

为了确定已经找出的弹痕特征，究竟是枪种

特征还是个别特征，光从其是否规整来衡量是不够的，容易造成差错。因为不规整的枪种特征，可以是枪种机件本身变化造成的，也可以是因为复杂的客观原因造成的，但机件本身仍然是规整的。此时就要靠试验来识别。通常要做两方面工作：第一，用该枪多做些试验，看看已初步确定的个别特征，是否还能稳定地出现。第二，用同类的枪支多做些试验，看看已初步确定的个别特征，是否在同类枪支中出现。经过这两方面的验证，到底是枪种特征，还是个别特征的问题，往往可迎刃而解。例如：有人在观察某 81 式步枪射击弹壳上抛壳挺痕迹的底面时，发现有着数条横向的条状痕迹，按照一般的分析，多数枪种的抛壳挺表面规整、平滑，没有规则的加工线纹。如果在抛壳挺痕迹底面能见到各种特征，其往往分布不规则，形状多种多样的点、块状的细小特征，它们是在不断使用、保管中产生变化造成的，是个别特征。但是，这个人从实际出发，用了 5 支 80 式步枪做射击试验，结果都发现了抛壳挺痕底有着横线特征，证明这是挺面在加工时形成的细小特征，应属枪种特征。事实证明，这种做法和判断是正确的。

三、用特征转化的观点来判别特征

这里讲的特征转化的观点，不是说同一个特征既可看成枪种特征，又同时可看作个别特征。而是说，在一般条件下视为枪种特征的，在特殊条件下就可能成为个别特征；反之，在一般条件下视为个别特征的，在特殊条件下又可能成为枪种特征。特征转化的观点清楚地告诉我们：不能用静止不变的观点僵化地看待特征。通常，像特征形状大小、位置等都被看成是枪种特征。例如：底火上的圆形击针头痕迹，或者其上方的指示杆痕迹，都是枪种特征的反映。但条件不同，如直径 1~2mm 的圆形凹陷痕迹不是这两类机件的痕迹，而是留在击针头痕旁边的底火外围某处，绝非枪支弹底窝加工痕迹的反映，这种圆形凹痕便是个别特征。另外，有的弹痕面积大，细节多，既有枪种特征，又有个别特征，此时就需要具体地进行区分。例如：在弹壳底面留下了大面积的弧形加工线纹，其分布弧度、粗细、疏密等大体一致，这类加工痕迹应为枪种特征。但是，如果在这类特征中，又发现了每根弧线起、终点等的位置，它与邻线有无联结以及联结处的形状、特点，整个线痕的分布和长短、弯曲程度等有差别，此时这种弧线痕迹中的某些细微特征又变成了个别特征，对确定射击枪支可起到决定作用。

有些弹痕特征，既有符合点，也有差异点。它们究竟是枪种特征的符合点、差异点，还是个别特征的符合点、差异点，要做具体分析。比如：对于某类枪支的抛壳口痕迹，从它的位置、高度、形状、痕底花纹和偏离基线的方向、距离看，它们大致相同，但从整个口痕的长短、厚薄、边沿特点看，又有所不同。若能证明这些不同点是形成痕迹时造成的（像抽壳力的大小、磕碰抛壳口沿的具体部位不同等），但其基本的方位、大小、形状以及其痕底中线条的粗细倾斜向等相同，则应被看成是枪种特征的反映。至于存在某些差异点，则为个别特征的不同表现，实际上是枪种特征在不同条件下的变化反映，故不能视为个别特征。

枪种特征与个别特征在特定条件下转化的现象告诉我们要从实际出发，来识别特征。验枪专业人员要熟悉枪种的机件结构及其在不同射击条件下的痕迹出现和变化规律，辩证地识别枪弹痕迹的特征。

第五节　检验弹痕个别特征的任务

检验弹痕个别特征，是鉴定枪支的中心环节。发现、确定弹痕个别特征，只是为鉴定个别特征的异同提供比对、检验的材料。而只有科学评断弹痕个别特征，掌握论证依据，才能为最后正确做出检验结论打下基础。

要从各个不同部位、形态的枪种特征中，找出所有的细小相同处和差别点，亦即找出所有的个别特征。

要从已经找到的个别特征中，逐个地确定这些个别特征的性质和价值。哪些个别特征是枪支机件特点的反映，哪些是附着的异物造成的；哪些个别特征稳定、明显、可靠、出现率高，可以作为检验、比对的主要对象和做出鉴定结论的依据；哪些个别特征不稳定、模糊不清、变化大，不能作为检验、结论的依据。

第六节　检验弹痕个别特征的方法

一、比对方法

弹痕检验，目前在国内多应用一些常规的检验方法，如一般的体视、比对显微镜等对弹痕特征做鉴定，凭靠人的技能、经验、知识，进行评断。

用于弹痕鉴定的常规方法，主要有以下几种。

1. 对照比对

对照比对亦称特征并列比对，是弹痕检验中应用最广的一种方法。比对时，将现场和样本弹痕放在同一个视野内，通过放大镜或显微镜进行测试比对。比对时必须把两者并列安放，放正位置，使其方向一致，然后从一定部位的某个特征开始，在两者相应的部位逐步向外扩展，将各处的特征进行比对。这种方法，通常适用于有一定几何图形的特征间的比较，以观察它们的形状、面积、大小、位置、间隔、交角和痕底，痕壁上的细微特征的分布、反映是否一致。该方法不适用于比对线条状痕迹和擦动、变态的痕迹。

在对照比对法的基础上，发展、派生了连线构图比较法。从构连的图形中，去发现更多更好、彼此对应、相同的特征，从而使对照比对更有成效。

2. 接合比对

接合比对法，是另一种应用比较普遍、有效的弹痕检验方法。这种方法特别适用于比较弹头上的膛线痕迹，弹壳上的线条状的擦划痕迹。金属间相互紧压摩擦，其接触面上微观的凹凸结构（即点、块状特点）就会在承受物体上呈条带状反映，在其痕底布满了平行的细线痕迹。接合比对时，可将现场和样本弹头、弹壳上的擦痕，由两个图像结合成为一个图像，用物镜分界线把结合的部位分开，使垂直于分界线的那些丛密又平行的线条痕迹，清楚地反映出来。通过线条特征的相互接合比对，从整个条带状擦痕的总宽度、边棱线，尤其是条带状擦痕面上所有线条痕的数量、宽窄、凹凸方向、沟底形状、分布特点等，经过一次又一次、一个部位又一个部位地反复接合比对，便可得出现场弹痕和样本弹痕中线条特征是否符合的检验结论。由于这种线条状擦痕是物体接触面上细微结构的反映，它们都是特定的，均属个别特征，用接合线条的方法判别两者是否一致，是确定射击枪支的有效方法。

线条接合多在比较显微镜下进行，也可以用显微拍照的方法，照片经同倍扩大后，再裁剪照片，进行比对检验。

这种比对方法适用于比对具有一定形状、面积、边沿轮廓比较清楚、在痕底和痕壁有着明显的细小特征的痕迹。比对时，可利用高倍显微镜，拍摄两张倍数相同的照片，然后在透射光下重叠比较，看其痕迹轮廓及细小特征是否都能重叠起来，也可以将弹痕照片用玻璃片、透明纸等覆盖后，复压在另一照片或实物上进行重叠比对。这种方法不适用于比对擦划、滑动、变形等的弹痕特征。

3. 综合比对

综合比对也叫配套比对，是指对射击弹头、弹壳上的痕迹特征，不管它们是否遗留在同一个平面上、反映出多少特征，都要尽可能地进行全面比对。例如：把壳底面、壳体上、壳口沿、底槽里的等所有弹痕特征，通过特写的镜头，拍摄照片，把特征全面、逼真地反映出来，并进行比对。这样既可在一张图片中做比对，也可把各处特征逐一拍摄，分成几张图片，对特征加以标注说明进行比较。

二、要辩证、唯物地认识个别特征

辩证、唯物地认识事物，即用发展变化的观点、对立统一的观点等来分析事物，达到正确认识事物的目的。这种认识方法反映在弹痕鉴定中，重点是把握主要与次要、本质和现象、质量和数量、局部和整体、稳定和变化等的辩证关系，以助于正确检验弹痕特征。

1. 主要与次要

弹痕检验的实践告诉我们，当专业人员观察、分析射击弹头、弹壳上痕迹特征的时候，可以看到许许多多的弹痕特征，包括它的种类和个别特征。把这些特征分清主次，是十分重要的，不能等同地看待、评价它们，更不能本末倒置。

怎样识别弹痕特征的主次呢？

(1) 从造型客体上区分。枪支机件留下的痕迹是主要的，非枪支机件留下的痕迹是次要的。

(2) 从枪支、枪弹的作用来区分。枪支击发枪弹形成的痕迹是主要的，枪弹碰撞枪支机件留下的痕迹一般是次要的。

(3) 从特征来源区分。枪支机件在生产、加工时留下的痕迹是主要的，枪支机件在使用过程中形成的痕迹也是主要的；而枪支、枪弹在客观因素、射击条件的影响下，留下了某些细小不清又不稳定的特征是次要的。

(4) 从枪支、枪弹机械作用的方式区分。枪支机件与枪弹在撞击、摩擦等过程中，因作用面积大，力量强，留痕粗深，反映明显、稳定的特征是主要的；而一般的触碰、翻转、旋擦而留下的特征是次要的。

(5) 从实际鉴定区分。有些特征常见、常用、价值较大，是主要的弹痕特征，像弹头上膛线的数量、宽窄、旋向、膛线的棱边、端点形态特点，以及膛线的初生、次生、重叠等痕迹中的奇异线条、点块状特征。在弹壳上，击针、弹底窝、抛壳挺、拉壳钩、膛内壁、指示杆、抛壳口等痕迹是主要的。其他诸如弹匣口的一般线痕、枪机下表面痕、托弹板痕、拉壳钩端痕、弹膛后切口痕，以及枪机匣导梭及推弹突笋等痕迹，相对来说为次要痕迹。

(6) 从具体枪支遗留的痕迹区分。若在枪支机件留下的痕迹中，某几种痕迹非常突出、稳定，这些就是主要的特征；其余无明显特点的，为次要特征。

在检验中，应该抓住主要的弹痕特征来检验和做结论。如果主要的和次要的特征之间没有矛盾，次要的特征也能用来辅助检验。如果两者发生矛盾，一方面要查明矛盾的原因，另一方面不能因此而置主要特征于不顾，错误地根据次要特征做出检验结论。

2. 本质和现象

痕迹特征的本质，能正确地反映枪支机件接触部位的结构形态特点。一般来说，它是指枪支、枪弹作用正常，痕迹特征反应明显，变化不大，可对造型客体做出同一认定的特征。痕迹特征的现象，则指不能正确反映枪支作用机件接触部位的结构特点的特征，形态多变、位置窜动较大、时有时无或者非枪支机件造成的特征，或虽为枪支机件遗留，但是在不正常的作用下形成的特征。

弹痕检验中，常会遇到痕迹的面积、边缘、位置、形态等发生了较大的变化，这是一种现象，就其总的形状和分布的基本位置及多种固有细微特征来说，还是稳定的，彼此相符合的。我们一定要透过现象，把握本质，以做出正确的结论。

3. 数量和质量

对于特征的数量和质量，应该辩证地认识。特征的质与量是相互联系的、统一的，当然两者也是不同的。我们既不能不看质只看量，也不要只看质忽视量。对确定射击枪支来说，个别特征的数量表现在枪种特征的数量之中，枪种特征面积大、留痕多，个别特征的数量一般也多，鉴定的条件就好。反之，也一样。但也有些枪种特征较多，而个别特征不多，或者有的枪种特征不多，但个别特征不少。从特征质量来分析，一般地说，特征数量多，数量体现了质量，特征的质量也就高些；但有时特征数量虽多，其质量不一定高，或特征数量不多，而质量却较高。所以要对具体特征进行具体分析。

这里讲的个别特征的质量，主要是指形状奇特、轮廓清晰、出现率高、变动较少的特征。这种特征，又往往是枪支机件在较大的作用力下，受到碰击等作用形成的主要的、本质的特征。

这就要求我们：不但要重质量，也不能忽视数量。我们要尽可能地发现、确定、比对更多数量的特征，从而也就提高了特征的质量。在特征数量和质量方面，应着眼于特征的质量，只要特征的质量高，即使数量少些，同样可做出正确的鉴定。相反，若只依靠数个质量不高的特征，就无法做出检验结论，甚至得出错误结论。

4. 全局与局部

全局与局部的关系，也就是整体和部分之间的关系。

从整体看，特征的符合点或差异点是主流，则检验结论都易做出。但往往在射击弹头、弹壳上，有些特征没有反映出来，有些特征被破坏了，只能检验局部的弹痕特征，特征数量减少，质量就受影响，但只要存在部分清楚的特征，即使只有局部的反映，也可依此做出检验结论。枪弹痕迹鉴定实践告诉我们，通过相同部位的局部痕迹比较，对相应的特征，尤其对质量高的特征，进行全面检验后通常会出现两种结果：一是各个局部的弹痕特征，都与本质的、主流的相符，据此可做出明确的肯定结论。例如：经比对一条或两条膛线痕迹，或一个击针头痕迹，或一处抛壳挺痕迹等，它们的细节特征均相同，纹线的接合良好，特征形态及其相互关系又一致，就能有根据地做出认定结论。二是局部特征有的相符合，有的有差异，但各个相应的局部都有一定的相同特征，综合起来，反映了弹痕的特定性，据此也可做出认定结论。这种情况也是常见的。比如：弹头上四根膛线痕迹中，都有一部分粗大、连贯、数量、间隔、凹凸方向等相符的纹线，彼此自然地延续连接，但也有些绞线对接不等。如果单纯根据一两根膛线痕迹的符合或差异，还难做结论，但将四根膛线全部比较、接合后，就足以做出同一性的结论。

5. 稳定与变化

弹痕检验中特征的稳定与变化，都是相对的。事物处在不断变化中，没有绝对静止不变的东西。这里说的稳定，是指弹痕特征变化不大、出现率高、在一般射击条件下都可得到反映的特征。这里讲的变化，主要指特征出现率不高、反映不稳定，常常在同种条件下射击，特征时有时无，形状、大小、位置等变化较大。可见，弹痕特征的稳定性是我们顺利进行检验的条件。

哪些弹痕特征比较稳定呢？一般地说，膛线的数量、斜向、斜度、膛线及其棱线，初次生线纹的分布、粗细、相互搭配的关系，及膛线起末端点的形状、高低；膛线重叠、覆盖的面积、表现等。在弹壳上，击针痕迹及指示杆痕迹形状、端点、侧壁特点，边棱轮廓，舌痕底面反映；弹底窝结构、加工痕迹的形状、线纹的局部反映及细小的形态特征的分布数量，铆圈的局部分布，拉壳钩痕迹总的位置、宽度或碰撞、抓拉的部位、形状特点；抛壳挺痕迹的形状、大小、位置及底面、边棱较明显的细节特点；抛壳口痕迹的形状、大小、位置高低、偏距及底纹分布；弹膛加工痕迹，使用中形成的擦痕的奇异特点，以及粗大线纹的分布；弹匣口痕迹中抽壳时刮擦痕的形状、位置及底纹反映等都比较稳定。其他的一些弹痕特征相对不稳定。上述比较稳定的弹痕特征常常成为我们检验的主要对象和做出鉴定结论的根据。

在稳定性与变化性的问题上，最重要的是掌握痕迹特征变化的规律。也就是要从变化了的痕迹特征中去推断原有特征。这样，痕迹特征即使发生变化也不会完全丧失检验的条件。

要详细叙述常见弹痕特征的全部的变化规律是不可能的。认真分析弹痕特征的变化及可能出现的状况，特别是掌握了解比较主要、稳定、明显的弹痕特征变化的一般表现，则是我们专业人员的任务。

在弹头上的膛线痕迹特征中，要特别注意枪管是否经过多次反复的射击，是否经常擦洗，枪弹的品种、新旧、存放条件是不是一样。如果间隔的射击时间不长，变化不多，枪支、枪弹的发射条件相同，则膛线痕迹的各种特征变化不会很大，可顺利做出鉴定。有人把枪从未打一发枪弹开始，在半年多的时间内，先后射击数十、上百次，每次打几发、几十发，一直试射到枪管磨损极其严重，寿命告终为止，共打了两三千发枪弹。在条件相同、毗邻试射的弹头上，基本上都有较多稳定的特征可供识别。但在后期数百发发射的弹头上，有些膛线特征的反映，已普遍发生了改变，痕迹难以识别。枪支主要机件的痕迹特征要比弹头上的稳定些，但也有较大的变化。

膛线特征的变化规律是：膛线痕迹从边棱清晰、锋利、粗深、端点轮廓明显，彼此又多分离，阳膛线表面细小纹痕不多，光压面在中间部分较大较显著，阴线区少有擦痕等，逐步发展到膛线初、次生痕迹都较明显，初生痕分布面增大，阴阳膛线区小线纹明显增多，布纹面变大以致光压面缩小，膛线端点开始淡浅、边缘不清，末端轮廓由深变浅，弧形外突的位置上升，再发展变化成膛线主次棱线反映不清，深度显浅，两端点轮廓变模糊，多连成两起，小线纹丛生、短浅、复叠，且平行于弹轴，致使阴阳膛线区难辨，重叠线痕似梳。从整个膛线痕反映看，棱线两侧的纹线稍深，尤其在阳线痕根部的纵向短线纹仍较稳定等。这些可以说是膛线痕迹特征的一般变化规律。

在射击弹壳上，各种特征的一般变化规律是：击针头痕，由深变浅，底面细小特点渐多，轮廓变得不光滑、不完整，头痕直径变细窄，侧壁会出现微小缺陷等；弹底窝加工纹痕越来越浅淡、不明显，细节差异增多，斑块状痕迹增多、变大，击针孔边缘处的底窝面附近可在底火上反映出一些印压环线痕或针端撬顶痕，底窝面上擦拭、使用特征逐渐多见；拉克钩痕迹由明显、规整，逐渐变为不明显，不规整，位置窜动范围增大，痕深变浅，个别抓点痕突出；抛壳挺痕迹一般由清晰、规整、深凹、边棱锋利，发展到位置窜动较大，边棱磨损，轮廓不甚清晰，面积减小，局部挺痕多见，痕底细微特征增多，挺痕出现率下降；膛内壁的擦痕则常常越来越多、越粗，条块痕数量增加，烟垢附着变浓；抛壳口痕迹的位置、形状、面积、高度、深浅等愈加多变，出现的概率也加大等。这些是射击弹壳上主要痕迹的一般变化特点。

在变化了的弹痕特征中，我们应从以下方面认真进行识别和检验：

（1）从弹痕的遗留位置、形状特点、彼此关系，并结合它的变化规律去正确判定弹痕的种类，判明是什么机件留下的痕迹，并思考其形态的改变符不符合规律。

（2）从弹痕的局部反映中找出比较稳定的、可靠的比对特征。由于弹痕的变化，使其面积、形状、相对位置等常常变化较大，但局部的某些特征的形状、边线轮廓等变化不大。

我们要在线条状弹痕特征的对比中，找出相对稳定、变动不大、检验价值较高的特征，依此做出科学的鉴定结论。实践证明：在枪种特征基本一致的基础上，全力找到局部线条和一定形象的细微特征，以此进行细致、扩大比对，常可在变化较大的特征中找到某些重要的、稳定的特征，从而正确地做出结论。不要只注意到某一类特征，而忽视了其他可供检验的特征。在射击弹头痕迹检验中，有人只利用线条状特征的接合比对，以为只有这类特征才可做出认定或否定的结论；在弹壳痕迹检验中，又常常只利用一定图形的形象特征比对，忽视了弹壳上的线条接合比对，这些做法都有片面性。应该对这两大类弹痕特征都要利用。当然，也要视实际条件，正确地应用好某些反应明显的弹痕特征。

第六章　枪弹痕迹的寻找和提取

通过对枪击案件中枪弹痕迹和物屑的勘查、检验，并进行科学的分析和推断，弄清其与案件的具体联系，以便查明枪击案件的具体情节、性质，这对正确地定性、结案有很大的帮助。因此在枪击现场仔细地、全面地搜集有关的枪弹痕迹物证，是发挥验枪技术作用的前提和条件。

一、现场射击弹头的搜寻

在枪击现场寻找射击弹头往往是比较困难的，为了能够准确地确定弹头可能存在的地域，必须设法恢复弹头在枪击现场范围内的飞行弹道，尤为重要的是，恢复弹头贯穿目标物以后继续飞行的弹道末段。

在搜寻弹头时应注意以下几个问题：第一，在通常情况下，通过弹头在目标物上的射入口和射出口，从其连线的延长线方向去搜寻。第二，应注意受害者周围各障碍物的表面状态。第三，如果弹头撞击和遗留地点不明确，查找范围过大时，可借助磁铁和军用探雷器寻找。第四，对于贯穿目标物或与某障碍物撞击后，弹头发生碎裂的情况，勘查时要仔细，应尽量将弹头碎片或分离物全部提取。

二、现场射击弹壳的搜寻

在大多数使用自动枪支作案的现场，常会留有射击弹壳。因此，在现场搜寻和提取射击弹壳相对来讲比较容易，在确定射击位置后，可按案发枪种的排壳方位去搜寻和提取射击弹壳。

三、现场发射枪支的搜寻

在持枪自杀、自伤、伪装自杀、枪支走火误伤（杀）等现场，均易发现和提取枪支。在勘查涉枪案件的现场时，应想方设法地搜寻和提取作案枪支。对于持枪他杀的现场，在现场很难发现枪支，因为凶手一般都是迅速逃离现场，设法藏匿枪支或将枪支丢弃。如果搜寻枪支困难，但分析枪支就在附近，可借助军用探雷器进行搜寻。另外，还应结合刑侦技术工作，采取其他措施追查作案枪支。

四、射击残留物的搜寻

射击残留物是指枪支发射过程中膛内燃气所含有的固体残留物。它们常沉附于伤道内部弹孔周围，嵌入在目标物的表面，也可能黏附在射击弹头的披甲表面、枪管内壁、枪支有关机件的表面。在射击时也可黏附在射手手上和衣着上。通常把在各种客体上沉积的射击物屑称为射击残留物。它是枪击事件的物证之一，也是判断弹孔的依据。分析它们在目标物的散布规律，成功地提取和检验它们的品种、含量，对于确定射击距离和射击方向，分析案发枪种、弹种，判断案件情节和枪击事件的性质、真相，都具有很重要的作用。

五、射击残留物的提取

射击残留物的提取，是痕迹检验人员在枪击现场勘查时的重要任务之一。根据提取的客体性质，可采用不同的提取方法，主要有以下几种。

（1）复印法。利用滤纸的吸附作用，将目标物上的射击残留物转移到滤纸上以供检验。该方法主要适用于衣服、皮革、纸张、纺织品等薄层、光洁的物体上的射击残留物的提取。

（2）直接提取法。该方法适用于包括人体上射击残留物及其表面较平整客体上射击残留物的提取。

（3）滤纸吸收法。该方法主要用于枪管内表面射击残留物的提取。

第七章　枪弹痕迹的简单分析

第一节　分析枪弹痕迹

一、判断孔洞是否为弹孔

弹孔是指弹丸侵彻或贯穿各种目标物时，在目标物表面所形成的射入口和射出口。在现场上判断孔洞是否为弹孔，是确定案件性质的前提，也是进行弹道分析、进而确定枪伤案件情节的基础。

由于枪支弹药的种类繁多，射击条件千差万别，弹着目标的多样性，因此弹孔特征也是形态不一的。任何具有一定飞行动能的抛射物在撞击物体时，都会产生孔洞，因此必须根据案件现场上被击物的性质、目标物孔洞的具体细节特征，结合现场具体情况进行分析和必要的模拟试验，才能得出正确的结论。

二、分辨弹孔的射入口和射出口

1. 人体弹孔的特征

弹丸击中人体目标时，依其具有的动能可侵彻人体一定的深度或者全部贯穿，同时形成弹孔（包括射入口和射出口）。实践表明，枪击弹孔、弹孔周围皮肤表面的具体形态特征与弹丸碰击人体目标时的能量、射入姿势和弹丸的形状、结构有关，也会随着射击距离范围和射击条件的变化表现不同的特征。按射击距离范围，可分为接触射击、贴近射击、近距离射击和远距离射击来分析。弹孔（包括射入口和射出口）的枪伤弹道，是弹丸依靠其周围皮肤表面的形态特征，通常是与从枪口中喷出的高温、高压、高速的火药气团的爆发作用、后效作用和射击残渣的作用效果紧密相关。

（1）接触射击是指枪支射击的瞬间，枪口与人体皮肤保持接触的一种射击方式，它所对应的枪弹伤称为接触枪伤。在接触射击时，枪伤射入口有组织缺损而形成孔洞，弹孔基本呈圆形或椭圆形。在弹孔周围有一较窄但很浓密的烧焦变黑的环形区和围绕这个区域的烟灰沉积区。火药气体及夹带的烟灰和未燃火药颗粒等射击残渣，将进入伤道并沉附于伤道内。在火药气团冲击作用下，皮肤反弹使之紧压枪口，致使枪弹射入口周围有时出现枪口压痕，弹孔边缘有时也出现破裂。

（2）贴近射击是指枪口与皮肤不接触，保持一个很小的距离。不同的枪支这种距离有所不同，一般在 2～5cm。在贴近射击时，弹丸的机械作业使枪弹射入口有组织缺损而形成的孔洞，孔洞基本呈圆形或椭圆形，从枪口中高速喷出的燃气及夹带的射击残渣直接冲击皮肤，在弹孔周围形成一个比较宽的被烟灰覆盖的烧焦变黑的区域，并在其外围形成的烟灰附着区。常见有烧焦、烧伤和烧坏现象。

（3）近距离射击是枪支发射瞬间保持枪口距人体一定距离的射击，但枪口仍十分靠近人体表面，以致冲枪口中与弹丸一起飞出的火药颗粒在弹孔周围的皮肤表面上，产生火药颗粒嵌入伤迹。近距离射击时弹孔周缘趋于圆整，少见裂纹、裂缝，弹孔基本因组织缺损而呈圆形或椭圆形，在人体上，近距离射击最为明显的标记为枪弹射入口周围的皮肤表面上有火药颗粒的嵌入伤痕。

（4）远距离射击是指射击瞬间枪口远离人体表面。它的主要标志是弹头在皮肤上贯穿成孔洞，火药气团在人体皮肤表面或衣着上的一切征象都不存在。枪伤是由弹丸依靠本身所具有的动能撞击皮肤，侵彻或贯穿肌体所形成的。因机械作用不完全相同，而形成了枪伤射入口、射出口和枪伤弹道。人体弹孔射入口特征主要表现为有组织缺损并形成孔洞，有冲撞轮和擦拭圈特征；枪伤射出口主要特征为多见撕裂伤，少见组织缺损，皮肤外翻，组织外露，出口大于入口，射出口形状不规则。

2. 玻璃弹孔的特征

玻璃弹孔的主要特征表现为：①弹孔基本呈圆形或椭圆形，断面粗糙，孔径大于弹径；②弹孔从入口到出口呈喇叭形，入口周围平整、边缘锐利，出口大于入口，出口方向有明显层裂剥离痕迹；③剥离表面有辐射状裂纹，也有同心圆状裂纹，裂纹断面的弓形花纹由拉伸面向压缩面汇集成束，弹孔周围的辐射裂纹与剥离背面层裂痕交叠呈网状。

三、判断射击方向

判断射击方向是枪击现场勘查、分析的另一项重要任务。判定射击方向、分析弹丸在现场的飞行路线，对于确定射击位置、求算射击距离都具有一定的作用。射击方向的含义包括射击方位和弹丸的命中角度。射击方位是指弹丸在现场环境中的飞行方位；命中角度是指弹丸击中目标的落角或者着角，是指弹丸击中目标瞬间的速度、方向与水平面的夹角或者指弹丸速度方向与目标法线间的夹角。

根据现场被击物弹孔特征和射击残留物在弹孔周围的分布状态来判断弹头的入射方向，是经常使用的有效方法。

第二节　分析现场性质

分析枪击伤亡事件的性质，主要是指明确枪击是持枪自杀、他杀、意外走火或流弹误伤等事件的性质。结合枪击现场的实际情况，从验枪技术上分析判断枪杀案件的性质情节，揭示枪击事件的真相，对于指明侦查方向，证实和揭露持枪犯罪都具有重要的实际意义。

区分枪击事件的性质，应从现场勘查的实际情况出发，根据尸体上枪弹伤的形态特征，以弹道分析为基础，从射击距离、射击方向、顺序以及死者的位置和姿态等方面进行综合分析判断。同时考虑到有些犯罪嫌疑人为了逃脱罪责或嫁祸于他人等目的，往往破坏或伪造现场掩蔽真相，因此在判断枪案性质时，还应广泛收集和分析各种人证、物证，必要时可通过模拟试验加以验证。

一、从射击距离上分析、判断

分析射击距离是判断枪杀案件性质的基础，尤其是区分持枪自杀和他杀的重要依据。绝大多数情况下，自杀案件均为接触射击、贴近射击或者比较近的近距离射击。对于持枪他杀，虽然远、近距离射击均有可能，但以远距离射击为多。如果在枪击现场勘查分析中，确认被害人尸体上有弹孔、周围没有火药气团的作用征象的远距离枪伤，通常可作为持枪他杀的有力依据。然而，判断枪击事件的性质，只根据射击距离并不是绝对可靠的依据。

对于故意持枪杀人，对空鸣枪或对地鸣枪，曲射枪弹或跳弹时被击中的情况，则必须结合现场情况、枪弹伤特点及损伤程度，进行弹道分析和计算才能确定。

二、从枪创位置上分析、判断

持枪自杀者没有必要，也不可能从背后、后脑等正常持枪无法射击的方向部位来开枪自杀的。因此在现场上能够判明弹丸是从死者背后射来，枪击射入口位于死者背部、后脑等部位且垂直正射，都可作为是他杀或者流弹误伤、他人无意走火伤亡的充分证据。

从着弹部位来分析，绝大多数持枪自杀者往往尸体上只有一处枪弹创，且多为要害部位致命伤。而自杀者正常自射部位经常是自己的头部和前胸心脏部位，在其头部主要是颚骨部、前额，也有的是口部。对于持枪他杀或流弹误伤、走火意外伤亡等案件，射入人体的方向、击中部位、入射角度都没有规律可言。

三、从现场实际情况出发分析、判断

在分析和判定枪击案件性质时，切忌主观臆断，先入为主，必须结合现场实际情况认真勘查分析。

对枪击现场进行弹道分析，则是确定枪案性质的重要方法，关键是正确分析和判定射击方向、射击距离和射击位置，而且有条件时必须对枪支进行可靠性检验。

四、从尸体状况加以判定

1. 持枪他杀的现场特点

（1）尸体上的致命伤是枪弹创，但现场未遗留枪支；或虽留有枪支，但不为死者所用，又没发现现场弹头、弹壳；或者枪支、弹头、弹壳的位置和弹孔、弹道等特点是自杀所不能成立的。

（2）死者身上无近距离发射痕迹，手部也没有射击残留物。

（3）现场几处地方发现弹孔，并提取到多种、多枚的射击弹头、弹壳，尸体上有多发弹创，致命弹创不止一处。

（4）尸体上有众多方向、角度射击的枪创出入口，发现有由外向内较远距离的发射弹孔。

（5）尸体上有挣扎、搏斗的伤痕。

（6）现场具有被翻、被劫、被窃等迹象，或者发现有丢失的物品、留有犯罪嫌疑人的痕迹物证等。

2. 持枪自杀的现场特点

（1）通常尸体上只有一处枪弹创，且为致命伤。

（2）弹道特点完全符合自射的动作。

（3）死者衣着整齐、清洁，身上无挣扎、搏斗伤痕，手上留有射击残渣。

（4）死者身上、衣服上有明显的近距离射击残留物，甚至在衣服的内层留下了弹孔和残渣。

（5）现场留有枪支，且可发射现场弹头、弹壳，枪机处于待发状态。

（6）现场枪支上，在发射动作的接触部位留有死者的手印。

3. 流弹误伤的现场特点

（1）经反复调查、勘查，既没有发现犯罪嫌疑人的痕迹、物证和活动迹象，又不具备自射的现场特点。

（2）除人体上留有枪弹创或射击弹头外，现场没有发射枪支和射击弹壳。

（3）现场多为室外旷野。

4. 走火伤亡的现场特点

（1）发生事件的枪支，机件陈旧松散，保险机钮失灵，枪支的击发、发射机构有毛病，可在拆卸、擦拭、触摸、碰撞等过程中，引起击发。

（2）现场无作案的迹象，枪弹痕迹分布符合无意击发的动作。

（3）被害人无自杀的原因。

（4）嫌疑人无杀人或伪报走火的作案因素等。

第八章　枪支性能检验

一、鉴定范围

公安机关在办理涉枪刑事案件中需要鉴定涉案枪支性能的，适用本章规定。

二、引用标准

《公安机关涉案枪支弹药性能鉴定工作规定》，即《公安部公通字（2010）67 号 通知》。

《枪支致伤力的法庭科学鉴定判据》（GA/T718—2007）。

三、鉴定机关

涉案枪支的鉴定由地（市）级公安机关负责，当事人或者办案机关有异议的，由省级公安机关复检一次。各地可委托公安机关现有刑事技术鉴定部门开展枪支的鉴定工作。

四、鉴定标准

（1）凡是制式枪支，无论是否能够完成击发动作，一律认定为枪支。

（2）凡是能发射制式弹药的非制式枪支（包括自制、改制枪支），一律认定为枪支。对能够装填制式弹药，但因缺少个别零件或锈蚀不能完成击发，经加装相关零件或除锈后能够发射制式弹药的非制式枪支，一律认定为枪支。

（3）对不能发射制式弹药的非制式枪支，按照《枪支致伤力的法庭科学鉴定判据》（GA/T 718—2007）的规定，当所发射弹丸的枪口比动能大于等于 $1.8J/cm^2$ 时，一律认定为枪支。

（4）对制式枪支专用散件（零部件），能够由制造厂家提供相关零部件图样（复印件）和件号的，一律认定为枪支散件（零部件）。

（5）对非制式枪支散件（零部件），如具备与制式枪支专用散件（零部件）相同功能的，一律认定为枪支散件（零部件）。

五、对检验对象的条件要求

送检枪支主要发射部件完备。

六、设备要求

（1）危险枪支发射架。

（2）枪弹测速仪。

（3）天平（精度 0.01g）。

（4）游标卡尺（精度 0.02mm）。

（5）卷尺（精度 1mm）。

（6）钢尺（精度 0.5mm）。

七、检验步骤

（1）检查枪管内有无异物，弹膛内有无枪弹，确保枪管内、弹膛内无异物、无枪弹。

（2）测量送检枪支全长，以 mm 为单位，保留整数。

（3）测量枪管口径，以 mm 为单位，保留小数点后 2 位。

（4）观察枪身有无标记。

（5）制式枪支，不进行射击试验，无论是否能够完成击发动作，直接认定为枪支。

（6）非制式枪支，检查枪支各部件，确定枪支有无故障。可发射制式枪弹的直接认定为枪支，如有故障，可不做进一步检验。

（7）不能配用制式枪弹的非制式枪支，按照《枪支致伤力的法庭科学鉴定判据》进行枪口比动能检测。

（8）枪口比动能检测方法的计算公式：$E=mv^2/2$；$e=E/A$；$A=\pi d^2/4$

式中：E——枪弹弹丸枪口动能（J）；

m——枪弹弹丸质量（kg）；
v——枪弹弹丸枪口速度（m/s）；
e——枪弹弹丸枪口比动能（J/cm）；
A——枪弹弹丸最大横截面积（cm）；
d——枪弹弹丸最大直径（cm）。

八、检验意见表述

（1）制式枪支、可发射制式枪弹的非制式枪支以及不能配用制式枪弹且枪口比动能大于1.8J/cm^{2}的非制式枪支，出具认定为枪支的检验意见。

（2）不能配用制式枪弹且枪口比动能小于1.8J/cm^{2}的非制式枪支。出具不认定为枪支的检验意见。

（3）不能进行射击试验的非制式枪支，出具不能确定是否为枪支的检验意见。

九、鉴定程序

对枪支弹药的鉴定需经过鉴定、复核两个步骤，并应当由不同的人员分别进行。复核人应当按照鉴定操作流程的全过程进行复核，防止发生错误鉴定。鉴定完成后，应当制作《枪支鉴定书》。《枪支鉴定书》中的鉴定结论应当准确、简明，同时应当标明鉴定人、复核人身份并附有本人签名，加盖鉴定单位印章。《枪支鉴定书》应附检材、样本照片等附件。

十、鉴定时限

一般的鉴定和复检应当在十五日内完成。疑难复杂的，应当在三十日内完成。

项目五　特殊痕迹篇

概　述

一、特殊痕迹检验学的内容

特殊痕迹检验学研究的内容有：牙齿痕迹，车辆痕迹及牲畜蹄迹，纺织品痕迹，玻璃破碎痕迹，整体分离痕迹，开锁和破坏锁痕迹。特殊痕迹检验学的各部分内容都是相互独立的，而对于各种痕迹的检验原理又具有共同特性。

二、特殊痕迹检验学研究的方法

特殊痕迹检验学是以同一认定原理为基础，运用解剖学、机械学、纺织结构学、材料力学、断裂力学、几何学等相关学科，研究各种痕迹的形成原理、痕迹特征的性质及变化规律、各种痕迹的勘查与分析方法、痕迹的检验鉴定方法。

特殊痕迹也可以按照承痕体接触面发生变化的情况分为平面痕迹和立体痕迹，对于更精确的痕迹分类，可结合具体的痕迹划分。特殊痕迹由于涉及的范围广，因此可以根据痕迹的形成过程及痕迹形态特征，证实与案情有关的情况。

三、特殊痕迹检验学的作用

特殊痕迹检验学在刑事案件中的作用主要体现在以下几方面：

（1）分析案件性质。根据案件现场出现的玻璃破碎裂纹或开锁方法，可以分析确定案件的真伪。

（2）提供侦查方向。根据现场锁的钥匙复制痕迹，分析复制方法，确定复制范围，同时还可以分析接触原配钥匙的人员范围。

（3）分析案犯个人特点。根据现场遗留的特殊痕迹，例如被破坏的保险柜锁，可用来分析案犯的生理特点、职业特点、文化水平等。

（4）分析案情。根据现场遗留的特殊痕迹，分析作案目标、作案工具、作案动机、作案时间、作案人数等。

（5）提供破案证据。通过分析特殊痕迹，可以审查嫌疑人的口供，事主、证人的陈述。同时可以利用痕迹特征对某人或某物做出认定或否定的结论，为破案提供证据。

四、特殊痕迹检验学的任务

特殊痕迹检验学的使命是利用现代科学技术，为确定案件的真实情况提供科学的证据。为完成这项使命，通常有两项任务。

第一项任务，为侦查人员提供技术服务。其中包括：发现、提取现场上出现的各种特殊痕迹；协助侦查人员分析痕迹的形成过程，分析痕迹与案件的关系，为侦查提供方向。

第二项任务，接受办案单位的委托和聘请，对案件中提取的特殊痕迹进行技术鉴定。鉴定任务主要解决人或物的同一认定问题，即现场特殊痕迹是否为某人或某物形成，或者解决种类认定问题，例如根据玻璃破碎裂纹分析是否为枪击或抛击。

五、特殊痕迹鉴定的方法和步骤

特殊痕迹鉴定是根据现场痕迹的形象特征，分析和确定现场痕迹是否为某人或某物形成，或现场分离物与嫌疑分离物是否可以构成同一整体。对特殊痕迹的鉴定，遵循痕迹检验的一般原理，根据特殊痕迹的种类、痕迹特点，进行仔细观察、实验、分析，做出科学的结论。

特殊痕迹鉴定的步骤有：预备检验、现场痕迹检验、嫌疑痕迹样本检验、提取利用微量物质、比对检验、综合评断与结论、制作鉴定书。

第一章　牙齿痕迹

牙齿是人体中最硬的组织，能耐受强烈的化学腐蚀和剧烈的物理作用。人牙属于二生牙，即一生中有两侧牙齿，生长在上、下颌牙槽骨内。刑事技术学和法医学都要研究牙齿和它所形成的痕迹，但它们之间有着明确的分工。刑事技术学主要研究如何利用牙齿在人体上或物体上形成的形象痕迹，为侦查提供线索并利用牙齿痕迹认定人身。法医学主要研究如何利用牙齿特征进行人种识别及如何利用遗留在人体组织上的咬痕查明案情。

第一节　牙齿概述

一、牙齿的功能

牙齿的主要功能是咀嚼食物。此外，牙齿对协调颜面发育及说话也有很重要的作用。有时牙齿也是攻击和自卫的武器，或者是破坏某种物体的工具。

二、牙齿的分类和排列

根据萌出时间和形态，可以分为乳牙和恒牙。

根据牙齿的形态和作用，可以将其分为四种类型，即切牙（门齿）、尖牙（犬齿）、双尖牙（前臼齿）、磨牙（臼齿）。

1. 乳牙

乳牙一般有 20 个，上、下颌分别各有 10 个。

乳牙萌出顺序。从婴儿出生后 6~8 个月开始萌出乳中切牙，然后是乳侧切牙、第一乳磨牙、乳尖牙和第二乳磨牙一次萌出，30 个月左右会全部萌出。

2. 恒牙

恒牙一般有 32 个，上、下颌各有 16 个。

恒牙萌出顺序。恒牙的萌出是从 6 岁左右开始，从第二乳磨牙后方萌出第一恒磨牙，同时恒中切牙萌出，乳中切牙开始脱落，随后侧切牙、尖牙、第一双尖牙、第二双尖牙、第二磨牙以及第三磨牙依次萌出。在一般情况下，左右同名牙多数都是同时萌出的，而下颌牙比上颌同名牙较早萌出。

从萌出时间和次序来看，6 岁至 12 岁时，口腔内乳牙逐渐脱落，恒牙相继萌出，恒牙和乳牙发生交替。此时口腔内既有乳牙，又有恒牙，这种乳恒牙混合排列与牙弓之上，称为混合牙列。在恒牙萌出过程中，少数人可能存在畸形牙、多余牙，它们常常位于上颌中切牙间。有时候恒牙因颌骨发育不良，或者因为先天牙胚缺失而无法萌出，通常见于第三磨牙缺失。因此牙齿的数目有所增减。14 岁以后恒牙列基本形成，而 17 岁至 26 岁生长的第三磨牙对恒牙列的形态影响很小。

恒牙列形成后，一般不会由于外伤和腐败的影响而改变牙齿以及牙列的形态，它具有比较强的稳定性，因此其利用价值比较高。另外，从目前对案犯的年龄统计可以预见到，绝大多数案犯的年龄都在 14 岁以上。所以在犯罪现场中出现的牙印，都是恒牙形成的。

3. 牙齿的排列

牙齿的排列遵循一定的规律，通常都是上、下颌同名牙齿位置对应，左、右侧同名牙齿位置对称。

(1) 齿式。齿式是动物血中表示哺乳动物牙齿的一种规范的方式，一般是由4位数组成，从中线向两侧依次表示门齿、犬齿、前臼齿和臼齿。齿式中的数据以及排列，可以反映某一种属的哺乳动物的牙齿数量、排列关系和牙齿种类。比如人类的齿式可以反映出在一副牙齿中一共有8个切牙、4个尖牙、8个双尖牙和12个磨牙。

(2) 前牙。切牙和尖牙通常位于牙弓的前部，统称为前牙。前牙中，左右侧两个尖牙之间的宽度与嘴的宽度基本相同。现场咬痕多数都是前牙形成的。

(3) 后牙。双尖牙和磨牙位于牙弓的后部，统称为后牙。案件现场，后牙形成痕迹的概率比较小。

三、牙齿的结构

1. 牙齿的外观结构

牙齿又称为牙体，是由牙冠、牙根和牙颈三个部分组成的。

(1) 牙冠。牙齿是暴露在口腔的部分，其外层被牙釉质覆盖。牙冠的外形随功能而异。功能弱而结构简单的牙形态简单；功能强而结构复杂的牙齿，其牙冠形态就相对比较复杂。

(2) 牙颈。牙颈又称为牙颈线，即牙冠与牙根交界处的一条弧形曲线。

(3) 牙根。牙根是牙齿埋在牙槽骨内的部分，其外层被牙骨质覆盖。牙根的形态和数量随功能不同而有所不同。在牙根尖端有通过牙髓血管神经的小孔，称为根尖孔。

2. 牙齿的解剖结构

牙体组织是由牙釉质、牙本质、牙骨质三种钙化的硬组织和牙髓软组织组成的。

(1) 牙釉质。牙釉质位于牙冠的表面，呈乳白色，有光泽。牙釉质是一种半透明的钙化组织，是人体中最硬的组织。

(2) 牙本质。牙本质构成牙齿的主体，色淡黄而有光泽，硬度比牙釉质低。在牙本质中有神经末梢，是痛觉感受器，受到刺激时能感知酸痛。

(3) 牙骨质。牙骨质是附在牙根表面的一层钙化结缔组织，色淡黄，构造和硬度与骨头相似。牙骨质是通过牙周膜将牙体固定于牙槽窝内，并且对牙根损伤有修复和再生功能。

(4) 牙髓。牙髓是位于髓腔内的疏松结缔组织，其四周被钙化的牙本质形成的腔壁所包围。牙髓中有血管、淋巴管、神经、纤维细胞和造牙本质细胞，其主要的功能是营养牙体组织，并且形成继发牙本质。

3. 牙齿的咬合力

牙齿在行使咬合功能时，其耐受力是不同的。习惯上将这种耐受力称为咬合力。咬合力是指单个牙齿所能发挥的实际咀嚼力量。咬合力的大小与牙根数量有关系，通常，上、下颌前牙和第一、二双尖牙为单根，但上颌第一双尖牙多为双根，而磨牙均为多根。上颌第一、二磨牙为三根；下颌第一、二磨牙的牙根变异比较多，常呈融合根。咬合力大小不但与牙根数量有关，还因人、因年龄和健康状态而异。咬合力大小受牙周膜调节。牙周膜是介于牙根与牙槽骨之间的结缔组织，其纤维一端埋于牙骨质，另一端埋于牙槽骨和牙颈部的牙龈内，当咬合力超过牙周膜的耐受阈时，牙周膜可以感知痛觉。咬合力可以经过长期训练而增大。咬合力数值可以通过牙合力计测定。男性的咬合力大于女性；前牙的咬合力较小，其中侧切牙咬合力最小；后牙的咬合力较大，其中第一磨牙的咬合力是最大的。

四、牙齿的特征

牙齿的特征包括两方面的内容，即牙齿的先天特征和牙齿的后天特征。

1. 牙齿的先天特征

牙齿的先天特征是恒牙列形成后所反映的牙弓大小和形态、牙齿的排列状态、牙冠的大小和形状、牙的先天畸形等。

2. 牙齿的后天特征

牙齿的后天特征是由于生理的磨耗、机械损伤形成的牙冠缺损，或由于疾患引起的牙位变化和牙冠变形，或由于生活习惯或者职业习惯所形成的牙冠磨损等特征。

牙齿特征在痕迹中的反映，根据牙位不同而变化。通常前牙的畸形、磨耗和机械损伤，在痕迹中反映得比较清楚，是特定性较好的特征。

五、牙弓

1. 牙弓大小

牙弓大小与人的身高和脸型有关系，身体较高或者脸庞较宽的人，其牙弓宽度大；反之，身体较矮或者脸庞较窄的人，其牙弓宽度小。牙弓宽度的度量，通常是以同名牙齿远中点之间的长度来标记。根据牙弓宽度大小，可以分为宽型牙弓、中型牙弓和窄型牙弓，也可以用牙弓半径度量牙弓的大小，即根据牙弓半径可以将其分为大、中、小三种类型。

2. 牙弓形态

牙弓形态是指牙齿排列后的总体形态，可以分为尖圆形、椭圆形和方圆形。牙弓形态与牙弓宽度有一定的相关性：尖圆形牙弓，其牙弓宽度较小；方圆形牙弓，其牙弓宽度较大。牙弓形态的变化，通常是由前牙排列来决定的。

（1）尖圆形牙弓。其牙齿的排列特点是上颌或下颌两个中切牙之间有一定的角度，其余各牙依次排列在一条弧线上。

（2）椭圆形牙弓。其牙齿的排列特点是两个中切牙的切缘在同一条直线上，从侧切牙开始扭转一定角度，其余各牙排列在同一条弧线上。

（3）方圆形牙弓。中切牙和侧切牙的切缘排列在同一条直线上，其牙弓的顶端较平，从两侧尖牙开始扭转一定角度，其余牙齿排列在一条弧线上。

六、牙齿的咬合状态特征

上、下颌牙咬合后，牙齿的相对位置关系称为牙齿的咬合状态。正常的咬合状态是上、下、中、切牙之间的中线应位于同一矢状面上；上颌牙超出下颌牙的外侧，即上前牙覆盖在下前牙的唇侧，覆盖度不超过 3mm，上后牙和颊尖覆盖在下后牙的颊侧。

但是由于颌骨的病变、发育异常、骨折及遗传等因素的影响，牙齿排列常常发生紊乱，正常的咬合状态被破坏。如反切咬合，即牙齿咬合后，下前牙覆盖在上前牙的唇侧；对切咬合，即咬合后上、下前牙切缘相对，或者上、下前牙相错排列，前牙错位畸形严重时，容易出现这种咬合状态；开放咬合，即后牙咬合时，前牙不能闭合，以及上下前牙之间有一定的空隙。

七、牙齿形态特征

1. 正常牙列

正常牙列中，牙齿的数量齐全，牙冠的形态正常，并且排列整齐有序，因此牙弓形态规范。

2. 牙列畸形

由于个别牙齿错位，使牙齿排列不整齐而改变牙列形态，称为牙列畸形。据统计，世界上有98%的人有牙齿错位的症状。

牙列畸形通常伴随着牙颌畸形，即个别牙冠的畸形，如特大牙、特小牙、圆锥牙和融合牙等。

（1）牙齿的错位方式。牙齿的错位方式主要有舌向错位、唇向错位、近中错位、远中错位、扭转错位、高位、低位、易位和斜轴等。

1）牙齿的舌向错位。牙齿向舌侧偏离的为舌向错位。

2）牙齿的唇向错位。牙齿向唇侧偏离的为唇向错位。

3）牙齿的近中错位。向近中面偏离的为近中错位。

4）牙齿的远中错位。向远中面偏离的为远中错位。

5）牙齿的扭转错位。在正常位置扭转了一定角度的为扭转错位。

6）牙齿的高位。高于低于正常颌面的为高位。

7）牙齿的低位。低于正常颌面的为低位。

8）牙齿的拥挤错位。牙齿达到畸形程度的则成为拥挤错位。拥挤错位是由于牙弓发育不正常造成的。拥挤错位的主要原因是遗传因素，其次是乳牙早失或者其他全身性疾病而影响颌弓前部的发育，形成拥挤错位畸形。拥挤错位多发于前牙，是常见的牙列畸形，其发病率占牙列畸形的 60%～70%。由于前牙参与咬合的机会比较多，因此错位牙齿能有较多机会在牙印中得到反映，并且是质量较高的特定特征。

3. 牙列缺损

牙列缺损是由于牙冠局部断裂或者全部脱落，使牙列出现空位。

牙列缺损是牙齿的后天特征，其中牙齿缺损的数量、种类、位置以及缺损形态，都是特定性很强的特征。牙列缺损的原因主要是病变、机械损伤和职业习惯等。

（1）病变造成的牙列缺损。由于病变或一直将病变牙拔除或自行脱落可造成病变缺损。在牙科疾病中，由于龋齿造成的缺损是最常见的。龋齿是口腔常见病，我国平均患龋齿率在 50%

左右。龋齿通常出现在后牙颌面上，而前牙一般出现在唇面两个牙齿接缝处。根据患龋齿严重程度可以将其分为浅龋、中龋、深龋、残冠和残根五个阶段。浅、中龋可形成较浅的龋洞，牙冠颌面粗糙；深龋的牙冠上有较深的龋洞；残冠和残根的牙冠上形成较大、较深的龋洞或者牙冠完全被龋蚀。

（2）损伤造成的牙列缺损。因碰撞等原因造成的牙齿脱落或者局部断离形成的牙列缺损为损伤缺损。损伤缺损通常出现在前牙，后牙出现较少。

（3）职业习惯造成的牙列缺损。由于某种职业习惯或者生活习惯，经常用牙齿的某一个固定位置衔物，使牙齿受到较大的磨损或者变形，从而改变牙列形态的称为职业性缺损。比如修鞋、木工和安装玻璃的工人常常用牙齿衔钉子，使切牙形成凹陷形磨损；有的人习惯用一个固定位置咬烟斗，由于长期咬磨，使该部位磨损或者变形；有的人习惯用牙齿特定部位咬硬物，如吃瓜子，则可在牙冠切缘上形成凹陷。牙齿的职业性缺损通常出现在前牙上。

八、牙冠特征

牙冠特征包括牙冠的形态特征和牙冠的畸形特征。

1. 牙冠的形态特征

牙冠的宏观形态和细微结构都具有人各不同的特点，因此牙冠的形态特征具有很高的利用价值。

牙冠的形态特征包括牙冠切缘特征，牙尖特征，结节特征，沟、窝特征。

（1）牙冠切缘特征。牙冠切缘是由前牙的唇面和舌面相交而成，呈突起的脊状。切缘一般比较平直、有一定长度，两个切缘角呈90°。但有些牙冠的切缘和切缘角连续成弧状，或由于磨损在切缘上形成缺口和锯齿状缺损，由于损伤使切缘角断离。

（2）牙尖特征。牙冠切缘或颌面上的锥状突起称为牙尖，一般出现在牙尖和后牙上。牙尖的形态、宽度和位置，根据牙位不同而变化。尖牙颌面上的牙尖，在颌面中部，并且宽度比较大。后牙尖在颌面边缘，牙尖形态和大小变化较大。

（3）结节特征。结节是牙冠颌面上的球形突起，又称为颌面球突，一般出现在后牙上。结节在双尖牙和磨牙颌面上的位置，以及结节的形态和大小都具有特定关系。牙齿经过长期咬合，使结节由于磨耗而在牙合面边缘形成牙尖。

（4）沟、窝特征。两个结节相交形成细长的凹下部分称为沟。两条沟的交点则称为窝。中切牙和侧切牙在舌面有沟、窝结构。尖牙没有明显的沟、窝；而尖牙和磨牙，在颌面上有1～2个中央窝，并且有形态复杂的沟。

2. 牙冠畸形特征

由于牙齿发育不正常而形成的，具有异常形态的牙齿称为畸形牙。主要有数量异常和形状异常两种。

（1）数量异常。数量异常主要有过剩牙和缺牙。过剩牙多生长在侧切牙和尖牙之间的唇侧，形成相互重叠的牙列。缺牙主要是牙坯先天缺失，使萌出的牙齿少于正常数量，并增大了两牙之间的空隙。

（2）形状异常。形状异常是指个别牙齿的形状与正常牙齿不相同。即特大牙，常见于上颌中切牙；特小牙常见于上颌侧切牙；融合牙，即两个牙齿形成一体。

3. 镶牙、补牙特征

（1）镶牙特征。镶牙是按原始牙齿的形态，用人工制造的牙齿，固定于缺损的颌位上。人造牙齿可分为牙冠和固定装置两部分。牙冠一般是用复合塑料、陶瓷或金属材料制成，其表面结构比自然牙齿简单。牙沟浅、结节圆滑、没有明显的牙尖，牙冠表面比自然牙冠光滑。固定装置可根据人造牙齿的数量、牙位、种类，采用不同的方法固定。其主要固定方法有：人造牙冠、合钉牙、桥体牙、牙托、牙沟等。人造牙齿经过一段时间咬合后，可以产生不同程度的磨损，使牙冠颌面降低，前牙切缘变薄。

（2）补牙特征。补牙特征是对病变牙进行人工治疗时产生的特征。补牙时要对病患处采取平磨、钻孔和填补等医治措施。补牙一般都出现在后牙牙合面上，牙齿经过修补后，颌面的局部形态改变，是颌面修补补位沟、窝、结节等结构消失。

第二节　牙齿痕迹的形成及特征

一、牙齿痕迹

牙齿痕迹又称为牙印，是指牙齿对客体行使咬合功能时，在客体上形成的痕迹。牙齿痕迹对于鉴定人身具有重要的意义，同时可以提供人的性别、年龄、职业、习惯等情况。

二、牙齿的差异性

牙冠形态、牙齿排列、咬合状态、牙颌畸形、牙齿病变等，都是因人而异。因此在人类中不可能存在牙齿完全相同的两个人，每个人形成的牙齿痕迹各不相同。

三、牙齿的稳定性

牙体组织坚硬，在周围组织及嘴唇的保护下，不易受外伤、高温和腐败的影响而破坏，具有较强的稳定性，因此其利用价值比较高。

四、牙齿痕迹的分类

牙齿痕迹很集中地反映牙齿数量和客体的变形情况，通常与被咬客体的硬度、塑性、弹性和韧性有关。因此，可以根据参与咬合的牙齿数量和客体的变形程度对牙齿痕迹分类。

1. 根据牙齿数量分类

受客体硬度和形状的影响，参与咬合的牙齿数量可以在一至十几个之间变化。被咬客体较软或者咬的面积较大，则痕迹中反映的牙齿数量多，并且多数为前牙形成。反之，牙齿数量少，并且为后牙形成。因此，牙齿痕迹可以根据牙齿数量分为牙痕、牙弓痕和咬痕。

（1）牙痕。牙痕是指由 1~3 个上颌或下颌牙齿形成的痕迹。一般只能反映出单牙各面的形态特征。

（2）牙弓痕。牙弓痕是指上颌或者下颌 4 个以上牙齿形成的痕迹。痕迹中不仅能反映出单牙的状态，同时还能反映出单核牙齿的排列关系和牙弓形态。

（3）咬痕。咬痕是指上、下颌牙齿同时在客体上形成的痕迹。咬痕中反映的牙齿数量较多，并且能反映上下牙的对应关系，是牙痕很集中出现的一种。

2. 根据客体变形分类

根据客体变形情况，牙齿痕迹可分为平面牙印和立体牙印。平面牙印一般出现在人体皮肤上或弹性大、易变形的物体上；而立体牙印则出现在塑性较好的食品上或者物体上。

（1）平面牙印。客体上被咬部位的变形只能反映牙齿二维结构的痕迹成为平面牙印。形成平面牙印的客体一般都是弹性较大或者表面较硬。痕迹不仅能反映牙冠颌面结构形态，同时对颌面上的一些细小特征也能反映出来。如果牙齿的数量足够，也能够反映排列关系和牙弓形态。

（2）立体牙印。客体上被咬部位的变形能反映牙齿三维尺寸的痕迹称为立体牙印。立体牙印能反映出四个结构：咬起缘，即被咬客体表面与咬切面的交线；咬合面，即牙齿颌面形成的痕迹；咬切面，即咬起缘至咬合面边缘部分；咬止缘，即咬合面与咬切面的交线。在可塑性较好的客体上，通常都可以形成立体牙印，但细节特征的反应程度取决于材质的颗粒度。

五、牙齿痕迹的形成

牙齿痕迹的形成主要取决于咬合动作。

牙齿痕迹的形成与咬合力大小和下颌运动形式有关。咬合力大小决定痕迹的深浅或损伤程度，特别是被咬客体受外力的扭动、挣脱、拉拽作用时，牙齿与客体之间产生相对滑动而形成线条状擦划痕迹。下颌运动决定了牙齿之间产生的相对滑动而形成线条状擦划痕迹。下颌的运动决定了牙齿的运动方向，通常能改变上、下颌牙齿的相对位置关系，但上颌或下颌的全部牙齿都是同向运动，单颌牙齿的左、右位置不变。

六、牙齿的咬合动作

咬合动作是下颌在颜面咀嚼肌带动下产生的。咬合时，上颌固定不动，下颌可以产生上、下、左、右动作。上、下动作，可以完成开、闭。开时上、下平面的最大夹角可达 25°。左、右动作，可完成切割，运动最大范围一般不超过第一磨牙宽度的 1/2。

整个咬合过程是在不脱离牙合接触条件下进行的。当客体位于上、下颌之间，下颌向上运动，使上、下颌前牙相对咬住客体，然后咬合力逐渐增大，在咬合作用下，被咬客体变形或者牙齿切入客体形成痕迹。咬住客体时，上、下颌前牙切缘相对，然后下颌切牙的切缘向上颌切牙的舌面运动，最终回归于正中牙颌面。这一运动是切牙发挥切割功能的过程，即每一次咬合动作的结束或者下一次咬合动作的开始，都是以正中牙颌面为终点和起点。左、右运动是磨牙发挥研磨功能的过程。

七、牙齿痕迹的遗留情况

牙齿痕迹一般是在可食用的各种食品上出现，另外在咬合力作用下产生变形的物体也可以形成牙印。在犯罪现场中牙齿痕迹主要出现在以下几种客体上。

1. 吃剩食品上的牙印

比如糕点、馒头、水果、糖等食品。食品上的牙印多数为前牙形成。

2. 在被破坏客体或被拆卸物体上的牙印

一般是形成在不便于徒手破坏或拆卸的部位上。形成牙印的咬合力较大，痕迹清晰，但牙印中反映的延迟数量较少，一般为后牙形成。

3. 烟嘴上的牙印

在香烟的过滤嘴上，因个人习惯不同也可形成清晰的牙印。由于滤嘴内的纤维衬垫，牙齿痕迹止缘形态反映完整、清晰，但客体尺寸较小，痕迹中反映的牙齿数量一般不超过 4 个。另外痕迹保存的时间较短，一般不超过 1h。牙印多数为中切牙和侧切牙所留。

4. 人体皮肤上的牙印

当被害人与案犯搏斗时，二者身体上均有可能形成牙印。牙印出现的部位变化较大，一般情况下是上体出现较多，而下体出现较少。在被害人身体上的牙印，可出现在脸部、颈部、肩部和胸部；案犯身体上的牙印，可出现在手部、前臂、颈部、肩部和胸部。在一些情节特殊的案件中，二者身体的其他部位也能形成牙印。人体上的牙印一般都是前牙形成的。

八、牙齿痕迹特征

牙齿痕迹特征与牙齿结构形态有直接关系，牙齿结构形态是通过承痕客体变形反映出来的。因此，承痕客体材质颗粒的大小与含水量多少及硬度、塑性、脆性等机械性质，对痕迹特征反映程度起决定因素。在面制食品中，经烘烤工艺制作的饼干类的点心，由于比较干燥，牙齿痕迹特征只能反映牙列的宏观形态，而细节特征反映较差。经发酵工艺，然后烘烤或蒸制的面包和馒头类食品，其表皮光滑细腻，但内部松软有气泡，因此痕迹特征在表皮反映较好。牙齿痕迹不仅能反映牙列形态，同时也可以反映牙列的细节。在水果和蔬菜类食品中，含水量较少、质地密实的特征反映较好。一般在咬起缘上（即表皮上）的痕迹特征稳定清晰。

牙齿痕迹特征包括物体上的牙齿痕迹特征和人体皮肤上的牙齿痕迹特征。

1. 物体上的牙齿痕迹特征

物体上的牙齿痕迹特征包括物体上的牙齿痕迹的形态特征和数量特征。

（1）物体上的牙齿痕迹的形态特征。牙齿痕迹反映的牙弓形态，受客体形状的影响会产生不同的变化。通常在扁平状食品上，可形成上下相对、弧形方向一致的咬痕，痕迹能分别反映出上、下颌牙弓宽度和形态。在圆球状食品上，如苹果，能形成上下相对、弧形方向相反的咬痕，弧形中部间距最大，两端间距较小，痕迹也能反映上、下颌牙弓的形态和宽度。但牙弓受客体表面形态的影响，易产生变化。因此应选择正确的角度观察，观察方向应与咬切面平行，可消除客体曲率对牙弓形态的影响。

咬起缘特征：咬起缘能分别反映出牙冠唇面和舌面形态。由每个单牙痕迹起缘相连，可构成唇面或舌面曲线，称为牙列曲线。牙列曲线可反映出上、下颌牙弓宽度和形态，并且能确定牙齿数量或测出牙冠宽度。咬起缘是在牙齿切入客体时，牙冠唇面和舌面挤压客体形成的。因此咬起缘的形态稳定，在客体中容易反映出来，是牙印鉴定的主要特征。

咬止缘与咬合面特征：咬止缘能反映牙齿颌面边缘形态或牙合面结构。前牙止缘形态多为扁长的矩形，尖牙则为三角形或弧形。另外，还可以反映缺牙、牙冠缺损、牙缝宽度、两个牙齿相邻面的形态特征。若客体的塑性较好，则前牙切缘的缺损特征和后牙颌面结节、沟、窝等结构特征均能清晰地反映出来。

咬切面特征：咬切面长度随客体的厚度或形

态而变化，一般在较厚的或圆球状客体上形成的咬切面较长。咬切面主要是前牙啃咬客体时形成的，咬切面特征是由相互平行的凸起线痕构成的。两条相邻棱线之间的距离可反映出牙冠宽度，棱线的宽度、高度和形态能反映两个牙齿相邻面的形态。另外前牙切缘上的缺口，也能在咬切面上形成较细的线痕。咬切面特征在果、菜类食品中反映较清晰，而在面制食品上反映较差。

（2）物体上的牙齿痕迹的数量特征。参与咬合的牙齿数量，由于受颌位的限制，在不同客体上的反映不同。在咬食柔软的或较大客体时，很集中反映的牙齿数量较多，一般可达到10~14个，但上颌牙印略少于下颌牙印。咬食较硬或体积小的客体时，牙齿数量较少，一般能反映上、下颌各2个牙齿。若咬较硬的客体，则用咬合力较大的后牙，即双尖牙和磨牙，最大限度只能达到第一磨牙。痕迹中反映的牙齿数量多少，对确定特征是十分重要的，数量多则特征反映多，数量少则反映少。

2. 人体皮肤上的牙齿痕迹特征

人体皮肤是柔软的，并且是具有弹性的软组织。由于皮下肌肉和骨骼在人体不同部位的形态差异很大，因此在人体皮肤上的牙印会产生一定的变形，对痕迹特征稳定性能产生影响。皮肤上的咬痕多数都是前牙完成的，咬合力的大小，对痕迹特征影响最大。

咬合力较轻时，皮肤上能清晰地反映出牙齿切缘的形态及牙齿的排列关系，但皮肤组织并未受到损伤，经过十几至几十分钟时间，牙印就会消失。

咬合力较重时，皮肤表面损伤，伴有部分皮裂及皮下出血。牙齿排列关系及切缘形态比较明显，但牙齿痕迹边缘不清。皮肤咬伤后，皮下出血在6~48h反映最明显。因此应分阶段记录牙齿痕迹形态。

咬合力重时，牙齿切入皮肤，组织破裂，咬痕边缘不齐，有组织间桥。切缘形态不清，痕迹只能反映牙冠轮廓及排列关系。在痕迹刚形成时，或者在愈合过程中结痂，以及结痂刚脱落这三个阶段，痕迹会产生一定变化，应分别在三个阶段中，选择适当时机记录痕迹的形态，并对比不同阶段的痕迹变化情况，从中可以确定可靠的特征。

第三节　牙齿痕迹的提取

一、现场牙齿痕迹的提取

对案件现场中的牙齿痕迹，应采取有效措施进行记录、提取和妥善保存。

二、现场牙齿痕迹的提取方法

根据现场处理的顺序，现场牙齿痕迹提取主要采用如下方法：拍照固定、提取唾液痕迹、提取承痕客体。

1. 拍照固定

拍照是记录和固定现场牙齿痕迹原始状态的主要方法之一。对牙齿痕迹应拍摄概貌照片和局部特写照片。

概貌照片主要反映出牙齿痕迹与周围客体之间的关系，反映牙齿痕迹在客体上的具体位置，这对分析牙齿痕迹的形成过程、颌位、牙位都具有重要意义。

局部特写照片主要反映牙齿痕迹的细节特征。局部照片应将痕迹和比例尺同时摄入镜头，便于进一步与嫌疑人牙齿痕迹样本进行比对检验。对不便提取的客体，可将光源从不同角度照射，选择最佳效果进行拍摄，或者采用滤色片、偏振片拍照，可增大痕迹与客体的反差。在拍摄人体皮肤上的轻度咬伤牙印时，可根据皮下出血情况，在48h内分期拍摄，能记录到最佳的牙齿痕迹形态。重度咬伤牙印的拍摄，可以在痕迹形成初期、结痂和结痂脱落三个阶段分别拍摄痕迹照片。通过分析不同阶段的牙齿痕迹，确定可靠的牙齿痕迹特征。拍照时，应选择适当的角度避免痕迹变形。

2. 提取唾液痕迹

在牙齿痕迹上多数都带有唾液，因此可通过提取的唾液，鉴定留痕人的血型等有关情况。提取唾液时，可用镊子夹取一小片纱布，用蒸馏水浸湿后擦拭牙齿痕迹邻近部位，重点应擦拭痕迹的舌侧，然后将纱布置于干净的载玻片上晾干保存或送实验室。

3. 提取承痕客体

提取承痕客体，是痕迹提取最简单、实用的

方法。牙齿痕迹多数都遗留在体积较小的食品上或物体上，提取牙齿痕迹的承痕客体，既能保持痕迹的原始形态，又便于长期保存。提取留有牙齿痕迹的食品后，应防止食品客体脱水、腐败、霉变，一般是将客体用塑料袋封装，然后置于冰箱内冷冻保存。留有牙印的果菜类客体，可浸泡于甲醛醋酸液中保存或用塑料袋封装后冷冻保存。提取尸体上的牙痕时，如果条件允许，可将留有牙齿痕迹的软组织割取下来，为减少变形，所切取的软组织应适当大一些，并将切取的软组织浸泡于5%~10%的福尔马林溶液中。

三、牙齿痕迹鉴定

牙齿痕迹鉴定是根据牙齿痕迹特征分析和确定现场痕迹是否为某人所留。检验时应分析现场痕迹的形成过程，提取和处理方法，承痕体的性质等情况；了解嫌疑人的牙齿是否有缺损、镶补、病变和畸形等自然情况；了解嫌疑人牙印样本的提取方法。牙齿痕迹检验的步骤和方法与一般痕迹检验方法基本相同。

对现场牙齿痕迹检验，主要是根据牙齿痕迹反映的特征、痕迹方向，分析形成痕迹的牙齿颌位、牙位，确定痕迹特征并结合客体材质、形状分析咬合动作及牙齿痕迹的变形情况。

1. 确定颌位

确定颌位是根据现场牙齿痕迹的形态、大小、咬合状态等特征，确定上、下颌和左、右侧。分析时可结合被咬物的形状、位置和习惯动作，如果是人体上的牙印，可从被害人和案犯的相对位置和姿势进行分析。

（1）根据前牙大小确定颌位。上、下颌牙齿大小（宽度）存在较明显的差异，从测量和统计的前牙数据中可反映出明显的规律。表5-1-1给出上、下颌前牙的平均数据。

表5-1-1　前牙宽度

颌位／牙位	中切牙	侧切牙	尖牙
上颌	8.5mm	6.5mm	7.7mm
下颌	5.0 mm	5.5mm	6.6mm

据表5-1-1中数据可归纳出前牙特点，即上颌牙大于下颌牙，上颌中切牙大于尖牙，尖牙大于侧切牙，下颌牙大于侧切牙，侧切牙大于中切牙。这种关系在牙齿痕迹中均能反映出来。如果现场牙印能分别反映出上、下两排痕迹，则可以利用数据的对应关系确定上、下颌。如果只出现一排牙印，则可利用横向数据关系确定上颌或下颌。

2. 根据牙弓大小确定颌位

多数人是上颌牙弓大、下颌牙弓小，并且上颌前牙覆盖下颌前牙。如果在较薄的客体两面均有牙印，则牙弓大的为上颌牙印，反之为下颌牙印。另外，可以根据咬切面的相对位置确定上、下颌，上颌牙形成的咬切面多数都超前于下颌牙形成的咬切面。

3. 根据上、下牙列形态确定牙齿左右侧

确定左、右侧牙印，可以根据被咬客体的形状、位置和硬度。咬较硬的物体时，一般是用力较大的后牙，习惯上是用右侧后牙，但由于牙齿健康情况，也可能用左侧后牙。另外，用左或右侧牙咬物时，形成的牙列形态也能反映左、右侧。牙齿在张口咬合时，上、下中切牙距离最大，磨牙最近。如果是左侧牙咬，则牙印左侧较深，靠右侧较浅；左侧距离近、右侧远。反之则右侧深、靠左侧浅；右侧距离近、左侧远。

4. 确定牙齿牙位

确定颌位后，可以根据牙印中反映的牙齿数量和牙冠形态确定牙齿的具体位置。在牙齿痕迹中前牙形成的较多，后牙形成的较少；柔软的物体上一般为前牙形成，较硬的物体上为后牙形成。

牙冠形态和结构数据是确定牙位的主要依据。后牙牙冠较大，一般是用近中至远中面的距离和颊侧至舌侧的距离表示牙冠大小。

切牙牙冠扁平，痕迹呈扁平的矩形；尖牙牙冠较粗，颌面有牙尖，痕迹呈圆点状，有时在唇面呈圆弧形、舌面呈圆角形；双尖牙痕迹形态呈椭圆形或菱形，有时咬合力较轻时痕迹呈两个点状，靠颊侧的点状痕迹大于舌侧的点状痕迹；磨牙牙冠较大，颌面较宽，痕迹一般呈正方形或长方形。后牙痕迹出现的同时，多数都伴有前牙痕迹，分析时可结合前牙特点和牙齿排列顺序确定牙位。

5. 确定牙齿特征

确定牙齿特征时，应首先测量牙弓宽度、牙弓深度、牙齿的相对角度和牙冠宽度。

在测量牙弓和牙冠的同时，应检验每个牙齿痕迹中所反映的特征，主要是从痕迹的位置、形状、深浅，单牙痕迹之间的相互距离、方向、角度以及单牙痕迹内的细小凸凹点、沟痕、磨损、缺损等方面进行研究。检验中应特别注意牙列是否有畸形，畸形的部位、数量、程度；是否有假牙，如有假牙，应分析假牙的位置、数量和装配方法，假牙在痕迹中的反映，通常是排列整齐，无明显间隙，表面平滑，牙合面无明显的结节和牙尖，沟、窝较浅。假牙所能产生的牙合力较小，因此形成的痕迹较浅。

6. 测量牙弓宽度

如果牙齿痕迹能反映出牙弓，则以同颌位的最后一对同名牙痕迹的远中点作连线，过中切牙的相邻点作垂直于连线的中线，然后过每个牙齿痕迹距中线的最远点，作中线的平行线，分别测量平行线距中线的长度，可测出牙弓宽度。

7. 测量牙弓深度

牙弓深度是指中切牙相邻点到第三磨牙连线的垂直距离。但牙齿痕迹中不可能将全部牙齿反映出来，因此只能测量牙弓的相对深度，即测量中切牙相邻点至最后一对同名牙痕迹连线之间的垂直距离。

8. 测量牙齿的相对角度

如果在现场牙印中能反映两个以上的牙齿，则可以测量各牙之间的相对角度。测量时过单牙痕迹近中面和远中面的最远点作一直线，不同单牙痕迹作出的直线相交后所构成的角度，就是牙齿之间的相对夹角。如果交角在牙弓弧外侧，则为正向夹角；若在牙弓弧内侧，则为负向夹角。牙齿出现扭转错位时，可能出现负向夹角，而一般情况下均为正向夹角。

9. 测量牙齿的牙冠宽度

测量牙冠宽度，一般是测量单牙痕迹的最宽处，即近中面至远中面的距离。

10. 确定牙弓大小、牙弓形态

如果现场牙印的承痕体不易变形，则测量数据本身就具有一定的特定性。对测量数据的分析，可以确定牙弓大小、牙弓形态。如切牙之间的相对夹角为0，则可以判断为方圆形牙弓；若中切牙之间的相对角度为0，则可以判断为椭圆形牙弓；若中切牙之间有一定的正向夹角，则为尖圆形牙弓。

四、牙齿痕迹特征的种类特征

牙齿痕迹特征中，牙弓深度、牙弓宽度易受咬合动作及客体材料性质的影响而变化，因此，只能作为种类特征。

五、牙齿痕迹特征的特定特征

牙列形态、牙齿间的相对夹角、单牙形态、单牙牙合面结构及畸形和缺损等特征，受客体变形影响较小，是质量较高的特定特征。因此在鉴定中主要是利用这些特定特征分析牙齿痕迹的特殊性。

六、嫌疑人牙齿痕迹样本提取方法

嫌疑人牙齿痕迹样本，可以采取直接提取的方法获得。即用牙科打样膏，直接由嫌疑人咬取样本。

若由于某种原因不能直接提取的，可采用间接提取的方法获取样本。即寻找遗留样本，如吃剩的食品、咬过的物体等。另外也可以采取某种策略，由牙科医生协助提取。

牙齿痕迹样本，应尽量模拟现场痕迹形成条件制作。

七、嫌疑人牙齿痕迹样本的检验

对每个样本痕迹应相互对照，观察特征的共同反映，并仔细观察与现场痕迹相应部位特征的出现规律和稳定程度。必要时可制作嫌疑人的牙齿模型，用牙齿模型在与现场客体材料相近的物体上做咬合实验，观察特征的变化规律和稳定性。

1. 牙齿痕迹比对检验

对现场和嫌疑人牙齿痕迹分别进行检验之后，可对二者的特征进行全面的比对检验，以此分析特征的符合点和差异点，为牙齿痕迹的同一认定提供结论性的依据。

2. 牙齿痕迹比对检验方法

牙齿痕迹的比对检验可采用特征对照法、特征接合法和特征重叠法。

（1）牙齿痕迹比对检验特征对照法。特征对照法是比对现场痕迹和样本痕迹中反映的牙弓形态是否一致，牙冠大小和形态是否相同，凸凹点或窝的位置、沟的流向是否相同，畸形牙的数量、位置和畸形程度是否相同等。比对时可在照片上标注特征。

（2）牙齿痕迹比对检验特征接合法。特征接合法主要用于检验咬切面上的线条痕迹。比对时可以在比较显微镜下进行线条接合，或者将现场痕迹与样本痕迹分别拍成相同倍数的照片，然后用照片进行线条接合比对。比对过程中应观察线痕的宽度、间距、线条之间的相互关系以及线条流向是否一致。

（3）牙齿痕迹比对检验特征重叠法。痕迹特征清晰时，可用特征重叠法进行比对，一般是用比较显微镜进行重叠比对。在比较显微镜内观察现场痕迹与样本痕迹的形态和特征的重叠情况。如果现场痕迹有一定变形，可用牙列曲线进行重叠比对。牙列曲线重叠比对，可以消除牙弓弧度变化对特征的影响。牙列曲线可用硫酸纸在样本痕迹照片上描绘制作，然后将牙列曲线重叠到现场痕迹照片上（现场痕迹照片与样本痕迹照片比例相同）。观察牙列曲线与痕迹咬起缘的重合程度。如果现场痕迹的牙弓变大或变小，可用牙列曲线分段比对，即先与牙弓左侧重叠，然后再与牙弓右侧重叠。根据牙列曲线的重叠程度，在综合评断时应对现场痕迹变形情况做出合理的解释。

八、牙齿痕迹鉴定结论的综合评断

鉴定结论是在综合评断的基础上做出的。评断比对检验中发现的差异点和符合点，是做出正确鉴定结论的基础。

对现场痕迹和样本痕迹特征进行综合评断的差异，是评断差异点产生的原因。在牙齿痕迹中，使痕迹特征产生变化的原因主要是牙齿与被咬客体之间的相对运动方式等，这些原因都可以造成现场痕迹的变化，使现场和样本痕迹特征之间产生差异点。只有正确找出产生差异点的原因，才能根据已确定的符合点做出正确的鉴定结论。

第四节　常见动物牙齿痕迹

自然界中许多野生动物或家畜，由于天然习性而经常啃咬物体，常使电线、电缆和仪器设备损坏而出现事故，其啃咬痕迹有时能与人为形成的破坏痕迹相混淆。在某些案件中，为了避免出现错案，就必须确定是否为动物咬痕或人为破坏痕迹。另外，有些大牲畜啃咬树木等客体时，这些客体可能与案件存在某种间接关系。因此，对动物牙印的检验目的就是要查清事实真相，判明事件的性质。

一、鼠牙印

鼠类属于啮齿目、鼠形亚目的哺乳动物，其中与人类关系最为密切的是鼠科，有 103 属 439 种。鼠类的体重为 10~500g，对人类危害最大的有南方的黄毛鼠，北方的仓鼠及分布广泛的黑线姬鼠。

1. 鼠牙

鼠的齿式为上、下颌每侧各有一个门齿，无犬齿，无前臼齿，有 3 个臼齿。总数为 16 个。

（1）鼠牙门齿。门齿位于口腔前端，齿宽度根据鼠的大小而不同，小鼠齿宽约为 0.6~0.8mm，大鼠齿宽约为 0.8~1.2mm。门齿的唇面覆盖一层牙釉质，其他各面只有齿质。门齿与臼齿之间隔以宽阔的齿间隙。门齿顶孔终生不封闭，牙齿可以不断地生长。

（2）鼠牙臼齿。臼齿分布在上、下颌两侧，成年鼠臼齿牙合面磨成三列横嵴，呈波浪状。臼齿的大小由前到后递减，第三臼齿的长度仅为第一臼齿的 1/2。

2. 鼠的嚼动作

鼠的嚼动作是由下颌齿前后滑动所完成。上、下颌臼齿咬合相对时，门齿对不上，即上颌门齿覆盖并超前于下颌门齿，在上、下门齿之间有一空隙。

3. 鼠牙门齿磨损成因

上下门齿咀嚼面的磨损，是由下颌沿矢状面前后滑动所造成。在咀嚼时，下颌门齿尖可在上颌门齿尖的前方，也可在其后方。由于门齿唇面有一层釉质，因此门齿舌面磨损大于唇面，使门齿从唇面至舌面的形态呈斜面状，切缘锋利。

4. 鼠的习性

鼠是啮齿动物数量最多、分布最广的一类小型哺乳动物。鼠类具有广泛的适应性及较高的繁殖能力，全世界各地不论地面、地下、高山、草地、森林、农田、住宅、荒漠、树上或水域等各种生态环境，几乎都有它们的足迹。鼠类不仅能毁坏农田和草场，同时也能造成堤坝决口，或咬坏仪器设备造成事故。

鼠类的种属不同，其栖息场所也不同。与人类关系密切的鼠亚科，多数都是打洞营巢，其洞穴可筑于建筑物下面、地沟内、住宅内、屋顶上、家具内、仓库和船舶内等。

鼠是夜行性动物，一般在天黑后几小时开始活动，但下半夜活动较少。鼠的攀登能力较强，能沿墙根、水管、电线行走。鼠的牙合力较大。门齿的釉质硬度高，一般在摩氏 4.5~7 度。能啃咬金属、水泥等坚硬的材料。鼠类啃咬物体是为了行走而咬穿道路上的障碍物，如在水泥或砖墙上打洞、咬坏家具和货物等；为了寻食而咬坏食品的包装容器；为了做窝筑巢而咬坏纺织物或其他纤维类物品；为了磨牙，鼠类经常啃咬坚硬的物体，如啃咬水泥构件、石板、钢筋、铁板和电线等物。

鼠类一般喜咬物体的边缝处，或有特殊气味的物体。如建筑物的边角、箱柜和门的边棱；油脂、食品、蜡烛、肥皂、橡胶、塑料等物。在实际案件中经常出现鼠咬断电线或通信电缆，造成停电或通信中断等事故，而事故的出现往往与人为破坏相联系。因此，应根据鼠咬痕迹特征确定事故原因，否则可能造成错案。

5. 鼠咬痕迹特征

由于鼠的上、下颌各有两对门齿，因此在被咬客体上的痕迹，均为并列的凹陷沟痕，上、下门齿形成的沟痕相互对应。客体被啃咬部位，通常能出现多处沟痕，沟痕深浅不同，间距不等、方向杂乱或相互重叠。沟痕底部，从咬起缘到咬止缘呈倾斜的弧状，并有摩擦滑动现象。若客体未被咬断，则能形成两个并列的凹陷痕迹或者是两个点状痕迹。

6. 鼠咬碎屑

鼠类啃咬物体时，能形成大量的啃咬碎屑。如碎纸屑、木屑、食品碎屑、金属、水泥、纺织物、橡胶和塑料碎屑等。碎屑的形态、大小、数量各不相同。碎屑的形态如同锯末，在显微镜下观察，碎屑表面有细小擦划痕迹，碎屑的某一表面呈弧状，碎屑某一边缘呈撕裂状。

7. 鼠咬痕迹检验

鼠咬痕迹检验是根据痕迹形态和现场环境，分析事实真相、确定事件性质、避免发生错案。检验主要从以下几个方面进行。

（1）现场环境。现场勘查时应注意观察现场环境是否具备鼠类生存条件，了解现场附近鼠患情况，掌握当地鼠类科属分布。

（2）客体存放位置。勘查时应注意客体存放位置和相邻物品的位置关系，客体内或客体附近是否有食品及特殊气味的物体，客体被损坏部位是否便于人为接触，是否便于操作工具。在客体附近应注意寻找啃咬碎屑、鼠粪便、鼠毛、趾印（前足四趾、后足五趾），并注意寻找洞穴窝巢。

（3）痕迹形态。检验痕迹时，应注意观察痕迹位置、形状、大小、数量、方向、排列规律以及沟痕等是否具备鼠咬痕迹特征，碎屑的材质是否与客体材料一致，碎屑的大小、形态、位置是否与客体被损坏部位对应。

8. 区别鼠咬痕迹和工具痕迹

为了准确地区别鼠咬痕迹或工具痕迹，可以采用相应的工具做破坏实验，然后比较样本痕迹与现场痕迹是否具备共同特点。另外，可以利用鼠做咬痕实验，然后观察样本咬痕与现场痕迹形态是否相同。如果被损坏客体较硬，则可以利用电子显微镜或分析仪器观察或分析客体被损坏部位是否有齿质和唾液。最后综合分析，确定事件性质。

二、兔牙印

兔类属于兔形目兔科哺乳动物，有 9 属 40 种。分布最广、种类最多的是兔属，有 20 种。兔的体型较大，体长超过 25cm，体重超过 400g，一般在 2kg 左右，大型种体重可达 7kg。

1. 兔牙特点

兔形目的牙齿与啮齿目动物的牙齿相似。线形目有两对上门齿、一对下门齿，第一上门齿大；第二上门齿小，位于第一上门齿后方；无犬齿，门齿与臼齿之间有较大的间隙；上颌有 12 个臼齿，下颌有 10 个臼齿。所有牙齿均可终生生长。兔形目的门齿呈凿状，唇面有一层釉质，切缘锋利，硬度较大，一般可达摩氏 7 度。

2. 兔咬痕迹特征

兔与鼠具有相同的啃咬习惯，但兔牙比鼠牙大，其门齿宽而长。兔咬痕迹与鼠咬痕迹类似，痕迹形态为上下对应的沟痕，沟痕并列成对，宽度较大。尖牙咬合力较大，能咬断铜芯或铝芯包皮电线和电缆。

3. 兔咬痕迹检验

兔形目中，野兔对设备破坏情况较多。野兔的生存环境比较荒僻，如草原、荒山、高原和丛林中，因此野兔与人类关系较远。在确定兔咬痕迹之前，应首先观察现场环境是否荒凉，被破坏客体附近是否经常有野兔出没，是否有鬼爪印（前足五趾，后足四或五趾）和粪便。

兔咬痕迹的形成过程及鼠咬痕迹相似，但痕迹形态较大，检验时可参考鼠咬痕迹检验方法。另外，也可以在现场周围捉野兔，用与现场客体相同的材料做咬痕实验，然后比较两种痕迹的差异，最后确定现场痕迹是否为兔牙形成。

三、牲畜牙印

牲畜牙印是指马、牛、驴、骡等大牲畜啃咬客体时形成的痕迹。牲畜牙印在实际案例中并不多见，但有时作案工具上出现牲畜啃咬痕迹，通过啃咬痕迹可以认定牲畜种属和个体，进而可间接寻找案犯。因此，检验牲畜牙印，有时可以为案件的侦破提供意外的线索。

1. 马牙特点

马、驴是奇蹄目马科动物，有 1 属 7 种。骡是马和驴的代。马的上、下颌各有 6 个切齿，在牙弓上的排列呈半圆形，从中线向两侧依次为门齿、中间齿和边齿。切齿表面有一层釉质唇面比舌面厚。切齿唇面有明显的沟纹；咀嚼面有圆锥形深窝，称为齿坎，长期咀嚼能使齿坎逐渐磨平变小并移向边缘，或永久消失。犬齿，上、下颌各有 2 个，但母马没有犬齿。马有 24~26 个臼齿，其中上颌有 12~14 个，下颌有 12 个。

2. 牛、羊牙特点

牛属于偶蹄目反刍亚目牛科动物，有 43 属 123 种。

羊的齿式与牛相同。牛、羊的上颌没有切齿和犬齿，有 12 个臼齿；下颌有 6 个切齿，呈半圆形排列，有 2 个犬齿和 12 个臼齿。牛、羊是用下门齿和切割状犬齿对着强固的角质化颚板摘取植物。

3. 牲畜牙印检验

大牲畜都有啃咬植物的习惯，如啃咬树木。大牲畜门齿较宽，因此形成的痕迹范围大，客体表面有明显的线条状痕迹。马科动物形成的啃咬痕迹，能反映出上、下颌对应的门齿；而牛科动物只能反映下颌门齿痕迹，上颌只能反映出颚板的压痕或划痕。如果现场客体怀疑为牲畜啃咬，可根据啃咬痕迹的数量、形状、大小和相对位置等特征，并结合现场情况，分析确定是何种牲畜所留。检验通常是确定种属，特殊情况下可通过牲畜啃咬实验样本与现场痕迹比对，确定是哪一种牲畜的啃咬痕迹。

第二章　车辆痕迹与常见牲畜蹄迹

汽车是人类用以代步和运输的工具。随着现代科技的不断发展，车辆的数量也迅猛增加。截至2019年4月底，我国汽车的保有量已突破3.3亿辆，每年还有不少的进口汽车投入使用。我国还是一个自行车大国，自行车曾经是城乡大多数人使用的主要交通工具。随着社会的发展和需求的增加，还将有更多的车辆投入使用，同时个人拥有汽车的情况也会越来越多。在刑事案件中，案犯作案使用的交通工具也逐渐现代化，驾车作案、盗窃车辆及肇事逃逸案件的数量不断增加。在驾车犯罪现场中，轮胎痕迹是最常见的、最易遗留的痕迹物证之一。而轮胎痕迹和形成痕迹的轮胎与配用车辆之间有着必然的联系。通过对轮胎痕迹的分析和检验，能为案件的侦破提供线索和证据。

第一节　车辆与轮胎

一、车辆的分类

车辆可按其驱动方式分为机动车和非机动车。

机动车是以汽油机、柴油机和电动机作为车辆的行驶动力，而非机动车是以人力或畜力作为车辆的行驶动力。

1. 机动车

机动车可按其行驶状态分为无轨车辆和有轨车辆。有轨车辆必须在轨道上或限定的路线上行驶，因此只有在特殊事件中，才有可能涉及这种车辆的痕迹。而无轨车辆的行驶范围大，种类繁多，在各类刑事案件现场及交通肇事现场都有可能出现这种车辆的痕迹。无轨车辆又可分为摩托车和汽车。

（1）摩托车分类。摩托车是由自行车演变和发展而来的。摩托车的分类，在不同的国家，有不同的方法。我国主要是按发动机排量和时速将摩托车分类。

1）按用途分：轻便摩托车可分为男式、女式摩托车等。摩托车还可分为交通摩托车、运动摩托车、客运摩托车、货运摩托车及特种用途的摩托车。

2）按车架类型分：轻便摩托车分为坐跨式和踏板式两种。摩托车可分为坐式和骑式车架两种。

3）按排量分：这是我国最基本的分类方法。

轻便摩托车：排量不大于0.05L，时速小于50km/h。

摩托车：排量大于0.05L，时速大于等于50km/h。

4）按动力源方式分：根据摩托车的动力源的形式可分为汽油机、柴油机、电动机和其他能源转换器等，目前，我国电动自行车越来越多。

5）按车轮数量分：根据摩托车车轮数量可分为两轮摩托车、边三轮摩托车和正三轮摩托车。

摩托车的驱动和导向方式都是前轮导向、后轮驱动。

（2）汽车分类。汽车的分类通常有以下几种。

1）按用途分：按汽车的用途可分为乘用汽车、载货汽车、工程汽车和特种汽车。

2）按动力源方式分：根据汽车的动力源的形式可分为汽油机、柴油机、电动机和其他能源转换器等。

3）按驱动方式分：按汽车的驱动方式可分为前轮驱动汽车和后轮驱动汽车。

4）按轮数和轴数分：按位于同一轴线上的车轮数量可分为二轴四轮汽车（前2、后2）、二轴六轮汽车（前2、后4）、三轴六轮汽车（前2、中2、后2）、三轴八轮汽车（前2、中4、后2）、三轴十轮汽车（前2、中4、后4）、多轴多轮汽车等。

汽车的驱动和导向方式有前轮导向、后轮驱动，前轮导向、前轮驱动，前后轮导向、前后轮驱动。

2. 非机动车

非机动车又称为力车。力车由于结构简单、操作方便、造价低廉而一度成为我国城乡人们使用最普遍的交通运输工具。

非机动车主要有以下几种类型：自行车、三轮车。

（1）自行车。自行车前轮为导向轮，后轮为驱动轮。按其结构和用途可分为普通型自行车、轻便型自行车、载重型自行车、赛车型自行车和小轮型自行车。通常人们是按车轮直径的英寸数划分种类，如28in（英寸，1英寸=2.54厘米）、27.5in、26in、24in等。

（2）三轮车。三轮车按其结构可分为拉三轮（正三轮）、推三轮（倒三轮）、边三轮。三轮车的前轮均为导向轮，拉三轮为双后轮驱动或单后轮驱动，推三轮为后轮驱动，边三轮为单后轮驱动。三轮车也可按车轮直径大小，分为不同车型。

二、汽车轮胎的结构

汽车轮胎是形成车辆痕迹的主要部位。不同规格的轮胎都配置相应的轮辋。轮胎由胎体、胎面和胎圈三个主要部分组成。轮胎同地面接触的部分称为胎面，胎面胶分上层冠部胶和下层基部胶两层。冠部胶（包括花纹块和花纹沟）直接接触地面，具有耐磨损和耐切割性能，并能传导车轮的牵引力和制动力。

汽车的自重大、行驶速度高，因此汽车轮胎必须满足一定的性能，即：轮胎的承载性能、高速性能、胎面耐磨性能、胎体耐屈挠性能等。

1. 按用途分类

汽车轮胎按用途分为轿车轮胎、轻型载重汽车轮胎、载重和公共汽车轮胎、越野汽车轮胎、矿山或伐木用载重汽车轮胎等5类。

（1）轿车轮胎。轿车轮胎是装于轿车上的轮胎，通常指乘员（包括司机）10人以下的汽车轮胎。这类轮胎主要用于良好路面上高速行驶，行驶速度最高可达210km/h。

（2）轻型载重汽车轮胎。轻型载重汽车轮胎通常指轮辋直径16in以下，断面宽9in以下的载重汽车轮胎。这类轮胎主要行驶于公路，行驶速度一般可达80~100km/h。

（3）载重和公共汽车轮胎。载重和公共汽车轮胎通常指轮辋直径为18~24in、断面宽7in以上的载重汽车、自卸货车、各种专用车和拖车等轮胎。其行驶路面较为复杂，有良好的柏油路，也有较差的碎石路、泥土路、泥泞路、冰雪路，甚至无路面条件等。其行驶速度一般不超过80km/h。

（4）越野汽车轮胎。越野汽车为前后轮驱动。主要行驶于较坏路面，如沙石或其他无路面道路。越野汽车轮胎的气压较低。有的是调压轮胎，即根据路面条件调整轮胎气压的大小。要求轮胎有较高的通过性能。

（5）矿山或伐木用载重汽车轮胎。矿山或伐木用载重汽车轮胎主要用于矿区或林区的短途运输，行驶速度低。要求轮胎具有较好的抗刺扎和耐切割性能。

2. 按有无内胎分类

汽车轮胎按有无内胎可分为有内胎轮胎和无内胎轮胎两类。

（1）有内胎轮胎。通常非机动车轮胎由外胎、内胎和垫带三部分组成。内胎为装有气门嘴的环形胶管，装在外胎与轮辋之间，用以充高压空气。

（2）无内胎轮胎。无内胎轮胎不配备内胎，空气直接充入轮胎内腔。

3. 按结构分类

汽车轮胎按其结构可分为斜交轮胎、子午线轮胎、活胎面轮胎、拱形轮胎和椭圆形轮胎等五类。

（1）斜交轮胎。斜交轮胎胎体帘线与胎面中心线成35°角，相邻两层帘布互相交叉排列呈菱形。斜交结构轮胎目前在载重汽车轮胎中仍占较大比例，品种规格较多。

（2）子午线轮胎。子午线轮胎与斜交轮胎的根本区别是胎体帘线与胎面中心线呈 90°角，相邻层的帘线不是相交而是互相平行。子午线轮胎由于具有节油、耐磨、行驶里程高、操纵稳定性好和附着性强等一系列优点，使其在轮胎中所占的比例日增，是轮胎发展的方向。

（3）活胎面轮胎。活胎面轮胎系子午线轮胎的一个分支，它由两个独立的构件组成。即帘线呈子午线向排列的胎体和帘线接近周向排列的可更换胎面。胎面也称胎条，有整胎条和多胎条之分。可以根据不同路面条件换用适宜的胎面花纹。

（4）拱形轮胎。拱形轮胎的特点是断面宽较大，为外径的 50%~60%。使汽车能在沼泽地、沙漠及雪地等条件下使用。

（5）椭圆形轮胎。椭圆形轮胎能使汽车可靠地在承载能力很低的地面上行驶。

4. 汽车轮胎类型及标志

ML 为矿山和林业用载重汽车轮胎；HT 为重型载重汽车轮胎；MH 为家庭旅游汽车轮胎；ST 为公路行驶拖车轮胎。

三、常见的几种汽车轮胎

（一）载重汽车轮胎

载重汽车轮胎包括载重汽车轮胎、公共汽车轮胎、公路用的拖车轮胎等。载重汽车轮胎品种繁多，用途广泛，是汽车轮胎中的一个重要品种，其产量占各类轮胎的首位。

1. 载重汽车轮胎胎面花纹

载重汽车轮胎胎面花纹的基本作用是传递牵引力和制动力，使轮胎对路面具有一定的附着性能，防止车轮空转或打滑。胎面花纹可分为三种基本类型，即普通花纹、越野花纹和混合花纹。

（1）载重汽车轮胎胎面普通花纹。普通花纹主要用于公路行驶，这类花纹的花纹块占整个行驶面的 70%~80%。普通花纹的特点是具有良好的防侧滑性能、高耐磨性，滚动阻力小，它是载重汽车轮胎中的一种最主要的花纹。普通花纹是以纵沟或纵垄为主的纵向曲折花纹，单纯的纵沟和纵垄虽然具有较好的防侧滑性能，但它不能防纵滑，因此不能保证轮胎对路面有必要的抓着力。除了某些特殊用途如导向轮胎、飞机轮胎等，一般轮胎的花纹沟都与周向成 30°~45°的曲折花纹沟。

（2）载重汽车轮胎胎面越野花纹。越野花纹轮胎不适用于良好路面和快速行驶，由于花纹的接地面积较小，行驶不耐磨、平顺性差、滚动阻力大，有时甚至因负荷集中于较窄的花纹块上，导致沟底部形成裂口或帘线损伤。

（3）载重汽车轮胎胎面混合花纹。混合花纹属于普通花纹和越野花纹之间的一种过渡型花纹。这类花纹中部为普通花纹，两侧为越野花纹，其花纹块面积占整个行驶面的 60%~70%。

混合花纹适于城市与乡村之间的碎石、软土路面。轻型载重轮胎多采用这种花纹。

2. 载重汽车轮胎花纹深度

花纹深度取决于轮胎的规格、用途和使用条件。大规格轮胎选取较深的花纹；路面粗糙和山区路面使用的轮胎胎面磨损较快，因此采用较深的花纹；混合花纹和越野花纹轮胎采用较深的花纹；牵引性能较高的轮胎，其花纹采用特别加深的花纹；而在路面条件好，行驶速度较快的条件下，花纹较浅。

3. 载重汽车轮胎花纹沟的宽度

根据轮胎的使用条件确定花纹沟的宽度，公路行驶轮胎要求具有较高的耐磨和平顺性能，因此花纹沟较窄。而在不良路面行驶的轮胎，则需要较宽的花纹沟，以利于提高对地面的抓着性能和自洁性能。

4. 载重汽车轮胎花纹沟底部形态

花纹沟底部形态一般为楔形。其作用是便于挤出石子，防止花纹沟底部或花纹块根部裂口。

5. 载重汽车轮胎的标志

汽车轮胎的规格标记法是用减号连接的两组数字来标记轮胎，第一组数字表明轮胎断面宽度，第二组表示轮辋直径。如果是子午线结构轮胎、连接两组数字的减号通常以字母 R 代替。两组数字的单位为英寸。

国际标准规定，以轮胎断面宽度（mm）、轮胎扁平率（%）、轮胎结构代号和轮辋直径（in，1in=2.54cm）表示轮胎规格。有时还标明轮胎的负荷指数和速度。如：

255/70R22.5　140/137J

255：轮胎断面宽 255mm

70：轮胎扁平率 70%

R：子午线轮胎

22.5：轮辋直径 22.5in

140：负荷指数（单胎：24.5kN）

137：负荷指数（单胎：22.5kN）

J：速度标志（100km/h）

6. 载重汽车轮胎按轮胎大小分类

载重汽车轮胎通常按轮胎大小分为微型载重汽车轮胎，轻型载重汽车、拖车和多用途客车轮胎，载重和公共汽车轮胎三种。

（1）微型载重汽车轮胎。微型载重汽车轮胎通常指轮胎断面宽 4.50～5.00in，轮辋直径 10～12in 的小型载重汽车轮胎。如 5.00-12ULT。

5.00：轮胎断面宽（5.00in）

-：连接符

12：轮辋直径（12in）。

ULT：汽车类型标志（微型汽车）。

（2）轻型载重汽车、拖车和多用途客车轮胎。轻型载重汽车、拖车和多用途客车轮胎通常指轮辋直径在 16in 以下，轮胎断面宽在 9in 以下的轮胎。如 8.25-16LT，LT 为汽车类型标志（轻型载重汽车）。

（3）载重和公共汽车轮胎。通常指轮辋直径为 18～24in，断面宽为 7.5～14in 的中型和重型载重汽车和公共汽车轮胎。如 9.00-20 斜交轮胎；11.00 R20 子午线轮胎，R 为轮胎结构标志（子午线轮胎）。

（二）轿车轮胎

现代轿车轮胎不仅要保证车辆在不同使用条件下的安全行驶，而且要保证轮胎具有一定的使用寿命。因此轿车轮胎应适于高速夜驶，对花纹的耐磨性、排水性、牵引性以及噪声等方面都有较高的要求。

1. 轿车轮胎胎面花纹分类

轿车轮胎花纹一般分为普通花纹、混合花纹和冰雪花纹，还有为适应各种道路和气候条件的全天候花纹。另外，还有在各种花纹块上配置一定数量、不同角度和不同形状的刀槽花纹。

（1）轿车轮胎胎面普通花纹。普通花纹是以纵向的沟槽为主，适于高速行驶。

（2）轿车轮胎胎面混合花纹。轿车轮胎胎面混合花纹是以纵横沟相结合，花纹块上有刀槽花纹，边缘上有镶钉的孔，适于冰雪天气使用，有良好的抓着力和自洁性。

（3）轿车轮胎胎面冰雪花纹。冰雪花纹是以横向沟为主，适于在湿路面及冰雪路面上行驶，具有良好的排水性能。

（4）轿车轮胎胎面全天候花纹。全天候花纹有纵沟也有横沟，有条状花纹块和块状花纹块，有一定数量的刀槽，并且胎面花纹分布不对称。这种花纹适于在各种路面及各种气候条件下行驶。

2. 轿车轮胎花纹结构特点

花纹块总面积为行驶面总面积的 60%～80%的刀槽花纹一般为波浪形或有一定倾斜角度的斜线。

采用不等节距的花纹块配置，即在圆周上将花纹条分割成不等尺寸的花纹块来减少噪声。轿车轮胎圆周上有 30～100 个节距，最大和最小节距长度相差 20%～25%。

花纹沟的深度：普通花纹为 9～10mm；冰雪花纹斜交轮胎为 14～15mm，子午线轮胎为 11～12mm；高速轮胎花纹深度为 7～8mm，另外为了提高轮胎在冰雪路面上行驶时的抗滑性，可在胎面上镶钉。镶钉轮胎对地面的抓着力比不镶钉轮胎高 5 倍左右，但对路面的损伤较大，一般情况下不镶防滑钉。

3. 轿车轮胎标志

轿车轮胎标志与载重汽车轮胎标志基本相同。即轮胎侧面标有：断面宽、扁平率、轮胎结构代号、轮辋直径和负荷指数等项目。随着轿车轮胎的不断发展，在子午线轮胎上都采用速度等级标志。即轮胎承受负荷指数所对应负荷时的速度等级。国际标准规定轿车轮胎速度等级有十个，通常采用三个等级以 S、H、V 表示。S 表示快速；H 表示高速；V 表示超高速。不同的轮辋直径、不同的轮胎类型，对应的速度级别不同，如轮辋直径为 13in 以上的斜交轮胎，所对应的最高安全行驶速度分别为：S 级 175km/h；H 级 200km/h；V 级 200km/h 以上。

普通断面斜交轿车轮胎可表示为，6.70-13，7.60-15 等。

公制轮胎以公制表示断面宽，英制表示轮辋直径，用 R 表示子午线结构，用一个字母表示速度等级。如 155SR13. 215HR15 等。其中 155 和 215 表示断面宽；13in 和 15in 表示轮辋直径；R 表示子午线结构；S、H 表示速度等级。

（三）其他轮胎的结构

1. 拖拉机轮胎

拖拉机轮胎分驱动轮胎和导向轮胎，两种轮胎的性能不同，对轮胎花纹形态的要求也不同。

（1）驱动轮胎花纹。拖拉机主要用于田间作业，要求轮胎有足够的牵引性能。因此轮胎花纹块的排列是左右成对错开排列的，并且排列成人字形。整个胎面花纹具有一定的方向性。

花纹块大都与径向成 40°~45°的夹角。花纹块有一定的宽度和数量。用于松软土地作业的轮胎，花纹块的宽度较窄、数量较少，花纹块的接地面积通常占整个行驶面的 20%~30%。耕作、运输两用的轮胎，其花纹块的宽度较大、数量较多，花纹块面积占整个行驶面的 30%~40%。拖拉机轮胎的花纹深度比汽车轮胎要深得多。根据使用条件可分为常规用、甘蔗田和稻田用、浅花纹和工业用等不同的花纹深度。其深度最小的为 15mm，最大的可达 91mm。

（2）导向花纹轮胎。拖拉机的前轮是导向轮胎，要求其导向性能好。因此轮胎为纵沟和纵垄组成。导向轮胎的花纹深度因土壤类型和用途而不同。花纹沟一般为 2~3 条。

2. 林业机械轮胎

林业轮胎装于林业拖拉机或林业机械上，进行林区的采伐、集材、铲运和挖掘等项作业，其使用条件苛刻。林业轮胎与拖拉机驱动轮胎的结构特点近似。因此轮胎花纹一般都是人字形，花纹深度按用途可分为普通、适中和加深三种不同的花纹。

3. 工程机械轮胎

工程机械轮胎按作业用途可分为：输送搬运、平地铲运、装载推土和起重吊装轮胎。对于不同种类的轮胎，其花纹基本上分为两大类，即牵引型和耐磨型。牵引型花纹的花纹块稀、沟部宽，具有方向性，适用于土方工程和推、装、挖作业。这种花纹是工程轮胎中的通用性花纹。耐磨型花纹的花纹块宽大、花纹沟窄小，适用于石方工程。

牵引型花纹有标准花纹和加深花纹两种。而耐磨型花纹，有标准、加深和超深三种。加深花纹深度为标准花纹深度的 1.5 倍，而超深花纹深度则为标准花纹深度的 2.5 倍。

4. 越野轮胎

越野轮胎花纹。越野轮胎与其他花纹轮胎之间在结构和性能上都有一定差别。越野轮胎的使用条件不仅限于一般公路，还要在松软的土壤或沙质地带顺利通过，有时还要爬越陡峭的坡地，因此越野轮胎的通过性能比普通轮胎高。

越野轮胎一般是断面宽度大、轮辋宽度大、轮辋直径小，以便于增大接地面积和降低接地压强。越野轮胎花纹可分为有向越野花纹和无向越野花纹。有向越野花纹自洁性好，但有向花纹使用时有方向性。无向越野花纹防侧滑性能差，自洁性也较差。

越野轮胎花纹块的面积占整个行驶面的 40%~50%。矿山及石子路面使用的越野轮胎，花纹沟较窄，花纹块底部较上部略宽，花纹块一般都延伸至胎肩区，并且所占面积较大。

冰雪地用的越野轮胎花纹块分散，花纹沟较浅。为了提高轮胎在冰雪条件下的行驶性能，可适当安装防滑钉。安装防滑钉的规格和数量标准是：载重轮胎可用直径为 15mm 的防滑钉，每条胎用 250~600 个；轻型载重轮胎用直径为 12mm 的防滑钉，每条胎用 150~250 个；轿车轮胎则可用直径为 8~9mm 的防滑钉，每条胎用 100~180 个。

在有硬底层的软土地上行驶时，一般采用人字块状花纹，但不装防滑钉。花纹沟断面形状为：轮胎花纹先接地的一面角度口设计得较小，以利于获得抓着力；后接地的一面角度设计得较大，以利于花纹离开土壤时甩掉土壤。

5. 航空轮胎

航空轮胎是安装于飞机上的轮胎，但是在有些地区也可能出现用报废的航空轮胎安装在力车上使用的情况。

航空轮胎花纹为纵沟纵垄形，花纹沟一般为 4~5 条，花纹沟从胎冠中心线向两侧对称分布。

6. 摩托车（电动自行车）轮胎

（1）摩托车轮胎的分类。按照车辆类型、使用条件以及轮胎结构特征等，有多种分法。

摩托车有三轮和两轮之分。三轮摩托车主要用于较大载荷的场合，对防侧滑性能要求较低，因此，所装配的轮胎规格一般较大；而两轮摩托车的车辆类型、使用条件及车速变化都很复杂，对防侧滑性能要求较高，因此所装用的轮胎类型有小轮轮胎、轻便胎、普通胎和加重胎等；按适应的路面条件和速度级别，摩托车轮胎则有一般型、高速型、混合型和越野型。

（2）摩托车轮胎花纹。摩托车轮胎花纹按结构特点和使用要求分为普通花纹、越野花纹和混合花纹三种类型。

1）普通花纹。普通花纹呈纵向直条形或条块变换形。纵向直条形花纹多用于轻型摩托车和普通摩托车的前轮。条块状花纹在胎冠行驶面分布均匀，花纹沟较窄、较深。对适于高速行驶的轮胎，在纵向或较大的花纹块上，增加了刀槽花纹。刀槽花纹宽度约为 0.4~0.6mm，深度约为花纹深度的一半，形态为沿周向的波浪形。另外还有花纹形态特殊的高速花纹。抛物线花纹，花纹从胎冠中部顺轮胎行驶方向向两侧胎肩伸展。抗湿滑性花纹，这种花纹行驶面宽度大于断面宽，胎冠中心有一条纵向花纹沟，此沟的两侧各有一条对称的直线形或波浪形的纵向侧沟。这两条侧沟的外侧又有若干对称的斜沟，这些斜沟与胎冠边部斜沟平行交错排列。这种花纹排水性良好，在雨天不论是直线行驶还是转弯，都有良好的抗滑性，特别适用于大型摩托车的驱动轮胎。

2）越野花纹。越野花纹一般为孤立突起的大块，花纹块的间距也较大，花纹块大多呈多边形，有时在花纹块上还有不同形态的刀槽。

3）混合花纹

混合花纹的花纹形态为：胎冠行驶面中部具有纵向直条或纵向锯齿形、曲折形条块；在胎肩部位，则有较大块状形的花纹，且花沟比中部宽。在花纹块上有刀槽。

（3）摩托车轮胎的标志。摩托车轮胎标志与汽车轮胎相同，即普通轮胎用断面宽和轮辋直径表示。轮辋直径 4~12mm 为小轮轮胎，14mm 以上为一般的摩托车轮胎。

而子午线轮胎则用断面宽（mm）、扁平率、轮辋直径、负荷指数和速度等级表示。

7. 力车轮胎

力车轮胎由于载重量轻、行驶速度慢，因此对轮胎的各项性能要求较低。力车轮胎按其结构可分为软边轮胎、直边轮胎、钩边轮胎和管式轮胎。软边和直边轮胎多用于自行车和手推车上；钩边轮胎是国际上新发展的一个品种；而管式轮胎为赛车专用轮胎。

力车轮胎花纹种类很多，有普通花纹（水波、宝石、竹节、条形、方块等）、混合花纹及越野花纹。花纹块面积占轮胎行驶面的 55%~65%。

力车轮胎规格的表示方法与汽车不同。一般用轮胎外直径和断面的英制单位表示。如 28×1.50，26×2.50 等。目前，我国软边手推车轮胎只有一个规格，即 26×2.50。

畜力车是力车的一种，它是我国农村很早以前使用比较普遍的一种交通运输工具。畜力车的行驶速度慢，对轮胎的技术要求较低。因此轮胎花纹结构简单。花纹形态主要有烟斗形、元宝形等。

第二节　车辆痕迹特征

车辆痕迹是指案犯作案时使用的车辆轮胎及其他部位所留下的痕迹。车辆痕迹的范围涉及较广，如轮胎花纹形态、花纹方向、轮胎上脱落的泥块、车体上脱落的油漆片、车灯玻璃碎片等。这些痕迹通常可以为车辆痕迹检验提供较大的鉴定范围。

一、车辆行驶特征

车辆行驶特征是指车辆在行驶过程中轮胎形成的轨迹的总体形态。行驶特征一般可以反映出车辆的部分结构参数；轮胎花纹形态；车辆的行驶状态，如起车、刹车、转弯、应急情况的处理等；还可以反映出驾车人的状态，如驾车人的精神状态，驾驶技术的熟练程度等。另外，机动车与非机动车，由于车辆结构及行驶速度的差别，使行驶特征也有明显的区别。

1. 非机动车行驶特征

非机动车速度较低，行驶稳定性受人为因素影响较大，同时受车轮数量的影响，其行驶特征变化较大。

2. 自行车行驶特征

两轮自行车的行驶，必须由前轮来掌握平衡，因此行驶特征表现为：

直行轨迹：后轮行驶稳定，轨迹平直；前轮由于经常活动，其轨迹弯曲变化，呈波浪状；后轮向前滚动时，可以部分地覆盖前轮轨迹。

转弯轨迹：自行车转弯时，前后轮轨迹完全分离，并且前轮轨迹在转弯弧、后轮轨迹的外侧。

3. 三轮车行驶特征

三轮车行驶时，由于是三点支承，因此行驶稳定性比自行车大，轮胎轨迹平稳。

直行轨迹：后轮（驱动轮）轨迹平直，拉三轮和边三轮是两条相互平行的轨迹；推三轮为一条轨迹。前轮（导向轮）轨迹略有波动，拉三轮为单条轨迹，并且在两条后轮轨迹中间；推三轮为两条轨迹，在后轮轨迹两侧；边三轮为单条，能被与之同侧的后轮轨迹覆盖或部分覆盖。

转弯轨迹：位于同一轴线上的两个轮胎轨迹间距不变。拉三轮，前轮轨迹在转弯弧车辆中心线外侧，即前轮轨迹靠近转弯弧外侧的后轮轨迹。推三轮，后轮轨迹在转弯弧车辆中心线内侧，即前轮内侧轨迹靠近转弯弧的后轮轨迹。边三轮转弯处的轨迹与两轮自行车相同，但应注意边轮的位置，一般情况下边轮均安装在车体右侧。

4. 手推车和畜力车行驶特征

手推车是靠人力的推拉作用行驶的。无论是单轮手推车还是双轮手推车，其行驶特征是：轮胎痕迹伴随着人的脚印。单轮手推车是一条轮胎轨迹，在轨迹上有人脚印。双轮手推车是两条间距相等的轮胎轨迹，在轨迹之间有人的脚印。

畜力车是靠大牲畜牵引行驶的，行驶特征一般是两条间距相等的轨迹。轨迹宽度较大，在两条轨迹中间有牲畜蹄迹。

5. 机动车行驶特征

机动车由于轮胎数量多，轮胎宽度大，同时驾驶员必须经过技术培训，因此行驶稳定性好，轮胎轨迹变化小。

6. 摩托车行驶特征

摩托车行驶特征，无论是直行或是转弯，都与自行车或三轮车的行驶特征基本相同。但是边三轮摩托车在高速转弯时，由于轮胎侧滑，使驱动轮轨迹有可能与前轮轨迹重合。

7. 汽车行驶特征

汽车行驶状态稳定，其直行轨迹平直。由于前、后轮距及轮数的差别，使后轮轨迹覆盖或部分覆盖于前轮轨迹之上。

汽车转弯时前、后轮轨迹分离。后轮（驱动轮）轨迹间距不变，前轮（导向轮）轨迹间距比直行时略小。并且导向轮轨迹在同侧后轮轨迹转弯弧的外侧。当汽车高速转弯时，由于后轮侧滑，使前、后轮轨迹重合，或后轮轨迹在同侧前轮轨迹转弯弧的外侧。

二、轮胎花纹特征

车辆在行驶时，其轮胎往往在路面上形成轮胎花纹痕迹。而在普通花纹、越野花纹和混合花纹之中，其花纹形态都有若干种变化。因此，轮胎花纹是车辆痕迹中的主要特征之一。

1. 轮胎花纹的形态特征

轮胎花纹形态是根据车辆的不同用途、不同的行驶速度、不同的路面及其他技术要求设计的。即使是轮胎规格及技术要求完全相同，其胎面花纹也能产生若干种变化。

（1）工程机械轮胎花纹形态特征。工程机械轮胎花纹块大、花纹沟深，有明显的胎肩。胎面、胎肩侧面花纹形态单一，结构简单。

（2）载重汽车轮胎花纹形态特征。载重汽车轮胎规格多，应用广，轮胎花纹的变化多。普通花纹轮胎以纵向花纹为主。花纹形态多为锯齿状或波浪状。锯齿状花纹沟的数量、深度，根据轮胎规格不同而变化。齿间距齿高和不同齿的循环周期，在不同规格的轮胎上均有较大变化。在胎肩侧面有不同形态的侧面花纹。有些轮胎花纹块上有方向不同的刀槽花纹。

越野花纹轮胎花纹以横向的花纹块和花纹沟为主；另外，越野花纹也可以由独立的花纹块构成。其形态主要有羊角花纹、牛角花纹、横向花纹、曲折花纹和人字花纹等。越野花纹的花纹块大、花纹沟深，胎肩侧面花纹结构简单。

混合轮胎花纹由纵向和横向两种形态的花纹沟、花纹块构成。其形态主要有两种类型：一种是胎面中心为锯齿状花纹，两侧为横向花纹，另一种为烟斗型花纹，花纹块上有少量的刀槽花纹。胎肩侧面花纹具有一定结构。

（3）轿车轮胎花纹形态特征。轿车轮胎花纹结构比较复杂，形态变化较多。花纹块小、花纹沟浅而密，刀槽花纹多。另外轿车子午线轮胎胎肩不明显，胎面花纹与胎侧花纹连续成一体。

轿车轮胎花纹与其他轮胎花纹有明显的区别。

（4）拖拉机轮胎及飞机轮胎花纹形态特征。拖拉机轮胎花纹一般都是人字形，胎侧很少出现花纹。导向轮胎花纹是纵向的沟槽，有时能出现胎侧花纹。

飞机轮胎花纹是纵向的沟槽，且沟槽数量较多，没有胎侧花纹。

（5）摩托车和力车轮胎花纹形态特征。摩托车轮胎断面宽度通常较汽车轮胎小。因此，花纹块小，花纹沟窄。前轮是以纵向花纹为主；后轮则是混合花纹。对于轻型摩托车，其轮胎花纹简单，前、后轮花纹一致。

力车由于行驶速度慢，因此轮胎花纹的形态、结构简单。但是，自行车轮胎花纹变化较多，轮胎花纹即要有一定的技术要求，同时还有一定的装饰性。根据自行车的性能不同，其轮胎花纹形态也有一定的变化。普通自行车的轮胎花纹多为普通花纹；而公路赛车的轮胎花纹为纵向的沟槽，沟槽较细、间距较小；山地赛车轮胎花纹多为块状或人字越野花纹。自行车轮胎花纹的花纹块小、花纹沟浅，但上述三种形态的花纹有明显的区别。

2. 轮胎花纹的组合特征

轮胎花纹的组合特征是指在同一台车辆上使用的、花纹形态或花纹方向不同的轮胎的组合。通常在一台车上，不仅轮胎规格相同，而且轮胎花纹及花纹方向也完全相同。但由于使用过程中更换轮胎，往往使车辆不同轮胎上的花纹形态不一致。有时甚至在同一台车上，所有轮胎的花纹形态均不一致。

花纹组合特征主要有两方面，一是个别轮胎的花纹方向不同。即同一台车的不同轮胎的花纹形态完全一致，但个别轮胎的花纹方向相反。在羊角、牛角和烟斗形花纹中容易出现这种情况。二是轮胎花纹形态不同，即同一台车的不同轮胎的花纹形态不完全相同。通常大多数汽车的轮胎花纹形态都是相同的。只有拖拉机、摩托车等车辆的前、后轮，其胎面花纹不同。在更换轮胎时，往往注意被更换的轮胎与备用胎的规格及花纹类型，而并不注意两个轮胎的花纹形态是否相同。这就容易造成轮胎更换后，出现花纹形态不一致的情况。花纹形态的差别，在车辆的前、后轮上出现较多。但有时也可以出现其中一个轮胎与其余轮胎花纹不同的情况，甚至可能出现每个轮胎花纹形态均不相同的情况。

轮胎花纹组合特征对寻找、确定嫌疑车具有十分重要的意义，同时对车辆的鉴定也有重要作用。

3. 轮胎花纹沟底形态特征

在一些立体轮胎痕迹中，如果路面造形条件好，则可清晰地塑造出花纹沟底形态。沟底形态与轮胎花纹类型有直接关系。因此，利用沟底形态可以判断轮胎种类，进一步可判断车辆种类。

4. 轮胎面磨损和机械损伤特征

车辆经过长期使用，轮胎面上可造成不同程度的磨损和机械损伤。磨损和机械损伤的部位与轮胎安装情况、充气量大小及路面条件有关。通常磨损特征是轮胎长期使用形成的机械损伤特征，主要是由于路面条件不同造成的。

胎面均匀磨损，可以表明轮胎安装位置正常，并按技术要求定期换位。因此轮胎与路面接触均匀。由于磨损可使花纹沟变浅。磨损程度通常以每毫米花纹深度所行驶的里程表示（俗称单耗）。不同结构的轮胎，其单耗也不同。磨损程度可以反映出轮胎的行驶里程。磨损程度大小，可以通过立体轮胎痕迹反映出来，而平面痕迹一般不能反映磨损程度。

5. 轮胎充气量不同形成的磨损

（1）充气过量的磨损特征。轮胎充气过量使胎压过高。此时轮胎是以胎面中央部分进行工作，因此胎面中央形成的磨损程度大于胎面两侧。

（2）充气不足的磨损特征。当轮胎充气不足使胎压过低时，胎面的两侧与路面接触过多，因此两侧的磨损大于轮胎中央。这种磨损特征主要出现于汽车轮胎。

6. 轮胎单侧磨损特征

（1）车轮定位不准形成的磨损。这种磨损一般出现在汽车前轮上。其原因是前轮悬挂系统的侧倾过大，使车轮朝内或朝外倾斜较大，行驶时轮胎单边负荷过重，则使胎面单侧磨损较重。

（2）路面形态及定向转弯形成的磨损。路面形态一般是中央高两边低呈拱形，同时我国交通规则规定，机动车必须沿路面右侧行驶。因此机动车长期在拱度较大的路面上行驶或沿固定方向转弯，能使胎面左或右侧形成较大的磨损。

7. 锯齿状磨损特征

轮胎面的锯齿状磨损，主要出现在汽车前轮上。其原因是前轮校准较差，使前轮位置不断变动而造成的磨损。

8. 杯形磨损特征

当轮胎未能及时交替换位或悬挂装置磨损及调整不当时，能在胎面边缘形成杯形或贝壳形磨损。

9. 第二道花纹磨损特征

第二道花纹磨损一般只出现在标准的子午线轮胎上。磨损最大的部位是在胎面边缘的内侧。

10. 轮胎面机械损伤特征

汽车在高速行驶时，致使轮胎温度升高，材料性能下降，使胎面橡胶出现裂口。另外，车辆的长期使用，也能使胎面橡胶老化，形成裂口。车辆行驶的路面情况也比较复杂，当轮胎碾压到尖利的石子上或金属物上，能将胎面橡胶刺破或划破。

胎面机械损伤特征出现的部位及形态都没有固定的规律，而这些特征通常都能在轮胎痕迹中反映出来。因此，这是轮胎痕迹鉴定中利用的主要特征之一。

三、车辆参数特征

车辆参数特征是指车辆痕迹中反映的有关车体结构的数据，主要有胎冠宽、轮距和轴距。

1. 胎冠宽

胎冠宽度是指轮胎行驶面的宽度。胎冠宽与轮胎规格有直接关系。小规格轮胎胎冠宽度小，大规格轮胎胎冠宽度大。但是轮胎设计参数中只给出轮胎断面宽，而没有胎冠宽。因此，只有通过实测，统计出不同规格轮胎的胎冠宽。

车辆行驶时，只要能形成轮胎痕迹，就可以对轮胎痕迹进行精确测量而得出胎冠宽。利用胎冠宽和其他有关数据，能较准确地推断出车辆型号。

2. 轮距与轴距

（1）轮距。轮距是指位于同一轴线上的两个轮胎子午面之间的垂直距离。轮距可通过对轮胎痕迹的测量而得出。轮距与胎冠宽及车型有关，一般是胎冠宽度小，则轮距小。

（2）轴距。轴距是指车辆前、后轴中心之间的垂直距离。轴距在车辆痕迹中一般不容易测量。只有车辆在特殊的行驶状态下形成的痕迹，才能反映出轴距。如明显的起动、刹车痕迹，原地转向痕迹，转弯痕迹等。从这些痕迹中可以测出轴距。轴距与胎冠宽和车型同样有着密切的关系。

轮距和轴距是推断车种的重要参数。

四、车灯花纹特征

在犯罪现场或交通肇事逃逸现场留下的前灯及转向灯玻璃碎片，是分析案件发生地点、车辆逃走方向及损伤状况的物证，也是查明车辆的线索。

汽车前灯在不同的行驶状态下有不同的照射范围。如正常行驶、雾中行驶、超车时前灯照射区域有较大不同。车灯是由玻璃罩、反光镜及光源组成。种类主要有开启式，半封闭式、完全封闭式。前两种车灯的灯罩玻璃、反光镜及灯泡是装配到一起的，即使灯罩玻璃撞碎，车灯仍可使用，而各种部件可以随时更换。后一种车灯又称为真空式，灯罩玻璃与反光镜具有整体结构，即前灯本身就是一种灯泡，如果灯罩玻璃碎裂，整个车灯也将损坏。汽车转向灯、停车灯或倒车灯的结构多数为开启式或半封闭式。灯罩一般是塑料的或玻璃的。

汽车前灯灯罩玻璃的形状、大小、弯曲度根据用途的不同而异。通常，圆形灯罩的车灯多用于工程车辆、载重和公共汽车及轻型载重汽车。而轿车、微型载重汽车和摩托车前灯形态不仅是圆形，还有椭圆形、矩形和其他不规则几何形状。而转向灯停车灯和倒车灯的形状多数为矩形。

灯罩表面铸有花纹，前灯花纹形态变化较大，在同一灯罩上，不同部位的花纹形态不同。花纹之中有商标、厂家标志、文字符号等。转向灯花纹变化小，灯罩表面上的花纹形态均一致，但车灯不同，花纹有可能不同。

利用灯罩碎片、花纹形态、文字标志等，可以判断原灯罩的形状和尺寸，进一步可确认嫌疑车辆。

五、支架痕迹特征

支架痕迹是部分机动车和力车痕迹的一种伴生痕迹。在机动车中，只有两轮摩托车使用支架。而在力车中，自行车、两轮手推车和单轮手推车也使用支架。支架是当车辆停止后，能保证其平衡站立的装置。摩托车和自行车上使用的都是制式支架，有单脚和双脚支架。两轮和单轮手推车可根据需要安装单脚或双脚支架，有时只是临时安装。支架通常都安装在车轮两侧，因此在车轮痕迹两侧很有可能出现支架痕迹，特别是当出现停车痕迹时，一般都可以出现支架痕迹。

支架长期与地面接触，其表面会由于磨损而变形。因此支架接地面的形态具有明显的特征。另外，支架安装的位置与车轮有特定关系，特别是支架在使用中有可能变形。因此，支架痕迹与车轮痕迹的位置也具有特定关系。

六、其他伴生痕迹

车辆在行驶时，轮胎花纹沟或并列双轮之间很可能夹带石子或石块等物体。当形成轮胎痕迹后，这些物体往往能改变轮胎痕迹的局部形态，在特定条件下，这些物体能构成极好的特定特征。另外，车辆与坚硬的物体碰撞时，可以使车体表面的油漆脱落，或使车辆上装载的物体散落。凡是从车体上脱落或散落的物体，都有可能为查找嫌疑车辆提供重要线索。

第三节　车辆痕迹的勘查、分析与鉴定

一、车辆痕迹的勘查

车辆痕迹的形成不仅与路面条件、行驶状态有关，还与环境温度有关。车辆在比较干燥的水泥或柏油路面上行驶，一般不能形成明显的轮胎痕迹，而只能使轮胎驶过的路面上的尘土产生一定形态的分布。当车辆急速刹车时，在路面上能形成明显的轮胎拖痕或印痕。车辆从环境温度较高的柏油路面上驶过，或者从潮湿的泥土路面、沙石路面和泥水路面驶过后均可形成清晰的轮胎印痕。另外，在犯罪现场出现的车辆痕迹分布范围较大，同时还可能出现其他的轮胎痕迹。因此在勘查时应根据路面情况和犯罪性质来寻找和确定犯罪车辆痕迹。

1. 确定犯罪车辆痕迹

车辆痕迹的分布范围与案件性质有关。在确定犯罪车辆痕迹时，应首先分析案件的性质和特点。同时应结合发案地区的车流量特点进行分析确定。

2. 作案现场车辆痕迹

驾车作案的地点通常是经过案犯预谋和选择而确定的。通常作案地点选择在距离较远或较偏僻的地区。如在内蒙古牧区，案犯利用牧民放牧之机，驾驶汽车或摩托车长途奔袭数十千米或数百千米作案行窃。在这些地区车流量较少，车辆种类单一，因此在犯罪现场周围出现的车辆痕迹，一般可确认为犯罪车辆痕迹。

另外一种情况是，案犯选择比较沉重或体积较大的物体作为盗窃目标时，通常使用车辆作为运输工具。因此，在中心现场附近能出现车辆停靠的痕迹，这些痕迹可确认为犯罪车辆痕迹。

案犯在作案时由于受心理、环境等因素的影响，车辆很可能与其他物体发生刮碰。因此在勘查时应注意现场附近的物体是否被碰撞，是否有刮擦痕迹，在刮碰痕迹附近的地面上是否有油漆片、玻璃或塑料碎片及车体零件的脱落等。如果在刮碰痕迹及散落物附近的地面上出现轮胎痕迹，则可确认为犯罪车辆痕迹。另外，还可以根据现场足迹及其他痕迹物证与现场轮胎痕迹的关系来确认犯罪车辆痕迹。

3. 肇事逃逸案件车辆痕迹

肇事逃逸案件一般都是机动车与人碰撞后机动车潜逃。这种案件的车辆痕迹比较容易确认。通常在受害人身体上、衣服上出现的轮胎痕迹均为肇事车所留。另外，机动车与人碰撞后，车体上的油漆很容易被刮掉，车灯玻璃也容易破碎而脱落。因此受害人身体上或身体周围出现的油漆片、玻璃碎块等物体均为肇事车所留。

4. 测量车辆痕迹

精确地测量轮胎痕迹是推断车种的重要条件。从车辆在不同行驶状态下形成的轮胎痕迹中，可分别测出多个车辆参数。可以根据轮胎痕迹的具体形态选择不同的测量方法。

（1）测量轮距和胎面宽。车辆直行时形成的轮胎痕迹，只能反映出前、后轮距。前、后轮距的大小和分布根据车型不同而变化。在各类车型中，前轮距大于后轮距的车辆数最多；前轮距

小于后轮距的车辆数，随着车型的变小比重也减小；而前、后轮距相等的车辆数，随着车型的变小而比重增大，因此，在轮胎痕迹中，后轮痕迹覆盖前轮痕迹的位置也将随轮距而变化。

测量前应首先确定前、后轮痕迹，由于后轮痕迹覆盖或部分覆盖前轮痕迹，所以轮胎花纹完整的可确认为后轮痕迹。痕迹确认后，应选择边缘清晰的轮胎痕迹测出胎冠宽，即痕迹宽度。测量线应与痕迹边缘垂直，同时应选择多点进行测量，将测量数据取平均值可得出比较精确的胎冠宽。

（2）利用直行痕迹测量轮距。测量前、后轮距相同的轮胎痕迹，测量线应与两条平行的轮胎痕迹垂直。测量点可分别选择在两条轮胎痕迹的中心，也可以选择在两条轮胎痕迹的左侧边缘或右侧边缘。此时可将前、后轮距同时测出。

测量前轮距大于后轮距的轮胎痕迹，此时后轮痕迹覆盖于前轮痕迹的内侧。测量时首先测出后轮距和胎冠宽。测量前轮距时，由于轮胎痕迹被部分覆盖，测量点可选择在前轮痕迹的外侧边缘，测出的数据减去一个胎冠宽就是前轮距。

测量前轮距小于后轮距的轮胎痕迹，此时后轮痕迹覆盖于前轮痕迹的外侧。当测出后轮距和胎冠宽后，前轮距的测量点可选择在前轮痕迹的内侧边缘，将测出的数据加上一个胎冠宽就可得出前轮距。

如果汽车后轮为 4 轮，即单侧为并列 2 轮，则前轮痕迹基本被后轮痕迹覆盖。此时后轮距的定义是指左侧两轮中心至右侧两轮中心之间的距离。测量点可选择在痕迹的中心线上，测量左、右两侧中心线之间的距离。另外也可以分别测量轮胎痕迹最内侧的距离和最外侧的距离，然后通过计算得出后轮距。在这种车辆中，由于前轮痕迹左、右两侧被覆盖的位置无法确定，因此测量前轮距是比较困难的。

（3）利用转弯痕迹测量轮距。汽车转弯时，前、后轮胎痕迹分离，此时可利用转弯痕迹测出各轮胎的胎冠宽。测量轮距时应注意，转弯痕迹中，后轮距不变，而前轮距变小。后轮距的测量点可选择在转弯弧的任意位置，而前轮距的测量点一般选择在刚入弯或转弯结束前的位置上。测量时首先过测量点作轮胎痕迹的切线，过切点作垂直于切线的直线，直线与另一条轮胎痕迹相应部位相交，则切点和交点之间的距离就是相应的前、后轮距。

轮距的测量仅取一点是不准确的，应该选择不同的位置测量 3~5 处，求出平均值。

5. 测量轴距

轴距一般情况下只能在刹车痕迹和倒车痕迹中反映出来。轴距的测量点通常只有 1~2 处，因此必须仔细勘查、精确测量，才能计算出正确的数据。

（1）根据刹车痕迹测量轴距。汽车刹车痕迹反映的车辆参数最多，从刹车拖痕中能分别反映出前、后轮距和各胎冠宽，另外，从前、后轮拖痕终止的位置能反映出车辆的轴距。测量时应选择同侧前、后轮胎拖痕终止处为测量点，测出两点之间的长度。对另一侧轮胎拖痕也应采取同样的方法测量，将两次测出的数据取平均值就是所测的车辆轴距。

（2）根据刹车痕迹测量轴距。

（3）根据倒车痕迹测量轴距。

车辆由前行到后退，必然要经过停止的过程，根据轮胎痕迹可确定停车点的位置。特别是汽车倒退转向时，前、后轮停车点痕迹分离。因此，可分别测量左、右两侧，前、后轮停车点痕迹之间的距离，取其平均值即为车辆的轴距。有时车辆在原地转向时（俗称调头），其停车点痕迹可出现两次以上。此时应充分利用停车点痕迹，增加轴距的测量次数。取多次测量结果的平均值，可提高轴距的测量精度。

二、提取痕迹

1. 提取车辆痕迹

车辆痕迹的分布范围，根据案件性质而不同。在驾车作案的现场中，通常只出现轮胎痕迹和支架痕迹。而在肇事逃逸案件现场不仅有轮胎痕迹，而且其他附属痕迹也较多。因此痕迹的提取必须是在全面勘查的基础上进行。

2. 提取轮胎痕迹

轮胎痕迹的留痕范围很大，提取前应全面勘查，选择痕迹轮廓清晰，特征反映较多的部位。取多处进行提取，以便能更多地反映出轮胎的特征。

3. 提取立体轮胎痕迹

提取前应在轮胎痕迹上配以比例尺进行拍

照，然后用石膏连续注入立体轮胎痕迹中，放入加强筋，待石膏溶液硬化到一定程度时，可用塑料板、金属板、胶合板，将石膏溶液分割成适当大小的若干块，并编写序号，待完全硬化后将其取下。

4. 提取平面轮胎痕迹

在泥土路面上的平面轮胎痕迹一般反映程度较清晰，而柏油路和水泥路面上的痕迹较模糊。观察时如果利用自然光，则应贴近地面以小角度从不同方向观察，这种方法可观察到轮胎痕迹。如果利用光源，则光源应贴近地面或与地面呈15°角左右照射痕迹进行观察。当平面痕迹用肉眼可清晰地观察到，或利用光源照射使痕迹清晰的情况下，在痕迹上配以比例尺，并不断变换光源位置，选择最佳状态进行拍照。拍照后可以用透明胶纸或石膏将轮胎痕迹提取。

当采用侧光无法观察到路面上的轮胎痕迹，或用肉眼观察不清楚时，可用石膏液大面积浇铸的方法提取。提取时将石膏液浇在不清楚或潜在的轮胎痕迹之上，然后分块、编序号，待石膏完全硬化后取下。

这种方法可将不明显的轮胎痕迹显现清楚，有时也可以将潜在的轮胎痕迹显现出来。如果用石膏提取后，痕迹仍不清楚，可将石膏模放置数天，待其干燥后，用硫氰酸溶液喷入石膏模，此时潜在的轮胎痕迹则会被染成红褐色。用这种方法通常可以显现柏油、水泥和泥土路面上不清楚或潜在的轮胎痕迹。

对案件现场中出现的，被车辆轮胎轧过的木板、纸张等平面物体上，往往能留下清晰的轮胎痕迹，对于这些物体应全部提取。

5. 提取受害人身体上及服装上的轮胎痕迹

提取受害人身体上的轮胎痕迹之前，应首先通过拍照或现场调查，记录受害人的原始位置。如果确认汽车是从受害人的身体上轧过的，应在案件发生后，将被害人皮下出血形成的轮胎痕迹拍摄下来。印在衣服上的轮胎痕迹一般都是潜在的或模糊不清的。通过侧光有时可以观察到轮胎痕迹，但如果用紫外灯照射印有轮胎痕迹的纺织物，则印有轮胎痕迹之处和未印有轮胎痕迹之处会产生不同强弱的荧光，因此可清晰地显现出轮胎花纹。此时可通过紫外拍照，将纺织物上的轮胎花纹拍摄下来。

拍摄人体皮肤上及服装上的轮胎痕迹，均应配加比例尺。

6. 提取车体上脱落的破碎物和散落物

当车辆与现场中的某些物体或人体相撞后。硬度较大的物体能使车体相应的部位产生损伤、油漆脱落或其他物体振落。而与人体碰撞后也能在人体上遗留车体上的微量物质。这些物质对寻找车辆和认定车辆具有很重要的价值。

7. 提取车辆的油漆片、电镀层剥离片

从车体上脱落的油漆片、电镀层一般都很微小，所以很难发现。提取时应从受害人身体的创口内、头发上、衣服上仔细查找，必要时可使用放大镜、普通光源、紫外光源等仪器寻找微量的油漆片。

在被车辆碰撞过的物体上（如建筑物、树木、电线杆等相应的部位上），均能留下油漆片和电镀片。在碰撞点周围的地面上，或者受害人使用的工具上，如自行车和材质较硬的工具上，都是发现油漆片和电镀片的重点部位。

在寻找油漆片和电镀片时，应顺着轮胎痕迹方向勘查，尤其应重点勘查碰撞点周围的物体。当发现油漆片和电镀片后，应将其原始位置拍照，然后用透明胶纸或脱脂棉将油漆片和电镀层提取，提取时应注意不能使其破损。

8. 提取车辆的玻璃和塑料碎片

车辆与物体碰撞时，前灯和转向灯罩及挡风玻璃很容易破碎。因此，在犯罪现场与车辆碰撞的物体周围，应大范围地寻找带有花纹的玻璃或塑料碎片。当发现碎片后，应将碎片的原始状态进行拍照，然后全部提取。提取时应注意玻璃片上是否有手印等其他痕迹物证。

9. 提取车体上的其他脱落物

车辆与物体的碰撞作用，往往能使车体的某些零件受损而脱落。当发现脱落的零件时，应根据零件的形态、用途，注意发现其表面上是否存在其他的痕迹物证。如碰撞断离的车门把手，其表面上很可能有驾车人的手印。对提取的断离物，应注意保护断口形态，避免断口变形、损坏、锈蚀。从车辆上掉落的沙土、油脂、装载物品等，可以反映车辆的使用情况。特别是从轮胎上脱落的泥块，能反映轮胎花纹的局部形态。对这些物体均应提取，并妥善包装和保管，以备检验时用。

10. 提取碰撞、擦划痕迹

由于车辆碰撞，在现场遗留物上形成的碰撞凹陷痕迹和擦划痕迹，通常能反映车体相应部位的形态和结构。因此，对现场被碰撞物体上的痕迹应全部提取，对易变形、易锈蚀的物体应进行适当的处理。

三、车辆痕迹分析

车辆痕迹分析是根据现场轮胎痕迹反映的轮胎花纹，胎面宽度和有关的测量数据及车轮痕迹状态等特征，分析车辆种类、判断车辆行驶方向、为侦察提供线索和方向。

1. 判断车辆种类

（1）根据轮胎痕迹和车辆参数判断车辆种类。轮胎痕迹和车辆参数是判断车种的主要依据。首先应根据轮胎痕迹确定车轮数量。如果现场轮胎痕迹是三轮或两轮的车辆形成，则可确定为摩托车和力车。然后利用胎面痕迹宽和花纹形态确定是摩托车还是力车。通常力车花纹形态简单，胎面痕迹宽为 25～50mm；而摩托车轮胎花纹比力车复杂，胎面痕迹宽为 50～120mm。根据轴距一般能比较准确地确定自行车车型；而摩托车由于前轮减振系统的结构，使轴距产生变化，因此应根据具体情况确定车型。

如果轮胎痕迹是四轮或四轮以上的车辆形成，可确定为汽车。四轮汽车主要有轿车、小型客车和微型载重汽车；而六轮车辆有大型客车、中型载重汽车和重型载重汽车；六轮以上的车辆一般都是三轴，并且是重型载重汽车。如果轮胎痕迹中能准确地反映出轮数和轴数，一般都可以将车种确定。另外，在轮胎花纹中，轿车轮胎花纹、工程机械轮胎花纹和载重汽车轮胎花纹，三者形态上有明显差别，因此轮胎花纹也能将车种确定。车种确定后，可以利用胎冠宽度、轮距和轴距，或车辆参数确定车型（车名）。

（2）根据其他痕迹物证判断车种。利用现场遗留的车灯玻璃碎片，可确定灯罩形状和尺寸，然后根据不同车辆配用车灯的情况确定车种。另外，还可以利用现场遗留的油漆颜色、掉落的装载物等判断车种。通常上述痕迹物证只能起到辅助判断的作用。

2. 判断车辆行驶方向

车辆向某一方向行驶时，往往使路面上的尘土分布、痕迹形态、痕迹颜色沿行驶方向产生一定的分布。因此利用这些痕迹可以判断车辆的行驶方向，为侦察提供一定的线索。

（1）根据尘土分布判断行驶方向。车辆在柏油、水泥和硬土路面行驶时，会在轮胎行驶过的路面上产生尘土花纹，这些尘土花纹的形态因车速不同而不同。车辆在行进过程中，轮胎连续向前滚动，在轮胎后方能产生空气涡流。车速慢，空气涡流小，尘土所受到的作用力小，此时尘土花纹形态呈弧状，并从轮胎痕迹两侧向中心汇聚，汇聚点的指向为行车方向。车速快时，空气涡流大，尘土所受的作用大，尘土花纹在轮胎痕迹上呈树枝状，树枝展开的方向为行驶方向。

尘土分布形态与轮胎花纹是否对称有关。若横向花纹是左右对称的，则尘土分布也对称。反之则尘土分布不对称。

（2）根据转弯处的轮胎摩擦痕迹判断行驶方向。汽车转弯时由于离心力的作用，车体向弯道外侧倾斜。当转弯速度较快时，离心力将大于轮胎与路面的摩擦力，在车体外倾的同时轮胎沿切线方向产生侧滑。如果汽车是在柏油或水泥路面上转弯，则在转弯处的轮胎痕迹上形成相互平行的倾斜线条，线条痕迹与车辆行驶方向成锐角。

（3）根据刹车痕迹判断行驶方向。汽车刹车是靠轮胎与地面之间的摩擦而产生制动力。因此，在柏油路面、水泥路面及较硬的土路上急刹车时，轮胎花纹由清晰逐渐模糊，最后变得无法分辨或刹车拖痕由轻到重，则花纹由清晰到模糊的方向或拖痕由轻到重的方向为车辆行驶方向。

另外，当汽车在松软土路或夏季的柏油路上急刹车时，在停止处会形成凹陷。当汽车急速起动时，沙土会在轮胎后下方产生隆起，形成启动痕迹，利用这些痕迹也可以辅助判断行驶方向。

（4）根据轮胎花纹颜色深浅判断行驶方向。横向花纹轮胎或横向花纹沟较宽的轮胎，在柏油、水泥或较硬的土路上行驶，花纹块先接触路面的一侧形成的痕迹颜色深、后接触路面的一侧痕迹颜色较浅。因此，同一花纹块上，痕迹颜色由深至浅的方向为车辆行驶方向。

（5）根据立体轮胎痕迹判断行驶方向。

1）根据立体轮胎痕迹壁上的线条判断。轮胎在松软的泥土路或较厚的雪地上行驶时，能形成立体轮胎痕迹，在痕迹壁上有若干条倾斜的或弧状的旋轮曲线。圆柱形物体在平面上滚动时，圆周上某一点的运动轨迹称为旋轮曲线。当轮胎在陷入的土路中滚动时，胎肩部花纹首先在痕迹壁上形成向后倾斜的线条痕迹，在此之前轮胎花纹是向下运动的。随着轮胎的向前滚动，先期形成痕迹的花纹开始由下向上运动，则在痕迹壁上形成向前倾斜的线条痕迹。向前倾斜的痕迹将向后倾斜的痕迹覆盖。因此，痕迹上的线条由下至上的倾斜方向为行驶方向。

如果路面上的泥土较稀，其痕迹变形较大，倾斜线条往往不能指示方向。此时应综合观察若干个痕迹，线条向某一方向倾斜较多的，则可判断为行驶的方向。

2）根据立体轮胎花纹判断方向。当车轮在松软的泥土、雪地处驶过后，黏附在轮胎肩部的泥土、雪等物掉落在轮胎痕迹两侧，呈锯齿状分布，锯齿状的尖端指向行驶方向。

横向花纹轮胎，其花纹沟形成的立体痕迹向行驶方向倾斜。另外，花纹块先接触地面的部位形成的立体痕迹较实、边缘清晰完整，后接触地面的部位形成的痕迹虚松、边缘不清。因此立体轮胎痕迹由实到虚的方向为行驶方向。

（6）根据车体脱落物等其他痕迹判断行驶方向。车辆上装载的液体、沙土掉落时，将沿着行驶方向喷溅；车辆碾轧树枝、草棍和麦秸等细长的杆状物时，杆状物体的两端向行驶方向弯曲；当车辆从泥水处驶出时，在行驶方向一侧形成泥水轮胎痕迹；手推车、畜力车的行驶方向与人脚印或牲畜蹄迹方向相同；如果轮胎花纹为人字形，在痕迹中人字花纹的展开方向为行驶方向。利用上述各种痕迹形态特征，均可以判断车辆行驶方向。

四、车辆痕迹鉴定

车辆痕迹鉴定是利用遗留在现场的各种车辆痕迹及在嫌疑车辆上提取的痕迹，进行全面的分析、比对检验，最后认定现场车辆痕迹是否为嫌疑车辆所留。

1. 现场车辆痕迹的检验

犯罪现场遗留的车辆痕迹物证，不只是轮胎痕迹，应对现场提取的与车辆有关的各种痕迹物证，进行全面检验、综合分析。检验现场车辆痕迹主要从以下几方面进行。

（1）现场轮胎痕迹的检验。应首先从轮胎痕迹确定嫌疑车辆的轴数、轮数、轮胎花纹组合及花纹形态，然后确定轮胎痕迹的特征，如轮胎面的磨损程度、花纹块边缘的形态及磨损情况；轮胎面上机械损伤的部位、形态、方向与相邻花纹沟槽的位置关系等。

（2）对车体上的脱落物检验。对车体上脱落的零件、油漆片、车灯玻璃碎块的检验，应首先判断这些物体的脱落部位。如果物体是由于断裂而脱落，则断口形态就具有非常好的特定特征。

（3）对车辆上的掉落物检验。从车辆上掉落的物体，很可能是车辆上某种物体的一部分。另外，从轮胎或车体上掉落的泥土、沙石、装载物等，与车辆的行驶地点、使用情况有一定关系。因此，对掉落物的分析、检验也能为鉴定提供依据。

2. 对嫌疑车辆的检验

检验嫌疑车辆，应首先分析被检验车辆是否有条件形成现场痕迹，即嫌疑车辆的轮数、轴数和胎冠宽是否与现场痕迹反映的数据一致；轮胎花纹组合、花纹形态和花纹方向是否与现场痕迹反映的形态一致。在此应注意案发后车辆的使用及轮胎的更换情况。

对车体的检验应从前至后、由上至下地仔细观察。对车体表面的碰撞痕迹、擦蹭痕迹、油漆脱落，应记录其部位、形态和面积，同时应观察痕迹表面是否有明显稳定的特征。对破碎的车灯玻璃或塑料碎片，应提取并妥善保存。

对车体上的泥土等附着物及装载物，轮胎花纹沟中的泥土，车体内外、轮胎上的血迹、毛发、纤维等微量物质，应查明来源，确定与案件的关系。特别应注意车体表面及轮胎侧面上的手印和脚印，这些痕迹通常是受害人形成的。

3. 比对检验

车辆痕迹的比对检验，可以根据痕迹种类采用不同的方法。轮胎痕迹的比对检验通常是用特征对照法，而对于玻璃碎片、油漆片等痕迹可以采用特征接合法或微量分析进行检验。

（1）轮胎痕迹的比对检验。利用轮胎痕迹比对时，轮胎痕迹样本应选择与案件现场轮胎痕迹处相同的土质、相同硬度的土地，让嫌疑车从上面开过，提取样本痕迹时，应采用与现场痕迹相同的方法。

比对中应注意观察和分析现场痕迹和样本痕迹反映的花纹块磨损程度，花纹沟边缘的损伤，轮胎面的机械损伤数量、位置、形态及特征之间的相互关系是否相同，对特征的变化做出科学的解释。

（2）脱落物的比对检验。从车体上脱落的物体，通常与车辆本身有着某种必然的联系。因此，可以根据整体分离痕迹检验认定车辆。如利用油漆片的形态与脱落部位的形态比对，或者利用油漆片的层数及每一层的厚度与脱落部位的油漆样品进行比对。通常车辆的油漆都喷涂两次以上，有些高级轿车可喷涂六次以上。因此利用油漆片的整体分离鉴定，可以直接认定车辆。

另外，可以利用车灯玻璃碎片及车体上脱落的零件等物，通过整体分离检验认定车辆或认定与车辆相关的其他物体。

3. 散落物及其他痕迹物证的比对检验

对现场中提取的泥土、沙石等散落物与嫌疑车上的相应物质进行比对检验，可确定二者的成分是否相同，为认定车辆提供依据。

对现场和嫌疑车上的血渍、毛发及轮胎上或车体上的手印、脚印进行检验，可以确定痕迹物证与受害人的关系。

第四节　牲畜蹄迹

大牲畜通常是指马、骡、驴、牛等动物，这些动物可以作为交通工具使用，如拉车、载人，或者直接用来载人驮物。因此，对刑事案件现场中出现的牲畜蹄迹进行检验，往往可以给案件的侦破提供重要的线索。

一、牲畜蹄的结构

蹄是牲畜行走和负重的基础，是运动器官的重要组成部分。牲畜的种属不同，其蹄结构和形态有明显差别。

（一）马、骡、驴蹄的结构

马、驴从动物学的分类属于奇蹄目马科哺乳动物，骡是马和驴的杂交后代。马、驴、骡的主要特征是四趾仅第三趾发达，其他各趾均已退化，动物的体重由四趾的第三趾负担。蹄由趾骨、蹄软骨、肌腱末端、皮下组织、真皮、角质和血管神经等组成。马、驴、骡蹄的外形基本相同，蹄结构可分为蹄壁、蹄底、蹄叉和蹄支。

1. 蹄壁

蹄壁是指蹄外围的角质层。其韧性较强，有保护内部组织和负重作用。蹄壁又分为蹄尖壁、蹄侧壁和蹄踵壁三部分。

2. 蹄底

蹄底是指蹄底面角质层内侧至蹄叉之间的部分。蹄底前部为蹄底体，后部形成两个蹄底支并且与蹄叉相连。蹄底有乳头状真皮层与蹄角质层相连，并能不断增生出蹄底角质。

3. 蹄叉

蹄叉位于蹄侧后部三角区内，呈楔状。由皮下组织、真皮和角质构成，富有弹性。蹄叉又可以分为蹄叉尖、蹄叉体、蹄叉支和蹄叉中沟及侧沟。

4. 蹄支

蹄踵壁向蹄底转折的部分称为蹄支，转折角称为蹄支角，蹄支是蹄踵部的支重点。

（二）牛蹄结构

牛从动物学的分类属于偶蹄目、反刍亚目牛科哺乳动物。牛蹄最突出的特征是只有第三、四足趾，并且同样发达，处于同一水平，动物体重主要由四趾的这两趾负担。

牛蹄也是由趾骨、蹄软骨、肌腱、皮下组织、真皮、角质、血管和神经等构成。外形结构也可以分为蹄壁、蹄底、蹄叉和蹄支。

蹄壁分为蹄尖壁、蹄侧壁、蹄踵壁和蹄内侧壁。

蹄底前部分成左右两趾，后部与蹄支相连。蹄叉没有马蹄明显。

二、牲畜的行走规律

牲畜在生长过程中，躯体各部分的肌肉、骨骼不断发育，并经过长期的行走，适当地调训而形成一定的运蹄迈步规律。在单个或成趟蹄迹中，能反映某个蹄的动作和多个蹄的相对位置关系等规律的特征称为行走规律或步法特征。步法特征可以分为步幅特征和步态特征。

（一）步幅特征

牲畜的步幅特征是指牲畜行走时反映前、后、左、右四个蹄迹之间相互位置关系的特征。

1. 步长和步宽

牲畜在完成一个行走周期后，左侧前蹄蹄迹之间的距离为左步长；右侧前蹄蹄迹之间的距离为右步长；右（左）侧前蹄的起步蹄迹与左（右）侧前蹄的落步蹄迹之间的距离为复步长。

步宽是指牲畜沿直线行走时，同侧前蹄蹄迹内边缘的公切线与另一侧前蹄蹄迹内边缘的公切线之间的距离。根据公切线的位置可将步宽分为：①直线步，左、右两侧的公切线相互重叠；②分离步，左、右两侧的公切线有一定的距离，测量时一般取正值；③交错步，左、右两侧的公切线位置相互交换，并有一定的距离，测量时取负值。

牲畜的步宽差别较小，马出现交错步较多，骡很少出现交错步；马平均步长为150cm，骡平均步长为160cm，驴平均步长为130cm；另外，同一种属的牲畜，其步长的差别较大，而同一牲畜的左右步长较接近。

牲畜在拉车负重或奔跑时，步长、步宽都有变化。通常在拉车负重时步长变短，奔跑时步长增大。步宽的变化较大，数值的增减程度各不相同。

2. 前后蹄迹的相对位置关系

牲畜在行走时后蹄赶踏前蹄形成的前后蹄迹位置关系具有一定的规律。通常有超前、平齐、落后三种情况。超前：同步同侧后蹄迹在前蹄迹的前方。平齐：前后蹄迹前沿在一条直线上。落后：同步同侧后蹄迹在前蹄迹的后方。多数牲畜运步时后蹄超过前蹄，骡的平均超前幅度最大；同一牲畜两侧前后蹄迹位置关系差别较小；不同牲畜之间前后蹄迹位置关系差别较大。

后蹄前踏时还可以出现后蹄迹在前蹄迹的内侧、外侧、居中三种情况，这种位置关系通常是左、右侧对称的。如超前偏内、超前偏外、超前居中等。

牲畜的步幅特征受多种因素的影响将产生一定的变化，对于步幅特征的稳定性可以根据现场实际情况确定。

（二）步态特征

牲畜的步态特征是反映牲畜行走中运蹄迈步规律的特征。

1. 抬蹄特征

牲畜在行走过程中的抬蹄阶段，蹄尖部向后下方用力抠挖地面形成抠痕；蹄尖作用于地面的同时，蹄腿关节向后弯曲将土甩出而形成甩土特征。蹄抬离地面后，向前迈腿时将产生踢土现象而形成牲畜前蹄抠痕、甩土明显、后蹄踢土现象明显。牲畜行走速度越快，抠痕越明显，甩土越远；负重量越大，抠痕越重，甩土越近。不同牲畜或不同蹄在行走中出现的抠痕部位、甩土和踢土的方向都具有各自特点，并且比较稳定。

2. 支撑特征

支撑阶段产生的压痕是由牲畜的蹄结构所决定的，蹄底面产生的压痕无固定的轻重规律，并且压力面比较均匀。

3. 落蹄特征

落蹄特征在牲畜蹄迹中很少反映出来，但对于比较老的牲畜或带有病蹄的牲畜可以形成拖拉痕迹。

牲畜蹄迹的步态特征出现较多，并且稳定。在检验中对多个蹄迹综合分析，可以为牲畜的步法鉴定提供可靠的依据。

三、牲畜蹄迹特征

牲畜行走时，蹄底作用于地面形成的痕迹称为牲畜蹄迹。牲畜蹄迹反映的特征是认定牲畜个体的主要依据。其特征来源主要有两个方面，一是蹄底直接与地面作用形成的痕迹特征；二是钉有蹄掌的蹄与地面作用形成的痕迹特征。

（一）蹄底特征

蹄底特征包括：蹄底面的形态，蹄趾数量，边缘各部位的弯曲程度，底面的凸凹形态、面积大小，蹄壁的厚度、内外边缘的磨损，蹄壁底面的缺损、修理等特征。另外，立体蹄迹能反映蹄壁与蹄底面的夹角。

蹄叉的部位、大小，蹄叉中沟、蹄叉侧沟的宽度、深度、长度、形态，蹄支角的形态、大小、角度，蹄支的长度，各部位的弯曲程度及与其他部位的相互位置关系。由裂蹄、蹄叉腐烂等病蹄形成的特征。

蹄底特征通常都具有较高的特定性，但随着长时间的行走磨损、修蹄，蹄壁角质层的增生等因素的影响，使蹄底特征产生一定的变化。检验时可以根据不同情况进行具体分析。

（二）蹄掌特征

在城镇和山区使用的大牲畜，多数都需要挂蹄掌。蹄掌分为铁掌和胶掌两种，铁掌又分为军用铁掌和民用铁掌。民用铁掌是由工匠手工打制而成，军用铁掌为机制，可以根据牲畜体态大小分为不同规格。

牲畜挂胶掌的情况较少，并且随着季节的变化更换铁掌。胶掌是用废旧轮胎或胶皮钉在蹄底面，然后沿蹄壁外下缘切割成型。胶掌蹄迹对分析牲畜种属或前后左右蹄影响不大。胶掌蹄迹特征主要是胶皮表面的花纹形态及花纹与蹄轮廓的相对位置关系，胶皮的磨损、缺损部位、形态等特征。

民用牲畜铁掌的形状、大小各不相同，虽有前后左右之分，但无固定的规格。不同工匠打制的铁掌均能反映出个体差异。另外，挂掌时可以根据牲畜蹄的具体情况进行修整。铁掌是由左、右两个铁枝构成，并且有 4~8 个钉孔。其大小根据牲畜种属不同而变化，另外，前后铁掌钉孔也略有差异。

胶掌和铁掌由于选用的材料及制作工艺水平的差异，蹄掌痕迹也能反映出个体差异。痕迹特征主要体现在蹄掌整体的长、宽，各部位的形状和弯曲程度，钉孔的数量、大小、形状和位置，各蹄钉的形状、大小、磨损程度及脱落情况，蹄掌的厚度，蹄、掌与蹄壁底缘的位置关系，蹄掌与蹄底结构的位置关系；蹄掌各部位的磨损程度及缺损的形态、部位等。

四、牲畜蹄迹鉴定

牲畜蹄迹鉴定是根据单个或成趟蹄迹反映的步法特征和个别特征，进行牲畜种类分析和认定牲畜个体。

（一）蹄种分析

牲畜的种属不同，蹄结构存在显著差异。马和牛分别属于奇蹄目和偶蹄目动物。因此，马蹄只有一个趾骨，蹄底外形似椭圆形，而牛蹄有两个趾骨，则蹄底有两趾。马、牛蹄根据外形就能准确区分。马、驴、骡同属于奇蹄目马科动物，蹄结构完全相同，蹄外形的宏观差异很小。因此只能根据蹄形的细微差别进行鉴别。

1. 马、驴、骡蹄迹的大小差异

马蹄的平均长度和宽度大于骡蹄，骡蹄的平均长、宽大于驴蹄。但是，体态小的马蹄比体态大的骡蹄小；体态小的骡蹄比体态大的驴蹄小。另外，在同类牲畜中，不同牲畜蹄迹的大小也有较大差别。因此，根据蹄迹大小，对体态较大的马和体态较小的驴可以确定其种类。

2. 马、驴、骡蹄迹的形态差异

从蹄迹的整体形态看，马蹄底呈大半圆形；驴蹄底呈“U”形；骡蹄底多呈椭圆形。马蹄底开阔，最宽处在中间部位；驴蹄底狭小，最宽处多在前部或后部，有些驴蹄的两侧壁外缘互相平行；骡蹄底介于二者之间。

但蹄底尖部较狭窄。驴蹄蹄踵部至蹄支角比较平直，没有对应内收弯曲现象；骡蹄在蹄支角部位出现对应的内收弯曲现象；马蹄自蹄踵部出现对应的内收弯曲现象，并且弯曲度较大。

3. 牲畜前、后、左、右蹄的区别

（1）前、后蹄的区别。马、驴、骡的前蹄起支撑和平衡作用，后蹄起推动作用。因此，三种牲畜的前后蹄具有共同的特点。

蹄底前端的曲率，后蹄大、前蹄小。蹄尖部的蹄壁角质层前蹄厚、后蹄薄。并且前蹄的长宽比值小于后蹄。蹄底最宽处靠近前端的为前蹄，最宽处靠近后端的为后蹄；蹄底左、右支角的间距为前蹄小，后蹄大。

（2）左、右蹄的区别。马、驴、骡左、右蹄形态对称，并且具有相同的特点。

4. 根据铁掌区分牲畜种属

马、驴、骡的铁掌，通常是马铁掌最大，驴铁掌最小，骡铁掌介于马、驴之间。马、驴、骡前蹄铁的前沿呈方形，马后蹄铁呈圆形，两侧铁枝曲率较大；驴后蹄铁呈“リ”形，两侧铁枝无明显弯曲；骡后蹄铁呈椭圆形，前端较狭窄。

在根据蹄掌痕迹判断牲畜种属的同时，还应结合牲畜蹄底的局部反映进行综合分析。

（二）牲畜蹄迹的提取与特征的比对检验

对牲畜蹄迹进行提取之前，应测量成趟蹄迹中反映的步长、步宽、步角等数据，记录前后蹄迹的位置关系。提取立体蹄迹时，可以用石膏制模提取；提取平面蹄迹，可以用拍照的方法提取。牲畜蹄迹的比对检验，是根据现场遗留蹄迹与嫌疑牲畜蹄迹祥本进行特征比对。蹄迹样本的制作条件应该与现场蹄迹的形成条件相同或接近，比对时可以采用特征形态对照法。

在比对特征的同时，应该分析特征的稳定性及牲畜运动对特征的影响，分析病蹄、切蹄对痕迹特征的影响。现场蹄迹还应与各种条件下制作的样本进行比对，观察特征的综合反映，根据比对情况确定符合点和差异点，并做出符合客观规律的结论。

第三章　整体分离痕迹

随着社会的不断发展，案犯作案的手段也更趋向智能化。在各类刑事案件现场中案犯伪装现场、破坏现场、不留痕迹、毁坏痕迹的情况也越来越多。但是在犯罪现场中还有很多痕迹物证是很容易被罪犯忽视的。如案犯用工具撬压客体，工具的某一部分很可能断离在客体内；案犯用刀、斧等刃器凶杀时，刀、斧的刃很可能断离在创口内。这些断离的部分与作案工具可以构成同一整体，通过整体分离痕迹检验，可以直接认定作案工具，为侦破工作提供参考。

第一节　整体分离痕迹的形成及结构

一、整体物体的概念

整体物体是指一种形态完整并且具有一定几何形状的单一物体或采用某种方式连接的并且具有一定功能的组合物体。整体物体一般都具有较规则的外观形态，但是对于特定的单一物体通常不具备特定的功能。而对于某种组合物体，有可能具备一些特定的功能，并且构成组合物体的单一体，其外形结构与特定的功能之间存在着某种必然的联系。单一物体和组合物体都是由物体的基本单元构成，而物体的基本单元都是在某种条件的约束下紧密连接的，约束条件不同则构成了物体内部不同的连接条件。连接条件通常可以决定物质的成分、外观形态和特定功能上的差异。

（一）整体物体的分类

根据物体成分和连接条件，整体物质可以分为：单一物体（单一体）和组合物体（组合体）。

1. 单一物体

单一物体由相同成分的材料构成，并且可以根据需要将单一物体加工成各种形状。如各种金属材料、木材、塑料、橡胶、纸张等。

2. 组合物体

组合物体由若干个单一物体通过某种方式连接而构成。组合物体在宏观上通常可以体现一定的功能，而构成组合物体的基本单元（即单一物体），其外观形态和结构应该与组合物体的宏观功能相匹配。如变压器，其宏观功能是升降电压，而内部则由锡钢片、铜线圈等物体组合而成，内部各单元体的形态和性能等技术指标都与变压器的宏观功能相匹配。由于组合体的构成比较复杂，因此，可以根据组合体内的单元体材质分为同质组合体和异质组合体。

（1）同质组合体。同质组合体内的基本单元均由同质材料构成。如胶合板是由三层、五层或七层刨削薄板按不同方向胶合而成；多股电缆裸线是由多股铜线或铝线按顺时针或逆时针方向绞合而成。

（2）异质组合体。异质组合体内的基本单元由不同材质的材料构成。如塑料或橡胶包裹的电缆线，内部是由多股铜线绞合而成，外部由塑料或橡胶包皮包裹；机械设备各种零件可用不同材料制成。

（二）整体物体的空间结构

整体物体都具有一定的空间结构，即物体的外观形态和结构尺寸。具有三维结构的物体称为三维整体。三维整体的外观形态可以由若干个平面构成多面体或由曲面和平面构成复杂的空间体，如砖块、金属和木材构件等物体；具有二维结构的物体称为平面体，即物体的厚度远远小于平面尺寸，此时厚度可以忽略不计，如纸张、纺织物等物体。单一物体的外观既可以是三维结构又可以是二维结构，而组合体多数情况都是三维结构。

（三）整体物体的连接条件

物体的连接条件是指物体内部的基本单元之间的约束力。约束力的形式有多种多样，一般可分为微观约束和宏观约束，即微观连接和宏观连接。

1. 微观连接

构成整体物体的基本单元之间以原子力、分子力或化学键的作用而紧密连接的称为微观连接。以微观连接方式构成的整体物体，均为相同材质，即各种形态的单一体或组合体内部的单一体。如金属物体的原子是以原子力相互连接；木材的纤维是以分子力连接；塑料则是以化学键连接。在某些组合体中，各单一体之间是以焊接或粘贴的方式连接，对于使用特殊的焊接工艺或使用特殊黏合剂连接的物体，在特定条件下也可以认为是微观连接。

2. 宏观连接

构成整体物体的基本单元之间以机械力、加工纹线、印刷符号或粘贴等方式连接的称为宏观连接。以宏观连接方式构成的整体物体均为组合体。如机械零件之间的铰链连接、纺织物的编织连接均为机械力；印刷品和纸张可以通过装订、粘贴及相同印刷符号上的疵点进行连接；物体表面上分布的相互连续的加工纹线连接。

在宏观连接中，不同的连接方式可以反映组合体不同的连接状态。铰链连接可以将各种零件组装成机械设备，而印刷符号或加工纹线只能反映组合体内各单一体经过某种方式连接后，在相同的状态下、使用相同的方法和工具一次加工而成。

二、整体分离的概念

具备整体条件的物体在外力作用下被分离成若干部分则称为整体分离。物体的分离是外力与内力综合作用的结果。根据整体物体被分离后的表面状态，可将整体分离分为两大类型。

第一类为破坏分离，即物体在外力作用下由于破碎、断裂而分离。这一类分离一般出现在单一物体上，当外力作用大于物体的破坏应力时，将破坏物质的微观连接条件，使物体沿着原子边界、分子边界、晶体边界和纤维边界分离。

第二类为分解分离，即物体在外力作用下，解除物体内部的宏观约束，使之分解成相互独立的物体。第二类分离通常出现于组合体，即通过拆卸作用破坏宏观连接条件，使组合体分解。第二类分离有时可以伴随着第一类分离同时出现。

第一类分离和第二类分离可以在多种因素作用下形成，因此可以根据分离方式或手段分为徒手分离、器械分离和其他因素的分离。

（一）徒手分离

徒手分离是以人力直接作用于物体并使之分离。利用人体自身器官（手、脚）的特定动作，采用撕、拉、扭、折、摔等动作，可将细长杆状物折断，将平面物撕断，将块状物摔碎。徒手分离属于第一类分离。但是对于特殊的组合体，也可以通过徒手拆卸使之分离。

（二）器械分离

器械分离是指人利用工具或器械作用于物体并使之分离。器械分离可分为器械破坏分离和器械拆卸分离。

器械破坏分离属于第一类分离，是利用锯、锉、钻、钳、剪、刀、锤等工具将物体破坏分离。物体的几何形状往往可以决定分离时所用的工具种类。如用锤将三维物体或二维物体砸碎；用钳、剪等剪切工具将细长杆状物体或平面物体剪断；用锯将各种形态的物体锯断分离。

器械拆卸分离属于第二类分离，是利用螺丝刀、扳手等旋具将物体拆卸分解。拆卸组合体一般情况下可采用常见工具，而对于特殊的组合体则必须采用专用的拆卸工具。

（三）其他因素的分离

物体还可以在很多非人为因素作用下分离，而这一类分离多数情况属于第一类。如风力、雷电、温度、化学腐蚀和材料的疲劳断裂等。有些组合体也可以由于振动等因素的作用而使内部的某些约束被解除。如机械设备由于长期振动的影响，使某一零件松动、脱落分解而造成分离。因此，正确分析非人为因素造成的整体分离，对于确定分离现象是否与犯罪行为有关十分重要。

三、整体分离痕迹的概念与结构

（一）整体分离痕迹的概念

整体分离痕迹是指整体物体在外力作用下，由于断裂或分解而形成的新界面的形态。整体分离痕迹通常可简称为分离痕迹。在整体物体中，由于连接条件的约束，其原始表面是连续的。当物体被分离后，由于分离作用形成的新界面与部分原始表面构成若干个独立的空间体，可以将独立的空间体称为分离体。

在两个相邻分离体之间具有一个共同的分离界面，分离界面是个假设的空间曲面，它可以将原始表面围成的空间体分割成若干部分。由此可见，原始表面在分离界面处产生间断。分离界面又将整体物体分割成一个对偶曲面，即相邻分离体上的两个相邻的新界面。分离界面的形态与对偶曲面的形态完全相同。分界面的空间结构与整体物体的连接条件、整体物体的几何形态及分离方式有关。

（二）整体分离痕迹的结构

分离痕迹的结构通常是由分离面和分离缘构成。分离面是指整体物体被分离时形成的新界面，分离缘则是分离时形成的新界面与整体物质原始表面的交线。分离面和分离缘的形态与整体物体的连接条件、空间结构、整体物体的类型有关，同时与分离时所用的方法有关。

1. 单一物体的分离痕迹结构

以微观方式连接的单一物体，受到分离作用时，其断裂方向不定。因此，分离界面通常是一个形态复杂的空间曲面。如果整体物质是三维整体，当物体被分离后，其分离痕迹结构是由分离面和分离缘构成。分离面是一个具有凸凹结构的空间曲面，并且与物体的原始表面有一定的交角，而分离缘则是一条空间闭合曲线。在不同分离体上的两个相邻的分离面或分离缘的形态完全相同。因此，可以将具有分离面和分离缘结构的分离痕迹称为立体分离痕迹。

如果整体物质是二维整体，其分离痕迹结构中，分离面可以忽略不计，并且分离面与分离缘重合成一条平面曲线，平面曲线在物体平面内。可将这条平面曲线称为分离线。不同分离体上的两条相邻的分离线形态完全相同。因此，可以将平面物体上的分离痕迹或者只具有分离线的分离痕迹称为平面分离痕迹。有些平面物体被分离后，其分离面也具有一定的面积，但分离面没有明显的凸凹结构，同时分离面与物体的原始表面交角很小，此时也可以将这种分离痕迹称为平面分离痕迹。

2. 组合体的分离痕迹结构

组合体内各单一物体都具有规范的几何形状，各单一物体在宏观约束下连接成整体，并且相邻物体的接触面是各单一物体的原始表面。组合体被分离时，都是沿着单一物体的接触面分解。因此，组合体分离痕迹也具有分离面和分离缘两种结构。组合体分离痕迹的分离面多数情况下都是平面结构，而分离缘是由直线段构成的闭合多边形或者是由直线段与曲线段构成的闭合多边形，并且分离面与分离缘在同一平面内。

铰链连接的机械体被分离后，其分离痕迹具备上述结构。但有些物体的相邻界面是球面或是其他形态的曲面，此时组合体分离后形成的分离面，则是曲面结构。曲面连接通常属于动态连接，而平面连接多数属于静态连接。对于前者的分离痕迹，一般没有明显的分离缘，而后者通常都具有固定形态的分离缘。

粘贴连接的组合体被分离后，分离面和分离缘虽然在同一平面内，但分离缘是一条平面曲线，并且可以表明黏合剂的界线和范围。由此可见，宏观连接的方式不同可以改变分离面和分离缘的形态，而组合体内单一物体的连接状态不同，也可以改变分离面的平面形态及面积大小。

3. 特殊结构的分离痕迹

组合体采用加工纹线、印刷符号、装订等方式连接时，通常没有固定的连接面。如加工纹线连接，是由各单一物体上的凸凹线条或凸凹点相互接续，组成一条或多条连续变化的曲线。加工纹线是经过特定的加工工艺而形成，纹线的形态一般为直线或弧线。印刷符号连接是在印刷品不同页的相同位置上出现的形态完全相同的印刷符号，起连接作用的印刷符号一般都具有特殊的形态（印刷疵点）和异常的位置。装订连接是以独立物体上装订孔的位置、形态、数量进行连接的。

采用上述方式连接的组合体被分离后，不具备特定意义的分离面和分离缘。其分离痕迹主要体现为点与线、点与点或印刷符号与印刷符号的对应关系。如装订成册的印刷品，其最后一道工序是切割成型。如果切纸刀的刀刃上有缺口或卷刃，在切割时可以在印刷品的侧面上形成切割线条。切割线条有一定的间距和宽度，并且线条连续。而对于单页纸张的边缘，刀刃切割的部位，其边缘光滑整齐；刀刃缺口切割的部位，纸张边缘形成突变点。突变点是以纸张边缘形态的凸凹变化或纸纤维的毛刺体现的。突变点的位置与切割线条的间距相互对应。切割纹线的方向有多种变化，如纹线垂直于纸面、与纸面倾斜或纹线是一条曲线。纹线方向只能反映切纸刀的运动轨迹，而纹线方向的变化只能使突变点产生平移，但突变点与纹线的对应关系不变，即纹线的数量、粗细、间距与突变点的数量、大小、间距相互对应。

4. 变形分离痕迹结构

变形分离痕迹是指物体被分离后分离面和分离缘的形态，由于受材料性质、分离方法、物体的组合结构及外界因素影响而迹化的分离痕迹。变形分离痕迹一般都具有分离面和分离缘两种结构，由于受变形的影响，分离面和分离缘在相邻分离体上的整体对应关系产生变化。因此，可以根据变形的种类，分析特征的变化规律，从而消除由于变形对整体对应关系的影响。

变形分离痕迹可以根据分离面形态的变化规律分为均匀变形、非均匀变形和局部变形。某一种物体在不同的分离方式作用下，或者某一种工具分离不同材质的物体均可能产生上述三种迹形。

（1）均匀变形分离痕迹结构。分离痕迹的均匀变形，是由于外界因素的作用，使分离面的面积均匀地增大或缩小。均匀变形通常出现在膨胀系数较大的物体上，当外界的温度及干湿度变化时，分离面产生膨胀或收缩。如从生长着的树木上砍下一截木棍，分离后的木棍由于湿度变化，使分离面收缩，这种变化一般是均匀的。此时树木上的分离面湿度变化较小，因此变形较小或基本不变，但是在两个分离面上可能形成较大的相对变化。

（2）非均匀变形分离痕迹结构。分离痕迹的非均匀变形是由于受物体材料性质及分离方式的影响，使分离面或分离缘的形态产生不均匀的变形。具有一定弹性，并且塑性较好的物体，采用徒手分离时容易出现非均匀变形。如退火的铁线或铜、铝丝，用手来回弯曲折断，分离面能产生非均匀变形；某些塑料物体，用手折断或撕断，其分离缘或分离面也能产生非均匀变形。非均匀变形在相邻分离面上一般同时发生，分离面的面积或分离线的长度可以增大或缩小，并且在分离面或分离线的不同部位上，其变形程度不同。

（3）局部变形分离痕迹结构。分离痕迹的局部变形是由于工具或其他因素作用，使分离面和分离缘的局部形态产生变化。局部变形在各种材料的分痕迹上都有可能出现。如采用钳剪工具剪切硬度较大、弹性较高的金属线材时，剪切工具的刃侧压力可以使线材沿剪切面拉断。此时在分离面上既可以形成剪切痕迹，又可以形成断裂痕迹，使分离面的局部形态产生变化。另外，某种物体被分离后，分离面也可能由于局部磨损或局部破碎而产生局部变形。

5. 无断口分离痕迹结构

无断口分离痕迹是指物体被分离过程中或分离后，分离面和分离缘的形态及物体的组合结构完全被破坏后的分离痕迹。无断口分离痕迹结构只是宏观意义上的，即分离痕迹本身并不具备分离面和分离缘结构。分离面被破坏，相邻分离体的分离面将失去整体对应关系。但是，对于具有特殊结构的物体，其内部结构并不能因为分离面的损坏而消失。物体的内部结构虽然只能反映物体的种类，但是特殊物体的内部结构或者由于外界因素影响产生变异的内部结构，对于确定无断口分离体的整体对应关系具有重要意义。

根据分离面的破坏情况，无断口分离痕迹可以分为：宏观有断口、微观无断口，宏观无断口、微观有断口，完全无断口三种类型。不同类型的无断口分离痕迹具有不同的结构。

（1）宏观有断口、微观无断口分离痕迹的结构。宏观有断口、微观无断口分离痕迹，可以认为是物体用两个宏观形态相同的分割截面间隔一定距离将物体分割。这种分离痕迹通常出现于用锯切割面积较大的木板或金属板上。

（2）宏观无断口、微观有断口分离痕迹结构。宏观无断口、微观有断口分离痕迹一般出现于组合体上。如采用刃器切断或拉断的绳索，如果分离面（即断口）保持原始状态，则组合体在分离面上具有特定的结构形态；当分离面结构松散后，组合体的固有结构形态被破坏，因此宏观上失去整体对应关系。但组合体内部的各独立物体都具有相互独立的微观断口，微观断口的结构、形态在相邻分离体上具备整体对应关系，同时组合体的结构变化并不影响微观断口的结构和形态。

（3）完全无断口分离痕迹结构。完全无断口分离痕迹，由于分离面和分离缘完全被破坏。因此分离痕迹只是宏观意义上的。而分离痕迹结构，只能针对不同物体来确定。这种类型的分离痕迹，对于材质、外形和组合方式相同的物体，只具有种类上的对应关系。但是，对于具有独特结构的物体，也可以具有唯一的整体对应关系。

第二节　整体分离痕迹的特征

整体物体从微观到宏观形态，都经历过自然因素或加工过程的作用，而物体从整体到分离体又经过分离作用。在每一过程中都可以形成反映物体共同属性的种类特征和反映物体特殊属性的特定特征。因此，分离痕迹特征可以根据特征的属性分为分离体的固有特征、加工特征和分离特征。

一、分离体的固有特征

分离体的固有特征是指反映物体固有属性的成分、微观结构和物质的连接方式所构成的特征。如金属的色泽、成分、金相组织、杂质形态，木材的种类、管胞、导管、木射线、纤维束、年轮、伪年轮的结构形态，纺织物的组织结构、纱线的细度、捻度、捻向、股数及纱线的配置关系等。固有特征一般只能反映同类物质的共同属性。但是，对于某些物体，由于特殊因素的影响，其内部结构具有特殊形态或固有特征产生变异，这种具有特殊形态或变异的固有特征往往可以反映出物体的特殊属性。

二、分离体的加工、使用特征

分离体的加工、使用特征是指物体在加工或使用中，由于表面状态变化或物体内部结构纹线相对位置的变化而构成的特征。如物体经过加工后形成的表面几何形态，物体表面的加工纹线、图案及油漆的颜色，纸张的装订方法，纺织物的裁剪方法、缝制特点等。加工工艺和加工方法对特征的属性有着十分重要的影响。制式加工形成的特征，在不同的物体上具有共同的属性。而非制式加工形成的特征具有特殊性。如用同一模具冲切的金属构件，其冲切线条在不同构件上具有相同的特点。而砂轮磨光的金属构件，其摩擦线条在不同的构件上具有各自的特点。

三、分离特征

整体物体被分离后，分离面和分离缘的形态可以构成分离特征。由于不同分离体上的相邻分离面是对偶面，因此分离面和分离缘的形态对特定的分离体具有特殊属性。分离特征受整体物体的种类、材料性质、分离方法的影响，将产生不同的变化。

（一）破坏分离特征

物体由人力或借助于工具进行破坏时，由人力或用工具打击而破坏的物体，一般不能沿着人为设定的方向断裂。因此，分离面和分离缘具有凸凹不平的结构，同时分离面和分离缘形态具有不可重复性，分离特征具有较高的特定意义。

采用切割工具（如锯、剪、钳等）破坏物体时，由于工具对物体的切削、剪切、挤压作用，往往使分离面和分离缘变形或破坏，而分离面一般都是工具的作用面。相邻分离体的分离面不能完全构成对偶面，但分离面的形态和结构可以反映工具的结构和作用方式，在相邻分离面上可以形成工痕特征。分离缘的形态变化与物体的平面尺寸有关，如果一个平面物体被切割分离，虽不具备对偶性，但分离缘（线）的宏观形态具有对偶性，即不同分离体上，其相邻的分离缘凸凹变化趋势是一致的。因此，切割分离形成的分离缘，在特定形态下也具有特定意义。

（二）分解分离特征

组合体分解分离形成的分离面和分离缘，其特征的意义与组合体的构成有关。如果组合体是由标准件组合而成，分离面和分离缘的形态只能反映出种类属性。但组合体在使用时间、运作状态、存放环境等因素的影响下，可能在连接面上形成附加痕迹或遗留附着物。当组合体分离后，在相邻的分离面或分离缘上，可以反映出相互对应的附加痕迹和附着物。附加痕迹和附着物特征在标准件组合体分离痕迹中同样具有特定意义。

非标准件组合体由于组合体内部各单一物体的形态具有随机性，因此分离后形成的分离面和分离缘本身就具有特定性。另外，分离面上也可能出现附加痕迹和附着物。由此可见，非标准件组合体分离痕迹特征的数量和质量均高于标准件组合体分离痕迹。

采用特殊方式连接的组合体分离后，其特征由于受多种因素的影响而体现出不同的性质。如粘贴连接，若黏合剂均匀分布于连接面，并且组合体是沿黏合面分离的，则分离面特征只具有一般属性；当组合体不是完全沿黏合面分离时，分离面和分离缘特征又具备特定性；若黏合剂是非均匀分布，则分离面和分离缘具有特殊形态，其特征具有特定意义。如果组合体采用装订和切割纹线连接，装订孔的数量、形态或切割纹线的数量、形态，在不同组合体上完全可以具有共同的性质；但订孔或纹线相对于组合体上某一定点的位置，由于装订或切割状态不同而改迹，即特征的形态、数量相同，但对于不同组合体，特征的位置不同。因此特征的位置通常也具有一定的特殊性。

（三）变形分离痕迹特征

变形分离痕迹，尽管分离面变形，但相邻分离面之间还存在着对应关系。根据变形种类和变形程度，可以选取和确定特征。

1. 均匀变形特征

分离痕迹均匀变形，通常是按照某一比例系数均匀地膨胀或缩小，变形后的分离面和分离线的尺寸一般都满足一定的几何对应关系。即在相邻分离面上分别选择若干个位置对应的特征点，然后分别测量不同分离面上特征点的间距，由于分离面均匀变形，相邻分离面上相互对应的测量数据之间存在着一定的差别，但是相邻面上的若干组数据均可能按同一规律变化，则表明相邻分离面上位置对应的特征点存在着整体对应关系。这种利用几何对应关系确定特征的方法称为几何法。

例如，从正在生长的树木上砍下一截木棍，经过一段时间后，分离下来的木棍将会干缩，干缩现象在木棍的截面方向可以认为是均匀的，因此分离面均匀缩小。特征点的选择可以根据分离面上的年轮和工具的切割纹线进行确定，即选择年轮与切割纹线的交点为特征点，然后分别测量相邻分离面上的特征间距，经过一定的计算和分析可确定特征的对应关系。

2. 非均匀变形特征

分离痕迹产生非均匀变形后，其相邻分离面一般不存在宏观上的整体对应关系，即相邻分离面不能构成对偶面。但是，从分离过程看，物体断裂面的局部确存在着对应关系。如一块脆性较低的塑料用手折断，断裂是从最大拉应力面（上表面）开始，并且向最大压应力面（下表面）扩裂。由于最大压应力面对物体的挤压作用，在上表面开裂的同时，下表面的局部在挤压作用下也变形。因此物体分离后，其分离面产生非均匀变形。如果将断裂过程用 a、b、c……等无数个截面（假设截面）分割，则两个截面之间的局部分离面可以认为是不变的。因此，非均匀变形的分离痕迹可以用局部分割的方法选择和确定特征。从理论上说，局部分割的截面越多，非均匀变形对特征的影响越小，但实际上可以根据分离面的大小及变形程度来确定分割截面的数量。通常，将这种局部分割确定特征的方法称为微分方法。

3. 局部变形特征

分离痕迹局部变形后，分离面的整体形态在相邻分离体上不具备整体对应关系，但分离面的某一局部对应关系不变。这种局部对应关系构成了局部变形分离痕迹特征。如用断线钳剪断硬度较大的金属线材，在剪切的初始阶段，由于钳刃的剪切和挤压作用，金属物体的被剪部位产生变形。当剪切到一定深度后，刃侧对物体产生较大的压力，刃侧压力在剪切面两侧可以合成为沿线材轴向的拉力并且作用于被剪截面。当轴向拉力增加到一定程度后，可将线材拉断。在金属线材被剪断后形成的断面上，有剪切作用形成的剪切面和拉力作用的断裂面（分离面）。剪切面上分布着剪切线痕，而断裂面则是两个凸凹不平的空间曲面。断裂面与线材的原始表面及剪切面相交形成了分离缘。断裂面和分离缘在相邻分离体上具有整体对应关系。对于分离面局部损坏的情况，没有被损坏的局部分离面，也可以构成整体分离痕迹的特定特征。

（四）无断口分离痕迹特征

无断口分离痕迹中，由于分离面完全被破坏，因此只能从物体的固有特征和加工特征中寻找能够反映物体特殊属性的特征。

1. 宏观有断口、微观无断口分离痕迹特征

宏观有断口、微观无断口分离痕迹，其分离面的破坏深度较小，如用锯切割物体。锯割物体的破坏范围与锯路宽相同，并且对分离体相邻面的破坏程度一致。当锯的规格较小（即锯板较窄），同时被锯物体的几何尺寸较大时，锯开线的方向有可能产生变化。由于锯开线方向的变化，使相邻锯断面具有相同的凸凹变化趋势，根据断面的宏观形态特征，通常可以确定整体对应关系，而断面的微观对应关系被锯齿的切割作用破坏。宏观断口形态在尺寸较大的平面物体中体现最明显。对于三维物体，在利用断面宏观特征的同时，还可以利用断面上的其他特征。如木材干缩时形成的裂纹，在不同锯断面具有形态完全相同的分布。裂纹的形成过程，裂纹的长度、方向、相对位置关系等特征完全是随机的，在相同种类的木材中裂纹重复的概率是十分微小的。

2. 宏观无断口、微观有断口分离痕迹特征

宏观无断口、微观有断口分离痕迹，一般都是由于组合体的结构在分离面部位被破坏，使分离面的宏观结构形态失去整体对应关系。但是组合体中的单一物体具有完整的分离面（分离缘），这种微观断口可以在多个单一物体上同时反映出来。如稻草绳被切断或拉断，当断口松散后，分离面的整体对应关系被破坏。但是单根稻草的叶和茎的断面形态完整可以构成微观断口特征。

3. 完全无断口分离痕迹特征

完全无断口分离痕迹特征，通常是根据物体的结构而确定。对于特殊物体，由于结构的特殊性，完全可以形成能反映物体特殊性的固有特征。因为物体的结构是连续的，所以固有特征具有两个稳定区间。超出稳定区间后，固有特征将产生连续的变化。如果分离面的破坏范围小于稳定区间，则相邻分离面上的固有特征具有整体对应关系。稳定区间的大小与物质的种类有关，稳定区间也可以称为分离体的整体对应极限（或对应极限）。

（1）木材无断口分离痕迹特征。木材是日常生活中使用最普遍的材料，也是犯罪现场经常出现的痕迹物证之一。根据木材的外观形状可分为两种：一种是未经加工的原始木材，又可称为原材；另一种是加工成一定几何形状的型材。原材和型材所体现的固有特征各不相同。原材的截面通常是圆形的，截面上的年轮形态、数量、间距构成了固有特征。固有特征的稳定区间与原材的曲直有关，原材的弯曲变化大或节结较多，则稳定区间小；反之稳定区间大。如果在分离面上出现假年轮，则特征的质量和特征的稳定区间都可以得到明显提高。

型材是由原材沿轴向切割而成。因此分离面上不能反映出年轮的全部形态，但截面上反映的年轮局部形态、流向、倾斜角度、间距、数量也可以构成固有特征。固有特征的稳定区间在型材上变化较大，一般可以根据切割方向或型材表面的年轮分布规律进行确定。

原材和型材的特征可以通过建立坐标进行确定。原材的坐标原点可以建立在髓心上，纵轴的方向应该与髓心至外圈年轮最近点的方向相同。型材的坐标可以沿着截面边缘或某一对角线。然后测量年轮的坐标位置、年轮与坐标的夹角等相关点的数据。由于木材的生长受多种因素的影响，因此由年轮构成的特征，即使是同一种木材，其固有特征重复的概率也是很小的。

（2）草绳无断口分离痕迹特征。草绳的使用是非常广泛的。在刑事案件现场中也经常出现，如案犯用草绳捆扎物体，甚至作为杀人工具。草绳所用的材料，在不同地区而有所不同，一般用稻草制作草绳的最多，有些地区也使用大、小叶樟草。草绳的制造工艺有机制、半机制、手工等，目前使用的草绳多数为半机制。草绳的结构一般是由 40~50 根稻草分成两大股加

捻制成。

草绳的固有特征除了草绳的股数、捻度、捻向和每股中单根草的数量外，更主要的是单根草叶、茎的结构。稻草成熟后的长度为70~80cm，中心是三节首尾相接的草茎，每节的外部都包裹着片草叶。草茎的截面中心部位是一个圆形的空腔，空腔的外围分布着数十个导管；草茎的表面是由导管构成的茎脉，茎脉沿草茎的轴向分布。草叶长25~30cm，最宽处1.0~1.5cm；草叶表面中心有一条粗大的叶嵴从叶根部延至叶尖；叶嵴两侧分布着数十条叶脉。茎脉和叶脉均呈条纹状、有一定的数量、粗细和向距。

稻草在生长过程中，由于受各种因素的影响，茎脉和叶脉的数量、间距、粗细都具有不同的分布。由实验表明，稻草叶最宽处的叶脉数为40根左右，茎脉数为30根左右。通过对叶脉或茎脉线条接合可知：不同草不同叶的任意截面对接，或相同草不同叶的任意截面对接，其线条偶合率低于15%；而同一片叶不同截面对接时，线条对接率则明显提高，其中以稻草的中叶、中段的稳定区间最大，对接范围可达4cm，即稻草的中叶、中段在4cm范围内进行叶脉线条接合时，接合率可达95%以上，若在1cm范围内对接，则线条接合率可达100%。稻草茎脉线条的变化较大、稳定区间小千叶脉线条。另外，进行线条接合时，草茎的定位较难，而草叶可以利用叶嵴进行定位。由此可见，利用稻草叶、茎的结构作为草绳无断口分离痕迹特征是具有特定意义的。

（3）指甲无断口分离痕迹特征。指甲由于修剪或其他原因而分离是常见的，这种现象尽管在犯罪现场出现较少，但是它也可以作为犯罪的证据。由于指甲分离后手上部分还在继续生长，因此分离后的断口一般都没有分离面或分离缘。若分析指甲体的整体对应关系，必须利用指甲的固有特征。

指甲的结构包括甲体和甲床。甲体是覆盖于手指末节背面的角质层，并且略微弯曲呈曲面，甲体的边缘近似于四边形。甲床附着于甲体下面，由生发层及真皮层构成。指甲被剪断或断离的部分称为游离缘。

通过显微镜观察，可见到甲体的外表面和甲床面上有沿手指纵向分布的凸凹线条。甲体外表面光滑，线条较粗，不连续。甲床面的线条较细，数量多、深浅明显。线条在甲根部不明显，并且变化较大。指甲体上的线条数量、粗细排列关系取决于甲根部的结缔组织。由于受个人的营养条件、健康状况及其他因素的影响，因此形成的线条也是人各不同。即便是同一人，不同指甲上的线条粗细、分布也完全不同。因此甲体上的线条，可以构成甲的无断口分离痕迹特征。

在人的一生中，指甲不断地生长。由于受各种因素的影响，甲体上的线条特征将不断地变化，尽管在变化期间，线条特征也同样存在着稳定区间。实验表明，十七岁以前相隔半年，十七岁至二十五岁之间相隔一年，二十五岁以后相隔两年的指甲，其线条的数量、间距、宽度都基本不变。由此可见，线条特征的稳定区间随年龄的增大而提高。指甲被分离后，只要没有超过稳定区间，就可以利用指甲游离缘进行人身鉴定。一般情况，下游离缘的宽度，能达到甲体宽度的1/3，就可以确定游离缘与甲体的整体对应关系。

（4）金属无断口分离痕迹特征。金属材料由于结构均匀、各向同性，因此材质相同的金属具有共同的内部结构。但是金属材料在生产加工过程中，由于加工工艺和热处理条件不同，相同材质的金属产生不同的金相组织。因此，可以利用金相组织或金属内部的杂质形态，确定金属分离体的属性，而这种特征通常不能唯一地确定整体对应关系。

（五）物体材料性质及分离方法对特征的影响

1. 材料性质对特征的影响

各种不同的物质，由于组织结构、硬度、脆性、弹性、塑性等物理性质不同，形成的分离痕迹形态也不同。硬度大、脆性高、弹性好的材料，被破坏分离后，分离痕迹不易变形、不易损坏。但材料性质不同，可以使分离面的形态产生很大差异。如高碳钢（铸铁）、硬质塑料和木材等物体断裂后，分离面粗糙不平，并且为空间曲面；而玻璃断裂后，分离面是一个光滑的柱面（即分离面与玻璃表面垂直），同时玻璃断面上分布有弓形纹线，弓形纹线的形态可以构成光滑表面的分离痕迹特征。塑性高的材料，不管采用什么方法分离，其分离痕迹都将产生一定的变形，变形程度取决于材料的可塑性高低。如经过退火处理的铁丝或电缆线中的铜、铝线，在拉伸断离后，断口附近的局部区域产生颈缩现象，相邻分离面不能构成对偶面，但分离缘则是对偶曲线。塑性材料的分离痕迹，容易受外界因素的影响而破坏，因此对分离痕迹的保护，是一个很重要的方面。

2. 物体的几何形状对分离痕迹特征的影响

物体的几何形状对分离痕迹特征的影响主要体现为：任何形状的物体经过徒手分离后，分离面和分离缘的形态变化较小或基本不变。但是，三维物体在切割破坏作用下，分离面的形态多数会产生变形；而二维物体在切割破坏下，分离线的形态受切割作用的影响很小，不同分离体上的相邻分离线有明确的对应关系。如具有一定直径的金属铜线被剪刀剪断，断面在剪切作用下形成剪切痕迹，相邻断面不存在整体对应关系；而用剪刀剪断铜片，由于物体很薄，断面变形可以忽略，其相邻分离线具有明显的整体对应关系。

3. 分离方法对特征的影响

分离方法不同是引起分离痕迹特征变化的主要因素。硬度高、脆性大、弹性大的物体，如果采用徒手分离，其分离痕迹特征稳定可靠。采用器械分离，其特征可以产生两种变化：一是用剪切工具分离，分离面上既有剪切痕迹，又有断裂痕迹，分离面产生局部变形，但是相邻的断裂面具有整体对应关系；一是用锯割分离，此时相邻分离面形态变化，一般不具备整体对应关系。

对于具有一定弹性和塑性的物体，采用徒手分离可以使分离痕迹特征产生变化，而器械分离又可以形成较好的分离痕迹特征。如塑料薄膜，徒手分离后，分离痕迹特征可能完全被破坏；而用剪刀剪断或用刀划断，则可以形成稳定的分离痕迹特征。

同一种物体用不同方法分离，分离痕迹特征也可以产生各种各样的变化。如纸张可以用剪、切、裁、撕、划等方法分离，其分离痕迹特征（即分离线形态）表现为：

剪切分离：用剪刀剪断纸张，分离线光滑，能出现波浪状弯曲，有时可以出现停顿的剪刺。

切断分离：用切纸刀切断纸张，分离线整齐、光滑，切割线平直。

裁断分离：将纸张折叠后用刀裁断，分离线沿折叠线分布，分离线边缘粗糙、有纸纤维毛刺，若刀刃的锋利度较差，则边缘呈小锯齿状。

撕断分离：撕断纸张，分离线一般都具有不规则形态，边缘粗糙不齐呈不规则齿状，有较长的纸纤维毛刺。若将纸张折叠后沿折叠线撕断，则分离线平直，但边缘粗糙不齐，有较长的纤维毛刺。

划断分离：用刀将纸张划断分离，分离线边缘光滑整齐，形态曲折。

组合体用不同工具进行拆卸分离时，一般不会使分离面的形态改变。但物体上的工具痕迹通常可以反映工具种类和工具的作用方式。

第三节　整体分离痕迹的勘查与鉴定

一、整体分离痕迹的勘查

分离痕迹勘查的主要任务是寻找和发现犯罪现场中的分离痕迹，确定分离痕迹与犯罪性质的关系，提取现场分离痕迹。分离痕迹不仅可以作为同一认定的证据，另外，可以通过分析痕迹的形成过程，确定案犯的作案手段或作案使用的工具。

（一）分离痕迹的寻找

在各类刑事案件中都有可能出现被案犯分离的物体。分离体通常都具有一定的体积和形状，因此，比较明显直观。但有些分离体可能很小，或者进入客体内部而不易发现，需仔细观察，认真寻找才能发现。寻找和发现分离痕迹应结合案件性质，根据案件性质不同，可在重点部位寻找。

1. 案犯进入现场的入口处

入口是案犯进入现场的必经之处，案犯破坏入口处的障碍物时，有可能使工具的局部断裂而分离，因此可能在工具痕迹内部或附近出现工具断裂后的分离体。另外，破坏障碍物形成的局部碎块，有可能掉落于案犯的衣袋内或被案犯的服装黏附而带走，形成整体分离。

2. 作案的侵害物或破坏物

作案的侵害物是犯罪行为直接侵害的对象。

侵害对象不同，分离痕迹的大小、形状、出现部位也不同。例如，盗窃案件中，案犯破坏某种物体或仪器设备，并将其中的局部构件盗走，则现场被破坏的物体上形成分离痕迹；杀人案件中，在被害人身体上的创口内，可能遗留工具刃部的断裂碎片。作案的侵害物通常是破坏最严重、遗留工具痕迹最多的部位，在工具痕迹表面或内部可能出现工具的分离体，这些分离体的体积小，一般不易发现。

3. 现场遗留物

案犯作案使用的物品，可能遗留在现场，或者使用的物品由于某种原因被破坏后，其局部遗留在现场。例如，案犯作案时使用的捆绑被害人尸体的绳索、铁丝，或者包裹尸体的纺织物及塑料布；强奸案件中，被害人与案犯搏斗时，从案犯身体上撕掉的纺织物；案犯驾车作案时，被碰碎的车灯罩玻璃碎块、车体的油漆片等物。现场遗留物与案犯平时所能接触的物体，可能存在整体对应关系。

（二）分离痕迹的识别

犯罪现场出现的分离体，并不是都具有同一认定的价值。有些分离体是案犯为达到作案目的破坏物体时形成的，这样的分离体在现场内就可以复原成整体物质。对案件的侦破具有实际意义的分离体，通常能够与现场之外的某个物体构成整体物质，而现场之外的物体，必须与案犯有直接或间接的关系。因此，对现场上发现的分离痕迹，必须在提取之前认真分析，根据分离体的材质、分离痕迹的形态确定与案件性质的关系。

1. 根据目的物上的分离痕迹判断

作案的目的物上出现分离痕迹后，可以根据现场情况或访问当事人，分析目的物上是否缺少某一部分。如果是专业性很高的仪器设备，可请有关专家协助分析。若确认缺少的部分不在现场内，则目的物上的分离痕迹与犯罪行为有关。

作案的目的物如果是贵重金属或是价值很高的物品，在这样的物体上出现的分离痕迹，通常与犯罪行为有关。

在工具痕迹表面或内部出现的金属碎块或刀刃碎片，如果在现场不能发现与之相关的工具，则这种金属分离体与作案工具之间有着直接的对应关系。

2. 根据遗留物判断

现场遗留物的整体状态是确定分离痕迹是否具有实际意义的主要根据。如果现场遗留物是破碎的、残缺不齐的物体，如车灯玻璃碎块、纺织物碎片、塑料碎片等物，则物体的另外一部分很可能保存在与案犯有关的场所。若遗留物是相对完整的物体，如绳索、铁丝或面罩等物，这些物体往往是从某一物体上直接分离下来的，或经过一定的加工而制成的。上述两种遗留物，可能与某种物体具有整体对应关系，作为分离痕迹具有很重要的意义。

现场遗留的分离体中，有些可能与案件的关系并不十分明确，如碎纸屑、火柴棍等物，对于这样的物体也应该注意寻找和分析，以免遗漏现场痕迹物证。

（三）分离痕迹的提取与保存

分离痕迹通常都出现在被破坏或被拆卸的物体上，因此，现场分离痕迹的提取，一般是以提取分离体为主。但对于一些不易提取实物的分离体，如分离体的体积较大、较重，也可以采用制模的方法提取。提取时，用石膏或打样膏将分离痕迹制模后提取。对提取的分离痕迹，应该立刻进行比例拍照，记录分离痕迹的原始形态。

对现场提取的分离体，要注意保护其原始形态，特别是分离面、分离缘更要精心保护，防止损坏和变形。可以根据分离体的性质，采取适当的措施进行保存。例如，金属分离体，应进行防锈处理，或者存放于干燥的环境中；易破碎的分离体，应该装入器皿中，防碰、防振；易松脱的纺织物或绳索的分离端，可用胶纸粘贴或用细线捆扎；易腐败的分离体，经过防腐处理后，装入容器中保存，或者进行冷冻保存；对于含水分较大的新鲜植物体，应采取措施防止脱水；对于体积较小、较薄的油漆片、纸片等，可用载玻片夹住。

二、整体分离痕迹的鉴定

分离痕迹检验的主要任务是鉴定现场提取的分离体与嫌疑分离体是否可以构成同一整体。检验的依据是根据分离痕迹特征的整体对应关系。

分离痕迹检验的步骤主要是：对各个分离体进行检验，根据一般特征确定分离体的种属是否相同；根据分离痕迹特征确定分离方法；根据分离面或分离缘形态进行比对检验，确定分离体之间的整体对应关系；根据比对检验的结果制作鉴定书。

（一）分离痕迹的检验

检验分离痕迹是鉴定工作的基础，必须对其进行全面检验和综合判断。检验的重点是对分离痕迹特征加以认真、细致的研究，解决以下问题。

1. 确定分离体是否具备构成整体物体的宏观条件

整体物体的外观形态是连续的，物体被分离后，其连续的外观形态可以在分离体上反映出来。因此，外观特征的连续性是构成整体物体的基本条件。对于单一物体，应该分析若干分离体的材质、表面色泽、外观形态和尺寸是否一致。对于组合体，除了分析外观特征是否一致，还应该分析不同分离体的结构是否相关以及整体结构是否具备特定的功能。例如，导火索从外观到内部的结构依次为纺织物、纸芯、药芯，其功能是引燃爆炸装置。对于导火索分离体，其纺织物的编织结构、纸芯的包裹方式、药芯的组合结构、各层次的材质、颜色等特征必须一致，才有可能构成整体物体。现场提取的分离体与嫌疑分离体可能存在着颜色上的差别，此时应结合案发时间、分离体存放的环境及其他各种因素进行综合分析，确定颜色变化的原因。

2. 确定分离痕迹特征是否发生变异

分离痕迹由于受分离体材质及送交鉴定的某些环节等的影响，可能会引起特征的变化。因此，在比对检验之前，应分析特征变化的原因。对送检的分离痕迹，应结合案发时间，分离痕迹的提取、包装、运送方法，分离体的材料性质、分离方法及存放环境等因素进行全面分析，确定分离痕迹是否被破坏、是否产生了附加特征、是否产生变形等。

分离痕迹特征是同一认定的主要依据，因此，确定特征是比对检验之前的最重要的步骤。分离痕迹的同一认定，主要根据以下四种类型的特征。

第一类特征，即分离面和分离缘（线）的形态。具有明显凸凹结构的分离面和分离缘，在不同分离体的相邻分离面上，其凸凹形态和结构是相互对应的。根据分离面或分离缘的形态进行直接比对，即可确定分离体的整体对应关系。即使分离痕迹变形或用器械分离的客体，其分离痕迹上也存在着局部对应的分离面或分离缘，并且在相邻分离体上具有对应关系。

第二类特征，即分离面上和分离体原始表面上的固有花纹、图案特征。分离体内部和表面的花纹、图案，都是物质在生长过程中或生产加工过程中形成的。在整体物体中，花纹和图案都具有连续性。因此，可以根据分离体内部或表面上的花纹、图案进行比对，确定相邻分离体的整体对应关系。例如，利用木材的年轮、草叶脉、金属表面的抛磨线条等进行比对。对于分离面或分离缘受到损坏的分离体，也可以利用花纹、图案特征确定分离体的整体对应关系。

第三类特征，即分离体上的附加痕迹特征及分离面上的附着物特征。物体由于各种原因可使表面或内部形成一些裂纹，物体分离后可以根据分离面和表面的裂纹确定整体对应关系。对于由标准件构成的组合体，拆卸分离形成的分离面也具有标准化的几何形态，但是在分离面上可能存在附加痕迹或附着物。例如，金属组合体的连接面上可能形成锈斑或附着物，分离后在相邻分离面上完全有可能存在着形态相同的锈斑或附着物。因此，利用附加特征和附着物可以确定分离体的整体对应关系。

第四类特征，是利用分离体的结构及物质的种属特征进行综合性的检验，确定分离体的整体对应关系。对于断口完全损坏的无断口分离体，由于相邻分离面的形态已不具备整体对应关系，因此，可以利用物体的结构特征、加工特征、物质的属性等进行综合分析。例如，两块纺织物分离体，可以从外观的颜色，染料成分，纱线的细度、密度，纱线的捻度、捻向及经纬纱的配置，完全组织的结构、经纬纱的数量，制作方法和工艺水平等方面进行全面检验、综合分析，在一定条件下也可以确定分离体的整体对应关系。

（二）分离痕迹的比对检验

对现场和嫌疑分离痕迹分别进行检验之后，必须对两者的特征进行全面比对检验，依此确定特征的符合点和差异点，为确定分离体的整体对应关系提供结论性的依据。分离痕迹比对检验通常采用特征对接法、特征对照法和特征重叠法。每种比对方法具有相对独立性，比对时可以根据痕迹特征反映交替使用。

1. 特征对接法

特征对接法是将分离体的分离面对接，观察分离缘的凹凸结构是否能够完全吻合，同时应观察分离体原始表面上的附加特征或花纹图案是否连续接合，总体形态特征是否吻合。

如果物体破碎程度较大，分离体较多，对接时可以从分离体的原始表面或边角向中心接合。

如果分离痕迹产生非均匀变形，可以采用分离缘局部对接法进行对接，对接时从分离体的某一原始表面或边缘开始逐段对接。对接过程中相邻分离体不能错位，以此保证分离面和分离缘的局部对应关系。

2. 特征对照法

特征对照法是将相邻分离面的形态进行对照，观察相邻分离面的几何形状和尺寸是否一致，分离面的凸凹结构是否相互对应，断面上的花纹结构是否一致。由于相邻分离面特征的凸凹趋势相反，因此，在相同的光照条件下进行比对时，易产生视错觉。对于这种情况，可以将分离面的形态反转后进行比对。比对时用打样膏或石膏将某一分离面的立体形态制模，然后用分离面的模型与相邻分离面比对，如果光照条件相同，则分离面的凸凹趋势完全相同。

对均匀变形分离痕迹进行分离面特征对照检验时，在确定特征的形态、数量基本相同的条件下，还应分析特征的变化规律。如果特征均按相同的规律变化，则分离痕迹具有同一认定的价值。例如，木材分离痕迹均匀变形年轮的形态、数量在相邻分离面上具有共同特征，此时年轮的间距可能产生变化。这种情况下，可以根据由坐标确定的特征点，分析变形规律。

3. 特征重叠法

特征重叠法是将相邻分离痕迹制成一正一反的负片进行重叠比对，观察特征的形态、位置、数量是否重合。利用分离痕迹特征比对的同时，还可以利用分离体的物质成分、化学性质等进行综合比对。

（三）比对特征符合点

对分离痕迹特征进行综合评断是检验工作的最后阶段。评断的目的是确定特征的符合点是否可以作为同一认定的根据，如果出现差异点，应该分析差异点对同一认定结论的影响。评断过程中应结合分离体材料的性质及分离痕迹特征的类型，同时还应该考虑分离体提取的先后时间、存放环境，以及分离体被腐蚀、污染情况。

第四章　开锁痕迹

第一节　锁具和钥匙概述

使用锁保护财物安全是一种古老而普遍的方法，锁是必须用特定工具或方法开启的封缄器，是各种锁类的统称。其最大特点是能封闭一定的空间，限制人们使用，具有一定的安全防范功能。

一、锁的分类

锁的分类见表 5-4-1。

表 5-4-1　锁的分类表

<table>
<tr><th>分类依据</th><th colspan="2">类型</th></tr>
<tr><td>按材质分类</td><td colspan="2">铸铁锁、铁皮锁、铜锁、铝合金锁、锌合金锁、不锈钢锁和塑料锁等</td></tr>
<tr><td>按结构分类</td><td colspan="2">机械结构锁和非机械机构锁</td></tr>
<tr><td>按用途分类</td><td colspan="2">挂锁、建筑门锁、家具锁、自行车锁、工业用锁、邮电用锁、交通用锁、管理用锁和各种特殊用锁等</td></tr>
<tr><td>按有无钥匙分类</td><td colspan="2">有钥匙控制锁和无钥匙控制锁</td></tr>
<tr><td>按安全性能分类</td><td colspan="2">防撬锁、防拨锁、防挑锁、防插锁、防震锁、防钻锁、防拆锁、防冲击锁、防尘防锈锁、防互开锁、防钥匙折断等</td></tr>
<tr><td rowspan="7">按锁的控制原理分类</td><td>机械锁</td><td>钥匙具备一定的结构，有一定数量的齿，通过钥匙与锁内零件相互配合并转动钥匙实现开锁，有弹子锁、开关档锁、弹簧锁、叶片锁、铁皮锁、千层锁等（图 5-4-1）</td></tr>
<tr><td>弹子锁</td><td>根据弹子排列分为单排弹子锁、双排弹子锁、多排弹子锁（十字锁）、量子锁等；根据弹子形态分为圆柱弹子和叶片弹子；根据弹子方向分为径向和轴向</td></tr>
<tr><td>叶片锁</td><td>一般汽车锁都是叶片锁（汽车门锁、点火开关、后备箱锁）</td></tr>
<tr><td>磁性锁</td><td>是以磁性弹子起控制作用，其钥匙表面光滑、形态规范，有磁性门锁、磁性挂锁、磁性箱包锁、磁性自行车锁等（图 5-4-2）</td></tr>
<tr><td>号码锁</td><td>在开锁时无须钥匙，只需利用号码组合控制锁的开启，有号码挂锁、号码箱包锁、号码自行车链条锁、圆盘号码锁等（图 5-4-3）</td></tr>
<tr><td>电控锁</td><td>是根据电磁原理，利用电子计算机技术对锁进行控制，同时利用计算机对钥匙编码，由此提高锁的保密性，有电磁锁、电子号码锁、电子卡片锁（高级宾馆门锁）、指纹锁、虹膜锁、视网膜锁（图 5-4-4）</td></tr>
<tr><td>现代新型锁</td><td>金点原子锁、手形锁、电子密码锁、智能暗码锁、指纹锁等</td></tr>
</table>

图 5-4-1　机械锁

图 5-4-2　磁性锁

图 5-4-3　号码锁

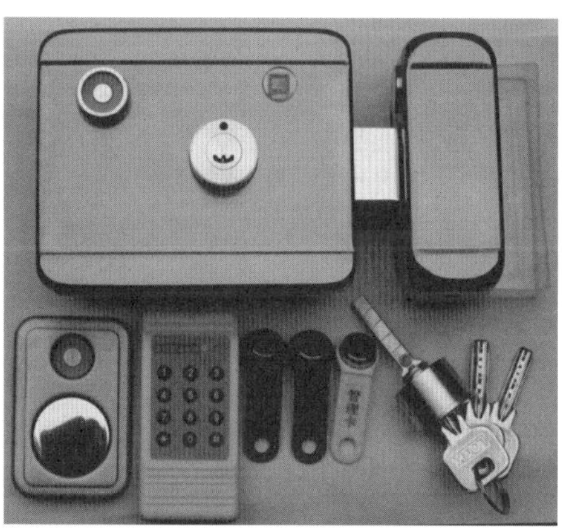

图 5-4-4　电控锁

二、钥匙的种类

钥匙的种类见表 5-4-2。

表 5-4-2　钥匙分类表

分类依据	种类
按结构分类	齿面外凸的钥匙（图 5-4-5）
	齿面内凹的钥匙（图 5-4-6）
按材质分类	铝合金钥匙
	铜合金钥匙
	镀镍合金钥匙

图 5-4-5　齿面外凸的钥匙

图 5-4-6　齿面内凹的钥匙

三、钥匙的结构

常见弹子锁钥匙（单面齿）的结构如图 5-4-7 所示。

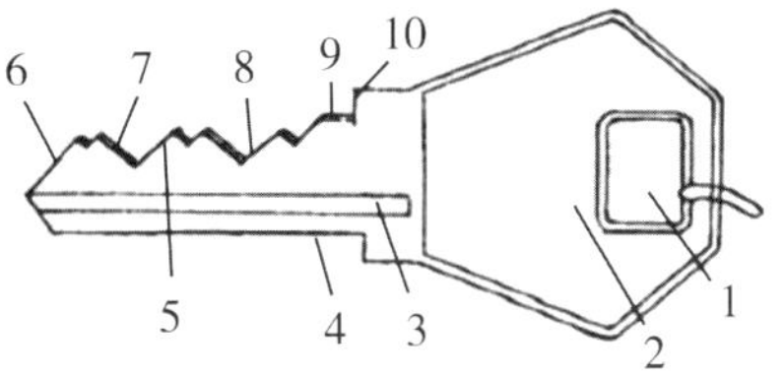

1.串环孔 2.匙柄 3.匙槽 4.匙背 5.齿面边棱
6.迎面 7.靠迎面侧斜面 8.靠匙柄侧斜面 9.平面 10.挡头

图 5-4-7　钥匙的结构

四、钥匙的生产工艺

弹子锁钥匙的生产工艺见表 5-4-3。

表 5-4-3　弹子锁钥匙的生产工艺

环节	生产工艺
下料	通过冲压等做出钥匙轮廓为后续加工准备
串环	冲压出钥匙挂环孔
铣槽	对钥匙两侧加工出定位槽
开牙	由开牙机按设定的齿面关系铣齿。由于开牙机是数控类铣床，不需要原模型，齿面一次加工完成，整个齿表面较少有横向条状痕迹

五、钥匙的配制方法

钥匙的配制方法见表 5-4-4。

表 5-4-4　钥匙的配制方法

配制方法		过程
直接配制法	手工配制法	配制时将原钥匙同钥匙胚子以挡头部对齐，用台钳固定，用什锦锉逐一锉齿，直至钥匙胚子上齿位同原钥匙齿位一致，然后去掉毛刺、卷边即可（图 5-4-8）
	机械配制法	自动配钥匙机，由铣刀、铣齿、等距模针传递齿位高低
		对于齿面内凹的钥匙需要用立铣床才能配制，立铣床的铣刀采用圆形立柱状（立铣刀），模针为柱状，工作时匙夹被安装在纵向移动的平台上而不是横向移动的连轴上（图 5-4-9）
		配制杆状钥匙，其主要特点是铣刀为一圆盘，模针为一薄钢片

续表

配制方法	过程
印模配制法	利用橡皮泥等制模材料制备模型，然后用模型上的齿位关系手工锉铣钥匙胚齿面，从而完成增配
观察（描摹画样）配制法	按原钥匙的外观形状利用铅笔等绘图工具在纸张上画出图样，然后用同型钥匙胚子按图样手工锉铣出同样齿位关系的钥匙

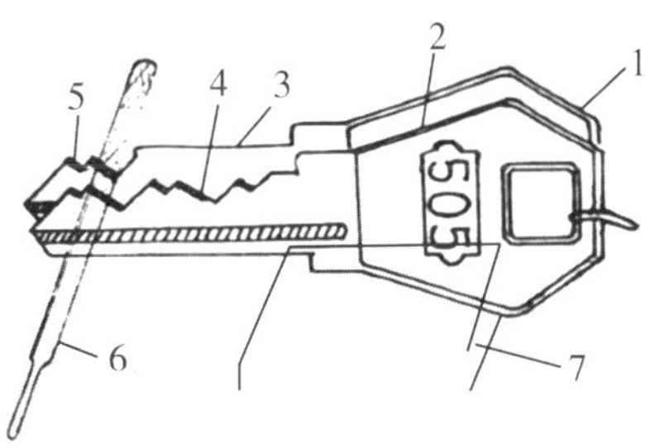

1.钥匙坯子 2.原钥匙 3.未锉齿 4.原钥匙齿面
5.已锉出齿面 6.锉刀 7.夹持工具

图 5-4-8　手工配制法

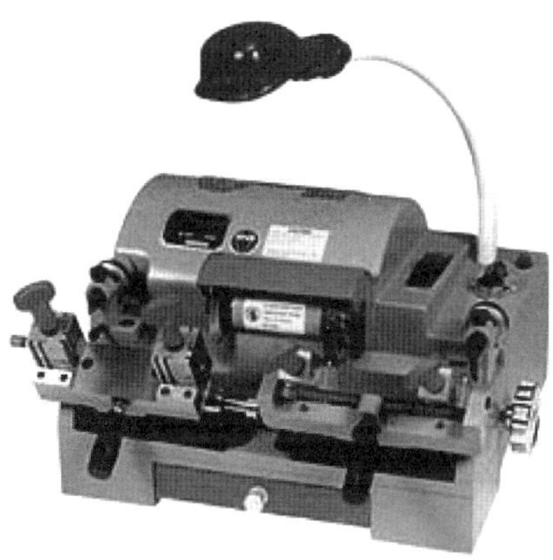

图 5-4-9　自动配钥匙机

第二节　锁具的结构和开启原理

每一种锁在结构上都有不同之处，这就决定了其功能的不同。对于开锁原理而言，绝大多数锁的开锁原理是相同的（磁卡锁、电子锁等除外）。一般的锁，如普通门锁、挂锁、十字锁等，虽然它们的外观、结构、大小及钥匙孔等不相同，但其开锁原理是完全相同的。

一、锁具的机械结构

锁具的机械结构见表5-4-5。

表5-4-5　锁的机械结构

结构	原理
滑动轴式结构	这是锁中最简单的结构。锁体中有一转动轴，与其开关机构相连，当钥匙插入钥匙孔中，就带动转动轴旋转，与之相连的开关机构就使锁具实现开关动作。这种结构的锁多用在保密要求不高的地方，如火车、轮船的通道门
固定片式结构	钥匙插入锁体内的连接套中，旋转带动开关机构开锁。为限制钥匙随意旋转，锁体中装有若干与钥匙插入方向垂直的固定片，只有当钥匙齿形尺寸与各固定片相对应时，钥匙才能旋转，这种结构的锁用在保密要求不高的地方（如千层锁）
摆片式结构	利用宽度不同，但都有相同“E”形孔的摆片来约束钥匙在锁体中任意旋转。锁体中的开关机构上装有销柱，将其套入若干摆片的“E”形孔内。钥匙旋转时，拨动摆片，使各摆片“E”形孔重合在销柱运动轨迹上，锁即实现开启和锁闭。如果钥匙齿形与摆片宽度不相符，则各摆片“E”形孔交错，卡住销柱，机构不能动作。摆片式结构工艺简单，保密性能较好，应用比较广泛
簧片式结构	带有圆柱形锁芯，锁芯的表面有一排径向的槽孔，槽孔中装有带方形孔的钢片和弹簧，统称簧片。一般情况下，簧片凸出锁芯表面而插入锁体的凹槽中，使锁芯不能任意旋转。插入钥匙后，钥匙齿分别推拉簧片，使之顶端与锁芯表面趋平，锁芯即可自由旋转，从而实现开关动作。簧片式结构制作工艺简单，外形尺寸较小，能够满足一般保密性能要求

二、弹子锁的结构

弹子锁由控制系统和闭锁系统两部分组成。

1. 控制系统

控制系统是控制锁具完成开启功能的部分。主要由锁芯、圆头弹子、平头弹了、异形弹子、锁舌拨动件、弹子弹簧和钥匙组成。控制系统是由钥匙与圆头弹子（异形弹子）相互配合，解除平头弹子对锁芯的约束，使锁芯转动并控制闭锁系统实现闭锁功能和开启功能。

2. 闭锁系统

闭锁系统是指锁具能实现闭锁功能的部分。不同的锁其闭锁系统的组成不同。如挂锁的闭锁系统和控制系统组装在同一锁体内，是由锁梁、锁舌、锁舌弹簧和锁梁弹簧组成的。而门锁的闭锁系统和控制系统则分别组装成两个独立部分，二者通过联动装置连接。闭锁系统是在控制系统的控制下，通过联动装置传递动力，完成锁的闭锁或开启功能。

弹子锁的结构见表5-4-6。

表5-4-6　弹子锁的结构

结构	原理	
挂锁结构	直开挂锁结构	直开挂锁主要由锁体、锁梁、锁芯、圆头弹子、平头弹子、定位弹子、锁舌、弹簧（弹子弹簧、锁梁弹簧、锁舌弹簧）、锁钉、防拨片和钥匙构成。直开挂锁其锁舌与锁芯是独立的，而锁芯与锁舌拨动件连成一体，锁舌的运动通过锁芯的转动进行控制
	横开挂锁结构	横开挂锁主要由锁体、锁梁、锁芯、圆头弹子、平头弹子、定位弹子、弹簧、锁钉、钥匙构成。横开挂锁的锁芯、锁舌、锁舌拨动件为一个整体，当锁芯转动时，锁舌与之同时转动，控制锁的开启
门锁结构	门锁主要由锁体、锁芯、圆头弹子、平头弹子、弹簧、锁匣、锁舌拨动件、锁芯固定片和钥匙构成。门锁的锁头体和锁匣是独立的，二者由锁舌拨动件连接。而闭锁系统则组装在锁匣内，由锁舌、弹簧和其他零件构成。当锁芯转动时，锁舌拨动件带动锁舌运动，控制锁具的闭锁和开启	

续表

结构	原理
多排弹子锁结构	多排弹子锁结构主要是由锁体、锁芯、圆头弹子、平头弹子、弹簧、锁舌拨动件、锁芯固定片、锁匣和钥匙构成。多排弹子锁的控制系统和闭锁系统可以组装在同一锁体内，也可以分别独立组装。其控制原理是通过钥匙与弹子配合后，使锁芯转动控制锁的开启。多排弹子锁内的弹子排列，沿锁芯径向可以有两排或多排，同时弹子也可以沿锁芯轴向分布。因此使弹子的排列空间增加到三维，使锁的防拨性能大大提高。多排弹子锁的钥匙截面形态一般为十字形或圆柱形。在十字边缘或圆柱表面分布着深度不同的齿或圆台形槽

三、弹子的排列

目前，普遍使用的弹子锁中，弹子都是一排，分布在一个平面内，分为上层弹子和下层弹子，上层为平头弹子，下层为圆头弹子。圆头弹子和平头弹子的数量相同、直径相等，并且对应排列，即一个圆头弹子和一个平头弹子组成一对，排列在同一弹子孔内（如图 5-4-10。1 号为普通弹子，2 号为蘑菇形弹子，3、4 号为工字弹子，5 号为多层弹子、特殊弹子或异形弹子）。在一把锁内装配弹子的数量取决于锁的规格和保密性能，不同种类的弹子锁，其规格变化很多。如弹子挂锁，其规格是以锁体底边的长度（mm）标定，有 20mm、40mm、70mm 等。门锁和抽屉锁通常是以锁芯直径标定规格。在挂锁中弹子的数量一般都是 3~7 对，门锁为 5~6 对，抽屉锁和自行车锁一般都是 5 对。由表 5-4-7 和表 5-4-8 可见，弹子锁的弹子数量以 5 对组合为最多。

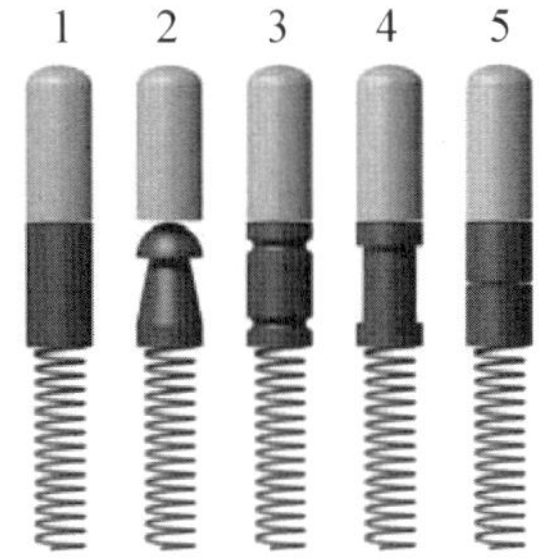

图 5-4-10　弹子的排列

表 5-4-7　挂锁的弹子数

锁种	挂锁								
规格（mm）	18	20	25	30	35	40	50	60	70
弹子数（对）	3	3、4	4、5	5	5	5	6	6	7

表 5-4-8　不同种类锁的弹子数

锁种	门锁	自行车锁	抽屉锁
弹子数（对）	5、6	4、5	4、5

四、弹子的结构和作用

弹子的结构和作用见表 5-4-9。

表 5-4-9　弹子的结构和作用

弹子名称	结构	作用
圆头弹子	圆头弹子均为圆柱形，但圆柱两端形态不同，其中一端为平面，另一端为球面或圆台面。圆头弹子的长度在同一把锁内一般都不相同（或最多只能有两个相同），将长度不同的圆头弹子进行排列，可以产生几百至几千种控制密码（即排列方式）。由此可见，圆头弹子的数量越多，产生的控制密码也就越多，锁的保密性也就越高	将长度不同的圆头弹子进行排列，产生不同的控制密码，并且与钥匙的齿相配合控制锁的开启
平头弹子（图 5-4-11）、长弹子、异形弹子	在一把锁内，其长度和直径均相同，形状都是圆柱形，两端为平面。平头弹子按其形状、功能的不同可分为平头弹子、长弹子、异形弹子。长弹子和异形弹子是由平头弹子演变而来。它们的直径与平头弹子直径相同，长弹子的外形与平头弹子相同，但长度比平头弹子长；异形弹子的长度与平头弹子长度相同，但外形结构不同，如瓶形、工字形。长弹子和异形弹子的作用是提高弹子锁的防拨性能，使之不能被特殊工具开启，因此也将长弹子和异形弹子称为防拨弹子，它们在弹子锁中的位置与平头弹子的位置相同。按弹子锁的国家标准，在一把弹子锁内最少要同时装一个长弹子和一个异形弹子	约束锁芯不能任意转动，只有当对应的圆头弹子满足一定条件时，才能使锁芯转动

续表

弹子名称	结构	作用
定位弹子	定位弹子通常安装在锁芯的最内端或最外端，对锁具的开启不起控制作用，但可以通过改变安装位置，起防止异物开启弹子锁的作用	定位弹子的作用是固定锁芯和限制锁芯在某一特定角度范围内转动

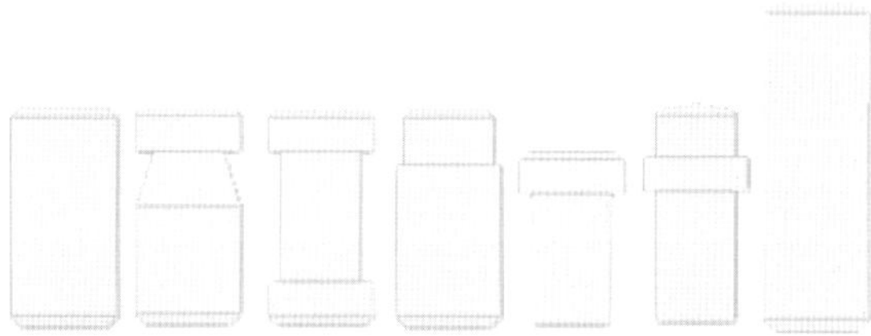

图 5-4-11　平头弹子

五、锁芯的结构

弹子锁的锁芯均为圆柱形，其直径根据锁的种类和规格的不同而变化。沿锁芯径向有一排弹子孔，弹子孔直径和数量根据锁的种类和规格而不同，弹子孔的数量必须与圆头弹子数相同。另外，在锁芯的一端有锁舌、锁舌拨动件和锁芯固定槽等结构。沿锁芯轴线方向开有贯通整个锁芯的匙槽，匙槽的截面形态有直线形、折线形和曲线形（或 S 槽）。

不同种类锁中配用的锁芯不同（表 5-4-10 和表 5-4-11）：

表 5-4-10　挂锁的锁芯

锁种	挂锁								
规格（mm）	18	20	25	30	35	40	50	60	70
锁芯直径（mm）	7	7	7、8	7、8	9、10	10	12	12、13	12、13

表 5-4-11　不同锁的锁芯

锁种	门锁	自行车锁	抽屉锁
锁芯直径（mm）	12、13	9、10	8、9、10

六、锁芯的作用

锁芯使弹子按一定间距排列，限制与匙槽形态不同的钥匙插入，封闭锁芯中心线，使钥匙在锁芯内与圆头弹子配合后，传递钥匙的旋转动力以开启锁具。

七、钥匙的结构

钥匙的尺寸与锁芯规格相匹配。钥匙的截面形状与对应的锁芯钥匙槽形状相同，即直线形、折线形和曲线形（或 S 槽）；在钥匙上分布着高低不同的齿，齿的数量与锁内的圆头弹子数相同，一把钥匙上出现高低不同的齿组合称为牙花；齿间距与锁芯弹子孔间距相同。

八、钥匙的作用

钥匙是解码装置，以其高度不同的齿与对应的圆头弹子配合后开启锁具。

九、弹子锁的闭锁状态

采用弹子结构的锁称为弹子锁，是应用最广泛的一种锁具结构。不同种类的弹子锁，其闭锁原理存在差别，在处于闭锁状态时，闭锁机构的约束形式也不同。如直开挂锁处于闭锁状态时，锁舌进入锁钩，约束锁梁运动。横开挂锁的约束形式均相同，即锁舌与锁梁底台相互约束，使锁梁不能运动。门锁的约束一般取决于固定门锁的附属机构的状态，多数情况是由锁舌进入固定于边框上的锁盒中，约束锁体运动。若解除这些约束，则必须通过转动锁芯控制锁舌运动来实现。

无论锁体的外形及其结构如何不同，对开锁原理发挥主要作用的还是锁芯、弹子和弹簧。弹子锁的圆柱形锁芯上沿径向分布着若干个孔（即弹子孔），在锁芯弹子孔相对应位置的锁体上也有相同数量且口径相同的弹子孔，弹子孔中装有弹子和弹簧。当锁体的弹子孔与锁芯的弹子孔完全重合时，锁体弹子孔内的弹簧发挥弹力作用，把锁体弹子孔内的弹子顶出，并被顶进锁芯弹子孔内。锁芯弹子孔内原有的弹子同时被向上顶。由于锁芯钥匙孔内有一条长凸条卡住，阻挡锁芯弹子孔内的弹子被顶出弹子孔外。此时，锁体弹子孔内的弹子卡进了锁芯弹子孔内，即把锁芯卡住，使圆形锁芯无法随意转动，锁即处于闭锁状态。

十、弹子锁的开启原理

由于钥匙的齿距与弹子孔逐一对应，齿深与

锁芯弹子长度相对应，钥匙插入锁芯钥匙孔时，钥匙上的齿槽把锁芯弹子孔内的弹子向下压缩，刚好把锁芯弹子孔内的弹子全压到锁芯弹子孔的另一端孔口处（锁芯弹子孔口与锁体弹子孔口的接触面），这时锁体弹子孔内的所有弹子由于被锁芯弹子孔内弹子向下压的作用，也全部被压回到锁体弹子孔内。这时，锁体弹子孔内的弹子不能卡进锁芯弹子孔内，锁芯弹子孔内被下压的弹子也不能进入锁体弹子孔内，即圆形锁芯不能被卡住，可以自由旋转。此时，用钥匙扭转锁芯进行转动，锁芯转动带动锁体内的机关，实现开锁。故只要是圆形锁芯的锁，其开锁原理就相同。

十一、圆盘号码锁的开启原理

圆盘号码锁只是锁具中的控制系统，必须与其他机构连接构成完整的锁具系统。圆盘号码锁一般是与弹子锁组合使用，如保险柜锁系统就是由一个弹子锁和一个圆盘号码锁组成。它通过一组号码控制锁内零件处于特定位置而开启锁具。圆盘号码锁由锁柄、锁轴、数码盘、锁片、定位钉、定数钉、弹簧等零件构成。锁片是号码锁控制系统的核心部分，号码锁的锁片多数为 3 片（也有 2 片和 4 片的），且直径相同。由 3 个锁片组成的号码锁，第一片是主动片，它可以随锁轴的旋转而转动，与之相邻的是第一被动片（1 号片），它必须在主动片上的定位钉的带动下才能转动，最后一片为第二被动片（2 号片），它是在 1 号片带动下旋转；另外在每个锁片圆周上各有一个尺寸相同的矩形缺口，其作用就是控制闭锁机构的运动。

号码锁的控制密码一般由 6 位数组成。前两位控制 2 号片，中间两位控制 1 号片，最后两位控制主动片。控制密码是由锁片上的定数钉、锁片缺口和控制挡板的位置决定的。安装后的号码锁，其主动片的密码也随之被固定，而被动片的密码可以通过定数钉来变换，通常在每一个锁片上有 4~8 个定数孔，改变定数钉的位置，密码也将随之改变。如果圆盘号码锁锁片的直径不规范或组装误差较大，则保密度将会大大降低。若将主动片的直径增大，采用齿轮状和椭圆形锁片，圆盘号码锁的密码则很难被机械方法破译。

十二、磁力挂锁的开启原理

磁力挂锁的内部有两块长条形板，一块是活动板，另一块是固定板。当用力拉动挂锁锁闭状态的锁梁时，锁梁就会挤动活动板上的凸块，使活动板有一个向固定板方向移动的力，如果此时活动板能向固定板方向移动一定距离，锁就能打开。当把锁梁对准锁孔时，锁梁就会受到锁内弹簧的拉力作用，将锁梁拉入锁孔内，同时活动板也会受到弹簧的力回到原位，而使锁闭合。

十三、磁力门锁的开启原理

磁力门锁的锁头（包括磁力抽屉锁）与“十”字弹子锁头的基本结构很相似，基本结构也是由锁芯（柱塞）和锁芯外套（锁筒）组成。磁力锁有“磁珠室”，锁芯上的磁珠孔是盲孔（从磁力锁的钥匙孔中看不到磁珠），磁力锁芯上的盲孔深度比磁珠的高度短，即在没有插入合适钥匙时，磁珠的一部分可进入锁芯上的盲孔内，另一部分露在锁芯外，即在锁芯的孔内，这就是磁力锁的制栓状态；磁力锁是磁珠制栓，有上下磁珠；磁力锁的每个磁珠室内的两个磁珠都是同极性相对，利用同性相斥的是磁力将下磁珠推入锁芯盲孔，保持锁闭静止状态的制栓作用（图 5-4-12）。

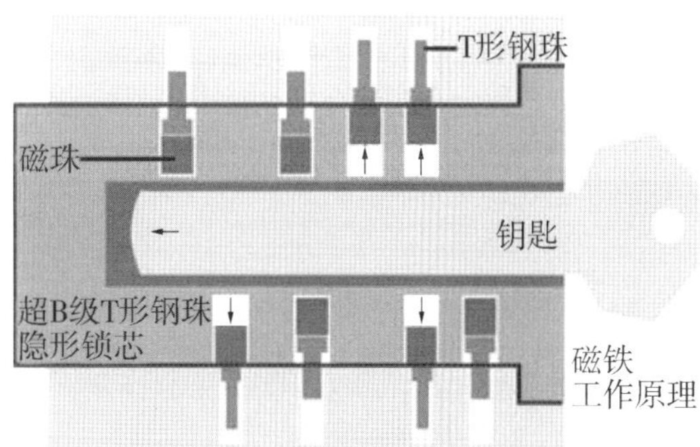

图 5-4-12　开启原理

第三节　弹子锁及钥匙的加工痕迹

任何一种锁具都是由十几个至几十个零件组装而成，在零件表面分布着机械加工痕迹、组装加工痕迹。加工痕迹对正常开锁、犯罪开锁痕迹将产生一定的干扰，因此侦查人员有必要掌握各种锁具零件加工痕迹的形态、分布范围，以便与开锁痕迹加以区别。

一、锁体加工痕迹

弹子锁锁体一般是由球膜铸铁、压膜铸铝、铜合金材料制成，由于材质不同和加工工艺水平不同，弹子锁的加工痕迹也不同。锁体加工痕主要出现在锁的锁芯孔壁和弹子孔壁上。锁芯孔和弹子孔都是用钻钻削而成，在孔壁上有螺旋形线条痕迹。

二、锁芯加工痕迹

锁芯是由铜合金材料制成。锁芯的结构比较复杂，加工工序较多，加工过程中会形成各种各样的加工痕迹，其主要分布在锁芯柱面、外端面、匙槽内和弹子孔内（表 5-4-12）。

表 5-4-12　锁芯加工痕迹

加工痕迹	形成原因
锁芯柱面加工痕迹	锁芯的加工有两种方式：一是直接选用与锁芯设计直径相同的棒材，其柱面不需加工。棒材是由拉丝机拉制而成，因此在柱面有拉丝模具形成的线痕，痕迹沿圆周分布，并且与锁芯轴线平行。二是选用的棒材比设计直径大，需经机床切削加工，因此在柱面上有垂直于轴线的螺旋形线痕。有些加工精度较高的锁芯，其痕迹不明显
外端面加工痕迹	锁芯外端面是由平面铣刀加工而成，然后用钻再加工成一个导向锥。因此外端面主要是同心弧状的线条痕迹，另外，还可以经过平磨处理，使外端面形成相互平行的线痕。但是随着工艺水平的提高，很多锁具的外端经过抛光、镀膜处理，使外观光滑，因此反映不出加工痕迹
匙槽和弹子孔加工痕迹	锁芯匙槽是由拉槽铣刀沿锁芯轴向运动，并沿其径向切入一次加工而成，因此加工痕迹分布于匙槽内，并且是与锁芯轴线平行的线条类痕迹，锁芯弹子孔是钻削而成，因此在孔壁上形成钻痕

三、弹子加工痕迹

弹子是选用与其直径相同的铜合金线材经机床切削制成，车刀切削会在弹子表面留下螺旋形的车刀擦划痕迹，车床夹具会在弹子圆柱面留下夹持压痕。丝线是由拉丝机拉制而成，通常在丝线的表面有拉丝模具形成的沿轴向分布的线痕，但线痕分布不均。在制成弹子后，有贯通于柱面的线痕，在弹子的两个端面，有同心圆状的旋削线痕。另外，在弹子锁的组装过程中，有可能用锉修整圆头弹子平面端，使其达到配合精度，因此在圆头弹子平端面上可能出现锉痕。

四、锁舌加工痕迹

门锁锁舌的截面通常为矩形，锁舌一端加工成 45°斜面，锁舌柱面上分布着与其轴线平行的线条加工痕，锁舌斜面上分布着相互平行的铣痕或抛磨痕迹。有些锁舌经过磨光处理，因此没有明显的加工痕迹。

五、钥匙加工痕迹

钥匙的成形由多道工序完成，不同造型的钥匙的加工设备及工序是不同的。钥匙的加工形式多为铣削或冲压，钥匙在加工过程中会形成铣削痕迹、冲压痕迹及车床夹具的夹持痕迹。在生产一些高档锁具的时候，会对钥匙的金属表面进行电镀加工。在电镀前处理中因磨光、抛光等机械加工，会在钥匙表面留下铣削、磨削擦划痕迹。

第四节　原配钥匙、选配钥匙及增配钥匙开锁形成的痕迹

开锁是以解除锁具闭锁状态为目的而采取的措施。开锁痕迹是指在开锁过程中由于钥匙或工具对锁内零件进行作用或锁件之间相互作用，而在锁件表面形成的痕迹，又称为锁痕。开锁手段不同，锁具的破坏程度不同，在锁体表面和锁内产生的痕迹分布及形态也不同，发现和利用锁痕，可以分析案犯开破锁的方法和作案工具，案犯的职业特点，案件的性质及识别真伪，还可为串并案提供依据。通过对锁痕进行鉴定，还可为诉讼提供证据。

一、原配钥匙开锁痕迹

利用原配钥匙开锁是指利用与锁配套并由厂

家制造的钥匙开锁，使用该种钥匙开锁时在锁内零件上形成的痕迹称为原配钥匙开锁痕迹，而在锁体上则无明显痕迹。

原配钥匙开锁痕迹是在开锁过程中，钥匙表面及齿顶面与钥匙槽和弹子球面之间产生滑动摩擦而形成的（表 5-4-13）。

表 5-4-13　原配钥匙开锁痕迹

开锁痕迹	形成原因
弹子上的痕迹	1. 弹子锁在使用过程中，由于锁内零件之间的相互作用或钥匙对弹子的作用，会在圆头弹子球面上，沿弹子径向形成钥匙齿的擦划痕迹。痕迹的宽度与齿厚度接近，形态主要有一字形、对顶扇形。痕迹的反映程度随钥匙作用次数及弹子排列的位置而变化，使用次数少的锁，圆头弹子上的痕迹形态如新锁，能反映出明显的线条；使用次数较多的锁，则弹子表面光滑，没有明显的线条特征；经过长期使用的锁，弹子球面由于摩擦作用时间长而产生较大的变形 2. 弹子球面上的摩擦痕迹反映程度，随弹子的位置不同而变化，靠近最外端的弹子上反映最明显，并且由外向内，弹子上的痕迹依次减弱。另外长度较大的圆头弹子或与长弹子对应的圆头弹子上，其痕迹比较明显
锁芯上的痕迹	1. 主要分布在柱面和外端面上。柱面上的痕迹由平弹子的作用形成，痕迹出现在与弹子孔对应的位置，成带状擦划痕，痕迹长度由锁芯旋转角度决定。若开锁时锁芯旋转一周以上，则痕迹沿圆周分布 2. 钥匙肩部对锁芯外端面产生摩擦，形成擦划痕迹。锁具使用时间越长，则痕迹越明显，甚至呈凹陷状
锁体上的痕迹	主要出现在锁芯弹子孔附近，呈带状，是由锁芯转动摩擦形成的，痕迹的长度由锁芯的转动角度决定

二、选配钥匙开锁痕迹

利用选配钥匙开锁是指选用与原钥匙槽形一致，齿高与原配钥匙基本相同或相近的其他钥匙开锁。使用选配钥匙开锁时在锁内零件上形成的痕迹称为选配钥匙开锁痕迹。

选配钥匙开锁时，锁内零件之间的相互作用大，在特定的部位可以形成较明显的痕迹，通过对痕迹的分析，可以确定是否为选配钥匙开锁。选配钥匙进入锁芯后，与圆头弹子的配合可能出现两种状态：第一种状态是圆头弹子平端面凸出锁芯柱面，第二种状态是圆头弹子平端面凹入锁芯柱面。

1. 在第一种状态下开锁时

圆头弹子受锁体弹子孔边缘和锁芯弹子孔边缘的作用，或锁芯转动后圆头弹子平端面对锁芯孔柱面产生较大的摩擦力，使圆头弹子平端面边缘和与之对应的锁体弹子孔边缘形成挤压擦痕，且比正常开锁时明显。

2. 在第二种状态下开锁时

平弹子进入锁芯孔内，锁芯弹子孔和锁体弹子孔对平弹子柱面产生作用力，或锁芯对平弹子倒角斜面产生作用力，在平弹子倒角斜面上和与之对应的锁芯弹子孔边缘形成挤压擦痕。锁芯转动后，其各部件的状态与正常开锁相同。此时弹子和锁芯受到的作用力比第一种状态小，因此形成的痕迹也比前者轻。

3. 开锁痕迹与选用钥匙的联系

如果被选用的钥匙是经过一段时间使用的，则在开锁时，钥匙槽内及弹子球面一般不形成新的痕迹或痕迹不明显，当选用从未使用过的钥匙或自制钥匙时，则在钥匙槽内可以形成较明显的痕迹。

4. 选配钥匙的开锁痕迹

一般只分布在钥匙不接触的部位上，同时开锁状态也是特定的，这对于分析开锁手段，区别原配钥匙开锁痕迹具有重要意义。

三、增配钥匙开锁痕迹

根据锁具使用的需要，而后增加的钥匙称为增配钥匙。增配钥匙是用与原配钥匙形态相同的齿模板，并按原配钥匙的齿高精确复制而成。增配钥匙与圆头弹子的配合精度同原配钥匙一样，因此能自如地开启锁具。使用增配钥匙开锁时，在锁内零件上形成的痕迹称为增配钥匙开锁痕迹。

由于制作技巧、钥匙模板与原配钥匙结构误差等因素的影响，增配钥匙的精度可能会降低，因此用增配钥匙开锁，也能在锁内形成较明显的痕迹。首次使用增配钥匙开锁时，钥匙齿上锐利的边角和毛刺，可能在圆头弹子顶部形成擦划痕迹。新加工的增配钥匙，沿匙背方向分布着明显的加工纹线。

增配钥匙的使用一般只有几个行程，即钥匙插入和拨出锁芯的次数极少。因此，增配钥匙开锁痕迹只出现在圆头弹子球面，并且叠加在原配钥匙开锁痕迹之上，呈一组明亮的、细小的线条，方向与原配钥匙开锁痕迹相同。这种痕迹在圆头弹子球面与柱面的相交部位及弹子顶端比较明显，另外在锁芯外端的弹子或长度较大的圆头弹子上的痕迹比较明显。当增配钥匙模板较薄或与锁芯匙槽的配合间隙较大时，在转动锁芯之前，钥匙相对弹子球面产生微小的滑动，此时可以在弹子球面上形成与原配钥匙开锁痕迹垂直的一组短小线痕。在匙槽内壁上一般不能形成明显的痕迹，在锁芯柱面及其他部位的痕迹与原配钥匙开锁时相同。

用复制精度较差的增配钥匙开锁时，必须不断地调整齿位、加大扭矩，因此可以在弹子球面及匙槽内形成明显的擦划线条痕迹。同时在锁芯柱面弹子孔边缘、锁体弹子孔边缘、平弹子端面及圆头弹子平端面边缘形成类似选配钥匙开锁的痕迹。

由于增配钥匙开锁次数少，作用力弱，因此痕迹轻微。对于使用时间较长的锁，其原配和增配钥匙开锁痕迹易于区别；而使用次数少的锁或新锁，则弹子球面上的痕迹不易区别，此时可以利用其他因素进行综合分析。

第五节　暴力开锁、破锁形成的痕迹

暴力手段开锁又称破坏性开锁，是以破坏锁体、锁芯以及与锁具相连接的附属设施为目的，最终解除锁具的闭锁状态的开锁方法。暴力手段开锁是犯罪行为人最常用的开锁手段，主要有撬压、剪切、锯锁、拧锁芯、拉码器拔锁、强开三合一工具撬锁、钳子扭锁、挖锁器挖锁、顶锁、钻锁等。

暴力手段开锁痕迹是指行为人用工具破坏锁具时，在锁体表面及内部形成的工具痕迹。痕迹出现的部位与破坏手段和使用工具的结构有关，一般都分布于锁体表面，有时也可以在锁内零件上出现，一般都比较直观、明显。

一、撬压破锁痕迹

破锁方法：撬压破坏挂锁、门锁在犯罪现场出现较多。一般是用螺丝刀、撬杠类工具、钢丝钳柄等杆状工具，以撬压方式拉断、拉弯锁梁或破坏附属设施。如图 5-4-13 所示。

图 5-4-13　撬压开锁

破锁痕迹：在撬压过程中，锁及其附属设施会被破坏，如锁梁和锁体分离、锁扣和锁槽脱落、门体损坏等；在门、门鼻等门锁的附属设施上会留下线条型擦划痕迹和凹陷型撬压痕迹；在锁体上会形成擦划痕迹和撬压痕迹，门锁及其附件会发生变形，锁体上的油漆会脱落。

二、敲击锁匣破锁痕迹

破锁方法：敲击锁匣是用有一定重量的小铁棒、锤子等物体打击挂锁的锁匣、锁键等部位，使锁键受震脱簧而开锁（锁闩与锁键脱离）。

破锁痕迹：此方法在敲击部位上会留下工具打击或擦划痕迹，或者有油漆、镀铬等脱落现象，有时由于用力过大，把锁匣砸碎；有的用力把锁键与锁闩拉开；有的作案时无所顾忌，猛砸、猛敲，这必然留下相应的工具痕迹。

三、破坏锁弹子和机件的痕迹

破锁方法：使用锥子、钎尖，钻等工具挖出弹子孔的金属填塞物，倒出弹子后再把锁打开，或将工具插入锁内破坏锁匣，或钻锁的某一部位。

破锁痕迹：采用此种方法形成的痕迹，一般能反映出工具的种类特征，有时也能留下细微特征，有时在现场上可以发现锥子尖一类的工具的渣碎、断尖等物体。

四、锯锁痕迹

锯是犯罪行为人经常用来破坏锁实施盗窃的作案工具，作案时会留下以下破坏痕迹：①由于犯罪行为人的经验不足，会在锁上留下不完全锯断的试锯沟槽。②在锯比较光滑的锁时或者操作不熟练时，会出现跳锯现象，而在锯口旁边形成跳锯痕迹。③当锯挂锁的锁梁时，会在锁梁上形成断口痕迹，在断面上会形成展平面痕迹、原生痕迹、再生痕迹以及梯形纹痕迹等痕迹；当锯锁芯封装盖处的锁体时，会在该处形成锯槽痕迹。④现场被破坏的锁上及锁旁的锁附件上、门上及锁对应的下方地面上会遗留有金属锯屑。

五、剪切工具开锁痕迹

在很多犯罪现场都有断线钳等剪钳类工具剪断锁梁及其附件的情况，此时会在锁梁上形成断口，在断口处形成两个坡面，刃顶、刃口在痕底或剪止缘形成印压的凹凸痕迹；刃口在断头斜坡面上以切划形式形成的纵向线条等痕迹（图 5-4-14）。

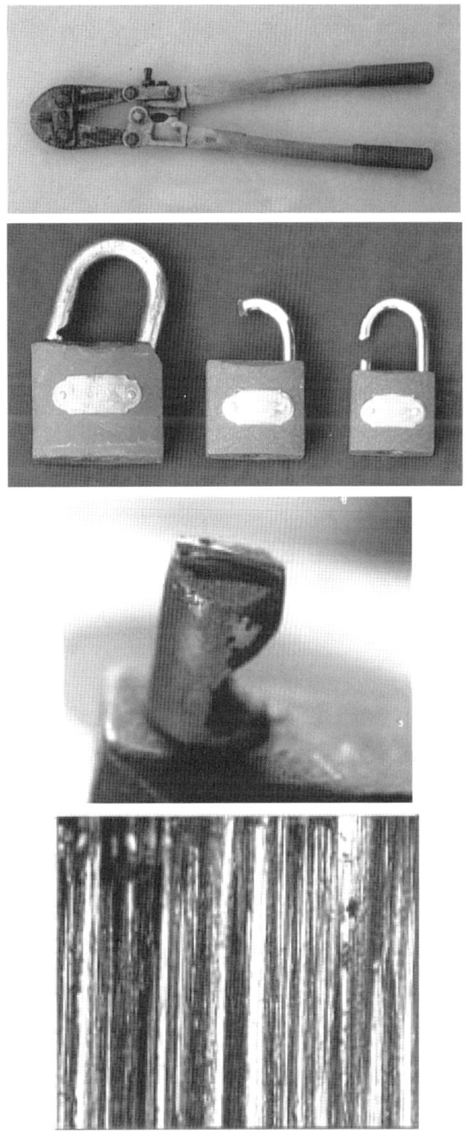

图 5-4-14　剪切工具及剪切痕迹

六、钻锁痕迹

使用电钻（图 5-4-15）破坏锁具时，锁上会留下以下痕迹。

1）当用钻钻锁发生跳钻时，会在钻口周围出现跳钻痕迹。

2）在锁芯处会形成钻孔，钻孔边缘的金属会形成和钻头旋转方向一致的痕迹，且在钻孔内壁上形成顺时针方向旋转的螺旋纹。

3）在现场地面上及锁附件上遗留有金属碎屑，金属碎屑表面粗糙、有折纹和凹凸线条痕迹。

图 5-4-15　电钻

七、大力钳开锁痕迹

大力钳可以控制最小钳口尺寸和自锁钳子，犯罪行为人一般用它来破坏内装门插芯锁的锁芯进行开锁。其开锁痕迹有：

1. 用大力钳开卡吧内门锁时，需先用撬压工具撬开锁外侧的面板，因锁芯露出较少，大力钳不易夹住锁头，会在面板和门上留下撬压痕迹及擦划痕迹。

2. 大力钳扭锁时会在锁头侧面形成夹持扭转痕迹。锁芯会从固定螺丝孔处断裂。

3. 大力钳拨锁栓时，会在锁体内的锁栓上形成擦划痕迹（图 5-4-16）。

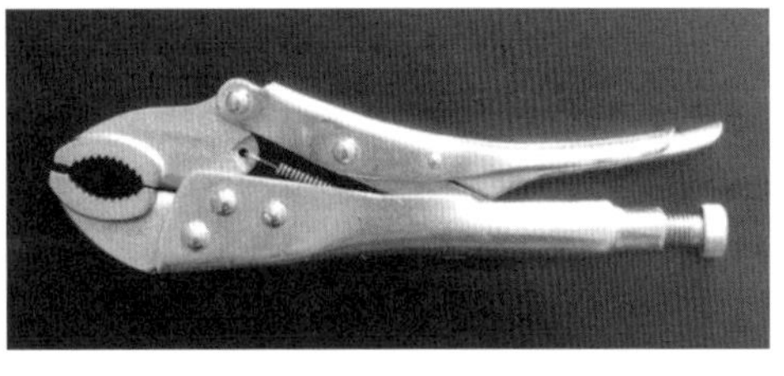

图 5-4-16　大力钳

八、拧锁芯开锁痕迹

采用暴力拧锁芯开锁是入室盗窃案件现场最常见的一种破锁开门手段，利用此手段破锁时，门及门锁的外表没有明显的破坏痕迹。此手段使用的工具非常简单，破锁速度快，适用锁具的范围广，可开启一字形锁、十字形锁、玥玛锁、无簧叶片锁以及量子锁等（图 5-4-17、图 5-4-18）。拧锁芯开锁类型、方法和痕迹见表 5-4-14。

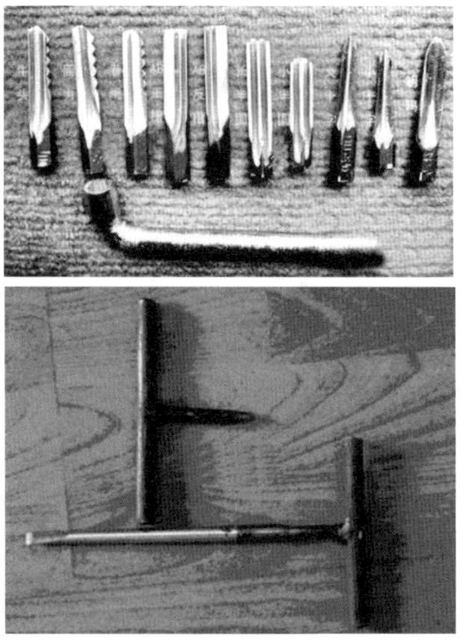

图 5-4-17　强开工具

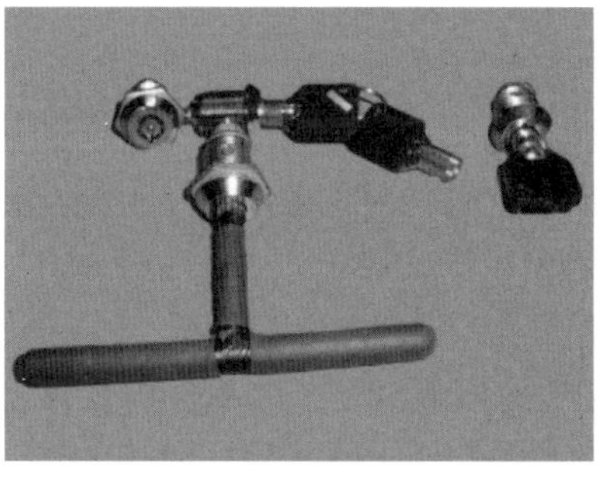

图 5-4-18　梅花锁强开工具

表 5-4-14　拧锁芯开锁类型、方法和痕迹

开锁类型	开锁方法	开锁痕迹
开启一字形和十字形门锁的痕迹	开锁时，犯罪行为人通常使用一字形螺丝刀、十字形螺丝刀和自制的“T”形或“L”形开锁工具。开锁时将工具插入锁孔，强力扭动锁芯，锁舌拨动件在锁芯的带动下转动，并带动锁舌运动，从而开锁	1. 当工具插入锁孔暴力旋转时，有些弹子和弹簧会断裂或变形，这时锁芯就会随工具旋转，带动锁舌开启门锁 2. 工具插入锁孔拧转锁芯，多数情况会在锁孔的对角位两端留有对称的拧压痕，在外锁的圆柱面会发现其同门体的刮擦痕，外锁的固定片同门体的旋转擦痕等 3. 开锁工具插入锁孔用力扭转时，锁胆外表面的安装定位点（红色圆点）转离原来位置，门锁的锁舌呈回缩状态，锁孔边缘凹陷变形

续表

开锁类型	开锁方法	开锁痕迹
		4. 当锁芯旋转时，在摩擦力的作用下，会在锁芯固定片表面和门板表面形成弧形的擦划痕迹 5. 当开锁工具插入锁孔挤压弹子时，弹子表面会形成与原配钥匙痕迹同向的粗线条痕迹。当转动锁芯时，工具刀头会在弹子球面顶点形成与原配钥匙痕迹垂直的擦划痕迹。在锁芯转动时，弹子柱面受到内外锁芯弹子孔边缘的剪切力作用，会在弹子柱面的对称位置形成剪切印压痕迹
开启量子锁的痕迹	开锁时，开锁工具扭动，锁芯外的制栓钢珠就会滚动往内挤压边柱制栓，边柱制栓受钢珠挤压后向锁芯弹子压逼，从而解除制栓作用，再继续扭转工具即可开锁	1. 开锁工具会在锁芯钥匙槽内留下挤压变形痕迹 2. 开锁后，弹子的假缺口受挤压变形，形成与真缺口相同的深度，弹子上形成一条新的“真缺口”，这是暴力拧开量子锁的特征痕迹 3. 为顺利开锁，有时开锁人会在锁芯内放入润滑油，此时锁芯处会留下油迹
开启玥玛锁的痕迹	拧锁芯开启玥玛锁的工具和开量子锁的工具相近，只是工具头形状不同。当暴力拧锁芯开启非空转玥玛锁时会留下痕迹	1. 在边柱制栓的挤压下锁芯套会胀开变形。 2. 在边柱制栓的挤压下锁芯内叶片会凹陷变形。 3. 用此手段开启空转玥玛锁时，在锁芯内会有强力胶水，内锁芯粘连在一起，这是拧锁芯开启空转玥玛锁的标志性特征

续表

开锁类型	开锁方法	开锁痕迹
开启无簧叶片锁的痕迹	无簧叶片锁是常见的挂锁，当用开锁工具扭转锁芯时，叶片套带动边柱制栓转动，使边柱制栓挤入叶片套，此时边柱制栓失去闭锁作用，若继续转动工具，即可开锁	1. 在边柱制栓的挤压下锁芯叶片套会胀开变形，边柱制栓被挤进叶片套内 2. 在暴力作用下，边柱制栓有时会发生弯曲变形，有时叶片会在边柱上形成印压痕迹 3. 开锁工具扭转锁芯时，叶片上的带动凸块会在锁芯叶片套上形成较深的擦划痕迹。锁芯叶片上会形成对称的挤压凹陷痕迹 4. 用暴力强行打开的无簧叶片锁一般不能用钥匙正常开启，个别能用钥匙打开，但开启较困难
开启梅花锁的痕迹	梅花锁通常用在游戏机、自动售货机以及仪器设备的箱柜上，当用工具强行扭转锁芯时，锁芯发生转动，锁芯尾端的凸轮便带动锁栓开锁	1. 当工具扭转锁芯时，锁芯前弹子的柱面上会形成剪切印压痕迹 2. 开锁时，锁芯发生转动。会在门挺表面形成弧形的擦划痕迹

十、挖锁器开锁痕迹

挖锁器（图 5-4-19）是一种专门挖锁胆的破锁工具。国内挖锁器按其挖取锁芯种类的不同分为三种，即卡吧插芯锁挖锁器（简称卡吧挖锁器）、圆柱锁胆挖锁器（简称圆柱挖锁器）、十字碰锁挖锁器（简称十字挖锁器）。卡吧挖锁器和圆柱挖锁器（简易型）都是由桶形抓锁结构和杠杆加力结构组成。加强型圆柱挖锁器的结构和拉码器的结构近似。十字挖锁器是由 Y 形套筒扳手改装而成，结构简单，专门针对十字形弹子碰锁。

使用挖锁器破锁时，先将门锁的锁胆外圈盖撬掉，之后锁胆就凸出门挺，此时用挖锁器的抓锁结构将锁胆的凸缘夹住，并将挖锁器的螺丝拧

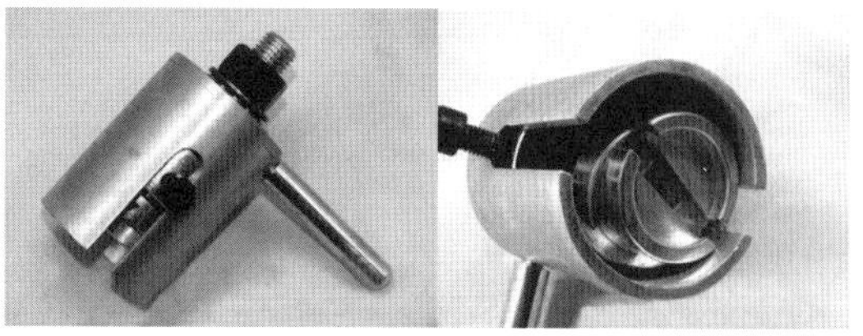

图 5-4-19　挖锁器

紧固定，然后用力扭转加力杆，圆柱形锁胆尾部两根固定在固定片和锁胆之间的螺杆就会被扭断，或者卡吧锁芯就会从中间的固定螺丝孔处断裂。此时取出锁胆，用一字形工具拨动锁舌将门打开

挖锁器开锁痕迹见表 5-4-15。

表 5-4-15　挖锁器开锁痕迹

挖锁器类型	开锁痕迹
圆柱挖锁器破锁痕迹	1. 在锁胆外圈盖周围的门挺表面会留下一字形工具形成的撬压痕迹。锁胆的传动尺有时会发生扭曲变形 2. 在锁胆凸缘表面两侧会留下挖锁器抓锁结构形成的对称的挤压擦划痕迹。锁胆固定片和锁胆之间的螺杆会被扭断 3. 破锁时，由于挖锁器的扭动会使挖锁器底部的环形端面与门挺表面发生摩擦产生擦划痕迹（卡吧挖锁器不会形成此痕迹）
卡吧挖锁器破锁痕迹	1. 在锁芯外的护盖上和护盖旁的门挺表面会留下撬压工具形成的撬压痕迹 2. 在锁体侧面会留下挖锁器抓锁结构形成的印压和擦划痕迹 3. 锁体会从中间的固定螺丝孔处断裂
十字挖锁器破锁痕迹	1. 锁芯外侧的金属包皮会断裂，抓锁结构会在十字锁芯空心部位的侧面留下印压痕迹 2. 控制器扭转时会在锁芯十字形端面上形成弧形擦划痕迹

十一、拉码器开锁痕迹

拉码器开锁是通过拉码器螺杆的旋缩提供动力，靠支撑结构的反作用力将抓取结构连同锁胆一起向外拉，当拉力足够大时，锁胆固定螺丝崩断，锁胆被拔出，此时拨动锁孔内的栓销即可开锁。其开锁痕迹有：

（1）在锁胆周围的门挺表面会留下由于拉码器支撑结构的支撑作用而形成的印压痕迹。

（2）锁胆固定螺丝会发生崩断。锁胆固定片会发生弯曲变形。在锁胆的凸缘处会留下拉码器抓取结构形成的印压痕迹。

（3）开带有锁胆外圈盖的门锁时，锁胆旁边的门挺表面及外圈盖上会留下撬外圈盖的撬压痕迹。

另外，有一种新型的拉码器（图 5-4-20）用来开启暗锁与门挺表面平齐的门锁。开锁时，先将拉码器的抓取片插入锁孔内，然后通过螺杆给抓取片施加一个向外的拉力，当拉力足够大时，锁胆的固定螺丝崩断，锁胆被拉出，此时直接拨动锁内栓销即可开锁。其开锁痕迹有：

图 5-4-20　拉码器

（1）拉码器的支撑结构会形成的锁胆周围的门挺表面留下弧形印压痕迹。

（2）拉码器的抓取片形成的在锁芯外侧弹子柱面上会留下印压痕迹。

（3）在拉码器的作用下，锁胆的固定螺丝会发生崩断。锁胆固定片弯曲变形。

（4）拔出锁胆后，用工具夹住传动片转动开锁时，传动片上会留下工具的夹持印压痕迹。

十二、强开三合一工具开锁痕迹

强开三合一工具（图 5-4-21）是专门针对摩托车 U 形防盗锁和碟刹锁的暴力开启工具。其头部有一个卡口和一个撬尖，尾部有一个羊角叉，结构简单，多种功能集于一身。工具的撬尖专门用来开启摩托车的碟刹锁，工具的羊角叉可强行开启摩托车 U 形防盗锁、工具的卡口可强行开启单开式的摩托车 U 形防盗锁。其开锁痕迹有：

（1）用工具的卡口强行开启单开式的摩托车 U 形防盗锁时，锁梁固定端的锁孔金属壳体会被撬裂，锁梁与锁体分离，撬裂的壳体上会留下撬压痕迹，壳体金属碎块内侧会留下工具卡口

的撬压痕迹。

（2）用工具的羊角叉强行开启摩托车 U 形防盗锁时，锁梁的闭锁卡口会崩断，闭锁卡口上和锁体上会留下羊角叉的撬压痕迹。

（3）用强开三合一工具的撬尖开启碟刹锁时，碟刹锁的 U 形部位会扩张变形或断裂，锁体内侧的相对位置会留下撬尖的扭转撬压痕迹。

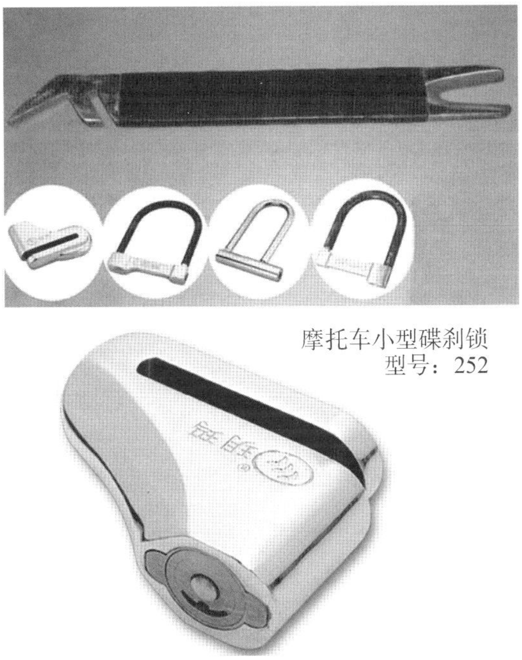

图 5-4-21　强开三合一工具

十二、顶锁工具开锁痕迹

顶锁开锁手段主要用于开启普通十字形弹子门锁和部分插芯门锁，顶锁工具（图 5-4-22）简单，开锁速度快。顶锁工具开锁痕迹见表 5-4-16。

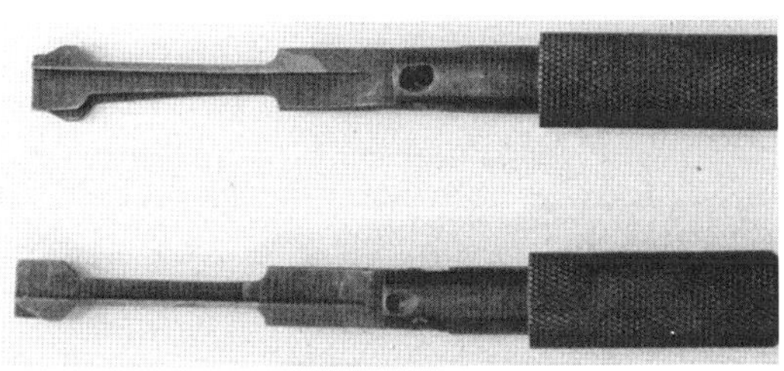

图 5-4-22　顶锁工具

表 5-4-16　顶锁工具开锁痕迹

锁的类型	开锁方法	开锁痕迹
开启插芯锁的痕迹	开锁时，用一把锤子和一个钢制的工具头，给锁芯施加以平行锁芯中轴的顶撞力将锁芯破坏，开启门锁	1. 开锁工具在顶撞锁芯时，会在锁芯钥匙槽和锁芯圆头弹子上形成擦划痕迹 2. 开锁工具头部顶撞锁芯凸轮时会留下撞击痕迹 3. 锁芯中间形成断裂痕迹 4. 锁体内的锁栓上会留下工具拨锁栓的擦划痕迹
开启十字形弹子锁的痕迹	开锁时，先将工具插入锁芯钥匙槽，使工具头部顶紧锁芯柱塞尾部的传动片，然后施力撞击工具的尾部，使固定传动片的弹簧挡圈发生弯曲变形或脱落。此时，传动片与锁芯柱塞分离，转动工具即可开锁	1. 开锁后，锁芯与传动片分离，撞击工具在传动片尾部形成撞击痕迹，传动片尾部的固定肩发生弯曲变形 2. 撞击工具在插入锁芯钥匙槽和撞击传动片尾部时，工具与内弹子的弧面端及钥匙槽发生摩擦，形成擦划痕迹 3. 锁芯尾部的弹簧挡圈发生弯曲变形或脱落，挡圈上的传动片卡口发生弯曲变形。传动片的固定肩与卡口发生摩擦，在卡口的侧面及传动片的固定肩上形成擦划痕迹 4. 传动片转动工具插入锁芯钥匙孔试抓、撞击、带动传动片时，在传动片的尾部形成擦划痕迹

十三、其他开锁方法

除上述的开锁破锁方法外，犯罪现场还经常出现撞击门、破坏锁扣、绳拉挂锁、楔状物撬压、王水破锁、用手砂轮割锁、用鹰嘴钩、涨钳子拉弯锁梁等破锁情形。

第六节 技术性开锁形成的痕迹

技术性开锁，通常是用特殊工具对弹子和锁芯等锁内零件进行操作，解除弹子对锁芯的约束，不破坏锁体和锁芯结构，从而开启锁芯，达到开锁的目的。特殊工具一般采用具有一定弹性和硬度的金属薄片制成，有特殊的结构，体积小，在锁芯匙槽内有较大的活动自由度，能灵活地推压弹子，能在不同方向对弹子进行作用。针对弹子锁的特殊工具主要有多齿工具、梳状工具和钩状工具三种，还有各种套开钥匙开锁、剪刀快手开锁、开启汽车锁的快手开锁、暗配钥匙开锁、手动开锁枪开锁、电动开锁枪开锁、撞匙开锁、用推码技术开启机械式密码盘保险柜等，都属于技术性开锁的范畴。

特殊工具对锁内零件的作用，并不能使锁具损坏，被开启的锁还可以继续使用，其外表只能形成轻微的痕迹或不留痕迹。由于特殊工具的硬度比钥匙及锁内零件的硬度大，开锁时工具对零件的作用力大，活动自由度大，因此，在锁芯内和弹子上能形成比较明显的痕迹，且痕迹分布范围大。特别是原配钥匙不能接触的部位也可以形成痕迹，这些痕迹出现的部位和形态对判断特殊工具种类有特殊的意义。

一、多齿状工具开锁痕迹

开锁方法：多齿状工具（或称为蛇形工具，图 5-4-23）是用金属片制成，在金属片的两侧开出不同高度的齿。多齿状工具开锁痕迹与选配钥匙开锁痕迹基本相同，但工具的作用力大，开锁时工具沿锁芯轴线方向不断推拉或上下移动。

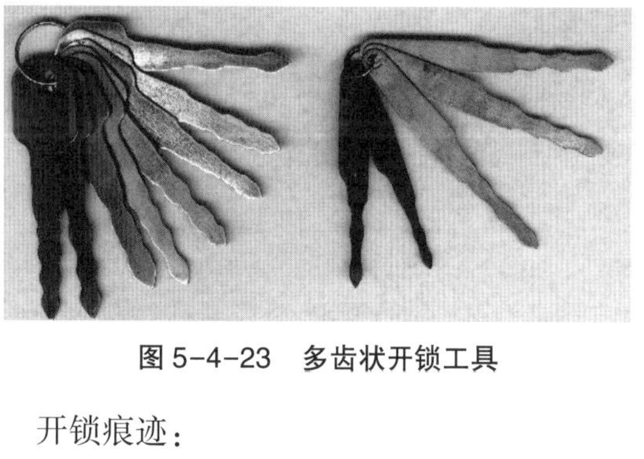

图 5-4-23 多齿状开锁工具

开锁痕迹：

（1）在弹子球面能形成较明显的线条痕迹，方向与原配钥匙痕迹相同。

（2）同时也会出现与原配钥匙痕迹成一定角度或与之垂直的线条痕迹，在匙槽壁上形成与加工痕迹成一定角度的线条痕迹。

二、梳状工具开锁痕迹

开锁方法：梳状工具（图 5-4-24）是用金属片或塑料片制成，在工具的一侧有一排矩形齿，齿数与被开锁的圆头弹子数相同，齿间距与弹子间距相同，齿高大于或等于锁芯弹子孔的长度，梳状工具是按某一特定规格的锁制作的，因此，一件工具只能开启某一种规格的锁。

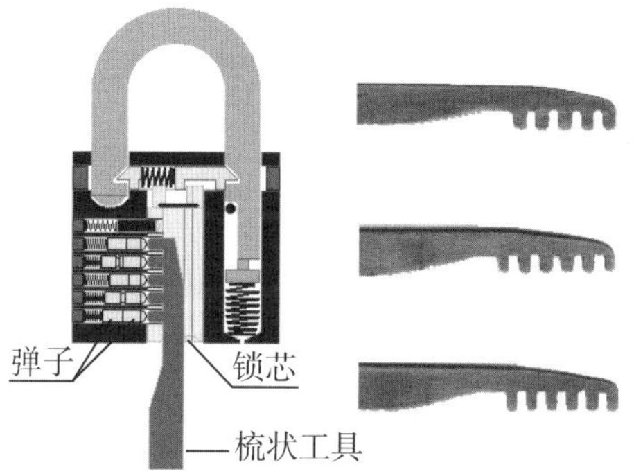

图 5-4-24 梳状开锁工具

梳状工具开锁，主要是利用锁体弹子孔的长度。梳状工具进入锁芯推压弹子，将圆头弹子全部压出锁芯，使工具齿顶全部处于锁芯柱面上，锁芯约束被解除，锁具处于开启状态。梳状工具只能开启 35mm 以上的挂锁或部分门锁。

开锁痕迹：

（1）梳状工具开锁时，会在弹子球面形成与原配钥匙痕迹同向的线条痕迹，弹子球面边缘的痕迹线条较粗。

（2）工具在转动锁芯时，工具齿与弹子球面产生相对位移，在球面顶点形成与原配钥匙痕迹垂直的划痕，划痕的范围较宽。在弹子球面顶端有时可以形成工具推压弹子的印压痕迹。

（3）在匙槽内可以形成与加工痕迹成一定角度或垂直的线条划痕，特别是在锁芯弹子孔内壁，能形成与加工痕垂直的线条状工具痕迹，线条起始端粗，末端细小，能反映出梳齿的宽度。擦划痕迹在每个弹子孔内均有可能出现，锁芯弹子孔内壁的擦划痕迹是梳状工具开锁的典型标志。因为只有梳状工具的齿能接触到这个部位，在锁芯外端面，有时还可以形成线条划痕。

（4）在锁体上一般不会出现梳状工具开锁痕迹，只有梳状工具的齿高大于锁芯弹子孔高时，工具的齿顶能接触到锁芯孔壁，在转动锁芯时工具齿顶与孔壁摩擦才形成划痕。

（5）软性塑料工具有时会在开锁中损坏，在钥匙孔内留下塑料碎片。

三、钩状工具开锁痕迹

工具结构：钩状工具（图 5-4-25）是用金属片或金属丝制成，由推动杆和单钩两部分组成，工具的规格尺寸较小，其使用一般不受弹子数量、间距、长度的限制，而且在锁内的活动范围也很大，通常一件工具可以开启多种规格的弹子锁。钩状工具也可以开启簧片锁。

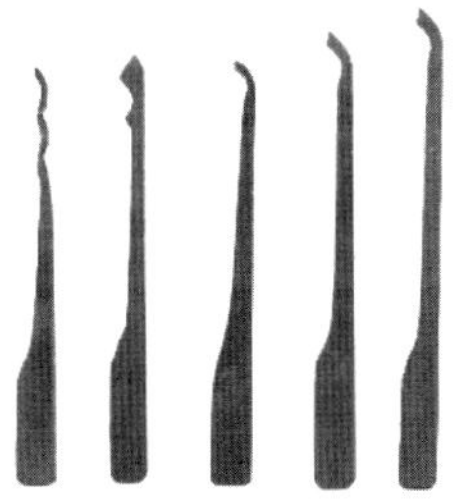

图 5-4-25　钩状开锁工具

开锁原理及开锁痕迹见表 5-4-17。

表 5-4-17　钩状工具开锁原理及开锁痕迹

锁具类型	开锁原理	开锁痕迹
弹子锁	利用弹子直径与弹子孔直径、锁芯直径与锁芯孔直径的公差以及弹子孔中心的偏离度来实施开锁。当用加力杆给锁芯施加一个扭转力矩，使之具有转动趋势时，平弹子柱面同时受到锁芯弹子孔边缘及锁体弹子孔边缘的剪切力作用	1. 钩状工具开锁，通常要对弹子进行反复作用，因此在圆头弹子球面形成线条状擦划痕迹或压痕，痕迹线条较粗、数量较多、压痕较深 2. 在平弹子柱面形成剪切擦痕，痕迹是从某一截面开始，并且分布于柱面对应的部位上，痕迹的长度与平弹子进入锁芯的长度相等，剪切痕迹的深浅与开锁时推动杆力量的大小成正比。平弹子柱面上的剪切擦痕是钩状工具开锁的典型标志，这种痕迹与开锁技巧无关。在异型弹子柱面除了能形成擦划痕迹外，圆台底边也可以形成擦划痕迹 3. 在锁芯匙槽内形成与加工痕迹成一定角度的纵向擦划痕迹，痕迹在匙槽形态突变的部位最易出现。在锁芯外端面匙槽边缘，形成工具的点块状挤压痕迹，有时伴有擦划痕迹 4. 在开锁过程中，当最后一个平弹子的受力被解除的同时，锁芯在扭矩的作用下立即转动，锁芯柱面弹子孔边缘对平弹子端面边缘产生作用，在这两个部位上也可以形成痕迹，但痕迹较浅 5. 锁体上的开锁痕迹出现较少，只有在异型弹子出现的孔位上，锁体弹子孔边缘才会出现擦划痕迹、痕迹形态及分布位置
簧片锁	与开启弹子锁原理近似，先用工具推动杆扭转锁芯，由于锁具零件存在公差，会先有一个锁叶片卡在锁芯外套的制栓槽边缘，再用工具单钩拨动该叶片即可使其退入锁芯，此时锁芯会转动极小的角度，使下一个锁叶片卡住制栓槽边缘，依此法逐一拨动锁叶片即可开锁	1. 钩状工具的推动杆会在锁芯钥匙槽的外端形成印压痕迹，痕迹的形态和位置与推动杆的种类、推动杆施加力量的大小有关 2. 工具单钩在进出钥匙孔和拨动锁叶片时，会在叶片槽旁边的钥匙孔内壁形成擦划痕迹 3. 工具单钩在拨动叶片时，会在叶片上部的侧面和内圈的窄面上形成擦划痕迹，这是钩状工具开启簧片锁的主要痕迹特征

四、片状工具开锁痕迹

开锁方法：片状开锁工具（图 5-4-26）适用于没有保险装置的老式暗锁、球形把手锁、安装不当的带保险销的门锁。当门的缝隙较大时，用柔韧、挺刮的插片工具从门缝插入，将锁舌从锁舌盒顶回锁体，将锁打开。

开锁痕迹：

(1) 插片工具会在门锁所在部位的门和门框边缘形成擦划痕迹。

(2) 插片工具会在锁舌斜面、锁体侧面和锁舌槽侧面形成擦划痕迹，有时会造成锁具上的油漆脱落。

(3) 在开锁过程中，插片工具上的油漆等附着物会脱落转移到门、门框及锁体上，形成微量物证。

(4) 若使用塑料片插拨锁舌，锁舌斜面和锁盒上不易形成线条划痕，但可以在斜面边棱及锁盒固定螺钉上留下塑料片的碎块或微量附着物。

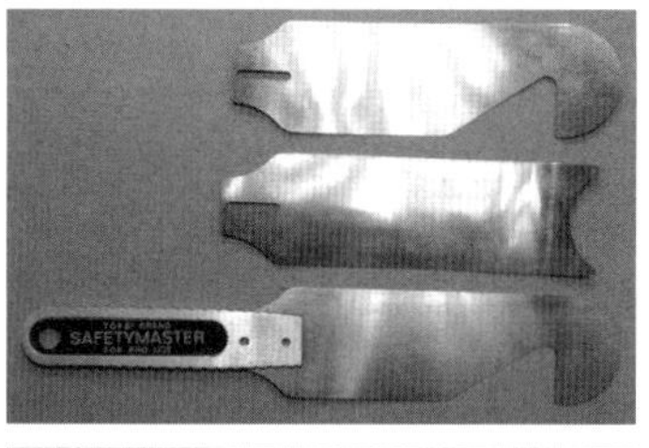

图 5-4-26　片状开锁工具

五、开启十字锁的痕迹

开锁原理：十字形开锁工具（图 5-4-27）是专门针对十字形弹子锁的傻瓜型快速开锁工具，由金属片或钢丝制成。其结构主要由推动和拨弹两部分组成，其中推动部分由转动手柄和转动套组成，拨弹部分由顶钩和握柄组成。转动套的顶端有两个对称排列的卡头，用于扭转锁芯。顶钩共有四根，长度相同，呈“十字形”对称排列，顶钩的头部向外凸起，用于顶拨锁芯弹子。

十字形开锁工具开锁是利用弹子制栓锁的弹子孔所在的柱体空间及弹子孔的中心不在一条直线上的弱点。锁在锁定状态下，锁芯外弹子的一部分在外锁芯弹子孔内，另一部分在内锁芯的弹子孔内，处于旋转分界线上，使锁芯不能旋转。当开锁工具插入锁芯转动时，内、外弹子孔形成错位，外弹子发生偏转。当向上撬动锁芯内弹子时，外弹子退出内锁芯弹子孔，随着锁芯的转动，外弹子被挡在内锁芯弹子孔的台阶外，使内、外弹子在锁芯旋转分界线上产生分离，继续转动锁芯即可开锁（错位开锁法）。

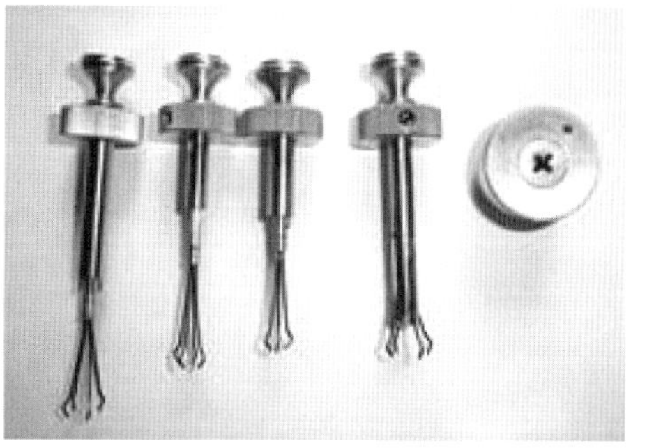

图 5-4-27　十字形开锁工具

开锁痕迹：

(1) 开锁工具的转动套卡住锁芯钥匙孔扭转时，转动套的端面与钥匙孔的外端面发生摩擦，形成弧形擦划痕迹。

(2) 开锁工具的转动套卡住锁芯钥匙孔扭转时，卡头挤压钥匙槽的外端，形成印压痕迹。

(3) 开锁工具的顶钩在反复推拉、顶压弹子时，顶钩的凸起与钥匙孔内壁发生摩擦，在钥匙孔内壁上形成不规则的线性擦划痕迹，顶钩在内弹子的弧面端形成擦划痕迹。

(4) 开锁工具转动套转动锁芯发生错位时，内、外锁芯的弹子孔对外弹子柱面有个剪切力，由于弹子孔壁的剪切挤压和拨弹时的摩擦作用，在外弹子的柱面上形成印压痕迹和擦划痕迹。

(5) 开锁时，行为人常常在锁芯钥匙槽内塞入口香糖、橡皮泥等物以防止弹子复位，故在锁芯内会有口香糖等填塞物。

六、开启无簧叶片锁的痕迹

开锁方法：无簧叶片锁又称金刚锁，是一种边柱制栓锁具，常见于挂锁。其结构包括锁体、锁梁、锁芯、锁芯封装盖、卡口珠和钥匙。锁芯又包括叶片、叶片套和圆柱制栓。常见的开锁方法有两种：一种是用拨片开锁工具开锁；另一种是撬锁芯封装盖开锁。如图 5-4-28 所示。

图 5-4-28　无簧叶片锁及其开锁工具

开锁方法、原理及痕迹见表 5-4-18。

表 5-4-18　开启无簧叶片锁的痕迹

开锁方法	开锁原理	开锁痕迹
用拨片开锁工具开锁	用拨片开锁工具开锁时，先用工具的带动凸块别住锁芯的带动叶片，再用工具的拨片凸块逐个拨动锁芯的制栓叶片，使叶片上的缺口对齐成一条直线，此时边柱进入缺口内，解除对锁芯的制约而开锁	1. 在制栓叶片侧面形成擦划痕迹 2. 在制栓叶片外缘靠近缺口处形成擦划痕迹 3. 在锁芯带动叶片内圈的侧面形成印压及擦划痕迹
撬锁芯封装盖开锁	撬锁芯封装盖开锁时，将撬压工具插入钥匙孔，卡在封装盖的底缘处，然后用力向外挑撬，使封装盖上的弹簧挡圈发生回缩变形而脱离锁体上的挡圈卡槽。打开封装盖后即可取出锁芯，拉开锁梁开锁	1. 在封装盖上会留下撬压痕迹和擦划痕迹 2. 在钥匙孔内侧及外侧锁体上会留有金属碎屑 3. 在锁芯叶片套内的上层叶片上会留下擦划痕迹

七、开启杠杆锁的痕迹

开锁方法：杠杆锁是一种杠杆制栓叶片锁，广泛用于保险柜（箱）门锁、金融机构的保险箱锁及金库门锁等。杠杆锁的开锁工具（图 5-4-29）由带动杆和拨片杆组成，带动杆的前端是带动凸块，尾部是把手，拨片杆的前端是拨片凸块，尾部是把手。开锁时，先拉动带动杆的把手，使带动凸块别住杠杆锁的锁栓叶片，再转动拨片杆把手，用拨片凸块拨动制栓叶片，使锁栓叶片上的锁栓止块通过制栓叶片中间的槽，从而开启锁具。

图 5-4-29　杠杆锁开锁工具

开锁痕迹：

（1）开锁工具带动凸块与钥匙孔底部发生摩擦，形成圆弧形的擦划痕迹。

（2）开锁工具的拨片凸块与锁的制栓叶片发生摩擦，形成擦划痕迹，痕迹的起始位置基本一致，高低起伏较小，擦划带较长。

（3）开锁工具的拨片凸块底端会与锁具的盖板发生摩擦，形成圆弧形的擦划痕迹。

八、开启磁性门锁的痕迹

开锁原理：根据开启锁具的不同，磁性锁开启工具可分为单一磁性锁工具和复合型磁性锁工具。单一磁性锁开启工具是在一根类似钥匙的柱形棒上套上 5 个直径与钥匙柱直径大小相当的环形磁铁块，环形磁铁块在外力的作用下可以各自绕柱形棒转动。当该工具进入锁孔后，通过不断调整每个环形磁铁块的方向开启锁具。复合型磁性锁开启工具包括弹子开启件和磁珠开启件两部分，弹子开启件和十字形开锁器相似，磁珠开启件由磁极探针和磁珠组成。开锁时，先用探针测得锁芯磁珠的位置和磁极，再将相应的磁珠装在弹子开启件上，用弹子开启件开启弹子锁制栓，打开锁具。如图 5-4-30 所示。

开锁痕迹：

（1）开启复合型磁性锁时，工具推动杆转动锁芯错位时，外弹子的柱面上会形成印压痕迹，推动杆卡头会在钥匙孔的外端形成印压痕迹。

（2）复合型磁性锁工具的顶钩、单钩在锁芯内弹子的弧形端面上形成擦划痕迹，外弹子柱面上的印压痕迹旁边会伴随擦划痕迹。

（3）在开启单一磁性锁时，钥匙孔内壁上会形成弧形擦划痕迹。

（4）磁性工具在反复转动锁芯过程中，磁性弹子会受到剪切力的作用，在有些磁性弹子的柱面上形成剪切印压痕迹。

（5）当用磁极探针进入钥匙孔探测磁珠的位置和磁极时，会在钥匙孔内壁形成多处细小的擦划痕迹。

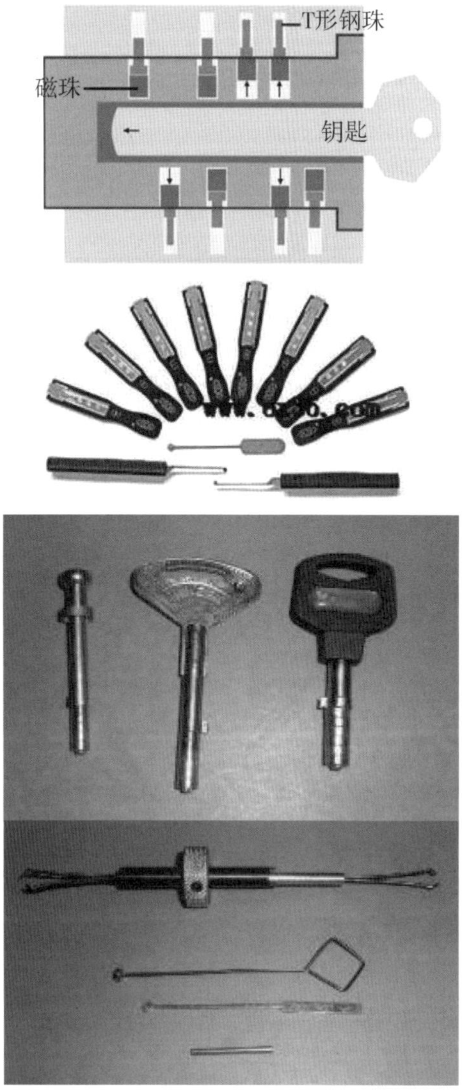

图 5-4-30　磁性锁工作原理及开锁工具

九、开锁枪开锁痕迹

开锁原理：其开锁的原理基本上与钩状工具开锁的原理相同，是利用锁零件的公差依次解除平头弹子对锁芯的约束来实现开锁的。开锁枪按其动力不同分为电动开锁枪（图 5-4-31）和手动开锁枪（图 5-4-32）。开锁枪包括枪体、枪针和推动杆三大部分。每支枪都配有不同形状的枪针，可开启一字锁、十字锁、圆柱锁、卡吧锁、两面齿和四面齿汽车锁等。开锁时，先用开锁枪的推动杆给锁芯一个开锁方向的扭转力，然后扣动扳机或开启电钮，此时枪针瞬间震动，并与锁芯内弹子发生碰撞，内弹子将动能传递给外弹子，外弹子克服弹簧力跳起，当外弹子越过内外锁芯分界线进入外锁芯弹子孔后，内锁芯即可转动开锁。

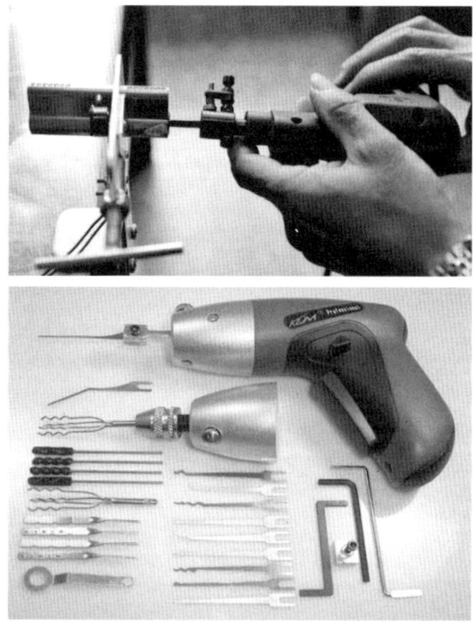

图 5-4-31　电动开锁枪

图 5-4-32　手动开锁枪

开锁痕迹：

（1）在开锁时，枪针会与锁芯内圆头弹子的弧面端发生碰撞，弹子的弧面端会留下大量的点坑状和线条状撞击痕迹。电动开锁枪形成的撞击痕迹多而杂乱，锃亮明显，轮廓清晰，小坑痕迹止端周围有金属卷屑堆积，并在弹子孔内有金属碎屑。手动开锁枪形成的撞击痕迹较深。

（2）枪针震动时，与钥匙孔内壁发生撞击和摩擦，形成擦划痕迹和撞击印痕。

（3）开锁时，有一种手法是先用推动杆扭转锁芯，使内外锁芯的弹子孔形成错位台阶，然后用枪针逐个撞击内弹子开锁。推动杆在扭转锁芯时会在钥匙孔的外端面留下印压痕迹，痕迹会成对出现，且受力方向相反，反映两处不同部位的形态特征。

(4) 开锁时，在推动杆扭矩的作用下，在平头弹子柱面上会形成剪切擦划痕迹，扭矩的力越大痕迹越明显。

(5) 电动开锁枪开锁时会在钥匙槽底部形成点坑状撞击痕迹，使钥匙槽底部粗糙不平。

(6) 开锁时，开锁枪枪针与锁舌横梁碰撞，在锁舌横梁面上形成明显的凹凸线条状擦划痕迹，同时出现在锁舌横梁上下两部分的边缘处，并且出现的位置相同，方向沿锁舌的边缘。

十、晃匙工具和撞匙工具的开锁痕迹

晃匙工具和撞匙工具的开锁痕迹见表 5-4-19。

表 5-4-19　晃匙工具和撞匙工具开锁痕迹

工具类型	工具特点	开锁痕迹
晃匙工具	此工具大多是用钥匙胚加工制成，不同的锁具，其晃匙也不同。根据开启锁具的不同，晃匙工具可分为：一字锁晃匙、十字锁晃匙、电脑打孔锁晃匙和双面齿晃匙（图 5-4-33）	1. 开锁时，晃匙工具插入锁芯反复晃动，工具尾部的定位肩反复与钥匙孔的外端面摩擦形成擦划痕迹，擦划痕迹周围会有摩擦脱落的微量金属屑。一字锁晃匙和双面齿晃匙没有定位肩，不会形成外端面的擦划痕迹 2. 晃匙工具在插入、拔出和晃动开锁的过程中，工具的牙花面与锁芯内弹子的弧面端发生摩擦，在坡缘、坡面和坡顶形成擦划痕迹。由于开锁手法的不同，擦划痕迹的形态有横向和纵向，有长条形、弧形和短线形。电脑打孔锁晃匙的牙花面是弹性泡沫，不会形成内弹子弧面端的擦划痕迹 3. 晃匙工具在晃动开锁的过程中，内外弹子的柱面上会形成多次剪切印压痕迹，并伴随有擦划痕迹 4. 晃匙工具在插入、拔出和晃动开锁的过程中，工具的牙花面有时与钥匙孔内壁发生摩擦，形成纵向和横向的擦划痕迹 5. 有些晃匙工具的长度大于钥匙孔的长度，且尾端没有定位肩，工具开锁时会凸出钥匙孔，与钥匙孔尾端的传动片发生摩擦和印压，在传动片固定端的顶面形成擦划和印压痕迹。电脑打孔锁晃匙的尾部没有定位肩，不会形成传动片痕迹
撞匙工具	撞匙工具（图 5-4-34）包括撞匙和击打工具两部分，有分体式工具和组合式工具。撞匙与原配钥匙的槽形一致，只是牙花形状不同，不同的锁具撞匙不同。击打工具可以是锤子、螺丝刀、木棒等物体。 其开锁原理和开锁枪（图 5-4-35）开锁原理相同，可开启一字锁、十字锁、卡吧锁等针珠制栓的弹子锁，不适用边柱锁和叶片锁	1. 开锁时，撞匙工具中间的撞匙握柄在钥匙孔外端面上形成撞击痕迹和擦划痕迹。分体式撞匙工具的定位肩也会在钥匙孔外端面上形成撞击痕迹和擦划痕迹 2. 开锁时，撞匙工具的牙花在内弹子上形成撞击印压痕迹和擦划痕迹 3. 开锁时，一般是先用撞匙扭转锁芯，再撞击开锁，在扭转锁芯时会在外弹子柱面上形成剪切印压痕迹和擦划痕迹

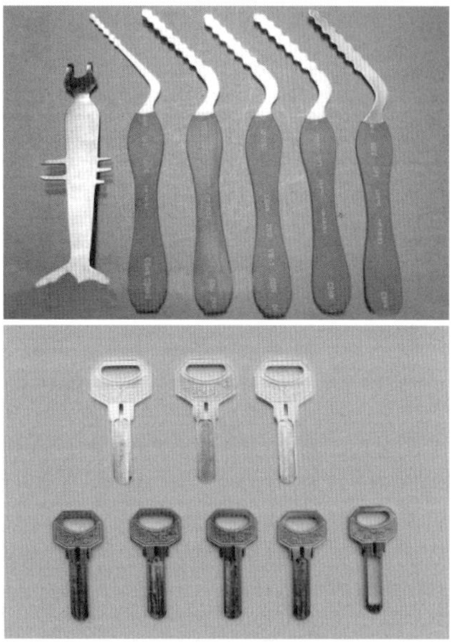

图 5-4-33　晃匙开锁工具

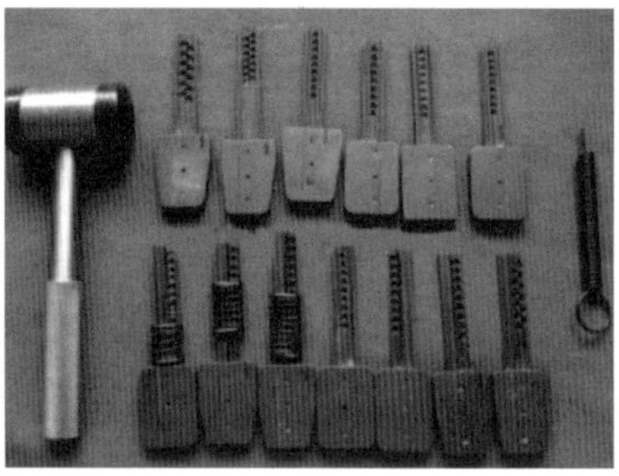

图 5-4-34　撞匙工具

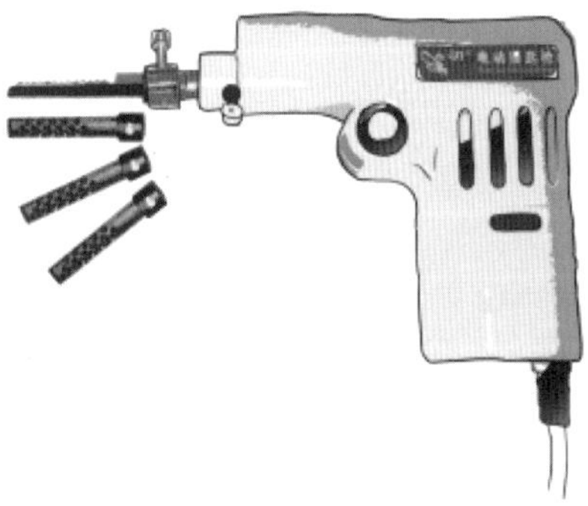

图 5-4-35　撞匙开锁枪

十一、开启卡吧锁的痕迹

卡吧锁开锁工具（图 5-4-36）由拨弹单钩和推动杆两部分组成，与错位开锁法原理相同。开锁时，推动杆会在钥匙槽的外端面上形成印压痕迹；由于弹子孔错位时剪切力的作用，会在平头弹子的柱面上形成剪切印压痕迹。开锁时，工具单钩会在印压痕迹旁形成擦划痕迹，在圆头弹子的弧面端形成擦划、印压痕迹。

图 5-4-36　卡吧锁开锁工具

十二、飞机夹工具开锁痕迹

开锁原理：飞机夹开锁工具（图 5-4-37）是一种专门针对圆头弹簧制栓类锁具的快速开锁工具（锁具制栓为斜面伸缩卡簧的均可打开），其开锁原理与插片开锁的原理一样，可开启挂锁、汽车方向盘锁、汽车排挡锁及摩托车 U 形防盗锁等。

开锁痕迹：开锁过程中，开锁工具会在锁梁上和卡簧斜面上形成擦划痕迹。

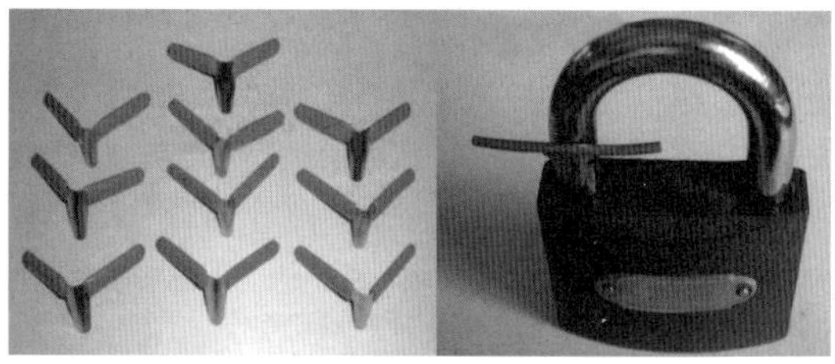

图 5-4-37　飞机夹开锁工具

十三、黄油枪开锁痕迹

开锁方法：黄油枪开锁法是利用给轴承、机床加注黄油的黄油枪（图 5-4-38），把黄油挤压到锁芯钥匙孔内，把锁芯内的弹子挤压到锁体弹子孔内，再选择相应的小号钥匙或小刀等片状物插入锁芯扭转，即可开锁（开锁原理与梳型工具开锁相同）。

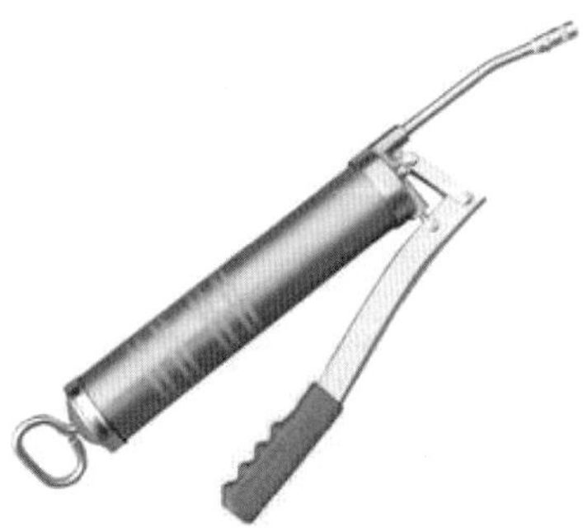

图 5-4-38　黄油枪

开锁痕迹：此开锁法不易形成开锁工具痕迹，在钥匙孔内和弹子孔内遗留有黄油。

十四、打气筒开锁痕迹

开锁方法：打气筒开锁法是将一根长4~5cm的气门芯胶管一端套在充气针的一端，并将气门芯两端扎紧，再把充气针的另一端接到打气筒上，然后把充气针插入钥匙孔内，用打气筒打气。随着气门芯的膨胀，锁内所有弹子被挤进锁体弹子孔内，锁芯和锁体分离，再用片状物扭转锁芯即可开锁。

开锁痕迹：凡是梳状工具能开启的锁具，打气筒都能打开。当用螺丝刀等片状工具扭转锁芯开锁时，可能会在钥匙孔内壁形成擦划和印压痕迹。

十五、猫眼（门镜）开锁工具开锁痕迹

开锁方法：猫眼开锁工具（图5-4-39）主要由握柄、延长杆、开启头三部分组成。开锁时须先用钳子或螺丝刀等工具将猫眼从门上去掉，然后将开锁工具从猫眼插入进行开锁。

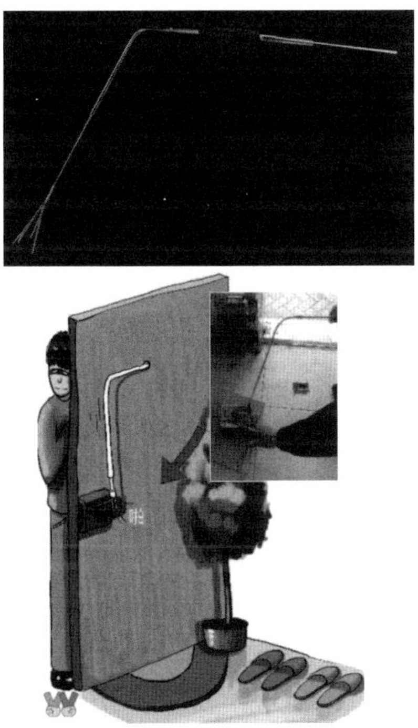

图5-4-39　猫眼开锁工具

开锁痕迹：在开锁过程中，会在猫眼及其周围的门上形成撬压痕迹及擦划痕迹在猫眼上会形成钳子等工具的夹持印压痕迹，在猫眼孔内壁和锁具上形成擦划痕迹。

十六、锡纸工具开锁痕迹

开锁方法：将放入锡纸的开锁工具（图5-4-40）插入锁孔，锁的下排弹子全部被顶到了最高位置，将顶针抽出，弹子全部由锡纸支撑着，这时晃动开锁模具，弹子在弹簧的作用力下在锡纸上形成一把“软”钥匙，锁也就被打开了。

开锁痕迹：此方法开锁，弹子上会遗留下很轻微的擦划痕迹，但如果锡纸没有破损时轻微的擦划痕迹也不会遗留。锡纸有可能断裂而遗留在锁孔内。

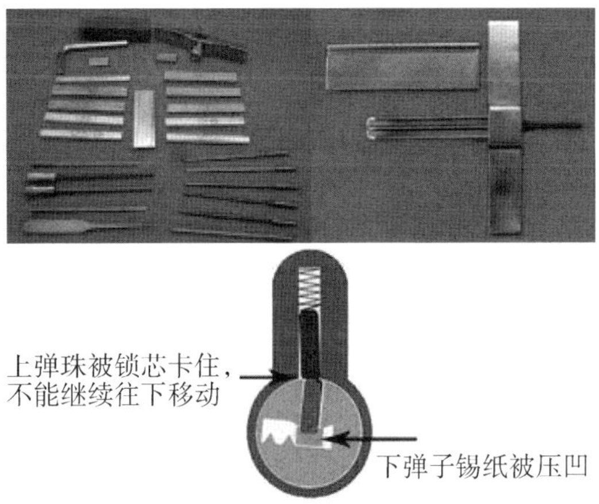

图5-4-40　锡纸开锁工具

十七、口香糖开锁痕迹

利用口香糖开启“十字形”或“一字形”门锁时有两种情况：一种是用开锁器开启十字锁后，把咀嚼过的口香糖塞入锁芯，将弹子固定在开启位置，防止锁芯转动后弹子复位，口香糖起固定弹子、辅助开锁的作用。在锁芯圆头弹子表面、钥匙孔内壁有擦划痕迹；在平头弹子柱面上有剪切印压痕迹，钥匙孔外端面上有工具推动杆形成的印压痕迹，钥匙孔周围有弧形擦划痕迹。另一种情况是将咀嚼过的口香糖或肥皂及橡皮泥等塞入锁芯，把锁内所有弹子全部挤压入锁体弹子孔内，再选择相应的小号钥匙或小刀等片状物插入锁芯，待口香糖变硬后扭转锁芯强行开锁，如图5-4-41所示。在勘查用口香糖开锁的现场时，要提取锁内遗留的口香糖进行DNA检验。

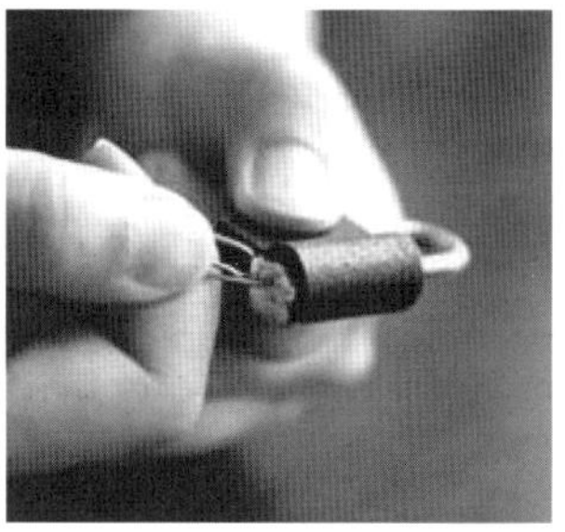

图 5-4-41　口香糖开锁

十八、胶带开锁痕迹

用透明胶带将门框一侧的“锁库”粘贴上，使锁舌不能进入，虽然锁了门，但门锁却未锁上。此种方法多见于宾馆、饭店，是一种有预谋、有目标的开锁方法。现场会遗留有胶带，注意发现提取胶带上的指纹。

十九、勾填法开锁痕迹

开锁原理：勾填法开锁原理与梳状工具开锁原理相同，是将回形针、别针或细铁丝等折成“L”形，然后把卫生纸或纸巾等用水浸湿，并撕成碎末塞进钥匙孔内，同时把折好的“L”形工具插进钥匙孔，由外向里把碎纸末压进每个弹子孔内，使锁芯与锁体分离，再用螺丝刀、刀片等片状物扭转锁芯开锁。

开锁痕迹：开锁过程中，“L”形工具会在钥匙孔内壁和弹子上形成擦划痕迹。开锁时行为人可能会用唾沫浸湿卫生纸，所以要注意提取钥匙孔内遗留的卫生纸进行 DNA 检验。

二十、换锁作案法

行为人在作案前，用一把与现场锁型号、规格、外观均相同的锁将之替换，然后利用其掌握的钥匙开锁作案，待作案结束时将原锁换回。有些行为人专门研究某一种型号锁具的薄弱环节，然后选择所有安装这种锁具的部门进行作案。此类案件注意提取锁具进行 DNA 检验。

二十一、开启宾馆门锁的痕迹

宾馆门锁开锁工具如图 5-4-42 所示。

门底开锁法：即将特制的开锁工具从门底部的缝隙伸入门内，由门外的控制工具压锁把手开锁。此开锁工具由延长杆、把手和拉绳组成，在开锁过程中，工具会在门底部边缘形成擦划痕迹和印压痕迹，门锁把手上会形成擦划痕迹。

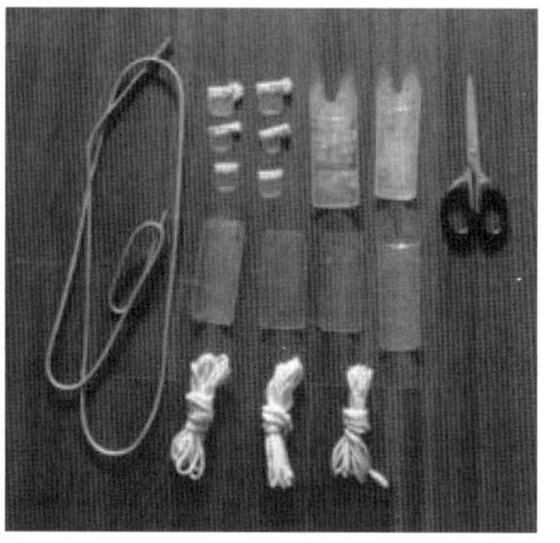

图 5-4-42　宾馆门锁开锁工具

门锁防盗扣开启法：开启门锁防盗扣的工具一般都是自制工具，有用铁片制作的硬质工具、用塑料片和绳子制作的软质工具两种。开锁时，先将门锁打开并将门推开一条缝隙，然后从门缝插入开锁工具，使门锁防盗扣的闭锁栓进入开锁工具的缺口内，缺口两侧的挡片顶住防盗扣的栓扣，再将门拉至关闭位置，此时开锁工具在栓扣的压迫下发生弹性形变，当闭锁栓到达栓扣的开启缺口时，栓扣便被开锁工具向锁的开启方向弹开，闭锁栓被释放，推门即开。

用此法开门时一般痕迹不明显，当开锁工具硬度较大，且边缘较粗糙或门缝较小时，会在门、门框和防盗扣上形成擦划痕迹。当开锁工具的弹力不足以将栓扣弹开时，需拉动工具上的绳索使工具向锁的开启方向弯曲变形，将栓扣顶开。此时，绳索会与门框发生摩擦而产生擦划痕迹，同时门框上会留下绳索的纤维等微量物证。当金属片工具开启防盗扣时，会与门、门框和防盗扣发生摩擦而产生擦划痕迹。

磁卡锁的开启方法：第一，拍击法开锁是先将套筒上的磁片隔磁，然后使铝片上的磁珠在振动外力的作用下进入磁珠座上的磁珠室，转动套筒开锁。开锁时，先将一块和磁卡钥匙宽度相同的纸壳或厚塑料片工具插入锁的卡槽内，再用力猛拍套筒底部，同时用另一只手向开锁方向转动套筒，即可开锁。用此方法开锁不易形成工具痕迹，卡槽内会留下开锁工具上脱落的纸屑或塑料工具上脱落的微量物证。第二，强开法开锁时，用一把钢尺或其他硬度较大的金属片插入锁的卡槽内，向开锁方向强行扭动，使塑料磁珠座发生凹陷变形，把制栓磁珠挤进铝片与磁珠座之间的缝隙，继续扭转即可开锁。开锁时，在卡槽口及其内壁会形成擦划痕迹；磁珠室会凹陷变形，磁珠座上、铝片上以及磁珠上会形成擦划痕迹，有时磁珠会被挤压变形。

第七节　开启保险柜（箱）形成的痕迹

盗窃保险柜（箱）案件一般发生在企事业单位、金融机构、行政单位、学校以及少数家庭，此类案件往往给当事人带来较大经济损失，社会影响较大，也是公安机关重点打击的一类刑事犯罪。打开保险柜（箱）的手段很多，在实际案件中，犯罪行为人通常是采用扩缝撬压、切割、砸、烧、剥皮等手段破坏柜（箱）体，采用自制工具和专用工具破坏保险柜（箱）的锁具系统，采用技术手段开启保险柜（箱）的密码锁具系统，通过窃取原配钥匙或复制原配钥匙开启保险柜（箱）等。下面介绍几种常见的开启保险柜（箱）的方法及开锁过程中产生的工具痕迹。

一、扩缝撬压痕迹

开启方法：如果保险柜（箱）存在柜门与柜体之间缝隙较大、闭锁状态下柜门的推拉晃动量过大、柜体材料过薄、锁栓伸出量较短等情况，犯罪嫌疑人常常会选择扩缝撬压法进行作案。在撬盗保险柜时，一般选择一字形螺丝刀、撬杠、平口凿、起钉器等工具，当保险柜（箱）门缝较小、柜门晃动量较小时，通常会先用一字形螺丝刀从门缝边缘进行扩缝，然后再插入撬杠进行撬压，使柜门和柜体发生严重变形而打开（图 5-4-43、图 5-4-44）。

痕迹物证：

（1）在保险柜（箱）门边缘和柜体边缘会留下多处凹陷形撬压痕迹，撬压痕迹能反映出工具头部和杆部的形状和尺寸。有时在保险柜（箱）门的外表面和柜体外表面会留下擦划痕迹。

（2）在撬压痕迹处会遗留有工具上脱落的油漆、油渍等微量物证，要注意提取检验。

（3）当犯罪嫌疑人戴有手套时，在保险柜（箱）门边缘和柜体边缘会留下纺织品纤维。

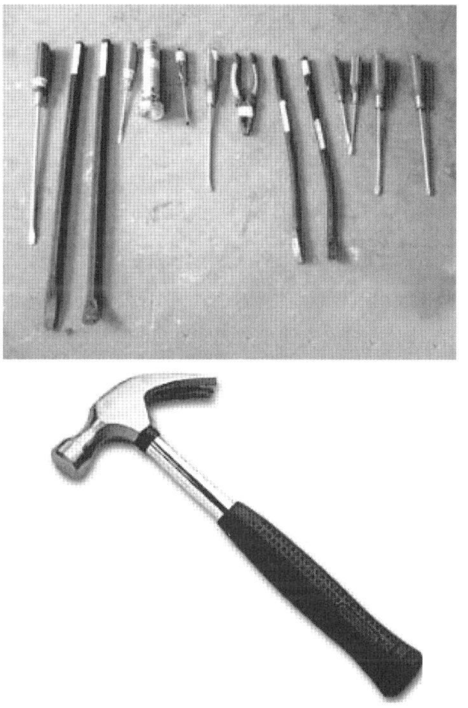

图 5-4-43　撬压工具

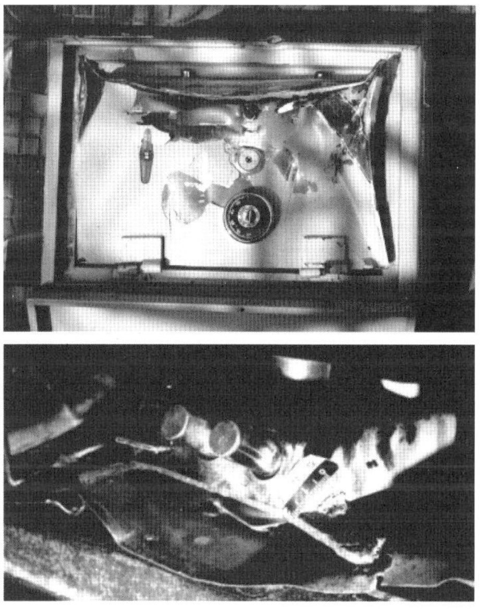

图 5-4-44　保险柜上的撬压痕迹

二、切割痕迹

钢锯锯割（图 5-4-45）遗留的痕迹物证有：

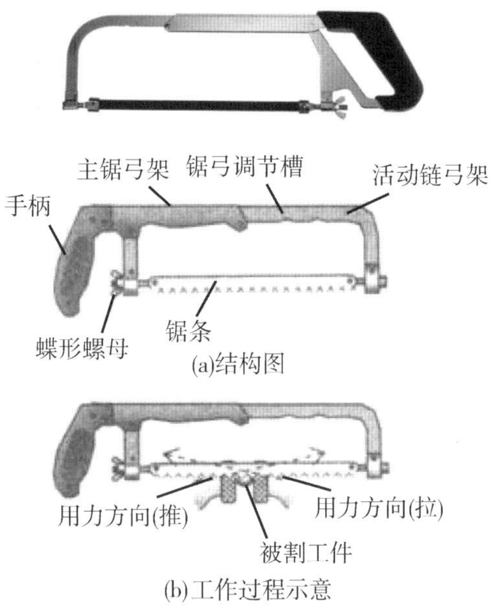

图 5-4-45 钢锯

1. 在开始锯割时会出现跳锯现象，而在锯口旁边形成短小的擦划痕迹，有时会形成锯齿的印压痕迹。

2. 在锯口的终止缘处会形成毛刺，油漆层会出现裂纹痕迹。

3. 在保险柜（箱）断面的锯口上会形成展平面痕迹、原生痕迹、再生痕迹和梯形纹等痕迹。

4. 在被破坏的保险柜（箱）内和保险柜（箱）旁边的地面上遗留有锯割产生的金属屑，有时现场会遗留有折断的钢锯条。

5. 有时需要使用螺丝刀、撬杠等工具撬开被锯断的保险柜（箱）门，会在保险柜（箱）上留下撬压痕迹。

火焰气割机（图 5-4-46）开启时遗留的痕迹物证有：

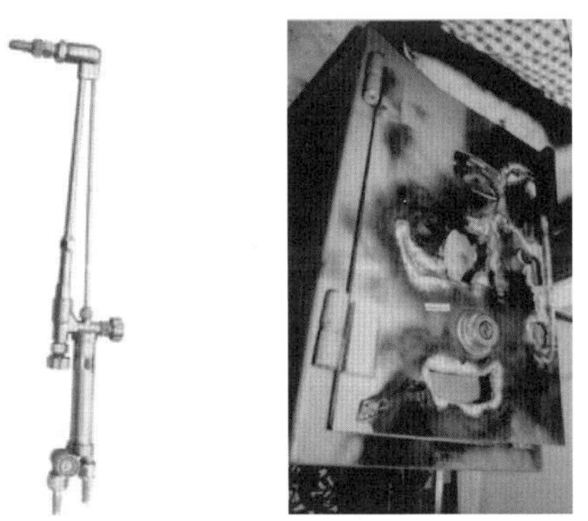

图 5-4-46 气割及其形成的痕迹

1. 在正面切口处有明显的灼烧痕迹。切口上缘较齐，切口处有金属氧化物形成，切口下缘会出现挂渣现象。在现场会遗留有金属熔渣。

2. 在切口的端面上会形成亮带痕迹、灼烧痕迹和切割纹痕迹。

3. 保险柜（箱）内的纸张、塑料等物品会在气割的高温下发生燃烧、融化。

三、大力钳开锁痕迹

开锁方法：采用大力钳（图 5-4-47~图 5-4-49）开锁时，先将密码盘向右旋转三圈以上，然后用一只手扭动开锁把手，并保持不动，另一只手继续转动密码盘使轮片盘的缺口被杠杆制栓卡住，此时用大力钳夹住密码盘强力转动，直至密码盘脱落，再继续扭转开锁把手即可开锁。

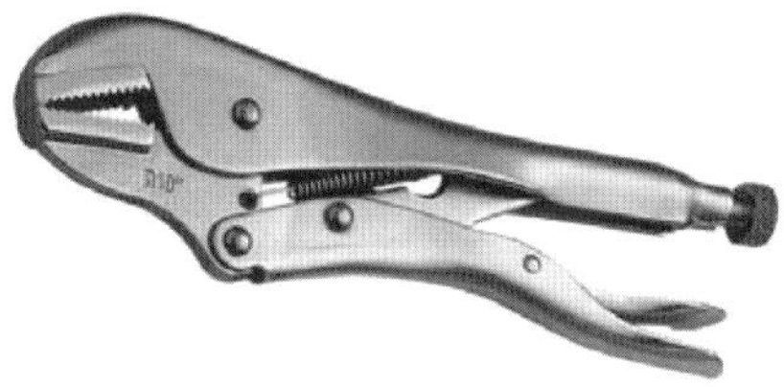

图 5-4-47 大力钳

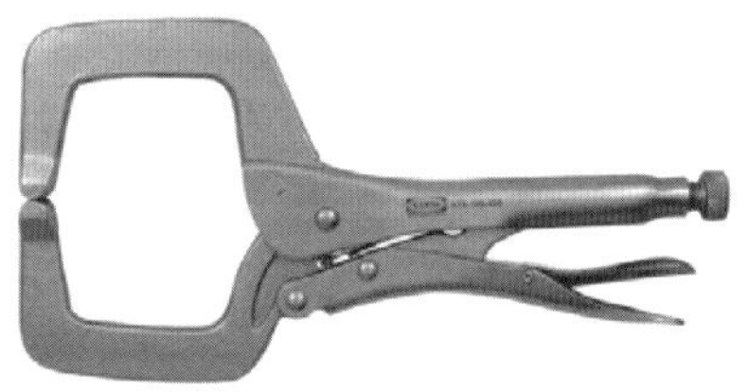

图 5-4-48 C 型大力钳

图 5-4-49 保险柜密码盘

开锁痕迹有：

1. 开锁时刻度盘和转轮片通常会脱落。

2. 大力钳会在刻度盘上形成夹持痕迹和擦划痕迹，杠杆制栓会在轮片盘缺口边缘形成印压痕迹和擦划痕迹，有时大力钳会在密码盘旁边的柜门上形成擦划痕迹。

3. 在大力钳强力扭转刻度盘时，密码盘的开口销钉会被扭断为三部分，中间部分会遗留在销钉孔内，密码盘脱落。

四、拉码器开锁痕迹

开锁方法：用拉码器的抓取装置夹住开启保险柜（箱）的密码盘，旋转拉码器的螺杆向外拉动刻度盘，将转轮片拉掉，再扭动保险柜（箱）把手即可开锁（图 5-4-50）。

图 5-4-50　保险柜密码盘和拉码器

开锁痕迹有：

1. 拉码器开启密码盘时，刻度盘被拉出，转轮片从带动轴上脱落。机械密码盘的开口销栓断裂，带动轴的销钉孔内遗留有断裂的销钉。

2. 拉码器的抓取装置会在刻度盘的边缘留下擦划痕迹和印压痕迹。

3. 拉码器的支撑装置会在密码盘周围的柜门上形成印压痕迹。

4. 拉码器在拉拔刻度盘的过程中，刻度盘底座会发生弯曲变形。

五、钻孔开锁痕迹

开锁方法：钻孔法开启保险柜（箱）密码盘是在刻度盘旁边的特定位置钻一个小洞，用钢丝把轮片盘上所有的缺口拨到一条直线上，或插入光纤内窥镜看着轮片盘转码开锁。

开锁痕迹：此方法开锁痕迹较明显，在保险柜（箱）上留有小孔，现场遗留有钻孔时形成的金属碎屑。

六、推码法开锁痕迹

推码法是一种技术性很强的开锁方法，开锁时不使用任何工具或只使用推码器辅助开锁。开锁过程中，需要用一只手扭动开锁把手，另一只手转动刻度盘，此时会在轮片盘周围边缘留下擦划痕迹。

七、开启电子密码锁的痕迹

应急锁开锁法：电子密码锁是电子保险柜（箱）的锁具系统，它是通过数字键盘输入设定的密码来开启保险柜（箱）的。电子保险柜（箱）都有一个应急锁，当电子密码锁出现故障、电池耗尽或忘记密码时，可以通过应急锁开启保险柜（箱）。应急锁有机械防盗锁和电子锁两种，机械防盗锁可用专用开锁工具开启，在前面章节已介绍。电子应急锁不需要输入密码，一般采用 TM 卡进行开启，宾馆内的电子保险箱的应急锁大多是 TM 卡电子应急锁，只要复制一张 TM 卡就可以打开保险箱。此开锁方法一般不会留下工具痕迹，必须结合现场勘查、调查访问和监控录像等综合分析。

固定螺丝孔开锁法：电子保险箱的背面一般都有两个固定螺丝孔，以便将保险箱固定在墙上，通过固定螺丝孔可以看到保险箱柜门固定边侧面上的密码重置按钮。开锁时，用一根细杆状的工具伸入固定螺丝孔按压密码重置按钮，然后在数字键盘上重设密码，按“#”字键确认，利用重设的密码即可打开保险箱。现场勘查时，确认原密码是否可以打开保险箱是认定该开锁手段的重要依据。有时会在固定螺丝孔处、密码重置按钮上及其周围箱体上留下擦划痕迹。另外，利用此手段开锁时，一般需要移动保险箱，使其背面离开墙体等依靠物，在保险箱上可能会遗留有行为人的手印。

接线开锁法：接线法开锁是绕过电子密码的验证系统，直接给开锁电机或电磁铁供电开锁。开锁时，用铁丝等工具将电子密码锁内侧的电线勾拉出来，然后将电线分别接上电池的正、负极即可开锁。开锁过程中，有时需要撬开面板，会在保险箱上留下撬压痕迹和擦划痕迹。接线时，需要将电线的绝缘皮剥开，暴露出电线的金属内芯。

应急锁孔开锁法：通过应急锁孔开锁时，用一把螺丝刀顶住应急锁的锁芯，再用锤子敲击螺丝刀柄，将锁芯顶出保险箱的门板，然后用一个“L”形的钩状工具从锁孔伸入按压门内侧的阻挡阀，即可开锁。开锁时，锁芯脱落，锁芯表面会留下螺丝刀的撞击痕迹，阻挡阀上及其旁边的部件上会留下工具的擦划痕迹。

第八节　开启汽车锁形成的痕迹

犯罪行为人开锁盗窃汽车和盗窃汽车内财物时，一般采用暴力拧锁芯开锁、专业快开工具开锁以及偷配钥匙开锁等手段。

一、暴力拧锁芯痕迹

暴力拧锁芯是盗窃犯罪行为人常用的破锁开门手段之一，也是速度最快的开锁方法。此方法常用于开启车门锁、后备箱锁以及没有芯片防盗装置的点火锁等。此方法开锁会在锁孔处留下明显的挤压变形等痕迹。

二、盲摸器开锁痕迹

盲摸器，也叫扩张器、定位开启器，主要针对外铣槽锁具，是一种量身定做的定位开锁工具，每个盲摸器只能开启特定品牌和型号的车锁。盲摸器由一个单钩和一个定位推动杆组成。根据不同品牌车锁的叶片位置特征，在定位推动杆上的不同位置钻有点压叶片的开锁小孔。

开锁痕迹：盲摸器的定位推动杆形状和原装钥匙的形状一样，在开锁时不会形成推动杆痕迹。盲摸器的主要造痕体是开锁单钩，单钩在压锁片时，会在锁片上形成印压痕迹和擦划痕迹。由于盲摸器有定位开锁孔，所以单钩不会像快手工具一样形成锁芯钥匙槽内壁的擦划痕迹。

三、快手工具开锁痕迹

快手工具（图 5-4-51）是一套不需要手感的傻瓜型工具，操作简单，开锁快速，分为外铣型和内铣型两种，分别开启内铣槽锁具和外铣槽锁具。快手工具是利用错位开锁法进行开锁的。开锁时，架好工具往复抽拉直至开锁，一般 2~30s 即可开锁。

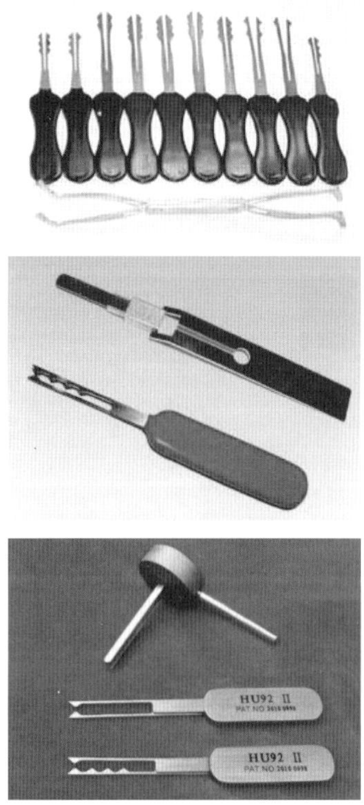

图 5-4-51　快手工具

开锁痕迹：

（1）工具的推动杆扭转锁芯时，会在锁芯钥匙槽的外端留下印压痕迹。

（2）工具的拨片头在往复抽拉时，会在锁芯及锁芯钥匙槽的内壁留下擦划痕迹。

四、门缝开锁痕迹

开锁方法：门缝开启法，即从车门和门框之间的缝隙伸入开锁工具，从车门内侧打开闭锁按钮或开门拉手。对于车门缝隙较大的车辆，一般使用快开软尺开车门。对于车门密封较严实的车辆，一般用气囊进行扩缝，再伸入快开软尺开启闭锁按钮或者用铁丝钩拉开开门拉手、闭锁按钮。

开锁痕迹：使用气囊扩缝的软尺开启法开锁，车门边缘和门框上的擦划痕迹很浅。用铁丝工具开门时，在插入铁丝工具时，工具会与车门边缘和门框摩擦，从而形成擦划痕迹。从车门缝深入铁丝钩开锁时，铁丝钩在开启拉手、闭锁按钮及装饰板上形成较浅的擦划痕迹。

五、钥匙串子开锁痕迹

钥匙串子是一套齿形多样的钥匙模，其尺寸、槽型与原装车钥匙一致，只是齿形、齿位不同。开锁时，一边慢慢插入钥匙，一边晃动开锁。利用此工具开锁时，会在锁片上形成同晃动方向一致的擦划痕迹，痕迹的深浅与钥匙边缘的粗糙程度成正比。

六、车窗玻璃口开锁痕迹

开锁方法：车窗玻璃口开启法，即从车窗玻璃与车门之间的缝隙插入开锁钩、开锁尺，直接拉动车门内侧的门锁连动杆开锁，或者工具从车窗玻璃底部绕过玻璃将闭锁按钮顶起开锁。

开锁痕迹：用此方法开锁时，必须使用气囊或三角块进行扩缝，气囊较软，留痕不明显，三角块较硬，会留下挤压印痕和擦划痕迹。开锁钩和开锁尺伸入车门内侧时，会在玻璃底部及密封胶条上留下擦划痕迹，工具拉动门锁连动杆时会形成擦划痕迹。

七、解码设备开锁

解码设备开锁及原理表 5-4-20。

表 5-4-20　解码设备开锁及原理

解码设备名称		开锁原理
遥控中控锁的解码设备（主要是针对常用的无线电遥控器）	屏蔽器	屏蔽器是一种电子干扰器，它能发出大功率的电磁波，屏蔽汽车遥控器开关锁时发出的电磁波，使伺服器得不到锁门的命令，即使按下遥控器，车门也不能锁上（图 5-4-52）

续表

解码设备名称		开锁原理
遥控中控锁的解码设备（主要是针对常用的无线电遥控器）	拦截器	拦截器是接收遥控器发出的电磁波，并复制、储存起来，开锁时将储存的信号转发出去，从而起到和遥控器开锁的功能相同（图 5-4-53）
	扫描器	扫描器是一种主动型的解码开锁设备，其工作时不间断地发出不同频率、不同编码的开锁信号，当发出的信号与某一汽车的开锁信号匹配时，该车门锁即被打开，属于碰撞式开锁方式
芯片防盗系统的解码设备		汽车故障诊断仪又称芯片匹配仪，俗称“芯片解码器”（图 5-4-54），即利用配套连接线和汽车上电脑数据输出 DLC（检测接头）相连，与各种电控系统控制单元 ECU 进行数据交流的专用仪器。目前，大多数汽车的点火锁钥匙内都有防盗芯片，芯片带有一个身份识别码。凡是有电脑控制系统的汽车都有一个故障诊断仪接口，故障诊断仪通过数据线和诊断仪接口连接，可进行认证、解除芯片钥匙的操作。新认证的钥匙可以解锁发动机，启动汽车
卫星信号干扰器		又称卫星信号屏蔽器，它可以对 GPS 卫星信号和 GSM、CDMA 网络信号实施干扰，影响 GPS 防盗系统的正常功能发挥。

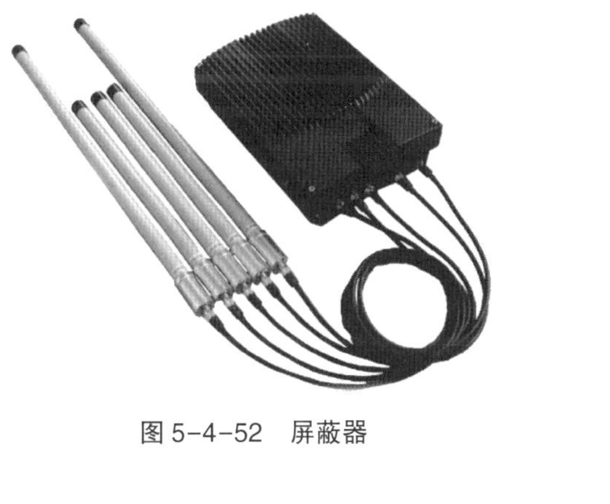

图 5-4-52　屏蔽器

图 5-4-53 拦截器

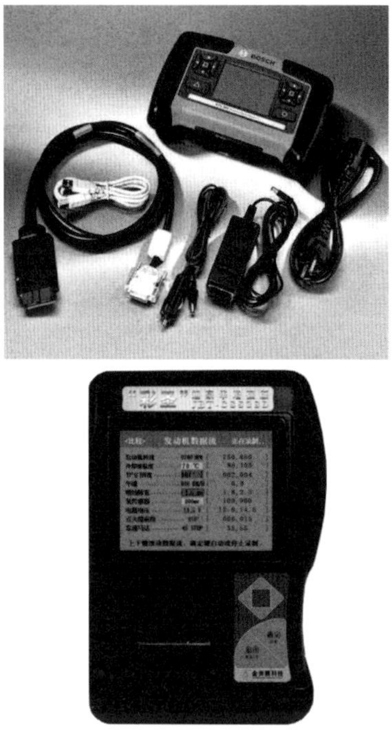

图 5-4-54 汽车故障诊断仪

第九节 开锁破锁痕迹的现场勘验

开锁破锁痕迹的现场勘验是对犯罪现场进行客观全面的勘验，发现、记录和提取被破坏的锁具及嫌疑锁具和钥匙等开锁破锁工具，并结合与开锁破锁痕迹相关的各种痕迹物证，进行综合分析判断，为侦破案件提供重要线索。

一、现场调查访问

现场调查访问是现场勘查人员全面了解现场基本情况，了解事主、报案人、受害人以及犯罪嫌疑人情况的一个重要手段。现场勘查前必须进行细致的调查访问，否则，现场勘查是不完整的，一些痕迹物证是不能及时发现的，甚至不能引起勘查人员的重视而遭到破坏。调查访问的对象及内容见表 5-4-21。

表 5-4-21 调查访问的对象及内容

调查访问的对象	发现人、报案人、事主、被害人、目击人及现场周围的知情人等
调查访问的内容	1. 事主离开现场的时间及发现案发的时间
	2. 事主离开现场时门窗及门锁的情况（原始现场的情况）
	3. 案发后现场门窗及门锁的情况（与案发前不同的情况）
	4. 案发后现场与案发前不同的情况（物品被移动、触摸、破坏等情况）
	5. 案发后现场减少和增加的物品等情况
	6. 事主存放现金及贵重物品的具体位置
	7. 现场保护情况
	8. 事主回现场的途中是否遇到过可疑人员
	9. 事主有无与嫌疑人相遇并发生肢体接触等情况
	10. 目击人、知情人等看到、听到、闻到（气味）等的情况

二、寻找开锁痕迹

寻找现场锁痕是现场勘查的内容之一。目前在很多犯罪现场均出现对锁具的破坏，因此锁具表面通常都会形成破坏痕迹，但是作案手段不断推陈出新，智能化程度越来越高。采用技术开锁或技术性破坏锁等手段开锁时，锁痕比较隐蔽，不易被发现。在现场勘查时应结合案件特点、作案手段等因素，仔细寻找现场锁痕。

1. 从被破坏的锁体表面寻找

锁具的正常使用一般不会在锁体表面形成破坏痕迹。因此，在现场中凡是外观受到破坏的锁具均有可能是犯罪行为造成的，外表可能存在工具痕迹，如锁体破碎、变形，锁梁弯曲、截断，锁芯上出现钻孔等，这些锁具是我们必须寻找的。而对于表面完整、没有明显的破坏痕迹，但锁扣破坏严重的锁具，也应注意寻找，其锁体表面的轻微痕迹，往往能反映出破坏手段。

2. 从正常的锁具内部及原配钥匙上寻找

锁具失灵，通常是技术性破坏锁造成。锁具失灵表现为：使用原配钥匙可以旋转锁芯，但不能开启锁具，如门锁锁芯固定片被冲掉；使用原配钥匙不能转动锁芯，如用工具强力将弹子压出锁芯。此时锁具内部有可能存在破坏痕迹，应将锁具拆卸，从锁内零件上寻找痕迹。

3. 从正常的锁具内部寻找

如果现场锁具正常，并且案犯只有通过开启锁具才能进入现场时，则现场锁具有可能被选配、后配钥匙或技术手段开启，因此应从锁的内部零件上寻找痕迹。

4. 从与锁具相关的部位寻找其他痕迹

用片状工具插拨门锁锁舌时，在锁舌上形成的痕迹很轻微，但是在与锁具相关的部位上能形成很多痕迹。通常在门框上都有定位框，当用金属片插拨锁舌时，由于受定位框的限制，工具能在与门锁相应的部位上形成痕迹，或使木纤维及门框油漆脱落，同时在锁盒内侧形成压痕；当使用塑料片插拨锁舌时，由于塑料片的脆断，可以在锁盒固定螺钉上留有塑料片的微量附着物，在锁舌孔内及地面上有塑料碎片。对上述痕迹应注意发现，并采取适当的方法提取。

5. 从遗留在现场的开锁工具上寻找

有些案件现场会遗留有作案工具，这是要观察锁体外观是否存在明显的工具痕迹，根据锁体上出现的钻痕、锯痕、锉痕、剪切等痕迹，推断是否为现场遗留的工具所形成。如果锁体外观的油漆有脱落、油漆表面有撬压痕迹和擦划痕迹，要注意观察现场遗留的工具上是否有油漆附着，推断锁具上的痕迹形态是否与现场遗留的工具相符合。还要注意观察现场锁具表面和安装锁具的门上相关部位是否有油漆、油污等附着物，若有，则要观察现场遗留的工具上有无油漆脱落、有无油污等。另外，还要观察现场遗留的工具上是否有附着物，是否和现场门、锁等物品有关联。

6. 从中心现场寻找被破坏的锁体

有些犯罪嫌疑人破坏锁具后，会将锁具丢弃在中心现场的垃圾桶内或其他比较脏乱和隐蔽的地方，在勘查现场时，我们除了在现场外围搜索，还要对现场中心进行搜索。

7. 从现场外围寻找被破坏的锁体

有些犯罪嫌疑人破坏锁具后，将其隐藏以掩盖作案手段，如将锁具丢到现场附近，或将其丢入池塘、河流之中。如果现场不能发现被破坏的锁，则应从现场外围或池塘中寻找，以确定破坏痕迹。

三、确定开锁痕迹

虽然锁具加工痕迹、原配钥匙开锁痕迹和其他方式开锁痕迹往往相互重叠，但由于各种痕迹形成的原理不同，钥匙和工具的作用部位和作用方式不同，则形成的不同痕迹存在一定的差别。通常锁具的正常使用痕迹与行为人非正常开锁痕迹有原则上的区别。

1. 痕迹位置不同

原配钥匙开锁痕迹与行为人非正常开锁痕迹的位置有较明显的差别。前者位置固定，后者的位置随作用原理不同而变化。

2. 痕迹形态不同

原配钥匙开锁痕迹是由于较大面积的摩擦形成的，痕迹分布的范围大，表面平滑；而行为人开锁痕迹，一般都是明显的线条痕迹和压痕。

3. 痕迹分布不同

原配钥匙开锁痕迹的分布范围有限，并且与加工痕迹的相对位置有明显的规律。而行为人开锁痕迹的分布范围较大，开锁痕迹和加工痕迹的相对位置没有明显的规律。

4. 痕迹亮度不同

原配钥匙开锁痕迹，虽然比较光滑明亮，但反差很小；而行为人开锁痕迹线条的反差很大。

5. 痕迹粗细不同

原配钥匙开锁痕迹的线条极细，痕迹表面光滑；而行为人开锁痕迹的线条较粗，表面粗糙。

6. 痕迹深浅不同

原配钥匙的开锁痕迹，其线条之间没有明显的起伏变化，看起来比较光滑；而行为人开锁痕迹的线条起伏较大。锁内零件在不同原理作用下均能在特定的部位上形成有代表性的痕迹。只要掌握了各种痕迹的形成原理，并对锁内零件进行全面观察、综合分析，就能准确地区分不同方法开锁形成的痕迹。在确定开锁痕迹的同时，应注意发现粗大的线痕和明显压痕，并标定痕迹的位置，以备比对检验所用。

四、提取开锁痕迹

现场上发现被破坏的锁具或开启的嫌疑锁具

及原配钥匙都应该全部提取，提取时应注意以下事项：

（1）检查锁具和钥匙等开锁工具表面是否有附着物或手印等痕迹。

（2）注意提取锁具安装部位上或地面上出现的附着物和脱落物。

（3）提取过程中应记录锁具的发现位置及原始安装位置，同时对安装位置上出现的破坏痕迹及痕迹数量、位置、形态进行拍照，记录附着物和脱落物出现的位置及分布范围。

（4）对现场提取的锁具及相关的痕迹物证，应分别包装并存放于干燥的环境中，防止交叉污染和生锈，并防止锁具与其他物体碰撞而产生新的痕迹。

（5）对提取的未被破坏的锁具，应尽量减少原配钥匙的开启，决不能用工具对锁具内的零件拔压，避免产生新的痕迹。

（6）提取被破坏的锁、失灵的锁、正常的锁及全部原配钥匙与锁具相关部位的痕迹。

五、注意事项

在现场勘查过程中，除了仔细发现、提取开锁痕迹以外，还要注意以下几方面的问题。

（1）现场勘查时应详细询问失主离开家时门锁的状态、发现被盗时锁的状态以及开锁的过程。仔细检查锁具的破坏情况、锁芯内有无填塞异物等，并将锁具带回剖开检验，从而确定开锁工具的种类。

（2）注意门锁上的手印以及相关部位地面上的足迹等常规物证痕迹的发现与提取。

（3）注意发现和提取门锁上的生物物证，如锁芯内的口香糖等。

（4）注意发现和提取现场遗落、遗弃的物品，如钥匙、工具和锡纸等。

（5）注意发现提取微量物证，如油漆、油污等。

（6）注意加强现场保护，不能触摸和破坏门锁痕迹，不能改变遗留在现场的工具等物品的原始状态，不能随意出入现场，不能随意触摸现场物品等。

第十节　现场开锁痕迹的分析

现场开锁痕迹分析是通过对锁内和锁外的痕迹、附着物及相关痕迹进行全面检验和综合分析，依据痕迹形态及其分布规律进行案件串并、分析行为人的职业特点、揭露伪造或伪装现场、推断开锁方法等，从而为案件定性、缩小侦查范围、指明侦查方向、刻画犯罪嫌疑人提供依据。

一、串并案件

在很多犯罪现场，行为人利用相同的手段或同一件工具开、破锁进行作案，因此可以对不同案件中所反映的相同信息进行分析研判，将有关案件串并侦查。

（1）根据开、破锁手段串并案件。在一些案件现场中，经常出现采用相同手段破坏某种品牌锁的薄弱部位，可以利用相同的破锁手段，将案件串并侦查。

（2）根据开、破锁痕迹串并案件。在一些案件现场，破坏锁痕迹相对锁具的位置、痕迹形态及特征均有共同特点，此时可以根据破坏锁具的工具痕迹串并案件。

二、职业特点分析

犯罪现场中对锁具的开启和破坏方法很多，其中以技术性破坏和特殊工具开锁最能体现犯罪嫌疑人的作案特点。如犯罪嫌疑人用自制工具破坏保险柜锁，而自制工具通常都具有一定的结构和力学强度，由此可以判断犯罪嫌疑人具有相关知识或加工技巧。又如犯罪嫌疑人用特殊工具开锁，可以通过对锁具的结构分析，确定犯罪嫌疑人的开锁技术，由此还可以判断犯罪嫌疑人可能与制锁或修锁行业有某种联系。

三、伪造现场分析

有的犯罪分子为了掩盖其犯罪行为，往往通过对锁具的破坏来伪造现场。利用锁具伪造现场表现为锁内零件的变形方向、破坏的部位和痕迹出现的位置均不符合逻辑。例如：锁内零件的变形和痕迹的出现，只有当锁具处于开启状态时才能形成，这就违反了客观规律。因此通过对现场锁具的分析，可以揭露伪造现场。

四、开锁方式分析

（1）分析机械性破坏方式。锁具的破坏性开启，其痕迹通常比较直观。分析时可以根据锁具的破坏程度，痕迹的位置、形态及锁具周围客体上的工具痕迹分布情况进行判断。

（2）分析技术性破坏方式。技术性破坏锁的痕迹多数形成于锁内零件上，可以根据破坏部位，变形零件和脱落零件的位置，同时应结合锁具在现场的位置和所处状态综合分析，确定破坏手段和破坏工具。

五、开锁工具分析

通常采用排除法确定开锁工具。首先，根据特殊工具开锁痕迹特点，分析锁具是否用特殊工具开启。其次，如果锁具不是用特殊工具开启，可根据选配和增配钥匙开锁痕迹特点，分析锁具是否为选配或增配钥匙开启。最后，确定锁具是否为原配钥匙开启。

（1）分析确定特殊工具。主要利用圆头弹子球面上的划痕和压痕，同时利用特殊工具开锁痕迹的典型标志。如果圆头弹子球面上出现划痕和压痕，表明该锁被特殊工具开启；如果平弹子柱面出现剪切擦痕，则该锁是用钩状特殊工具开启；如果锁芯弹子孔内出现与加工痕迹垂直的线条划痕，则该锁是用梳状特殊工具开启；如果锁舌斜面出现划痕，则该锁是插片开启。在此应注意对痕迹的确定必须准确，痕迹是否在多个弹子柱面或多个弹子孔内均有反映，同对应注意观察其他部位的痕迹，综合运用各种痕迹使分析结论准确无误。

（2）分析确定选配钥匙和增配钥匙。主要利用开锁痕迹的分布范围。在确定锁具不是用特殊工具开启的情况下，观察开锁痕迹的形态和分布。如果开锁痕迹主要分布在圆头弹子与平弹子的接触面边缘及锁芯柱面弹子孔边缘，则锁具是由选配钥匙开启；如果痕迹主要分布在圆头弹子球面，同时该锁的原配钥匙上有复制痕迹，则锁具是由增配钥匙开启。如能排除上述几种开启方法，则锁具是被原配钥匙开启。

第十一节　开锁痕迹的检验鉴定

开锁痕迹检验鉴定是指对锁体表面及锁内零件上的非正常开启、破坏性开启痕迹，与锁具相关的固定装置上的痕迹及相关的附着物和脱落物进行检验，并分析判断开锁方法，推断开锁工具，对开锁工具进行同一认定。锁痕检验时应严格按程序进行，检验顺序一般是由外向内、由宏观向微观。通过锁痕的检验鉴定，可以进行案件串并、查明案件真相、刻画犯罪嫌疑人、缩小侦查范围等。

一、开锁痕迹的检验

现场锁的外观检验：主要是根据锁体表面的痕迹，判断锁具是否为破坏性开启，分析破坏方法和破坏锁使用的工具。检验时主要从以下几个方面进行：

（1）观察锁体外观是否变形或断裂，锁件是否脱落或变形，以此判断锁具是破坏性开启还是技术性破坏开启。

（2）观察锁体外观是否存在明显的工具痕迹。根据锁体上出现的钻痕、锯痕、锉痕、剪切痕迹等，推断所用工具及破坏手段。

（3）观察锁体外观油漆是否脱落，油漆表面是否有轻微压痕、划痕和附着物。油漆上的压痕和划痕，可以反映工具与锁体的接触状态及工具接触部位的形态。

（4）如果锁体外观形成多处痕迹，应分析各痕迹之间的关系，并分析痕迹是由同一件工具形成，还是由不同工具形成。

（5）观察锁具外观是否有附着物和手印等其他痕迹。

现场锁的内部检验：如果现场锁的外观没有破坏痕迹，并且锁具功能正常，应对锁内的零件进行检验。

二、现场锁的功能检验

锁具功能检验主要是根据锁具零件的形态是否正常，零件是否脱落或松动来判断锁具是否具备正常的闭锁功能，必要时可以用原配钥匙做开启和闭锁实验。但做这种实验应注意避免反复做，以免产生新的痕迹而影响检验结果。

（一）解剖现场锁

根据锁具种类及结构的不同，可以采用不同的方法解剖。解剖时应按一定的顺序进行，同时提取锁内的附着物。另外，禁止在重要零件上造成附加痕迹。如弹子锁的解剖可以采用下列两种方式。

1. 解剖挂锁

用钻或砂轮将弹子孔外端的封口铆钉拆除，依次取出每个弹子孔内的平弹子和圆头弹子，拆除定位弹子，取出锁芯。必要时也可以将锁舌和锁梁拆除。还可以先拆除定位弹子，然后用磨损程度较大的原配钥匙插入锁芯，使锁芯旋转一定角度后缓慢抽出。这种方法解剖的挂锁的平弹子位置无法确定，但能保证圆头弹子的原始位置不变。

2. 解剖门锁

首先将锁芯固定片取出，将磨损程度较大的原配钥匙插入锁芯，旋转一定角度后缓慢抽出。此时平弹子将分别弹入锁芯孔内，按弹出的先后顺序将平弹子取出，然后将每个孔位的圆头弹子、平弹子和弹簧分别用器皿装好，并按顺序编号。应保证解剖后的弹子与原始状态时的相对位置一致，对弹子的固定最好是用双面胶将弹子端面粘于载玻片上。这样既固定了弹子，又便于观察，切忌用橡皮泥固定弹子。

（二）观察弹子锁零件

1. 观察结构

对锁具结构应重点观察圆头弹子的长度变化，弹子孔的数量，异型弹子、长弹子的数量及所在的位置，定位弹子的位置，锁芯形状、匙槽结构及锁舌形状。通过对结构观察，主要是判断锁具防护装置的性能、锁具结构对开锁痕迹的影响等，并记录观察到的现象。

2. 观察痕迹

观察锁具零件上的痕迹是判断开锁方法的重要条件。对不同种类的锁，观察的零件及重点部位不同。通常应首先观察加工痕迹的形态和分布，然后再观察原配钥匙开锁痕迹及其他方式的开锁痕迹。观察时可以参照样本锁内对应零件的加工痕迹和原配钥匙的开锁痕迹，这对于区别其他方式的开锁痕迹是十分有利的。观察痕迹可以利用立体显微镜和比对显微镜。

（三）观察弹子锁的重点部位

1. 圆头弹子

不管用哪一种方法开锁，圆头弹子球面均是必须接触的部位，因此应注意弹子球面上的加工痕迹、原配钥匙开锁痕迹及二者之间的关系，同时应注意原配钥匙开锁痕迹的形态、反映程度及分布规律。而对于长度较大的圆头弹子、相邻弹子长度差大的，与异型弹子和长弹子对应的圆头弹子更应重点观察，这些弹子通常受到较大的作用力。开锁痕迹主要分布于弹子球面顶端及球面的边棱上，当在弹子球面上发现与原配钥匙开锁痕迹有明显反差的线痕时，这些线痕就有可能是非正常开锁形成的。对圆头弹子平端面的观察，重点是平端面的边棱，若边棱上出现小范围的刮擦线痕，则可能是非原配钥匙开锁形成的。

2. 平弹子

正常开锁一般不会在平弹子上形成痕迹。观察的重点部位是弹子柱面、平弹子与圆头弹子接触的端面边棱。若边棱上出现小范围的刮擦痕迹，柱面上出现剪切擦痕，则说明是利用工具技术性开锁。在此应注意剪切擦痕与弹子柱面加工痕相似，应注意观测痕迹的起点位置和痕迹长度是否与平弹子进入锁芯的长度相同，通常剪切擦痕在每个平弹子上都能有所反映。另外，还应观察平弹子的形态，若平弹子是用圆头弹子代替的，则该锁的互开率将大大提高。

3. 异形弹子

异形弹子均安装在平弹子的位置上。观察的重点部位是圆台底边是否有小范围的刮擦线痕，只有工具开锁，才能在该部位形成痕迹。

4. 锁芯

首先观察锁芯柱面弹子孔的边缘。若平弹子上出现刮擦线痕，则与之对应的弹子孔边缘也应出现刮擦痕。弹子孔边缘的痕迹通常比较浅，此时应结合相邻弹子孔边缘的状态，进行观察比对。然后观察锁芯外端面是否有与加工痕成一定角度的线条划痕，匙槽边缘是否有挤压痕迹。锁芯表面观察结束后，应观察匙槽内及弹子孔内的痕迹。由于空间所限，观察内部痕迹十分不便，因此通常按锁芯的轴线方向将锁芯截开。锁芯截开后对外端面的痕迹能造成一定的破坏，因此在截开前对有关部位的痕迹应加以记录。观察截开后的匙槽内是否存在与加工痕成一定角度的线痕及弹子孔内是否存在与加工痕垂直的线痕。

5. 锁体

观察锁体的重点部位是锁芯孔壁上的摩擦带及与之对应的弹子孔。观察锁体痕迹应与圆头弹子平端面的刮擦线痕及异型弹子圆台底边的刮擦痕结合起来。圆头弹子平端面边缘出现刮擦线痕，则与之对应的锁体弹子孔边缘也应出现刮擦线痕，同时与之对应的摩擦带痕加重。若异型弹子圆台底边出现刮痕，则与之对应的锁体弹子孔边缘也出现刮痕，但摩擦带痕不变。观察时应与相邻弹子孔的边缘状态及相邻摩擦带痕的反映程度比对。

6. 锁舌

观察门锁锁舌斜面上是否有新鲜、明亮的线条划痕，锁舌边棱上是否有微量的塑料附着物。同时应注意观察锁盒表面是否有划痕，锁盒内是否有塑料碎片，锁盒固定螺丝上是否存在微量的附着物。对观察到的痕迹，应记录痕迹出现的位置、形态及痕迹之间的相互关系。

（四）测量锁件

测量锁件参数对判断开启手段及痕迹形成有很重要的作用。弹子锁一般是测量每个弹子孔位的圆头弹子长 a、平头弹子长 b、弹簧密圈长 c、铆钉厚 d 和锁体弹子孔长 L。然后按下式：$(a+b+c+d)\ n \leq L$（n 为弹子孔位数）。分析各孔位的数据，通常取各孔位数据之和的最大值，在最大值出现的孔位上，其圆头弹子球面上的痕迹较重。另外，可以根据上式判断锁具的防拨条件。

三、确定原配钥匙的开锁痕迹

模拟实验：用与现场同型号、同规格的样本锁做开启实验。实验必须按正常使用时的方法进行，样本锁的开启次数应达到千次以上，这样可以在锁内形成较明显的原配钥匙开启痕迹。

确定原配钥匙的接触范围：解剖样本锁观察锁具结构，掌握锁具的工作原理，了解原配钥匙的接触范围及钥匙对锁。

确定原配钥匙开锁痕迹：样本锁的模拟开启次数最好能与现场锁的开启次数接近。此时可以参照现场锁原配钥匙的磨损程度，当样本钥匙的磨损程度与现场锁原配钥匙基本相同时，其开启次数也与现场锁基本相同，这样就可以使样本锁的开启痕迹与现场锁的开启痕迹接近。通常原配钥匙开锁痕迹具有如下特点：

（1）位置固定。任何一种锁的原配钥匙都具有一定的几何形态，同时受锁内零件的限制而只能接触有限的空间。因此钥匙只能沿固定的方向运动，以特定的方式或接触关系与锁件相作用，痕迹的位置只能分布于固定的零件上。

（2）形态有规律。由于原配钥匙的运动方向与锁件的作用方式和接触关系均是特定的，因此痕迹分布范围有限。由于原配钥匙的长期定向运动，使痕迹形态体现出明显的规律。

（3）无明显的特征。从目前生产的锁具来看，钥匙与锁件均为摩擦接触，并且接触面积大。长期摩擦作用的结果，从宏观上看，可以在锁件上反映出明显的摩擦痕迹；从微观上看，痕迹上并不能反映出明显的细节特征。

四、钥匙上的痕迹检验

（一）配制钥匙后原钥匙上痕迹的检验

原配钥匙检验是利用原配钥匙上的复制痕迹，判断复制方法，认定复制工具。原配钥匙经过一段时间的使用后，其齿顶上的加工痕迹将被磨平，而钥匙被复制后，在齿顶上可以形成复制痕迹。复制痕迹的分布与加工方式有关。

（1）手工锉齿法形成的痕迹。将原配钥匙与模板对齐固定，然后用锉在模板上刻出牙花。当二者牙花高度接近时，工具很容易在原配钥匙齿顶形成锉痕，痕迹一般都是局部出现，痕迹方向与匙板面垂直，多呈横向分布，痕迹多留在齿位较低处。钥匙在使用中以纵向运动为主，形成的痕迹也以纵向为主，并且痕迹细微。如果在原配钥匙上出现上述痕迹，则可以判断原配钥匙被手工复制过。

（2）机械复制法形成的痕迹。用钥匙开齿机复制是目前普遍采用的方法，开齿机复制的速度快、精度高。复制时将原配钥匙和钥匙模板分别用夹具固定，然后用仿形刀沿原配钥匙齿顶端滑过，同时另一端铣刀在模板上铣出齿形。在复制过程中，仿形刀与齿顶面之间由于相对运动而产生摩擦，此时在齿顶面形成仿形刀的线条状划痕，齿顶面划痕与钥匙呈一定角度。固定夹具对原配钥匙板面产生夹持力，在夹持作用下钥匙板面形成夹具的点状或条状压痕，夹持痕迹的形态与夹持面的结构有关。

模针是合金钢材料，其硬度大于一般钥匙所用的铜、铝合金；模针一般呈三角锲形或单斜一字凿状，其顶边必然在样匙齿面形成擦划痕迹。痕迹规律如下：①各处痕迹分布较为均匀。②各处痕迹深浅较为一致。③各处痕迹差异明显，在平面部以平行线状排列（平行于匙槽方向），在斜面呈斜向直线排列（与匙槽方向形成夹角≤30°），在平面与斜面相连的凸凹处为弯曲线状痕迹。④在斜面上有时呈均匀点状连成的斜线痕迹和平行于匙槽方向的线状痕迹。⑤和迎面平行的斜面痕迹较深，和迎面相反的斜面痕迹较浅。

（二）被增配钥匙后原钥匙上痕迹的检验

（1）检验顺序。在肉眼和体视显微镜下依次观察钥匙柄、侧面、钥匙背、挡头、齿面。

（2）检验内容。

1）外观轮廓检验材质、形状。

2）钥匙柄检验标记及印压方法和位置。

3）侧面检验有无字码及印压痕迹。

4）匙背检验有无局部锉痕。

5）挡头及齿面检验有无擦划痕迹。

五、锁痕的比对检验

锁痕的比对检验是根据现场开锁痕迹的形象特征，鉴定现场痕迹是否为某一开锁工具所留。破坏锁痕迹的鉴定属于工具痕迹鉴定的范畴，而开锁痕迹的鉴定主要解决锁具是否为某一把特殊工具开启，原配钥匙是否为某一台机器复制，确定锁具的开启方法。

现场锁痕和钥匙复制痕，均为细小线条和轻微的压痕，因此应确定痕迹的鉴定条件。另外，结合工具的结构和尺寸是否与现场锁具符合、能否开启现场锁做出判断。

（1）痕迹条件。现场锁零件及原配钥匙上的线痕范围应具有一定的宽度，线条明显、连贯，且具备足够的线条数。压痕清晰，有较明显的凹凸结构。

（2）工具条件。嫌疑工具的尺寸、结构应当与现场锁相符，工具可以在现场锁内自由运动，并能形成现场痕迹。

制作样本：用嫌疑工具模拟现场开锁状态在金属材料上做划痕或压痕样本。制作样本时可参照现场痕迹的形态及流向，在金属材料上用工具的嫌疑部位刻划。用嫌疑开齿机在匙模板上做夹板压痕和仿形刀划痕样本。

比对检验：压痕比对，可以利用立体显微镜和比对显微镜。比对压痕的外形结构是否一致，特征的凹凸变化是否相同。线痕比对，采用常规显微镜，其放大倍率较小，不能分辨细小的线痕，因此应采用电子显微镜，在相同的倍率下分别拍照现场痕迹和样本痕迹，然后利用放大的照片进行线条对接比对。进行线痕对接比对时应注意利用痕止缘的凹陷痕迹，在这种微小痕迹中凹陷痕迹特征比线条痕迹特征稳定可靠。对利用线条对接比对做出的结论必须进行慎重的分析，并结合各种因素综合研究，以免做出错误的结论。

六、检验结论的综合评断

开锁痕迹的检验是一项综合性很强的工作，不能仅根据单方面的特征就做出认定或否定结论。例如：一把使用时间不长的新锁被增配钥匙开启，检验后发现原配钥匙与增配钥匙开锁痕迹差别很小或无法分辨，此时应该对全部的原配钥匙进行检验，观察是否有复制痕迹。一般情况下，原配钥匙越新，则复制痕迹越明显。如果只根据并不明显的开锁痕迹就做出认定或否定的结论，其结论的可靠性差。这种情况下，应结合钥匙复制痕迹进行综合分析，通常可以做出确切的结论。

对特殊工具开锁痕迹的评断应该利用痕迹的典型特征，即原配钥匙不能接触到的部位上出现的痕迹。典型特征具有特殊的意义，根据典型特征通常可直接做出锁具是某一类型工具开启的结论。在比对检验之后得出认定结论的，应该出具锁痕检验鉴定书或意见书，即认定锁具是某一工具开启，钥匙是某一台机器复制，锁具是用某种方法开启的。

第五章　玻璃破碎痕迹

第一节　玻璃概述

玻璃最初由火山喷出的酸性岩凝固而成，现在玻璃已成为日常生活、生产和科学技术领域的重要材料。玻璃是一种无规则结构的非晶态固体(从微观上看，玻璃也是一种液体)，属无机氧化物的熔融化合物，其主要成分为 SiO_2，其原子不像晶体那样在空间具有长程有序的排列，而是近似于液体那样具有短程有序的排列。玻璃像固体一样保持特定的外形，不像液体那样随重力作用而流动。因此，玻璃具有固体材料的物理性质。

一、玻璃的分类

玻璃的分类见表 5-5-1。

表 5-5-1　玻璃的分类

<table>
<tr><th>分类方法</th><th colspan="2">种类</th></tr>
<tr><td rowspan="4">按生产工艺分类</td><td>引上法平板玻璃</td><td rowspan="3">平板玻璃具有透光、隔热、隔声、耐磨、耐气候变化的性能，有的还有保温、吸热、防辐射等特征，因而广泛应用于镶嵌建筑物的门窗、墙面、室内装饰等</td></tr>
<tr><td>平拉法平板玻璃</td></tr>
<tr><td>浮法玻璃</td></tr>
<tr><td>深加工玻璃</td><td>如钢化玻璃、磨砂玻璃、喷砂玻璃、压花玻璃、夹丝玻璃、中空玻璃、夹层玻璃、防弹玻璃、热弯玻璃、玻璃砖、玻璃纸、LED 光电玻璃、调光玻璃等</td></tr>
</table>

续表

<table>
<tr><th>分类方法</th><th>种类</th></tr>
<tr><td>按化学组成分类</td><td>如高硅氧玻璃、钠钙玻璃、铅硅酸盐玻璃、铝硅酸盐玻璃、普通玻璃（Na_2SiO_3、$CaSiO_3$、SiO_2 或 $Na_2O \cdot CaO \cdot 6SiO_2$）、石英玻璃（$SiO_2$）、钾玻璃（$K_2O$、$CaO$、$SiO_2$）、硼酸盐玻璃（$SiO_2$、$B_2O_3$）、有色玻璃（在普通玻璃制造过程中加入一些金属氧化物，Cu_2O——红色；CuO——蓝绿色；CdO——浅黄色；Co_2O_3——蓝色；Ni_2O_3——墨绿色；MnO_2——紫色；胶体 Au——红色；胶体 Ag——黄色）、变色玻璃（用稀土元素的氧化物作为着色剂的高级有色玻璃）、光学玻璃（在普通的硼硅酸盐玻璃原料中加入少量对光敏感的物质，如 AgCl、AgBr 等，再加入极少量的敏化剂，如 CuO 等，使玻璃对光线变得更加敏感）等</td></tr>
<tr><td>按性能分类</td><td>如钢化玻璃、多孔玻璃（即泡沫玻璃，孔径约 40nm，用于海水淡化、病毒过滤等方面）、导电玻璃（用作电极和飞机风挡玻璃）、微晶玻璃、乳浊玻璃（用于照明器件和装饰物品等）、中空玻璃（用作门窗玻璃）等</td></tr>
</table>

二、玻璃的性质

（一）玻璃的机械强度

玻璃是一种脆性材料，它的机械强度一般用耐压、抗折、抗拉、抗冲击强度等指标表示

1. 理论强度

理论强度是根据玻璃的组成、结构进行理论分析和计算，得出其能承受的最大应力，即分离

原子所需的最小应力。

2. 实际强度

实际强度是通过对玻璃试样进行强度测试得出的应力值。理论强度与实际强度之间存在很大的差异。

通常玻璃的抗压强度比抗拉强度大十几倍。当玻璃在拉应力和压应力的同时作用下，在受拉应力作用的部位非常容易形成裂纹而断裂。

3. 硬度

硬度是表示物体抵抗其他物体侵入能力的物理量，玻璃的硬度决定于其化学成分，石英玻璃和含有 10%～12% B_2O_2 的硼硅酸盐玻璃硬度最大，多铅的或碱性氧化物的玻璃硬度小。硬度的大小对采用划痕法破坏有较大影响。

4. 脆性

脆性是指当载荷超过玻璃的强度极限时，立即破裂的特性。玻璃没有屈服延伸阶段，特别是在受到冲击载荷作用时，玻璃内部的质点来不及做出适应性的流动，就相互分裂。松弛速度低是脆性的重要原因。脆性通常用它被破坏时所受到的冲击强度来表示。热处理对玻璃的耐冲击强度影响很大，如钢化玻璃的耐冲击强度是普通玻璃的 5～7 倍。

（二）玻璃的热学性质

玻璃的热学性质是玻璃在经受一定的温度变化作用时体现的性能。

1. 热膨胀系数与导热系数

这是指当温度升高时，单位长度玻璃试样的长度变化量与温度变化量的比值。玻璃的热膨胀系数，根据成分不同会在较大范围内变化。不同成分的玻璃，在经受相同的温度变化时，由于热膨胀系数不同，玻璃内产生的应力也不同，玻璃产生的裂纹形态也不同。

2. 玻璃的热稳定性

玻璃经受剧烈的温度变化而不破裂的性能称为热稳定性。热稳定性与玻璃的热膨胀系数和导热系数有关。在温度急变中，沿着玻璃的厚度方向产生温度梯度，从玻璃表面到内部，由于不同处的膨胀量不同，而产生了应力。当应力超过玻璃的极限强度时，玻璃就会破裂。故热膨胀系数越大，热稳定性越低；导热系数越小，温度梯度越大，则热稳定性越低。

第二节　玻璃破碎裂纹的形成

在侦查实践中，玻璃破碎痕迹在许多案件现场都可能出现，侦查人员利用玻璃破碎形成的裂纹形态和裂纹的分布，分析裂纹的形成原因、分析案件性质以及作用物的冲击方向、冲击顺序、作用方式和作用距离等就成为必不可少的侦查破案手段。为了更准确、更全面地分析现场玻璃破碎痕迹，为侦查破案提供有力证据，我们有必要对玻璃破碎裂纹的形成过程进行全面了解。

一、玻璃受冲击波载荷作用破碎的机制

冲击波载荷是指由于冲击作用而产生的能引起玻璃介质运动或使介质有运动趋势的应力波。玻璃受冲击波载荷作用破碎的物理过程，与受其他载荷作用破碎的物理过程有明显的差别，其裂纹形态有明显的特征。故根据玻璃裂纹形态分析作用方式，分析枪击案的性质，判断射击方向和射击位置都具有重要作用。只有当玻璃受到高速飞行物撞击或受到高速气流的冲击时，才能体现出冲击波载荷的作用效应。如枪击玻璃的过程，就是典型的冲击波载荷作用的过程。

冲击波与应力波的形成见表 5–5–2。

表 5–5–2　冲击波与应力波的形成

名称	形成过程
冲击波	冲击波是指介质状态突跃改变的传播。冲击波的形成原因很多，枪弹弹头在空气中飞行时，其头部的空气被压缩，当弹头的飞行速度等于音速时，其头部的空气压力因压缩而升高的量等于因膨胀而降低的量，此时其头部空气的压力、密度和温度处于动态平衡，故不会形成冲击波。当弹头超音速飞行时，空气压缩大于膨胀，介质质点会堆积而使其状态突跃改变，并且有足够的传播范围，就能形成冲击波

续表

名称	形成过程
应力波	1. 玻璃有可能受超音速弹头的作用，也有可能受亚音速弹头的作用。当玻璃受超音速弹头作用时，弹头前部的冲击波入射到玻璃介质内。玻璃介质在冲击波的作用下，使作用点附近的介质应力状态突跃改变，这种应力状态的突跃改变将以一定的速度由近及远地向介质的其他各点传播，介质中受扰动的部分与未受扰动部分之间的界面称为应力波（或压缩波）
	2. 根据应力的大小，应力波可以分为弹性应力波和塑性应力波，简称弹性波和塑性波。当载荷引起的应力在弹性极限以内时，介质中只形成弹性波；当载荷引起的应力超过弹性极限以后，则介质中除了形成弹性波以外，还要形成塑性波。玻璃是脆性极大的材料，即使在载荷作用下断裂，也不能出现永久性的塑性变形，因此载荷引起的应力波，只有弹性波而没有塑性波。另外，弹性波又可分为纵波和横波，纵波就是压缩波，横波有时称为剪切波
	3. 在介质内传播的弹性波波速与介质的弹性模量和介质的密度有关，即弹性波的传播速度是一个定值。载荷增大时，弹性波的速度不改变，但可以改变介质内的应力峰值。当应力峰值大于玻璃介质的强度极限时，玻璃将破碎而形成裂纹。玻璃的破碎效应取决于应力峰值，而应力峰值又取决于弹头的飞行速度。超音速弹头撞击玻璃后，在玻璃介质内形成的应力峰值远远大于玻璃的强度极限
	4. 当弹头的飞行速度为亚音速时，在弹头前部不能产生冲击波。根据外弹道理论计算，由口径为 7.62mm 的制式枪支发射的弹头，在空气中飞行的最小速度也可达到每秒几十米。当弹头撞击玻璃时，其作用时间极短，一般是以微秒计。此时玻璃在冲击载荷作用下，在作用点附近的玻璃介质内同样可以产生强度较大的应力波，且应力峰值均可超过玻璃的强度极限。因此，当玻璃在超音速弹头或亚音速弹头的作用下破碎时，其破碎过程均可用应力波理论加以解释

玻璃裂纹的形成机制（裂纹均由应力波的作用产生）见表 5-5-3。

表 5-5-3　玻璃裂纹形成的机制

名称	形成过程
喇叭口层裂区	喇叭口层裂区是枪击玻璃最典型的特征之一。当弹头垂直于玻璃表面入射时，玻璃表面在冲击波的作用下，相应地向玻璃板中传播一个应力波，使作用点处的玻璃介质处于受压状态。由于弹头与玻璃的接触面可视为一点，则此应力波为球面波，即应力波波阵面为球面 当玻璃破裂时，首先在破片的中心部分出现裂口，随即迅速地沿径向向四周扩展，形成圆形层裂。同时，陷入破片内的应力波部分冲量转变为破片的动能，迫使破片剪断与周围材料的联系，并以一定的速度从玻璃板中飞出 玻璃的层裂次数与弹头击中玻璃时的速度有关，若弹头速度大或射击距离近，则层裂次数多，反之则层裂次数少。第一次层裂时，入射波与反射波干扰后的拉应力最大，因此层裂区的直径也最大。而以后的层裂，入射波与反射波干扰的拉应力逐渐减小，形成的层裂区直径也逐渐减小，由此形成了喇叭口形的层裂区。由于弹头的直径所限，层裂的最大直径约为 30mm
放射末梢纹（也称辐射纹或末梢纹）	玻璃在形成层裂的同时，球面应力波对入射点周围的玻璃介质产生剧烈的作用。根据波动理论可知，球面波波阵面上的切向拉应力最大。 波阵面所到之处，产生的破坏最大，球面波在玻璃介质内传播时，沿厚度方向的传播距离短，因此首先形成层裂区。层裂区的形成，使玻璃的状态受到破坏，在圆形区域上形成了若干个裂纹源。当球面波沿玻璃平面方向传播时，由于应力波的强度大，则形成从裂纹源开始，并沿着最大拉应力所在的平面向四周扩展的、分布均匀的数十条密集的放射末梢纹。因为应力波的作用时间短，能量迅速衰减，当波阵面上的应力值衰减至裂纹扩展所需的最低应力值以下时，裂纹停止扩展，由此形成放射末梢纹区（或称为末梢纹区）。由于球面波波阵面是以作用点为中心的圆环形，则放射末梢纹也分布在圆形区域内，并且每条裂纹的长度也是均匀的。在形成放射末梢纹的过程中，应力波的作用状态

续表

名称	形成过程
放射末梢纹（也称辐射纹或末梢纹）	始终不变，使裂纹扩展时受定向拉应力的作用，因此裂纹断口呈柱面。另外，球面波沿平面方向传播时，波阵面仍为球面，因此末梢纹前沿形态与波阵面形态一致。球面波沿平面方向传播形成了放射末梢纹，而沿厚度方向传播形成了层裂。二者的作用方式不同，因此裂纹的形态和分布也不同，通常放射末梢纹区大于层裂区
放射纹	弹头撞击玻璃产生纵波的同时，以撞击点为中心沿玻璃平面方向在玻璃内也可以传播一个横波。横波波阵面所到之处，介质内质点将沿玻璃厚度方向运动。由于相邻质点的相对运动，则在玻璃介质内形成剪切应力；此时剪应力与残余的球面波切向拉应力合成。玻璃介质在合成应力的作用下，断裂形成贝壳状断裂面。此时，后续的横波和球面波又可形成新的合成应力，并且不断改变方向，使裂纹继续沿新的最大拉应力曲面断裂。由于裂纹前沿在合成拉应力作用下不断扭转，当应力波强度较高时，则使裂纹前沿可以产生分歧，致使形成的放射纹形态弯曲，裂纹断口呈空间曲面，并且能出现一些分叉。若横波的能量较大，则裂纹分叉后可继续扩展，使放射纹呈网状分布。由于横波的能量比纵波小、衰减快，因此横波作用形成的裂纹数量少
枪击裂纹	具有足够动能的弹头撞击玻璃产生应力波对玻璃破坏时，弹头首先在撞击点附近开坑，并产生破碎式回溅。因应力波反射，在玻璃背面因层裂而形成出口。与此同时，弹头旋转前进并产生较大的振动而扩孔，在贯穿过程中弹头柱面与玻璃断面产生剧烈摩擦，弹头贯穿玻璃后，致使弹孔边缘形成明显的白色玻璃粉末圈，并且在放射末梢纹之间形成少量的切向裂纹

二、冲击波作用时影响裂纹分布的因素

冲击波作用时影响裂纹分布的因素主要有：

1. 弹头动能

弹头的飞行动能可用 $E=1/2mv^2$ 表示。不同枪支发射的枪弹，具有不同的初速度；不同的枪支发射同种枪弹，初速度也不同。另外，射击距离与弹头速度成反比，因此弹头动能随射击距离的增加而降低。而弹头与玻璃碰撞时动能变小，应力波强度随之减小，对玻璃产生的破坏就小。

弹头动能大时，层裂次数多，层裂区直径大；末梢纹数量多，长度大；放射纹长，一般都贯通至玻璃的边缘。弹头动能小时，层裂次数少，层裂区直径小；末梢纹数量少，长度小；放射纹短，一般不能贯通。另外，弹头动能降低的同时，弹头飞行的稳定性也随之降低。因此，在远距离对玻璃射击时，形成的孔洞有时呈椭圆形。

2. 弹头材质

目前，国产制式普通枪弹弹头主要有铅芯披甲弹和钢芯披甲弹两种。不同材质的弹头对玻璃作用后，在玻璃介质内形成的应力波强度不同。

铅芯弹与玻璃撞击时，弹头会产生变形，使弹头的一部分动能消耗于材料的变形，故应力波的强度降低。钢芯弹与玻璃撞击时不发生变形，弹头的动能没有损失，产生的应力波强度较大。钢芯弹在玻璃介质内形成的应力波强度大，产生的横波强度也大，横波的作用时间也长。

玻璃破碎时，在末梢纹外围能形成明显的环形裂纹区，环形裂纹区呈闭合圆环花边状，在闭合圆环区的外围，放射纹的分布呈密集的网状裂纹。而铅芯弹则不能形成闭合圆环区和网状裂纹。

3. 弹头入射角度

当弹头非垂直入射时，入射弹头在玻璃介质内产生的应力波也将按某一角度传播，此时应力波对玻璃造成的破坏与垂直入射时不同。通常弹头入射角度的改变，只能改变裂纹的分布，而不改变裂纹的形态。当弹头的入射角小于30°时，裂纹的分布与垂直入射时基本相同；当入射角度大于30°时，裂纹分布的变化逐渐明显。其中弹孔和层裂区呈椭圆形，椭圆形的长轴随入射角度的增大而变长。沿弹头飞行方向的一侧，层裂区范围大，末梢纹长；反之，层裂范围小，末梢纹短。

4. 应力变化

应力波作用产生的玻璃裂纹断口形态有柱面断口和空间曲面断口两种。

（1）末梢纹（图5-5-1）是由球面波切向拉应力作用形成的，在末梢纹形成之前，球面波未受其他因素干扰，拉应力状态始终不变。因此，末梢纹是在均态应力场作用下形成的，其断口为柱面。

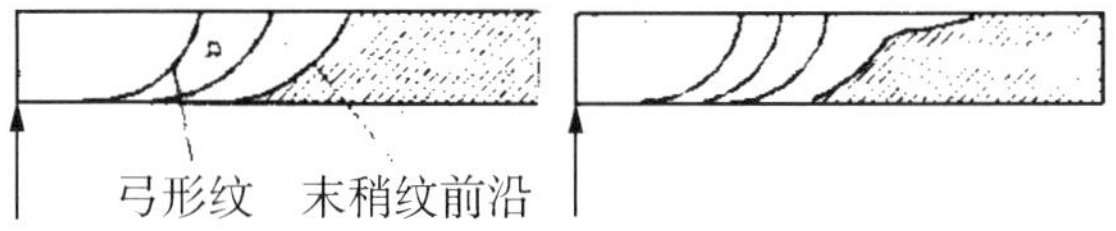

图 5-5-1　末梢纹

（2）放射纹是在合成应力作用下形成的，合成应力的方向随剪应力的方向变化而变化。其断口形态呈空间曲面，空间曲面断口是应力波作用的典型标志。

三、玻璃受机械载荷作用破碎的机制

机械载荷是指由于机械作用而产生的、能引起玻璃介质运动或使介质产生运动趋势的机械力。玻璃受机械载荷作用而破碎的情况，在犯罪现场出现最多。机械载荷的作用方式主要有抛击、敲击、撬压和玻璃刀划口等。玻璃在冲击物的作用下产生微弱的变形，由于玻璃的变形而产生不同的应力分布，当应力值超过玻璃的强度极限时开始破裂形成裂纹。撬压和玻璃刀划口对玻璃的作用，由于加载缓慢，则可以近似为静载荷。

玻璃裂纹形成的机制见表 5-5-4。

表 5-5-4　玻璃裂纹形成的机制

裂纹形成	形成机制
斜面状断口	当机械载荷作用点附近的拉应力值超过玻璃的强度极限时，介质将沿最大拉应力面断裂。由于作用点处的拉应力面为圆锥面，则断口呈斜面状。其断口的完整性取决于冲击物体的几何尺寸和几何形状。若用直径为 5mm 的钢珠抛射到玻璃板上，则自由面断口斜面连续，呈碗状，并能明显地反映出张应力作用区及裂纹扩展区；若用形状不规则的物体抛射玻璃，则自由面断口斜面间断，不能反映出张应力作用区
放射裂纹	放射裂纹是指以机械载荷作用点为中心向四周呈辐射状分布的裂纹。放射纹的形成，是在作用点处的斜面状断口形成后，由于玻璃的破碎而改变了原始状态，在斜面状断口上产生了若干个裂纹源。此时冲击物继续对玻璃进行侵彻作用，玻璃在自由面作用点处的最大切向拉应力作用下，从裂纹源向四周扩裂。裂纹扩展时，拉应力的方向始终与玻璃表面平行，因此裂纹是在均态应力场作用下扩展，裂纹断口呈柱面，即断面与玻璃表面垂直。放射纹出现的数量及扩裂的长度与机械载荷的强度及作用持续的时间有关
切向裂纹	切向裂纹是以机械载荷作用点为中心，以某一长度为半径的圆环状或弧状裂纹。玻璃受载荷作用，在自由面形成斜面状断口，同时放射纹开始扩展。此时在作用点处，每两条放射纹之间的玻璃介质均成为自由端。自由端受载荷的持续作用，发生向冲击方向的弯曲。由于弯曲使入射面的圆环状径向拉应力值增大，若拉应力在某一半径上出现极大值，并且超过玻璃的强度极限，则玻璃将沿着该半径的圆环从入射面开始断裂，形成圆环状切向裂纹。但有时玻璃受冲击物几何形状的影响，使圆环状径向拉应力在同一圆周上的分布不均匀。此时玻璃只能在拉应力值超过玻璃强度极限的一段弧上断裂，形成弧状或直线状切向裂纹。玻璃一旦形成圆环状切向裂纹后，介质内的能量被迅速释放，在其他圆环上形成的拉应力值不可能超过材料的强度极限。因此，玻璃沿切向断裂时，通常只形成一条圆环状切向裂纹，而很少出现同心圆状切向裂纹。但玻璃断裂时经常在不同自由端的某一位置上出现同心弧状切向裂纹，此时在不同自由端上出现应力极值的弧线半径不同，因此在不同自由端上形成的切向裂纹其半径也不同。但是在同一自由端上很少出现两条或两条以上的同心弧状切向裂纹。切向裂纹断裂时，应力状态始终不变，即入射表面受最大拉应力作用。因此，裂纹断口呈柱面，并且入射面裂纹扩裂速度始终超前于自由面

四、机械载荷作用时影响玻璃裂纹分布的因素

机械载荷作用时影响玻璃裂纹分布的因素主要有：

1. 载荷强度

载荷强度的变化往往能改变放射裂纹的长度和数量。当载荷强度较大时，放射裂纹出现的数量多，长度大，裂纹从作用点可扩裂至边缘。而载荷强度较小时产生的放射纹数量少，长度小，通常是以末梢纹的形式出现。其形态呈单刃刀状。

载荷强度和作用时间能改变切向裂纹的半径。当玻璃受强度低、持续时间长的载荷作用时，其变形过程缓慢，沿径向玻璃介质弯曲变形很小，入射面径向拉应力值较低。但是在作用点处的玻璃介质变形较大，使自由面在切向拉应力作用下断裂形成放射裂纹。放射裂纹一旦形成，介质内的能量被释放，使入射面的拉应力值迅速降低。因此，不能形成切向裂纹，反之则可以形成不同半径的切向裂纹。

2. 物体形状

通常放射裂纹的形成与物体的外形和尺寸无关，而切向裂纹与物体的外形和尺寸有较大关系。

尺寸小的物体撞击玻璃时，可形成斜面状断口和放射裂纹。而切向裂纹是否出现以及裂纹半径的大小，则由物体的撞击能量决定。

尺寸大的物体撞击玻璃时，一般不出现斜面状断口，但能形成放射裂纹和切向裂纹。一般情况下，尺寸大、不规则的物体撞击玻璃形成的切向裂纹呈直线状且分布范围较大，不同自由端上的切向裂纹半径不同。

3. 应力状态

玻璃受机械载荷作用产生的应力分布是均匀的，拉应力始终与玻璃表面平行。裂纹扩展时，裂纹表面与拉应力方向垂直，因此玻璃断裂后的表面与玻璃平面垂直。

玻璃受均态应力场作用断裂后，在断裂面上形成向玻璃某一表面汇聚成束的纹线，称为弓形纹。弓形纹的纹线汇聚的表面为压应力面，而纹线凹弧对应的表面为拉应力面。弓形纹的形态通常与末梢纹前沿的形态相同，而弓形纹的密度和间隔，则反映出裂纹扩展的过程和载荷强度。

在形成裂纹的初始，由于载荷作用，在裂纹前沿聚集能量。当聚集的能量超过断裂所需能量时，裂纹向前扩展。裂纹扩展的同时能量被消耗，裂纹停止扩展而形成第一条弓形纹线。由于载荷的连续作用，在裂纹前沿又第二次聚集能量，并使裂纹继续扩展。如此连续进行，则形成若干条弓形纹。由此可见，两条弓形纹之间的距离就是裂纹一次扩展的长度，即能量脉冲的间隔。载荷强度大，则能量聚集时间短，且释放快，脉冲间隔短，形成的弓形纹密度大；反之，形成的弓形纹密度小。

机械载荷作用下形成的放射纹断口上，从裂纹起点到末梢，其弓形纹密度逐渐变小。由此可知，作用点处的应力强度大于末梢处的应力强度。而切向裂纹断口，由于在同一圆环上的径向拉应力值是恒定的，因此弓形纹的密度没有变化。

4. 玻璃介质

玻璃介质通常是均匀的，并且各向同性。但由于制造、装运等客观因素的影响，可以在玻璃表面形成微裂纹或在介质内形成不均匀区，微裂纹对切向裂纹出现的位置和形态影响较大，当玻璃受载荷作用在入射面形成径向拉应力区后，可以在微裂纹处出现应力集中。

玻璃介质内的不均匀区能改变玻璃受载荷作用后的应力分布，玻璃受机械载荷作用形成的应力场是均匀的，最大拉应力所在的平面垂直于玻璃表面。但是在非均匀区存在永久应力，由于应力合成，使最大拉应力面产生旋转，裂纹在此出现突然的转折和分岔。裂纹出现分岔和转折后，其断面弓形纹汇聚方向也将随之改变。因此，裂纹的分岔和转折对分析应力分布状态产生较大影响。

5. 边界条件

边界条件是指玻璃边缘的固定状态。玻璃的固定状态通常有两种，即点固定（如木框上的玻璃用铁钉来固定）和边缘固定（如铝型材框架）。

点固定的玻璃受到载荷作用后，在固定点处的玻璃介质也有可能受到约束力的作用。因此玻璃受载荷作用形成裂纹的同时，固定点处的玻璃介质受约束力的作用能形成固定点裂纹，固定点裂纹是由边缘向中心扩展的，该裂纹与放射纹混合后，有时很难区别。固定点裂纹对判断冲击方向影响很大，有时可能得出与实际情况相反的结论。

边缘固定的玻璃受载荷作用时，作用点位置对破碎裂纹的分布范围有一定的影响。作用点位置距边界近的一侧，放射纹短，而距离远的一侧放射纹长。

6. 作用方式

机械载荷中，采用撬压或玻璃刀对玻璃进行破坏时，其应力分布和裂纹的形成与前面所讲的问题略有差别。这种差别产生的原因是由于作用方式不同而产生的。

（1）撬压作用对裂纹的影响。采用撬压方

式破坏时，通常是从玻璃的固定边缘施力。由于撬压方式的不同，玻璃在不同侧表面切向拉应力作用下，会在玻璃不同侧面形成以撬压点为中心的放射裂纹。但是由于撬压时加载过程缓慢，因此形成的放射裂纹数量极少，且断口上的弓形纹线间距大。

（2）玻璃刀划口对裂纹的影响。利用玻璃刀对玻璃进行破坏的方式主要有两种。第一种方法，是用玻璃刀在玻璃上划出一条闭合圆环状的表面人工裂纹，然后用工具敲击人工裂纹内部的区域，玻璃断裂时，在人工裂纹区域内可以形成放射纹。与此同时，玻璃将在人工裂纹处被折断，且裂纹沿着厚度方向扩展。沿人工裂纹断裂的切向纹的断口上不存在弓形纹。第二种方法，是用玻璃刀制造闭合圆环状人工裂纹，然后用吸盘拉人工裂纹区域内的玻璃介质。玻璃断裂时，由人工裂纹划分的两部分玻璃介质将产生相对位移。在人工裂纹处介质受力矩的作用而开始断裂，在裂纹扩展的同时，玻璃受剪切作用而断裂成以人工裂纹为界线的两个独立部分。

五、玻璃受热冲击载荷作用破碎的机制

热冲击载荷是指由于温度急剧变化而产生的能引起玻璃介质运动或使介质有运动趋势的热应力。在犯罪现场，行为人使用人工热源或在火灾现场中温度变化对玻璃的作用均为热冲击载荷。玻璃热破裂的发生主要是由于玻璃不同部位的温度不均匀，温差变化超出了玻璃本身能够抵抗的最大温差。火灾发生时，窗玻璃内外层存在温差，造成玻璃内部胀缩不一致，当温差达60~70℃时，玻璃会产生裂纹。另外，还可以根据热应力存在的方式分为暂时应力和永久应力。如果暂时应力超过玻璃的抗拉强度极限，玻璃将炸裂（图5-5-2）。玻璃受热冲击载荷作用时，暂时应力是造成玻璃炸裂的主要原因。永久应力通常是在玻璃成形过程中产生的，即在玻璃成型时，其温度冷却到室温后，玻璃中的温度梯度消失时残留于玻璃中的热应力。永久应力与暂时应力的综合作用能改变玻璃炸裂时的裂纹方向。

玻璃炸裂的程度受热冲击载荷的强度影响很大，即单位时间内温度变化的程度。如果热冲击

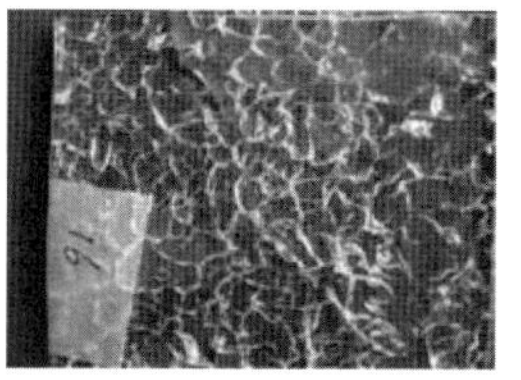

图5-5-2　处于高温下的玻璃遇到水急速冷却而炸裂

强度大，则表明单位时间内产生的温差大，此时玻璃容易炸裂，炸裂时形成的裂纹多；反之玻璃不易炸裂或炸裂时形成的裂纹少。

另外，热冲击载荷的加载方式不同，可以形成具有明显差异的裂纹。根据加载方式可以将热冲击载荷分为均匀热冲击载荷与非均匀热冲击载荷。

非均匀热冲击载荷对玻璃的作用：非均匀热冲击载荷又可称为点热源，一般是通过气体打火机、喷灯、焊枪等人工热源对玻璃的某一点作用（加温）。因此在非均匀热冲击载荷作用下形成的裂纹，不仅具有明显的方向，而且具有复杂的形态。

均匀热冲击载荷对玻璃的作用：均匀热冲击载荷又可称为面热源，即热源均匀作用于玻璃表面。由于玻璃在生产过程中，其内部的永久应力不可能为0，同时在玻璃表面有微裂纹，内部有气泡、节瘤等缺陷。当平板玻璃在均匀热冲击载荷作用下，由于永久应力和暂时应力合成，使玻璃表面某一局部呈现拉应力状态，当拉应力值超过玻璃的强度极限时玻璃炸裂。裂纹是沿着任意弯曲的曲线扩展，并且分布均匀。

热冲击载荷对裂纹断口的影响：热冲击载荷作用下产生的拉应力和压应力对于特定的裂纹，其应力状态始终不变，即最大拉应力所在的平面不会产生旋转，故形成的断口呈柱面。另外，在断口的局部可出现三个区域：一个从玻璃表面扩展开的镜面区域（镜面区通常与拉应力方向垂直，并且能反映出断裂源的位置）；一个有点状痕迹的粗糙弧面；一个从断裂源呈辐射状伸展出来的条纹区。这三个区域分别称为镜面区、雾面区和放射区，也可将上述三个区域称为拉伸断裂区。三个区域的分布情况可反映出裂纹的扩展方向。在其他区域的断面上，通常都是较光滑的，很少出现弓形纹。

熔融变形：玻璃不是晶体，无固定熔点，其内部的原子排列无序。将玻璃慢慢升温，一般玻璃在470℃左右开始变形（图5-5-3）；740℃左右软化，但不流淌；随着温度升高，黏度降低，则开始出现流淌迹象，在1100~1300℃完全熔化成液体状态。

图5-5-3 玻璃受热软化变形

第三节 玻璃破碎痕迹的特征

玻璃破碎痕迹是指玻璃受载荷作用，由于断裂而形成的裂纹形态和裂纹的分布，又称玻璃破碎裂纹特征。由于玻璃的脆性和硬度高，当玻璃受到破坏时，其表面不能产生塑性变形而反映出破坏物体或工具的局部形态。因此，研究玻璃破碎的痕迹特征，主要是分析裂纹形态和分布，这对确定所受载荷及破坏方式有重要意义。

一、枪击玻璃裂纹特征

枪击玻璃裂纹特征见表5-5-5及图5-5-4。

表5-5-5 枪击玻璃裂纹特征

作用方式	名称	裂纹特征
枪击	弹孔	弹孔呈圆形或椭圆形，断面粗糙，孔径大于弹径，弹孔边缘分布有明显的白色玻璃粉末圈
	层裂区	从入口至出口，层裂区呈喇叭形；入口周围平整，边缘锐利；出口直径大于入口直径；层裂区最大直径与弹孔直径随射击距离增大而减小，但二者之比为定值，比值约等于3（弹径小于7.62mm时不满足此关系）；出口附近有玻璃剥落的碎片
	末梢纹	末梢纹在弹孔周围呈放射状分布，末梢纹的密度大，长度小，形态细、直，且分布均匀；断口呈柱面，在孔洞处的断面粗糙，并带有少量条状痕，而在前沿处则是较平滑的镜面；前沿形态是入口侧纹线长，出口侧纹线短；在两条末梢纹之间有切向裂纹，断面上有时出现弓形纹，其汇聚方向是从入口向出口；切向裂纹断面面积小，弓形纹不易观察
	放射纹	放射纹在末梢纹之外呈放射状分布，若弹头动能较大，则裂纹沿切向分叉较多，且放射纹密度小，长度大，形态弯曲，较粗，断面呈空间曲面，没有弓形纹分布

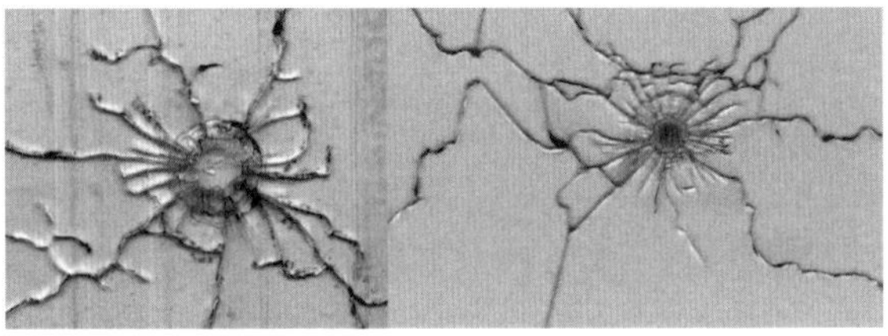

图5-5-4 枪击玻璃裂纹

二、高速抛击裂纹特征

高速抛击裂纹特征见表5-5-6及图5-5-5~图5-5-7。

表5-5-6 高速抛击玻璃裂纹特征

作用方式	名称	裂纹特征
高速抛击	孔洞	孔洞近似于圆形或不规则形态，孔径大于物体直径；从入口至出口形成喇叭口状斜面断口，入口侧为斜面状断口，出口侧喇叭口边缘有层裂现象，但层裂次数少；入口小，出口大；出口处有玻璃碎块分布

续表

作用方式	名称	裂纹特征
高速抛击	末梢纹	末梢纹分布于孔洞周围，呈放射状，末梢纹数量少，长度变化大，较直；断口近似于柱面，但有一定扭曲。末梢纹前沿形态与枪击末梢纹相反，即出口面长、入口面短；裂纹断面上有弓形纹，纹线是从自由面向入射面汇聚
	放射纹	放射纹可从作用点扩展至边界；断口形态为在作用点附近近似于柱面，在边界附近扭曲较大；断口上有弓形纹，汇聚方向与末梢纹相同
	切向纹	尺寸小的物体高速抛击时，一般不出现切向裂纹。大物体抛击时有可能出现切向裂纹。裂纹断口呈柱面，断面上分布着弓形纹，纹线从入射面向自由面汇聚

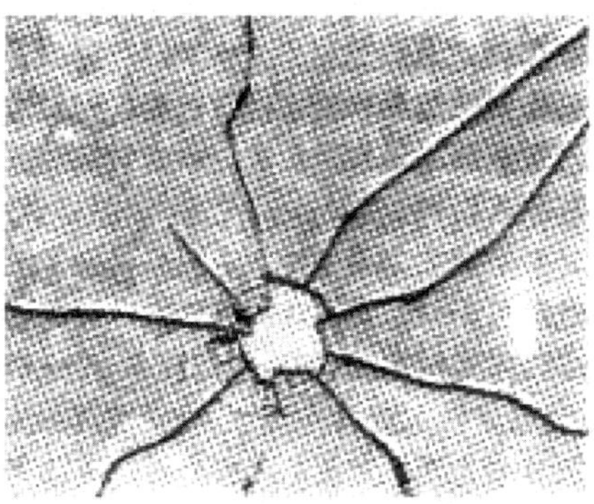

图 5-5-5　高速抛击裂纹

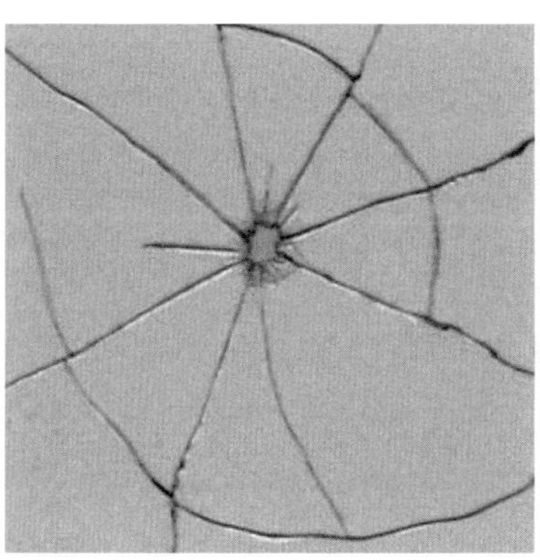

图 5-5-6　弹弓抛击铁块裂纹

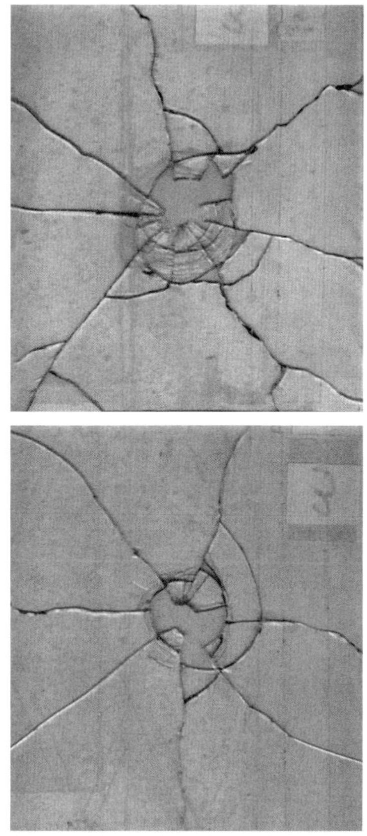

图 5-5-7　弹弓抛击石块裂纹

三、低速抛击玻璃裂纹特征

低速抛击玻璃裂纹特征见表 5-5-7 及图 5-5-8～图 5-5-11。

表 5-5-7　低速抛击玻璃裂纹特征

作用方式	名称	裂纹特征
低速抛击	孔洞	低速抛击形成的孔洞与物体的尺寸有关，物体小，形成的孔洞小，断口呈斜面状；物体大，形成的孔洞大，有时仅在边框上留有残片，不出现斜面状断口。在玻璃的自由面分布着较大的玻璃碎块
	放射纹	放射纹数量少；小物体冲击时，出现少量的末梢纹；大物体冲击一般不出现末梢纹，而放射纹较长、较直；断口呈柱面

续表

作用方式	名称	裂纹特征
低速抛击	切向纹	低速抛击玻璃，一般都出现切向裂纹，裂纹的半径和形态有很大变化。小物体冲击可以形成圆环状或弧状切向裂纹；大物体冲击，形成的切向裂纹呈直线状，由若干条切向裂纹构成的破碎形态极不规则；切向裂纹断口均为柱面
	弓形纹	放射纹断口和切向纹断口上均分布着弓形纹，放射纹断口上的弓形纹是从自由面向入射面汇聚，且汇聚于作用点；切向纹断口上的弓形纹是从入射面向自由面汇聚

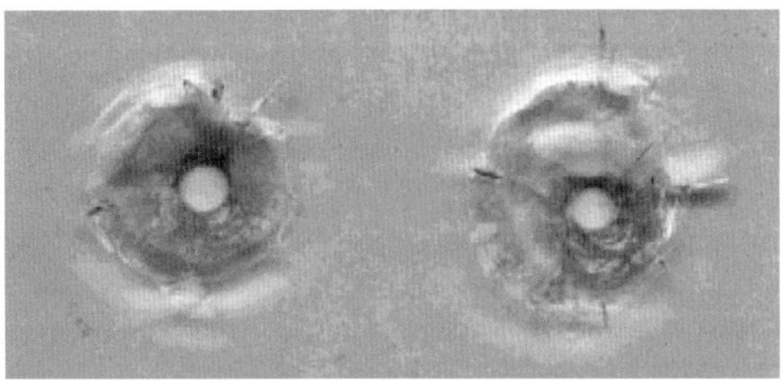

图 5-5-8　低速抛击孔洞

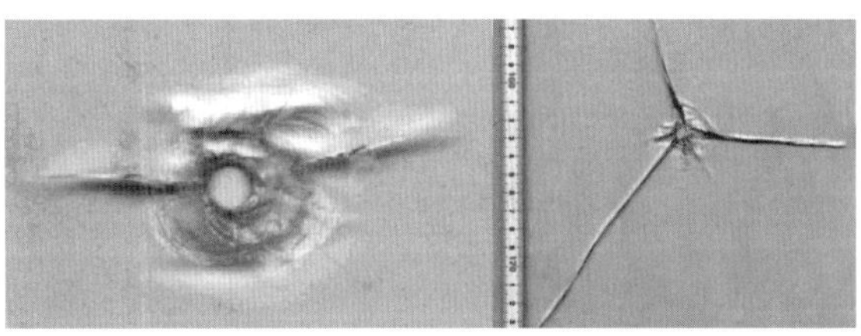

图 5-5-9　低速抛击放射裂纹

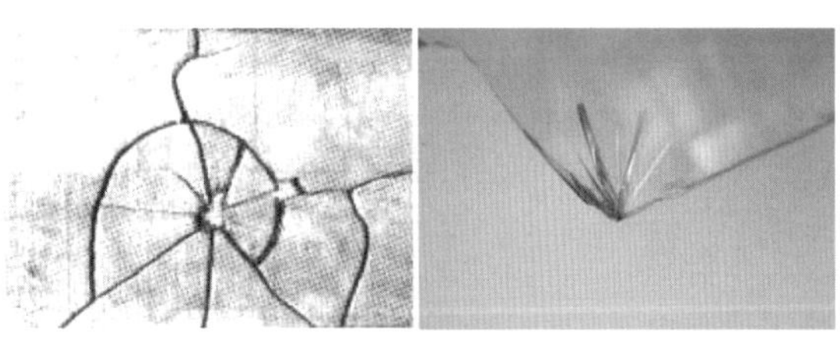

图 5-5-10　低速抛击切向裂纹

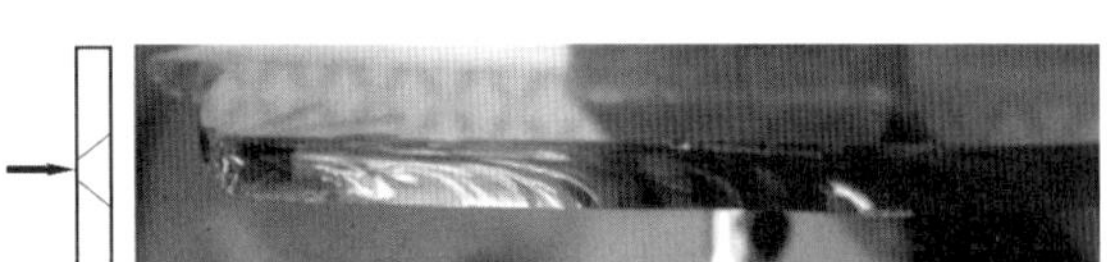

图 5-5-11　低速抛击弓形纹

四、敲击裂纹特征

敲击裂纹特征见表 5-5-8。

表 5-5-8　敲击玻璃裂纹特征

作用方式	名称	裂纹特征
敲击	孔洞	敲击玻璃形成的孔洞变化很大。小物体敲击形成的孔洞很小或不出现孔洞。孔洞呈喇叭口状斜面断口，入口小，出口大，在出口附近有玻璃碎块分布；大物体敲击形成的孔洞大，一般不出现斜面状断口，在出口附近有较大的玻璃碎块分布
	放射纹	接触面积小的物体敲击时，形成的放射纹直，末梢纹多，且末稍纹前沿形态变化大，一般情况下，末梢纹前沿在自由面扩展的长度远远大于入射面；接触面积大的物体敲击时，形成的放射纹长、直，末梢纹少，裂纹断口均为柱面
	切向纹	切向裂纹是否出现或直径大小与接触面积有关。敲击时接触面积小，切向纹直径小或不出现；接触面积大，切向纹直径大或不规则，切向纹断口呈柱面
	弓形纹	末梢纹、放射纹、切向纹断面上均能形成弓形纹。并且末梢纹和放射纹断口上的弓形纹是从自由面向入射面汇聚，且汇聚于作用点；切向纹断面上的弓形纹是从入射面向自由面汇聚

五、撬压玻璃裂纹特征

撬压玻璃裂纹特征见表 5-5-9 及图 5-5-12。

表 5-5-9　撬压玻璃裂纹特征

作用方式	名称	裂纹特征
撬压	裂纹分布	撬压裂纹通常是从撬压点向其他三边呈放射状分布。撬压裂纹的数量很少，一般只有 1～3 条；有时出现末梢纹，一般不出现切向裂纹，裂纹断口均为柱面。撬压点有玻璃碎块分布
	弓形纹	裂纹断口上分布着弓形纹，弓形纹的形态和汇聚方向随撬压方式而变化。采用 a 方式撬压，则断口弓形纹是从自由面向撬压面汇聚，且汇聚于撬压点。采用 b 方式撬压时，弓形纹形态不同于前两种，弓形纹垂直于玻璃表面，没有汇聚方向。采用 c 方式撬压，弓形纹是从撬压面向自由面汇聚，且汇聚于撬压点

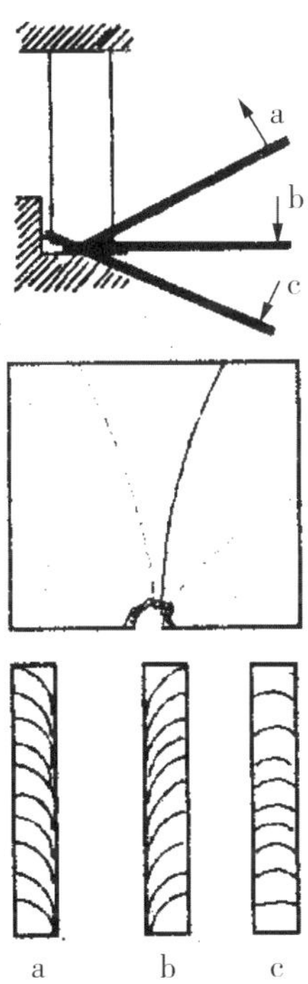

图 5-5-12　撬压玻璃裂纹

六、玻璃刀划割玻璃裂纹特征

玻璃刀划割玻璃裂纹特征见表 5-5-10 及图 5-5-13。

表 5-5-10　玻璃刀划割玻璃裂纹特征

作用方式	名称	裂纹特征
玻璃刀划割	划口敲击裂纹	玻璃刀划口后敲击所形成的裂纹断口，玻璃刀划过的边缘形态呈锯齿状；与锯齿状相邻的区域，均匀分布着褶皱状凹凸棱线，纹线的平均长度小于玻璃厚度的 1/3；与棱线区相邻的是较大面积的平滑区，平滑区与自由面相交的棱线呈锋利的刃状，平滑区表面呈镜面。在特殊情况下，平滑区表面也会出现弓形纹，弓形纹从划口面向自由面汇聚
	吸盘拉断裂纹	玻璃刀划口吸盘拉断形成的断口在玻璃刀划过的边缘，呈锯齿状；与之相邻的区域是相互平行且分布均匀的棱线；棱线长度大于玻璃厚度的 1/2，棱线垂直于玻璃表面。棱线区之后是平滑区，平滑区与自由面相交的边棱呈锋利的刃状，且断面上没有弓形纹

图 5-5-13　划口敲击裂纹

七、钢化玻璃裂纹特征

钢化玻璃的表层受压应力、内层受张应力作用，因此钢化玻璃的抗弯、抗冲击、抗热冲击强度均高于普通玻璃。当钢化玻璃在外界载荷作用下，首先在中心层产生裂纹，此裂纹将在内应力作用下扩展，甚至在没有外加应力下也同样扩展。如果内在拉应力足够大，裂纹将加速传播并开始分叉。裂纹可以在与玻璃表面垂直的任何平面中扩展。因此，从原始裂纹产生的两个分支将会扩展而且再形成分支，此过程延续到整个玻璃，直至碎裂成大量的矩形碎片为止。裂纹开始是在中间拉应力带中扩展，并不发展到玻璃的表层，此时需要一个外加力使这些碎片分离。

当钢化玻璃受高度集中的应力作用时（如枪击），可在作用点附近的区域内形成放射纹，裂纹在内应力作用下迅速扩展并且分叉，因此在边界附近，碎块呈矩形（图 5-5-14）。在作用点处也可以形成喇叭口状脱落，并且出入口的直径比值为 3：1。其裂纹断口形态与枪击普通玻璃有明显的差异。钢化玻璃裂纹断口形态不受载荷作用方式的影响。无论是枪击或是抛击，其断口形态均为柱面，并且断口上有弓形纹分布(图5-5-15)。由于钢化玻璃表层分布着永久压应力，而中心层分布着永久拉应力，因此裂纹扩裂时，中心层的扩裂速度超前于表层，其弓形纹的形态呈抛物线形。

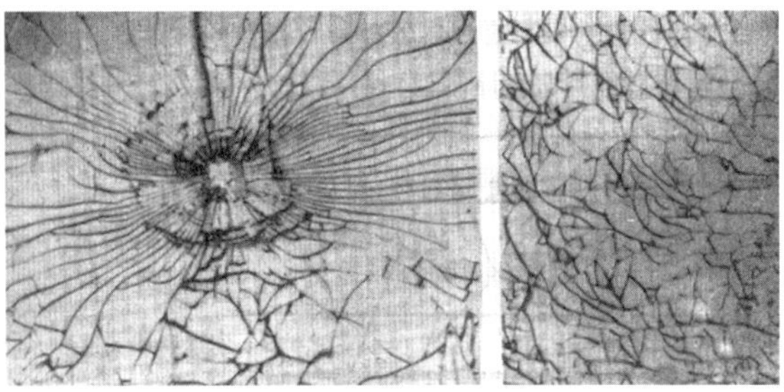

图 5-5-14 钢化玻璃裂纹

图 5-5-15 钢化玻璃裂纹断口上的弓形纹

八、热冲击玻璃裂纹特征

热冲击玻璃裂纹特征见表 5-5-11 及图 5-5-16、图 5-5-17。

表 5-5-11 不同热冲击作用的玻璃裂纹特征

作用方式	裂纹特征	
点热源作用	裂纹分布	玻璃在点热源作用下形成的裂纹呈“金鱼”状，“鱼身”与“鱼尾”的相连处为热源位置。裂纹整体形态沿玻璃的最小几何截面方向分布，“鱼头”与“鱼尾”均扩展至边界。“鱼身”内的裂纹密度大，并且相互平行，在“鱼头”处裂纹汇聚于一点。“鱼尾”裂纹是从热源位置向边界呈放射状分布，裂纹密度随热加载强度而变化。热加载强度大，裂纹密度大，反之则密度小
点热源作用	断口形态	裂纹断口均为柱面，断面上一般不出现弓形纹，在局部断面上可反映出拉伸断裂区。拉伸断裂区的分布方向，通常与热加载方向有关，镜面区一般分布在玻璃的自由面
面热源作用	裂纹分布	玻璃在面热源作用下形成的裂纹，其形态弯曲，没有固定的扩展方向，并且均匀地分布于玻璃平面上
面热源作用	断口形态	玻璃裂纹断口均为柱面，断面上一般不出现弓形纹和拉伸断裂区。断面平滑，整个断口呈镜面。有时能出现末梢纹，末梢纹前沿形态与升、降温趋势有关。如果是升温破裂，玻璃表层受压应力作用，中心层受拉应力作用，则裂纹中心扩裂速度大，末梢纹前沿形态呈抛物线形；如果是降温破裂则相反
爆炸冲击作用	爆炸发生时，能使周围的空气迅速压缩而形成冲击波，同时产生高温。此时玻璃受到冲击波载荷及热冲击载荷的综合作用，并且载荷均匀分布于玻璃表面。冲击波及热冲击载荷均作用于玻璃的同一表面，并分别在玻璃的自由面形成拉应力。当爆炸强度较小或距离较远时，可以在玻璃上形成均匀分布，形态弯曲的，没有固定扩展方向的裂纹。当距离爆源较近时，玻璃破碎后大面积脱落，仅在边框处留有玻璃残片，裂纹断口均为柱面	

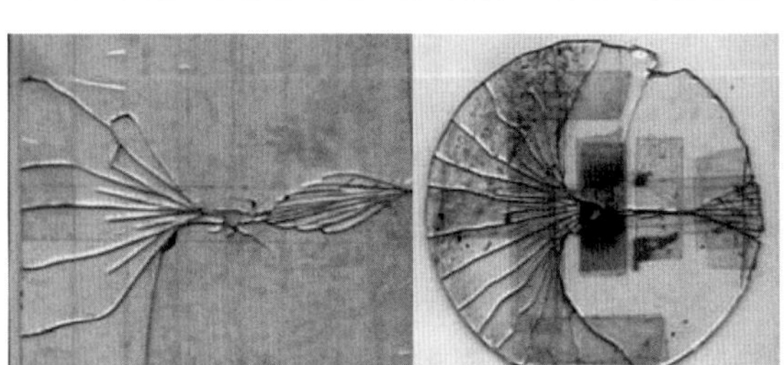

图 5-5-16 点热源作用裂纹

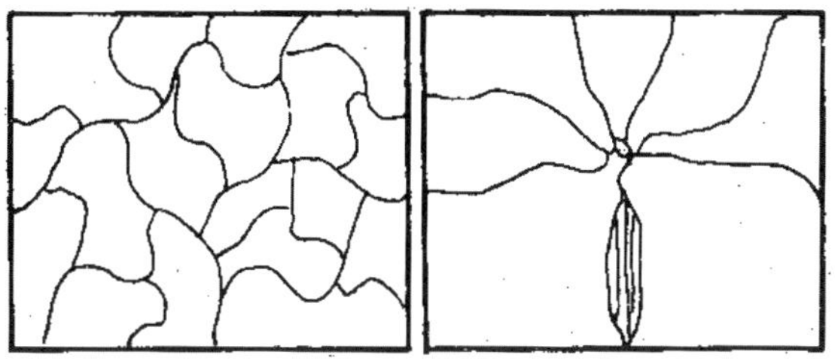

图 5-5-17　面热源作用裂纹和点热源作用裂纹

第四节　现场玻璃破碎痕迹的勘验

玻璃破碎痕迹一般出现在犯罪现场出入口门窗玻璃上以及其周围地面上，现场也可能出现某些玻璃器皿的碎块。这对现场玻璃破碎痕迹的勘查、分析及检验鉴定，以及分析案件性质、确定打击物、确定侦查范围等有重大意义。

一、现场勘验应注意的问题

（1）应观察被击碎玻璃的位置，破碎面积大小，玻璃碎块掉落的方向，分布范围及飞溅的距离。

（2）认真仔细地观察玻璃孔洞大小和特点，比如距外地面高度，大小尺寸符合哪种物体击打形成。

（3）应观察现场内外是否有击碎玻璃的打击物（如钢球、铅片、石块等物体），打击物表面是否有玻璃碎屑，确定打击物与被击碎的玻璃之间的距离和方向。

（4）应该观察现场被击碎的玻璃是边缘固定还是点固定。

（5）应对现场中出现的细小玻璃碎屑，仔细寻找，并且分析玻璃碎屑与案件的关系。

（6）根据玻璃孔洞的形状、同心纹的密集程度及玻璃碎屑的落点等，判断击打方向和击打角度，从而推断击打源所在的位置。

（7）如果痕迹符合枪击，要尽量寻找到弹着点，找到弹着点有时就能找到弹头。找到弹头，不仅能判断发射子弹的枪支种类，而且还可以根据三角函数或相似三角形的原理判断射击方向和射击距离。

（8）应对现场发现的玻璃碎块或破碎裂纹，拍照或记录。

二、痕迹物证的提取

玻璃碎块的提取：

（1）对于散落的大块碎片，提取时可以接触玻璃的断裂面直接拿取，不能接触玻璃表面。

（2）对于散落的小碎片可以用非金属镊子直接夹取。

（3）对于固定在边框上的碎块，如果条件允许，可带框提取，但应采取适当的措施对玻璃碎块加以固定。如果不能带框提取，应按顺序将玻璃碎块拆卸提取，同时应注明碎块在边框上的原始方位和固定方法。

（4）提取碎块时，应注意防止碎块的再次损坏，防止原有裂纹继续扩裂。

玻璃碎块上的附着物或痕迹的提取：现场被击碎的玻璃，不论大小都应注意发现玻璃上的附着物或痕迹。例如玻璃上的手印、足迹、血痕、纤维、灰尘和污迹等，对痕迹或附着物应该提取或加以保护。

第五节　玻璃破碎痕迹的分析

玻璃破碎裂纹分析，是根据裂纹的整体形态、裂纹分布、局部形态及断口弓形纹，判断冲击方向，分析作用方式和作用距离。但应注意在有些现场中，提取的玻璃碎块只能反映裂纹的局部形态。因此，分析时必须利用破碎原理，分析各断口的形成过程及相互关系，最后确定有关情况。

一、判断冲击方向

（一）根据玻璃碎块分布位置判断冲击方向

（1）玻璃受击碎裂后，多数碎块沿冲击方向溅落，并分布在一定的区域内，冲击物与碎块一般情况下都分布在同一侧。因此根据碎块的分布位置是很容易判断冲击方向的。

（2）有时在现场中会出现碎块分布位置与实际冲击方向相反的情况，如在伪造现场中，罪犯从室内向室外将玻璃击碎，然后再把碎块散布于室内。此时如用碎块分布位置判断冲击方向，就容易得出错误的结论。因此，必须结合裂纹的断口特征进行综合分析。

（二）根据裂纹断口特征判断冲击方向

裂纹断口特征能反映出玻璃受击后的应力状态，而应力状态只与受力方向有关，因此它能准确地反映出玻璃的受力方向。但是裂纹断口特征与碎块及冲击物的位置变化无关（图 5-5-18～图 5-5-20，表 5-5-12）。

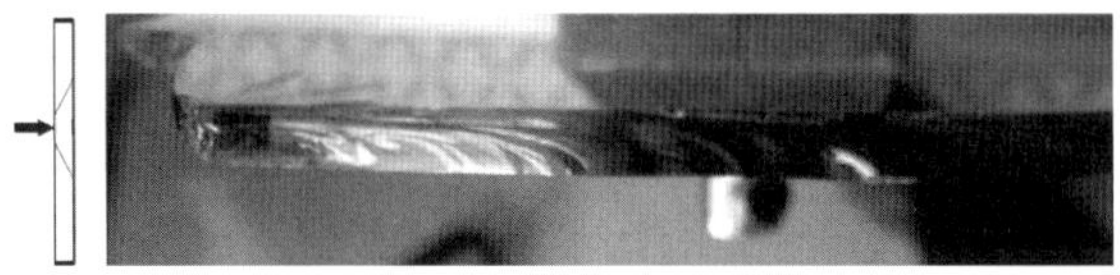

图 5-5-18　玻璃端面的弓形纹

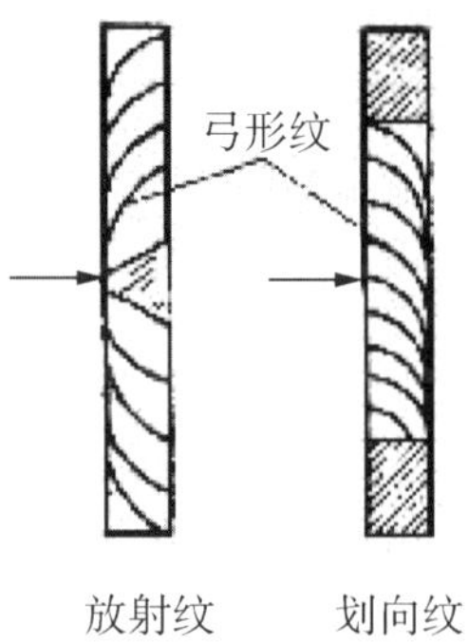

图 5-5-19　弓形纹的汇聚方向与冲击方向的关系

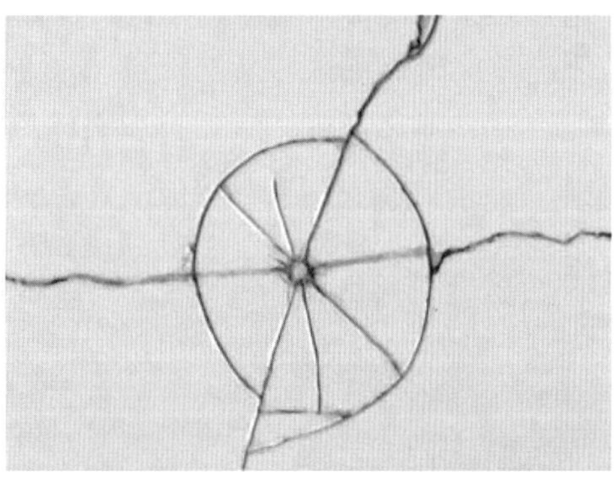

图 5-5-20　放射纹和切向裂纹特征

表 5-5-12　根据裂纹断口特征判断冲击方向

判断依据	判断冲击方向
根据作用点断口判断冲击方向	1. 无论是枪击还是抛击作用形成的喇叭状断口，均为入口小，出口大
	2. 对破碎程度较大的玻璃，应将其拼接后观察喇叭口的形态，而轻微敲击破碎后的玻璃一般不出现喇叭口状断口
	3. 有未穿透裂纹的一面是受力面

续表

判断依据		判断冲击方向
根据断口弓形纹判断冲击方向	根据放射纹断口上的弓形纹判断冲击方向	1. 玻璃受抛击、敲击、撬压方式作用时，放射纹的出现率极高，并且每条放射纹都有两个断口，两个断面上有形态和汇聚方向完全相同的弓形纹。弓形纹都是从玻璃的自由面向入射面汇聚，且汇聚于作用点
		2. 通常放射纹上容易出现分叉和转折，观察时应选择多个断面，注意分叉和转折的裂纹。分叉和转折之后的裂纹，其弓形纹的方向有可能改变。因此观察这种裂纹时，应选择从作用点至分叉点或转折点之间的一段裂纹断口观察
		3. 观察撬压裂纹断口时，应注意撬压方式与弓形纹汇聚方向的关系。首先根据弓形纹的汇聚面确定作用力的方向，然后结合撬压点附近边框上的撬压痕迹位置，确定案犯所处的实际位置
	根据切向裂纹断口上的弓形纹判断冲击方向	1. 玻璃受枪击、抛击和敲击作用，都有可能形成切向裂纹。切向裂纹的长度和形态无论产生何种变化，其断口上的弓形纹都是从入射面向自由面汇聚
		2. 玻璃受枪击作用形成的切向裂纹，其断面很小，弓形纹的汇聚方向有时反映不清，此时可利用其他明显的特征判断枪击方向
		3. 抛击和敲击均能形成长度较大的切向裂纹，其断面上的弓形纹线多、汇聚方向明显，但应注意切向裂纹断口上的弓形纹与抛击、敲击形成的放射裂纹断口上的弓形纹汇聚方向相反。检验时应同时观察，并比较两种断口上弓形纹汇聚方向的关系

续表

判断依据	判断冲击方向
根据末稍纹判断冲击方向	1. 末梢纹通常都是放射纹终止扩展形成的，而在切向裂纹中很少出现末梢纹。末梢纹一般都能准确地指示受击方向，其表现为裂纹前沿在玻璃的入射面和自由面上的扩展长度不同
	2. 枪击末梢纹在入射面的扩裂长度大于自由面上的扩裂长度，但并不是全部末梢纹都有上述关系，个别末梢纹前沿不能反映出扩裂长度的关系
	3. 从统计角度看，多数末梢纹都是入射面扩裂长度大于自由面扩裂长度，而绝不会出现入射面小于自由面的情况
	4. 抛击和敲击末梢纹前沿的形态与枪击末梢纹相反，即自由面扩裂的长度大于入射面扩裂的长度
	5. 当载荷较小，自由面的扩裂长度远远大于入射面的长度，在末梢纹断口上还分布着弓形纹，则弓形纹线的形态与末梢纹前沿的形态相同
	6. 检验时既要观察末梢纹前沿的形态，同时还应观察弓形纹的形态与分布

（三）根据玻璃刀划口特征判断冲击方向

玻璃刀划口作用，通常可形成形态奇特的断口，一般在划口区域之外都不能形成放射纹或其他形态的裂纹，检验时可观察固定边框上的残余玻璃断口。如果断口的一边为锯齿状，而另一边为刃状，则锯齿状的一侧为案犯所在位置。有时刃状边缘由于磨损等原因的破坏，使刃状边缘与锯齿状边缘的形态相似而无法区分，此时可以根据与锯齿状边缘相邻的棱线区位置判断作用面，棱线区靠近哪一侧，则该侧为作用面。

（四）根据玻璃局部碎块判断冲击方向

（1）局部碎块的出现情况。玻璃局部碎块在现场中的出现情况通常有两种：一是现场被破坏或被清理，使大部分碎块被清理掉；二是伪造现场，案犯将玻璃击碎后，把散落的碎块处理掉；不管是哪一种情况，碎块不可能完全被清除，只要在勘查时能找到局部碎块，就可以确定冲击方向。

（2）碎块的种类。玻璃碎块的种类按散布位置可分为残留于边框上的碎块和散落的碎块。按玻璃受击次数可分为一次作用碎块和二次作用碎块。

（3）利用碎块判断冲击方向。利用碎块判断冲击方向时，应重点选用边缘碎块。其原因是：第一，边缘碎块容易发现和提取；第二，碎块的方位确定，即使碎块脱落，也可以通过固定边上的附着物判断原始方位；第三，不管是一次作用还是二次作用，均能反映一致的受击方向；第四，脱落的碎块，原始方位不易确定，检验难度极大，可利用边缘碎块判断冲击方向。检验时应首先根据碎块的几何形状和裂纹的形成规律，确定断裂面的裂纹种类。根据裂纹形成规律可知，凡是与边框相交的裂纹，都有可能是放射纹，而在两条放射纹之间的并与之垂直的是切向裂纹。还可利用散落碎块判断冲击方向。利用散落碎块判断冲击方向，其中最主要的问题就是确定碎块的原始方位。确定方位时，可以利用玻璃两个表面的附着物。在一些特殊环境下或长期关闭的门、窗上，玻璃两个表面上的附着物有着显著的差别，有时可用肉眼观察到。因此，通过与相邻玻璃上的附着物进行比较，可确定碎块的方位。当玻璃表面上的附着物通过肉眼观察不能分辨时，可以通过微量分析确定碎块的方位。方位确定后，根据边缘碎块的分析方法确定冲击方向。散落碎块的形态有三角形、四边形和不规则形态。而三角形碎块受二次作用的影响最小，尤其是细长形的三角形碎块，其中两条长边通常是放射裂纹，短边为切向裂纹或二次作用裂纹。如果碎块是一次作用形成，则冲击方向可确定。若碎块是二次作用形成，则两次作用方向可能产生变化，此时应结合碎块的形态，确定各边的裂纹种类，最后利用放射裂纹确定冲击方向。

（五）根据热冲击载荷作用裂纹判断冲击方向

玻璃在点热源作用下破碎后，“鱼身”处的碎块脱落时多数都分布在热源所在的一侧。在裂纹断口上分布着若干处拉伸断裂区，该区域与作用方向没有唯一的关系。但通过统计可知，在热源附近的断口上，镜面区是与自由面相连的，占该特征总数的90%左右。玻璃在面热源作用下破碎后，碎块一般都掉落在热源的一侧。另外，玻璃受热冲击作用时，受热源作用的玻璃表面能留下明显的烟垢特征，因此可以根据烟垢的位置判断作用方向。

二、判断冲击顺序

同一块玻璃受多次作用破碎时，裂纹的断裂顺序可以通过各次作用裂纹的相对位置加以确定。玻璃在第一次作用下就可以形成裂纹。当玻璃再次破碎时，向前扩展的裂纹会因为遇到第一次作用形成的裂纹而终止。这种现象在枪击裂纹中体现得最明显，如果玻璃多次受击后，破碎现象严重，大部分碎块散落。此时若能将所有的碎块对接，则可以根据裂纹分布及断口特征判断作用顺序。

有时在一块玻璃上能出现综合性裂纹，即一块玻璃分别受到两种不同载荷作用后形成的裂纹。如盗窃纵火案，案犯有可能击碎玻璃进入现场，作案后纵火焚毁现场。此时玻璃因机械载荷和热冲击载荷作用，而形成两种不同形态的裂纹。区分两种裂纹形成的顺序，对确定案件性质有时可起到很重要的作用。玻璃首先受机械载荷作用破碎，然后受热冲击载荷作用，此时在机械荷作用断口上及玻璃表面均匀分布着烟垢特征，由此可判断先后顺序。

若玻璃首先受热冲击载荷作用形成裂纹，然后由于灭火或其他原因又使玻璃受机械载荷作用破碎。此时在机械载荷作用断口上的烟垢分布与玻璃表面有明显的差别，由此可以判断作用的顺序。

（1）利用堆积层次判断。火灾前被打破的玻璃其碎片大部分紧贴地面，上面是杂物、余烬和灰尘；起火后被打破的玻璃一般在杂物余烬的上面。

（2）利用表面烟熏痕迹判断。起火前被打破的玻璃，其所有碎片贴地的一面均没有烟熏；起火后被打碎的玻璃，一部分碎片贴地的一面有烟熏。只要有一块碎片贴地一面有烟熏，就说明它是起火后被打碎的。

（3）利用断面烟熏痕迹判断。火灾前被打破的玻璃，其断面上往往有烟熏；火灾后打破的玻璃，其断面往往比较清洁或烟尘少。

（4）利用重叠部分烟熏痕迹判断。玻璃破碎时两块落地碎片叠压在一起，如果下面一块玻璃重叠部分的上面没有烟熏，其他部分有烟熏，说明是火灾前被打破的；如果下面一块上面重叠和非重叠部分都有烟熏，则是起火后打破的。

三、判断作用方式

根据玻璃破碎裂纹特征，可以确定作用方式（图 5-5-21~图 5-5-23）。在玻璃各种形态的裂纹中，以点热源、面热源、撬压、玻璃刀划口作用形成的裂纹特征差别最大。由于以上各种作用方式之间的相关性很小，因此可以根据裂纹形态准确地区分各种作用方式。

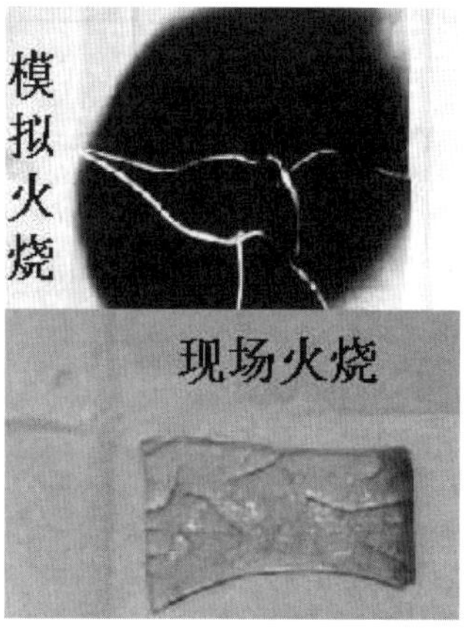

图 5-5-21　火烧玻璃痕迹

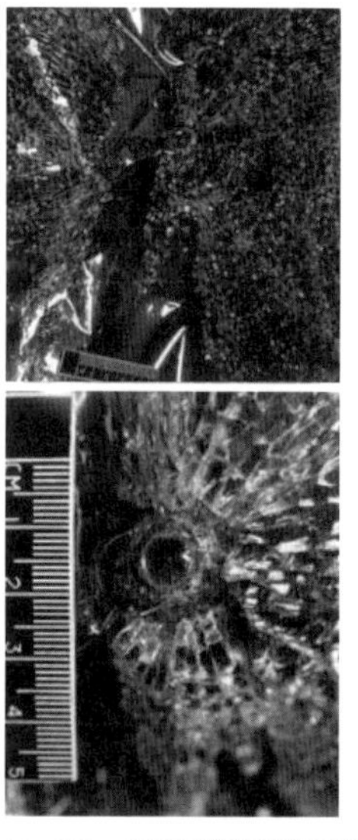

图 5-5-22　轿车挡风玻璃裂纹

机械力冲击破坏的，裂纹一般呈放射状，以击点为中心，碎块尖角锋利，边缘整齐平直。

被火烧、火烤炸裂的，裂纹少时呈树枝状，裂纹多时相互交联呈龟背纹状，落地碎块边缘不齐，很少有锐角。

在确定枪击作用时，如果弹头在飞行过程中姿态能保持稳定，则击碎玻璃后可反映出典型的裂纹特征。此时可以根据末梢纹形态和出入口直径的比值等特征来确定作用方式。当弹头的飞行

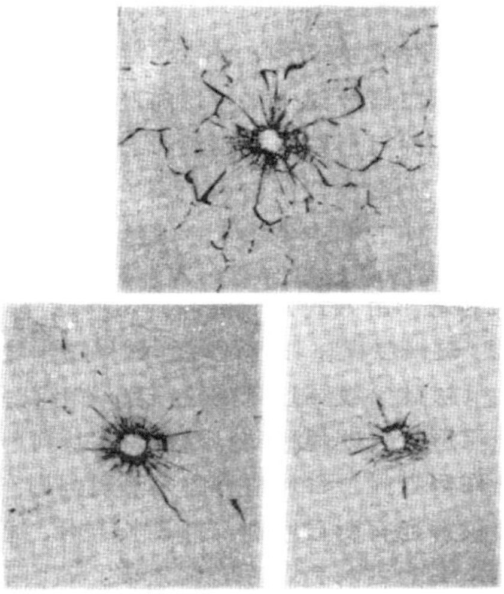

图 5-5-23　手抛直径 7mm 钢珠

姿态变化时，即弹头丧失稳定性而翻滚的情况下撞击玻璃，此时可能是弹头的侧面接触玻璃，破碎裂纹与抛击的情况相似。弹头也可能不穿透玻璃或穿透后掉落于玻璃附近。因此在勘查时也可以通过寻找弹头确定作用方式。

玻璃受抛击物作用时，如果抛击物是钢珠或圆球状物体，则形成的破碎裂纹与远距离枪击裂纹相似。但二者的放射末梢纹形态及断面弓形纹有明显的不同，因此，可以利用断面弓形纹及末梢纹形态判断作用方式。如果抛击物为不规则形态，则裂纹特征与远距离枪击裂纹特征有明显的区别，而敲击作用通常使玻璃产生较大程度的破碎。因此可以利用弓形纹的分布及碎块的散落情况，判断抛击和敲击作用方式。

四、判断作用距离

1. 判断枪击距离

通常国产枪支的最大射程为 3000m。当贴近射击时，火药气体喷出的速度比弹头速度大（图 5-5-24）。由于高速气流及弹头的冲击，使玻璃破碎，破碎程度取决于枪支的发射威力及玻璃的厚度。此时在玻璃弹孔附近有射击残留物，破碎裂纹是在弹头和高速气流综合作用下形成的。在孔洞附近的裂纹，能体现出弹头的作用效应，而在边界处，则体现出高速气流的作用效应，在扩展至边界的放射纹断口上，能出现弓形纹，纹线向入射面汇聚，并指向作用点。

近距离射击时，玻璃上出现典型的弹孔特征，当射击距离增大时，弹孔特征也会产生相应的变化，即末梢纹密度降低；层裂次数减少，层裂区最大直径和孔洞直径减小，但出入口直径的

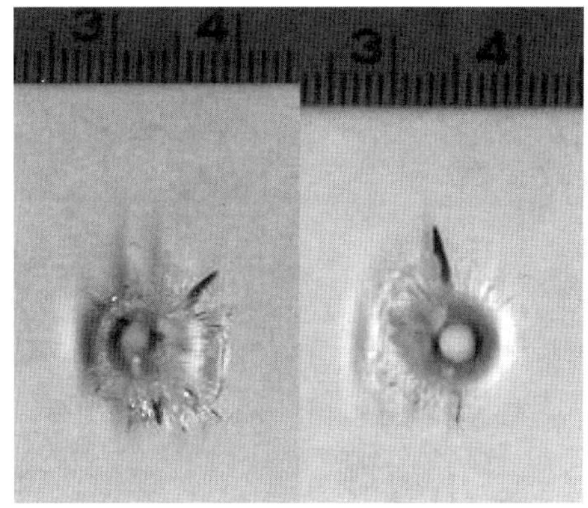

图 5-5-24　不同距离射击形成的裂纹

比值基本不变，即 $d_{出}/d_{入}=3$；放射纹长度减小。当远距离射击时，放射纹一般不能扩展至边缘，此时如果弹头姿态稳定，则裂纹的弹孔特征明显。

2. 判断抛击距离

用弹弓或抛射器抛射几何尺寸较小的物体，抛射最大距离为 100m。近距离抛击，物体一般能穿透玻璃，并形成圆环状或弧状切向裂纹；而远距离抛击，物体一般不穿透玻璃，能形成较多的末梢纹，很少出现切向裂纹。判断抛击距离应结合玻璃所在的位置及高度等自然情况。

第六节　玻璃破碎裂纹的检验鉴定

玻璃破碎裂纹检验鉴定是根据现场提取的玻璃碎块与嫌疑玻璃碎块进行比对检验、综合分析，确定二者是否为同一整体或二者的种类是否一致。行为人在打击门、窗玻璃进入现场作案时，有极少量的玻璃，在打击力作用下产生破碎回溅或者由于其他原因而附着于行为人的手套、衣服、工具上。因此，可以利用从行为人的衣服、手套等物上提取的玻璃碎块与犯罪现场被击碎的玻璃进行比对检验，通常可以解决以下几个问题。

一、整体分离痕迹检验

如果从犯罪现场或行为人身上提取的玻璃碎块较大，例如车灯玻璃罩、玻璃瓶、窗玻璃的碎块等，可以直接利用碎块的断口形态进行接合，确定碎块的整体对应关系。如果断面比较平滑，则利用碎块断面上的弓形纹进行比对检验，确定

是否原属同一整体。

二、密度检验

检验原理：玻璃的密度与其成分和加工方式密切相关，各种实用玻璃的成分不同，则使密度不同；淬火（钢化）和退火（普通）的同成分玻璃，它们的密度也有很大差别。密度检验就是利用玻璃的这一特性，确定现场和嫌疑玻璃碎块是否一致。检验时将玻璃碎块放入一定密度的溶液中，如果玻璃碎块上浮，则玻璃的密度小；反之，玻璃的密度大。只有当玻璃与溶液密度相同时，玻璃碎块才可以在溶液中的任意位置悬浮。因此，可以分别观察现场和嫌疑碎块在溶液中的悬浮状态，以此来测定二者的密度是否一致。

检验方法：测定玻璃密度的溶液有很多种，常用的主要是以下两种溶液。

第一种是三溴甲烷（$CHBr_3$）与溴化苯（C_6H_5Br）的混合溶液。三溴甲烷的密度是 2.890g/cm^3（20℃），溴化苯的相对密度是 1.499g/cm^3（20℃）。这两种液体可以互溶，将两种溶液按比例混合后，可以调制出密度在一定范围内连续变化的混合液。第二种是将碘化汞溶解在碘化钾饱和水溶液中制成密度为 3.0~3.1g/cm^3 的溶液，然后根据需要，用水稀释成不同密度的溶液。普通平板玻璃和瓶罐玻璃的密度为 2.5~2.6g/cm^3，是在上述两种溶液密度变化范围内的。因此，可以利用以上两种溶液检验玻璃。

测量时，必须清洗玻璃碎块表面的附着物，待晾干后，将一块样本碎片放入密度大的溶液中，此时碎片浮于液体表面，然后缓缓地加入密度小的溶液，并使两种液体混合均匀。当混合液的密度与样本碎片的密度相同时，则碎片悬浮于混合液之中的任何位置。取出第一块样本，放入第二块样本。如果第二块样本也能悬浮于混合液之中，则说明两块样本的密度相同；反之，则二者的密度不同。

三、折射率检验

检验原理：玻璃是一种高度透明的物质，当光投射到玻璃时，可以产生反射、透射和吸收，这三种性质与折射率有关。玻璃的折射率取决于玻璃内部离子的极化率和玻璃的密度，当光通过玻璃时，将引起玻璃内部离子的极化，而离子的极化又反过来影响到光波在玻璃中的传播速度，从而决定了玻璃的折射率。另外，玻璃的密度也影响到玻璃的折射率，即玻璃的密度越大，光在玻璃中的传播越慢而折射率越大；反之，密度越小，则折射率越小。玻璃的折射率一般为 1.34~1.55。

检验方法：目前国内外都使用仪器测定玻璃的折射率。测量时先把待测玻璃碎片样本放在载物片上，滴上一滴硅油，硅油的折射系数与温度成反比，每升高 1℃折射系数下降 0.0004。然后将载物片放在加热台上，加热台的温度可以在 50~80℃的范围变化，并能进行恒温控制。当玻璃碎片的折射率与某一温度下硅油的折射率相同时，根据光学原理，此时碎片将在硅油中“消失”。根据当时的温度，可计算出玻璃碎片的折射率。利用这一方法可以分别测出不同玻璃碎片的折射率，然后比较折射率之间的关系。

四、测定玻璃碎片的表面形态及碎片成分

根据光的干涉原理，利用干涉显微镜测量玻璃碎片的表面形状，干涉条纹的分布能反映玻璃表面是平面、曲面或不规则形态。被测玻璃的最小尺寸可达 0.6mm，根据碎片表面形态可以确定与碎片相邻部位的形态，由此可以分析是何种玻璃物体。

另外，还可以利用玻璃碎片的化学组成及表面附着物，用仪器分析法测定玻璃的成分和各种元素的含量。常用的仪器是等离子原子荧光发射光谱、扫描电镜能谱分析仪。

五、对鉴定结果的综合分析

对玻璃碎块上反映的特征，应该进行综合性的分析，评断特征的可靠性和差异点对鉴定结论的影响。对于玻璃的整体分离鉴定，可以根据断口特征直接比对，如果能够接合，可以不考虑差异点。而玻璃的种类认定一般都使用仪器进行分析，其结果具有一定的误差范围，但是可以通过综合分析，从种类特征中寻找物质的特殊性，并进行同一性认定。例如送检的玻璃检材，经密度测定，二者一致。如果折射率、成分及附着物检测均一致，同时再结合现场有关情况进行综合分析，则能得出同一性认定的结论。